L'INDE VUE DE ROME

COLLECTION D'ÉTUDES ANCIENNES

publiée sous le patronage de l'ASSOCIATION GUILLAUME BUDÉ

52

Série latine

L'INDE
VUE DE ROME

Textes latins de l'Antiquité relatifs à l'Inde

par

Jacques André & Jean Filliozat

2ᵉ tirage

PARIS

LES BELLES LETTRES

2010

*© 2010. Société d'édition Les Belles Lettres
95 bd Raspail 75006 Paris.*

Première édition 1986

ISBN : 978-2-251-32880-5
ISSN : 1151-826X

INTRODUCTION

I

Nous avons naguère présenté une édition commentée des
§§ 46-106 du livre 6 de l'*Histoire naturelle* de Pline l'Ancien relatifs à
l'Asie centrale et orientale et à l'Inde[1]. Il nous est apparu qu'outre ce
texte essentiel, que nous ne pouvions reproduire ici, un nombre considérable de textes latins d'historiens, géographes, poètes, auteurs
chrétiens fournissaient une ample moisson plus ou moins fragmen-
taire, certes, mais susceptible de compléter ou d'appuyer les données
du Naturaliste et d'enrichir le dossier géographique et ethnographique, mais aussi de révéler la place tenue par l'Inde dans la littérature,
donc dans les esprits et la pensée de la société et dans la civilisation. Il
convenait de savoir si on avait eu une représentation figée, inspirée
surtout par les écrivains grecs de l'époque d'Alexandre et des siècles
suivants, ou si elle avait évolué au cours du temps du fait des contacts
politiques (ambassades indiennes auprès des empereurs) et surtout

---

1. Pline l'Ancien, *Histoire naturelle*, 6, 46-106, éd. par Jacques André et Jean Filliozat, Paris, Les Belles Lettres, 1980. Ont été également écartés, dans les récits des campagnes d'Alexandre chez Quinte-Curce et Justin, les exposés consacrés aux opérations militaires qui ne fournissaient pas d'informations ethnographiques. Il est possible, d'autre part,
et on voudra bien nous en excuser, que, malgré les recherches dans les œuvres et les lexi-
ques d'auteurs, quelque passage des textes chrétiens ait échappé dans la somme des commentaires uniformes et des exégèses répétées, dont la répétition même garantit d'ailleurs
qu'une omission serait sans importance.

commerciaux. A ces questions peuvent répondre jusqu'à des fragments d'auteurs utilisés comme citations : un fragment de trois vers de Varron de l'Aude connu par Isidore de Séville, qui l'a cité près de sept siècles plus tard, fournit la date la plus ancienne de la mention de la canne à sucre à Rome.

Mais nous ne disposons, comme il ressort de la *Littérature latine inconnue* de H. Bardon[2], que d'une vue relativement limitée de la littérature en question, sauf peut-être pour la littérature chrétienne, dont le volume est considérable. Les histoires des guerres parthiques, les *Parthica,* toutes disparues, auraient pu nous renseigner sur les contacts de l'empire parthe avec ses voisins indiens[3], mais nous n'avons plus que la mention des ouvrages que Q. Dellius et Marius Celsus leur ont consacrés[4]. Le contenu de certains nous échappe, ainsi de la *Chorographia* de Julius Titianus rédigée au milieu du IIe siècle p.C., signalée par Servius[5], et dont on ignore si elle s'étendait à l'Extrême-Orient. Nous savons par Pline et Servius[6] que Sénèque a publié sur l'Inde un *De situ Indiae,* traité géographique et ethnographique, dont rien n'est passé dans ses *Questions naturelles,* à moins qu'il ne leur soit postérieur. A disparu de même la carte du monde préparée par Vipsanius Agrippa et achevée par Auguste, qui comprenait l'Inde[7], ainsi que les commentaires géographiques qui l'accompagnaient. Nous n'avons plus la traduction latine que fit Sidoine Apollinaire de la Vie d'Apollonios de Tyane par Philostrate[8]. Nous manquent encore ces recueils de *Merveilles (Mirabilia)* dont était friand le public romain, comme en écrivirent Statius Sebosus vers la fin de la République et Mucien sous Vespasien, donnant les renseignements les plus divers, les plus piquants, et parfois fantaisistes, sur les sciences de la nature et la géographie du monde entier. C'est dans ce genre qu'on peut ranger des œuvres plus importantes et moins frivoles, à considérer leurs auteurs, comme les cinq livres de *Faits exemplaires (Exempla)* de Cornelius Nepos et les *Prairies (Prata)* de Suétone, recueil d'informations curieuses concernant l'histoire, l'histoire naturelle et la géographie.

Trogue Pompée, contemporain, quoiqu'un peu plus jeune, de Tite-Live, offre un cas particulier. Ses quarante-quatre livres d'*Histoires Philippiques* ont disparu avec ses autres œuvres consacrées à la

---

2. Paris, Klincksieck, 2 vol., 1952-1956.
3. Sur ces contacts politiques et militaires, cf. R. Ghirshman, *L'Iran des origines à l'Islam,* Paris, Albin Michel, 1976, p. 251-253.
4. H. Bardon, *op. cit.,* II, p. 95 et 162.
5. *Ad Aen,* 4, 42.
6. Pline, *H.N.,* 6, 60 ; Servius, *Ad Aen.,* 9, 30.
7. Pline, *H.N.,* 6, 57.
8. Sid. Apol., *Epist.,* 8, 3, 1.

botanique et à la zoologie. Il nous reste heureusement l'épitomé composé par un abréviateur, Justin, au début du IIIe siècle p.C. Plutôt que de nous ingénier à retrouver, souvent très arbitrairement, chez les histoiriens les traces de son œuvre en nous appuyant sur la comparaison avec Valère Maxime, Orose, Ampelius, Jordanès, etc., et à ranger le tout sous son nom, nous avons préféré laisser tout ce qui concerne l'Inde, principalement le livre 12, sous le nom de Justin[9].

II

Les idées conçues par l'Europe sur l'Inde semblent avoir été vouées à l'erreur ou à l'incertitude depuis leur première apparition[10]. Le nom même d'Inde est ambigu. Il représente, transmise par les Grecs, la forme vieux-perse de Sindhu, nom authentique du grand fleuve qu'en conséquence nous appelons Indus. A l'époque où ces noms sont apparus, tout le bassin du fleuve était sous la domination achéménide, qui laissait libre toute la zone géographique s'étendant à l'Est et au Sud. Mais, déjà depuis Mégasthène et Ératosthène, le nom d'Inde, qui n'aurait dû s'appliquer qu'aux actuelles régions de l'Afghanistan, du Pakistan, du Kashmîr et du Panjâb, a été étendu lui-même à toute cette zone orientale. Celle-ci consiste, en fait, en toute l'Asie des moussons au Sud de la chaîne himâlayenne et de ses prolongements extrême-orientaux et descendant jusqu'à l'hémisphère sud. C'est ce que nous appelons Inde, Indochine et Indonésie, ou même Inde et Inde extérieure, et c'est le domaine majeur de la culture élaborée à la fois dans le Bassin du Sindhu et dans l'ensemble de la Péninsule attenante à l'Est, notre actuelle Inde, puis implantée dans tout le Sud-Est asiatique.

L'unité de cette culture justifie finalement la qualification devenue traditionnelle qui lui est donnée, mais, dans les sources gréco-romaines, la confusion fréquente de l'Inde originelle avec l'Inde d'extension a souvent gêné l'interprétation de ces sources et égaré les Européens, tant qu'ils n'ont pas été en état de connaître cette culture

---

9. Voir, pour le livre 12, *Pompei Trogi fragmenta*, éd. O. Seel, Leipzig, Teubner, 1956, p. 111-119.

10. M. Jean Filliozat avait prévu de rédiger la seconde partie de l'introduction. Il n'a pu s'en acquitter. J'ai pensé ne pouvoir mieux faire que de reproduire ici la partie relative au monde romain de l'article qu'il avait donné au *Journal des Savants*, avril-juin 1981, p. 97-135, sous le titre : *La valeur des connaissances gréco-romaines sur l'Inde*. J'ai indiqué entre crochets obliques quelques rares additions rendues de ce fait nécessaires pour la présentation [Jacques André].

directement. Il ne leur a pas suffi pour la découvrir de parcourir les mers et les contrées où elle avait formé ses littératures et construit ses monuments. Les cartes une fois dressées et rectifiant Ptolémée, ils sont encore restés, quant à la connaissance de l'histoire et de la civilisation, tributaires des sources classiques et empreints des préjugés qu'elles avaient établis et qui se sont parfois combinés avec des observations directes mal comprises pour former encore des préjugés nouveaux.

A l'heure actuelle, le public occidental, quoique ne lisant plus guère les sources classiques, hérite inconsciemment de ces préjugés et ni les voyages touristiques, ni les propagandes de yoga et de « spiritualité », telles qu'elles lui sont prodiguées, ne lui permettent de s'en affranchir. On pourrait donc être tenté de laisser oublier les antiques sources classiques qui, de toute façon, semblent bien inutiles dans le monde présent où l'Inde est intégrée en même temps que ses littératures anciennes et ses traditions vivantes. La valeur de leurs données, ne pouvant être qu'insignifiante relativement à la science dont nous disposons, ne mériterait plus d'être mesurée.

Il n'en est rien cependant. La révision des sources classiques à la lumière des réalités qu'elles visaient, et que nous comprenons mieux qu'elles, se trouve encore utile à notre connaissance moderne de l'Inde. En effet, l'énorme masse des littératures indiennes anciennes s'est conservée avec une fidélité littérale absolument exceptionnelle, mais sans chronologie. Or, les textes grecs et latins sont généralement datables et nous fournissent pour leurs données sur l'Inde un terminus ante quem. Ils ont même fourni au XVIIIᵉ siècle le synchronisme de Seleucus et Candragupta qui a permis de rattacher à la chronologie européenne celle de la principale tradition dynastique indienne. Mais aujourd'hui une meilleure connaissance des données réelles de l'Inde permet souvent leur identification dans les textes classiques et d'apprendre au moins avant quelle époque on doit en placer l'existence.

Réciproquement, la confrontation des exposés classiques avec la réalité permet d'apprécier la véracité des auteurs grecs et romains ou de comprendre les raisons de leurs erreurs, et aussi de choisir pour les éditions critiques de leurs textes de bonnes leçons parmi les variantes. Les indianistes qui ont accès en même temps à la culture indienne et à la littérature classique se doivent d'aider, quand ils le peuvent, les hellénistes et les latinistes spécialisés à juger de la portée réelle de leurs textes.

La plupart des sources grecques des périodes postérieures au temps d'Alexandre étant perdues ne nous sont connues que par ce qu'en avaient retenu les écrivains de l'Empire romain. Les informations anciennes se mêlent chez eux avec de plus récentes et notre critique interne des sources gréco-romaines se trouve souvent dans l'incertitude de la date d'acquisition de telle ou telle donnée. D'où l'utilité de confronter ces sources avec les réalités originales indiennes qu'elles évoquent et qui ont au moins une chronologie relative, quand on les considère dans leur milieu culturel régional, linguistique et historique.

Du côté gréco-romain, dans la période que nous envisageons à présent, deux ambitions universalistes radicalement distinctes sont apparues et bientôt entrées en conflit : la conquête politique des peuples par l'impérialisme de Rome renouvelé des rêves d'Alexandre et la conquête spirituelle de tous les hommes, y compris les Romains, par le christianisme d'abord présenté en grec et se mettant d'emblée en opposition avec la religion impériale gréco-romaine. Les deux mouvements devaient donc aussitôt se préoccuper des peuples à gouverner ou à convertir et chercher dans leurs idées et leurs religions des thèses et des usages qu'il y aurait à discuter ou à combattre et, en attendant, à utiliser comme arguments dans leurs disputes propres et comme exemples pour leurs milieux respectifs.

Tous ont eu recours, faute de mieux ou même ayant mieux, aux lieux communs du temps d'Alexandre sur la sagesse des gymnosophistes, samanes et brâhmanes confondus, et ont évoqué les inévitables Kalanos et Dandamis. Tous les ont rapprochés sans discrimination des Hébreux, Égyptiens, Éthiopiens, Chaldéens, Babyloniens, Assyriens, Perses et Mages et ont contribué à former dans la culture gréco-romaine le mythe naïf, encore vivant mais de tout temps absurde, d'un esprit « oriental » unitaire. Les rapprochements entre Pythagore et les doctrines indiennes, déjà tentés depuis le temps où on avait eu connaissance en Inde de théories de transmigration des âmes et d'observances d'interdits alimentaires et autres, ont redoublé, mais généralement sans rien révéler de plus que la pauvreté d'information du comparatiste à l'égard de l'un ou de l'autre des deux termes de sa comparaison, ou des deux à la fois. On rapprochait aussi des sages « orientaux » les Celtes, les Druides et les vertueux et bienheureux Hyperboréens.

Par ailleurs, nous constatons que, dans la période que nous considérons et où se développaient à la fois quatre empires : à l'Ouest romain, en Iran parthe, puis sassanide, en Inde Kuṣāṇa au Nord et Andhra au Sud, avec encore les royaumes dravidiens de l'Extrême Sud empiétant sur Ceylan, les conditions matérielles de communications de l'Inde avec l'Empire romain ont changé. Aux voies terrestres traditionnelles, et parfois interrompues par les conflits entre l'Empire romain et les Iraniens[11], s'est ajoutée, maintenant régulière-

_____

11. Pour l'Afghanistan, A. Foucher, *La vieille route de l'Inde de Bactres à Taxila*, Paris,

ment employée, celle de l'océan Indien. On enseigne communément
que cette voie a été révélée par la découverte de la mousson due au
pilote Hippalos au milieu du Ier siècle p.C. Mais il n'est pas certain
que ce pilote ait existé. Il est possible qu'il ait été supposé pour expliquer le nom du vent en question. Quoi qu'il en soit, Strabon (II, 5,
12), s'étant rendu auprès de Gallus alors préfet d'Égypte, ayant
remonté le Nil jusqu'aux frontières d'Éthiopie, dit avoir appris que
120 vaisseaux partaient alors de Myoshormos pour l'Inde, alors
qu'au temps des Ptolémées peu de marchands entreprenaient le
voyage. Strabon s'est largement renseigné ; il ajoute d'autres détails
sur le commerce de la mer Rouge et de l'océan Indien en XVI, 4, 24,
et XVIII, 1, 45. C'est en 24 a.C. qu'il a dû faire son voyage auprès de
Gallus. La connaissance du régime des vents était donc dès lors établie, quoiqu'encore récente, et n'avait pas eu à attendre 75 ans
l'hypothétique Hippalos.

D'autre part Pline nous éclaire excellemment sur la navigation de
l'Inde du Sud et de Ceylan (Taprobane) vers le Sud-Est asiatique. Il
donne souvent des indications sur les directions des ombres méridiennes et sur le ciel dans diverses régions. Au XVIIe siècle et au XVIIIe, les
savants, alors familiarisés avec les cadrans solaires et la gnomonique,
les appréciaient. Les modernes n'y prêtent pas toujours attention.
Or, ces données qui révèlent les latitudes sont essentielles pour les
marins et il est naturel que Pline, commandant de la flotte de Misène,
ait eu soin de les noter. L'une d'elles est pour nous décisive. Pline a
recueilli sur un mont Maleus l'information qu'il donnait de l'ombre
pendant six mois au Nord et pendant six mois au Sud. Il ne peut en ce
cas s'agir que d'une montagne de l'Équateur ou tout proche de lui et
il n'y en a qu'une de cette sorte dans le monde « indien » : le Gunung
Kerinci ou Indrapura à Sumatra. Ptolémée place à la latitude corres-
pondante en Chrysé, c'est-à-dire en Sud-Est asiatique, un cap
Maleoukolon et nous connaissons en effet un cap au pied de cette
montagne. Les vents réguliers de janvier-février portent directement
de l'Inde tamoule et de Ceylan dans sa direction. Le mot *malai* veut
dire « montagne » en tamoul. La littérature tamoule atteste qu'on
allait chercher le camphre à Câvakam, qui peut être Sumatra ou
Java, mais c'est précisément dans la chaîne de montagnes de Sumatra où culmine le Gunung Kerinci que venait réellement le camphre le
plus fameux du commerce jusqu'aux temps modernes. Nous sommes
donc assurés que c'est une navigation et un trafic tamouls que Pline
nous révèle par sa notation toponymique et gnomonique, en nous

---

1940-1947. Pour l'ensemble, J. Filliozat, *Revue Hist.*, 1949, p. 1-29 ; éd. nouvelle, *Les relations extérieures de l'Inde*, I, *Les échanges de l'Inde et de l'empire romain*, Pondichéry, 1950,
carte.

fournissant par sa propre date un terminus ad quem à leur existence historique. Il fournit de même, par le récit du voyage involontaire d'un affranchi d'Annius Plocamus à Taprobane, des données nouvelles sur l'île. Il se trompe en prétendant que les habitants commercent avec les Sères d'au-delà de l'Himālaya, mais nous comprenons sa méprise en sachant que les habitants du Kerala, tout proche de Taprobane/Ceylan, s'appellent Cērar (prononciation Sērar) en tamoul. Il révèle encore le voyage d'envoyés de Taprobane à Rome sous Claude et par conséquent l'étendue des relations de l'Inde du Sud et de Ceylan déjà instituées avec l'Indonésie et amorcées récemment avec l'Empire romain[12].

Or ces relations se sont continuées et ont élargi pour le monde gréco-romain sa notion et même sa connaissance du monde indien, connaissance qu'il n'avait auparavant guère glanée que dans l'angle Nord-Ouest de ce monde et dans la capitale de l'Empire maurya, lequel n'englobait pas le Sud.

Les renseignements obtenus par Ptolémée au IIe siècle ont été accumulés de longue date et surtout multipliés au Ier siècle avec les voyages des marchands de l'empire romain entre l'Égypte et l'Inde et ceux des Tamouls entre l'Inde et l'Indonésie, mais aussi grâce aux voyages par terre jusqu'en Asie centrale. Deux récits sont particulièrement célèbres : le *Périple de la mer Erythrée* et la *Vie d'Apollonios de Tyane* par Philostrate.

Le premier est anonyme, représenté par un manuscrit unique dans lequel il faut corriger le nom de Manbános pour en faire le satrape Nahapāna du Ier siècle et interpréter quelques autres notations comme se rapportant pour certains au Ier et pour d'autres au IIIe siècle. Les informations concernent surtout les objets de commerce dans divers ports, dont la connaissance paraît plus avancée que chez Ptolémée, mais ne comprend pas de mentions de latitudes. De toute façon, cet ouvrage n'apporte que des informations commerciales tout naturellement attendues à partir de l'essor de la navigation de l'Empire romain dans l'océan Indien et évident par ailleurs. Il est en effet attesté dès le Ier siècle avant et le Ier après J.-C., par Strabon d'abord, puis par les trouvailles de poteries arrétines près de Pondichéry[13], et les textes tamouls un peu plus tard[14].

En définitive, le texte du *Périple* n'a pas pu donner aux Grecs <ni aux Romains qui ont pu le connaître> d'idées neuves sur les peuples de l'Inde.

---

12. Sur toutes ces questions, J. André et J. Filliozat, *Pline, Livre VI. L'Inde de Pline*, bibliographie et carte, Paris, Belles Lettres, 1980.

13. J. Filliozat, *Relations extérieures de l'Inde*, I, p. 13 sq.

14. P. Meile, *Les Yavanas dans l'Inde tamoule*, in *J. A.*, 1940, p. 85-123.

Le second texte a été composé au IIIe siècle sur Apollonios, censé né à Tyane en Cappadoce comme incarnation de Protée. La légende paraît avoir voulu en faire un pendant grec de Jésus, mais l'a fait voyager dans l'ensemble des mondes européen, africain et asiatique accessibles au Ier siècle et tout particulièrement en Éthiopie et en Inde. Son histoire, telle que Philostrate l'a donnée < au début du IIIe siècle à l'instigation de l'impératrice Julia Domna, épouse de Septime Sévère >, est pleine de merveilleux et de miracles et abonde en conférences avec les brâhmanes et autres sages qui reprennent souvent des clichés répandus depuis Alexandre. L'addition de merveilleux relève de l'esprit du temps, qu'A.J. Festugière a décrit comme celui du déclin du rationalisme[15]. Quelques traits authentiques ont été relevés dans ce qui est attribué aux brâhmanes[16], mais il est évident que les lecteurs de l'Antiquité ne pouvaient en la matière distinguer le vrai du faux. < Sidoine Apollinaire l'avait traduite en latin, et le voyage en Inde d'Apollonios est évoqué deux fois, par saint Jérôme, dans une lettre de la fin du IVe siècle, et par Sidoine, alors évêque de Clermont, en 476 ou 477[17] > .

Dans un autre texte, admirable celui-là, dans son exactitude et sa concision, décrivant la doctrine des brâhmanes, ils n'ont pas davantage pu apprécier la valeur d'information. Mais pour nous celle-ci prouve qu'il y avait dans l'Empire romain, parmi les chrétiens de langue grecque, des détenteurs de connaissances autrement valables que celles rebattues des littératures générales conventionnellement moralisatrices. Il s'agit de la *Réfutation de toutes les hérésies*, attribuable à saint Hippolyte, évêque de Rome, ou à un contemporain. Dans les deux cas, on doit dater ce texte d'environ 230 et constater que sa source principale d'information est une communauté vivant au Karnāṭaka (Kannaḍa) sur la Tuṅgavenā ou Tuṅgabhadrā, affluent de la Kṛṣṇa, que le texte appelle en grec *Tagabena*.

Malheureusement, le texte de l'*Élenchos* sur les brâhmanes, trop court d'ailleurs, n'a pas attiré l'attention du monde gréco-romain. Les notions valables sur la sagesse et sur les productions naturelles et surtout les épices, mais moins ou guère valables sur les richesses et les prodiges, ont prévalu. Elles se sont même multipliées, enrichies d'interpolations, de développements et de dissertations. Les textes de

---

15. *Trois rencontres entre la Grèce et l'Inde*, in *R.H.R.*, 1942-1943, p. 51 sq. ; *Grecs et sages orientaux*, in *R.H.R.*, juil.-déc. 1945, p. 38 sq. ; enfin *La Révélation d'Hermès Trismégiste*, I, Paris, Gabalda, 1944, chap. premier.

16. Cf. compte rendu du précédent, *J. A.*, 1943-1945, p. 349 sq., et surtout R. Goosens, *Un texte grec relatif à l'aśvamedha*, in *J. A.*, 1930, p. 280, et P. Meile, communication sur *Apollonius de Tyane et les rites védiques*, in *J. A.*, 1943-1945, p. 451. Pour les opinions d'auteurs chrétiens anciens sur Apollonius, cf. E. Lamotte, *Histoire du bouddhisme indien*, Louvain, 1958, p. 521.

17. Saint Jérôme, *Epist.*, 53, 1 ; Sid. Apol., *Epist.*, 8, 3.

Bardesane, les diverses versions de Palladios[18] ont peu contribué à éclairer l'Europe sur l'Inde.

Ils ont surtout été indigents à l'égard du bouddhisme, contrairement à ce qu'on aurait pu attendre en présence de la puissance d'expansion de celui-ci dans tout le continent asiatique, de l'Iran au Pacifique et dans les îles du Sud et du Sud-Est, Ceylan et l'Indonésie, ou de l'Extrême-Orient, c'est-à-dire du Japon.

Quoi qu'il en soit, l'exemple du texte de l'*Elenchos,* et aussi ces mentions fugitives mais exactes, établissent que des connaissances de valeur sur l'Inde et sa pensée sont parvenues dans le monde gréco-romain, non seulement au temps d'Alexandre, mais encore de nouveau, et cette fois surtout de l'Inde du Sud, à partir du développement des relations maritimes au début de l'ère chrétienne. Les similitudes de pensée et de connaissances sur la nature qui se rencontrent dès lors entre le monde gréco-romain et l'Inde peuvent donc résulter de communications réelles, même quand celles-ci ne sont pas formellement attestées.

Pourtant les savants modernes inclinent souvent à juger les textes grecs et romains tardifs comme apocryphes, enjolivés ou menteurs. On conteste volontiers le séjour en Inde de saint Thomas, apôtre[19], fort plausible en soi, encore que les légendes et les partis pris aient été et soient toujours de nature à le discréditer. Quelques recoupements, notamment l'existence de monnaies de Gondopharès avec son nom en caractères grecs[20], paraissent au moins garantir la vraisemblance de son apostolat, déjà attesté au IIIᵉ siècle, mais n'ont rien enseigné sur l'Inde au monde gréco-romain. C'est en Inde que, légendaire ou non, cet apostolat cité plus tard en référence a pu fortifier des notions chrétiennes parmi d'autres apportées par l'Occident. C'est à l'Inde aussi que le roman du Pseudo-Callisthène, peu instructif pour l'Europe, a fourni le nom d'Alexandre[21].

---

18. J. Duncan, M. Derret, *Palladius on the races of India and the Brahmans,* in *Classica et Mediaevalia,* 21, 1960, p. 64-99 ; *The Theban Scholasticus and Malabar in c. 355-360,* in *J.A.O.S.,* 82, 1, jan.-march 1962, p. 21-32, ubi alia.

19. E. Lamotte, *Histoire du bouddhisme indien,* p. 513-518. Sur les trouvailles archéologiques : H. Hosten, *Antiquities from San Thome and Mylapore,* Calcutta, 1936, 590 p., et E.R. Hambye, *Excavations in and around Saint Thomas Cathedral, Mylapore, Madras, feb.-april 1970,* in *Indian Church History Review,* VI, 2, 1972 ; X, 2, 1976. Sur des légendes d'exploits de Thomas dans l'Inde : J.A. Amaury, *Rite et symbolique en Acta Thomae,* vers. syr. I, 2a et ss., in *Mémorial Jean de Menasce,* Louvain, 1974, p. 11 sq. Sur le problème de saint Barthélemy, de Pantène et des juifs en Inde, J. Filliozat, *Docétisme chrétien et docétisme indien. L'homme devant Dieu,* in *Mélanges H. de Lubac,* Paris, 1964, t. III, p. 11 sq.

20. Guduvhara en kharosthī (forme originale iranienne sans doute *Vindafarma « qui remporte la victoire », mais variantes d'orthographe).

21. Sylvain Lévi, *Alexandre et Alexandrie dans les documents indiens* in *Mél. Maspero (Mém. Inst. fr. du Caire,* LXVII), II, 1934, p. 155-164 et 389-390, repr. *Mémorial Sylvain Lévi,* Paris.

Quelques exemples nous ont montré que les sources indiennes dans leurs multiples langues justifient souvent des assertions d'auteurs grecs et romains précédemment tenues pour fantaisistes ou impossibles. Nous avons vu que deux courants principaux avaient apporté sur l'Inde des connaissances de valeur aux Grecs et aux Romains, en dehors du poivre, du sucre, du coton ou des perles. Ce sont celui qui est parti des philosophes et observateurs compagnons d'Alexandre ou envoyés de Seleucus et plus tard celui du commerce de l'océan Indien. Le public en général est resté dans l'Antiquité, comme il est encore aujourd'hui, très ignorant des cultures du monde indien, mais certains philosophes ou hommes de religion, traditionnels ou chrétiens ou juifs, ont connu des réalités qui nous sont familières aujourd'hui.

C'est chez les chrétiens de Rome au IIIᵉ siècle que l'évidence de cette connaissance est la plus claire. C'est aussi, cette fois dans l'Inde même, chez des chrétiens, installés dans le pays et étudiant ses langues et ses livres, que, plus tard, la pensée indienne s'est révélée à l'Europe, avec le luthérien Abraham Roger au XVIIᵉ siècle et les Jésuites tels que Pons et Calmette au XVIIIᵉ. C'est maintenant et à l'avenir qu'avec les philologues et historiens de toutes confessions, ou sans confession, les sources gréco-romaines sur l'Inde peuvent être, et pourront être, malgré leurs erreurs inévitables, appréciées et rendues précieuses par une meilleure compréhension de leurs témoignages datables.

III

Dans la littérature latine, l'Inde se présente sous deux aspects, l'un scientifique, l'autre purement littéraire. Les témoignages scientifiques figurent dans les œuvres historiques — essentiellement celles qui relatent les conquêtes d'Alexandre (Quinte-Curce, Justin) —, ethno-géographiques (Mela, Pline, Solin, Martianus Capella, Isidore, etc.) et médicales, par l'indication de drogues importées (Celse, Scribonius Largus, etc.). Toutes sont largement tributaires des auteurs grecs et transmettent peu de renseignements nouveaux. Il serait sans doute intéressant de faire le bilan de leur apport et de déterminer ce qu'elles ont repris ou délaissé.

Les témoignages purement littéraires permettent de mesurer la place de l'Inde dans la culture romaine. Toute auréolée de son éloignement à l'extrémité du monde connu et des mirages nés des exploits d'Alexandre, elle jouit, plus que l'Afrique toute proche, que la Germanie barbare et les régions nordiques désolées, d'une réputation que ne vient pas ternir une proximité qui pourrait être cruelle, source de rêves de richesses et d'étrangetés, bref l'Eldorado des Romains[22].

C'est pourquoi ont été enregistrés ici même de menus extraits d'œuvres poétiques évoquant en un vers, une formule ou un simple mot des thèmes devenus d'une singulière banalité, comme les *extremi Indi* ou l'*India tosta* de Catulle, l'*ebur Indicum* d'Horace, les *Indae conchae* de Properce... Ces notations, qui n'apportent rien à notre connaissance de la contrée, soulignent par leur fréquence même l'importance du « phénomène indien » dans la poésie, ainsi que sa durée, qui va des 14 allusions à l'Inde chez Virgile aux 19 de Sidoine Apollinaire.

Les premières mentions de l'Inde dans la littérature latine apparaissent dans des adaptations ou traductions d'œuvres de la comédie grecque, entre 205 et 166 a.C., chez Plaute et Térence. De l'*Alazon* d'un poète grec inconnu au *Miles gloriosus* qui l'imite, nous ignorons combien d'années se sont écoulées, mais 120 années seulement séparent la campagne d'Alexandre contre Porus en 326 de la comédie de Plaute. Pour avoir un écho qui ne soit pas une pure imitation, il faudra attendre Cicéron et Varron de l'Aude, entre 50 et 40 a.C. Qu'il y ait eu influence directe est difficile à admettre, surtout à l'époque républicaine et encore sous Auguste, et on peut douter de l'existence de rapports intellectuels et littéraires immédiats entre l'Inde et Rome. Il y a plus d'un siècle déjà qu'on a signalé des rapprochements possibles entre les deux littératures[23]. S'agit-il de simples rencontres ou de véritable influence ? Josette Lallemant[24], en faisant, dans l'*Enéide* et le *Mahābhārata,* l'inventaire des passages présentant des analogies, a conjecturé l'existence d'une traduction grecque de l'épopée indienne, dont Virgile aurait eu connaissance, au moins par transmission orale. Il est douteux qu'il y ait là plus qu'une coïncidence, comme en présente la littérature comparée[25]. Du reste les échanges entre l'Inde et la

---

22. Sur l'Inde dans la littérature classique, surtout grecque, cf. B.N. Puri, *India in classical Greek Writings*, Ahmedabad, New order Book Co, 1963, XII-259 p. ; J.W. Sedlar, *India and the Greek World. A study in the Transmission of Culture*, Totowa, N.J. Rowan & Littlefield, 1980, XIII-381 p. Nous n'avons pu utiliser K. Gönk-Moačanin, *L'Inde dans la littérature classique grecque et latine* [en serbo-croate], in *Latina et Graeca*, 16, 1980, p. 25-32.

23. Cf. E. Levêque, *Les mythes et légendes de l'Inde et de la Perse dans Aristophane, Platon, Aristote, Virgile, Ovide, Tite-Live, Dante, Boccace, etc.*, Paris, Belin, 1880.

24. *Une source de l'Enéide : le Mahābhārata*, in *Latomus*, 18, 1959, p. 262-287.

25. Et peut-être y a-t-il quelque part de rêve à admettre avec J. Lallemant, *art. cit.*, p. 287, que « l'idée est belle à concevoir que le Mantouan ait distingué à l'Orient le poème indien, qu'il ait puisé avec hardiesse et mesure dans une œuvre qui, après tant de dépaysements dans le temps et dans l'espace, nous déconcerte encore, qu'enfin — la circonstance de la mort prématurée du poète aidant, peut-être, mais surtout grâce à un travail remarquable d'assimilation — l'audace de cette contamination grandiose soit demeurée secrète ». Il ne suffit pas que l'idée soit belle.

Grèce (d'où ils ont pu gagner Rome) paraissent avoir eu lieu — et non sans difficutés — sur le plan de la pensée et de la morale, mais non des textes littéraires[26].

Nous nous bornerons ici à dégager les principaux thèmes relatifs à l'Inde. Le détail et les références s'en trouveront dans l'Index exhaustif, dont nous souhaitons qu'il encourage quelque latiniste à une étude plus approfondie et à une comparaison plus précise avec les thèmes de la littérature grecque.

L'attrait de Rome pour l'Inde et ses habitants tient d'abord à leur éloignement, source de mystère. Ils marquent (avec le Gange, si l'on veut préciser davantage) l'extrême limite du monde oriental avant l'océan Sérique. Poétiquement, dans Catulle, Virgile, Horace, etc., ils symbolisent le « bout du monde », comme Gadès et l'Atlas le font pour sa limite occidentale.

Dans l'histoire mythique et réelle de l'Inde, les auteurs font un choix. La campagne victorieuse d'Hercule est mentionnée seulement par les historiens, Pline, Justin, Orose, etc., et comme une réalité, tout comme l'est selon Cicéron le culte que rendraient les indigènes à ce dieu. En revanche, l'expédition et le triomphe de Bacchus-Dionysos, la fondation de Nysa par ce même dieu en 1330 a.C. selon la *Chronique* d'Eusèbe, sont si souvent évoqués, et principalement par les poètes, que Pacatus, dans son Panégyrique de Théodose prononcé en 389, conseille aux artistes et aux poètes de laisser de côté ces « thèmes rebattus des vieilles fables »[27].

On peut trouver surprenant que les conquêtes d'Alexandre ne soient pas un thème poétique, et, hormis les historiens et les géographes, soient réservées à Cicéron, Sénèque et Pline l'Ancien. C'est Auguste qui est présenté, depuis Virgile, comme le véritable vainqueur des Indiens, bien qu'il n'ait pas dépassé l'Euphrate. Mais sa victoire d'Actium fut, dans la pensée de ses contemporains, celle de l'Occident sur l'Orient, et surtout les deux ambassades indiennes auprès de lui en 25 et 20 a.C. apparaissaient comme la confirmation d'une supériorité et d'un ascendant indiscutables ; c'est par allusion à la première que Properce a pu écrire, non sans quelque exagération, que l'Inde figurait au triomphe d'Auguste[28] :

India quin, Auguste, tuo dat colla triumpho.

---

26. Cf. J. Filliozat, *Les échanges de l'Inde et de l'Empire romain aux premiers siècles de l'ère chrétienne*, in *Rev. Hist.*, 201, 1949, p. 1-29.

27. Le mythe de Persée et Andromède n'est indien dans Ovide, *Ars am.*, 1, 53, que par un amalgame fréquent de l'Inde et de l'Éthiopie.

28. Properce, 2, 10, 15. Sur la politique commerciale d'Auguste, en particulier avec l'Inde, cf. W. Schmitthenner, *Rome and India. Aspects of universal History during the Principate*, in *Journal of Roman Studies*, 69, 1979, p. 90-106.

L'Inde tremblera encore devant Rome dans les poèmes de Sidoine Apollinaire et de Claudien, même lorsque, au bas-empire, les empereurs auront abandonné toute prétention de conquêtes orientales. Au IVᵉ siècle, Optatien la montre désireuse de se soumettre aux lois de Constantin et, selon Prudence, c'est Dieu lui-même qui apprit aux Indiens, comme aux Égyptiens et aux Ibères, à « incliner la tête sous les mêmes lois et à devenir tous Romains »²⁹.

Si les Indiens sont fréquemment évoqués, leur portrait est assez rudimentaire, avec deux éléments principaux : le teint basané (chez 18 poètes depuis Virgile) et la chevelure flottante, généralement teinte et parfumée. Quant à leurs mœurs, on relève surtout le suicide par crémation des philosophes, et des veuves par fidélité à leur mari défunt, objet d'étonnement et d'admiration plutôt que d'horreur.

Les thèmes géographiques sont variés. D'abord les fleuves, Indus et Gange, l'un et l'autre cités comme les plus beaux, les plus grands et les plus profonds de tous, et charriant des pierreries, passés, avec l'Hydaspe, en symboles de l'Inde au point d'adopter l'épithète des indigènes (le « noir » Indus, chez Claudien).

Le thème de la végétation, auquel les écrivains étaient d'une façon générale peu sensibles, n'est attesté, malgré sa singularité, que pour la taille des arbres, dont aucune flèche ne peut atteindre le sommet (Virgile), et la seule essence digne de mention est l'ébène, très recherchée pour le mobilier de luxe.

Parmi les thèmes animaliers, citons l'éléphant, depuis Plaute et Lucrèce, célébré pour sa taille et ses défenses ; le lion et surtout le tigre, comme symboles de la férocité ; le perroquet, qui, chez Ovide, se substitue au « moineau » de Lesbie, oiseau si original qu'il sera plusieurs fois décrit³⁰ ; enfin, mais à date tardive, le phénix, chez Ausone et Sidoine Apollinaire.

Les écrivains ont été surtout très impressionnés par les richesses fabuleuses ou présumées telles, par les trésors de « l'Inde opulente »³¹, car les Indiens si peu connus sont réputés riches et heureux³². Les produits de luxe presque seuls exportés vers le monde occidental ont fondé une réputation que les poètes ont étendue à l'ensemble de la population, si bien que toute évocation de la contrée entraîne celle de l'ivoire, des perles, de l'or, des pierreries et des aromates, et qu'inversement ces denrées sont, selon la norme poétique,

---

29. Prudence, *In Symm.*, 62, 602 sq.
30. Cf. A. Sauvage, *Étude des thèmes animaliers dans la poésie latine*, Bruxelles, coll, Latomus, 1975, p. 272-274.
31. *thesauris... diuitis Indiae*, Horace, *Od.*, 3, 24, 2.
32. *felicibus Indis*, Tibulle, 2, 2, 15.

ornées d'une épithète de nature : tout ivoire est indien[33], toute perle est indienne, tout comme les pierreries[34]. Les auteurs en restent ainsi à une conception simplifiée de l'Inde qu'avait formée la campagne d'Alexandre, conservée telle quelle dans le monde occidental.

Le christianisme provoque un profond changement dans les rapports littéraires avec l'Inde. Sans doute saint Augustin lui-même ne renonce-t-il pas au thème de Bacchus[35], et les mêmes richesses sont toujours mentionnées conformément à une tradition qui fut d'abord poétique : l'or, les parfums, les pierreries sont encore des thèmes obligés chez saint Augustin, saint Ambroise, saint Jérôme, Dracontius, saint Avit ; mais l'ivoire devient objet de dérision quand il entre dans la « fabrication » des statues des dieux païens[36], et le « ver indien » n'est pas cité pour les tissus précieux qu'il procure, mais pour ses métamorphoses présentées par saint Ambroise et Eustathe comme une explication et un symbole de la résurrection.

A l'origine de ce changement, la substitution aux sources profanes des textes sacrés, principalement de l'Ancien Testament ; le Gange, changeant de nom, devient le Phison, comme dans la *Genèse* ; il ne sort plus du Caucase, mais du Paradis, et les Indiens eux-mêmes sont des descendants de Sem. On attribue aussi alors à l'Inde, d'après l'Ancien Testament, des régions et des villes qui ne lui appartiennent pas : Evila, Ophir, Sofera, Tharsis.

L'accent est mis sur les mœurs, soit qu'on les réprouve, ainsi l'union entre proches parents et la polygamie[37], soit qu'on les loue : les épouses qui se font brûler sur le bûcher de leur époux sont données en exemple aux veuves chrétiennes pour les inciter à refuser un nouveau mariage[38]. Les allusions aux gymnosophistes, Brâhmanes, Sages et même Bouddhistes souvent grossièrement confondus[39] sont plus nombreuses et plus précises chez les Pères de l'Église, portant sur leurs mœurs, leur genre de vie, leur doctrine et leur enseignement : croyance à l'immortalité de l'âme, mépris de la mort, existence d'un dieu suprême, en notant les convergences possibles avec le christianisme.

En même temps, saint Ambroise, saint Jérôme, Eucher de Lyon surtout nous renseignent sur l'ouverture de l'Inde au christianisme et sur les missions évangéliques de saint Thomas (ou, selon Eucher, de

---

33. Cf. Virg., *Aen.*, 12, 67-68, *Indum... ebur ;* Hor., *Od.*, 1, 31, 6, *ebur Indicum*, etc.
34. Properce, 1, 8, 39, *Indis... conchis ;* 2, 22, 10, *Indica... gemma.*
35. *Ciu.dei*, 18, 13.
36. Arnobe, *Aduersus nationes*, 6, 14.
37. Saint Jérôme, *In Iouin.*, 2, 7.
38. *Ibid.*, 1, 44.
39. *Ibid.*, 1, 42. Sur ce sujet, cf. E. Malaspina, *Mitizzazione e demitizzazione dei sapienti indiani nel mondo greco-romano*, in *Romanobarbarica*, 6, 1981-1982, p. 189-234.

saint Barthélemy) ou de Pantène, ce stoïcien converti envoyé par son évêque prêcher le Christ chez les brâhmanes. Non sans quelque exagération, quand Fortunat montre l'enseignement de saint Hilaire et de saint Martin pénétrant jusque chez les Indiens ; les conquêtes attribuées aux pères de l'Église remplacent celles d'Auguste « vainqueur des Indiens », la morale et la religion prenant le pas sur la politique. Enfin saint Jérôme signale dans sa correspondance[40] des pélerinages d'Indiens, moines ou laïcs, aux Lieux saints vers 400 p.C. D'une façon générale, à partir du Ve siècle, les auteurs chrétiens font état de données fournies par les voyageurs contemporains, comme l'a noté A. Dihle[41], mais les Latins beaucoup moins que les Grecs.

*

* *

Sans Monsieur Jean Filliozat, ce livre n'existerait pas. Cet indianiste éminent, préoccupé depuis de longues années des rapports historiques, scientifiques et moraux de l'Inde et de l'Occident[42], avait bien voulu collaborer à sa réalisation en vérifiant l'adaptation de la traduction aux données indiennes et en rédigeant la majeure partie du commentaire. On reconnaîtra aisément la part qui lui revient, à laquelle je n'ai fait qu'ajouter les données fournies par la littérature gréco-latine. La mort l'a frappé, le 27 octobre 1982, quand sa tâche était presque entièrement achevée[43]. Son fils, M. Pierre-Sylvain Filliozat, directeur d'études à l'École des Hautes Études, a relu le commentaire et établi l'Index des noms originaux ainsi que la carte. M. Pierre Langlois, avec son obligeance et sa vigilance coutumières, a revu la traduction des textes post-classiques. Qu'ils en soient ici remerciés ! [J. A]

---

40. *Epist.*, 46, 10 ; 107, 2.

41. Cf. A. Dihle, *The Conception of India in Hellenistic and Roman Literature*, in *Proceedings of the Cambridge Phil. Society*, 10, 1964, p. 15-23.

42. Jean Filliozat, *La théorie grecque des humeurs et la médecine indienne*, in *Hippocrate*, 1, 1933, p. 413-421. — *Les gajaçâstra et les auteurs grecs*, in *Journal Asiatique*, 222, 1933, p. 163-175. — *Pandaia, fille d'Héraklès indien*, in *Journal Asiatique*, 1943-1945, p. 420. — *La doctrine des brâhmanes d'après saint Hippolyte*, in *Revue d'Histoire des Religions*, 130, 1945, p. 59-91 ; nouvelle édition remaniée sous le titre *La doctrine brahmanique à Rome au IIIe siècle*, in *Les relations extérieures de l'Inde*, I, Pondichéry, 1950. — *Le sommeil et les rêves selon les médecins indiens et les physiologues grecs*, in *Journal de Psychologie*, 1947, p. 326-346. — *Les échanges de l'Inde et de l'Empire romain aux premiers siècles de l'ère chrétienne*, in *Revue historique*, 201, 1949, p. 1-29, nouvelle édition dans *Les relations extérieures de l'Inde*, I, *Les échanges de l'Inde et de l'Empire romain*, Pondichéry, 1950. — *La doctrine classique de la médecine indienne. Ses origines et ses parallèles grecs*, Paris, Impr. Nle, 1949, VIII-230 p. ; 2e édition, Paris, Publ. de l'École fr. d'Extrême-Orient, 1975. — *Pronostics médicaux akkadiens, grecs et indiens*, in *Journal Asiatique*, 1952, p. 299-321. — *Pline et le Malaya*, in *Journal Asiatique*, 262, 1974, p. 119-130. — *La valeur des connaissances gréco-romaines sur l'Inde*, in *Journal des Savants*, avril-juin 1981, p. 97-135.

43. Cf. ci-dessus, note 10.

PLAUTE

Le soldat fanfaron, 25-26 (adapté de *l'Alazôn,* « Le vantard », de date et d'auteur inconnus) : Et, dans l'Inde, par Pollux, <te souviens-tu> comme tu as cassé le bras à cet éléphant d'un coup de poing ? — Comment, le bras ? — Je voulais dire la cuisse[1].

Le charançon, 439-440 (original grec inconnu) : Je vais te le dire : il y a trois jours que nous sommes arrivés en Carie, venant de l'Inde[2].

TÉRENCE.

Eunuque, 410-413 : Tous de me jalouser, de me déchirer en cachette ; moi de n'en pas faire cas ; eux de me jalouser horriblement, mais l'un sans bornes, celui qu'il avait mis au commandement des éléphants indiens [déclaration d'un soldat fanfaron se vantant d'avoir été au service du roi de Perse].

VARRON DE L'AUDE

Géographie, fr. 20 Morel : Le roseau indien[3], en croissant, atteint la taille d'un grand arbre ; on extrait de ses racines visqueuses une liqueur dont le suc l'emporte sur le doux miel.

CICÉRON

Des termes extrêmes des biens et des maux, 3, 45 : De même que pâlit et s'obscurcit, à la lumière du soleil, la lueur d'une lampe, de même que se perd dans l'immensité de la mer Egée une goutte de miel... et l'étendue d'un pas sur la route qui va d'ici à l'Inde, de même...

PLAVTVS

Miles gloriosus, 25-26 (205 a.C.) :
        Edepol uel elephanto in India
quo pacto ei pugno praefregisti bracchium !
— Quid bracchium ? — Illud dicere uolui : femur.

Curculio, 439-440 (193 a.C.) :
        Ergo dicam tibi :
quia nudiusquartus uenimus in Cariam
ex India.

TERENTIVS

Eunuchus, 410-413 (166 a.C.)
        Inuidere omnes mihi,
mordere clanculum ; ego non flocci pendere ;
illi inuidere misere, uerum unus tamen
inpense, elephantis quem Indicis praefecerat.

VARRO ATACINVS (85-35 a.C)

Chorographia, frg. 20 (Isid., *Etym.*17, 7, 58 ; *Adnot. super Lucan*, 3, 237 ; *Comm. in Lucan*. 3, 237), *Frg. poet. lat.* W. Morel, p. 98 :
Indica non magna minor arbore crescit harundo ;
illius et lentis premitur radicibus humor,
dulcia cui nequeant suco contendere mella.
    minor *comm.* : in *codd. Isid., om. adn.* / / contendere *adn.* : concedere,
— cidere, condere *codd. Isid.*

CICERO

De finibus, 3, 45 (août 45 a.C.) : Vt enim obscuratur et offunditur luce solis lumen lucernae et ut interit <in> magnitudine maris Aegaei stilla mellis... et gradus unus in ea uia quae est hinc in Indiam, sic...
    uia *APR* : uita *BE* / / in indiam APR : inuidiam *BE*.

Tusculanes, 2, 52 : L'Indien Callanus[4], un barbare ignorant, né au pied du Caucase, se fit volontairement brûler vif.

Tusculanes, 5, 77-78 : Est-il nation plus grossière ou plus sauvage que les Indiens ? Et pourtant, d'abord, dans ce peuple, ceux que l'on tient pour sages vivent nus, supportent sans en souffrir les neiges du Caucase et les rigueurs de l'hiver[5] et, quand ils se soumettent à l'épreuve du feu, se laissent brûler sans une plainte. **78.** Et puis les femmes de l'Inde[6], quand elles ont perdu leur mari, se disputent et font juger quelle fut sa préférée (car les Indiens ont plusieurs épouses) ; celle qui l'emporte s'en va joyeuse, accompagnée de ses proches, prendre place aux côtés de son mari sur le bûcher, et la vaincue se retire affligée.

De la nature des dieux, 2, 130 : Quant à l'Indus, qui est le plus grand de tous les fleuves, non seulement par son eau il fertilise et ramollit les champs, mais il les ensemence même ; on dit en effet qu'il charrie une grande quantité de graines du type du froment[7].

De la nature des dieux, 3, 42 (liste des 6 Hercule) : Le cinquième Hercule est celui que, dans l'Inde, on nomme Bélus[8].

De la république, 2, 67 (des cornacs d'éléphants) : Ainsi cet Indien ou ce Carthaginois ne maîtrise qu'une seule bête, et encore est-elle dressée et faite aux habitudes des hommes.

De la république, 6, 22 (prophétie de Scipion l'Africain : la terre vue en songe) : Et même dans ces régions habitées et connues, ton nom ou celui d'un de nous a-t-il pu franchir le Caucase, que tu vois ici, ou traverser le Gange ?

De la divination, 1, 46 : Il y a donc, en vérité, même chez les peuples barbares, une faculté de prescience et de divination : l'Indien Callanus, allant à la mort, s'écria en montant sur un bûcher enflammé : « Oh ! la noble fin, puisque, lorsque la dépouille mortelle d'Hercule fut consumée, son âme s'éleva vers la lumière. » Et comme Alexandre lui demandait, s'il désirait quelque chose, de le dire : « C'est bien, dit-il, je te reverrai bientôt. » C'est ce qui arriva : Alexandre mourut à Babylone peu de jours après.

Tusculanae disputationes, 2, 52 (45-44 a.C.) : Callanus Indus, indoctus ac barbarus, in radicibus Caucasi natus, sua uoluntate uiuus combustus est.

Tusculanae disputationes, 5, 77-78 : Quae barbaria India uastior aut agrestior ? In ea tamen gente primum ii qui sapientes habentur nudi aetatem agunt et Caucasi niues hiemalemque uim perferunt sine dolore, cumque ad flammam se adplicauerunt, sine gemitu aduruntur. 78. Mulieres uero in India, cum est cuius earum uir mortuus, in certamen iudiciumque ueniunt quam plurimum ille dilexerit (plures enim singulis solent esse nuptae) ; quae est uictrix, ea laeta prosequentibus suis una cum uiro in rogum imponitur, illa uicta maesta discedit.

De natura deorum, 2, 130 (45-44 a.C.) : Indus uero, qui est omnium fluminum maximus, non aqua solum agros laetificat et mitigat, sed eos etiam conserit ; magnam enim uim seminum secum frumenti similium dicitur deportare.

De natura deorum, 3, 42 : quintus (sc. Hercules) in India qui Belus dicitur...

De republica, 2, 67 (44 a.C.) : Ergo ille Indus aut Poenus unam coercet beluam et eam docilem et humanis moribus assuetam...

De republica, 6, 22 : Ex his ipsis cultis notisque terris num aut tuum aut cuiusquam nostrum nomen uel Caucasum hunc quem cernis transcendere potuit, uel illum Gangen tranatare ?

De diuinatione, 1, 46 (44 a.C.) : Est profecto quiddam in barbaris gentibus praesentiens atque diuinans, siquidem ad mortem proficiscens Callanus Indus, cum inscenderet in rogum ardentem « O praeclarum discessum, inquit, e uita, cum, ut Herculi contigit, mortali corpore cremato, in lucem animus excesserit ! » cumque Alexander eum rogaret, si quid uellet, ut diceret : « Optume, inquit, propediem te uidebo ». Quod ita contigit ; nam Babylone paucis post diebus Alexander est mortuus.

LUCRÈCE

De la nature, 2, 536-540 : Ainsi, parmi les quadrupèdes, nous voyons d'abord les éléphants à la trompe serpentine[9], dont des milliers font à l'Inde un rempart d'ivoire, au point qu'on ne peut pénétrer dans ses profondeurs ; tant sont nombreuses là-bas ces bêtes sauvages dont nous ne voyons que de rares exemplaires.

CATULLE

11, 1-4 : Furius et Aurélius, compagnons de Catulle s'il va chez les Indiens au bout du monde, dont le lointain rivage est battu des flots retentissants de l'onde orientale, ou si...

45, 6-7 ; Puissé-je, seul en Libye ou dans l'Inde brûlée, me trouver en face d'un lion aux yeux pers !

64, 47-49 : La couche nuptiale de la déesse se dresse au milieu du palais ; brillante d'ivoire indien, elle est couverte d'un tissu de pourpre teint du suc rouge d'un coquillage.

VIRGILE

Géorg. 1, 56-57 : Ne vois-tu pas comme le Tmolus nous envoie les parfums du safran et l'Inde l'ivoire ?

Géorg. 2, 116-117 : l'Inde seule produit l'ébène noire[10].

Géorg. 2, 122-125 : ou les bois que porte l'Inde aux bords de l'Océan, au fin fond du monde, où jamais flèche lancée ne put atteindre l'air au sommet de l'arbre[11] ; et pourtant cette nation n'est pas sans énergie quand elle a pris le carquois.

Géorg. 2, 137-138 : Ni le beau Gange ni l'Hermus dont l'or trouble les eaux ne rivaliseraient de mérites avec l'Italie, ni Bactres, ni l'Inde...

LVCRETIVS (99/98-55/54 a.C.)

De rerum natura, 2, 536-540 :
Sicut quadripedum cum primis esse uidemus
in genere anguimanus elephantos, India quorum
milibus e multis uallo munitur eburno,
ut penitus nequeat penetrari : tanta ferarum
uis est, quarum nos perpauca exempla uidemus.

CATVLLVS

11, 1-4 : Furi et Aureli, comites Catulli,
siue in extremos penetrabit Indos,
litus ut longe resonante Eoa
tunditur unda.

45, 6-7 : Solus in Libya Indiaque tosta
caesio ueniam obuius leoni !

64, 47-49 : Puluinar uero diuae geniale locatur
sedibus in mediis, Indo quod dente politum
tincta tegit roseo conchyli purpurea fuco.

VERGILIVS (39-19 a.C.)

Georg. 1, 56-57 : Nonne uides croceos ut Tmolus odores,
India mittit ebur...

Georg. 2, 116-117 : Sola India nigrum
fert ebenum.

Georg. 2, 122-125 : aut quos Oceano propior gerit India lucos,
extremi sinus orbis, ubi aëra uincere
summum
arboris haut ullae iactu potuere sagittae ?
et gens illa quidem sumptis non tarda
pharetris.

Georg. 2, 137-138 :
nec pulcher Ganges atque auro turbidus Hermus
laudibus Italiae certent, non Bactra neque Indi.

Géorg. 2, 170-172 : et toi, le plus grand, César, qui, victorieux aujourd'hui aux extrêmes régions de l'Asie, écartes des citadelles romaines l'Indien rendu pacifique.

Géorg. 3, 26-27 : Sur les battants de la porte, je représenterai en or et en ivoire massif la bataille contre les Gangarides et les armes de Quirinus victorieux[12].

Géorg. 4, 211 : ...ou l'Hydaspe médique.[13].

Géorg. 4, 293 : <le Nil> descendu depuis le pays des Indiens basanés[14].

Géorg. 4, 425-426 : Déjà le dévorant Sirius qui brûle les Indiens assoiffés brillait dans le ciel[15].

Aen. 6, 794-795 : plus loin que les Garamantes et les Indiens, <Auguste> étendra l'empire[16].

Aen. 7, 604-605 [allusion au cérémonial de déclaration de guerre] : qu'on se prépare à porter la guerre, source de larmes, aux Gètes ou aux Hyrcaniens ou aux Arabes, ou à marcher contre les Indiens.

Aen. 8, 705-706 (l'Apollon d'Actium tend son arc sur le bouclier d'Enée) : épouvantés, tous les Égyptiens et les Indiens, tous les Arabes, tous les Sabéens fuyaient.

Aen. 9, 30-31 : Comme le Gange profond naissant silencieusement de sept rivières paisibles[17]...

Aen. 12,67-68 : Comme lorsqu'on a teint l'ivoire indien du sang de la pourpre...

APPENDIX VERGILIANA

Culex, 67-68 : <Si> la perle du coquillage de la mer Indienne est sans prix pour lui...

Elégie à Mécène, 1, 57-58 : Toi aussi, Bacchus, après notre triomphe sur les Indiens colorés[18], tu bus avec plaisir du vin pur dans un casque.

Georg. 2, 170-172 :

et te, maxime Caesar,
qui nunc extremis Asiae iam uictor in oris
inbellem auertis Romanis arcibus Indum.

Georg. 3, 26-27 :

In foribus pugnam ex auro solidoque elephanto
Gangaridum faciam uictorisque arma Quirini.

Georg. 4, 211 : aut Medus Hydaspes.

Georg. 4, 293 : usque coloratis amnis deuexus ab Indis.

Georg. 4, 425-426 : Iam rapidus torrens sitientis Sirius Indos
ardebat caelo.

Aen. 6, 794-795 : super et Garamantas et Indos
proferet imperium.

Aen. 7, 604-605 : siue Getis inferre manu lacrimabile bellum
Hyrcanisue Arabisue parant seu tendere ad
Indos.

Aen. 8, 705-706 : ... omnis eo terrore Aegyptus et Indi,
omnis Arabs, omnes uertebant terga Sabaei.

Aen. 9, 30-31 : ceu septem surgens sedatis amnibus altus
per tacitum Ganges...

Aen. 12, 67-68 : Indum sanguine ueluti uiolauerit ostro
si quis ebur.

APPENDIX VERGILIANA

Culex, 67-68 : nec Indi
concha baca maris pretio est...

Eleg. in Maecen. 1, 57-58 :

Bacche, coloratos postquam deuicimus Indos,
potasti galea dulce iuuante merum.

PRIAPÉES

46, 5 (d'une jeune femme) : plus molle que les braies d'un Mède ou d'un Indien[19].

HORACE

Satires, 2, 8, 14-15 (d'un serviteur indien) : s'avance Hydaspe[20] au teint basané, portant des vins du Cécube...

Odes, 1, 12, 55-56 : ou bien les Sères et les Indiens placés aux limites de l'Orient.

Odes, 1, 22, 5-8 : qu'il s'apprête (sc. Auguste) à faire route à travers les Syrtes houleuses ou le Caucase inhospitalier ou les lieux que baigne l'Hydaspe fabuleux.

Odes, 1, 31, 6 : ou l'ivoire indien.

Odes, 3, 24, 1-2 : plus riche que les trésors entiers des Arabes et de l'Inde opulente...

Odes 4, 14, 41-43 : Ils t'admirent, le Cantabre indompté jusqu'ici, le Mède et l'Indien, le Scythe vagabond...

Épîtres, 1, 1, 45-46 : Tu cours, marchand infatigable, jusque chez les Indiens au bout du monde, fuyant la pauvreté à travers la mer, les rochers et les flammes.

Épîtres, 1, 6, 6 : Que penses-tu des présents de la terre ? et de ceux de la mer qui enrichit au bout du monde les Arabes et les Indiens ?

Chant Séculaire, 55-56 : Déjà les Scythes et les Indiens naguère orgueilleux le consultent (sc. Auguste).

VITRUVE

7, 9, 6 : Leurs noms mêmes indiquent où l'on trouve le bleu d'Arménie et l'indigo[21].

7, 14, 2 : De même, à défaut d'indigo, en colorant de la craie de Sélinonte ou de la craie annulaire avec de la guède... on obtient une imitation de l'indigo[22].

PRIAPEA (âge d'Auguste)

46, 5, Medis laxior Indicisue bracis.

HORACE (41-13 a.C.)

Saturae, 2, 8, 14-15 : procedit fuscus Hydaspes
Caecuba uina ferens...

Carm. 1, 12, 55-56 : siue subiectos Orientis orae
Seras et Indos.

Carm. 1, 22, 5-8 : siue per Syrtis iter aestuosas
siue facturus per inhospitalem
Caucasum uel quae loca fabulosus
lambit Hydaspes.

Carm. 1, 31, 6 : aut ebur Indicum.

Carm. 3, 24, 1-2 : Intactis opulentior
thesauris Arabum et diuitis Indiae.

Carm. 4, 14, 41-43 : Te Cantaber non ante domabilis
Medusque et Indus, te profugus Scythes
miratur...

Epist. 1, 1, 45-46 : Impiger extremos curris mercator ad Indos,
per mare pauperiem fugiens, per saxa, per
ignes.

Epist. 1, 6, 6 : Quid censes munera terrae, quid
maris extremos Arabas ditantis et Indos ?

Carmen Saec. 55-56 : Iam Scythae responsa petunt, superbi
nuper et Indi.

VITRVVIVS (circa 27 a.C.)

7, 9, 6 : Armenium et Indicum nominibus ipsis indicatur quibus in locis procreatur.

7, 14, 2 : Item propter inopiam coloris indici cretam selinusiam aut anulariam uitro... inficientes imitationem faciunt indici coloris.

8, 2, 6 [dans une liste de fleuves coulant du nord au sud] : tout d'abord, en Inde, le Gange et l'Indus descendant du mont Caucase[23].

8, 3, 8 : et dans l'Inde <est un lac> qui par beau temps rejette une grande quantité d'huile[24].

TIBULLE

2, 2, 15-16 : Et tu ne préfèrerais pas avoir toutes les perles qui naissent pour les heureux Indiens, en Orient, dans l'onde de la mer Rouge[25].

2, 3, 55 : Qu'elle ait de noirs compagnons que l'Inde brûle et que colore le feu du soleil en approchant son char.

3, 8, 19-20 : Et toutes les perles que, sur le rivage de la mer Rouge, récolte le noir Indien proche de l'Océan oriental.

PROPERCE

1, 8, 39-40 : Ce n'est ni l'or ni les perles de l'Inde qui m'ont permis de la fléchir.

2, 9, 29 : Que serait-ce si j'étais retenu sous les armes au loin chez les Indiens ?

2, 10, 15 : L'Inde elle-même, Auguste, tend son cou aux chaînes de ton triomphe.

2, 18, 11 : Quand, le tenant (sc. Tithon) dans ses bras, <l'Aurore> reposait au voisinage de l'Inde.

2, 22, 10 <ses cheveux> que retient au milieu de la tête une pierre précieuse de l'Inde.

3, 4, 1-2 : Le divin César médite de porter ses armes contre les riches Indiens et de sillonner avec sa flotte la mer qui produit les perles.

3, 13, 5 : La fourmi indienne nous envoie l'or du fond des mines[26].

3, 13, 15-22 : Heureuse et unique loi, qui règle les funérailles des maris orientaux que colorent les coursiers de la rouge Aurore[27] ! Quand la dernière torche a été jetée sur le lit funèbre,

8, 2, 6 : Primumque in India Ganges et Indus ab Caucaso monte oriuntur.

8, 3, 8 : Et India (sc. lacus est), qui sereno caelo emittit olei magnam multitudinem.

TIBVLLVS (27-19 a.C.)

2, 2, 15-16 : Nec tibi, gemmarum quidquid felicibus Indis
nascitur, Eoi qua maris unda rubet.
indis *Par. :* undis *AV.*

2, 3, 55 : Illi sint comites fusci, quos India torret
solis et admotis inficit ignis equis.

3, 8, 19-20 : Et quascumque niger rubro de litore gemmas
proximus Eois colligit Indus aquis.

PROPERTIVS (27-22 a.C.)

1, 8, 39 : Hanc ego non auro, non Indis flectere conchis (sc. potui).

2, 9, 29 : Quid si longinquos retinerer miles ad Indos ?

2, 10, 15 : India quin, Auguste, tuo dat colla triumpho.

2, 18, 11 : Illum ad uicinos cum amplexa quiesceret Indos (sc. Aurora),

2, 22, 10 : Indica quos medio uertice gemma tenet (sc. crines).

3, 4, 1-2 : Arma deus Caesar dites meditatur ad Indos
et freta gemmiferi findere classe maris.

3, 13, 5 : Inda cauis aurum mittit formica metallis.

3, 13, 15-22 :
Felix Eois lex funeris una maritis,
quos Aurora suis rubra colorat equis !

la troupe pieuse des épouses est là, les cheveux épars, et elles rivalisent pour mourir, à qui suivra, vivante, son époux : honte à celle à qui il n'est pas permis de mourir ! Les épouses victorieuses brûlent et offrent leur poitrine à la flamme, et appliquent leurs lèvres brûlées sur le corps de leur mari.

3, 17, 21-22 : Je dirai... les armées indiennes mises en fuite par les chœurs de Nysa[28].

4, 3, 10 : et l'Indien brûlé et basané aux bords des eaux orientales.

TITE-LIVE (27 a.C. - 17 p.C)

9, 17, 17 : Bien différente de l'Inde, à travers laquelle il s'avança en joyeux cortège avec une armée ivre, aurait paru l'Italie à Alexandre[29].

9, 19, 5 (hypothèse d'une invasion de l'Italie par Alexandre) : Lui-même, s'il s'était adjoint des Perses, des Indiens et d'autres peuples, aurait traîné un embarras plutôt qu'un secours[30].

9, 19, 10 : Certes, souvent, même après de premiers succès, <Alexandre> aurait réclamé comme adversaires les Perses, les Indiens et l'Asie peu propre aux combats.

35, 32, 4 (en 192 a.C., l'envoyé du roi Antiochus promet du secours aux Étoliens) : « Venaient d'importantes forces d'infanterie et de cavalerie, et de l'Inde, des éléphants ».

37, 39, 13 (à la bataille de Magnésie du Sipyle, entre L. Scipion et Antiochus, en décembre 190 a.C.) : Ils placèrent seize éléphants en réserve derrière les triaires. En effet, non seulement ils ne semblaient pas pouvoir tenir devant les nombreux éléphants royaux (ils étaient au nombre de cinquante-quatre), mais, même en nombre égal, les éléphants d'Afrique ne tiennent pas devant ceux de l'Inde, étant dominés soit en taille (ces derniers leur sont de loin supérieurs) soit en courage[31].

38, 14, 2 : On arriva devant la place de Tabusion au bord de l'Indus, fleuve qui doit son nom à un Indien jeté à bas de son éléphant[31 bis].

42, 52, 15 : (discours de Persée à ses troupes, 171 a.C.) :

Namque ubi mortifero iacta est fax ultima lecto,
    uxorum fusis stat pia turba comis
et certamen habent leti, quae uiua sequatur
    coniugium ; pudor est non licuisse mori.
Ardent uictrices et flammae pectora praebent
    inponuntque suis ora perusta uiris.

3, 17, 21-22 : Dicam ego...
            Indica Nysaeis arma fugata choris.

4, 3, 10 : ustus et Eoa discolor Indus aqua.

TITVS-LIVIVS

9, 17, 17 : Longe alius Italiae quam Indiae, per quam temu-
lento agmine comissabundus incessit, uisus illi (sc. Alexandro)
habitus esset...

9, 19, 5 : Persas, Indos aliasque si adiunxisset gentes, impedi-
mentum maius quam auxilium traheret (sc. Alexander).

9, 19, 10 : Nae ille saepe, etiam si prima prospere euenissent,
Persas et Indos et imbellem Asiam quaesisset.

35, 32, 4 : « Ingentem uim peditum equitumque uenire, ex
India elephantos... »

37, 39, 13 : Sexdecim elephantos post triarios in subsidio
locauerunt. Nam praeterquam quod multitudinem regiorum elephantorum (erant autem quattuor et quinquaginta) sustinere non
uidebantur posse, ne pari quidem numero Indicis Africi resistunt,
siue quia magnitudine (longe enim illi praestant) siue robore ani-
morum uincuntur.

38, 14, 2 : Ad Tabusion castellum, imminens flumini Indo,
uentum est, cui fecerat nomen Indus ab elephanto deiectus.

42, 52, 15 : At Hercule nunc <non> de ultimis Indiae oris,

Mais, par Hercule, ce n'était plus désormais pour les rivages les plus reculés de l'Inde, mais pour la possession de la Macédoine elle-même, que la Fortune avait décidé la lutte.

45, 9, 6 : <Alexandre> parcourut ensuite l'Arabie et l'Inde, régions les plus reculées de la terre qu'embrasse la mer Rouge.

OVIDE

Amours, 1, 2, 47 : Tel était Bacchus après avoir soumis les terres baignées par le Gange.

Amours, 2, 6, 1-2 : Le perroquet, l'oiseau venu de la contrée orientale des Indiens, qui imitait la voix humaine, est mort.

Art d'aimer, 1, 53 : que Persée soit allé prendre Andromède chez les noirs Indiens[32].

Art d'aimer, 1, 190-191 : Combien tu fus grand, Bacchus, quand l'Inde vaincue craignait ton thyrse !

Art d'aimer, 3, 129-130 : Vous non plus, ne chargez pas vos oreilles de perles de grand prix que l'Indien basané[33] recueille dans l'eau verte.

Remèdes à l'amour, 10 : L'Inde, pour notre luxe, fournit les plaques d'ivoire.

Métamorphoses, 1, 778-779 : <Phaéton> franchit le territoire de ses Ethiopiens et celui des Indiens placés sous les feux de l'astre, et gagne à la hâte le lieu où se lève son père[34].

Métamorphoses, 2, 248-249 : On vit brûler l'Euphrate babylonien, brûler l'Oronte, le Thermodon rapide, le Gange et le Phase et l'Hister.

Métamorphoses, 4, 20-21 : L'Orient t'est soumis jusqu'aux lieux où le Gange borne les confins des Indiens basanés.

Métamorphoses, 4, 605-606 : leur petit-fils (sc. Persée), qu'adorait l'Inde vaincue[35].

Métamorphoses, 5, 47-49 : Il y avait là Athis, un Indien, que Limnée, fille du fleuve du Gange, avait, croit-on, mis au monde sous les eaux cristallines[36].

sed de ipsius Macedoniae possessione certamen fortunam
indixisse.

45, 9, 6 : Arabas hinc Indiamque, qua terrarum ultimos finis
Rubrum mare amplectitur, peragrauit.

OVIDIVS (15 a.C. - 14 p.C.)

Am. 1, 2, 47 : Talis erat domita Bacchus Gangetide terra.

Am. 2, 6, 1-2 : Psittacus, Eois imitatrix ales ab Indis,
                          occidit...

Ars am. 1, 53 : Andromedan Perseus nigris portarit ab Indis,

Ars am. 1, 190-191 : quantus tum, Bacche, fuisti,
                          cum timuit thyrsos India uicta tuos !

Ars am. 3, 129-130 :
          Vos quoque non caris aures onerate lapillis
          quos legit in uiridi decolor Indus aqua.

Remed. am. 10 : Sectile deliciis India praebet ebur.

Met. 1, 778-779 :
          Aethiopasque suos positosque sub ignibus Indos
          sidereis transit patriosque adit impiger ortus.

Met. 2, 248-249 : Arsit et Euphrates Babylonius, arsit Orontes
                          Thermodonque citus Gangesque et Phasis et
                                                              Hister.

Met. 4, 20-21 : Oriens tibi uictus adusque
                          decolor extremo qua cingitur India Gange.

Met. 4, 605-606 : nepos..., quem debellata colebat
                          India.

Met. 5, 47-49 :
          Erat Indus Athis, quem flumine Gange
          edita Limnaee uitreis peperisse sub undis
          creditur.

Métamorphoses, 6, 636-637 : Aussitôt < Progné > entraîne Itys, comme une tigresse du Gange entraîne à travers de sombres forêts le petit qu'une biche allaitait.

Métamorphoses, 8, 288 [du sanglier de Calydon] : ses défenses égalent les défenses de l'animal indien[37].

Métamorphoses, 11, 167 : sa lyre sertie de pierreries et d'ivoire de l'Inde.

Métamorphoses, 15, 413 : L'Inde vaincue a donné ses lynx à Bacchus couronné de grappes.

Fastes, 1, 341 : L'Euphrate n'avait pas encore envoyé son encens, ni l'Inde son costus[38].

Fastes, 3, 465-466 : Cependant Liber vainquit les Indiens aux cheveux flottants et revint riche du monde oriental[39].

Fastes, 3, 719-720 : Il serait long de raconter tes triomphes sur les Sithoniens et sur les Scythes et comment furent domptés tes peuples, Indus qui produis l'encens.

Fastes, 3, 729-730 : C'est toi, dit-on, qui, après avoir soumis le Gange et l'Orient tout entier, en réservas les prémices au grand Jupiter.

Fastes, 4, 569 : < Cérès > voit sous ses pieds tantôt les Arabes producteurs d'encens, tantôt les Indiens[40].

Ibis, 136 : Tant que le Gange sera tiède et l'Hister glacé...

Tristes, 4, 6, 7-8 : Si le monstre indien obéit aux ordres de son maître, c'est vaincu par le temps qu'il subit l'esclavage[41].

Tristes, 5, 3, 23-24 : Tu es venu (sc. Dionysos) jusqu'aux bords du Gange au large cours et des eaux où boit l'Indien basané.

Pontiques, 1, 5, 79-80 (au poète) : Quel intérêt as-tu d'être loué par la brûlante Syène ou par les lieux où l'océan Indien baigne Taprobane ?

Pontiques, 4, 8, 61 : C'est ainsi que Liber[42] victorieux eut la gloire d'avoir triomphé des Indiens.

Met. 6, 636-637 :
Nec mora, traxit Ityn, ueluti Gangetica ceruae
lactentem fetum per siluas tigris opacas.

Met. 8, 288 : dentes aequantur dentibus Indis.

Met. 11, 167 : Instrictamque fidem gemmis et dentibus Indis.

Met. 15, 413 : Victa racemifero lyncas dedit India Baccho.

Fast. 1, 341 : tura nec Euphrates nec miserat India costum.

Fast. 3, 465-466 : Interea Liber depexos crinibus Indos
                    uicit et Eoo diues ab orbe redit.

Fast. 3, 719-720 :
Sithonas et Scythicos longum narrare triumphos
et domitas gentes, turifer Inde, tuas.

Fast. 3, 729-730 :
Te memorant, Gange totoque Oriente subacto,
primitias magno seposuisse Ioui.

Fast. 4, 569 : Nam modo turilegos Arabas, modo despicit Indos.

Ibis, 136 : Dum tepidus Ganges, frigidus Hister erit...

Trist. 4, 6, 7-8 : Quaeque sui monitis obtemperat Inda magistri
                    belua, seruitium tempore uicta subit.

Trist. 5, 3, 23-24 : (uenisti) et lato spatiantem flumine Gangen
                      et quascumque bibit decolor Indus aquas.

Pont. 1, 5, 79-80 : Quid tibi, si calidae, prosit, laudere Syenae
                     aut ubi Taprobanen Indica tingit aqua.

Pont. 4, 8, 61 : Sic uictor laudem superatis Liber ab Indis
                  ... traxit.

GRATIUS FALISCUS

Cynégétiques, 312-314 : C'est cette nuisible complaisance (sc. à l'égard du luxe) qui a énervé les Pharaons, tandis qu'ils buvaient le vieux vin de Maréotis dans des coupes de pierres précieuses, qu'ils recueillaient le nard du Gange et se faisaient les esclaves de leur vices.

AUGUSTE

Œuvre, 31, 1 : Souvent des rois de l'Inde m'envoyérent des ambassades, qu'aucun chef romain n'avait reçues auparavant[43].

MANILIUS

Astronomiques, 4, 674 (énumération des peuples d'Asie) : L'Inde, trop vaste pour être connue.

Astronomiques, 4, 725 a - 726 b : Les indigènes de l'Inde sont moins brûlés par le soleil (sc. que les Éthiopiens)[44].

Astronomiques, 4, 756-757 : Vous, frères jumeaux (sc. Castor et Pollux), la Thrace vous rend un culte, ainsi que le Gange, au bout du monde, qui traverse les terres de l'Inde[45].

CELSE (écrit sous Tibère, 14-37 p.C.) :

5, 23, 2 : 5 deniers 1/4 de nard Indien[46].
6, 6, 6 : 1 denier de nard Indien.
6, 6, 9 : 1/12 de denier de nard Indien.

VALÈRE MAXIME (sous Tibère, 14-37 p.C.) :

1, 8, ext. 10 : Cette fatalité si opiniâtre contre son père (sc. contre Philippe) se montra la même à l'égard de son fils Alexandre : l'Indien Callanus[47] allait se jeter volontairement dans les flammes quand Alexandre lui demanda s'il avait une recommandation à faire ou s'il voulait dire quelque chose : « Je te verrai bientôt », dit-il, et ce n'était pas sans raison, car son suicide fut bientôt suivi de la mort d'Alexandre.

GRATIVS FALISCVS (avant 8 p.C.)

Cyn., 312-314 : Haec illast Pharios quae fregit noxia reges,
dum seruata cauis potant Mareotica gemmis
nardiferumque metunt Gangen uitiisque
ministrant.

AVGVSTVS (14 p.C.)

Res gestae, 31,1 (Texte reconstitué d'après le texte grec) : Ad
me ex In*dia regum legationes saepe missae sunt non uisae ante id
tempus* apud qu*emquam* R*omanorum du*cem.

MANILIVS (9-16 p.C.)

Astronomica, 4, 674 : India notitia maior.

Astronomica, 4, 725a-726b : minus India tostos | progenerat.

Astronomica, 4, 756-757 : Vos Thracia, fratres,
Vltimus et sola uos tranans colit Indica Ganges.

CELSVS :

5, 23, 2 : nardi Indici P.✕ V = —.
6, 6, 6 : nardi Indici P.✕ I.
6, 6, 9 : nardi Indici...P.✕ —.

VALERIVS MAXIMVS :

1, 8, ext. 10 : Quae tam pertinax necessitas in patre filio
Alexandro consimilis apparuit : si quidem Callanus Indus sua
sponte se ardenti rogo superiecturus, interpellatus ab eo ecquid
aut mandaret aut dicere uellet : « Breui te, inquit, uidebo. » Nec
id sine causa, quia uoluntarium eius e uita excessum rapida mors
Alexandri subsecuta est.

2, 6, 4 : Considérons les femmes des Indiens[48] : selon la coutume du pays, un même mari a plusieurs épouses ; à sa mort, elles débattent et font juger quelle fut d'entre elles la plus chérie. Celle qui triomphe, transportée de joie, conduite par ses proches montrant la gaieté sur leurs visages, se jette dans les flammes qui consument son époux et brûle avec lui comme au comble du bonheur. Les vaincues s'attristent et s'affligent de conserver la vie. Mettez au grand jour l'audace des Cimbres, ajoutez la fidélité des Celtibères, joignez-y la fière sagesse de la nation Thrace, ajoutez l'ingénieux expédient des Lyciens pour bannir leur deuil, rien de cela pourtant ne sera au-dessus du bûcher indien où monte une épouse dévouée comme sur le lit nuptial, sans craindre l'approche de la mort.

3, 3, ext. 6 : Chez les Indiens, on s'exerce, croit-on, à la pratique de l'endurance avec une telle persévérance que certains passent tout le temps de leur vie entièrement nus, tantôt endurcissant leur corps au froid glacé du Caucase, tantôt s'exposant aux flammes sans exhaler de plaintes[49]. Ce mépris de la douleur leur procure une grande gloire et leur vaut le titre de sages.

8, 13, ext. 5 : La somme des années de ce roi est moins étonnante si on compare les Éthiopiens, qu'Hérodote dit dépasser cent vingt ans, et les Indiens, dont Ctésias rapporte la même chose[50].

COLUMELLE (entre 30 et 50 p.C.), *Traité d'agriculture* :

3, 8, 3 : L'Inde étonne, dit-on, par la taille énorme de ses animaux sauvages, mais qui pourrait nier que notre terre produise des bêtes aussi colossales[51], puisque nous voyons des éléphants nés dans nos murs ?

8, 8, 10 : Maintenant, dans l'ivresse, on vomit les oiseaux venus du Gange[52] et d'Égypte.

POMPONIUS MELA, *Géographie* (peu après 44 p.C).

3, 44-45 [les Indiens en Germanie] : **44.** Pendant assez longtemps on ne sut pas bien ce qui était au delà du golfe Caspien, si c'était encore l'Océan ou une terre rendue hostile par les froids, s'étendant sans contour délimité et sans fin. **45** Mais, outre les naturalistes et Homère, selon qui le monde était entièrement

2, 6, 14 : Respiciantur Indorum feminae quae, cum more patrio complures eidem nuptae esse soleant, mortuo marito in certamen iudiciumque ueniunt, quam ex his maxime dilexerit. Victrix gaudio exultans deductaque a necessariis laetum prae se ferentibus uultum coniugis se flammis superiacit et cum eo tamquam felicissima crematur. Superatae cum tristitia et maerore in uita remanent. Protrahe in medium Cimbricam audaciam, adice Celtibericam fidem, iunge animosam Thraciae populi sapientiam, adnecte Lyciorum in luctibus abiciendis callide quaesitam rationem, Indico tamen rogo nihil eorum praeferes, quem uxoria pietas in modum genialis tori propinquae mortis secura conscendit.

3, 3, ext.6 : Apud Indos uero patientiae meditatio tam obstinate usurpari creditur ut sint qui omne uitae tempus nudi exigant, modo Caucasi montis gelido rigore corpora sua durantes, modo flammis sine ullo gemitu obicientes. Atque his haud parua gloria contemptu doloris adquiritur titulusque sapientiae datur.

8, 13, ext. 5 : Huius regis consummationem annorum minus admirabilem faciunt Aethiopes, quos Herodotus scribit centesimum et uicesimum annum transgredi, et Indi, de quibus Ctesias idem tradit...

COLVMELLA, *Res rusticae.*

3, 8, 3 : India perhibetur molibus ferarum mirabilis ; pares tamen in hac terra uastitate beluas progenerari quis neget, cum intra moenia nostra natos animaduertamus elephantos ?

8, 8, 10 : Iam nunc Gangeticas et Aegyptias aues temulenter eructant.

POMPONIVS MELA, *De chorographia.*

3, 44-45 : Vltra Caspium sinum quidnam esset ambiguum aliquamdiu fuit, idemne oceanus an tellus infesta frigoribus sine ambitu ac sine fine proiecta. **45** Sed praeter physicos Homerumque qui uniuersum orbem mari circumfusum esse dixerunt, Cornelius Nepos ut recentior, auctoritate sic certior ; testem autem rei

entouré par la mer, Cornélius Népos, qui est plus récent, est aussi une autorité plus sûre ; or, il ajoute le témoignage de Quintus Métellus Céler, dont il cite le rapport : Alors qu'il gouvernait la Gaule en qualité de proconsul, le roi des Boïens lui avait fait don d'un certain nombre d'Indiens. Voulant savoir d'où ils étaient venus dans cette région, il avait appris qu'entraînés loin des eaux indiennes par de violentes tempêtes, après avoir parcouru la distance qui les en séparait, ils avaient abordé enfin aux rivages de la Germanie[53]. La mer ne cesse donc pas, mais le reste de ce même hémisphère est durci par un gel continuel, et désert pour cette raison.

3, 61-71 [Géographie de l'Inde] : L'Inde[54] est bordée non seulement par la mer Orientale, mais aussi, au midi, par celle que nous avons appelée la mer Indienne, puis par les chaînes du Taurus ; elle est bornée au couchant par l'Indus. La longueur de son rivage demande aux bâtiments à voiles soixante jours et soixante nuits de navigation. Elle est à une telle distance de nos contrées qu'aucune des deux Ourses n'est visible sur une partie de son territoire, et qu'à midi les ombres y tombent autrement que dans les autres régions. **62** Mais c'est une contrée fertile, riche en hommes et en animaux de races diverses[55]. Elle nourrit des fourmis aussi grosses que les plus grands chiens ; on rapporte que, comme les griffons, elles extraient de l'or des profondeurs et veillent sur lui pour le malheur de ceux qui veulent y toucher ; elle nourrit aussi des serpents monstrueux, qui mettent à mal jusqu'aux éléphants par leur morsure et par leur étreinte ; le sol, en certain endroit, est si riche et si fertile que le miel y coule des feuillages, que les forêts portent de la laine, et que les entre-nœuds fendus des roseaux transportent, comme des canots, deux hommes, et certains jusqu'à trois. **63** Le costume et les mœurs des indigènes sont divers. Les uns sont vêtus de « lin » ou de la laine sus-dite, d'autres de peaux d'oiseaux et de bêtes sauvages : certains vivent nus, certains voilent seulement leur sexe. Les uns sont de petite taille et de faible corpulence, les autres si grands et si corpulents qu'ils montent sans peine et aisément même les éléphants[56], qui sont très grands, comme nous les chevaux. **64** Pour certains[57], l'idéal est de ne tuer aucun animal et de ne pas manger de viande ; certains ne se nourrissent que de poissons. Certains immolent comme des victimes leurs plus proches parents avant qu'ils ne soient amaigris par l'âge ou la maladie[58], et il est légitime et tout à fait pieux de consommer la chair de ceux qu'on a immolés. **65** Quand arrive la vieillesse ou la maladie, ils se retirent à l'écart et attendent sans crainte la mort dans la solitude.

Quintum Metellum Celerem adicit eumque ita retulisse commemorat : Cum Galliae pro consule praeesset, Indos quosdam a rege Boiorum dono sibi datos ; unde in eas terras deuenissent requirendo cognosse, ui tempestatium ex Indicis aequoribus abreptos emensosque quae intererant, tandem in Germaniae litora exisse. Restat ergo pelagus, sed reliqua lateris eiusdem adsiduo gelu durantur et ideo deserta sunt.

Boiorum *Reinold* : Boto- *trad.*

3, 61-71 : India non Eoo tantum adposita pelago, sed et ei quod ad meridiem spectans Indicum diximus, et hinc Tauri iugis, ab occidente Indo finita tantum spatium litoris occupat quantum per sexaginta dies noctesque uelificantibus cursus est ; ita multum a nostris abducta regionibus ut in aliqua parte eius neuter septentrio adpareat, aliterque quam in aliis oris umbrae rerum ad meridiem iaceant. **62** Ceterum fertilis et uario genere hominum aliorumque animalium scatet. Alit formicas non minores maximis canibus, quas more gryporum aurum penitus egestum cum summa pernicie adtingentium custodire commemorant ; immanes et serpentes alit, qui et elephantos morsu atque ambitu corporis adficiant ; tam pinguis alicubi et tam feracis soli ut in eo mella frondibus defluant, lanas siluae ferant, harundinum fissa internodia ueluti nauigia binos et quaedam ternos etiam uehant. **63** Cultorum habitus moresque dissimiles. Lino alii uestiuntur aut lanis quas diximus, alii auium ferarumque pellibus ; pars nudi agunt, pars tantum obscena uelati ; alii humiles paruique, alii ita proceri et corpore ingentes, ut elephantis etiam et ibi maximis sicut nos equis facile atque habiliter utantur. **64** Quidam nullum animal occidere, nulla carne uesci optimum existimant, quosdam tantum pisces alunt. Quidam proximos parentes priusquam annis aut aegritudine in maciem eant uelut hostias caedunt, caesorumque uisceribus epulari fas et maxime pium est. **65** At ubi senectus aut morbus incessit, procul a ceteris abeunt mortemque in solitudine nihil anxii expectant. Prudentiores et quibus ars studiumque sapientiae contingit non expectant eam, sed ingerendo semet ignibus laeti et cum gloria arcessunt. **66** Vrbium quas incolunt — sunt autem plurimae — Nysa est clarissima et maxima, montium Meros Ioui sacer. Famam hinc praecipuam habent ; in illa genitum, in huius specu Liberum arbitrantur esse nutritum, unde Graecis auctoribus ut femori Iouis insitum dicerent aut materia ingessit aut error. **67** Oras tenent a *Ta*mo ad Gangen Palibotri, a

Ceux qui sont plus sages et possèdent l'art et le goût de la sagesse n'attendent pas la mort, mais appellent, en se jetant eux-mêmes dans les flammes[59], une mort heureuse et glorieuse. **66** Des villes qu'ils habitent, et qui sont très nombreuses, Nysa et la plus célèbre et la plus grande ; parmi les montagnes, c'est le mont Méros, consacré à Jupiter[60]. De là chez eux une tradition particulière : Liber serait né dans la ville et aurait été élevé dans une grotte de cette montagne ; il s'ensuit — réalité ou erreur ? — que les auteurs Grecs prétendent qu'il fut introduit dans la cuisse de Jupiter. **67** Les Palibotres occupent les côtes du Tamus au Gange, et, du Gange à Colis, sauf là où la marée haute interdit de s'établir, ce sont des populations noires, presque des Éthiopiens[61]. De Colis à l'Indus, la côte est rectiligne ; les peuples y sont craintifs et très riches grâce aux ressources de la mer. **68** Le Tamus est un promontoire avancé du Taurus, le Colis est une autre saillie de la partie orientale, où commence le côté orienté au midi ; le Gange et l'Indus sont des fleuves. Le premier, né de nombreuses sources sur le mont Hémodis, devient, dès qu'il s'est créé un lit unique, le plus grand de tous les fleuves ; large de dix mille pas dans la partie la plus resserrée de son cours, il s'étale et se divise en sept bouches. **69** L'Indus, issu du mont Propanisus, reçoit entre autres fleuves le Cophès, l'Acésinus et l'Hydaspe, qui sont les plus connus, et roule sur un large espace une onde reçue de plusieurs lits[62]. Il égale ainsi presque le volume du Gange. Ensuite, après avoir souvent par de longs détours contourné une immense chaîne, il descend à nouveau en ligne droite et d'un seul cours jusqu'à ce que, divisé en deux branches à droite et à gauche, il débouche par deux estuaires très éloignés l'un de l'autre. **70** A hauteur du Tamus se trouve l'île de Chrysé, à hauteur du Gange, celle d'Argyré[63]. Le sol de l'une est d'or — ainsi le veut une ancienne tradition —, celui de l'autre est d'argent ; à ce qu'il semble bien, ou le nom vient de la réalité, ou la légende du nom. Taprobane est ou une très grande île ou le début d'un autre monde. C'est un point de vue rarement affirmé, mais comme elle est habitée et que personne n'est dit en avoir fait le tour, c'est peut-être la vérité. **71** En face des bouches de l'Indus se trouve la contrée dite du Soleil[64] à ce point inhabitable que les attaques de l'air ambiant tuent sur-le-champ ceux qui y pénètrent, et, entre les bouches mêmes, se trouve la région de Patalène qu'une chaleur insupportable prive d'habitants. Ensuite, de là jusqu'à l'entrée de la mer Rouge, s'étend < l'Ariane >, elle-même inaccessible et déserte. Son sol ressemble davantage à de la cendre qu'à de la terre friable, et c'est pourquoi elle est parcourue de rares et petits cours d'eau, dont nous savons que le Tubéron et l'Arusace sont les plus connus.

Gange ad Colida, nisi ubi magis quam ut habitetur exaestuat, atrae gentes et quodam modo Aethiopes. Ab Colide ad Indum recta sunt litora, timidique populi et marinis opibus adfatim dites. **68** Tamus promunturium est quod Taurus adtollit, Colis alter Eoae partis angulus initiumque lateris ad meridiem uersi, Ganges et Indus amnes. Ille multis fontibus in Haemode monte conceptus, simul unum alueum fecit, fit omnium maximus et alicubi latius, qua angustissime fluit decem milia passuum patens, in septem ora dispergitur. **69** Indus ex monte Propaniso exortus et alia quidem flumina admittit, sed clarissima Cophen, Acesinum, Hydaspen, conceptamque pluribus alueis undam lato spatio trahit. Hinc paene Gangen magnitudine exaequat. Post ubi saepe aliquot magnis flexibus cinxit iugum ingens, iterum rectus solidusque descendit, donec ad laeuam dextramque se diducens duobus ostiis longe distantibus exeat. **70** Ad Tamum insula est Chryse, ad Gangen Argyre, altera aurei soli — ita ueteres tradidere —, altera argentei atque, ut maxime uidetur, aut ex re nomen aut ex uocabulo fabula est. Taprobane aut grandis admodum insula aut prima pars orbis alterius. Id parcius dicitur, sed quia habitatur nec quisquam circum eam isse traditur, prope uerum est. **71** Contra Indi ostia illa sunt quae uocant Solis adeo inhabitabilia ut ingressos uis circumfusi aeris exanimet confestim, et inter ipsa ostia Patalene regio, ob aestus intolerabilis alicubi cultoribus egens. < Ariane > inde ad principia Rubri maris pertinet ipsa inuia atque deserta ; humus cineri magis fit quam pulueri similis, ideoque per eam rara et non grandia flumina emanant, quorum Tuberonem et Arusacen notissima accepimus.

67. a Tamo *Malavialle, R.Ph. 24 (1900), p. 19 sq.* : ab imo *A* / / Colida *Saumaise* : solida *A* / / Colide *Pintianus* : iolide *A* / / Indum *Malavialle* : cudum *A* / / 68. Colis *Schott* : collis *A* / / alter Eoae *Frick* : alterae *A* / / Haemode *Tzschucko* : haemo meridie *A* / / qua *Randstrand* : quam *A* / / 69. Propaniso *Malavialle* : caroparnaso *A* / / Cophen *Barb.* : copen *A* / / Acesinum *Frick* : agasinum *A* / / 70 taprobane *codd, dett.* : tabane prone *A* / / 71 Patalene *Pint.* : rara tenet *A* / / Ariane *add. Randstrand coll. Plin. 6, 93.*

SCRIBONIUS LARGUS (47-48 p.C.), *Préparations :*

19 : mais je n'ai confiance en aucun collyre autant que dans le lycium Indien[65], mais pris seul.

120 : un sixième de livre de spic de nard Indien[66].

142 : (contre le ténesme) On enduira l'anus avec un pinceau de lycium de Patara ou de l'Inde.

144 : deux drachmes de nard Indien.

177 : une drachme 1/2 de nard Indien.

QUINTE-CURCE (sous Claude, 41-54 p.C.)

3, 2, 9 : [Darius concentre son armée] A ces troupes s'ajoutaient trente mille mercenaires grecs, élite de la jeunesse. Quant aux Bactriens, Sogdiens, Indiens et autres riverains de la mer Rouge[67], peuples dont lui-même ignorait jusqu'aux noms, l'urgence empêchait qu'on les fît venir.

4, 9, 2 : [Darius] Il ordonna de réunir à Babylone tous les contingents des peuples lointains. Les Bactriens, les Scythes et les Indiens étaient rassemblés ; déjà les forces de toutes les autres nations avaient ensemble rejoint sa cause.

5, 2, 9-10 : [Rencontre sur les bords du fleuve Choaspès d'Alexandre et d'Abulitès, préfet de Darius pour la région de Suse]. Là, Abulitès vint à sa rencontre avec des cadeaux d'une magnificence royale. 10 Il y avait parmi ces cadeaux des dromadaires d'une rapidité inouïe[68], douze éléphants importés de l'Inde par Darius, qui n'étaient plus, comme on l'avait espéré, un objet de terreur pour les Macédoniens, mais une aide : la fortune transférait au vainqueur les ressources du vaincu.

7, 3, 5-11 : Le roi entra avec son armée[69] chez une nation mal connue même de ses voisins, l'absence de commerce interdisant les relations mutuelles. 6 On appelle Parapamisades cette race sauvage d'hommes, la plus grossière parmi les Barbares : l'âpreté des lieux avait encore endurci le caractère des hommes. 7 Ils sont orientés en grande partie vers le pôle glacial du Septentrion, rejoignent la Bactriane à l'occident, et la région méridionale est en direction de la mer Indienne. 8 Leurs cabanes sont construites de briques depuis la base et, comme le sol ne donne pas de bois, même sur la croupe dénudée de la montagne, ils emploient cette

SCRIBONIVS LARGVS, *Compositiones.*

19 : sed nulli collyriorum tantum tribuo quantum lycio Indico, uero per se.

120 : spicae nardi Indicae pondo sextantem.

142 : Perunguendus erit anus specillo lycio Patarico uel Indico.

144 : nardi Indici p. ✕ II.

177 : nardi Indicae p. ✕ X S.

QVINTVS CURTIVS

3, 2, 9 : His copiis triginta milia Graecorum mercede conducta, egregiae iuuentutis, adiecta. Nam Bactrianos et Sogdianos et Indos ceterosque Rubri maris accolas, ignota ipsi gentium nomina, festinatio prohibebat acciri.

4, 9, 2 : Omnia longinquarum gentium auxilia Babyloniam contrahi iussit. Bactriani Scythaeque et Indi conuenerant ; iam et ceterarum gentium copiae partibus simul adfuerunt.

5, 2, 9-10 : Hic Abulites cum donis regalis opulentiae occurrit. **10** Dromades cameli inter dona erant uelocitatis eximiae, XII elephanti a Dareo ex India acciti, iam non terror, ut sperauerant, Macedonum, sed auxilium, opes uicti ad uictorem transferente fortuna.

7, 3, 5-11 : Ipse rex nationem ne finitimis quidem satis notam quippe nullo commercio colentem mutuos usus cum exercitu intrauit. **6** Para*pa*mis*a*dae appellantur, agreste hominum genus et inter Barbaros maxime inconditum ; locorum asperitas hominum quoque ingenia durauerat. **7** Gelidissimum septentrionis axem ex magna parte spectant, Bactrianis ab occidente coniuncti sunt, meridiana regio ad mare Indicum uergit. **8** Tuguria latere *ab* imo struunt et, quia sterilis est terra materia, in nudo etiam montis dorso, usque ad summum aedificiorum fastigium eodem laterculo utuntur. **9** Ceterum structura latior ab imo paulatim incremento

même brique pour édifier les maisons jusqu'à leur faîte. **9** Mais la construction, plus large à la base, se rétrécit insensiblement à mesure qu'elle s'élève et à la fin se rejoint tout à fait en forme de carène. **10** On laisse une ouverture pour l'entrée de la lumière par en haut. Les vignes et les arbres qui ont pu résister dans une terre aussi glacée sont profondément enfouis. L'hiver, ils sont dissimulés dans des fosses. Quand l'hiver dissipé commence à laisser voir le sol, on les rend au ciel et au soleil. **11** Mais la terre supporte une telle épaisseur de neige durcie par le gel et par le froid presque perpétuel qu'il n'existe pas de trace même d'oiseaux ou d'une bête fauve. Une ombre obscure au ciel, plutôt qu'une lumière, proche de la nuit, pèse sur la terre au point qu'on a peine à distinguer les objets à proximité.

7, 4, 6 : [Le satrape Bessus annonce l'arrivée de renforts] « Viendront les Chorasmiens, les Dahes, les Saces, les Indiens et les Scythes habitant au-delà du Tanaïs ; la tête d'un soldat macédonien n'arrive qu'aux épaules du plus petit d'entre eux. »

8, 5, 2-4 : Aussi, ayant tout réglé, il tourna ses pensées vers la guerre contre l'Inde. **3** La région passait pour riche non seulement en or, mais aussi en pierres précieuses et en perles, et d'une civilisation visant à la profusion plus qu'à la grandeur. **4** Selon les gens renseignés, les guerriers étincelaient d'or et d'ivoire.

8, 9, 1-36 : Mais, pour ne pas alimenter une inaction bien faite pour nourrir les rumeurs, il marcha sur l'Inde[70], toujours plus illustre dans la guerre qu'après la victoire. **2** L'Inde presqu'entière est tournée vers l'orient, moins vaste en largeur qu'en longueur. **3** Les régions qui reçoivent l'auster se relèvent en une pente plus forte, le reste est plat et offre une voie tranquille à travers les plaines aux nombreux fleuves célèbres issus du mont Caucase. **4** L'Indus, plus froid que les autres, charrie des eaux dont la couleur diffère peu de celle de la mer. **5** Le Gange[71], remarquable entre tous les fleuves orientaux, descend vers le sud et effleure de son cours rectiligne de hautes chaînes de montagnes avant que des rochers lui barrent le passage et le détournent vers l'orient. **6** Les deux fleuves se jettent dans la mer Rouge[72]. L'Indus, rongeant ses rives, engloutit de nombreux arbres avec une grande quantité de terre ; il est entravé aussi par des rochers qui le refoulent souvent ; **7** quand il trouve un sol moins dur, il stagne et forme des îles. **8** Il est grossi de l'Acésinès, et le Gange le reçoit avant de se jeter dans la mer, et les deux cours d'eau se

operis in artius cogitur, ad ultimum in carinae maxime modum coit. **10** Ibi foramine relicto superne lumen admittunt. Vites et arbores, si quae in tanto terrae rigore durare potuerunt, obruunt penitus. Hieme defossae latent ; cum discussa aperire humum coepit, caelo solique redduntur. **11** Ceterum adeo altae niues premunt terram gelu et perpetuo paene rigore constrictae ut ne auium quidem feraeue ullius uestigium extet. Obscura caeli uerius umbra quam lux, nocti similis, premit terram, uix ut quae prope sunt conspici possint.

7, 3, 6. Parapamisadae *Vogel* : paramesidae M^1 - medesidem *PBFLV* - medesidae M^2 / / 8. ab imo *edd.* : primo *codd.*

7, 4, 6 : Venturos autem Chorasmios et D*a*h*a*s Sacasque et Indos et ultra Tanain amnem colentes Scythas, quorum neminem adeo humilem esse ut humeri eius non possent Macedonis militis uerticem aequare.

Dahas *Alde* : deas *codd.* / / Sacasque *Froben* : sagasque *codd.*

8, 5, 2-4 : Itaque omnibus compositis cogitationes in bellum Indicum uertit. **3** Diues regio habebatur non auro modo, sed gemmis quoque margaritisque, ad luxum magis quam ad magnificentiam exculta. **4** Periti militares auro et ebore fulgere dicebant.

8, 9, 1-36 : Sed ne otium serendis rumoribus natum aleret, in Indiam mouit, semper bello quam post uictoriam clarior. **2** India tota ferme spectat orientem, minus in latitudinem quam recta regione spatiosa. **3** Quae austrum accipiunt, in altius terrae fastigium excedunt ; plana sunt cetera multisque inclitis amnibus Caucaso monte ortis placidum per campos iter praebent. **4** Indus gelidior est quam ceteri ; aquas uehit a colore maris haud multum abhorrentes. **5** Ganges omnium ab Oriente fluuius eximius ad meridianam regionem decurrit et magnorum montium iuga recto alueo stringit ; inde eum obiectae rupes inclinant ad orientem. **6** Vterque Rubro mari accipitur. Indus ripas multasque arbores cum magna soli parte exorbet, saxis quoque impeditus, quis crebro reuerberatur ; **7** ubi mollius solum reperit, stagnat insulasque molitur. **8** Acesines eum auget. Ganges decursurum in mare intercipit magnoque motu amnis uterque colliditur, quippe Ganges asperum os influenti obicit nec repercussae aquae cedunt.

heurtent en un grand choc[73], car le Gange offre à son affluent un débouché difficile, sans que cèdent les eaux qu'il repousse.

9 Le Diardinès[74] est moins connu parce qu'il traverse l'extrémité de l'Inde, mais il héberge non seulement des crocodiles, comme le Nil, mais aussi des dauphins et des bêtes inconnues des autres nations. **10** L'Éthymantus, souvent infléchi par de nombreuses sinuosités, est capté par les riverains pour l'arrosage ; c'est pourquoi le peu qui en reste se jette dans la mer sans avoir de nom. **11** Beaucoup de fleuves, outre ceux-ci, sillonnent toute la région, mais ils sont peu connus parce qu'ils ne parcourent pas des terres fréquentées. **12** D'autre part, les régions proches de la mer sont complétement brûlées par l'aquilon[75] qui, contenu par les chaînes de montagne, ne pénètre pas dans l'intérieur, dont la température plus clémente permet la croissance des récoltes. **13** Mais, dans cette zone, l'ordre normal des saisons est si bouleversé que, lorsqu'ailleurs la chaleur du soleil brûle tout, les neiges recouvrent l'Inde et, en revanche, quand ailleurs tout est raidi par le froid, il y règne une chaleur intolérable, et ce bouleversement de la nature n'a pas de raison. **14** La mer du moins qui la baigne ne diffère pas des autres, même pour la couleur ; c'est le roi Érythrus qui lui a donné un nom que les ignorants attribuent à des eaux rouges. La terre produit beaucoup de lin, dont la plupart tirent leurs vêtements. **15** L'écorce tendre des arbres[76], tout comme le papyrus, reçoit l'écriture. **16** Des oiseaux y apprennent à imiter la voix humaine[77]. Cette terre nourrit encore des rhinocéros, qu'elle ne produit pas. **17** Les éléphants ont plus de force que ceux que l'Afrique apprivoise, et leur taille correspond à leurs forces. **18** Les fleuves dont les eaux calmes suivent une pente douce et modérée charrient de l'or. **19** La mer rejette sur les rivages des pierres précieuses et des perles ; c'est la raison principale de la richesse des Indiens[78], surtout depuis qu'ils ont répandu à l'étranger le commerce de ces vices, car les immondices rejetées par le flux de la mer sont estimées au prix fixé par le plaisir.

20 Le caractère des habitants, comme partout, est formé là-bas aussi par la géographie. **21** Ils se couvrent le corps jusqu'aux pieds d'étoffes de coton, se chaussent de sandales et se coiffent de tissu[79] ; des pierres précieuses pendent à leurs oreilles ; ceux que la noblesse ou la fortune distingue parmi leurs compatriotes portent aussi des ornements d'or aux bras et aux avant-bras. **22** Ils se peignent les cheveux plus généralement qu'ils ne les coupent ; le menton n'est jamais rasé ; ils polissent la peau du reste du visage pour la rendre lisse. **23** Cependant le luxe de leurs rois, qu'ils qualifient eux-mêmes de magnificence, dépasse la corruption de toutes les nations. Quand le roi daigne vraiment se mon-

9 Diardines minus celeber auditu est, quia per ultima Indiae currit ; ceterum non crocodillos modo, uti Nilus, sed etiam delphinos ignotasque aliis gentibus beluas alit. 10 Ethymantus crebris flexibus subinde curuatus ab accolis rigantibus carpitur : ea causa est cur tenues reliquias iam sine nomine in mare emittat. 11 Multis praeter hos amnibus tota regio diuiditur, sed ignobiles, quia non ad*ita* interfluunt. 12 Ceterum quae propiora sunt mari aquilone maxime deuruntur ; is cohibitus iugis montium ad interiora non penetrat, ita alendis frugibus miti*a*. 13 Sed adeo in illa plaga mundus statas temporum uices mutat ut, cum alia feruore solis exaestuant, Indiam niues obruant, rursusque, ubi cetera rigent, illic intolerandus aestus existat ; nec cur u*erteri*t se natura causa. 14 Mare certe, quo adluitur, ne colore quidem abhorret a ceteris ; ab Erythro rege inditum est nomen, propter quod ignari rubere aquas credunt. Terra lini ferax ; inde plerisque sunt uestes. 15 Libri arborum teneri, haud secus quam chartae, litterarum notas capiunt. 16 Aues ad imitandum humanae uocis sonum dociles sunt [animalia inuisitata ceteris gentibus, nisi inuecta]. Eadem terra rhinocerotas alit, non generat. 17 Elephantorum maior est uis quam quos in Africa domitant, et uiribus magnitudo respondet. 18 Aurum flumina uehunt, quae leni modicoque lapsu segnes aquas ducunt. 19 Gemmas margaritasque mare litoribus infundit, neque alia illis maior opulentiae causa est, utique postquam uitiorum commercium uulgauere in exteras gentes ; quippe aestimantur purgamenta exaestuantis freti pretio quod libido constituit.

20 Ingenia hominum, sicut ubique, apud illos locorum quoque situs format. 21 Corpora usque pedes carbaso uelant ; soleis pedes, capita linteis uinciunt ; lapilli ex auribus pendent ; brachia quoque et lacertos auro colunt, quibus inter populares aut nobilitas aut opes eminent. 22 Capillum pectunt saepius quam tondent, mentum semper intonsum est ; reliquam oris cutem ad speciem leuitatis exaequant. 23 Regum tamen luxuria, quam ipsi magnificentiam appellant, super omnium gentium uitia. Cum rex sane in publico conspici patitur, turibula argentea ministri ferunt, totumque iter per quod ferri destinauit odoribus complent. 24 Aurea lectica margaritis circumpendentibus recubat ; distincta sunt auro

trer en public, ses serviteurs portent des encensoirs d'argent et parfument tout le trajet par lequel il a décidé de se faire porter. **24** Il est couché sur une litière d'or entourée de pendentifs de perles ; le lin dont il est vêtu est rehaussé d'or et de pourpre. La litière est suivie de soldats en armes et de gardes du corps. **25** Parmi eux, suspendus à des branchages, se trouvent des oiseaux auxquels on a appris à détourner par leur chant le roi des affaires sérieuses. **26** Le palais a des colonnes d'or ; sur toute leur hauteur grimpe une vigne en or ciselé, et les figurines des oiseaux qu'ils aiment le mieux voir rehaussent le travail. **27** L'entrée du palais est libre quand le roi peigne et pare sa chevelure ; alors il répond aux ambassadeurs, alors il rend la justice à ses sujets. On lui ôte ses sandales et on enduit ses pieds de parfums. **28** A la chasse, son plus grand travail est, au milieu des vœux et des chants de ses concubines, de transpercer des animaux enfermés dans un parc. Les flèches, longues de deux coudées, sont plus difficiles à tirer qu'efficaces, car le trait, dont la légéreté fait toute la force, est lourd et peu maniable. **29** Il accomplit à cheval les petits trajets ; pour un plus long voyage, des éléphants tirent son char, et le corps de ces énormes bêtes est entièrement couvert d'or. Et, pour que la dépravation soit complète, suit la longue file des concubines dans des litières d'or ; le cortège est distinct de celui de la reine, mais son luxe l'égale. **30** Des femmes préparent les repas et versent aussi le vin dont tous les Indiens font grand usage[80]. Quand le roi est assoupi par le vin et le sommeil, les concubines le ramènent dans sa chambre en invoquant les dieux des nuits dans un hymne du pays. **31** Qui croirait qu'au milieu de cette dépravation on se soucie de la sagesse ? Il existe un genre de gens grossiers et sauvages, qu'on appelle les Sages[81]. **32** Chez eux il est beau de devancer le jour du destin, et ils recommandent aux vieillards affaiblis ou aux grands malades de se faire brûler vifs. Attendre la mort est à leurs yeux le déshonneur d'une vie et on ne rend aucun honneur à ceux qui sont morts de vieillesse ; on pense que le feu est souillé s'il ne reçoit des vivants. **33** Ceux d'entre eux qui mènent dans les villes la vie de tout le monde passent pour habiles à observer les mouvements des astres et prédire l'avenir, et ils pensent que nul n'avance le jour de sa mort s'il lui est possible de l'attendre sans trembler.

34 Ils considèrent comme des dieux tout ce qu'ils ont entrepris de cultiver, surtout les arbres, dont la profanation est punie de mort[82]. **35** Ils ont fixé la durée des mois à quinze jours, en gardant à l'année sa pleine durée. **36** Le cours de la lune mesure le temps d'après le moment, non où elle est pleine, comme en général, mais où elle commence à s'incurver en croissant, et leurs

et purpura carbasa quae indutus est ; lecticam sequuntur armati corporisque custodes. **25** Inter quos ramis aues pendent quas cantu seriis rebus obstrepere docuerunt. **26** Regia auratas columnas habet ; totas eas uitis auro caelata percurrit auiumque quarum uisu maxime gaudent argenteae effigies opera distinguunt. **27** Regia adeuntibus patet, cum capillum pectit atque ornat ; tunc responsa legationibus, tunc iura popularibus reddit. Demptis soleis, odoribus inlinuntur pedes. **28** Venatus maximus labor est inclusa uiuario animalia inter uota cantusque pelicum figere. Binum cubitorum sagittae sunt, quas emittunt maiore nisu quam effectu ; quippe telum, cuius in leuitate uis omnis est, inhabili pondere oneratur. **29** Breuiora itinera equo conficit ; longior ubi expeditio est, elephanti uehunt currum, et tantarum beluarum corpora tota conteguunt auro. Ac, ne quid perditis moribus desit, lecticis aureis pelicum longus ordo sequitur ; separatum a reginae ordine agmen est aequatque luxuriam. **30** Feminae epulas parant ; ab isdem uinum ministratur, cuius omnibus Indis largus est usus. Regem mero somnoque sopitum in cubiculum pelices referunt patrio carmine noctium inuocantes deos. **31** Quis credat inter haec uitia curam esse sapientiae ? Vnum agreste et horridum genus est quod Sapientes uocant. **32** Apud hos occupare fati diem pulchrum, et uiuos se cremari iubent quibus aut segnis aetas aut incommoda ualetudo est. Expectatam mortem pro dedecore uitae habent nec ullus corporibus quae senectus soluit honos redditur : inquinari putant ignem, nisi qui spirantes recipit. **33** Illi qui in urbibus publicis moribus degunt siderum motus scite spectare dicuntur et futura praedicere nec quemquam admouere leti diem credunt cui expectare interrito liceat.

34 Deos putant quidquid colere cœperunt, arbores maxime, quas uiolare capitale est. **35** Menses in quinos denos discripserunt dies ; anni plena spatia seruantur. **36** Lunae cursu notant tempora, non, ut plerique, cum orbem sidus impleuit, sed cum se curuare cœpit in cornua, et idcirco breuiores habent menses quia spatium eorum ad hunc lunae modum dirigunt.

mois sont plus courts du fait qu'ils en déterminent la longueur sur cette phase de la lune[83].

8, 10, 11-14 : < Les habitants de Nysa > prétendaient remonter à Liber Pater[84] et cette origine était exacte. **12** La ville est située au pied d'une montagne que les habitants appellent Méros ; de là la liberté prise par les Grecs d'imaginer la fable de Liber Pater caché dans la cuisse de Jupiter. **13** Le roi (sc. Alexandre), renseigné par les indigènes sur la configuration de la montagne, se fit précéder du ravitaillement et escalada la cîme avec l'armée entière. Sur tout le mont croissent en quantité le lierre et la vigne ; il y coule de nombreuses sources qui ne tarissent pas. **14** Les fruits aussi y ont des sucs variés et salutaires, le sol nourrissant de lui-même des productions nées du hasard. Il y a sur ces rochers des lauriers, des baies et une vaste forêt sauvage.

8, 10, 22-26 ; Lui-même (sc. Alexandre) vint à Mazagae. Assacanus[85], l'ancien roi, venait de mourir et sa mère Cléophis commandait au pays et à la ville. **23** Trente-huit mille fantassins défendaient la ville protégée et par sa situation et par des ouvrages. En effet, du côté de l'orient, elle est entourée d'une rivière torrentueuse dont les deux rives abruptes barrent l'accès à la ville. **24** Au couchant et au midi, la nature a, comme par exprès, entassé en avant des roches très hautes, sous lesquelles se trouvent des grottes et des gouffres profondément creusés par le temps ; là où elles cessent, on a opposé l'œuvre d'un gigantesque fossé. **25** Un mur de trente-cinq stades entoure la ville, dont le bas est construit en pierre et le haut en brique crue. Les briques sont reliées par des lits de pierres intercalées, pour que le matériau fragile repose sur un plus résistant, et par de la terre délayée avec de l'eau. **26** Cependant, pour éviter l'affaissement de toute cette terre, on avait placé de fortes poutres sur lesquelles on avait jeté un plancher protégeant les murs et permettant de circuler.

8, 11, 20-21 : [Alexandre assiège le roche d'Aornis] Quand ils reconnurent son obstination, les Indiens banquetèrent pendant deux jours et deux nuits, avec des démonstrations non seulement de confiance, mais même de victoire, battant des tambours selon leur usage[86]. **21** La troisième nuit, on avait cessé d'entendre le bruit des tambours...

8, 12, 10-11 : [Alexandre et le roi Omphis sur la rive de

5. ad meridianam regionem *Freinsheim* : a meridiana regione *codd.* / / inde *Freinsheim* : in *codd.* / / 6. Indus *Bentley* : findens *codd.* / / quis *Mützel* : quia *uel* qua *codd.* / / 8. Acesines eum *Erasmus* : acesineum *codd.* / / diardines *PR* : - denes *cett.* / / 10. ethymantus *PFLV* : ethi - *RBM* / / 11. adita *Bentley* : adeo *codd.* / / 12 aquilone... deuruntur *Foss.* : - ni ...decurrunt *codd.* / / is *Zumpt* : his *codd.* / / mitia *Acid.* : mitis *codd.* / / animalia — inuecta *secl. Bardon.*

8, 10, 11-14 : A Libero Patre conditos se esse dicebant, et uera haec origo erat. **12** Sita est <urbs> sub radicibus montis quem Meron incolae appellant ; inde Graeci mentiendi traxere licentiam Iouis femine Liberum Patrem esse celatum. **13** Rex situ montis cognito ex incolis cum toto exercitu praemissis commeatibus uerticem eius ascendit. Multa hedera uitisque toto gignitur monte, multae perennes aquae manant. **14** Pomorum quoque uarii salubresque suci sunt sua sponte fortuitorum germinum fruges humo nutriente. Lauri bacaeque et multa in illis rupibus agrestis est silua.

8, 10, 22-26 : Ipse ad Mazagas uenit. Nuper Assacano, cuius regnum fuerat, demortuo regioni urbique praeerat mater eius Cleoph*is*. **23** XXXVIII milia peditum tuebantur urbem non situ solum, sed etiam opere munitam. Nam, qua spectat orientem, cingitur amne torrenti, qui praeruptis utrimque ripis aditum ad urbem impedit. **24** Ad occidentem et a meridie, ueluti de industria, rupes praealtas obmolita natura est, infra quas cauernae et uoragines longa uetustate in altum cauatae iacent, quaque desinunt, fossa ingentis operis obiecta est. **25** XXXV stadium murus urbem complectitur, cuius ima saxo, superiora crudo latere sunt structa. Lateri uinculum lapides sunt, quos interposuere, ut duriori materiae fragilis incumberet simulque terra humore diluta. **26** Ne tamen uniuersa consideret, impositae erant trabes ualidae, quibus iniecta tabulata muros et tegebant et peruios fecerant.

Cleophis *Rein.* : - phes *codd.*

8, 11, 20-21 : Cuius pertinacia cognita Indi per biduum quidem ac duas noctes cum ostentatione non fiduciae modo, sed etiam uictoriae epulati sunt, tympana suo more pulsantes. **21** Tertia uero nocte tympanorum quidem strepitus desierat audiri.

8, 12, 10-11 : Laetus simplicitate Barbari rex et dexteram fidei

l'Indus] Enchanté de la droiture du Barbare, le roi lui donna sa main en gage de loyauté et lui rendit son royaume. **11** Il y avait cinquante-six éléphants qu'il livra à Alexandre avec beaucoup de bétail de taille remarquable, environ trois mille taureaux[87], troupeau précieux en cette région et que les rois recevaient volontiers.

8, 13, 3-9 : Déjà Alexandre avait résolu de franchir l'Hydaspe, quand on lui amena enchaîné Barzaentès, l'auteur de la défection des Arachosiens, avec trente éléphants pris en même temps, aide fort utile contre les Indiens, car ils mettaient leur espoir et leurs forces en ces bêtes plus que dans l'armée... **5** Ayant fait remettre les éléphants à Taxile, il parvint à l'Hydaspe. Porus avait pris position sur la rive opposée, dans l'intention d'empêcher le passage de l'ennemi. **6** Il avait rangé en face quatre-vingt-cinq éléphants d'une vigueur remarquable, derrière eux trois cents chars et environ trente mille fantassins, parmi lesquels des archers dont les traits, comme nous l'avons dit ci-dessus, étaient trop lourds pour pouvoir être lancés avec précision... **8** Les Macédoniens étaient effrayés tant par la vue des ennemis que par la largeur du fleuve à traverser. Etalé sur quatre stades de large, avec un lit profond et nulle part guéable, il offrait l'aspect d'une mer immense. **9** Et l'étendue de ses eaux largement étalées ne freinait pas son élan, mais, comme si les rives se rapprochaient pour ne laisser qu'un étroit passage, il était emporté comme un torrent jaillissant et ses ondes refoulées dénonçaient en maints endroits la présence de rochers cachés.

8, 14, 10 [la bataille pour forcer le passage de l'Hydaspe] : Derrière les éléphants, il avait placé l'infanterie et les archers, accoutumés à frapper sur des tambours, ce qui remplaçait chez les Indiens la sonnerie de trompettes.

8, 14, 18-19 [même bataille] : Les Barbares ne pouvaient même pas utiliser leurs flèches, **19** qui sont longues et très lourdes, car, s'ils n'appuient au préalable l'arc sur le sol, elles ne se placent pas avec assez de précision et de justesse[88].

9, 1, 4-13 [Passage de l'Acésinès] : Il y avait beaucoup de bois pour les navires sur les montagnes voisines. Quand on entreprit de le couper, on trouva des serpents d'une taille extraordinaire ; **5** il y avait aussi dans ces mêmes montagnes des rhinocéros, animal exceptionnel ailleurs[89] ; mais c'est le nom donné par les Grecs à ces bêtes ; les indigènes, ignorant le grec, usent d'un autre mot de leur langue... **8** De là, passant le fleuve, il s'avança au cœur de l'Inde. **9** Il y avait des forêts qui s'étendaient presque à l'infini, obscurcies par de grands arbres s'élevant à une hauteur extraordi-

suae pignus dedit et regnum restituit. **11** LVI elephanti erant,
quos tradidit Alexandro multaque pecora eximiae magnitudinis,
tauros ad III milia, pretiosum in ea regione acceptumque animis
regnantium armentum.

8, 13, 3-9 : Iam Hydaspen Alexander superare decreuerat, cum
Barzaentes, defectionis Arachosiis auctor, uinctus trigintaque elephanti simul capti perducuntur, opportunum aduersus Indos auxilium, quippe plus in beluis quam in exercitu spei ac uirium illis
erat... **5** elephantis autem Taxili traditis ad amnem Hydaspen
peruenit, in cuius ulteriore ripa Porus consederat, transitu prohi-
biturus hostem. **6** LXXX et V elephantos obiecerat eximio corporum robore, ultraque eos currus CCC et peditum XXX fere milia,
in quis erant sagittarii, sicuti ante dictum est, grauioribus telis
quam ut apte excuti possent... **8** Macedonas non conspectus hostium solum, sed etiam fluminis quod transeundum erat magnitudo
terrebat. IIII in latitudinem stadia diffusus, profundo alueo et
nusquam uada aperiente, speciem uasti maris fecerat. **9** Nec pro
spatio aquarum late stagnantium impetum coercebat, sed quasi in
artum coeuntibus ripis torrens et elisus ferebatur occultaque saxa
inesse ostendebant pluribus locis undae repercussae.

8, 14, 10 : Post eos posuerat peditem et sagittarios, tympana
pulsare solitos ; id pro cantu tubarum Indis est.

8, 14, 18-19 : Ne sagittarum quidem ullus erat barbaris usus,
19 quippe longae et praegraues ; nisi prius in terra statuerent
arcum, haud satis apte et commode imponunt.

9, 1, 4-13 : Multa materia naualis in proximis montibus erat,
quam caedere adgressi magnitudinis inuisitatae reppere serpentes ; **5** rhinocerotes quoque, rarum alibi animal, in isdem montibus erant, ceterum hoc nomen beluis inditum a Graecis ; sermonis
eius ignari aliud lingua sua usurpant... **8** Hinc porro amne supe-
rato ad interiora Indiae processit. **9** Siluae erant prope in immen-
sum spatium diffusae procerisque et in eximiam altitudinem editis
arboribus umbrosae. **10** Plerique rami instar ingentium stipitum
flexi in humum rursus, qua se curuauerant, erigebantur, adeo ut

naire. **10** Presque toutes les branches, semblables à des troncs énormes, infléchies vers le sol, se relevaient au point de courbure, de sorte qu'on eût dit non une branche qui se redressait, mais un arbre né de sa propre racine. **11** Le climat est sain, car l'ombre tempère la violence du soleil et des eaux coulent en abondance des sources. **12** Mais, là aussi, il y avait une foule de serpents dont les écailles avaient l'éclat de l'or ; aucun venin n'est plus dangereux, car une mort immédiate suivait la blessure, jusqu'au moment où les indigènes indiquèrent le remède. **13** De là, à travers des endroits déserts, on arriva à l'Hiarotis. Une forêt ombreuse d'arbres ailleurs inconnus bordait ce fleuve, peuplée d'une foule de paons sauvages.

9, 1, 24-26 [Le royaume de Sophitès] : De là on arriva au royaume de Sophitès[90]. D'après l'opinion des Barbares, c'est un peuple d'une remarquable sagesse, où règnent de bonnes mœurs. **25** Les enfants, à leur naissance, ne sont pas reconnus et élevés selon la volonté des parents, mais selon celle de personnes chargées d'examiner la constitution des petits. S'ils ont remarqué chez eux une tare ou une incapacité de quelque membre, ils les font mettre à mort. **26** Les mariages se font non par l'union de la race et de la noblesse, mais d'après la beauté physique, parce qu'on pense la retrouver chez les enfants.

9, 1, 31-34 [Les chiens de chasse] : Il y a dans cette région des chiens de chasse réputés ; ils se retiennent, dit-on, d'aboyer à la vue d'un fauve et s'attaquent surtout aux lions. **32** Pour montrer leur ardeur à Alexandre, < le roi Sophitès > fit lâcher sous ses yeux un lion d'une taille extraordinaire et lancer en tout quatre chiens qui attaquèrent immédiatement le fauve. Alors un des préposés à ce genre de fonction se mit à tirer la patte d'un chien accroché au lion avec les autres et, comme il ne lâchait pas, à la lui couper. **33** Comme, même ainsi, il tenait bon, il se remit à couper un autre morceau et, comme le chien s'accrochait avec autant d'opiniâtreté, il taillait de temps à autre. Quoique moribond, le chien tenait ses crocs plantés dans la blessure du fauve : tant, d'après la tradition, la nature a engendré chez ces animaux de passion pour la chasse ! **34** Pour ma part, j'en écris plus que je n'en crois, car je ne puis ni affirmer ce dont je doute, ni retirer ce que je tiens de mes sources.

9, 2, 1-4 [Arrivée à l'Hypasis] : Le roi fit halte deux jours auprès de lui (sc. le roi Phégée), ayant décidé de franchir le fleuve le troisième ; la largeur de ses eaux en rendait la traversée difficile et il était en outre barré par les rochers. **2** S'étant

species esset non rami resurgentis, sed arboris ex sua radice gene-
ratae. **11** Caeli temperies salubris, quippe et uim solis umbrae
leuant et aquae large manant e fontibus. **12** Ceterum hic quoque
serpentium magna uis erat, squamis fulgorem auri reddentibus ;
uirus haud ullum magis noxium est, quippe morsum praesens
mors sequebatur, donec ab incolis remedium oblatum est. **13**
Hinc per deserta uentum est ad flumen Hiarotim. Iunctum erat
flumini nemus opacum arboribus alibi inuisitatis agrestiumque
pauonum multitudine frequens.

9, 1, 24-26 : Hinc in regnum Sophites peruentum est. Gens, ut
Barbari credunt, sapientia excellet binisque moribus regitur. **25**
Genitos liberos non parentum arbitrio tollunt aluntque, sed eorum
quibus spectandi infantum habitum cura mandata est. Si quos
insignes aut aliqua parte membrorum inutiles notauerunt, necari
iubent. **26** Nuptiis coeunt non genere ac nobilitate coniunctis, sed
electa corporum specie, quia eadem aestimatur in liberis.

9, 1, 31-34 : Nobiles ad uenandum canes in ea regione sunt ;
latratu abstinere dicuntur cum uiderunt feram, leonibus maxime
infesti. **32** Horum uim ut ostenderet Alexandro, in conspectu leonem eximiae magnitudinis iussit emitti et quattuor omnino
admoueri canes, qui celeriter feram occupauerunt. Tum ex his qui
adsueuerant talibus ministeriis unus canis leoni cum aliis inhaeren-
tis crus auellere et, quia non sequebatur, ferro amputare coepit.
33 Ne sic quidem pertinacia uicta rursus aliam partem secare ins-
titit, et inde non segnius inhaerentem ferro subinde caedebat. Ille
in uulnere ferae dentes moribundus quoque infixerat : tantam in
illis animalibus ad uenandum cupiditatem ingenerasse naturam
memoriae proditum est ! **34** Equidem plura transcribo quam
credo ; nam nec adfirmare sustineo de quibus dubito nec subducere quae accepi.

9, 2, 1-4 : Biduum apud eum substitit rex ; tertio die amnem
superare decreuerat, transitu difficilem non spatio solum aquarum, sed etiam saxis impeditum. **2** Percontatus igitur Phegea quae
noscenda erant, XII dierum ultra flumen per uastas solitudines

informé auprès de Phégée[91] sur ce qu'il fallait savoir, il apprit qu'au-delà du fleuve il y avait douze jours de marche à travers des solitudes désolées : **3** on arrivait ensuite au Gange, le plus grand des fleuves de l'Inde entière : les Gangarides et les Prasiens habitaient sur l'autre rive ; ils avaient pour roi Aggrammès, qui barrait les routes avec vingt mille cavaliers et deux cent mille fantassins ; **4** il menait en outre deux mille quadriges et, terreur suprême, des éléphants dont le nombre, au dire de Phégée, atteignait trois mille.

9, 4, 1-3 [La nation des Sibes] : On était parvenu à la région où l'Hydaspe s'unit à l'Acésinus. De là il descend vers le territoire des Sibes[92]. **2** Ceux-ci rappellent que leurs ancêtres faisaient partie de l'armée d'Hercule ; laissés comme malades, ceux-ci s'étaient établis là où ils étaient eux-mêmes. **3** Ils avaient pour vêtements des peaux de bêtes, pour armes, des massues ; et même, bien que les mœurs grecques eussent dégénéré, ils laissaient voir de nombreuses traces de leur origine.

9, 4, 8-11 [la citadelle des Sibes] : lui-même (sc. Alexandre) fit avec des navires le tour de la citadelle ; en effet les eaux de trois fleuves, les plus grands de l'Inde entière après le Gange, concourent à sa défense : l'Indus la baigne au nord ; au midi l'Acésinès se mêle à l'Hydaspe. **9** Mais la réunion des fleuves provoque des vagues semblables à celles de la mer ; une vase abondante et trouble, que la rencontre des eaux agite sans cesse, restreint à un lit étroit le passage ouvert aux navires. **10** Aussi, comme la poussée des vagues répétées frappait ici les proues, là les flancs des navires, les matelots se mirent à amener les voiles ; mais ici la rencontre des eaux, là la prodigieuse rapidité des fleuves préviennent la maneuvre. **11** Deux grands navires coulèrent sous les yeux de tous ; les navires légers, ingouvernables eux aussi, furent jetés à la rive, mais sans dommage.

9, 8, 1-4 : Les députés indiens (sc. des Malliens et des Oxydraques) renvoyés chez eux revinrent peu de jours après avec des cadeaux : c'étaient trois cents cavaliers, mille trente chars attelés de quatre chevaux, une grande quantité de tissus de lin, mille boucliers indiens, cent talents de fer blanc[93], des lions d'une taille rare et des tigres, **2** les uns et les autres domptés et apprivoisés, des peaux de lézards géants et des carapaces de tortues... **4** De là il se rendit chez les Sabarces, nation puissante de l'Inde, à gouvernement populaire et non monarchique. Ils avaient soixante mille fantassins et six mille cavaliers, troupes suivies de cinq cents chars. Ils s'étaient donné trois généraux d'une valeur militaire reconnue.

iter esse cognoscit : **3** excipere deinde Gangen, maximum totius Indiae fluminum ; ulteriorem ripam colere gentes Gangaridas et Prasios eorumque regem esse Aggrammen XX milibus equitum ducentisque peditum obsidentem uias ; **4** ad hoc quadrigarum duo milia trahere et, praecipuum terrorem, elephantos, quos III milium numerum explere dicebat.

Prasios *Saumaise* : pharrassios *P* - asios *cett.*

9, 4, 1-3 : Peruentum erat in regionem in qua Hydaspes amnis Acesino committitur. Hinc decurrit in fines S*i*borum. **2** Hi de exercitu Herculis maiores suos esse commemorant ; aegros relictos cepisse sedem quam ipsi obtinebant. **3** Pelles ferarum pro ueste, clauae tela erant : multaque etiam, cum Graeci mores exoleuissent, stirpis ostendebant uestigia.

acesino *ego :* accessino *codd.* acesini *Modius* / / Siborum *Zumpf* : sobcodd.

9, 4, 8-11 : Ipse nauigiis circumuectus arcem ; quippe III flumina tota India praeter Gangen maxima munimento arcis adplicant undas : a septentrione Indus adluit, a meridie Acesines Hydaspi confunditur. **9** Ceterum amnium coetus maritimis similes fluctus mouet, multoque ac turbido limo, quod aquarum concursu subinde turbatur, iter qua meatur nauigiis in tenuem alueum cogitur. **10** Itaque, cum crebri fluctus se inueherent et nauium hinc proras, hinc latera pulsarent, subducere nautae uela coeperunt ; sed ministeria eorum hinc coetu, hinc praerapida celeritate fluminum occupantur. **11** In oculis omnium duo maiora nauigia submersa sunt ; leuiora, cum et ipsa nequirent regi, in ripam tamen innoxia expulsa sunt.

9, 8, 1-4 : Indorum legati dimissi domos paucis post diebus cum donis reuertuntur : CCC erant equites, MXXX currus, quos quadriiugi equi ducebant, lineae uestis aliquantum, mille scuta Indica et ferri candidi talenta C leonesque rarae magnitudinis et tigres, **2** utrumque animal ad mansuetudinem domitum, lacertarum quoque ingentium pelles et dorsa testudinum... **4** Inde Sabarcas adiit, ualidam Indiae gentem, quae populi, non regum imperio regebatur. LX milia peditum habebant, equitum VI milia ; has copias currus D sequebantur. III duces spectatos uirtute bellico elegerant.

9, 10, 8-10 : De là il parvint chez les Indiens maritimes[94]. Ils occupent une vaste contrée désertique et ne fréquentent même pas leurs plus proches voisins à des fins commerciales. 9 La solitude même a rendu sauvages ces esprits déjà farouches par nature ; leurs ongles longs ne sont jamais taillés, leurs cheveux hirsutes ne sont pas coupés ; 10 ils bâtissent leurs cabanes de coquillages et autres rebuts de la mer. Couverts de peaux de bêtes, ils se nourrissent de poissons durcis au soleil et aussi de la chair de plus grosses bêtes rejetées par les flots.

10, 1, 10-15 [Arrivé en Carmanie, Alexandre reçoit le rapport de ses amiraux] : Peu après se présentent Néarque et Onésicrite, qui avaient reçu l'ordre d'avancer plus loin dans l'Océan. Ils apportaient des renseignements recueillis par ouï-dire ou directement. 11 « Il y avait à l'embouchure du fleuve une île abondante en or et privée de chevaux ; ils avaient su qu'on les y achetait un talent pièce à ceux qui osaient les faire passer du continent. La mer était pleine de montres 12 apportés par la marée montante, de la taille de grands navires. On les avait empêchés par un horrible tintamarre de suivre la flotte et ils avaient plongé sous les eaux, dans un grand fracas de la mer, comme des navires qui sombrent. » 13 Pour tout le reste, ils s'étaient fiés aux indigènes : « Entre autres renseignements, la mer Rouge était nommée non de la couleur de ses eaux, comme on le croyait généralement, mais du roi Érythrus. 14 Il y avait non loin du continent une île plantée de nombreuses palmeraies ; vers le milieu de la forêt se dressait une colonne en mémoire du roi Érythrus avec une inscription en lettres du pays. » 15 Ils ajoutaient que des navires transportant des revendeurs et des commerçants, dont les pilotes avaient été attirés par les rumeurs concernant l'or, avaient atteint l'île, mais qu'ils ne les avaient pas revus.

PÉTRONE (mort en 65 p.C.)

38, 4 [Trimalcion fait venir des moutons de Tarente et des essaims de l'Attique] : Et voici que, ces jours derniers, il a écrit de lui envoyer de l'Inde de la semence de bolets[95].

55, 6, v. 9 [dans un fragment attribué sans doute faussement à Publilius Syrus] : A quoi destines-tu la nacre qui t'est si chère, la perle Indienne ?

123, v. 238 sq. : Avec l'autre consul, Pompée, la terreur du Pont, l'explorateur de l'Hydaspe furieux... s'enfuit.

9, 10, 8-10 : Hinc peruenit ad maritimos Indos. Desertam uastamque regionem late tenent ac ne cum finitissimis quidem ullo commercii iure miscentur. **9** Ipsa solitudo natura quoque inmitia efferauit ingenia ; prominent ungues numquam recisi, comae hirsutae et intonsae sunt ; **10** tuguria conchis et ceteris purgamentis maris instruunt. Ferarum pellibus tecti, piscibus sole duratis et maiorum quoque beluarum quas fluctus eiecit carne uescuntur.

10, 1, 10-15 : Haud multo post Nearchus et Onesicritus, quos longius in Oceanum procedere iusserat, superueniunt. Nuntiabant autem quaedam audita, alia comperta : **11** insulam ostio amnis subiectam auro abundare, inopem equorum esse ; singulos eos compererant ab iis qui ex continenti traicere auderent, singulis talentis emi. Plenum esse beluarum mare, **12** aestu secundo eas ferri, magnarum nauium corpora aequantes, truci cantu deterritas sequi classem cum magno aequoris strepitu uelut demersa nauigia subisse aquas. **13** Cetera incolis crediderant, inter quae Rubrum mare non a colore undarum, ut plerique crederent, sed ab Erythro rege appellari. **14** Esse haud procul a continenti insulam palmetis frequentibus consitam et in medio fere nemore columnam eminere, Erythri regis monumentum, litteris gentis eius scriptam. **15** Adiciebant nauigia, quae lixas mercatoresque uexissent, famam auri secutis gubernatoribus, in insulam esse transmissa, nec deinde ab iis postea uisa.

PETRONIVS

38, 4 : Ecce intra hos dies scripsit ut illi ex India semen boletorum mitteretur.

55, 6, v. 9 : Quo margarita cara tibi, bacam Indicam ?

123, v. 238 sq : Gemino cum consule Magnus,
   ille tremor Ponti saeuique repertor Hydaspis
   ... fugit...

135, 8, v. 1 [de la demeure d'une pauvre vieille] : On n'y voyait pas briller l'ivoire indien enchassé dans l'or.

frg. 31, v. 1-2 [récit d'un perroquet] : Je suis né sur la terre indienne, sur le rivage pourpre où revient le jour éclatant au disque enflammé.

SÉNÈQUE (mort en 65 p.C.)

Consolation à Helvia, 7, 1 : Tu verras que des peuples et des nations entières ont changé de résidence. Que signifient les villes grecques en plein pays barbare ? Pourquoi parle-t-on le macédonien chez les Indiens et les Perses[96] ?

Épîtres, 59, 12 [allusion à la blessure reçue par Alexandre devant Mazages] : Alexandre, comme il parcourait l'Inde, portant la guerre et la désolation chez des peuples à peine connus même de leurs voisins, en faisant le tour des murailles d'une place assiégée et cherchant le point faible des remparts, fut atteint d'une flèche et refusa longtemps de descendre de cheval et d'interrompre ce qu'il avait entrepris.

Épîtres, 84, 4 : Certains soutiennent que les abeilles savent non faire le miel, mais le recueillir. Ils disent qu'on trouve chez les Indiens sur les feuilles des roseaux un miel produit ou par la rosée du ciel ou par une sécrétion du roseau lui-même, de saveur douce et assez épaisse[97].

Épîtres, 87, 20 : Ne vois-tu pas comme le Tmolus nous envoie les parfums du safran, l'Inde l'ivoire, les Sabéens efféminés leur encens et les Chalybes nus leur fer[97 bis] ?

Épîtres, 113, 29 : Alexandre semait la dévastation et la déroute chez les Perses, les Hyrcaniens, les Indiens et toutes les nations qui s'étendent à l'Orient jusqu'à l'Océan.

Épîtres, 119, 17 : Après Darius et les Indiens, Alexandre est pauvre. Est-ce là un mensonge ? Il cherche quelque chose à s'approprier, fouille des mers inconnues, envoie sur l'Océan des flottes nouvelles, et force, pour ainsi dire, les barrières mêmes du monde.

Questions naturelles, 1, *préf.* 13 : L'âme méprise alors l'étroitesse de sa précédente demeure. Qu'y a-t-il en réalité des rivages les plus reculés d'Espagne jusqu'aux Indiens ? Très peu de jours les séparent, si le navire est porté par un vent favorable.

135, 8, v. 1 : Non Indum fulgebat ebur quod inhaeserat auro,

frg 31, v. 1-2 : Indica purpureo genuit me litore tellus,
candidus accenso qua redit orbe dies.

SENECA (mort en 65 p.C.)

Ad Heluiam, 7, 1 : Videbis gentes populosque uniuersos mutasse sedem. Quid sibi uolunt in mediis Barbarorum regionibus graecae urbes ? Quid inter Indos Persasque macedonicus sermo ?

Epist. 59, 12 : Alexander cum iam in India uagaretur et gentes ne finitimis quidem satis notas bello uastaret, in obsidione cuiusdam urbis, dum circumit muros et imbecillissima moenium quaerit, sagitta ictus diu persedere et incepta agere perseuerauit.

Epist. 84, 4 : Quibusdam enim placet non faciendi mellis scientiam esse illis, sed colligendi. Aiunt inueniri apud Indos mel in arundinum foliis, quod aut ros illius caeli aut ipsius arundinis umor dulcis et pinguior gignat.

Epist. 87, 20 : Nonne uides croceos ut Tmolus odores,
India mittit ebur, molles sua tura Sabaei,
Chalybes nudi ferrum ?

Epist. 113, 29 : Alexander Persas quidem et Hyrcanos et Indos et quicquid gentium usque in Oceanum extendit oriens uastabat fugabatque...

Epist. 119, 7 : Post Dareum et Indos pauper est Alexander. Mentior ? Quaerit quod suum faciat, scrutatur maria ignota, in Oceanum classes nouas mittit et ipsa, ut ita dicam, mundi claustra perrumpit.

Nat. Quaest. 1, praef. 13 : Tunc contemnit (sc. anima) domicilii prioris angustias. Quantum est enim quod ab ultimis litoribus Hispaniae usque ad Indos iacet ? Paucissimorum dierum spatium, si nauem suus ferat uentus.

Questions naturelles, 4a, 2, 4 : Venu de là (sc. de Philae), le Nil, puissant plutôt qu'impétueux, baigne l'Éthiopie et les sables par où passe le commerce de la mer Indienne.

Questions naturelles, 5, 18, 2 : L'auster apporte les nuages en Italie, l'aquilon les refoule en Afrique, les vents étésiens ne les laissent pas se fixer chez nous ; en revanche, ce sont eux qui, à cette époque, inondent l'Inde entière[98] et l'Éthiopie de pluies ininterrompues.

Questions naturelles, 5, 18, 10 : Ainsi Alexandre voudra aller plus loin que Bactres et que les Indiens, cherchera ce qu'il y a au delà de la grande mer[99] et s'indignera de rencontrer une limite.

Hercule furieux, 908-911 : Faites venir ici de gras troupeaux ; toutes les productions de l'Inde, tous les parfums que les Arabes recueillent des arbres, portez-les aux autels.

Médée, 371-374 : Rien n'est resté à sa place primitive dans le monde désormais partout accessible[100] : l'Indien boit les eaux de l'Araxe glacé, les Perses celles de l'Elbe et du Rhin.

Médée, 483-486 : Des richesses que les Scythes vont ravir au loin et ramènent de l'Inde aux peuples basanés[101]... je n'ai rien emporté en exil.

Médée, 724-725 : < les plantes funestes que nourrit > l'Hydaspe courant dans les contrées brûlantes, porteur de pierres précieuses dans ses eaux tièdes.

Médée, 862-865 : Elle porte ses pas ici et là, comme une tigresse à laquelle on a pris ses petits parcourt les forêts du Gange dans une course furieuse.

Phèdre, 344-345 : L'Indien basané redoute alors les tigres rayés (sc. à la saison des amours).

Phèdre, 391-392 : qu'à mes oreilles ne pende aucune perle blanche comme neige que nous donne la mer Indienne.

Phèdre, 753-755 : Et toi, Liber, venu de l'Inde porteuse de thyrse, dieu perpétuellement jeune à la longue chevelure, qui épouvantes les tigres de ta lance ornée de pampres...

Œdipe, 113-123 : La mort moissonne tes soldats, Bacchus, qui t'accompagnèrent jusque chez les Indiens, au bout du monde, osant chevaucher dans les plaines orientales et planter tes ensei-

Nat. Quaest. 4a, 2, 4 : Ab hac Nilus magnus magis quam uiolentus egressus Aethiopiam harenasque per quas iter ad commercia Indici maris est praelabitur.

Nat. Quaest. 5, 18, 2 : In Italiam auster impellit, aquilo in Africam reicit, etesiae non patiuntur apud nos nubes consistere ; idem totam Indiam et Aethiopiam continuis per id tempus aquis irrigant.

Nat. Quaest. 5, 18, 10 : Sic Alexander ulterior Bactris et Indis uolet quaeretque quid sit ultra magnum mare et indignabitur esse aliquid ultimum sibi.

Herc. fur. 908-911 :   Huc appellite
greges opimos, quicquid Indorum seges
Arabesque odoris quicquid arboribus legunt
conferte in aras.

Med. 371-374 : Nil qua fuerat sede reliquit
peruius orbis : Indus gelidum
potat Araxen, Albin Persae
Rhenumque bibunt.

Med. 483-486 : Ex opibus illis quas procul raptas Scythae
usque a perustis Indiae populis agunt,
.... nil exul tuli.

Med. 724-725 :   has per arentes plagas
tepidis Hydaspes gemmifer currens aquis.

Med. 862-865 : Huc fert pedes et illuc
ut tigris orba natis
cursu furente lustrat
Gangeticum nemus.

Phaed. 344-345 :   Tunc uirgatas
India tigres decolor horret

Phaed. 391-392 :   nec niueus lapis
deducat auris, Indici donum maris.

Phaed. 753-755 : Et tu, thyrsigera Liber ab India,
intonsa iuuenis perpetuum coma,
tigres pampinea cuspide territans...

Oed. 113-123 : Carpitur leto tuus ille, Bacche,
miles, extremos comes usque ad Indos,
ausus Eois equitare campis

gnes à l'orée du monde ; ils ont vu les Arabes riches des forêts de cinnamome[102] et la fuite des perfides cavaliers parthes dont on doit craindre les flèches ; ils sont parvenus aux rivages de la mer Rouge, où Phébus fait naître le jour, apparaître la lumière et colore de ses feux plus proches les Indiens nus.

Œdipe, 424-428 [De Bacchus] : Assis sur un char doré, quand tu cachais les lions de tes longs vêtements, tu fus vu de la vaste contrée de la terre orientale, de ceux qui boivent aux eaux du Gange et de ceux qui cassent les glaçons de l'Araxe.

Œdipe, 457-458 [description d'un navire] : Un lion de l'Ida rugit à la proue, un tigre du Gange se tient à la poupe.

Thyeste, 598-604 : L'inconstance de l'heure change la fortune en malheur ; tel qui place au front un diadème, devant qui des nations se sont agenouillées en tremblant, qui d'un signe a désarmé le Mède, l'Indien plus voisin de Phébus et les Dahes, dont la cavalerie menace les Parthes, tient son sceptre avec inquiétude[103].

Thyeste, 705-708 : <Atrée>, sans plus tarder, s'élance aux autels, jetant des regards torves et obliques, tel, dans les forêts du Gange, un tigre affamé hésite entre deux jeunes taureaux...

Hercule sur l'Œta, 40-41 : J'ai fait sentir ma force au peuple glacé qui vit sous l'Ourse scythique, à l'Indien soumis à Phébus, au Libyen soumis au Cancer.

Hercule sur l'Œta, 335-338 : Le jour naîtra à l'occident, le pôle glacé accablera les Indiens, Phébus colorera les Scythes de son char brûlant avant que les femmes de Thessalie me voient délaissée (sc. Déjanire).

Hercule sur l'Œta, 627-630 : (la soif des richesses ne serait pas assouvie chez l'ambitieux) même si tout l'Hèbre était sous sa domination, si l'opulent Hydaspe y ajoutait ses champs et s'il voyait tout le cours du Gange couler à l'intérieur de son territoire.

figere et mundo tua signa primo :
cinnami siluis Arabas beatos
uidit et uersos equites, sagittis
terga fallacis metuenda Parthi,
litus intrauit pelagi rubentis ;
promit hinc ortus aperitque lucem
Phœbus et flamma propriore nudos
inficit Indos.

Oed. 424-428 : Vidit aurato residere curru,
ueste cum longa tegeres leones,
omnis Eoae plaga uasta terrae,
qui bibit Gangen niueumque quisquis
frangit Araxen.

Oed. 457-458 : Idaeus prora fremuit leo,
tigris puppe sedet Gangetica.

Thyest. 598-604 : Ima permutat leuis hora summis :
ille qui donat diadema fronti,
quem genu nixae tremuere gentes,
cuius ad nutum posuere bella
Medus et Phoebi propioris Indus
et Dahae Parthis equitem minati,
anxius sceptrum tenet...

Thyest. 705-708 :   Iamque dimissa mora
assiluit aris toruum et obliquum intuens,
ieiuna siluis qualis in Gangeticis
inter iuuencos tigris errauit duos...

Herc. Oet. 40-41 : Me sensit ursae frigidum Scythicae genus
Indusque Phoebo subditus, cancro Libys.

Herc. Oet. 335-338 :   Ante ab occasu dies
nascetur, Indos ante glacialis polus
Scythasue tepida Phoebus inficiet rota
quam me relictam Thessalae aspiciant
nurus.

Herc. Oet. 627-630 : nec si totus seruiat Hebrus
ruraque diues iungat Hydaspes
intraque suos currere fines
spectet toto flumine Gangen.

LUCAIN, *Pharsale* (mort en 65 p.C.)

2, 496-498 ; Non, même si le Gange me repoussait de ses flots en crue, aucun fleuve n'arrêtera César après les eaux du Rubicon.

3, 229-243 : La nouvelle de la guerre a ému aussi les confins orientaux, où l'on adore le Gange qui, seul dans tout l'univers, ose ouvrir ses bouches en face de Phébus naissant et pousse ses flots contre l'eurus, là où le roi de Pella s'arrêta après avoir franchi les eaux de Thétys et s'avoua vaincu par la grandeur de l'univers ; les lieux où l'Indus, entraînant les flots rapides de son cours partagé, ne sent pas l'Hydaspe mêlé à ses eaux immenses ; ceux qui boivent les doux sucs d'un tendre roseau et qui, colorant leurs cheveux d'une teinture safranée, resserrent leur tunique de lin flottante avec des pierres de couleur, qui dressent leur propre bûcher et montent vivants sur les bois enflammés[104]. Ah ! quelle gloire pour ce peuple de prendre en main son destin et, rassasié de la vie, de faire don aux dieux de ce qu'il en reste !

4, 62-67 : Tous les nuages qu'il trouva dans sa région du ciel, l'eurus les fit tourbillonner, grâce aux souffles nabathéens, vers le monde occidental, et les brouillards que sent l'Arabe et qu'exhale la terre du Gange[105], tout ce que le soleil laisse s'amasser, tout ce qu'avait amené le corus, assombrissant le ciel oriental, tout ce qui avait abrité les Indiens.

4, 678-679 : puis le Maure bronzé comme l'Indien.

7, 427-428 : Ce jour sanglant (sc. de Pharsale) a fait que l'Inde ne tremble pas devant les faisceaux latins.

8, 226-228 : ... au-delà des terres de Cyrus et des confins du royaume chaldéen, là où le Gange rapide[106] et l'Hydaspe nyséen atteignent la mer...

8, 341-344 : [Lentulus s'adressant à Pompée après Pharsale] : Toi qui fis trembler <le Parthe> à la nouvelle que tu étais le maître de Rome, toi qu'il vit traîner des rois captifs des forêts hyrcaniennes et du rivage de l'Inde[107], il te verra jeté à bas par les destins, abattu et brisé.

9, 517-519 : Quoiqu'il n'y ait qu'un seul Jupiter Hammon pour les peuples d'Éthiopie, les nations heureuses d'Arabie et les Indiens, c'est un dieu resté pauvre[108]...

LVCANVS, *Pharsalia.*

2, 496-498 : Non si tumido me gurgite Ganges
             summoueat, stabit iam flumine Caesar in ullo
             post Rubiconis aquas.

3, 229-243 : Mouit et Eoos bellorum fama recessus,
             qua colitur Ganges, toto qui solus in orbe
             ostia nascenti contraria soluere Phoebo
             audet et aduersum fluctus impellit in eurum,
             hic ubi Pellaeus post Tethyos aequora ductor
             constitit et magno uinci se fassus ab orbe est.
             Quaque ferens rapidum diuiso gurgite fontem
             uastis Indus aquis mixtum non sentit Hydaspen,
             quique bibunt tenera dulcis ab harundine sucos
             et qui tinguentes croceo medicamine crinem
             fluxa coloratis adstringunt carbasa gemmis
             quique suas struxere pyras uiuique calentis
             conscendere rogos. Pro ! quanta est gloria genti
             iniecisse manum fatis uitaque repletos
             quod superest donasse deis !

4, 62-67 : Ille suo nubes quascumque inuenit in axe
           torsit in occiduum Nabateis flatibus orbem
           et quas sentit Arabs et quas Gangetica tellus
           exhalat nebulas, quicquid concrescere primus
           sol patitur, quicquid caeli fuscator Eoi
           intulerat corus, quicquid defenderat Indos.

4, 678-679 : tum concolor Indo | Maurus...

7, 427-428 :   Hac luce cruenta
             effectum ut Latios non horreat India fasces.

8, 226-228 : arua super Cyri Chaldaeique ultima regni,
             qua rapidus Ganges et qua Nysaeus Hydaspes
             accedunt pelago...

8, 341-344 :   Te, quem Romana regentem
             horruit auditu, quem captos ducere reges
             uidit ab Hyrcanis Indoque a litore siluis,
             deiectum fatis, humilem fractumque uidebit.

9, 517-519 : Quamuis Aethiopum populis Arabumque beatis
             gentibus atque Indis unus sit Iuppiter Hammon,
             pauper adhuc deus est...

10, 32-33 : <Alexandre> a troublé des fleuves inconnus, l'Euphrate par le sang des Perses, le Gange par celui des Indiens[109].

10, 119-121 [du palais de Cléopâtre] : L'ivoire revêt les salles d'entrée et sur les portes sont appliquées les écailles de la tortue indienne, coloriées à la main et semées de nombreuses émeraudes.

10, 251-253 [Une des explications de la crue du Nil : il serait gonflé par les eaux souterraines issues d'autres fleuves] : Lorsque Phébus pèse sur Méroé, que la terre brûlée rassemble là ses eaux et que sont attirés le Gange et le Pô par les cavités secrètes du monde[110].

10, 456-457 : Cet homme (sc. César) à qui ne suffit pas l'espace de l'univers romain et qui trouve étroit l'empire qui va de l'Inde à la tyrienne Gadès.

PLINE L'ANCIEN, *Histoire Naturelle*

2, 170 : Népos rapporte encore, à propos du périple septentrional, que Quintus Métellus Céler, l'ancien collègue d'Afranius au consulat, alors proconsul de Gaule, reçut en présent du roi des Suèves des Indiens qui, partis par mer de l'Inde pour commercer, avaient été déportés en Germanie par les tempêtes[111].

2, 183 : De même, on rapporte que, dans la ville de Syène, située à 5 000 stades au sud d'Alexandrie, le soleil ne projette aucune ombre le jour du solstice d'été à midi, et qu'un puits, creusé pour en faire l'expérience, y est éclairé tout entier. Il en résulte clairement que le soleil est alors à la verticale de ce lieu, ce qui se produit aussi à la même époque dans l'Inde, au-delà du fleuve Hypasis, d'après Onésicrite[112].

2, 184-185 : Dans l'Inde, chez les Orètes, se trouve un mont nommé Maleus[113], près duquel les ombres sont projetées en été vers le sud, en hiver vers le nord ; la Grande Ourse n'y est visible que pendant quinze nuits. Dans l'Inde encore, à Patala, port très fréquenté, le soleil se lève à droite, les ombres tombent au midi. **185** Quand Alexandre y séjournait, on a noté que la Grande Ourse n'y était visible que dans la première partie de la nuit. Onésicrite, un de ses généraux, a écrit que la Grande Ourse n'est pas visible dans les lieux de l'Inde où il n'y a pas d'ombre, qu'on appelle ces lieux *ascia* et que le temps ne s'y divise pas en heures.

10, 32-33 :   ignotos miscuit amnes
            Persarum Euphraten, Indorum sanguine Gangen.

10, 119-121 :   Ebur atria uestit
            et suffecta manu foribus testudinis Indae
            terga sedent crebro maculas distincta zmaragdo.

10, 251-253 : cum Phœbus pressit Meroen tellusque perusta
            illuc duxit aquas, trahitur Gangesque Padusque
            per tacitum mundi.

10, 456-457 : Hic, cui Romani spatium non sufficit orbis
            paruaque regna putet Tyriis cum Gadibus
                                                Indos...

C. PLINIVS SECVNDVS, Naturalis historia

2, 170 : Idem Nepos de septentrionali circuitu tradit Quinto
Metello Celeri Afrani in consulatu collegae, sed tum Galliae pro-
consuli, Indos a rege Sueborum dono datos, qui ex India commercii causa nauigantes tempestatibus essent in Germaniam
abrepti.

2, 183 : Simili modo tradunt in Syene oppido, quod est supra
Alexandriam quinque millibus stadium, solstitii die medio nullam
umbram iaci puteumque eius experimenti gratia factum totum
inluminari. Ex quo apparere tum solem illi loco supra uerticem
esse, quod et in India supra flumen Hypasim fieri tempore eodem
Onesicritus scribit.

2, 184-185 : In Indiae gente Oretum mons est Maleus nomine,
iuxta quem umbrae aestate in austrum, hieme in septentrionem
iaciuntur ; quindecim tantum noctibus ibi apparet Septentrio. In
eadem India Patalis, celeberrimo portu, sol dexter oritur, umbrae
in meridiem cadunt. **185** Septentrionem ibi Alexandro morante
adnotatum prima tantum parte noctis aspici. Onesicritus, dux
eius, scripsit, quibus in locis Indiae umbrae non sint, Septentrionem non conspici et ea loca appellari ascia nec horas dinumerari
ibi.

2, 211 : Il y a deux montagnes près du fleuve Indus ; l'une a la propriété de retenir toute espèce de fer, l'autre de le repousser ; aussi, avec des souliers cloutés, on ne peut soulever le pied sur l'une et le poser sur l'autre[114].

2, 242-244 : La partie de la terre où nous vivons et dont je parle flotte en quelque sorte sur l'océan qui l'entoure, comme je l'ai dit ; elle a sa plus grande extension d'est en ouest, c'est-à-dire de l'Inde aux Colonnes d'Hercule sacrées pour les Gaditains, sur une longueur de 8 578 miles d'après Artémidore, de 9 818 milles selon Isidore... **243** Le mesurage suit deux itinéraires : depuis le fleuve du Gange et l'estuaire par lequel il se jette dans l'Océan Oriental[115], à travers l'Inde et la Parthie jusqu'à la ville syrienne de Myriandre située sur le golfe d'Issus 5 215 milles ; de là... **244** L'autre itinéraire, mieux établi, est surtout terrestre : du Gange au fleuve de l'Euphrate, 5 169 milles, de là...

4, 39 : Telle est la Macédoine, qui s'empara un jour de l'empire du monde, qui traversa l'Asie mineure, l'Arménie, l'Hibérie, l'Albanie, la Cappadoce, la Syrie, l'Égypte, le Taurus, le Caucase, qui se rendit maîtresse de Bactres, des Mèdes, des Perses et posséda tout l'Orient, victorieuse même de l'Inde, suivant les traces de Liber Pater et d'Hercule...

5, 97-98 : Touchent < à la Pamphylie > la mer de Lycie et la nation lycienne, à partir d'où la chaîne du Taurus, venant des rivages de l'Orient, délimite avec le cap Chelidonium de vastes golfes, chaîne immense et qui voit d'innombrables nations[116] ; sa droite, là où d'abord elle sort de la mer Indienne, fait face au nord, sa gauche, au sud ; elle s'étend vers l'Occident et partagerait l'Asie en son centre, si les mers ne s'opposaient à son occupation des terres. Elle reprend donc la direction du nord... **98** Elle s'étend jusqu'à l'alignement des Monts Ripées, qui appartiennent au même groupe, et se fait remarquer par ses nombreuses dénominations, qui changent à mesure qu'elle avance : d'abord Imaus, puis Émodus, Paropanisus, Circius, Cambadès, Pariadès, Choatras, Orégès, Oroandès, Niphatès, Taurus et, là où elle s'élève aussi, Caucase...

6, 33 : Maintenant que nous avons décrit toute l'Asie intérieure, franchissons par l'imagination les Monts Ripées et avançons sur la droite le long du rivage de l'Océan. Celui-ci, baignant les côtes de l'Asie en trois régions célestes, s'appelle Océan Scythique au nord, Océan Oriental à l'est et Océan Indien au midi, et se subdivise en de nombreuses désignations diverses suivant les golfes et les habitants.

2, 211 : Duo sunt montes iuxta flumen Indum, alteri natura ut ferrum omne teneat, alteri ut respuat, itaque, si sint claui in calciamento, uestigia euelli in altero non possint, in altero sisti.

2, 242-244 : Pars nostra terrarum de qua memoro ambienti, ut dictum est, oceano uelut innatans longissime ab ortu ad occasum patet, hoc est ab India ad Herculis columnas Gadibus sacratas, LXXXV . LXXVIII p., ut Artemidoro auctori placet, ut uero Isidoro, XCVIII . XVIII... **243** Mensura currit duplici uia : a Gange amne ostioque eius, quo se in Eoum oceanum effundit, per Indiam Parthyenenque ad Myriandrum urbem Syriae in Issico sinu positam LII . XV, inde... **244** Alia uia, quae certior, itinere terreno maxime patet, a Gange ad Euphraten amnem LI . LXIX, inde...

4, 39 : Haec est Macedonia terrarum imperio potita quondam, haec Asiam, Armeniam, Hiberiam, Albaniam, Cappadociam, Syriam, Aegyptum, Taurum, Caucasum transgressa, haec in Bactris, Medis, Persis dominata toto oriente possesso, haec etiam Indiae uictrix per uestigia Liberi Patris atque Herculis uagata.

5, 97-98 : Iunctum mare Lycium est gensque Lycia, unde uastos sinus Taurus mons, ab Eois ueniens litoribus, Chelidonio promunturio disterminat, immensus ipse et innumerarum gentium arbiter, dextro latere septentrionalis, ubi primum ab Indico mari exsurgit, laeuo meridianus et ad occasum tendens mediamque distrahens Asiam, nisi opprimenti terras occurrerent maria. Resilit ergo ad septentriones... **98**... Euadit usque ad cognata Ripaeorum montium iuga, numerosis nominibus et nouis, quacumque incedit, insignis : Imaus prima parte dictus, mox Emodus, Paropanisus, Circius, Cambades, Pariades, Choatras, Oreges, Oroandes, Niphates, Taurus atque, ubi se quoque exsuperat, Caucasus...

6, 33 : Nunc omnibus quae sunt Asiae interiora dictis Ripaeos montes transcendat animus dextraque litore oceani incedat. Tribus hic partibus caeli adluens Asiam Scythicus a septentrione, ab oriente Eous, a meridie Indicus uocatur uarieque per sinus et accolas in complura nomina diuiditur.

6, 46-106 : cf. édition J. André — J. Filliozat, Paris, Belles Lettres, 1980.

6, 137 : < M. Agrippa > en effet a rapporté que la Médie, la Parthie et la Perse, dont les frontières sont, à l'est, l'Indus, à l'ouest, le Tigre, au nord, le Taurus Caucasien, au sud la Mer Rouge[117], ont 1 320 milles de longueur et 840 de largeur...

6, 161 : Les Nomades (d'Arabie, selon Aelius Gallus) vivent de lait et de la chair des animaux sauvages ; les autres tribus tirent du vin des palmiers, comme les Indiens[118], et de l'huile du sésame.

6, 175 : Juba fait commencer au cap Mossylique l'Océan Atlantique navigable par vent du nord-ouest au long de son royaume des Maurétanies jusqu'à Gadès. Et il faut absolument tenir compte de son opinion sur ce point. Depuis le cap des Indiens appelé Lepte Acra et aussi Dépranum, il donne en droite ligne 1 500 milles après Exusta jusqu'à l'île de Malichu[119] ...

6, 212-214 : Le monde se partage en plusieurs zones que nous appelons 'cercles', et les Grecs 'parallèles'[120]. La première place appartient à la partie de l'Inde tournée vers le sud. Elle va jusqu'à l'Arabie et aux peuples de la Mer Rouge... **213** Le cercle suivant commence avec la partie occidentale de l'Inde... **214** Le troisième cercle commence avec les Indiens les plus proches de l'Imavus.

7, 21-30 : Ce sont principalement l'Inde et les régions habitées par les Éthiopiens qui abondent en merveilles[121]. Les plus gros animaux naissent dans l'Inde ; les chiens, d'une taille supérieure à tous les autres, en sont une preuve. Quant aux arbres, ils sont, dit-on, d'une telle hauteur qu'il n'est pas possible de lancer des flèches par-dessus leur cime — la fécondité du sol, la température, l'abondance des eaux (le croira qui voudra) font qu'un seul figuier peut abriter des escadrons de cavalerie — et les roseaux sont d'une telle hauteur que chaque entre-nœud fournit une pirogue pouvant porter parfois jusqu'à trois hommes. **22** C'est un fait que beaucoup d'indigènes dépassent la taille de cinq coudées, ne crachent pas, ne souffrent jamais de maux de tête, de dents ou d'yeux, et rarement d'autres parties du corps : tant la douceur solaire les fortifie. Leurs philosophes, qu'on nomme gymnosophistes, restent à contempler fixement le soleil du lever au coucher et se tiennent la journée entière alternativement sur un pied dans les sables brûlants. Sur une montagne nommée Nulus existent, selon Mégasthène, des hommes ayant les pieds retournés et

6, 46-106 : cf. édition Belles Lettres.

6, 137 : Namque is Mediam et Parthiam et Persidem ab oriente Indo, ab occidente Tigri, a septentrione Tauro Caucasio, a meridie Rubro mari terminatas patere in longitudinem $\overline{\text{XIII}}$. $\overline{\text{XX}}$ p., in latitudinem $\overline{\text{DCCCXL}}$ prodidit.

6, 161 : Nomadas lacte et ferina carne uesci, reliquos uinum ut Indos palmis exprimere, oleam sesamae.

6, 175 : A Mossylico promunturio Atlanticum mare incipere uult Iuba praeter Mauretanias suas Gadis usque nauigandum coro, cuius tota sententia hoc in loco subtrahenda non est. A promunturio Indorum quod uocetur Lepte Acra, ab aliis Drepanum, proponit recto cursu praeter Exustam ad Malichu insulam $\overline{\text{XV}}$ p. esse...

6, 212-214 : Plura sunt autem segmenta mundi, quae nostri circulos appellauere, Graeci parallelos. 212 Principium habet Indiae pars uersa ad austrum. Patet usque Arabiam et Rubri maris accolas... 213 Secuens circulus incipit ab India uergente ad occasum... 214 Tertius circulus ab Indis Imauo proximis oritur...

7, 21-30 : Praecipue India Aethiopumque tractus miraculis scatent. Maxima in India gignuntur animalia ; indicio sunt canes grandiores ceteris. Arbores quidem tantae proceritatis traduntur ut sagittis superiaci nequeant — et facit ubertas soli, temperies caeli, aquarum abundantia, si libeat credere, ut sub una fico turmae condantur equitum —, harundines uero tantae proceritatis ut singula internodia alueo nauigabili ternos interdum homines ferant. 22 Multos ibi quina cubita constat longitudine excedere, non expuere, non capitis aut dentium aut oculorum ullo dolore adfici, raro aliarum corporis partium : tam moderato solis uapore durari. Philosophos eorum, quos gymnosophistas uocant, ab exortu ad occasum perstare contuentes solem inmobilibus oculis, feruentibus harenis toto die alternis pedibus insistere. In monte cui nomen est Nulo homines esse auersis plantis octonos digitos in singulis habentes auctor est Megasthenes ; 23 in multis autem montibus genus hominum capitibus caninis ferarum pellibus uelari, pro uoce latratum edere, unguibus armatum uenatu et aucupio uesci ; horum supra centum uiginti milia fuisse prodente

huit doigts à chaque pied ; **23** sur maintes montagnes, on trouve une race d'hommes à tête de chien, vêtus de peaux de bêtes, aboyant au lieu de parler, armés de griffes et vivant de gibier et d'oiseaux ; ils étaient plus de 120 000 au moment où il écrivait. Ctésias rapporte aussi que, chez un peuple de l'Inde, les femmes n'enfantent qu'une fois dans leur vie et que les enfants ont tout de suite les cheveux blancs. Il cite encore une race d'hommes appelés Monocoles, ayant une seule jambe et doués pour le saut d'une merveilleuse agilité ; on les appelle aussi Sciapodes, parce qu'au fort des chaleurs ils se couchent à terre sur le dos et se font de l'ombre avec leur pied ; ils ne sont pas éloignés des Troglodytes, et, à l'ouest de ces derniers, existent par contre des hommes sans cou, qui ont les yeux dans les épaules. **24** Il existe aussi des Satyres dans les montagnes méridionales de l'Inde (dans la région dite des Catarcludes), êtres extrêmement agiles, courant tantôt à quatre pattes, tantôt le buste droit, à figure humaine ; leur rapidité ne permet de capturer que les vieillards ou les malades. Tauron donne le nom de Choromandes à une peuplade qui vit dans les bois, privée de voix, aux horribles cris stridents, au corps velu, aux yeux bleu clair et aux dents de chien. D'après Eudoxe, dans le sud de l'Inde, les hommes ont les pieds d'une coudée, les femmes les ont si petits qu'on les nomme Struthopodes. **25** Selon Mégasthène, parmi les Nomades de l'Inde, une peuplade, qui a de simples trous à l'emplacement des narines, des pieds en lanières comme des serpents, porte le nom de Scirates. Aux confins orientaux de l'Inde, aux environs de la source du Gange, est la peuplade des Astomes privés de bouche, velus sur tout le corps et vêtus de duvet de feuilles ; ils vivent uniquement de l'air respiré et du parfum aspiré par leurs narines. Ne prenant ni nourriture ni boisson, ils se contentent des divers parfums des racines, des fleurs et des pommes sauvages qu'ils emportent avec eux dans les longs voyages pour ne pas manquer d'odeur à respirer ; un parfum trop fort leur ôte facilement la vie. **26** Au-delà, à l'extrémité des montagnes, on mentionne les Trispithames et les Pygmées, dont la taille ne dépasse pas trois coudées, c'est-à-dire trois empans, qui jouissent d'un climat salubre et d'un printemps perpétuel grâce aux montagnes qui les protègent de l'aquilon ; Homère rapporte lui aussi qu'ils subissent les attaques des grues. La légende veut que, chevauchant des béliers et des chèvres, armés de flèches, ils descendent au printemps en masse à la mer et y détruisent les œufs et les petits de ces oiseaux ; cette expédition dure trois mois ; autrement ils ne pourraient résister aux troupes de grues à naître. Ils construisent leurs cabanes avec de la boue, des plumes et des coquilles d'œufs. **27** Aristote rapporte

se. Ctesias scribit et in quadam gente Indiae feminas semel in uita parere genitosque confestim canescere. Idem hominum genus qui Monocoli uocarentur, singulis cruribus, mirae pernicitatis ad saltum ; eosdem Sciapodas uocari, quod in maiore aestu humi iacentes resupini umbra se pedum protegant ; non longe eos a Trogodytis abesse, rursusque ab his occidentem uersus quosdam sine ceruice oculos in humeris habentes. **24** Sunt et Satyri subsolanis Indorum montibus (Catarcludorum dicitur regio), pernicissimum animal, tum quadripedes, tum recte currentes humana effigie ; propter uelocitatem nisi senes aut aegri non capiuntur. Choromandarum gentem uocat Tauron siluestrem, sine uoce, stridoris horrendi, hirtis corporibus, oculis glaucis, dentibus caninis. Eudoxus in meridianis Indiae uiris plantas esse cubitales, feminis adeo paruas ut Struthopodes appellentur. **25** Megasthenes gentem inter Nomadas Indos narium loco foramina tantum habentem, anguium modo loripedem, uocari Sciratas. Ad extremos fines Indiae ab oriente circa fontem Gangis Astomorum gentem sine ore, corpore toto hirtam uestiri frondium lanugine, halitu tantum uiuentem et odore quem naribus trahant. Nullum illis cibum nullumque potum, radicum tantum florumque uarios odores et siluestrium malorum quae secum portant longiore itinere, ne desit olfactus ; grauiore paulo odore haud difficulter exanimari. **26** Super hos extrema in parte montium *Tri*spithami Pygmaeique narrantur, ternas spithamas longitudine, hoc est ternos dodrantes, non excedentes, salubri caelo semperque uernante montibus ab aquilone oppositis, quos a gruibus infestari Homerus quoque prodidit. Fama est insidentes arietum caprarumque dorsis armatos sagittis ueris tempore uniuerso agmine ad mare descendere et oua pullosque earum alitum consumere ; ternis expeditionem eam mensibus confici ; aliter futuris gregibus non resisti. Casas eorum luto pinnisque et ouorum putaminibus construi. **27** Aristoteles in cauernis uiuere Pygmaeos tradit, cetera de his ut reliqui. Cyrnos Indorum genus Isigonus annis centenis quadragenis uiuere... **28** Onesicritus quibus locis Indiae umbrae non sint corpora hominum cubitorum quinum et binorum palmorum existere, et uiuere annos CXXX nec senescere, sed ut medio aeuo mori. Crates Pergamenus Indos, qui centenos annos excedant, Gymnetas appellat, non pauci Macrobios. Ctesias gentem ex his, quae appelletur Pandae, in conuallibus sitam annos ducenos uiuere, in iuuenta candido capillo qui in senectute nigrescat ; **29** contra alios quadragenos non excedere annos, iunctos Macrobiis, quorum feminae semel pariant. Idque et Agatharchides tradit, praeterea locustis eos ali et esse pernices. Mandorum nomen iis dedit Clitarchus, et Megasthenes trecentos quoque eorum uicos adnumerat. Feminas septimo

que les Pygmées vivent dans des cavernes, et pour le reste, il est d'accord avec les autres auteurs. Isigone croit que les Indiens Cyrnes vivent 140 ans... **28** Selon Onésicrite, dans les régions de l'Inde dépourvues d'ombre, les hommes ont une taille de 5 coudées et 2 palmes, vivent 130 ans et, sans vieillir, meurent pour ainsi dire au milieu de leur âge. Cratès de Pergame appelle Gymnètes des Indiens qui dépassent 100 ans ; beaucoup d'auteurs les appellent Macrobes. D'après Ctésias, une peuplade de ces derniers, appelée Pandes, qui habite les vallées, vit 200 ans ; elle a les cheveux blancs dans la jeunesse, noirs dans la vieillesse ; **29** en revanche, d'autres, voisins des Macrobes, ne dépassent pas 40 ans et leurs femmes n'enfantent qu'une fois. Cette particularité est aussi rapportée par Agatharchidès, qui ajoute qu'ils se nourrissent de sauterelles et sont très agiles. Clitarque leur a donné le nom de Mandes, et Mégasthène en compte en outre 300 bourgades ; les femmes enfanteraient à l'âge de 7 ans et seraient vieilles à 40. **30** D'après Artémidore, c'est dans l'île de Taprobane que la durée de la vie est la plus longue, sans diminution des forces. Selon Duris, quelques Indiens s'accouplent avec des bêtes, et ont une progéniture hybride et semi-bestiale. Chez les Calinges, tribu de la même région de l'Inde, les femmes concevraient à 5 ans et ne vivraient pas au-delà de la 8e année ; ailleurs encore naîtraient des hommes à queue velue, d'une extrême agilité, et d'autres seraient entièrement couverts par leurs oreilles.

8, 3 : Les Indiens emploient pour labourer de petits éléphants, qu'ils appellent *nothi* (bâtards)[122].

8, 4 : A Rome, les premiers éléphants attelés tirèrent le char du Grand Pompée, dans son triomphe sur l'Afrique[123], comme jadis, à ce qu'on rapporte, au triomphe du Vénérable Liber sur l'Inde vaincue.

8, 7 : En effet, il est rare de trouver aujourd'hui de grandes défenses, si ce n'est dans l'Inde[124].

8, 24 : Voici comme on capture dans l'Inde < les éléphants >[125] : un cornac conduit un éléphant apprivoisé chargé de surprendre un éléphant sauvage solitaire ou séparé du troupeau et de le rouer de coups ; une fois la bête fatiguée, il passe sur elle et la conduit aussi aisément que le premier.

8, 27 : Du reste, c'est surtout à l'époque du rut qu'ils deviennent furieux et renversent avec leurs défenses les demeures des Indiens[126]... Les éléphants d'Afrique ont peur de ceux de l'Inde et n'osent pas les regarder ; ceux de l'Inde sont en effet de plus grande taille.

aetatis anno parere, senectam quadragesimo accidere. **30** Artemidorus in Taprobane insula longissimam uitam sine ullo corporis languore traduci. Duris Indorum quosdam cum feris coire mixtosque et semiferos esse partus. In Calingis eiusdem Indiae gente quinquennes concipere feminas, octauum uitae annum non excedere. Et alibi cauda uillosa homines nasci pernicitatis eximiae, alios auribus totos contegi.

23. monocoli *REF* : monoculi *ad* monosceli *R³,uett.* / / sciapodas *RTs* : - dis *F* sciopadas *d* scipiodas *o* / / 24. catarcludorum *RF* : cathar - *Edo* / / 25. sciratas *Url.*: sciritas *RDdEa* scyr - *FT* / / 26. trispithami *Hard.* : spithami *T* sphithami *R* - tami *DE* sphytami *F* / / gymnetas *Col.* : - nestas *R²DEFd* - nestos *R¹* / / 30. calingis *Barb.* : col - *codd.*

8, 3 : Indis arant minores (sc. elephanti), quos appellant nothos.

8, 4 : Romae iuncti primum subiere currum Pompei Magni Africano triumpho, quod prius India uicta triumphante Libero patre memoratur.

8, 7 : Etenim rara amplitudo iam dentium praeterquam ex India reperitur.

8, 24 : Capiuntur autem in India unum ex domitis agente rectore, qui deprehensum solitarium abactumue a grege uerberet ferum ; quo fatigato transcendit in eum nec secus ac priorem regit.

8, 27 : Et alias circa coitus maxime efferantur et stabula Indorum dentibus sternunt... Indicum Africi pauent nec contueri audent, nam et maior Indicis magnitudo est.

8, 32-34 : L'Afrique produit des éléphants au-delà des déserts des Syrtes et en Mauritanie, et également les Éthiopiens et les Troglodytes, comme on l'a dit ; mais l'Inde produit les plus grands[127], qui sont perpétuellement en guerre avec des serpents, eux-mêmes assez grands pour les envelopper aisément de leurs anneaux et les étouffer dans l'étreinte de ce nœud. Ce combat prend fin par une double mort : le vaincu, en s'abattant, écrase de son poids celui qui l'enlace. 33 Merveilleuse est l'adresse propre à chaque espèce, comme le montre un exemple pour ces deux animaux. Le serpent a de la peine à s'élever si haut ; aussi surveille-t-il la piste frayée par les éléphants pour aller paître et se jette-t-il sur l'un d'eux du haut d'un arbre. L'autre sait que la lutte est inégale contre cette étreinte ; aussi cherche-t-il à se frotter contre des arbres ou des rochers. Les serpents s'en méfient et commencent par entraver avec leur queue la marche de l'éléphant. Celui-ci défait les nœuds avec sa trompe ; mais le serpent lui enfonce la tête dans les narines, lui fermant du coup la respiration, et déchire les parties molles de son corps. Surpris en marche, il se dresse contre son adversaire et vise surtout les yeux ; de là vient qu'on trouve souvent des éléphants aveugles, consumés par la faim et rongés par le chagrin. 34 Quelle autre raison apporter d'une telle inimitié, sinon que la nature se compose pour elle-même le spectacle de ces duels ? On raconte encore autrement ce combat. Les éléphants auraient le sang très froid ; aussi sont-ils visés par les serpents surtout au plus fort des chaleurs. C'est pourquoi, plongés dans les rivières, ils les attaquent en train de boire, et, s'enroulant autout de la trompe immobilisée, ils les mordent à l'oreille, le seul endroit qui ne puisse être défendu avec la trompe. Ces serpents sont si gros qu'ils peuvent absorber tout le sang de l'éléphant ; ainsi les éléphants, pompés et séchés par eux, tombent et écrasent les serpents gorgés, qui meurent avec eux.

8, 36 : Mégasthène écrit que, dans l'Inde, les serpents[128] atteignent une taille assez grande pour avaler des cerfs et des taureaux tout entiers.

8, 66 : Le tigre naît en Hyrcanie et dans l'Inde, animal d'une rapidité effrayante, dont on s'aperçoit surtout quand on lui prend toute sa portée, toujours nombreuse[129].

8, 72 : L'Éthiopie produit... des bœufs indiens à une ou trois cornes[130]...

8, 76 [d'après Ctésias] : Dans l'Inde[131] on trouve des bœufs au sabot non divisé, à corne unique, et une bête sauvage nommée

8, 32-34 : Elephantos fert Africa ultra Syrticas solitudines et in Mauretania, ferunt Aethiopes et Trogodytae, ut dictum est, sed maximos India bellantesque cum iis perpetua discordia dracones tantae magnitudinis et ipsos ut circumplexu facili ambiant nexuque nodi praestringant. Conmoritur ea dimicatio uictusque conruens complexum elidit pondere. 33 Mira animalium pro se cuique sollertia ut his una. Ascendendi in tantam altitudinem difficultas draconi ; itaque tritum iter ad pabula speculatus ab excelsa se arbore inicit. Scit ille imparem sibi luctatum contra nexus ; itaque arborum aut rupium attritum quaerit. Cauent hoc dracones ob idque gressus primum alligant cauda. Resoluunt illi nodos manu ; at hi in ipsas nares caput condunt pariterque spiritum praecludunt et mollissimas lancinant partes. Iidem obuii deprehensi in aduersos erigunt se oculosque maxime petunt ; ita fit ut plerumque caeci ac fame et maeroris tabe confecti reperiantur. 34 Quam quis aliam tantae discordiae causam attulerit nisi naturam spectaculum sibi paria conponentem ? Est et alia dimicationis huius fama. Elephantis frigidissimum esse sanguinem ; ob id aestu torrente praecipue draconibus expeti. Quam ob rem in amnes mersos insidiari bibentibus contortosque inligata manu in aurem morsum defigere, quoniam is tantum locus defendi non possit manu. Dracones esse tantos ut totum sanguinem capiant, itaque elephantos ab his ebibi siccatosque concidere et dracones inebriatos opprimi conmorique.

8, 36 : Megasthenes scribit in India serpentes in tantam magnitudinem adolescere ut solidos hauriant ceruos taurosque.

8, 66 : Tigrim Hyrcani et Indi ferunt, animal uelocitatis tremendae et maxime cognitae, dum capitur totus eius fetus, qui semper numerosus est.

8, 72 : ... (Aethiopia generat) Indicos boues unicornes tricornesque...

8, 76 : In India et boues solidis ungulis, unicornes, et feram nomine axin inulei pelle pluribus candidioribusque maculis, sacro-

axis ayant le pelage du faon avec des taches plus nombreuses et plus blanches, qu'on offre en sacrifice à Liber Pater (les Indiens Orséens chassent des singes au corps entièrement blanc) ; mais la bête la plus sauvage est le *monocéros* ; il a le corps du cheval, la tête du cerf, les pattes de l'éléphant, la queue du sanglier, un mugissement profond, une unique corne noire au milieu du front, haute de deux coudées. On dit qu'on ne le prend pas vivant.

8, 120 : L'Afrique est à peu près seule à ne pas produire de cerfs, mais elle produit, elle aussi, le caméléon, quoiqu'il soit plus fréquent dans l'Inde.

8, 123 : Le *tarandrus* des Scythes change aussi de couleur, seul parmi les animaux couverts de poils, à part le *lycaon* chez les Indiens, à qui l'on donne une crinière sur le cou[132].

8, 125 : L'Inde et l'Afrique produisent des porcs-épics.

8, 141 : Les lézards d'Arabie sont longs d'une coudée ; dans l'Inde, sur le mont Nysus, ils atteignent une longueur de 24 pieds[133] ; leur couleur est fauve, écarlate ou bleu foncé.

8, 148 : Les Indiens veulent croiser < le chien > avec le tigre[134] et, pour cela, attachent dans les bois des chiennes en chaleur. Ils regardent les produits des deux premières générations comme trop féroces et n'élèvent qu'à la troisième.

8, 176 : Les bœufs de l'Inde, dit-on, ont la taille des chameaux et leurs cornes ont 4 pieds d'écartement[135].

8, 212 : Dans l'Inde < les sangliers mâles > ont deux dents recourbées[136], longues d'une coudée, sortant du museau, et autant qui sortent du front, comme les cornes du veau.

9, 4-5 : Les animaux les plus nombreux et les plus grands se trouvent dans la mer de l'Inde, entre autres des baleines de 4 arpents, des scies de 200 coudées, surtout des langoustes atteignant 4 coudées, et aussi, dans le Gange, des anguilles de 30 pieds. Mais c'est surtout vers les solstices qu'on voit les monstres marins. 5 C'est alors que se déchaînent les cyclones[137], alors que les pluies, les ouragans, s'abattant des cimes montagneuses, bouleversent le fond des mers, et roulent avec les vagues des monstres chassés des profondeurs, si nombreux (comme ailleurs les thons) que la flotte d'Alexandre le Grand se rangea en bataille pour faire front, comme contre des adversaires en ligne ; autrement, en ordre dispersé, on ne pouvait passer. Ni la voix, ni le bruit, ni les projectiles ne les effraient, sinon un vrai fracas, et rien ne les dérange que la destruction.

rum Liberi patris (Orsaei Indi simias candentes toto corpore uenantur), asperrimam autem feram monocerotem, reliquo corpore equo similem, capite ceruo, pedibus elephanto, cauda apro, mugitu graui, uno cornu nigro media fronte cubitorum duum eminente. Hanc feram uiuam negant capi.

8, 120 : Ceruos Africa propemodum sola non gignit, at chamaeleonem et ipsa, quamquam frequentiorem Indiae.

8, 123 : Mutat colores et Scytharum tarandrus nec aliud ex iis quae pilo uestiuntur, nisi in Indis lycaon, cui iubata traditur ceruix.

8, 125 : Hystrices generat India et Africa...

8, 141 : Lacerti Arabiae cubitales, in Indiae uero Nyso monte XXIIII in longitudinem pedum, colore fului aut punicei aut caerulei.

8, 148 : E tigribus eos (sc. canes) Indi uolunt concipi et ob id in siluis coitus tempore alligant feminas. Primo et secundo fetu nimis feroces putant gigni, tertio demum educant.

8, 176 : Bubus Indicis camelorum altitudo traditur, cornua in latitudinem quaternorum pedum.

8, 212 : In India cubitales dentium flexus (sc. suibus) ; gemini ex rostro, totidem a fronte, ceu uituli cornua, exeunt.

9, 4-5 : Plurima autem et maxima animalia in Indico mari, ex quibus ballaenae quaternum iugerum, pristes ducenum cubitorum, quippe ubi locustae quaterna cubita impleant, anguillae quoque in Gange amne tricenos pedes. Sed in mari beluae circa solstitia maxime uisuntur. 5 Tunc illic ruunt turbines, tunc imbres, tunc deiectae montium iugis procellae ab imo uertunt maria pulsatasque ex profundo beluas cum fluctibus uoluunt tanta, ut alias thynnorum, multitudine, ut Magni Alexandri classis haud alio modo quam hostium acie obuia contrarium agmen aduersa fronte derexerit ; aliter sparsis non erat euadere. Non uoce, non sonitu, non ictu, sed fragore terrentur nec nisi ruina turbantur.

9, 8 : Les plus grands animaux sont, dans la mer de l'Inde, la scie et la baleine.

9, 35 : La mer de l'Inde produit des tortues d'une telle taille[138] qu'une seule carapace peut couvrir une cabane habitable et qu'on s'en sert comme barque particulièrement pour la navigation entre les îles de la Mer Rouge.

9, 46 : Dans le Gange, en Inde[139], on appelle platanistes < des poissons> ayant un museau et une queue de dauphin, longs de 16 coudées. Dans le même fleuve, Statius Sébosus signale des vers tout à fait merveilleux, ayant deux branchies, six coudées de long, bleu foncé, nommés de leur aspect. Leur vigueur est telle qu'en prenant et mordant la trompe des éléphants venant boire, ils les entraînent.

9, 71 : Sortent aussi à terre les poissons appelés rats de mer, les poulpes et les murènes, et aussi une certaine espèce de poissons des fleuves de l'Inde, qui sautent ensuite à l'eau[140].

9, 106 : Les perles sont au premier rang et au sommet de tout ce qui est précieux. Elles viennent surtout de l'océan Indien[141], passant à travers tant de monstres, dont nous avons dit la nature et la dimension, à travers tant de mers, par d'immenses étendues terrestres et de si brûlants climats. Les Indiens vont aussi les chercher dans des îles, dans un petit nombre seulement. Taprobane et Stoïdis en produisent le plus, comme je l'ai dit dans mon tour du monde, et aussi le cap de Périmula, en Inde. On estime particulièrement les perles des abords de l'Arabie, dans le golfe Persique de la mer Rouge.

9, 113 : La blancheur même < des perles> offre une grande variété : plus claire dans les perles trouvées en mer Rouge, imitant les écailles de la pierre spéculaire[142] dans la perle indienne, qui dépasse les autres en grosseur.

9, 155 : Il ne manque pas < chez les animaux marins> de venins redoutables, comme chez le lièvre[143], qui, dans la mer de l'Inde, provoque sur-le-champ par simple contact vomissement et dérangement de l'estomac ; dans notre mer, c'est une boule informe, n'ayant de commun avec le lièvre que la couleur, et, dans l'Inde, que la taille et le poil, qui est seulement plus dur. On ne l'y prend pas vivant.

10, 3 : L'Éthiopie et l'Inde produisent des oiseaux absolument multicolores et indescriptibles.

9, 8 : Maximum animal in Indico mari pristis et ballaena est.

9, 35 : Testudines tantae magnitudinis Indicum mare emittit ut singularum superficie habitabiles casas integant atque inter insulas Rubri praecipue maris his nauigent cumbis.

9, 46 : In Gange Indiae platanistas uocant, rostro delphini et cauda, magnitudine autem XVI cubitorum. In eodem esse Statius Sebosus haud modico miraculo adfert uermes branchiis binis sex cubitorum, caeruleos, qui nomen a facie traxerunt. His tantas esse uires ut elephantos ad potus uenientes mordicus comprehensa manu eorum abstrahant.

9, 71 : Exeunt in terram et qui marini mures uocantur et polypi et murenae, quin et in Indiae fluminibus certum genus piscium ac deinde resilit.

9, 106 : Principium ergo columenque omnium rerum pretii margaritae tenent. Indicus maxime has mittit oceanus inter illas beluas tales tantasque quas diximus, per tot maria uenientes, tam longo terrarum tractu et tantis solis ardoribus. Atque Indis quoque in insulas petuntur et admodum paucas. Fertilissima est Taprobane et Stoidis, ut diximus in circuitu mundi, item Perimula, promunturium Indiae. Praecipue autem laudantur circa Arabiam in Persico sinu maris Rubri.

stoidis *Bard.* : toidis *codd.* / / perimula *EF²R²Dd* : pericula *F¹R¹*.

9, 113 : Et in candore ipso magna differentia : clarior in Rubro mari repertis, Indicus specularium lapidum squamas adsimulat, alias magnitudine praecellens.

9, 155 : Nec uenena cessant dira, ut in lepore, qui in Indico mari etiam tactu pestilens uomitum dissolutionemque stomachi protinus creat, in nostro offa informis, colore tantum lepori similis, in Indis et magnitudine et pilo, duriore tantum. Nec uiuus ibi capitur.

10, 3 : Aethiopes atque Indi discolores maxime et inenarrabiles ferunt aues.

10, 117 : <Les oiseaux> imitent mieux que tout la voix humaine, et les perroquets suivent même une conversation[144]. L'Inde nous envoie cet oiseau, qu'elle appelle *siptace* ; il a tout le corps vert, sauf la marque d'un collier rouge au cou. Il salue les empereurs et prononce les mots qu'il entend ; le vin surtout le met en verve. Sa tête est aussi dure que son bec. C'est là qu'on le frappe avec une baguette de fer quand il apprend à parler, sinon il ne sent pas les coups. Quand il s'abat, il se reçoit sur le bec, il s'appuie dessus et se rend ainsi plus léger pour pallier la faiblesse de ses pattes.

10, 136 : Je n'ajouterais pas davantage foi aux Sirènes, bien que Dinon, père de l'auteur réputé qu'est Clitarque, affirme qu'elles existent dans l'Inde et qu'elles charment par leur chant les hommes pour les déchirer quand ils sont accablés par le sommeil.

11, 103 : On rapporte que, dans l'Inde, <les sauterelles> ont 3 pieds de long et que leurs pattes et leurs cuisses, une fois desséchées, servent de scies.

11, 111 : Les cornes d'une fourmi indienne fixées au mur dans le temple d'Hercule à Erythrée ont provoqué l'admiration[145]. Ces fourmis tirent de l'or de la terre en creusant leurs trous, dans le pays des Indiens septentrionaux appelés Dardes. Elles ont la couleur des chats, la taille des loups d'Égypte. Cet or, extrait par elles pendant l'hiver, est volé par les Indiens pendant les chaleurs de l'été, quand la température fait se cacher les fourmis dans leurs terriers ; mises en émoi par l'odeur, elles accourent en volant et déchirent souvent les voleurs, bien qu'ils s'enfuient sur des chameaux très rapides. Si grandes sont leur agilité et leur férocité s'ajoutant à l'amour de l'or !

11, 128 : Les femelles ont en général des cornes plus minces, comme dans beaucoup d'espèces de bétail ; les brebis et les biches n'en ont pas, non plus que les fissipèdes et les solipèdes, excepté l'âne indien armé d'une corne unique.

11, 255 : Presque tous les animaux à cornes sont bisulques[146] ; aucun n'est à la fois solipède et bicorne ; l'âne indien est seulement unicorne, l'oryx, unicorne et bisulque. Seul des solipèdes, l'âne indien a des osselets.

12, 17 : Nous avons parlé des arbres à laine des Sères à propos de cette nation, et aussi de la grandeur des arbres de l'Inde. Seul des arbres propres à l'Inde, Virgile a célébré l'ébénier[147], déclarant qu'il ne pousse nulle part ailleurs.

10, 117 : Super omnia humanas uoces reddunt, psittaci quidem etiam sermocinantes. India hanc auem mittit, siptacen uocat, uiridem toto corpore, torque tantum miniato in ceruice distinctam. Imperatores salutat et quae accipit uerba pronuntiat, in uino praecipue lasciua. Capiti eius duritia eadem quae rostro. Hoc, cum loqui discit, ferreo uerberatur radio ; non sentit aliter ictus. Cum deuolat, rostro se excipit, illi innititur leuioremque ita se pedum infirmitati facit.

10, 136 : Nec Sirenes impetrauerint fidem, adfirmet licet Dinon, Clitarchi celebrati auctoris pater, in India esse mulcerique earum cantu quos grauatos somno lacerent.

11, 103 : In India ternum pedum longitudinis (sc. locustae) esse traduntur, cruribus et feminibus serrarum usum praebere, cum inaruerint.

11, 111 : Indicae formicae cornua Erythris in aede Herculis fixa miraculo fuere. Aurum hae cauernis egerunt terra in regione septentrionalium Indorum qui Dardae uocantur. Ipsis color felium, magnitudo Aegypti luporum. Erutum hoc ab iis tempore hiberno Indi furantur aestiuo feruore, conditis propter uaporem in cuniculos formicis, quae tamen odore sollicitatae prouolant crebrosque lacerant quamuis praeuelocibus camelis fugientes. Tanta pernicitas feritasque est cum amore auri.

11. 128 : Tenuiora (sc. cornua) feminis plerumque sunt, ut in pecore multis, ouium nulla nec ceruorum nec quibus multifidi pedes nec solidipedum ulli excepto asino Indico, qui uno armatus est cornu.

11, 255 : Cornigera fere bisulca ; solida ungula et bicorne nullum, unicorne asinus tantum Indicus, unicorne et bisulcum oryx. Talos asinus Indicus unus solidipedum habet.

12, 17 : Lanigeras Serum in mentione gentis eius narrauimus, item Indiae arborum magnitudinem. Vnam e peculiaribus Indiae Vergilius celebrauit hebenum, nusquam alibi nasci professus.

12, 20-36 : A Rome, c'est le Grand Pompée qui montra
<l'ébéne> dans son triomphe sur Mithridate[148]. Fabianus le dit
incombustible ; il brûle pourtant avec une odeur agréable. Il y en
a deux espèces ; la plus rare et la meilleure est arborescente, au
bois dur et sans nœuds, d'un noir brillant et plaisant dès l'abord,
même sans avoir été travaillé ; l'autre est un arbrisseau du genre
du cytise, répandu dans toute l'Inde. **21** On y trouve aussi une
épine semblable <à l'ébénier>, mais qu'on reconnaît à ce qu'elle
prend feu immédiatement, à la seule flamme d'une lampe.

Nous allons exposer maintenant les arbres qu'a permis d'admirer la victoire d'Alexandre, quand elle ouvrit cette partie du
monde.

22 Il y pousse un figuier remarquable par son fruit, et qui est
à perpétuité son propre héritier[149]. Il étale de larges branches,
dont les plus basses se recourbent vers le sol au point de s'y
ficher en l'espace d'un an, et de se donner une nouvelle génération formant cercle autour du tronc maternel, comme par l'art
d'un jardinier. Les bergers passent l'été à l'intérieur de cet enclos
à la fois ombragé et protégé par l'arbre formant palissade, dont
la voûte circulaire a bel aspect pour qui la regarde d'en dessous
ou de loin. **23** Les branches supérieures de ce même arbre s'élancent en hauteur du vaste tronc maternel comme une forêt touf-
fue, au point que la plupart des arbres forment un cercle de 60
pas et couvrent deux stades de leur ombre. Les larges feuilles ont
la forme d'un bouclier d'Amazone ; aussi, recouvrant le fruit,
l'empêchent-elles de grossir. Le fruit est peu nombreux et n'est
pas plus gros qu'une fève, mais, mûri à travers les feuilles par le
soleil, il a une saveur très douce et se montre digne de cet arbre
merveilleux. Il pousse surtout aux bords du fleuve Acésinès.

24 Un autre arbre produit un fruit plus gros et bien plus
suave, dont vivent les sages de l'Inde[150]. La feuille, qui ressemble
aux ailes des oiseaux, est longue de 3 coudées, large de 2. Il émet
de son écorce un fruit merveilleux par la douceur de son suc,
dont un seul peut rassasier quatre personnes. L'arbre s'appelle
pala et son fruit *ariera*. Il vient en abondance chez les Sydraques,
terme des expéditions d'Alexandre. Il existe encore un autre arbre
semblable à celui-ci, au fruit plus doux, mais mauvais pour
l'intestin[151]. Alexandre avait interdit à quiconque de son armée de
toucher à ce fruit.

25 Les Macédoniens ont parlé d'autres espèces d'arbres, mais
pour la plupart sans les nommer[152]. Il en existe un semblable pour
le reste au térébinthe, mais à l'amandier pour son fruit, qui est
seulement plus petit et d'une extrême douceur, en Bactriane tout
au moins. Certains l'ont considéré comme une espèce particulière

12, 20-36 : Romae eam (sc. hebenum) Magnus Pompeius triumpho Mithridatico ostendit. Accendi Fabianus negat, uritur tamen odore iucundo. Duo genera eius ; rarum id quod melius, arboreum, durae et enodis materiae nigri splendoris ac uel sine arte protinus iucundi, alterum fruticosum cytisi modo et tota India dispersum. **21** Est ibi et spina similis, sed deprehensa uel lucernis igni protinus transiliente.

Nunc eas exponemus quas mirata est Alexandri Magni uictoria orbe eo patefacto.

22 Ficus ibi eximia pomo, sui ipsa semper heres. Vastis diffunditur ramis, quorum imi in terram adeo curuantur ut annuo spatio infigantur nouamque sibi progeniem faciant circa parentem in orbem quodam opere topiario. Intra saepem eam aestiuant pastores, opacam pariter et munitam uallo arboris, decora specie subter intuenti proculue fornicato ambitu. **23** Superiores eiusdem rami in excelsum emicant siluosa multitudine, uasto matris corpore, ut LX passus pleraeque orbe colligant, umbra uero bina stadia operiant. Foliorum latitudo peltae effigiem Amazonicae habet ; ea causa fructum integens crescere prohibet. Rarusque < est > nec fabae magnitudinem excedens, sed per folia solibus coctus praedulcis sapore et dignus miraculo arboris. Gignitur circa Acesinen maxime amnem.

24 Maior alia pomo et suauitate praecellentior, quo sapientes Indorum uiuunt. Folium alas auium imitatur, longitudine trium cubitorum, latitudine duum. Fructum cortice emittit admirabilem suci dulcedine, ut uno quaternos satiet. Arbori nomen palae, pomo arierae. Plurima est in Sydracis, expeditionum Alexandri termino. Est et alia similis huic, dulcior pomo, sed interaneorum ualetudini infesta. Edixerat Alexander ne quis agminis sui id pomum attingeret.

25 Genera arborum Macedones narrauere maiore ex parte sine nominibus. Est et terebintho similis cetera, pomo amygdalis, minore tantum magnitudine, praecipuae suauitatis, in Bactris utique. Hanc aliqui terebinthon esse proprii generis potius quam similem ei putauerunt. Sed unde uestes lineas faciunt, foliis moro

de térébinthe plutôt que comme un arbre lui ressemblant. Quant à l'arbre dont on fait des tissus de lin, sa feuille est semblable à celle du mûrier, l'enveloppe de son fruit à l'églantier. On le plante en plaine et l'aspect des vignobles n'est pas plus agréable.

26 L'olivier de l'Inde ne produit que des fruits d'oléastre. Mais on trouve partout des arbres à poivre qui ressemblent à nos genévriers, bien que d'aucuns rapportent qu'ils naissent seulement sur le versant exposé au soleil du Caucase[153]. Les graines diffèrent du genévrier par leurs toutes petites gousses, comme on en voit aux doliques. Ces gousses, cueillies avant qu'elles s'entrouvrent et grillées au soleil, donnent ce qu'on appelle le poivre long ; s'entrouvrant peu à peu avec la maturité, elles laissent voir le poivre blanc qui, par la suite, grillé par le soleil, change de couleur et se ride. **27** Mais ces fruits subissent eux aussi des dégâts particuliers ; ils charbonnent avec le mauvais temps et les graines se vident et se creusent, ce qu'on nomme *bregma*[154], mot qui signifie 'mort' dans la langue des Indiens. De toute l'espèce, c'est le plus âpre et le plus léger, de couleur pâle ; le noir est plus agréable, le blanc plus doux que les deux autres.

28 Ce qu'on nomme *zingiberi* ou encore *zimpiberi* n'est pas, comme on l'a cru parfois, la racine du poivrier, bien que la saveur en soit semblable[155]... Le poivre long se falsifie très facilement avec la moutarde d'Alexandrie. Il se vend 15 deniers la livre, le blanc 7, le noir 4. **29** On peut s'étonner de la faveur rencontrée par le poivre : dans les condiments, c'est tantôt la douceur qui captive, tantôt l'aspect qui séduit ; chez lui, ni le fruit ni la baie ne le recommandent en rien. Seule plaît son amertume, et on va la chercher chez les Indiens ! Qui a voulu le premier l'essayer dans ses aliments ou à qui la faim n'a-t-elle pas suffi pour aiguiser son appétit ? Les deux épices [i.e. poivre et gingembre] sont des plantes sauvages dans leurs pays, et pourtant on les achète au poids, comme l'or ou l'argent...

30 On trouve aussi dans l'Inde une graine semblable au poivre, mais plus grosse et plus cassante, appelée *caryophyllon*[156]On rapporte qu'elle pousse sur le lotus indien ; on l'importe pour son arôme. Il y existe aussi une épine qui porte un grain semblable au poivre et particulièrement amer ; elle a de petites feuilles serrées comme le henné, des rameaux de 3 coudées, une écorce pâle, une racine large et ligneuse, couleur de buis. Avec cette racine bouillie dans de l'eau avec la graine dans un vase de bronze, on produit le médicament appelé *lycion*[157]. **31** ... Les Indiens l'expédient dans des outres en peau de chameau ou de rhinocéros[158].

similis, calyce pomi cynorrhodo. Serunt eam in campis neque est gratior uinearum prospectus.

26 Oliua Indiae sterilis praeterquam oleastri fructus. Passim uero quae piper gignunt iunipiris nostris similes, quamquam in fronte Caucasi solibus opposita gigni tantum eas aliqui tradidere. Semina a iunipiro distant paruulis siliquis, quales in phasiolis uidemus. Hae priusquam dehiscant decerptae tostaeque sole faciunt quod uocatur piper longum, paulatim uero dehiscentes maturitate ostendunt candidum piper, quod deinde tostum solibus colore rugisque mutatur. **27** Verum et his sua iniuria est atque caeli intemperie carbunculant fiuntque semina cassa et inania, quod uocant bregma, sic Indorum lingua significante mortuum. Hoc ex omni genere asperrimum est leuissimumque et pallidum, gratius nigrum, lenius utroque candidum. **28** Non est huius arboris radix, ut aliqui existimauere, quod uocant zingiberi, alii uero zimpiberi, quamquam sapore simili... Piper longum facillime adulteratur Alexandrino sinapi. Emitur in libras ✗ XV, album ✗ VII, nigrum ✗ IIII. **29** Vsum eius adeo placuisse mirum est : in aliis quippe suauitas cepit, in aliis species inuitauit ; huic nec pomi nec bacae commendatio est aliqua. Sola placere amaritudine, et hanc in Indos peti ! Quis ille primus experiri cibis uoluit aut cui in appetenda auiditate esurire non fuit satis ? Vtrumque siluestre gentibus suis est et tamen pondere emitur ut aurum uel argentum...

30 Est etiamnum in India piperis granis simile quod uocatur caryophyllon, grandius fragiliusque. Tradunt in Indica loto id gigni ; aduehitur odoris gratia. Fert et spina piperis similitudinem praecipua amaritudine, foliis paruis densisque cypri modo, ramis trium cubitorum, cortice pallido, radice lata lignosaque, buxei coloris. Hac in aqua cum semine excocta in aereo uase medicamentum fit quod uocatur lycion. **31**... Indi in utribus camelorum aut rhinocerotum id mittunt.

32 Le *macir*[159] est également importé de l'Inde ; c'est l'écorce rougeâtre d'une grosse racine qui a le même nom que l'arbre. Je n'ai pas pu découvrir comment est cet arbre. L'écorce, cuite dans le miel, passe pour être en médecine un excellent remède contre la dysenterie.

L'Arabie produit aussi le *saccaron*[160], mais celui de l'Inde est plus renommé. C'est un miel recueilli dans des roseaux, blanc comme les gommes, friable sous la dent, gros au plus comme une noisette, sans autre usage qu'en médecine.

33 La nation appelée Arienne touche à l'Inde[161] ; on y trouve une épine précieuse par ses larmes semblables à la myrrhe, d'un abord difficile à cause de ses piquants. On y trouve aussi un arbrisseau toxique, <de la taille> du chou, à feuille de laurier, dont l'odeur attire les chevaux, ce qui faillit dès son arrivée priver Alexandre de sa cavalerie. Même chose arriva en Gédrosie avec un arbre également à feuille de laurier. **34** Là encore, à ce qu'on rapporte, on trouve une épine dont le suc, projeté dans les yeux, rend aveugles tous les animaux, et aussi une herbe d'une odeur exquise, grouillant de minuscules serpents dont la morsure cause une mort immédiate.

35 Au voisinage est la Bactriane, dont le *bdellium* est le plus réputé[162]. L'arbre est noir, de la taille d'un olivier, avec la feuille du chêne et le fruit du caprifiguier. Le produit lui-même est de la nature de la gomme... Il pousse aussi en Arabie, dans l'Inde, en Médie et à Babylone. On appelle *peraticum* celui qui vient de Médie ; **36** il est plus friable, plus croûteux et plus amer, mais l'indien est plus humide et ressemble à la gomme...

12, 41-42 : Une racine et une feuille sont très prisées dans l'Inde[163]. La racine du costus est de saveur brûlante, d'une odeur délicieuse ; son feuillage est sans emploi. On en trouve deux espèces dès l'embouchure de l'Indus, dans l'île de Patala, la noire et la blanche, qui est la meilleure. Le prix est de 5 deniers 1/2 la livre. **42** Quant à la feuille de nard, il convient d'en dire davantage, étant donné son rôle très important en parfumerie. C'est un arbrisseau à racine lourde et épaisse, mais courte, noire et cassante, bien que grasse, sentant le moisi, comme le souchet, de saveur âcre, à petites feuilles serrées. La partie supérieure se ramifie en épis ; aussi vante-t-on le nard parce qu'il donne à la fois des épis et des feuilles. Une autre espèce[164], qui vient sur les bords

32 Et macir ex India aduehitur, cortex rubens radicis magnae, nomine arboris suae. Qualis sit ea incompertum habeo. Corticis melle decocti usus in medicina ad dysintericos praecipuus habetur.

Saccaron et Arabia fert, sed laudatius India. Est autem mel in harundinibus collectum, cummium modo candidum, dentibus fragile, amplissimum nucis abellanae magnitudine, ad medicinae tantum usum.

33 Contermina Indis gens Ariana appellatur, cui spina lacrima pretiosa murrae simili, difficili accessu propter aculeos adnexos. Ibi et frutex pestilens,... raphani, folio lauri, odore equos inuitans, qui paene equitatu orbauit Alexandrum primo introitu. Quod et in Gedrosis accidit item laureo folio. **34** Et ibi spina tradita est cuius liquor adspersus oculis caecitatem inferret omnibus animalibus, nec non et herba praecipui odoris, referta minutis serpentibus, quarum ictu protinus moriendum esset.

35 Vicina est Bactriana, in qua bdellium laudatissimum. Arbor nigra, magnitudine oleae, folio roboris, fructu caprifici. Ipsi natura quae cummi... Nascitur et in Arabia Indiaque et Media ac Babylone. Aliqui peraticum uocant ex Media aduectum ; **36** fragilius hoc et crustosius amariusque, at Indicum umidius et cumminosum...

24 arierae *Mone* : - re *M* - ne *DEF* aritate *R* / / 25 uinearum *Pint. ex Theophr.* : ullarum *D²F²* uillarum *cett.* / / 30 caryophyllon *M in indice* : carophillon *R¹* gario - *R²* gariofyllon *DF* - fillon *E¹* - filon *E²* / / indica loto *Oudendorp* : - ca toto *d²* - co loco *RD²F²* indicato *D¹EF¹* / / excocta *Rˢ* : excepta *cett.* / / 32 macir *DEF* : machir *MR* / / saccaron *M* : sactra - *R* sacta *DEF.*

12, 41-42 : Radix et folium Indis in maximo pretio. Radix costi gustu feruens, odore eximia, frutice alias inutili. Primo statim introitu amnis Indi in Patale insula duo eius genera : nigrum et, quod melius, candicans. Pretium in libras X VS. **42** De folio nardi plura dici par est ut principali in unguentis. Frutex est graui et crassa radice, sed breui ac nigra fragilique, quamuis pingui, situm redolente, ut cypiros, aspero sapore, folio paruo densoque. Cacumina in aristas se spargunt ; ideo gemina dote nardi spicas ac folia celebrant. Alterum eius genus apud Gangen nascens damnatur in totum ozaenitidos nomine, uirus redolens.

du Gange, est absolument condamnée sous le nom d'*ozaenitis,* pour sa puanteur.

12, 48 : La grappe de l'amome[165], qu'on utilise, vient d'une vigne sauvage de l'Inde ou, comme d'autres l'ont pensé, d'un arbrisseau tortueux, haut d'un palme ; on l'arrache avec la racine, on le met en bottes avec précaution, car il se casse tout de suite. Le plus estimé est celui dont les feuilles sont semblables à celles du grenadier, lisses, de couleur rousse. La seconde qualité est de couleur pâle ; l'amome couleur d'herbe est moins bon, le blanc est le plus mauvais, couleur qu'il prend aussi en vieillissant.

12, 71-72 : Mais la falsification[166] la plus trompeuse < de la myrrhe > se fait avec la myrrhe de l'Inde, qu'on y récolte sur une épine. C'est le seul produit dont l'Inde livre une plus mauvaise qualité : la distinction est facile, tant il est inférieur. **72** Elle se rapproche donc du mastic, qui est aussi produit par une autre épine dans l'Inde et en Arabie ; on l'appelle *laina.*

12, 104 : Le roseau odorant[167] naît aussi en Arabie ; il lui est commun avec l'Inde et avec la Syrie, où il est le meilleur.

12, 129 : La Syrie donne encore le malobathre[168], arbre à feuille enroulée, couleur de feuille morte ; on en exprime une huile pour la parfumerie ; l'Égypte en produit davantage, mais celui qui vient de l'Inde est plus réputé ; il y pousse, dit-on, dans les marais comme la lentille d'eau ; il est plus odorant que le safran, noirâtre et rugueux, avec un goût de sel. Le blanc est moins prisé.

14, 102 : On fait aussi des vins de fruits... et d'abord le vin de dattes[169], en usage chez les Parthes, les Indiens et dans tout l'Orient, obtenu par macération d'un modius de dattes douces dites chydées dans trois conges d'eau et pressurage.

15, 28 : Les Indiens tirent de l'huile, dit-on, des châtaignes, du sésame et du riz[170].

16, 135 : L'amome et le nard[171], qui font nos délices, ne supportent pas d'être transplantés de l'Inde et par mer, même en Arabie.

16, 144 : Le lierre, dit-on maintenant, pousse en Asie[172]. Vers l'an 440 de Rome, Théophraste avait affirmé le contraire et qu'on ne le trouvait dans l'Inde que sur le mont Méros.

16, 161-163 : Les roseaux de Crète se recommandent tous pour la même raison, bien qu'on préfère ceux de l'Inde, que certains

12, 48 : Amomi uua in usu est <ex> Indica uite labrusca, ut alii existimauere, frutice tortuoso, palmi altitudine, carpiturque cum radice, manipulatim leniter componitur, protinus fragile. Laudatur quam maxime Punici mali foliis simile nec rugosis, colore rufo. Secunda bonitas pallido ; herbaceum peius, pessimumque candidum, quod et uetustate euenit.

12, 71-72 : Fallacissime autem adulteratur Indica murra, quae ibi de quadam spina colligitur. Hoc solum peius India adfert, facili distinctione : tanto deterior est. 72 Ergo transit in mastichen quae et ex alia spina fit in India itemque in Arabia ; lainam uocant.

12, 104 : Calamus quoque odoratus in Arabia nascens communis Indis atque Syriae est, in qua uincit omnes.

12, 129 : Dat et malobathrum Syria, arborem folio conuoluto, colore aridi folii, ex quo premitur oleum ad unguenta, fertiliore eiusdem Aegypto. Laudatius tamen ex India uenit ; in paludibus ibi gigni tradunt lentis modo, odoratius croco, nigricans scabrumque, quodam salis gustu. Minus probatur candidum.

14, 102 : Fiunt (sc. uina) et e pomis... primumque e palmis, quo Parthi, Indi utuntur et oriens totus, mitiorum quas uocant chydaeas modio in aquae congiis tribus macerato expressoque.

15, 28 : Indi e castaneis ac sesima atque oryza facere (sc. oleum) dicuntur.

16, 135 : Non ferunt amomi nardique deliciae, ne in Arabiam quidem, ex India et naue peregrinari.

16, 144 : Hedera iam dicitur in Asia nasci. Circiter urbis Romae annum CCCCXXXX negauerat Theophrastus, nec <in> India nisi in monte Mero.

16, 161-163 : Haec et Creticis commendatio omnibus, quamquam praeferuntur Indici, quorum alia quibusdam uidetur natura,

croient d'une nature différente, parce qu'on les utilise même comme lances en y ajustant une pointe. **162** Le roseau de l'Inde, tel que nous le voyons souvent dans les temples, a la grosseur d'un arbre[173]. Les Indiens rapportent que le mâle et la femelle diffèrent aussi dans cette espèce. Le mâle a le bois plus épais, la femelle a une plus grande contenance. On fait même une barque, s'il le faut croire, avec un seul entre-nœud. Il pousse surtout sur les bords du fleuve Acésinès. **163** Tous les roseaux ont des tiges nombreuses issues d'une souche unique et repoussent même plus fournis quand ils sont coupés. La racine, naturellement vivace, est noueuse elle aussi. Ceux de l'Inde seuls ont les feuilles courtes...

17, 133 : On plante en effet en tout mois en Égypte, et, partout où il existe des pluies d'été, comme en Inde et en Éthiopie, on est contraint de planter les arbres après, en automne.

18, 55 : On a rapporté de l'Inde en Italie[174], dans ces dix dernières années, un millet de couleur noire, à gros grain, à tige de roseau. Il croît jusqu'à une hauteur de 7 pieds et a une très longue chevelure — qu'on appelle *phobae* — ; c'est la plus productive de toutes les céréales : un seul grain en donne 3 setiers. Il faut semer en terrain humide.

18, 71 : Les Indiens ont une orge cultivée et une orge sauvage, dont ils font un excellent pain et de la bouillie. Mais leur céréale préférée est le riz[175], avec lequel ils préparent la tisane que le reste de l'humanité fait avec l'orge. Le riz a des feuilles charnues, semblables à celles du poireau, mais plus larges ; il est haut d'une coudée, sa fleur est pourpre et sa racine présente deux tubercules arrondis.

18, 96 : Le sésame vient de l'Inde[176] ; les Indiens en font aussi de l'huile ; sa graine est blanche.

19, 15 : L'Asie tire du genêt un lin pour faire des filets..., les Éthiopiens et les Indiens en tirent un des pommes[177]...

19, 19 : On a découvert aussi maintenant un lin incombustible[178]... On en fabrique des linceuls royaux, qui séparent des autres les cendres du corps. Il vient dans les déserts brûlés par le soleil de l'Inde, où ne tombe aucune pluie, au milieu d'horribles serpents ; il s'y habitue à résister au feu ; on en trouve rarement, et il est difficile à tisser, parce qu'il est court. Du reste, sa couleur est rousse et resplendit au feu.

19, 22 : On a essayé de teindre[179] aussi le lin pour lui faire prendre la folie de nos vêtements ; ce fut d'abord sur les flottes

quando et hastarum uicem praebent additis cuspidibus. **162** Harundini quidem Indicae arborea amplitudo, quales uulgo in templis uidemus. Differre mares ac feminas in his quoque Indi tradunt. Spissius mari corpus, feminae capacius. Nauigiorumque etiam uicem praestant, si credimus, singula internodia. Circa Acesinen amnem maxime nascitur. **163** Harundo omnis ex una stirpe numerosa atque etiam recisa fecundius resurgit. Radix natura uiuax, geniculata et ipsa. Folia Indicis tantum breuia...

17, 133 : Namque in Aegypto omni serunt mense et ubicumque imbres aestiui sunt, ut in India et Aethiopia, necessario post haec autumno seruntur arbores.

18, 55 : Milium intra hos decem annos ex India in Italiam inuectum est nigrum colore, amplum grano, harundineum culmo. Adolescit ad pedes altitudine VII, praegrandibus comis — phobas uocant —, omnium frugum fertilissimum : ex uno grano sextarii terni gignuntur. Seri debet in umidis.

18, 71 : Hordeum Indis satiuum et siluestre, ex quo panis apud eos praecipuus et alica. Maxume quidem oryza gaudent, ex qua tisanam conficiunt, quam reliqui mortales ex hordeo. Oryzae folia carnosa, porro similia, sed latiora, altitudo cubitalis, flos purpureus, radix geminae rotunditatis.

18, 96 : Sesama ab Indis uenit ; ex ea et oleum faciunt ; colos eius candidus.

19, 15 : Asia e genista facit lina ad retia..., Aethiopes Indique e malis.

19, 19 : Inuentum iam est etiam <linum> quod ignibus non absumeretur... Regum inde funebres tunicae corporis fauillam ab reliquo separant cinere. Nascitur in desertis adustisque sole Indiae, ubi non cadunt imbres, inter diras serpentes adsuescitque uiuere ardendo, rarum inuentu, difficile textu propter breuitatem. Rufus de cetero splendiscit igni.

19, 22 : Temptatum est tingui linum quoque ut uestium insaniam acciperet, in Alexandri Magni primum classibus Indo amne

d'Alexandre le Grand, qui naviguait sur le fleuve Indus, lorsque ses amiraux et ses commandants de navires rivalisèrent en prenant aussi des pavillons distincts, et les rivages s'étonnèrent de voir la brise pousser des insignes de couleurs variées.

21, 11 : Le luxe fit tant de progrès qu'on ne prisa plus que les couronnes faites uniquement de pétales (sc. de roses) cousus, puis les couronnes demandées à l'Inde ou au-delà de l'Inde [180]. Car la suprême élégance est d'offrir des couronnes de feuilles de nard ou de tissu de soie multicolore et inondé de parfum. C'est là le dernier cri du luxe féminin.

21, 62 : Le *nyctegreton*[181] a fait, comme peu de plantes, l'admiration de Démocrite : couleur d'hysgine, à feuille épineuse, il ne s'élève pas au-dessus du sol, et le plus beau vient en Gédrosie. Voici ce qu'il en conte : on l'arrache avec la racine après l'équinoxe de printemps et il sèche au clair de lune 30 jours, ce qui le fait briller la nuit ; les Mages et les rois parthes emploient cette plante pour prononcer leurs vœux ; on la nomme aussi *chenamyche* parce que les oies sont prises de panique à sa vue, et d'autres la nomment *nyctalops* parce qu'elle brille de loin la nuit.

21, 117 : Il existe encore une plante indienne particulière[182], nommée *cypira*, qui a l'aspect du gingembre ; mâchée, elle a l'effet du safran.

24, 125 : Un meilleur lycium se fait, dit-on, avec l'épine dite aussi pyxacanthe de Chiron, dont nous avons parlé en traitant des arbres de l'Inde, parce que le *lycium* indien passe pour être de loin le meilleur[183].

24, 161 : L'*achaemenis,* couleur d'ambre et sans feuilles, naîtrait chez les Taradastiles de l'Inde : les criminels qui la boivent dans du vin confessent toutes leurs fautes au milieu des tourments, hantés par des visions diverses de divinités[184] ; <Démocrite> la nomme aussi *hippophobas,* parce que les juments la craignent particulièrement.

24, 162 : L'*arianis,* qui viendrait en Ariane[185], est couleur de feu ; on la cueille quand le soleil est dans le Lion ; les bois frottés d'huile s'enflamment à son contact.

24, 164 : On trouve la *thalassaegle* sur les bords du fleuve Indus[186] ; c'est pourquoi on l'appelle aussi *potamaugis* ; en boisson, elle cause le délire et provoque des visions extraordinaires.

nauigantis, cum duces eius ac praefecti certamine quodam uarias-
sent et insignia nauium, stupueruntque litora flatu uersicoloria
pellente.

21, 11 : Eo luxuria processit ut non esset gratia nisi mero folio
sutilibus, mox petitis ab India aut ultra Indos. Lautissimum
quippe habetur e nardi folio eas dari aut ueste serica uersicolori,
unguentis madida. Hunc habet nouissime exitum luxuria
feminarum.

21, 62 : Nyctegreton inter pauca miratus est Democritus, coloris hysgini, folio spinae nec a terra se adtollentem, praecipuam in
Gedrosia. Narrat erui post aequinoctium uernum radicitus siccari-
que ad lunam XXX diebus, ita lucere noctibus ; Magos Partho-
rumque reges hac herba uti ad uota suscipienda ; eandem uocari
chenamychen, quoniam anseres a primo conspectu eius expauue-
cant, ab aliis nyctalopa, quoniam e longinquo noctibus fulgeat.

   chenamychen *g* : - michen *REp* cheramicen *d* - mhycen *Ve*.

21, 117 : Est et per se Indica herba quae cypira uocatur, zingiberis effigie ; commanducata croci uim reddit.

24, 125 : Lycium praestantius spina fieri tradunt, quam et
pyxacanthon Chironian uocant, qualem in Indicis arboribus diximus, quoniam longe praestantissimum existimatur Indicum.

24, 161 : Achaemenida, colore electri, sine folio nasci in Tara-
dastilis Indiae, qua pota in uino noxii per cruciatus confiteantur
omnia per uarias numinum imaginationes ; eandem hippophobada
appellat (sc. Democritus) quoniam equae praecipue caueant eam.

   achaemenida *uett.* : achem - *V* acem - *d* achemenido *E*.

24, 162 : Arianida in Arianis gigni, igneam colore ; colligi cum
sol in leone sit ; huius tactu peruncta oleo ligna accendi.

24, 164 : Thalassaeglen circa Indum amnem inueniri, quae ob
id nomine alio potamaugis appellatur ; hac pota lymphari homines obuersantibus miraculis.

   thalassaeglen *Sillig* : - sseglen *codd.* / / potamaugis *Sillig* : - maucis *Vd*
potanmaucis *Ea* - cidis *gX*.

27, 14 : L'aloès a de la ressemblance avec la scille, mais est plus grand, avec des feuilles plus grasses et des raies obliques[187]. La tige est tendre, rouge au milieu, assez semblable à l'*anthericum* ; la racine unique s'enfonce en terre comme un pieu ; l'odeur en est forte, le goût amer. Le plus estimé vient de l'Inde, mais il pousse aussi en Asie mineure...

28, 119 : Le scinque[188] est du même genre — et certains l'ont confondu avec le crocodile —, mais il est plus blanc et a la peau plus mince. Cependant la différence principale qui le distingue du crocodile est la disposition des écailles, qui vont de la queue vers la tête. Celui de l'Inde est le plus grand, ensuite celui d'Arabie. Ils nous arrivent conservés dans le sel. Le museau et les pattes, pris dans du vin blanc, sont aphrodisiaques...

28, 159 : Les Grecs n'ont pas expérimenté non plus les ures ou les bisons (i.e. leur lait comme contrepoison), bien que les forêts de l'Inde abondent en bœufs sauvages[189].

29, 25 : Les médecins eux-mêmes ne connaissent pas les substances, et j'ai découvert qu'au lieu de cinabre indien[190], par ignorance des appellations, ils introduisaient ordinairement dans leurs préparations du minium, qui est un poison, comme nous le montrerons en traitant des couleurs.

31, 17 : Selon Lycos, il existe chez les Indiens Orates une source dont l'eau brûle dans les lanternes[191].

31, 21 : Ctésias rapporte qu'il existe dans l'Inde un étang appelé Sila[192], où rien ne surnage et où tout s'enfonce.

31, 77 : Il existe aussi des montagnes de sel natif[193], comme l'Oroménus dans l'Inde, où il se taille comme dans les carrières de pierre et se reforme ; les rois en tirent un revenu plus important que de l'or et des perles.

32, 9 : On affirme que, dans l'Inde, < le lièvre marin[194] > ne se prend pas vivant et qu'à son tour l'homme agit sur lui comme un poison, et que le toucher dans la mer, même simplement d'un doigt, le fait mourir, mais qu'il est beaucoup plus gros, comme les autres animaux.

32, 21-23 : Autant ont de prix chez nous les perles de l'Inde, dont nous avons parlé suffisamment en leur lieu, autant en a le corail chez les Indiens[195] ; en effet, le prix de ces choses dépend de l'idée qu'on s'en fait. Le corail vient aussi dans la mer Rouge,

27, 14 : Aloe scillae similitudinem habet, maior et pinguioribus foliis, ex obliquo striata. Caulis eius tener est, rubens medius, non dissimilis antherici, radice una, ceu palo in terram demissa ; grauis odore, gustu amara. Laudatissima ex India adfertur, sed nascitur et in Asia.

28, 119 : Ex eadem similitudine est scincus — et quidam terrestrem crocodilum esse dixerunt —, candidior autem et tenuiore cute. Praecipua tamen differentia dinoscitur a crocodilo, squamarum serie a cauda ad caput uersa. Maximus Indicus, deinde Arabicus. Adferuntur salsi. Rostrum eius et pedes in uino albo poti cupiditates ueneris accendunt...

28, 159 : Nec uros aut bisontes habuerunt Graeci in experimentis, quamquam boue fero refertis Indiae siluis.

29, 25 : Ac ne ipsi quidem illa nouere comperique uolgo pro cinnabari Indica in medicamenta minium addi inscitia nominis, quod esse uenenum docebimus inter pigmenta.

31, 17 : Lycos <in> Indis Oratis fontem esse (sc. dicit) cuius aqua lucernae luceant.

oratis *Detl.* : oraeis *EX* traeius *VTd* traei *R.*

31, 21 : Ctesias tradit Si*lan* uocari stagnum in Indis, in quo nihil innatet, omnia mergantur.

silan *Mayh.* : siden *ra* side *EX* siderin *VFR* syderim *dT.*

31, 77 : Sunt et montes natiui salis, ut <in> Indis Oromenus, in quo lapicidinarum modo caeditur renascens, maiusque regum uectigal ex eo est quam ex auro atque margaritis.

oromenus *EaX* : ornemus *RFVdT.*

32, 9 : In India affirmant non capi uiuentem (sc. leporem marinum) inuicemque ibi hominem illi pro ueneno esse ac uel digito omnino in mari tactum mori, esse autem multo ampliorem, sicuti reliqua animalia.

32, 21-23 : Quantum apud nos Indicis margaritis pretium est, de quis suo loco satis diximus, tantum apud Indos curalio ; namque ista persuasione gentium constant. Gignitur et in Rubro quidem mari, sed nigrius, item in Persico — uocatur lace... 22

mais il y est plus noir, et également dans le golfe Persique ; on le nomme *lace*... **22** Il a la forme d'un arbrisseau, une couleur verte, des baies blanches et molles sous l'eau, qui, remontées, durcissent aussitôt et deviennent rouges, ayant l'aspect et la grosseur des cornouilles cultivées... **23** Ses baies n'ont pas moins de faveur chez les Indiens, même pour les hommes, que les perles de l'Inde pour nos femmes. Leurs haruspices et leurs devins considèrent que c'est avant tout une amulette pour écarter les périls ; aussi l'aiment-ils à la fois comme ornement et comme objet sacré.

32, 63 : Les historiens d'Alexandre ont rapporté qu'on trouve dans la mer de l'Inde < des huîtres > d'un pied[196].

33, 66 : On obtient de l'or dans notre partie du monde — pour ne pas parler de l'or extrait par les fourmis dans l'Inde[197] ou par les griffons chez les Scythes — de trois façons : par les paillettes des cours d'eau, comme dans le Tage en Espagne, dans le Pô en Italie, dans l'Hèbre en Thrace, dans le Pactole en Asie mineure, dans le Gange en Inde...

33, 115-116 : Les Grecs appellent < l'ocre rouge > *miltos* et le cinabre *minium*. **116** De là une erreur causée par l'expression « cinabre indien »[198]. Les Grecs appellent ainsi la sanie d'un serpent écrasé sous le poids d'un éléphant mourant, quand le sang des deux animaux s'est mêlé, comme nous l'avons dit, et il n'est pas d'autre couleur qui rende convenablement le sang sur un tableau.

34, 163 : L'Inde n'a ni cuivre ni plomb[199] ; elle les échange contre ses pierres précieuses et ses perles.

35, 30 : Les couleurs sont sombres ou brillantes, la différence étant due à leur nature ou à leur mélange. Sont des couleurs brillantes... le minium, le bleu d'Arménie, le cinabre, la chrysocolle, l'indigo, la pourpre ; toutes les autres sont sombres[200].

35, 42 : Certains aussi brûlent de la lie de vin séchée et affirment que, si c'est une lie de bon vin, ce noir présente l'aspect de l'*indicum*[201].

35, 43 : Il y a aussi < un noir > indien importé de l'Inde[202], dont je n'ai pas jusqu'ici découvert la composition.

35, 46 : On accorde la plus grande importance ensuite à l'indigo[203]. C'est un produit de l'Inde, une boue adhérant à l'écume des roseaux. Passé au crible, il est noir ; dilué, il donne un merveilleux mélange de pourpre et de bleu foncé. Il en existe une autre espèce, qui surnage dans les chaudrons des ateliers à

Forma est ei fruticis, colos uiridis ; bacae eius candidae sub aqua ac molles, exemptae confestim durantur et rubescunt qua corna satiua specie atque magnitudine... **23** Auctoritas bacarum eius non minus Indorum uiris quoque pretiosa est quam feminis nostris uniones Indici. Haruspices eorum uatesque inprimis religiosum id gestamen amoliendis periculis arbitrantur ; ita et decore et religione gaudent.

32, 63 : In Indico mari Alexandri rerum auctores pedalia (sc. ostrea) inueniri prodidere.

33, 66 : Aurum inuenitur in nostro orbe, ut omittamus Indicum a formicis aut apud Scythas grypis erutum, tribus modis : fluminum ramentis, ut in Tago Hispaniae, Pado Italiae, Hebro Thraciae, Pactolo Asiae, Gange Indiae...

33, 115-116 : Milton uocant Graeci (sc. rubricam) miniumque cinnabarim. **116** Vnde natus error Indicae cinnabaris nomine. Sic enim appellant illi saniem draconis elisi elephantorum morientium pondere permixto utriusque animalis sanguine, ut diximus, neque est alius colos qui in pictura proprie sanguinem reddat.

34, 163 : India neque aes neque plumbum habet gemmisque ac margaritis suis haec permutat.

35, 30 : Sunt autem colores austeri aut floridi. Vtrumque natura aut mixtura euenit. Floridi sunt... minium, Armenium, cinnabaris, chrysocolla, indicum, purpurissum ; ceteri austeri.

35, 42 : Sunt qui et uini faecem siccatam excoquant adfirmentque, si ex bono uino faex ea fuerit, indici speciem id atramentum praebere.

35, 43 : Adportatur et indicum (sc. atramentum) ex India inexploratae adhuc inuentionis mihi.

35, 46 : Ab hoc maxima auctoritas indico. Ex India uenit harundinum spumae adhaerescente limo. Cum cernatur, nigrum, at in diluendo mixturam purpurae caeruleique mirabilem reddit. Alterum genus eius est in purpurariis officinis innatans cortinis, et est purpurae spuma. Qui adulterant, uero indico tingunt stercora

pourpre : c'est l'« écume de pourpre ». Ceux qui le falsifient teignent de vrai indigo de la fiente de pigeon, ou bien colorent avec
de la guède de la craie de Sélinonte ou de la craie annulaire. On
en fait l'épreuve avec la braise : pur, il donne une flamme d'un
magnifique pourpre et sa fumée a l'odeur de la mer ; aussi certains le croient-ils ramassé sur les rochers des côtes. Le prix de
l'indigo est de vingt deniers la livre.

35, 50 : Aujourd'hui que la pourpre passe sur les murs inté-
rieurs, que l'Inde envoie la boue de ses fleuves et la sanie de ses
serpents et de ses éléphants[204], il n'est plus de peinture de qualité.

36, 51-52 (pour scier le marbre) : C'est le sable d'Éthiopie qui
est le plus apprécié, car on va même chercher jusqu'en Éthiopie
de quoi couper les marbres, et même jusque dans l'Inde[205], où la
sévérité des mœurs jugeait indigne d'aller chercher même des perles. **52** Le sable indien est rangé immédiatement après ; celui
d'Éthiopie est cependant plus tendre et coupe sans laisser aucune
rugosité ; celui de l'Inde ne polit pas aussi bien, mais on demande
aux polisseurs de frotter les marbres avec ce sable calciné.

36, 61 : On trouve l'alabastritès autour de Thèbes, en Égypte,
et de Damas, en Syrie. Ce dernier surpasse tous les autres en
blancheur, mais le plus apprécié se trouve en Carmanie, puis dans
l'Inde[206], puis aussi en vérité en Syrie et en Asie mineure ; mais le
moins estimé est celui de Cappadoce, qui est sans brillant.

36, 192 : Selon certains auteurs, on fait aussi du verre dans
l'Inde avec du cristal de roche concassé, et c'est pourquoi le verre
indien est incomparable[207].

36, 197 : Xénocrate rapporte qu'on trouve de l'obsidienne
dans l'Inde[208], en Italie dans le Samnium, et en Espagne sur les
bords de l'Océan.

37, 23 : On importe aussi d'Orient du cristal de roche, car
aucun n'est plus estimé que l'indien[209]...

37, 27 : Ce même Xénocrate affirme avoir vu un vase < de
cristal > d'une amphore, et certains un vase de cristal indien
tenant 4 setiers[210].

37, 36 : Nicias a prétendu que l'ambre[211] était une excrétion
des rayons du soleil ; à son coucher, les rayons lancés vers la
terre avec plus de force y laisseraient une exsudation graisseuse
que les marées de l'Océan rejetteraient sur les rivages de Germanie ; il s'en produirait de la même façon en Égypte (on l'appelle

columbina aut cretam Selinusiam uel anulariam uitro inficiunt. Probatur carbone : reddit enim quod sincerum est flammam excellentis purpurae et, dum fumat, odorem maris ; ob id quidam e scopulis id colligi putant. Pretium indico ✕ XX in libras.

35, 50 : Nunc et purpuris in parietes migrantibus et India conferente fluminum suorum limum, draconum elephantorumque saniem nulla nobilis pictura est.

36, 51-52 : Aethiopica haec (sc. harena) maxime probatur, nam id quoque accessit ut ab Aethiopia usque peteretur quod secaret marmora, immo uero etiam in Indos, quo margaritas quoque peti seueris moribus indignum erat. 52 Haec proxime laudatur, mollior tamen quae Aethiopica ; illa nulla scabritie secat, Indica non aeque leuat, sed combusta ea polientes marmora fricare iubentur.

36, 61 : Nascitur (sc. alabastrites) circa Thebas Aegyptias et Damascum Syriae. Hic ceteris candidior ; probatissimus uero in Carmania, mox in India, iam quidem et in Syria Asiaque, uilissimus autem et sine ullo nitore in Cappadocia.

36, 192 : Auctores sunt in India et crystallo fracta fieri (sc. uitrum) et ob id nullum comparari Indico.

36, 197 : Xenocrates obsianum lapidem in India et in Samnio Italiae et ad oceanum in Hispania tradit nasci.

37, 23 : Oriens et hanc (sc. crystallum) mittit, quoniam Indicae nulla praefertur.

37, 27 : Xenocrates idem auctor est uas amphorale uisum, et aliqui ex India sextariorum quattuor.

37, 36 : Nicias solis radiorum sucum intellegi uoluit hoc (sc. electrum) ; circa occasum uehementiores in terram actos pinguem sudorem in ea relinquere, oceani deinde aestibus in Germanorum litora eici ; in Aegypto nasci simili modo — uocari sacal —, item in India gratiusque et pro ture esse Indis.

sacal), et aussi, dans l'Inde, un ambre que les Indiens préfèrent à l'encens et utilisent à sa place.

37, 39 : D'après Ctésias, il est dans l'Inde un fleuve Hypobarus[212], nom qui signifie « porteur de tous les biens » ; il vient du nord et se jette dans l'Océan oriental, près d'un mont boisé dont les arbres produisent de l'ambre ; ces arbres s'appellent *psitthachoras,* nom qui signifie « douce suavité ».

37, 40-41 : <Sophocle> a dit que l'ambre était formé au-delà de l'Inde des larmes des oiseaux méléagrides pleurant Méléagre[213]. **41** Qui ne s'étonnerait qu'il y ait ajouté foi ou qu'il ait espéré le faire croire à autrui ou qu'on puisse trouver un esprit d'enfant assez naïf pour croire que des oiseaux pleurent annuellement ou de si grosses larmes, ou que des oiseaux soient allés de Grèce, où mourut Méléagre, le pleurer dans l'Inde ?

37, 46 : Il est certain qu'il se produit de l'ambre aussi dans l'Inde [214]. Archélaüs, qui fut roi de Cappadoce, rapporte qu'on l'importe de ce pays (sc. l'Inde) à l'état brut, avec l'écorce de pin adhérente, et qu'on le polit en le faisant bouillir dans de la graisse de cochon de lait.

37, 56 : Aujourd'hui, pour la première fois, on identifie six espèces <de diamant[215]>. L'indien, qui ne se forme pas dans l'or et a quelque affinité avec le cristal, auquel il ressemble par sa transparence et par le poli de ses faces hexagonales, s'amincit en deux pointes opposées, pour mieux exciter notre admiration, comme si deux cônes se joignaient par leurs bases ; il peut être même aussi gros qu'une noisette.

37, 62 : Tout de suite après <le diamant>, dans notre ordre des valeurs, viennent les perles de l'Inde et de l'Arabie...

37, 76-79 : Beaucoup accordent aux béryls la même nature (sc. qu'aux émeraudes) ou du moins une nature semblable[216]. L'Inde les produit et on les trouve rarement ailleurs... **78** Les Indiens sont étonnamment amateurs de béryls longs, et les proclament les seules pierres qui préfèrent ne pas être montées sur or ; aussi les percent-ils et les enfilent-ils sur des poils d'éléphant. Ils sont d'accord pour interdire de percer ceux qui sont absolument sans défaut, se contentant d'envelopper les têtes dans une sertissure d'or. Ils préfèrent leur donner une forme cylindrique plutôt qu'arrondie, parce que la longueur fait leur plus grand mérite...

37, 39 : Ctesias in Indis flumen esse Hypobarum, quo uocabulo significetur omnia bona eum ferre ; fluere a septentrione in exortiuum oceanum iuxta montem siluestrem arboribus electrum ferentibus ; arbores eas psitthachoras uocari, qua appellatione significetur praedulcis suauitas.

psitthachoras *Detl.* : - chora *B* aphytacoras *L* apitachora *F* sesapithagoras *d* siptachoras *Hard., Sillig.*

37, 40-41 : Hic (sc. Sophocles) ultra Indiam fieri (sc. electrum) dixit e lacrimis meleagridum auium Meleagrum deflentium. **41** Quod credidisse eum aut sperasse aliis persuaderi posse quis non miretur ? Quamue pueritiam tam imperitam posse reperiri, quae auium ploratus annuos credat lacrimasue tam grandes auesue quae a Graecia, ubi Meleager periit, ploratum adierint Indos ?

37, 46 : Nasci (sc. electrum) et in India certum est. Archelaus, qui regnauit in Cappadocia, illinc pineo cortice inhaerente tradit aduehi rude polirique adipe suis lactentis incoctum.

37, 56 : Nunc primum genera eius (sc. adamantis) sex noscuntur. Indici non in auro nascentis et quadam crystalli cognatione, siquidem et colore tralucido non differt et laterum sexangulo leuore, turbinati in mucronem e duabus contrariis partibus, quo magis miremur, ut si duo turbines latissimis partibus iungantur, magnitudine uero etiam abellani nuclei.

37, 62 : Proximum apud nos Indicis Arabicisque margaritis pretium est...

37, 76-79 : Eandem multis naturam aut certe similem habere berulli uidentur. India eos gignit, raro alibi repertos... **78** Indi mire gaudent longitudine eorum solosque gemmarum esse praedicant qui carere auro malint ; ob id perforatos elephantorum saetis subligant. Conuenit non oportere perforari quorum sit absoluta bonitas, umbilicis tantum ex auro capita comprehendentibus. Ideo cylindros ex iis malunt facere quam gemmas, quoniam est summa commendatio in longitudine. **79**... Indi et alias quidem gemmas crystallum tinguendo adulterare inuenerunt, sed praecipue berullos.

79 Les Indiens ont aussi trouvé le moyen, en colorant le cristal, de fabriquer de fausses pierres, mais surtout des béryls.

37, 80 : Les opales[217] diffèrent (sc. des béryls) à la fois très peu et beaucoup, et ne le cèdent qu'aux émeraudes. L'Inde est encore la seule à les produire.

37, 84 : Cette pierre (une variété d'opale), à cause de son exceptionnelle beauté, a été souvent nommée *paederos*[218]. Ceux qui en font une espèce particulière rapportent que les Indiens la nomment *sangenon*.

37, 86-89 : Jadis les sardoines[219], comme le nom lui-même l'indique, étaient reconnaissables à leur partie blanche reposant sur sarde, c'est-à-dire comme la chair placée sur l'ongle humain, l'une et l'autre transparentes ; telles sont les sardoines indiennes, selon Isménias, Démostrate, Zénothémis et Sotacus... **87** Zénothémis écrit que les Indiens ne faisaient pas grand cas des sardoines, assez volumineuses du reste pour en faire des poignées d'épées **88** — on sait en effet que les torrents les font apparaître —, et qu'elles ont commencé à plaire dans notre partie du monde, parce qu'à peu près seules des pierres gravées, elles n'emportent pas la cire. Ensuite nous avons persuadé aux Indiens de les aimer aussi eux-mêmes ; les gens du peuple les portent percées en collier et c'est à cela qu'on reconnaît maintenant les sardoines indiennes. Celles d'Arabie l'emportent par la blancheur, entourées d'un cercle brillant... et se détachant sur un fond de couleur très noire. **89** Ce fond est bleu foncé ou couleur de corne dans les sardoines indiennes...

37, 90-91 : D'après Zénothémis, l'onyx indien présente plusieurs variétés[220] : rouge-feu, noire, couleur de corne ; elles sont entourées de veines blanches, comme le globe de l'oeil, et certaines sont coupées de veines transversales. Sotacus rapporte aussi que l'onyx d'Arabie en diffère, car celui de l'Inde a de petits points rouge-feu entourés d'une ou de plusieurs bandes blanches se présentant autrement que dans la sardoine indienne... **91** D'après Satyrus, il existe des onyx indiens couleur de chair, tenant en partie de l'escarboucle, en partie de la chrysolithe et de l'améthyste, et il exclut toute cette espèce en bloc.

37, 92-96 : Les escarboucles[221] comprennent comme espèces les indiennes et les garamantiques... **94** Satyrus dit que les indiennes manquent de clarté, sont généralement sales et toujours d'un éclat pauvre... **95** <D'après Callistrate>, les carchédoniennes sont bien plus petites que les autres, tandis que les indiennes, creusées, peuvent tenir jusqu'à un setier... **96** Beaucoup d'auteurs ont écrit

37, 80 : Minimum iidemque plurimum ab iis differunt opali, smaragdis tantum cedentes. India sola et horum mater est.

37, 84 : Hanc gemman (sc. opalum) propter eximiam gratiam plerique appellauere paederota. Qui priuatum genus eius faciunt, sangenon ab Indis uocari tradunt.

37, 86-89 : Sardonyches olim, sicut ex ipso nomine apparet, intellegebantur candore in sarda, hoc est ueluti carne ungui hominis imposita, et utroque tralucido ; talesque esse Indicas tradunt Ismenias, Demostratus, Zenothemis, Sotacus... **87**... Has Indis non habitas in honore Zenothemis scribit, tantae alias magnitudinis ut inde capulos factitarent **88** — etenim constat ibi torrentibus detegi —, placuisse in nostro orbe initio, quoniam solae prope gemmarum scalptae ceram non auferrent. Persuasimus deinde Indis ut ipsi quoque iis gauderent ; utitur perforatis uulgus in collo ; et hoc nunc est Indicarum argumentum. Arabicae excellunt candore, circulo praelucido..., praeterea substrato nigerrimi coloris. **89** Hoc in Indicis caeruleum aut corneum inuenitur.

37, 90-91 : Zenothemis Indicam onychem plures habere uarietates (sc. dicit) : igneam, nigram, corneam, cingentibus candidis uenis oculi modo, interuenientibus quarumdam et obliquis uenis. Sotacus et Arabicam tradit onychem distare, quod Indica igniculos habeat albis cingentibus zonis singulis pluribusue aliter quam in sardonyche Indica... **91** Satyrus carnosas esse Indicas, parte carbunculi, parte chrysolithi et amethysti, totumque id genus abdicat.

37, 92-96 : Horum (sc. carbunculorum) genera Indici et Garamantici... **94** Satyrus Indicos non esse claros dicit ad plerumque sordidos ac semper fulgoris retorridi... **95** Carchedonios multo minores esse, Indicos etiam sextarii in unius mensuram cauari... **96** Multi Indicos Carchedoniis candidiores esse et e diuerso inclinatione hebetari scripsere...

que les indiennes sont plus blanches que les carchédoniennes et que, contrairement à celles-ci, elles perdent leur éclat si on les incline...

37, 100-102 : A la famille des escarboucles appartient la *sandastros*[222], que d'aucuns nomment garamantique. Elle se trouve dans L'Inde, en un lieu du même nom... **101** Les mâles s'y distinguent aussi par leur nuance foncée et par une certaine vigueur de ton qui colore les objets placés auprès ; on dit même que ceux de l'Inde émoussent la vue. Les femelles ont un feu plus doux, plus luisant que flamboyant. Certains préfèrent l'espèce d'Arabie à celle de l'Inde et la disent semblable à une chrysolithe enfumée... **102** La ressemblance du nom *sandaresos* est parfois source de confusion. Nicandre appelle celle-ci *sandaresios,* d'autres *sandaresos,* mais certains l'appellent *sandastros,* et la précédente *sandaresos,* disant qu'elle vient aussi dans l'Inde et conserve le nom de son lieu d'origine ; elle a la couleur de la pomme ou de l'huile verte, et elle est unanimement condamnée.

37, 103 : < La lychnis[223] > vient dans les environs d'Orthosie, dans toute la Carie et dans les régions voisines, mais la plus réputée vient dans l'Inde.

37, 105 : Dans l'Inde, il y a trois espèces < de sardes > : les rouges, celles qu'on appelle *pioniae* pour leur apparence graisseuse[224], et une troisième qu'on applique sur feuille d'argent. Les sardes indiennes sont translucides...

37, 110 : Associée < à la topaze >, plus proche par la ressemblance que par la valeur, est la callaïne[225], qui est vert pâle. Elle vient dans l'arrière-pays au-delà de l'Inde, chez les habitants du mont Caucase, chez les Hyrcaniens, les Saces, les Dahes ; elle est d'une remarquable grosseur, mais poreuse et pleine de défauts. Beaucoup plus nette et plus belle est celle de Carmanie.

37, 114 : Outre ces pierres, l'Inde produit le *nilios*[226], qui diffère < de la chrysoprase > par son éclat fugace et trompeur quand on le fixe... Il a la couleur d'une topaze enfumée ou parfois d'une topaze couleur de miel.

37, 115 : De nombreuses nations produisent le jaspe[227] : l'Inde, un jaspe semblable à l'émeraude, Chypre, un jaspe dur...

37, 121-122 : Nous rangerons maintenant dans une autre classe les pierres purpurines ou celles qui en dérivent[228]. Les améthystes indiennes tiennent le premier rang... Toutes les améthystes sont transparentes et d'un beau violet, et se prêtent à la gravure. **122**

37, 100-102 : Cognata est et sandastros, quam aliqui Gara-
manticam uocant. Nascitur in Indis loco eiusdem nominis... **101**
Et hic mares austeritas distinguat et quidam uigor adposita tin-
guens ; Indicae quidem etiam hebetare uisus dicuntur. Blandior
feminis flamma, allucens magis quam accendens. Sunt qui praefe-
rant Arabicas Indicis fumidaeque chrysolitho similes illas dicant...
102 Adfert aliquando errorem similitudo nominis sandaresi.
Nicander sandaserion uocat, alii sandareson, quidam uero hanc
sandastrum, illam sandaresum, in India nascentem illam quoque
et loci nomen custodientem, mali colore aut olei uiridis, omnibus
improbatam.

sandaresi *Sillig* : andar- *B* sandaser *Lp* sandasel *d* / / sandaserion *L* :
- dareseon *dh, om. cett.* / / sandareson *dh* : *om. cett.* / / sandastrum *La* :
- tron *h* sandasereon *d*.

37, 103 : Nascitur (sc. lychnis) circa Orthosiam totaque Caria
ac uicinis locis, sed probatissima in Indis.

37, 105 : In India trium generum (sc. sardae sunt) : rubrae et
quas pionias uocant ab pinguitudine ; tertium genus est quod
argenteis bratteis sublinunt. Indicae perlucent...

37, 110 : Comitatur eam (sc. topazum) similitudine propior
quam auctoritate callaina e uiridi pallens. Nascitur post auersa
Indiae apud incolas Caucasi montis, Hyrcanos, Sacas, Dahas,
amplitudine conspicua, sed fistulosa ac sordium plena, sincerior
praestantiorque multo in Carmania.

37, 114 : India et has generat et nilion, fulgore ab ea distan-
tem breui et, cum intueare, fallaci... Est autem color fumidae
topazi aut aliquando melleae.

nilion *edd.* : nihilion *B* nylon *p.*

37, 115 : Plurimae ferunt eam (sc. iaspidem) gentes, smaragdo
similem Indi, Cypros duram...

37, 121-122 : Alius ex hoc ordo purpureis dabitur aut quae ab
iis descendunt. Principatum amethysti tenent Indicae... Perlucent
autem omnes uiolaceo decore, scalpturis faciles. **122** Indica abso-
lutum Phoeniciae purpurae colorem habet ; ad hanc tinguentium

L'indienne a tout à fait la couleur de la pourpre phénicienne ; c'est celle que les teinturiers souhaitent attraper ; elle répand à la vue une agréable douceur qui n'éblouit pas les yeux comme les escarboucles. Une autre variété se rapproche des hyacinthes ; les Indiens nomment cette nuance *socos,* et cette pierre *socondion.* Une nuance plus pâle de cette même pierre se nomme *sapenos* et aussi, aux confins de l'Arabie, *pharanitis* d'après le nom du peuple.

37, 126 : L'Éthiopie exporte des hyacinthes et des chrysolithes[229], pierres transparentes d'un éclat doré. On leur préfère celles de l'Inde et, si la couleur est uniforme, celle des Tibarènes.

37, 128 : A la même classe < que les leucochryses > appartiennent les mélichryses, qui sont comme du miel pur transparaissant à travers de l'or[230]. C'est un produit de l'Inde ; cassantes, quoique dures, elles ne sont pas sans charme. L'Inde produit aussi le *xuthos,* qu'elle considère comme la pierre du peuple.

37, 130 : La plus estimée (sc. des pierres blanches nommées *paederos*) se trouve dans l'Inde, où elle s'appelle *sangenon*[231].

37, 131 [de l'*asteria,* autre espèce de pierre blanche] : Celles qui viennent de l'Inde se prêtent mal à la gravure[232] ; on préfère celles de Carmanie.

37, 132 : D'un blanc semblable est la pierre nommée *astrion*[233], proche du cristal, qui vient dans l'Inde et sur les côtes de la Patalène. En son centre brille une étoile qui a l'éclat de la pleine lune. D'aucuns expliquent son nom par le fait qu'opposée aux astres elle en absorbe l'éclat et le renvoie.

37, 140 : Celles < des agates > qu'on trouve dans l'Inde[234] ont les mêmes effets (sc. contre les morsures des araignées et des serpents), avec d'autres grandes et merveilleuses particularités : elles figurent en effet des fleuves, des bois, des bêtes de somme ; on en fait en outre des coupes, des statuettes, des ornements pour les chevaux et de petits mortiers pour les médecins ; la vue en est bonne aussi pour les yeux ; mises dans la bouche, elles calment la soif.

37, 147 : < D'après Démocrite >, l'*atizoé*[235] se forme dans l'Inde et en Perse, sur le mont Acidané ; elle a la couleur et l'éclat de l'argent, trois doigts de longueur, la forme d'une len-

dirigunt uota ; fundit autem aspectu leniter blandum neque in oculos, ut carbunculi, uibrantem. Alterum earum genus descendit ad hyacinthos ; hunc colorem Indi socon uocant talemque gemmam socondion. Dilutior ex eodem sapenos uocatur eademque pharanitis in contermino Arabiae, gentis nomine.

socon *B* : sacon *dhp* / / socondion *BF* : sac - *Ldhp* / / sapenos *Bdhp* : - pinos *L* - penes *a* / / pharanitis *dh* : para - *ab* fara - *B* paranytis *L*.

37, 126 : Hyacinthos Aethiopia mittit et chrysolithos aureo fulgore tralucentes. Praeferuntur his Indicae et, si uariae non sint, Tibarenae.

37, 128 : In eodem genere sunt melichrysi ueluti per aurum sincero melle tralucente. Has India fert, quamquam in duritia fragiles, non ingratas. Eadem et xuthon parit, plebeiam sibi gemmam.

melichrysi *adh* : mely - *B* melicrisi *L* elichrysi *F* / / xuthon *B* : xythios *Lp* xinti *d* XVI hos *Fa*.

37, 130 : Haec lautissima est in Indis, apud quos sangenon uocatur.

sangenon *B* : - nom *F* sagenon *dh* angenon *a* arge - *Lp*.

37, 131 : Difficiles in India natae (sc. asteriae) ad caelandum ; praeferuntur Carmanicae.

37, 132 : Similiter candida est quae uocatur astrion, crystallo propinqua, in India nascens et in Pa*t*alenes litoribus. Huic intus a centro stella lucet fulgore pleno lunae. Quidam causam nominis reddunt quod astris opposita fulgorem rapiat et regerat.

astrion *BL* : astrios *dhp* / / Patalenes *Güthe* : pallenes *Ldhp* palenes *F* - nis *a*.

37, 140 : Et in India inuentae (sc. achates) contra eadem pollent, magnis et aliis miraculis : reddunt enim fluminum species, nemorum, iumentorum, etiam pateras, staticula, equorum ornamenta inde medicisque coticulas faciunt ; nam spectasse etiam prodest oculis ; sitim quoque sedant in os additae.

37, 147 : Atizoen in India et Persidis Acidane monte nasci, argenteo nitore fulgentem, magnitudine trium digitorum, ad lenticulae figuram, odoris iucundi, necessariam Magis regem consti-

tille, une odeur agréable ; elle est indispensable aux Mages quand ils installent un roi... L'*amphidanès*[236] porte aussi le nom de chrysocolle ; elle naît dans la région de l'Inde où les fourmis déterrent l'or ; on la trouve dans l'or, auquel elle ressemble, de forme cubique. On assure qu'elle a la nature de la magnétite, sauf qu'elle passe aussi pour accroître la quantité de l'or.

37, 153 : La *corallis* <ressemble> au cinabre[237] ; elle se forme dans l'Inde et à Syène.

37, 155 : La *chelonia*[238] est l'œil de la tortue indienne et c'est même la plus prodigieuse des pierres d'après les impostures des Mages. Ils affirment en effet que, placée sur la langue, après qu'on s'est lavé la bouche avec du miel, elle procure le don de prophétie, le 15e jour de la lune et à la nouvelle lune pendant toute une journée, mais, pendant son décours, avant le lever du soleil, de la première à la sixième heure.

37, 170 : Les indiennes[239] portent le nom de leur nation d'origine ; elles sont roussâtres, mais une sueur pourpre s'en écoule quand on les frotte ; une autre variété du même nom est blanche et d'aspect pulvérulent. L'*ion*, trouvé chez les Indiens, est violet et brille rarement d'une couleur soutenue.

37, 171 : La lesbienne[240] <imite> les mottes de terre ; elle porte le nom de sa patrie ; on la trouve cependant aussi dans l'Inde.

37, 173 : Le *mormorion*, pierre de l'Inde[241], de couleur très noire et transparente, se nomme aussi *promnion,* mais *alexandrion* lorsque s'y mêle la couleur de l'escarboucle, et *cyprium* quand s'y mêle celle de la sarde ; on la trouve aussi à Tyr et en Galatie.

37, 185 : Le *zoraniscaeos*[242] est, dit-on, une pierre des Mages qui se trouve dans le fleuve Indus ; on n'en sait pas davantage.

37, 200 : Les fleuves producteurs de pierres précieuses[243] sont l'Acésinus et le Gange ; de toutes les contrées, c'est l'Inde qui en produit le plus.

tuentibus... Lapis amphidanes alio nomine chrysocolla appellatur,
nascens in Indiae parte, ubi formicae eruunt aurum, in quo et
inuenitur auro similis, quadrata figura. Adfirmatur natura eius
quae magnetis esse, nisi quod augere quoque aurum traditur.

atizoen *BF* : - zon *Lp* azitoen *d* acizoen *h* / / amphidanes *B* : - tane *L*
ampitanes *d* - tnanes *F*.

37, 153 : Corallis minio (sc. similis est) ; gignitur in India et
Syene.

37, 155 : Chelonia oculus est Indicae testudinis, uel portento-
sissima Magorum mendaciis. Melle enim colluto ore impositam
linguae futurorum diuinationem praestare promittunt XV luna et
silente toto die, decrescente uero ante ortum solis, ceteris diebus a
prima in sextam horam.

chelonia *d* : cel - *h* chelonta *F* celidonia *a* celido tua *L, om. B*

37, 170 : Indicae gentium suarum habent nomen, subrufo
colore, sed in attritu purpureo sudore manant ; alia eodem
nomine candida, puluereo aspectu. Ion apud Indos uiolacea est ;
rarum ut saturo colore luceat.

37, 171 : Lesbias glaebas (sc. imitatur), patriae habens
nomen ; inuenitur tamen et in India.

37, 173 : Mormorion ab India nigerrimo colore tralucet, uocatur et promnion, cum in ea miscetur et carbunculi color, alexandrion, ubi uero sardae, cyprium ; nascitur et in Tyro et in
Galatia.

mormorion *B* : morryon *L* morio in *Fdhp* / / promnion *Fl* : - niom *B* pro-
minium *dh* prommum *p* / / alexandrion *B* : - drium *L* - drinum *dhp*.

37, 185 : Zoraniscaeos in Indo flumine Magorum gemma narratur neque aliud amplius de ea.

zoraniscaeos *F* : - sceos *dh* - sseos *L* - scaea *B in indice* zoranis *a*.

37, 200 : Gemmiferi amnes sunt Acesinus et Ganges, terrarum
autem omnium maxime India.

VALÉRIUS FLACCUS (mort en 90 p.C.)

Argonautiques, 6,66-67 : la troupe armée des Gangarides

Argonautiques, 6,117 : les riches Indiens

FRONTIN (avant 88 p.C.)

[*Stratagemata,* 1, 4, 9-9a : récit de deux ruses de guerre d'Alexandre pour forcer le passage de l'Hydaspe et de l'Indus.]

SILIVS ITALICVS (rédigé de 80 à 101 p.C.)

8, 408-410 : Sa voix (sc. de Cicéron), entendue au-delà du Gange, au-delà des Indiens[244], remplira la terre, et, par la foudre de sa langue, il apaisera les guerres furieuses.

MARTIAL (80 à 100 p.C.)

1, 72, 3-4 : C'est ainsi qu'Aeglé se croit une belle dentition après avoir acheté des os et de l'ivoire indien[245].

1, 109, 4 : Issa (une chienne) est plus précieuse que les perles de l'Inde.

2, 43, 9 : Tes tables libyennes reposent sur des pieds d'ivoire indien.

4, 28, 4 : des sardoines de l'Inde, des émeraudes de Scythie.

5, 37, 5-6 [sur une fillette morte à six ans] : elle qui l'emportait sur les perles de la mer Rouge et sur la dent récemment polie de l'animal indien.

7, 30, 3-4 : Et, pour te besogner, l'homme de Memphis s'embarque et vient de la ville de Pharos, et le noir Indien des eaux de la mer Rouge.

8, 26, 1-8 : Le ravisseur du Gange qui, dans les contrées de l'Orient, fuit, pâle de peur, sur un cheval Hyrcanien n'a pas eu à redouter autant de tigresses que ta Rome, ô Germanique[246], en a vu pour la première fois sans pouvoir compter ses plaisirs. Ton

VALERIVS FLACCVS

Argonautica, 6, 66-67 : acies... Martia... | Gangaridum
Argonautica, 6, 117 : dites... Indi.

SILIVS ITALICVS

Punica, 8, 408-410 :
Ille super Gangen, super exauditus et Indos
   Implebit terras uoce et furialia bella
   fulmine compescet linguae.

MARTIALIS

1, 72, 3-4 : Sic dentata sibi uidetur Aegle
   emptis ossibus Indicoque cornu.

1, 109, 4 : Issa est carior Indicis lapillis.

2, 43, 9 : Tu Libycos Indis suspendis dentibus orbis.

4, 28, 4 : Indos sardonychas, Scythas zmaragdos.

5, 37, 5-6 : cui nec lapillos praeferas Erythraeos
   nec modo politum pecudis Indicae dentem.

7, 30, 3-4 : Et tibi de Pharia Memphiticus urbe fututor
   nauigat, a rubris et niger Indus aquis.

8, 26, 1-8 : Non tot in Eois timuit Gangeticus aruis
   raptor, in Hyrcano qui fugit albus equo,
  quot tua Roma nouas uidit, Germanice, tigres,
   delicias potuit nec numerare suas.

arène, César, a surpassé les triomphes érythréens, les ressources et les richesses du dieu victorieux, car, quand il traînait les Indiens captifs derrière son char, Bacchus se contentait de deux tigresses.

10, 17, 5 : Tout ce que le noir Indien découvre dans les algues de la mer Érythrée.

10, 38, 5-6 : O nuits et heures, vous toutes qui fûtes marquees par les précieuses perles du littoral indien.

10, 98, 5-6 : Tu veux que je contemple plutôt tes flambeaux ou le vieux thuya et l'ivoire indien.

13, 100, 1-2 : Voici un bel onagre : il faut cesser la chasse à l'ivoire érythréen ; vite, agitez vos toges[247].

STACE (vers 95 p.C.)

Silves, 1, 2, 128-129 [Vénus] : C'est pour elle (une fiancée) que j'ai ordonné à Glaucus, à Protée et à toutes les Néréides de chercher les colliers de l'Inde.

Silves, 2, 1, 160-162 [à propos d'un bûcher funèbre] : Pourquoi parler des fleurs de Cilicie, des dons de l'herbe indienne[248], des essences d'Arabie, de Pharos et de Palestine qui imbibèrent la chevelure avant qu'elle ne brûlât ?

Silves, 2, 4, 25 : le perroquet[249], ce vert souverain des régions orientales.

Silves 3, 3, 92-95 : tout ce que recueille le plongeur de la mer orientale, les troupeaux soignés du Galèse lacédémonien, les cristaux transparents, les bois de Massylie et la gloire de l'ivoire indien[250].

Silves 4, 1, 41 [ce qu'il reste encore à faire à Domitien] : un laurier conquis sur l'Inde ne repose pas encore dans le sein de Jupiter.

Silves 4, 2, 38-40 : Mais ce ne sont pas les festins, les tables de bois maurétanien reposant sur des pieds indiens[251], les bataillons de serviteurs alignés que je désirais voir, mais lui-même, lui seulement... (sc. Domitien).

Silves, 4, 2, 49 : Ainsi Evan[252] est couché au bord du Gange parmi les hurlements des Indiens.

> Vincit Erythraeos tua, Caesar, harena triumphos
> et uictoris opes diuitiasque dei ;
> nam cum captiuos ageret sub curribus Indos,
> contentus gemina tigride Bacchus erat.

10, 17, 5 : Quicquid Erythraea niger inuenit Indus in alga.

10, 38, 5-6 : O nox omnis et hora, quae notata est
caris litoris Indici lapillis !

10, 98, 5-6 : Vis spectem potius tuas lucernas
aut citrum uetus Indicosque dentes ?

13, 100, 1-2 : Pulcher adest onager : mitti uenatio debet
dentis Erythraei : iam remouete sinus.

STATIVS

Siluae, 1, 2, 128-129 :

> huic Inda monilia Glaucum
> Proteaque atque omnem Nereida quaerere iussi.

Siluae, 2, 1, 160-162 :
> quod Cilicum flores, quod munera graminis Indi
> quodque Arabes Phariique Palaestinique liquores
> arsuram lauere comam ?

Siluae, 2, 4, 25 : psittacus, ille plagae uiridis regnator Eoae.

Siluae, 3, 3, 92-95 :
> quodque legit mersus pelagi scrutator Eoi,
> et Lacedaemonii pecuaria culta Galaesi
> perspicuaeque niues Massylaque robora et Indi
> dentis honos.

Siluae, 4, 1, 41 : nondum gremio Iouis Indica laurus.

Siluae, 4, 2, 38-40 :
> Sed mihi non epulas Indisque innixa columnis
> robora Maurorum famulasque ex ordine turmas,
> ipsum, ipsum cupido tantum spectare uacauit.

Siluae, 4, 2, 49 : sic iacet ad Gangen Indis ululantibus Euhan.

Silves, 4, 3, 136-138 : Si Domitien gouvernait le ciel enflammé, des pluies abondantes, Inde, t'inonderaient, la Libye serait ruisselante et l'Hémus serait tiède.

Silves, 4, 5, 29-32 [à Septimius Sérénus] : Se peut-il que Leptis, inaccessible dans les Syrtes lointaines, t'ait mis au jour ? Elle produira bientôt les moissons de l'Inde et arrachera aux Sabéens parfumés[253] leur précieux cinnamome.

Silves, 4, 6, 18 : O nuit à marquer avec les perles de la mer Erythrée !

Silves, 5, 1, 60-63 : Lui eût-on offert les ressources de Babylone, le pesant trésor de Lydie, les immenses richesses des Indiens, des Sères[254] et des Arabes, elle eût préféré mourir pure dans une pauvreté pudique et payer son honneur de sa vie.

Silves, 5, 1, 210-213 [de funérailles] : En une longue file on répandait par monceaux tout le printemps de l'Arabie et de la Cilicie, les fleurs de la Sabée, les productions de l'Inde destinées à la flamme[255], l'encens soustrait aux temples, les essences à la fois de la Palestine et des Hébreux...

Achilléide, 1, 616-618 : Euhius [256]...ôte de ses cheveux la couronne et la mitre, s'arme du thyrse verdoyant et va avec plus de courage au-devant des Indiens hostiles.

Thébaïde, 1, 686-687 : tous ceux qui boivent dans le Gange ou qui, au couchant, pénètrent dans le sombre Océan.

Thébaïde, 4, 387-389 ; Tu (sc. Bacchus) exerces ta fureur contre le Gange débordé, contre l'ultime barrière de la mer Rouge et contre les villes orientales dans les transports du triomphe.

Thébaïde, 7, 181 [Bacchus] : Devrais-je m'enfuir chez les Indiens captifs dont j'ai triomphé.

Thébaïde, 7, 569 (les tigres du char de Bacchus) tout parfumés de l'herbe indienne[257].

Thébaïde, 7, 687 : et le Gange qui, par crainte, a prêté serment aux mystères Thébains[258] (sc. après le triomphe de Bacchus).

Siluae, 4, 3, 136-138 : Hic si flammigeros teneret axes,
        largis, India, nubibus maderes,
        undaret Libye, teperet Haemus.

Siluae, 4, 5, 29-32 :
 Tene in remotis Syrtibus auia
 Leptis creauit ? Iam feret Indicas
  messes odoratisque rara
  cinnama praeripiet Sabaeis.

Siluae, 4, 6, 18 : Nox et Erythraeis Thetidis signanda lapillis.

Siluae, 5, 1, 60-63 :
 Si Babylonos opes, Lydae si pondera gazae
 Indorumque dares Serumque Arabumque potentes
 diuitias, mallet cum paupertate pudica
 intemerata mori uitamque rependere famae.

Siluae, 5, 1, 210-213 :
 Omne illic stipatum examine longo
 uer Arabum Cilicumque fluit floresque Sabaei
 Indorumque arsura seges praereptaque templis
 tura, Palaestini simul Hebraeique liquores...

Achilleis, 1, 616-618 :
 Euhius...
 serta comis mitramque leuat thyrsumque uirentem
 armat et hostiles inuisit fortior Indos.

Thebais, 1, 686-687 :
 quique bibit Gangen aut nigrum occasibus intrat
 Oceanum.

Thebais, 4, 387-389 :
 aut tumidum Gangen aut claustra nouissima Rubrae
 Tethyos Eoasque domos flagrante triumpho
 perfuris.

Thebais, 7, 181 : Anne triumphatos fugiam captiuos ad Indos ?

Thebais, 7, 569 : ...Indum gramen olentes.

Thebais, 7, 687 : et Thebana metu iuratus in orgia Ganges.

Thébaïde, 8, 237-239 : Ainsi Liber, ayant ravagé de son thyrse l'Hydaspe producteur de pierreries et les villes de l'Orient, montrait aux peuples les étendards de son noir triomphe et les Indiens inconnus.

Thébaïde, 9, 441 [adressé à Bacchus] : L'Hydaspe oriental est-il mieux pacifié ? (sc. que le Strymon et l'Hèbre).

Thébaïde, 12, 786-788 [à l'entrée de Thésée vainqueur] : les mères et les brus ogygiennes sont en liesse ; ainsi le Gange[259] soumis par le thyrse dans la guerre, désormais languissant, applaudissait aux mystères efféminés.

JUVÉNAL (mort en 128)

6, 336-341 : Mais les Maures et les Indiens savent tous quelle joueuse de flûte introduisit un membre plus gros que les deux Anticaton de César là d'où fuit un rat conscient d'avoir des testicules[260], et où l'on prescrit de voiler toute peinture représentant l'autre sexe.

6, 465-466 : C'est pour les amants que l'on prépare des extraits de nard, pour eux que l'on achète tout ce que vous nous expédiez, Indiens fluets.

10, 1-4 : Dans tout l'univers, de Gadès à l'Aurore et au Gange, il est peu d'hommes capables de discerner le vrai bien et son contraire en écartant les nuages de l'erreur.

11, 120-125 : Mais aujourd'hui les riches n'ont aucun plaisir à manger, le turbot ni le daim n'ont de goût, les parfums et les roses semblent puer, si leurs larges tables rondes ne sont soutenues par un immense pied d'ivoire, un léopard dressé, la gueule grande ouverte, sculpté dans les défenses qu'envoient la porte de Syène[261], les Maures agiles et l'Indien plus basané que le Maure.

15, 163-164 : Le féroce tigre indien vit dans une paix perpétuelle avec le tigre[262], les ours cruels s'accordent entre eux.

FLORUS (contemporain de Trajan qui régna de 98 à 117).

1, 40, 31 : A l'exception des Parthes, qui préférèrent traiter, et des Indiens, qui ne nous connaissaient même pas encore, toute

Thebais, 8, 237-239 :
Ceu modo gemmiferum thyrso populatus Hydaspen
Eoasque domos nigri uexilla triumphi
Liber et ignotos populis ostenderet Indos.

Thebais, 9, 441 : ...An Eous melius pacatur Hydaspes ?

Thebais, 12, 786-788 :
    gaudent matres nurusque
Ogygiae, qualis thyrso bellante subactus
mollia laudabat iam marcidus orgia Ganges.

IVVENALIS

6, 336-341 :   Sed omnes
noverunt Mauri atque Indi quae psaltria penem
maiorem quam sunt duo Caesaris Anticatones,
illuc testiculi sibi conscius unde fugit mus
intulerit, ubi uelari pictura iubetur
quaecumque alterius sexus imitata figuras.

6, 465-466 :   Moechis foliata parantur,
his emitur quidquid graciles huc mittitis Indi.

10, 1-4 : Omnibus in terris quae sunt a Gadibus usque
Auroram et Gangen, pauci dinoscere possunt
uera bona atque illis multum diuersa, remota
erroris nebula.

11, 120-125 : At nunc diuitibus cenandi nulla uoluptas,
nil rhombus, nil damma sapit, putere uidentur
unguenta atque rosae, latos nisi sustinet orbes
grande ebur et magno sublimis pardus hiatu
dentibus ex illis quos mittit porta Syenes
et Mauri celeres et Mauro obscurior Indus...

15, 163-164 : Indica tigris agit rabida cum tigride pacem
perpetuam, saeuis inter se conuenit ursis.

FLORVS

1, 40, 31 : Exceptis quippe Parthis, qui foedus maluerunt, et
Indis, qui adhuc nos nec nouerant, omnis Asia inter Rubrum et

l'Asie entre la mer Rouge, la Caspienne et l'Océan était entre nos mains, domptée ou écrasée par les armées de Pompée.

2, 34, 62 : [la paix sous Auguste] : Même les Sères et les Indiens[263], qui habitent sous le soleil même, vinrent avec des pierres précieuses et des perles, amenant aussi, entre autres cadeaux, des éléphants, faisant surtout valoir la longueur du voyage — ils avaient mis quatre années entières ; et d'ailleurs leur teint même attestait bien qu'ils venaient d'un autre climat.

SUÉTONE (vers 120 p.C.)

Vie d'Auguste, 21, 6 : La renommée de sa vertu et de sa modération incita même les Indiens et les Scythes, connus seulement de nom, à envoyer spontanément des ambassadeurs[264] pour solliciter son amitié et celle du peuple romain.

Pratum 151 [description de la rose des vents] : Le Corus ou Argestès, soufflant à la gauche du Favonius : quand il souffle, il amène en Orient des nuages, et dans l'Inde le beau temps[265].

AMPÉLIUS (sous Adrien, qui régna de 117 à 138)

2, 1 : Il y a douze signes dans le ciel. Le Bélier, grâce à Liber, parce qu'alors qu'il conduisait en Inde son armée à travers les déserts de sable de la Libye[266]... un bélier lui indiqua la présence de l'eau.

6, 3 : Nations d'Asie les plus célèbres : les Indiens, les Sères, les Perses et les Mèdes.

6, 6 : Montagnes les plus célèbres dans le monde : le Caucase en Scythie, l'Émodus dans l'Inde, le Liban en Syrie...

6, 8 : Fleuves les plus célèbres dans le monde : l'Indus, le Gange et l'Hydaspe en Inde...

6, 12 : Îles les plus célèbres : ... dans l'Océan, Taprobane au levant, la Bretagne au couchant.

11, 3 : Samiramis... attaqua aussi l'Inde dans une expédition malheureuse[267].

35, 2 : Ptolémée Sôter[268], qui protégea Alexandre chez les Oxydraques en le couvrant de son bouclier.

Caspium et Oceanum Pompeianis domita uel oppressa signis tenebatur.

2, 34, 62 : Seres etiam habitantesque sub ipso sole Indi cum gemmis et margaritis elephantos quoque inter munera trahentes, nihil magis quam longinquitatem uiae imputabant — quadriennum impleuerant ; et tamen ipse hominum color ab alio uenire caelo fatebatur.

SVETONIVS

Aug. 21, 6 : Qua uirtutis moderationisque fama Indos etiam ac Scythas auditu modo cognitos pellexit ad amicitiam suam populique Romani ultro per legatos petendam.

Pratum, 151 : Corus, qui et Argestes, ex sinistra parte fauonii spirans : eo flante in oriente nubila sunt, in India serena.

AMPELIVS

2, 1 : Signa sunt in caelo duodecim. Aries beneficio Liberi, quod is cum exercitum in Indiam per Libyam duceret per loca sicca et arenosa,... aries ei aquam demonstrauit.

6, 3 : In Asia clarissimae gentes : Indi, Seres, Persae, Medi...

6, 6 : Clarissimi montes in orbe terrarum : Caucasus in Scythia, Emodus in India, Libanus in Syria...

6, 8 : Clarissima flumina in orbe terrarum : Indus, Ganges, Hydaspes in India...

6, 12 : Clarissimae insulae... in Oceano ad Orientem Taprobane, ad occidentem Britannia...

11, 3 : Samiramis... Indiam quoque parum prospera expeditione temptauit.

35, 2 : Ptolomaeus Soter, qui Alexandrum apud Oxydracas obiecto clipeo protexit.

35, 5 : Ptolémée Physcon... Son fils, le Chypriote[269], mena pour les Romains de nombreuses guerres contre les Garamantes et les Indiens.

47, 5 : Sous sa conduite (sc. de Pompée), <le peuple romain> atteignit l'Océan Indien et la mer Rouge[270].

47, 7 : Grâce à César Auguste, <le peuple romain[271]> pacifia entièrement la Dalmatie, la Pannonie... et l'univers entier, à l'exception des Indiens, des Parthes, des Sarmates, des Scythes, des Daces...

HYGIN (époque des Antonins — 1re moitié du IIe s.)

Fab. 131, 1 : Liber, au moment de conduire son armée en Inde[272], confia le pouvoir à Thèbes jusqu'à son retour à son père nourricier Nysus.

Fab. 133 : Alors que Liber, en Inde, cherchait de l'eau sans en trouver, un bélier, dit-on, sortit soudain des sables...

Fab. 154, 3 : Les Indiens, du fait que la chaleur du soleil proche fit tourner leur sang au noir, devinrent noirs[273].

Fab. 191, 3 : Alors que Liber Pater conduisait son armée en Inde, Silène, que Midas avait accueilli généreusement et donné en guide au cortège de Bacchus, s'égara.

Fab. 275, 1-6 : Jupiter fonda Thèbes en Inde, du nom de sa nourrice Thébaïs ; elle fut nommée hécatompyles parce qu'elle a cent portes... **6** Liber fonda Hammon en Inde.

APULÉE (autour de 150 ; mort en 170)

Florides, 6 ; Les Indiens, nation populeuse au vaste territoire[274], situés loin de nous à l'orient, près des régions où l'Océan revient sur lui-même et où le soleil se lève, où naissent les étoiles et finissent les terres, au-delà des savants Égyptiens, des Juifs superstitieux, des Nabatéens commerçants, des Arsacides aux vêtements flottants, des Ityréens pauvres en récoltes et des Arabes riches en parfums — **2** chez ces Indiens donc, ce que j'admire, ce ne sont pas tant les monceaux d'ivoire, les récoltes de poivre, les cargaisons de cinname, le travail du fer, les mines d'argent, les

35, 5 : Ptolomaeus Physcon... Huius filius Cyprius pro Romanis multa bella gessit aduersus Garamantas et Indos.

47, 5 : Sub hoc enim duce ad Indicum Oceanum et Rubrum mare usque peruenit (sc. populus Romanus).

47, 7 : Per Caesarem Augustum Dalmatias, Pannonios... totumque orbem perpacauit (sc. populus Romanus) exceptis Indis, Parthis, Sarmatis, Scythis, Dacis...

HYGINVS

Fab. 131, 1 : Liber cum in Indiam exercitum duceret, Nyso nutricio suo dum ipse inde rediret regni Thebani potestatem tradidit.

Fab. 133 : Liber in India cum aquam quaereret nec inuenisset, subito ex harena aries dicitur exisse...

Fab. 154, 3 : Indi autem quod calore uicini ignis sanguis in atrum colorem uersus est, nigri sunt facti.

Fab. 191, 3 : Eo tempore Liber pater cum exercitum in Indiam duceret, Silenus aberrauit, quem Midas hospitio liberaliter accepit atque ducem dedit qui eum in comitatum Liberi deduceret.

Fab. 275, 1-6 : Iouis in India Thebas (sc. condidit), Thebaidos nomine nutricis suae, quae hecatompylae appellantur ideo quod centum portas habent... **6** Liber in India Hammonem.

APVLEIVS

Florida, 6 : Indi, gens populosa cultoribus et finibus maxima, procul a nobis ad Orientem siti, prope oceani reflexus et solis exortus, primis sideribus, ultimis terris, super Aegyptios eruditos et Iudaeos superstitiosos et Nabataeos mercatores et fluxos uestium Arsacidas et frugum pauperes Ityraeos et odorum diuites Arabes — **2** eorum igitur Indorum non aeque miror eboris strues et piperis messes et cinnami merces et ferri temperacula et argenti metalla et auri fluenta, nec quod Ganges apud eos unus omnium amnium maximus

fleuves charriant de l'or, ni le Gange coulant chez eux, le plus
grand de tous les fleuves qui,

roi des eaux de l'orient, se divise en cent fleuves,
court par cent vallées, forme cent bouches
et s'unit par cent cours aux flots de l'océan,

3 ni que ces même Indiens, situés dans les mêmes lieux où naît le
jour, aient pourtant le corps couleur de nuit, ni que, chez eux,
d'immenses serpents se livrent avec des éléphants monstreux à des
combats à chances égales où ils s'entretuent ; **4** ils les saisissent et
les enchaînent dans leurs replis glissants, si bien que, ne pouvant
dégager leurs pattes ni briser en aucune façon les entraves écail-
leuses des serpents qui ne relâchent pas leur étreinte, ils n'ont
d'autre ressource que de se venger en s'écroulant de toute leur
masse et en écrasant sous le poids de tout leur corps ceux qui les
retiennent.

5 Il existe aussi chez eux différentes classes d'habitants
— j'aime mieux, pour ma part, en fait de merveilles, parler de
celles des hommes que de celles de la nature —. L'une d'elles ne
connaît rien d'autre que le soin des bœufs, d'où leur surnom de
Bouviers. **6** D'autres sont habiles au commerce, d'autres sont bra-
ves dans les batailles, combattant de loin avec des flèches ou de
près à l'épée. Il y a en outre chez eux une classe supérieure, celle
des gymnosophistes. **7** C'est eux que j'admire le plus, car ils ne
sont experts ni à propager la vigne, ni à greffer un arbre, ni à
labourer ; ils ne savent ni cultiver la terre, ni purifier l'or, ni
dompter un cheval, dresser un taureau, tondre ou paître les moutons ou les chèvres. **8** Qu'est-ce-à-dire ? Il est une seule chose
qu'ils savent au lieu de tout cela : ils pratiquent la sagesse, aussi
bien les maîtres âgés que les disciples plus jeunes. Et je ne loue
rien plus chez eux que leur haine pour la paresse d'esprit et l'oisiveté. **9** Aussi, quand la table est dressée, avant que les mets
soient servis, tous les jeunes gens, venant chacun de son côté et
de ses occupations, se réunissent pour le repas ; les maîtres leur
demandent ce qu'ils ont fait de bien du lever du jour à l'instant
présent. **10** L'un rapporte que, choisi comme arbitre entre deux
parties, il a dissipé la brouille, ramené les bonnes grâces, effacé
les soupçons et changé les ennemis en amis ; **11** un autre, de
même, qu'il a obéi à un ordre de ses parents, un autre qu'il a
appris quelque chose par ses propres réflexions ou par les explications d'autrui ; bref, les autres font tous leur rapport. Celui qui
n'a rien à présenter pour avoir le droit de manger est mis dehors
au travail sans manger.

eois regnator aquis in flumina centum
discurrit, centum ualles illi oraque centum
oceanique fretis centeno iungitur amni,

3 nec quod isdem Indis ibidem sitis ad nascentem diem tamen in
corpore color noctis est, nec quod apud illos immensi dracones
cum immanibus elephantis pari periculo in mutuam perniciem
concertant : **4** quippe lubrico uolumine indepti reuinciunt ut illis
expedire gressum nequeuntibus uel omnino abrumpere tenacissi-
morum serpentium squameas pedicas necesse sit ultionem a ruina
molis suae petere ac retentores suos toto corpore oblidere.

5 Sunt apud illos et uaria colentium genera — libentius ego de
miraculis hominum quam de naturae disseruerim —. Est apud
illos genus, qui nihil amplius quam bubulcitare nouere, ideoque
adgnomen illis bubulcis inditum. **6** Sunt et mutandis mercibus cal-
lidi et obeundis proeliis strenui uel sagittis eminus uel ensibus
comminus. Est praeterea genus apud illos praestabile, gymnosophistae uocantur. **7** Hos ego maxime admiror, quod homines sunt
periti non propagandae uitis nec inoculandae arboris nec proscin-
dendi soli ; non illi norunt aruum colere uel aurum colare uel
equum domare uel taurum subigere uel ouem uel capram tondere
uel pascere. **8** Quid est igitur ? Vnum pro his omnibus norunt :
sapientiam percolunt tam magistri senes quam discipuli iuniores.
Nec quicquam aeque penes illos laudo quam quod torporem
animi et otium oderunt. **9** Igitur ubi mensa posita, priusquam
edulia adponantur, omnes adulescentes ex diuersis locis et officiis
ad dapem conueniunt, magistri perrogant, quod factum a lucis
ortu ad illud diei bonum fecerint. **10** Hic alius se commemorat
inter duos arbitrum delectum, sanata simultate, reconciliata gratia, purgata suspicione amicos ex infensis reddidisse ; **11** itidem
alius sese parentibus quaepiam imperantibus oboedisse, et alius
aliquid meditatione sua repperisse uel alterius demonstratione
didicisse, <alia> denique ceteri commemorant. Qui nihil habet
adferre cur prandeat, inpransus ad opus foras extruditur.

Florides, 12, 1-4 : Le perroquet est un oiseau de l'Inde[275] ; sa taille est légèrement inférieure à celle des pigeons, mais sa couleur est différente ; elle n'est pas blanche ou ardoisée ou l'une et l'autre ensemble, jaunâtre ou tachetée : le perroquet est vert, de son duvet à l'extrémité des pennes, sinon que le cou seul tranche. **2** En effet un cercle écarlate, comme un collier d'or entoure, aussi éclatant, son cou comme d'un bandeau et d'une couronne. Le bec est d'une dureté extraordinaire : quand, d'un vol rapide, il fond de très haut sur une roche, il se reçoit sur son bec, comme avec une ancre. **3** Mais sa tête est aussi dure que son bec. Quand on le dresse à imiter la parole humaine, on lui frappe la tête avec un baguette de fer pour qu'il comprenne l'ordre de son maître ; c'est sa férule d'écolier. Il apprend de son éclosion jusqu'à l'âge de deux ans, alors que sa bouche docile peut être formée et que sa langue souple peut apprendre à vibrer. **4** Mais, quand il est pris vieux, il n'apprend pas et oublie. Toutefois le perroquet qui apprend le plus aisément la voix humaine est celui qui se nourrit de glands et dont les pattes comptent cinq doigts comme chez l'homme. Tous les perroquets ne présentent pas ce caractère, mais tous ont la particularité d'avoir la langue plus large que les autres oiseaux.

Florides, 15, 11-13 [sur Pythagore] : Mais la tradition la plus répandue veut qu'il soit allé spontanément s'instruire en Égypte et qu'il y ait appris des prêtres l'incroyable pouvoir des rites religieux, les combinaisons merveilleuses des nombres et les ingénieuses formules de la géométrie ; ces connaissances ne suffisant pas à son esprit, il se rendit chez les Chaldéens et de là chez les Brahmanes[276] — ce sont des sages qui forment une classe de l'Inde —, et, parmi ces Brahmanes, chez les gymnosophistes. **12** Les Chaldéens lui révélèrent la science des astres, les courses invariables des planètes, les influences diverses des uns et des autres sur la géniture des hommes et aussi les remèdes que les mortels tirent à grands frais de la terre, du ciel et de la mer. **13** Les Brahmanes lui fournirent l'essentiel de sa philosophie : les disciplines de l'esprit, les exercices du corps, le nombre des parties de l'âme et des phases successives de la vie, les tourments ou les récompenses réservés aux dieux mânes suivant les mérites de chacun.

De Platon, 186 [des voyages d'études de Platon] : Il retourna en Italie[277] et s'attacha à Eurytus de Tarente et au vieil Archytas, deux Pythagoriciens. Il se serait même intéressé aux Indiens et aux Mages si des guerres ne l'en avaient alors empêché.

Du monde, 301 : Du côté du levant se trouve l'Océan, qui forme les mers Indienne et Persique.

Florida, 12,1-4 : Psittacus auis Indiae auis est ; instar illi minimo minus quam columbarum, sed color non columbarum ; non enim lacteus ille uel liuidus uel utrumque, subluteus aut sparsus est, sed color psittaco uiridis et intimis plumulis et extimis palmulis, nisi quod sola ceruice distinguitur. **2** Enimuero ceruicula eius circulo mineo uelut aurea torqui pari fulgoris circumactu cingitur et coronatur. Rostri prima duritia : cum in petram quampiam concitus altissimo uolatu praecipiat, rostro se uelut ancora excipit. **3** Sed et capitis eadem duritia quae rostri. Cum sermonem nostrum cogitur aemulari, ferrea clauicula caput tunditur, imperium magistri ut persentiscat ; haec discenti ferula est. Discit autem statim pullus usque ad duos aetatis suae annos, dum facile os uti conformetur, dum tenera lingua uti conuibretur. **4** Senex autem captus et indocilis est et obliuiosus. Verum ad disciplinam humani sermonis facilior est psittacus glande qui uescitur et cuius in pedibus ut hominis quini digituli numerantur. Non enim omnibus psittacis id insigne, sed illud omnibus proprium quod eis lingua latior quam ceteris auibus.

Florida, 15, 11-13 : Verum enimuero celebrior fama obtinet sponte eum petisse Aegyptias disciplinas atque ibi a sacerdotibus caerimoniarum incredundas potentias, numerorum admirandas uices, geometriae sollertissimas formulas <didicisse> ; nec his artibus animi expletum mox Chaldaeos atque inde Bracmanos — hi sapientes uiri sunt, Indiae gens est — eorum ergo Bracmanum gymnosophistas adisse. **12** Chaldaei sideralem scientiam, numinum uagantium statos ambitus, utrorumque uarios effectus in genituris hominum ostendere nec non medendi remedia mortalibus latis pecuniis terra caeloque et mari conquisita. **13** Bracmani autem pleraque philosophiae eius contulerunt, quae mentium documenta, quae corporum exercitamenta, quot partes animi, quot uices uitae, quae diis manibus pro merito suo cuique tormenta uel praemia.

De Platone, 186 : Et ad Italiam iterum uenit (sc. Plato) et Pythagoreos Eurytum Tarentinum et seniorem Archytam sectatus est. Atque ad Indos et Magos intendisset animum, nisi tunc eum bella uetuissent.

De mundo, 301 : Ab ortu solis Oceanus est Indicum et Persicum mare conferens.

Du monde, 302 : Mais il y a de plus petites îles au-delà des Indiens, Probané et Loxé[278].

Du monde, 348 [de l'empire perse] : L'ensemble du royaume d'Asie finissait à l'ouest à l'Hellespont et commençait à l'est à la nation des Indiens.

Métamorphoses, 1, 8, 6 [des pouvoirs d'une magicienne] : « Veux-tu, dit-il, connaître un ou deux de ses exploits, et même le plus grand nombre ? Se faire aimer à la folie des habitants non seulement de cette contrée, mais aussi de l'Inde, des deux Éthiopies, et même des antipodes est l'enfance de l'art et pure bagatelle »

AULU-GELLE (entre 146 et 158 p.C.)

Nuits Attiques, 9, 4, 9-11 : < Il est écrit chez les auteurs[279] > ... qu'il y a dans les montagnes de l'Inde des hommes aux têtes de chien, qui aboient et se nourrissent des oiseaux et des bêtes pris à la chasse ; qu'il y a encore d'autres merveilles à l'extrémité des terres orientales, des hommes qu'on appelle *Monocoli,* qui courent en sautant sur une jambe unique avec une très grande rapidité ; que certains même, privés de cou, ont les yeux dans les épaules. **10** Mais ces mêmes auteurs rapportent des faits qui dépassent toute mesure dans l'étonnement : dans les régions extrêmes de l'Inde, il y aurait une nation au corps hirsute et couvert de plumes comme les oiseaux, se passant complètement de nourriture et vivant de l'odeur des fleurs aspirée par les narines. **11** Non loin d'eux naîtraient aussi les Pygmées, dont les plus grands ne dépassent pas la taille de deux pieds un quart.

MINUCIUS FÉLIX (rédaction postérieure à 197)

Octavius, 18, 3 : Dieu ne s'occupe pas seulement du tout[280], mais aussi des parties. La Bretagne manque de soleil, mais elle revit grâce à la tiédeur de la mer qui l'entoure ; le Nil tempère régulièrement la sécheresse de l'Égypte ; l'Euphrate remplace les pluies en Mésopotamie ; l'Indus, dit-on, ensemence et irrigue l'Orient.

De mundo, 302 : Sunt minores (sc. insulae) uero ultra Indos, Probane atque Loxe.

De mundo, 348 : Sed omne Asiaticum regnum ab occidente Hellespontus terminabat, ab ortu gens inchoabat Indorum.

Met. 1, 8, 6 : « Vis, inquit, unum uel alterum, immo plurima eius audire facta ? Nam ut se ament efflictim non modo incolae, uerum etiam Indi uel Aethiopes utrique uel ipsi Antichthones, folia sunt artis et nugae merae ».

GELLIVS

Noctes Atticae, 9, 4, 9-11 : Item esse in montibus terrae Indiae homines caninis capitibus et latrantibus eosque uesci auium et ferarum uenatibus ; atque esse item alia apud ultimas orientis terras miracula, homines qui Monocoli appellentur, singulis cruribus saltuatim currentes, uiuacissimae pernicitatis ; quosdam etiam esse nullis ceruicibus, oculos in humeris habentes. **10** Iam uero hoc egreditur omnem modum admirationis, quod idem illi scriptores gentem esse aiunt apud extrema Indiae, corporibus hirtis et auium ritu plumantibus, nullo cibatu uescentem, sed spiritu florum naribus hausto uictitantem. **11** Pygmaeos quoque haud longe ab his nasci, quorum qui longissimi sint, non longiores esse quam pedes duo et quadrantem.

MINVCIVS FELIX

Octauius, 18, 3 : Nec uniuersitati solummodo deus, sed et partibus consulit. Britannia sole deficitur, sed circumfluentis maris tepore recreatur ; Aegypti siccitatem temperare Nilus amnis solet, Euphrates Mesopotamiam pro imbribus pensat, Indus flumen et serere orientem dicitur et rigare.

TERTULLIEN

Apologétique, 42, 1 (197 p.C) : Mais on nous accuse (sc. les Chrétiens) encore d'une autre sorte de dommages et l'on dit que nous sommes inutiles en affaires. Comment pourraient l'être des gens vivant avec vous, ayant même nourriture, même vêtement, même genre de vie, soumis aux mêmes nécessités de l'existence ? Car nous ne sommes pas des Brahmanes ou des gymnosophistes de l'Inde, habitants des forêts[281], loin de la civilisation.

Aux Gentils 1, 8, 1 (197 p.C.) : Soit ! on dit que nous (sc. les Chrétiens) formons une troisième race (sc. après les Romains et les Juifs). Certains sont-ils des Cynopennes ou des Sciapodes[282], ou certains des Antipodes d'au-dessous de la terre ?

La toilette des femmes, 1, 6, 2 (avant 202 p.C.) : Mais tout ce que la cupidité va pêcher dans la mer de la Bretagne ou celle de l'Inde, c'est un genre de coquillage qui n'est pas plus agréable au goût[283], je ne dis pas que le coquillage à pourpre ou l'huître, mais même que la palourde.

Contre Marcion, 1, 13, 3 (avant 202 p.C.) : ...< les naturalis-tes > ont craint de donner au monde un commencement ou une fin, de peur que ses substances (sc. eau, feu, air, astres), évidem-ment si importantes, soient moins tenues pour des dieux, elles qu'adorent les mages perses, les hiérophantes égyptiens et les gymnosophistes indiens[284].

Sur la couronne, 7, 4-5 : Il fait porter à Priape des bandelettes et à Ariane une couronne d'or et des pierreries de l'Inde[285]... Mais ailleurs, la foule considère Liber comme le premier à avoir porté une couronne, celle de laurier, avec laquelle il triompha des Indiens, quand elle appelle « la Grande Couronne » les jours solennels institués en son honneur.

JUSTIN, *Histoires Philippiques* (début du 3ᵉ s.)

1, 2, 9 : < Sémiramis > porta aussi la guerre chez les Indiens[286], où personne n'a pénétré en dehors d'elle et d'Alexan-dre le Grand.

12, 7, 4-11 : Alexandre gagna ensuite l'Inde dans le but de donner pour limite à son empire l'Océan et les régions extrêmes de l'Orient... **6** Arrivé à la ville de Nysa, les habitants n'offrirent pas de résistance, se fiant au respect dû à Liber Pater, le fonda-

TERTVLLIANVS

Apologeticum, 42, 1 : Sed alio adhuc iniuriarum titulo postulamur et infructuosi dicimur. Quo pacto homines uobiscum degentes, eiusdem uictus, habitus, instructus, eiusdem ad uitam necessitatis ? Neque enim Brachmanae aut Indorum gymnosophistae sumus, siluicolae et exsules uitae.

Ad nationes, 1, 8, 1 : Plane, tertium genus dicimur. Cynopennae aliqui uel Sciapodes uel aliqui de subterraneo Antipodes ?

De cultu femineo, 1, 6, 2 : Sed si quid de mari Britannico aut Indico ambitio piscatur, conchae genus est, non dico conchylio aut ostreo, sed nec peloride gratius de sapore.

Aduersus Marcionem, 1, 13, 3 : ... formidauerunt (sc. physici) initium ac finem mundo dare, ne substantiae eius, tantae scilicet, minus dei haberentur, quas colunt et Persarum magi et Aegyptiorum hierophantae et Indorum gymnosophistae.

De corona, 7, 4-5 : Dat et Priapo taenias idem et Arianae sertum ex auro et Indicis gemmis... Sed et alias Liberum principem coronae, plane laureae in qua ex Indis triumphauit, etiam uulgus agnoscit, cum dies in illum sollemnes Magnam appellat Coronam.

IVSTINVS, *Epitoma historiarum Philippicarum :*

1, 2, 9 : Sed et Indis bellum intulit, quo praeter illam et Alexandrum Magnum nemo intrauit.

12, 7, 4-11 : Post haec Indiam petit, ut Oceano ultimoque Oriente finiret imperium... **6** Cum ad Nysam urbem uenisset, oppidanis non repugnantibus fiducia religionis Liberi patris, a quo condita urbs erat, parci iussit, laetus non militiam tantum,

teur de la ville, et il donna l'ordre de les épargner, heureux non seulement d'avoir recommencé l'expédition du dieu, mais aussi d'avoir marché sur ses traces. **7** Il conduisit alors son armée pour lui montrer le mont sacré, couvert de richesses naturelles, de vigne et de lierre, comme s'il était cultivé par la main des habitants et embelli par leurs soins... **9** De là il gagna les monts Dédales et les états de la reine Cléophis qui, s'étant rendue, racheta son royaume en accordant ses faveurs à Alexandre, obtenant par la séduction ce qu'elle ne pouvait obtenir par les armes ; **10** elle eut de lui un fils, qu'elle appela Alexandre, qui fut par la suite maître du royaume de l'Inde. **11** Cléophis[287], pour avoir prostitué sa pudeur, fut dès lors appelée par les Indiens la putain royale.

12, 8, 1-9 : Un des rois des Indiens, nommé Porus[288], était remarquable tant par sa force physique que par sa grandeur d'âme ; **2** instruit de la réputation d'Alexandre, il se préparait depuis longtemps à le recevoir les armes à la main... **5** Porus, criblé de blessures, est fait prisonnier... **7** Alexandre, pour honorer son courage, le renvoya sain et sauf dans son royaume. **8** Il y fonda deux villes, appelant l'une Nicée, l'autre Bucéphale, du nom de son cheval. **9** Il soumit ensuite les Adrestes, les Cathéanes, les Présides et les Gangarides, taillant en pièces leurs armées[289].

12, 9, 1-4 : De là, Alexandre se dirige vers le fleuve Acésinès, s'y embarque et descend à l'Océan[290]. **2** Là, il reçoit la soumission des Agensones et des Sibes, établis par Hercule. **3** De là, il fait voile chez les Andres et les Sugambres, peuples qui le reçoivent avec quatre-vingt mille fantassins et soixante mille cavaliers. **4** Les ayant battus, il conduit son armée vers leur ville.

12, 10, 4-6 : Ayant pris d'assaut la ville (sc. du roi Ambus[291]) et revenu aux navires, il fit des libations à l'Océan en demandant un heureux retour dans sa patrie ; **5** et, comme s'il avait franchi la borne avec son char, après avoir fixé les limites de son empire aussi loin que les déserts lui avaient permis de s'avancer et la mer de naviguer, il entre à la faveur de la marée dans l'embouchure de l'Indus. **6** Là, pour laisser un monument de ses exploits, il fonda la ville de Barcé et éleva des autels, laissant un de ses amis comme gouverneur des Indiens du littoral.

uerum et uestigia se dei secutum. **7** Tunc ad spectaculum sacri montis duxit exercitum, naturalibus bonis, uite hederaque, non aliter uestiti quam si manu cultus colentiumque industria exornatus esset... **9** Inde montes Daedalos regnaque Cleophidis reginae petit. Quae cum se dedisset ei, concubitu redemptum regnum ab Alexandro recepit, inlecebris consecuta quod armis non poterat ; **10** filiumque ab eo genitum Alexandrum nominauit, qui postea regno Indorum potitus est. **11** Cleophis regina propter prostratam pudicitiam scortum regium ab India exinde appellata est.

12, 8, 1-9 : Vnus ex regibus Indorum fuit, Porus nomine, uiribus corporis et animi magnitudine pariter insignis ; **2** qui bellum iam pridem, audita Alexandri opinione, in aduentum eius parabat... **5** Porus multis uulneribus obrutus capitur... **7** Quem Alexander ob honorem uirtutis incolumem in regnum remisit. **8** Duas ibi urbes condidit ; unam Nicaeam, alteram ex nomine equi Bucephalen uocauit. **9** Inde Adrestas, Catheanos, Praesidas, Gangaridas caesis eorum exercitibus expugnat.

Catheanos *Ruehl* : sateanos *J* gesteannos *A¹* gestianos *A²* gesteanos *HGMVQ* sapteanos *cett.* / / praesidas *A* : - des *HGM* praesidias *JVR* - deas *Q*.

12, 9, 1-4 : Inde Alexander ad flumen Acesinem pergit ; per hunc in Oceanum deuehitur. **2** Ibi Agensonas Sibosque, quos Hercules condidit, in deditionem accepit. **3** Hinc in Andros et Sugambros nauigat, quae gentes eum armatis LXXX milibus peditum et LX milibus equitum excipiunt. **4** Cum proelio uictor esset, exercitum ad urbem eorum ducit.

in Andros *Gutschmid* : mandros *uel* inambros *coll.* / / Agensonas *Gutschmid* : accensonas *YOPZ* acensonas *T* agesinas *J* / / sugambros *codd.* : sudracas *Gutschmid*.

12, 10, 4-6 : Expugnata deinde urbe, reuersus in naues Oceano libamenta dedit, prosperum in patriam reditum precatus ; **5** ac, ueluti curru circa metam acto, positis imperii terminis quatenus aut terrarum solitudines prodire passae sunt aut mare nauigabile fuit, secundo aestu ostio fluminis Indi inuehitur. **6** Ibi in monumenta a se rerum gestarum urbem Barcem condidit arasque statuit, relicto ex numero amicorum litoralibus Indis praefecto.

13, 4, 19-21 [à propos du partage fait par Perdicas après la mort d'Alexandre] : La Bactriane ultérieure et les régions de l'Inde conservèrent leurs anciens gouverneurs. **20** Taxile avait les Sères[292], entre l'Hydaspe et l'Indus. **21** Pithon, fils d'Agénor, fut envoyé dans les colonies fondées chez les Indiens.

15, 4, 10-21 : Après le partage de l'empire macédonien[293] entre les associés, Séleucus mena plusieurs guerres en Orient. **11** Il s'empara d'abord de la Babylonie, puis, la victoire ayant accru ses forces, il soumit les Bactriens. **12** Il passa ensuite chez les Indiens, qui, après la mort d'Alexandre, comme s'ils rejetaient de leur cou le joug de la servitude, avaient mis à mort ses gouverneurs. **13** L'auteur de la liberté avait été Sandracottus, mais, après sa victoire, il avait changé en servitude la liberté qui n'était qu'un prétexte ; **14** en effet, s'étant emparé du trône, il opprimait lui-même et asservissait le peuple qu'il avait délivré de la domination étrangère. **15** Il était de basse origine, mais fut poussé à s'emparer du trône par la puissance divine. **16** Ayant offensé par son impertinence le roi Nandrus, qui ordonna de le mettre à mort, il avait cherché son salut dans la vitesse de ses jambes. **17** Épuisé, il gisait endormi, quand un lion énorme s'approcha du dormeur, essuya de sa langue la sueur qui coulait, l'éveilla doucement et s'en alla. **18** Ce prodige lui inspira d'abord l'espoir de régner et, ayant rassemblé des mercenaires, il poussa les Indiens à la révolution. **19** Puis, alors qu'il préparait la guerre contre les gouverneurs d'Alexandre, un éléphant sauvage d'une taille extraordinaire se présenta de lui-même à lui et, comme s'il eût été dompté et apprivoisé, le reçut sur son dos et fut pour lui à la guerre un guide et un combattant remarquable. **20** Ayant ainsi accédé au trône, Sandracottus était maître de l'Inde au temps où Séleucus jetait les fondements de sa grandeur future. **21** Séleucus traita avec lui et, après avoir réglé les affaires d'Orient, s'occupa de la guerre contre Antigone.

41, 6, 1-4 : A peu près à la même époque, Eucratide monta sur le trône chez les Bactriens, comme Mithridate chez les Parthes[294] ; tous deux furent de grands hommes. **2** Mais, plus favorisés de la fortune, les Parthes, sous la conduite de ce dernier, parvinrent au plus haut degré de la puissance. **3** En revanche, les Bactriens, ballottés de guerre en guerre, perdirent non seulement leur empire, mais encore la liberté, car, épuisés par les guerres contre les Sogdiens, les Arachosiens, les Dranges, les Aréens et les Indiens, finalement, comme exsangues, ils furent écrasés par les Parthes plus faibles jusque-là. **4** Toutefois Eucratide mena de

13, 4, 19-21 : In Bactriana ulteriore et Indiae regionibus priores praefecti retenti. **20** Seras inter amnes Hydaspem et Indum Taxiles habebat. **21** In colonias in Indis conditas Pithon, Agenoris filius mittitur.

Seras, *cf. Orose,* 3, 23, 11 : terras *codd.*

15, 4, 10-21 : Multa in Oriente post diuisionem inter socios regni Macedonici bella gessit. **11** Principio Babyloniam cepit ; inde auctis ex uictoria uiribus, Bactrianos expugnauit. **12** Transitum deinde in Indiam fecit, quae post mortem Alexandri, uelut a ceruicibus iugo seruitutis excusso, praefectos eius occiderat. **13** Auctor libertatis Sandracottus fuerat, sed titulum libertatis post uictoriam in seruitutem uerterat ; **14** siquidem occupato regno populum, quem ab externa dominatione uindicauerat, ipse seruitio premebat. **15** Fuit hic humili quidem genere natus, sed ad regni potestatem maiestate numinis impulsus. **16** Quippe cum procacitate sua Nandrum regem offendisset, interfici a rege iussus, salutem pedum celeritate quaesierat. **17** Ex qua fatigatione cum somno captus iaceret, leo ingentis formae ad dormientem accessit sudoremque profluentem lingua ei detersit expergefactumque blande reliquit. **18** Hoc prodigio primum ad spem regni impulsus, contractis latronibus, Indos ad nouitatem regni sollicitauit. **19** Molienti deinde bellum aduersus praefectos Alexandri elephantus ferus infinitae magnitudinis ultro se obtulit et, ueluti domita mansuetudine, eum tergo excepit duxque belli et proeliator insignis fuit. **20** Sic adquisito regno, Sandracottus ea tempestate qua Seleucus futurae magnitudinis fundamenta iaciebat Indiam possidebat, **21** cum quo facta pactione Seleucus compositisque in Oriente rebus in bellum Antigoni descendit.

41, 6, 1-4 : Eodem ferme tempore, sicut in Parthis Mithridates, ita in Bactris Eucratides, magni uterque uiri, regna ineunt. **2** Sed Parthorum fortuna felicior ad summum, hoc duce, imperii fastigium eos perduxit. **3** Bactriani autem per uaria bella iactati non regnum tantum, uerum etiam libertatem amiserunt, siquidem Sogdianorum et Arachotorum et Drangarum et Areorum Indorumque bellis fatigati, ad postremum ab inualidioribus Parthis, uelut exsangues, oppressi sunt. **4** Multa tamen Eucratides bella magna uirtute gessit, quibus adtritus, cum obsidionem Demetrii, regis Indorum, pateretur, cum CCC militibus LX milia hostium

nombreuses guerres avec un grand courage ; bien qu'elles eussent usé ses forces, assiégé par Démétrius, roi des Indiens, en de continuelles sorties avec trois cents soldats, il vainquit soixante mille ennemis. Aussi, le siège ayant été levé au cinquième mois, il réduisit l'Inde en son pouvoir.

MARCIEN, *Digeste* (postérieur à 217 p.C.)

39, 4, 16,7 : Denrées soumises à redevance[295] : cinnamome, poivre long, poivre blanc, feuille pentasphère, feuille barbarique, costum, costamome, épi de nard, cannelle turiane, bois de cannelle, myrrhe, amome, gingembre, malobathre, aromate indien, galbanum, laser, aloès, lycium, sarcocolle, onyx d'Arabie, cardamome, bois de cinnamome, ouvrages en lin, peaux de Babylone, peaux de Parthie, ivoire, fer indien, coton, pierres en tout genre, perle, sardoine, céraunie, hyacinthe, émeraude, diamant, lapislazuli, turquoise, béryl, chélynie, opium indien ou assyrien, soie grège, tissus de soie ou moitié-soie, voiles de lin de couleur, fil de soie, eunuques Indiens, lions, lionnes, panthères, léopards, guépards, pourpre ; de même, laine de (?), orseille, cheveux indiens.

SOLIN[296], *Recueil de curiosités* (milieu du 3e s.)

15, 11 : Les Indiens attachent dans les bois des chiennes en chaleur pour qu'elles s'accouplent à des tigres[297] ; ils regardent les produits de la première génération et aussi de la seconde comme inutilisables à cause de leur excessive férocité, mais élèvent ceux de la troisième.

25, 8 : Les éléphants de Maurétanie ont peur de ceux de l'Inde[298] et, comme s'ils étaient conscients de leur petite taille, répugnent à se montrer à eux.

25, 10-14 : Les éléphants et les serpents sont en guerre perpétuelle[299]. 11 Voici par quelle ruse sont tendues les embuscades : les serpents se cachent au bord des pistes habituellement suivies par les éléphants ; ils laissent passer les premiers et attaquent les derniers, afin que ceux qui les ont précédés ne puissent les secourir ; ils leur lient d'abord les pattes dans leurs nœuds pour les empêcher de marcher en les entravant. 12 Quant aux éléphants, s'ils ne

adsiduis eruptionibus uicit. Quinto itaque mense liberatus Indiam in potestatem redegit.

MARCIANVS, *Digesta,* 39, 4, 16, 7 :

Species pertinentes ad uectigal : cinnamomum, piper longum, piper album, folium pentasphaerum, folium barbaricum, costum, costamomum, nardi stachys, cassia turiana, xylocassia, smurna, amomum, zingiberi, malabathrum, aroma Indicum, chalbane, laser, aloe, lucia, sarcogalla, onyx Arabicus, cardamomum, xylocinnamomum, opus byssicum, pelles Babylonicae, pelles Parthicae, ebur, ferrum Indicum, carpasum, lapis uniuersus, margarita, sardonyx, ceraunium, hyacinthus, smaragdus, adamas, saffirinus, callaïnus, beryllus, chelyniae, opia Indica uel Assyria, metaxa, uestis serica uel subserica, uela tincta carbasea, nema sericum, spadones Indici, leones, leaenae, pardi, leopardi, pantherae, purpura, item marocorum lana, fucus, capilli Indici.

Assyria *Mommsen* : adserta *codd. praeter* serta *F²* / / marocorum *codd. praeter* a pecorum *F².*

SOLINVS, *Collectanea rerum memorabilium :*

15, 11 : Indi coitus tempore in saltibus religant canes feminas, ut cum his tigrides coeant, quarum ex primis conceptibus ob nimiam ferocitatem inutiles partus iudicant, itidem secundos, tertios educant.

25, 8 : Indicos elephantos Mauretani timent et quasi paruitatis suae conscii aspernantur ab his uideri.

25, 10-14 : Inter hos (sc. elephantos) et dracones iugis discordia. **11** Denique insidiae hoc astu praeparantur : serpentes propter semitas delitescunt per quas elephanti assuetis callibus euagantur, atque ita praetermissis prioribus postremos adoriuntur, ne qui antecesserunt queant opitulari, primumque pedes nodis inligant, ut laqueis cruribus impediant gradiendi facultatem ; **12** nam elephanti, nisi praeuenti hac spirarum mora, uel arboribus se uel

sont pas d'abord surpris par les anneaux qui les retiennent, ils
s'accotent à des arbres ou à des rochers pour tuer les serpents en
les écrasant de leur poids accablant. **13** La raison principale du
combat est que les éléphants, dit-on, ont le sang plus froid et
que, pour cette raison, les serpents cherchent avidement à les surprendre au plus fort des chaleurs. C'est pourquoi ils les attaquent
seulement quand ils sont alourdis de boisson, afin que les vaisseaux plus abondamment irrigués de ceux qu'ils accablent les ras-
sasient davantage. **14** Ils visent surtout les yeux, qu'ils savent
seuls vulnérables, ou l'intérieur des oreilles, seul endroit que ne
puisse protéger la trompe. Aussi, vidées de leur sang, les bêtes
s'écroulent et écrasent les serpents. Le sang répandu par les deux
animaux imprègne la terre, et toute la partie du sol qu'il a teinte
donne le colorant qu'on appelle cinabre.

38, 12 : Il (sc. le mont Taurus) reçoit des noms variés[300], qui
diffèrent avec les nations et les langues : Imaus chez les Indiens,
puis Paropanisus, Choatras chez les Parthes, puis Niphatès,
ensuite Taurus et, dans sa partie la plus élevée, Caucase.

52, 1-54 : Aux montagnes de Médie commence l'Inde[301], qui
s'étend de la mer méridionale à la mer orientale, très salubre
grâce au souffle du Favonius. Elle a deux étés dans l'année, fait
deux récoltes, et les vents étésiens y remplacent l'hiver. **2** Posidonius la situe à l'opposite de la Gaule. On en sait absolument tout.
En effet, découverte par les campagnes d'Alexandre le Grand et
explorée par les soins des autres rois, elle est tout à fait connue
de nous. **3** Mégasthène, qui a séjourné assez longtemps à la cour
des rois Indiens, a écrit un ouvrage sur l'Inde pour transmettre le
souvenir exact de ce qu'il avait vu. Dionysius également, envoyé
par le roi Philadelphe comme observateur pour en vérifier l'exactitude, a fait le même rapport.

4 On raconte donc qu'il y avait dans l'Inde cinq mille villes
importantes et neuf mille nations. On a cru longtemps aussi
qu'elle formait le tiers du monde. Le nombre des hommes et des
villes n'a pas de quoi étonner, car seuls les Indiens n'ont jamais
quitté le sol natal. **5** Liber Pater est entré en Inde le premier,
puisqu'il triompha le premier de tous. De lui à Alexandre le
Grand, on compte six mille quatre cent cinquante et une années
et un peu plus de trois mois, calcul établi d'après les cent cinquante trois rois dont on reconnaît qu'ils ont occupé l'intervalle.

6 L'Inde a de très grands fleuves, le Gange et l'Indus. Selon
certains, le Gange naît de sources mal connues et a des crues
comme le Nil ; d'autres veulent qu'il vienne des monts de Scythie.
7 L'Hypanis aussi est en Inde un fleuve très célèbre, où se ter-

saxis applicant, ut pondere nitibundo attritos necent angues. **13** Dimicationis praecipua causa est quod elephantis, ut aiunt, frigidior inest sanguis et ob id a draconibus auidissime torrente captantur aestu. Quam ob rem numquam inuadunt nisi potu grauatos, ut uenis propensius inrigatis maiorem sumant de oppressis satietatem. **14** Nec aliud magis quam oculos petunt, quos solos expugnabiles sciunt, uel interiora aurium, quod is tantum locus defendi non potest promoscide. Itaque cum ebiberint sanguinem, dum ruunt beluae, dracones obruuntur. Sic utrimque fusus cruor terram imbuit fitque pigmentum quicquid soli tinxerit quod cinnabari uocant.

38, 12 : Pro gentium ac linguarum uarietate plurifariam nominatus (sc. mons Taurus), apud Indos Imaus, mox Paropanisus, Choatras apud Parthos, post Niphates, inde Taurus atque ubi in excelsissimam consurgit sublimitatem, Caucasus.

52, 1-54 : A Mediis montibus auspicatur India, a meridiano mari porrecta ad eoum, fauonii spiritu saluberrima. In anno bis aestatem habet, bis legit frugem, uice hiemis etesias patitur. **2** Hanc Posidonius aduersam Galliae statuit. Sane nec quicquam ex ea dubium. Nam Alexandri Magni armis comperta et aliorum postmodum regum diligentia peragrata penitus cognitioni nostrae addicta est. **3** Megasthenes sane apud Indicos reges aliquantisper moratus res Indicas scripsit, ut fidem quam oculis subiecerat memoriae daret. Dionysius quoque, et ipse a Philadelpho rege spectator missus, gratia periclitandae ueritatis, paria prodidit.

4 Tradunt ergo in India fuisse quinque milia oppidorum praecipua capacitate, populorum nouem milia. Diu etiam credita est tertia pars esse terrarum. Nec mirum sit uel de hominum uel de urbium copia, cum soli Indi numquam a natali solo recesserint. **5** Indiam Liber pater primus ingressus est, utpote qui omnium primus triumphauit. Ab hoc ad Alexandrum Magnum numerantur annorum sex milia quadringenti quinquaginta unus additis et amplius tribus mensibus, habita per reges computatione, qui centum quinquaginta tres tenuisse medium aeuum deprehenduntur. **6** Maximi in ea amnes Ganges et Indus. Quorum Gangen quidam fontibus incertis nasci et Nili modo exultare contendunt ; alii uolunt a Scythicis montibus exoriri. **7** Hypanis etiam ibi nobilissimus fluuius, qui Alexandri Magni iter terminauit, sicuti arae in

mina la marche d'Alexandre le Grand, comme en font foi les autels établis sur sa rive. La largeur minimale du Gange est de huit mille pas, la plus grande, de vingt mille ; sa profondeur, dans les plus hauts fonds, atteint cent pieds.

8 Les Gangarides sont le peuple de l'Inde le plus éloigné ; son roi a mille cavaliers, sept cents éléphants, soixante mille fantassins sur le pied de guerre. **9** Parmi les Indiens, certains se consacrent à l'agriculture, un grand nombre à la guerre, d'autres au commerce. Les meilleurs et les plus riches s'occupent des affaires publiques, rendent la justice et assistent les rois. Il y a une classe vivant dans le repos et d'une très remarquable sagesse ; ses membres se suicident sur des bûchers quand ils ont accompli leur existence. **10** Ceux qui ont un genre de vie plus violent et vivent dans les forêts chassent les éléphants et les emploient, une fois domptés et apprivoisés, au labour ou au transport. **11** Dans le Gange se trouve une île très peuplée, habitée par une nation très considérable, dont le roi a cinquante mille fantassins et quatre mille cavaliers sous les armes. Tous ceux qui possèdent le pouvoir royal se consacrent à l'art militaire, non sans un grand nombre d'éléphants, mais aussi de cavaliers et de fantassins.

12 Les Prasiens sont une nation très puissante. Ils habitent la ville de Palibothra, ce qui a fait parfois donner à la nation elle-même le nom de Palibothres. Le roi a un service permanent de six cent mille fantassins, trente mille cavaliers et huit mille éléphants. **13** Au-delà de Palibothra se trouve le mont Maleus, sur lequel les ombres tombent au nord en hiver, au midi en été, alternant tous les six mois. Dans cette contrée, les Ourses n'apparaissent qu'une fois par an et pas plus de quinze jours, affirme Baeton, selon qui c'est le cas en de très nombreuses régions de l'Inde. **14** Ceux qui habitent tout au voisinage de l'Indus, dans une contrée orientée au midi, sont plus que les autres brûlés par la chaleur : le teint des gens dénonce ainsi la violence de l'astre. **15** Les Pygmées habitent les montagnes. Les voisins de l'Océan n'ont point de rois. La nation des Pandes est gouvernée par des femmes et leur première reine fut, dit-on, une fille d'Hercule. **16** On attribue aussi à cette région la ville de Nysa avec le mont Méros consacré à Jupiter où, au dire des anciens Indiens, Liber Pater fut élevé dans une grotte ; une plaisanterie fondée sur le mot fait croire que Liber est sorti d'une cuisse. **17** Hors de l'embouchure de l'Indus on trouve deux îles, Chrysé et Argyré, si riches en mines que la plupart des gens ont rapporté que leur sol était d'or et d'argent.

18 Tous les Indiens ont les cheveux longs, teints en bleu foncé ou jaune safran. Les pierres précieuses sont leur luxe principal. **19**

ripa eius positae probant. Minima Gangis latitudo per octo milia passuum, maxima per uiginti patet ; altitudo, ubi uadosissimus est, mensuram centum pedum deuorat.

8 Gangarides extimus est Indiae populus, cuius rex equites mille, elephantos septingentos, peditum sexaginta milia in apparatu belli habet. **9** Indorum quidam agros exercent, militiam plurimi, merces alii. Optimi ditissimique res publicas curant, reddunt iudicia, adsident regibus. Quietum ibi eminentissimae sapientiae genus est uita repletos incensis rogis mortem accersere. **10** Qui uero ferociori sectae se dediderunt et siluestrem agunt uitam, elephantos uenantur, quibus perdomitis ad mansuetudinem aut arant aut uehuntur. **11** In Gange insula est populosissima, amplissimam continens gentem, quorum rex peditum quinquaginta milia, equitum quattuor milia in armis habet. Omnes sane quicumque praediti sunt regia potestate non sine maximo elephantorum, equitum etiam peditumque numero militarem agitant disciplinam.

12 Prasia gens ualidissima. Palibothram urbem incolunt, unde quidam gentem ipsam Palibothros nominauerunt. Quorum rex sexcenta milium peditum, equitum triginta milia, elephantorum octo milia omnibus diebus ad stipendium uocat. **13** Vltra Palibothram mons Maleus, in quo umbrae hieme in septentriones, aestate in austros cadunt, uicissitudine hac durante mensibus senis. Septentriones in eo tractu in anno semel nec ultra quindecim dies parent, sicut auctor est Baeton, qui perhibet hoc in plurimis Indiae locis euenire. **14** Indo flumini proximantes uersa ad meridiem plaga ultra alios torrentur calore ; denique uim sideris prodit hominum color. **15** Montana Pygmaei tenent. At hi quibus est uicinus Oceanus sine regibus degunt. Pandaea gens a feminis regitur, cui reginam primam adsignant Herculis filiam. **16** Et Nysa urbs regioni isti datur, mons etiam Ioui sacer, Meros nomine, in cuius specu nutritum Liberum patrem ueteres Indi adfirmant ; ex cuius uocabuli argumento lasciuienti fame creditur Liberum femine natum. **17** Extra Indi ostium sunt insulae duae Chryse et Argyre adeo fecundae copia metallorum ut plerique eas aurea sola habere prodiderint et argentea.

18 Indis omnibus promissa caesaries, non sine fuco caerulei aut crocei coloris. Cultus praecipuus in gemmis. **19** Nullus fune-

Aucune pompe dans les funérailles. En outre, comme le signalent les ouvrages des rois Juba et Archélaus, le costume difffère grandement selon les mœurs des peuples[302]. **20** Les uns sont vêtus de manteaux de lin, d'autres de laine ; certains sont nus, certains ont seulement un cache-sexe ; un grand nombre encore s'enveloppe d'écorces souples. Certains peuples sont de si grande taille qu'ils sautent très facilement sur les éléphants comme sur les chevaux. **21** Beaucoup se refusent à tuer un animal et à manger de la viande. La plupart se nourrissent seulement de poissons et vivent de la mer. **22** Il en est qui immolent comme des victimes leurs parents et leurs proches avant qu'ils ne soient amaigris par l'âge ou la maladie, et consomment leurs viscères quand ils sont morts : cet usage y est tenu non pour criminel, mais comme pieux. **23** Il en est encore qui, tombés malades, se retirent à l'écart loin des autres et attendent la mort sans crainte.

24 Le peuple des Astacanes vit dans des forêts de lauriers et dans des bois de buis. Il est très riche en productions des vignes et de tous les arbres qui font l'agrément de la Grèce. **25** Les Indiens ont des philosophes — ils les appellent gymnosophistes — qui, du lever au coucher du soleil, regardent fixement le disque de l'astre éclatant, cherchant des secrets dans le globe de feu, et qui se tiennent la journée entière alternativement sur un pied et sur l'autre dans les sables brûlants. **26** Auprès d'une montagne nommée Nulo habitent des hommes aux pieds retournés, avec huit doigts à chaque pied. **27** Mégasthène écrit que, sur diverses montagnes de l'Inde, il est des peuples à tête de chien, armés de griffes, vêtus de peaux, sans voix pour un langage humain, émettant seulement des aboiements de leur gueule ouverte. **28** On lit chez Ctésias que certaines femmes n'y enfantent qu'une fois et que les enfants ont tout de suite les cheveux blancs ; en revanche, un autre peuple, aux cheveux blancs dans sa jeunesse, mais noirs dans la vieillesse, dépasse les limites de notre vie. **29** Nous lisons qu'y naissent aussi les Monocoles, unijambistes d'une merveilleuse rapidité qui, lorsqu'ils veulent se protéger de la chaleur, se couchent sur le dos et se font de l'ombre avec leur grand pied. **30** Ceux qui habitent à la source du Gange n'ont nul besoin de nourriture et vivent de l'odeur des fruits sauvages, qu'ils emportent en sauvegarde dans leurs lointains voyages, afin de se nourrir en humant leur parfum ; s'il leur arrive de respirer une odeur trop désagréable, ils sont assurés d'en mourir. **31** On rapporte qu'il est aussi une race de femmes qui conçoivent à cinq ans et ne vivent pas au-delà de la huitième année. **32** Il existe des hommes privés de cou, ayant les yeux dans les épaules. Dans les bois vivent des hommes au corps hirsute, aux dents de chien, aux horribles cris

rum apparatus. Praeterea, ut Iubae et Archelai regum libris editum est, in quantum mores populorum dissonant, habitus quoque discrepantissimus ; **20** alii lineis, alii laneis peplis uestiuntur, pars nudi, pars obscena tantum amiculati, plurimi etiam flexibilibus libris circumdati. Quidam populi adeo proceri ut elephantos uelut equos facillima insultatione transiliant. **21** Plurimis placet neque animal occidere neque uesci carnibus. Plerique tantum piscibus aluntur et mari uiuunt. **22** Sunt qui proximos parentesque priusquam annis aut aegritudine in maciem eant, uelut hostias caedunt, deinde peremptorum uiscera epulas habent ; quod ibi non sceleris, sed pietatis loco numerant. **23** Sunt etiam qui, cum incubuere morbi, procul a ceteris in secreta abeunt nihil anxie mortem expectantes.

24 Astacanorum gens laureis uiret siluis, lucis buxeis, uitium uero et arborum uniuersarum quibus Graecia dulcis est prouentibus copiosissima. **25** Philosophos habent Indi — gymnosophistas uocant —, qui ab exortu ad usque solis occasum contentis oculis orbem candentissimi sideris contuentur in globo igneo rimantes secreta quaedam harenisque feruentibus perpetem diem alternis pedibus insistunt. **26** Ad montem qui Nulo dicitur habitant quibus auersae plantae sunt et octoni digiti in plantis singulis. **27** Megasthenes per diuersos Indiae montes esse scribit nationes capitibus caninis, armatas unguibus, amictas uestitu tergorum, ad sermonem humanum nulla uoce, sed latratibus tantum sonantes rictibusque. **28** Apud Ctesiam legitur quasdam feminas ibi semel parere natosque canos ilico fieri ; esse rursum gentem alteram quae in iuuenta cana sit, nigrescat in senectute, ultra aeui nostri terminos perennantem. **29** Legimus Monocolos quoque ibi nasci singulis cruribus et singulari pernicitate, qui ubi defendi se uelint a calore, resupinati plantarum suarum magnitudine inumbrentur. **30** Gangis fontem qui accolunt nullius ad escam opis indigi odore uiuunt pomorum siluestrium longiusque pergentes eadem illa in praesidio gerunt, ut olfactu alantur ; quod si taetriorem spiritum forte traxerint, exanimari eos certum est. **31** Perhibent esse et gentem feminarum, quae quinquennes concipiant, sed ultra octauum annum uiuendi spatium non protrahant. **32** Sunt qui ceruicibus carent et in umeris habent oculos. Sunt qui siluestres, hirti corpora, caninis dentibus, stridore terrifico. Apud eos uero quibus ad uiuendi rationem exactior cura est, multae uxores in eiusdem uiri coeunt matrimonium, et cum maritus decesserit, apud grauissimos iudices suam quaeque de meritis agunt causam, et quae officiosior ceteris sententia uicerit iudicantium, hoc pal-

stridents. Chez ceux qui ont un genre de vie plus réglé, un même homme épouse plusieurs femmes et, à la mort du mari, chacune défend ses mérites devant des juges très dignes, et celle dont le dévouement l'a emporté sur toutes les autres dans l'opinion des juges reçoit en récompense le droit de monter volontairement sur le bûcher de son époux et de s'offrir elle-même lors de ses funérailles en sacrifice à ses mânes ; les autres vivent dans la honte.

33 Les serpents sont si énormes qu'ils avalent des cerfs et d'autres animaux de même taille tout entiers ; et même, ils entrent dans l'océan Indien, tout vaste qu'il est, et gagnent pour se nourrir des îles séparées du continent par une grande distance...

34 Il y a là-bas beaucoup de bêtes merveilleuses[303], d'une multitude et d'une abondance dont nous ne citerons qu'une petite partie. La leucrocote dépasse en rapidité toutes les bêtes sauvages ; elle a la taille de l'âne sauvage, l'arrière-train du cerf, le poitrail et les pattes du lion, la tête du blaireau, l'ongle bisulque, la gueule fendue jusqu'aux oreilles, un os continu à la place des dents ; ceci pour la forme ; quant à la voix, elle imite les sons du langage humain.

35 Il y a aussi l'éalé, qui ressemble au cheval pour le reste, mais a la queue de l'éléphant, le poil noir, la mâchoire du sanglier, et porte des cornes longues de plus d'une coudée, appropriées aux mouvements souhaités ; en effet, elles ne sont pas rigides, mais mobiles selon les exigences tactiques du combat ; dans les batailles, elle dresse l'une, replie l'autre, de sorte que, si un coup a abîmé la pointe de l'une, celle de l'autre la remplace. On la compare aux hippopotames et elle se plaît tout à fait, elle aussi, dans les eaux des rivières.

36 Les taureaux indiens sont de couleur fauve, et rapides comme l'oiseau ; ils ont le poil à rebours et la gueule fendue tout du long. Ils tournent eux aussi leurs cornes flexibles à volonté ; ils ont le cuir si dur qu'ils repoussent tous les traits ; ils sont si férocement sauvages qu'une fois pris, ils meurent de rage.

37 Parmi ces animaux naît aussi la mantichore ; elle a une triple rangée de dents s'emboîtant alternativement, la face humaine, les yeux bleu clair, le teint rouge-sang, le corps du lion, la queue pointue comme un dard de scorpion, la voix sifflante imitant les sons rythmés des flûtes et des trompettes. **38** Elle raffole de la chair humaine. Elle a tant de force dans les pattes, elle est capable de tels sauts que ni d'énormes distances ni de très larges obstacles ne peuvent l'arrêter. On trouve aussi des bœufs à une ou trois cornes, à ongles entiers et non bisulques.

39 Mais la bête la plus affreuse est le monocéros, monstre au

mae refert praemium, ut arbitrio suo ascendat rogum coniugis et supremis eius semet ipsam det inferias ; ceterae nota uiuunt.

33 Enormitas in serpentibus tanta est ut ceruos et animantium alia ad parem molem tota hauriant ; quin etiam oceanum Indicum quantus est penetrent insulasque magno spatio a continenti separatas pabulandi petant gratia...

34 Sunt illic multae ac mirabiles bestiae, quarum e multitudine et copia uel particulam persequemur. Leucrocota uelocitate praecedit feras uniuersas, ipsa asini feri magnitudine, cerui clunibus, pectore ac cruribus leonis, capite melium, bisulca ungula, ore ad usque aures dehiscente, dentium locis osse perpetuo ; haec quod ad formam, nam uoce loquentium hominum sonos aemulatur.

35 Est et eale, alias ut equus, cauda elephanti, nigro colore, maxillis aprugnis, praeferens cornua ultra cubitalem modum longa ad obsequium cuius uelit motus accommodata ; neque enim rigent, sed mouentur ut usus exigit proeliandi ; quorum alterum, cum pugnat, protendit, alterum replicat ut, si ictu aliquo alterius acumen offenderit, acies succedat alterius. Hippopotamis comparatur, et ipsa sane aquis fluminum gaudet.

36 Indicis tauris color fuluus est, uolucris pernicitas, pilus in contrarium uersus, hiatus omne quod caput. Hi quoque circumferunt cornua flexibilitate qua uolunt, tergi duritia omne telum respuentes, tam immiti feritate ut capti animas proiciant furore.

37 Mantichora quoque nomine inter haec nascitur, triplici dentium ordine coeunte uicibus alternis, facie hominis, glaucis oculis, sanguineo colore, corpore leonino, cauda uelut scorpionis aculeo spiculata, uoce tam sibila ut imitetur modulos fistularum tubarumque concinentum. **38** Humanas carnes auidissime affectat. Pedibus sic uiget, saltu sic potest ut morari eam nec extentissima spatia possint nec obstacula latissima. Sunt praeterea boues unicornes et tricornes solidis ungulis nec bifissis.

39 Sed atrocissimus est monoceros, monstrum mugitu horrido,

mugissement horrible, au corps de cheval, aux pattes d'éléphant, à la queue de porc, à la tête de cerf. **40** Il a une grande corne au milieu du front, d'un éclat merveilleux, longue de quatre pieds, si pointue qu'elle transperce facilement d'un coup tout ce qu'elle frappe. Il ne tombe pas vivant au pouvoir de l'homme : on peut le tuer, mais non le capturer.

41 Les eaux produisent aussi des animaux non moins extraordinaires. Des anguilles longues de trente pieds vivent dans le Gange, où, entre autres merveilles remarquables, abondent, selon Statius Sébosus, des vers bleu foncé nommés de leur couleur. Ils ont deux bras de six coudées de long au moins et sont si vigoureux qu'ils entraînent au fond de l'eau des éléphants venant boire en leur mordant la trompe.

42 Les mers de l'Inde ont des baleines de plus de quatre arpents[304], mais aussi les animaux appelés physétères, énormes, se dressant comme d'immenses colonnes plus haut que les vergues des navires et projetant l'eau aspirée par leurs évents au point de couler souvent les vaisseaux des navigateurs sous un déluge d'eau.

43 L'Inde seule nous envoie le perroquet, oiseau de couleur verte, à collier rouge, au bec si dur qu'en s'abattant d'en haut sur un rocher, il se reçoit sur ce bec, dont il use comme d'un appui d'une solidité extraordinaire ; **44** sa tête est si dure que s'il faut parfois le frapper pour l'inciter à apprendre — car il s'applique à parler le langage humain —, il faut le faire avec une baguette de fer. Quand il est tout jeune et avant sa seconde année, il apprend plus vite et retient mieux ce qu'on lui enseigne ; un peu plus âgé, il oublie et n'apprend pas. **45** On distingue au nombre des doigts ceux de bonne et ceux de mauvaise race[305] ; les meilleurs ont cinq doigts à leurs pattes, tous les autres, trois. Leur langue est large et bien davantage que chez tous les autres oiseaux, ce qui leur permet de très bien prononcer des mots articulés. Le raffinement romain admire à ce point ce talent que les barbares ont fait commerce des perroquets.

46 Les forêts de l'Inde atteignent une telle hauteur que même les flèches n'en peuvent dépasser la cime. **47** Les vergers ont des figuiers[306] dont les troncs énormes ont soixante pas de tour ; l'ombre des branches occupe une circonférence de deux stades. La forme des larges feuilles est comparable au bouclier des Amazones ; le fruit est d'une douceur exquise. **48** Les marécages donnent naissance à un roseau si gros qu'il peut dans ses entre-nœuds refendus transporter des marins comme un canot. De ses racines on extrait un liquide sucré, suave comme le miel. **49** Tylos est une île de l'Inde qui porte des palmiers, produit des oliviers et abonde en vignes. Elle a une particularité merveilleuse, qui la met au-

equino corpore, elephanti pedibus, cauda suilla, capite ceruino. **40** Cornu e media fronte eius protenditur splendore mirifico, ad magnitudinem pedum quattuor, ita acutum ut quicquid impetat facile ictu eius perforetur. Viuus non uenit in hominum potestatem et interimi quidem potest, capi non potest.

41 Aquae etiam gignunt miracula non minora. Anguillas ad tricenos pedes longas educat Ganges, quem Statius Sebosus inter praecipua miracula ait uermibus abundare caeruleis nomine et colore. Hi bina habent brachia longitudinis cubita non minus sena, adeo robustis uiribus ut elephantos ad potum uentitantes mordicus comprehensa ipsorum manu rapiant in profundum.

42 Indica maria balaenas habent ultra spatia quattuor iugerum, sed et quos physeteras nuncupant, qui enormes supra molem ingentium columnarum ultra antemnas se nauium extollunt haustosque fistulis fluctus ita eructant ut nimbosa adluuie plerumque deprimant alueos nauigantium.

43 Sola India mittit auem psittacum colore uiridem torque puniceo, cuius rostri tanta duritia est ut, cum e sublimi praecipitat in saxum, nisu se oris excipiat et quodam quasi fundamento utatur extraordinariae firmitatis ; **44** caput uero tam ualens ut, si quando ad discendum plagis sit admonendus — nam studet ut quod homines loquatur —, ferrea clauicula sit uerberandus. Dum in pullo est atque adeo intra alterum aetatis suae annum quae monstrata sunt et citius discit et retinet tenacius ; paulo senior et obliuiosus est et indocilis. **45** Inter nobiles et ignobiles discretionem digitorum facit numerus ; qui praestant quinos in pedes habent digitos, ceteri ternos. Lingua lata multoque latior quam ceteris auibus ; unde perficitur ut articulata uerba penitus eloquatur. Quod ingenium ita Romanae deliciae miratae sunt ut barbari psittacos mercem fecerint.

46 Indorum nemora in tam proceram sublimantur excelsitatem ut transiaci ne sagittis quidem possint. **47** Pomaria ficus habent, quarum codices in orbem spatio sexaginta passuum extuberantur ; ramorum umbrae ambitu bina stadia consumunt ; foliorum latitudo formae Amazonicae peltae comparatur ; pomum eximiae suauitatis. **48** Quae palustria sunt harundinem creant ita crassam ut fissis internodiis lembi uice uectitet nauigantes. E radicibus eius humor dulcis exprimitur ad melleam suauitatem. **49** Tylos Indiae insula est ; ea fert palmas, oleam creat, uineis abundat. Terras omnes hoc miraculo sola uincit quod quaecumque in ea arbos nascitur, numquam caret folio.

dessus de toutes les terres : aucun des arbres qui y croissent n'est à feuilles caduques.

50 Dans l'Inde, le mont Caucase, qui parcourt de ses chaînes ininterrompues une très grande partie du monde, montre sur son versant exposé au soleil des poivriers, qu'on assure donner des fruits divers semblables à ceux du genévrier. **51** Avant leur maturité, c'est le poivre long ; sans altération, c'est le poivre blanc ; quand la chaleur a ridé et grillé la peau, ils prennent leur nom de leur couleur.

52 C'est le Grand Pompée qui fit voir à Rome pour la première fois l'ébène de l'Inde, lors du triomphe sur Mithridate. L'Inde envoie aussi des roseaux odorants et nombre d'autres produits exhalant une odeur merveilleusement suave.

53 Au premier rang des pierres de l'Inde sont les diamants, car ils chassent les accès de délire, combattent les poisons et dissipent les vaines craintes de l'esprit. **54** Nous avons dû à leur propos exposer d'abord en quoi ils nous semblaient utiles ; nous exposerons maintenant quelles sont les espèces de diamants et la couleur de chacune. On trouve la plus belle qualité dans une sorte de cristal ; elle ressemble par l'extrême limpidité de son éclat à la matière dans laquelle elle naît ; elle est légèrement conique des deux côtés, formant une pointe hexagonale, et ne dépasse jamais la grosseur d'une noisette.

52, 58 : L'Inde produit pareillement le *lychnitès*[307], dont la lumière des lampes avive l'éclat, d'où le nom de lychnitès que lui ont donné les Grecs...

52, 61-64 : Les Indiens taillent les béryls[308] suivant une forme hexagonale afin d'aviver par la reflexion des angles la douceur éteinte de leur couleur... **64** Les rois Indiens aiment donner à cette sorte de pierre la forme de très longs cylindres, les percent, les enfilent sur des poils d'éléphant et en font des colliers ; ou bien, très souvent, en sertissant leurs deux pointes dans des ombilics d'or, ils les font briller d'un éclat plus soutenu, de façon que l'adjonction du métal aux deux extrémités leur donne artificiellement une luminosité plus éclatante.

53, 1-23 : L'île de Taprobane[309], avant que la témérité des hommes ne les fît se confier à une mer entièrement explorée, passa longtemps pour un autre monde, que l'on croyait même habité par les Antichthones. Mais la vaillance d'Alexandre le Grand ne permit pas à l'ignorance due à une erreur générale de se prolonger et il étendit la gloire de son nom jusqu'à ces lieux écartés. **2** Donc Onésicrite, le commandant de la flotte macédonienne,

50 Ibi mons Caucasus, qui maximam orbis partem perpetuis iugis penetrat, fronte qua soli obuersus est arbores piperis ostentat, quas ad iuniperi similitudinem diuerse fructus edere adseuerant. **51** Qui paene immaturi exeunt, dicitur piper longum ; quod incorruptum est, piper album ; quorum cutem rugosam et torridam calor fecerit, nomen trahunt de colore.

52 Hebenum ex India Mithridatico triumpho Romae primum Magnus Pompeius exhibuit. Mittit India et calamos odoratos et multa alia fragrantia mirifici spiritus suauitate.

53 Indicorum lapidum in adamantibus dignitas prima, utpote qui lymphationes abigunt, uenenis resistunt, mentium uanos metus pellunt. **54** Haec primum de his praedicari oportuit, quae respicere ad utilitatem uidebamus ; nunc reddemus quae adamantium sint species et quis color cuique. Eximius in quodam crystalli genere inuenitur, materiae in qua nascitur adaeque similis splendore liquidissimo, in mucronem sexangulum utrimque secus leuiter turbinatus nec umquam ultra magnitudinem nuclei Abellani repertus.

52, 58 : Lychniten perinde fert India, cuius lucis uigorem flagrantia excitat lucernarum, qua ex causa lychniten Graeci uocauerunt.

52, 61-64 : Beryllos in sexangulas formas Indi atterunt, ut hebetem coloris lenitatem angulorum repercussu excitent ad uigorem... **64** Indici reges hoc genus gemmarum in longissimos cylindros amant fingere eosque perforatos elephantorum setis suspendunt ac monilia habent, uel plerumque ex utroque capite insertis aureis umbilicis incendunt ad nitelam pinguiorem, ut per industriam metallo hinc inde addito fulgentiorem trahant lucem.

53, 1-23 : Taprobanen insulam, antequam temeritas humana exquisito penitus mari fidem panderet, diu orbem alterum putauerunt et quidem quem habitare Antichthones crederentur. Verum Alexandri Magni uirtus ignorantiam publici erroris non tulit ulterius permanere, sed in haec usque secreta propagauit nominis sui gloriam. **2** Missus igitur Onesicritus praefectus classis Macedonicae terram istam quanta esset, quid gigneret, quomodo haberetur

envoyé en mission, nous fit connaître cette terre, se renseignant sur ses dimensions, ses productions, sa situation politique. Elle est longue de sept mille stades et large de cinq mille. Le cours d'un fleuve la partage en deux. **3** Une partie est remplie de bêtes sauvages et d'éléphants bien plus gros que ceux de l'Inde ; les hommes occupent l'autre. L'île abonde en perles et en pierreries de toute sorte. Elle est située entre le levant et le couchant. Commençant à la mer orientale, elle s'étend en face de l'Inde. **4** Du peuple indien des Prasiens jusqu'à l'île, le voyage durait primitivement vingt jours, quand on s'y rendait sur des bateaux de papyrus et comme ceux du Nil ; **5** plus tard, avec nos navires, le trajet se fit en sept jours. Elle est séparée du continent par des bas-fonds qui n'excèdent pas six pas de profondeur, et par des passes si profondes qu'aucune ancre n'a jamais pu toucher le fond de cet abîme. **6** Ils n'observent pas les astres en naviguant, car les Ourses sont absolument invisibles et les Pléiades ne se montrent jamais. Ils voient la lune au-dessus de la terre seulement de la huitième à la seizième. **7** Là brille la lumineuse et très grande étoile de Canope. Ils ont le soleil levant à leur droite, le soleil couchant à leur gauche. Aussi, ne disposant d'aucune observation pour naviguer, ils emportent, afin d'arriver à destination, des oiseaux dont le vol, quand ils gagnent la terre, leur indique la direction. La navigation ne dure pas plus de quatre mois par an.

8 Jusqu'au principat de Claude, c'est là tout ce que nous savions de Taprobane ; c'est alors en effet que le hasard élargit nos connaissances. Un affranchi d'Annius Plocamus, alors chargé de percevoir les redevances de la mer Rouge, se rendant en Arabie, fut entraîné par les aquilons au-delà de la Carmanie et aborda pour finir le quinzième jour à ce rivage et à un port nommé Hippuri. **9** Il apprit la langue en six mois, eut des entretiens avec le roi et rapporta ce qu'il avait appris : le roi avait été très surpris de voir que l'argent capturé en même temps que lui avait toujours le même poids, bien qu'il fût marqué d'effigies différentes. **10** La constatation de cette régularité lui avait fait désirer plus ardemment l'amitié des Romains et il envoya chez nous une ambassade dirigée par Rachia, à qui nous avons dû de tout connaître.

11 La taille des indigènes dépasse celle de tous les hommes ; ils se teignent les cheveux, ont les yeux bleus, le regard farouche, et le son de leur voix est effrayant. **12** Ceux qui meurent prématurément atteignent cent ans. Tous les autres sont chargés d'ans et dépassent naturellement la courte durée de la vie humaine. Aucun ne dort au lever du jour ou pendant le jour. **13** Les édifices sont peu élevés au-dessus du sol. Le prix des denrées ne varie jamais.

exquisitam notitiae nostrae dedit. Patet in longitudinem stadiorum septem milia, in latitudinem quinque milia. Scinditur amne interfluo. 3 Nam pars eius bestiis et elephantis repleta est maioribus multo quam fert India ; partem homines tenent. Margaritis scatet et gemmis omnibus. Sita est inter ortum et occasum. Ab Eoo mari incipit praetenta Indiae. 4 A Prasia Indorum gente dierum uiginti primo in eam fuit cursus, sed cum papyraceis et Nili nauibus illo pergeretur ; mox cursu nostrarum nauium septem dierum iter factum est. 5 Mare uadosum interiacet altitudinis non amplius senum passuum, certis autem canalibus depressum adeo ut nullae umquam ancorae ad profundi illius fundamenta potuerint peruenire. 6 Nulla in nauigando siderum obseruatio, utpote ubi septemtriones nequaquam uidentur uergiliaeque numquam apparent. Lunam ab octaua in sextam decimam tantum supra terram uident. 7 Lucet ibi Canopos sidus clarum et amplissimum. Solem orientem dextera habent, occidentem sinistra. Obseruatione itaque nauigandi nulla suppetente, ut ad destinatum pergentes locum capiant, uehunt alites, quarum meatus terram petentium magistros habent cursus regendi. Quaternis non amplius mensibus in anno nauigatur.

8 In Claudii principatum de Taprobane haec tantum noueramus ; tunc enim fortuna patefecit scientiae uiam latiorem. Nam libertus Annii Plocami, qui tunc Rubri maris uectigal administrabat, Arabiam petens, aquilonibus praeter Carmaniam raptus, quinto decimo demum die adpulsus est ad hoc litus portumque aduectus qui Hippuros nominatur. 9 Sex deinde mensibus sermonem perdoctus admissusque ad conloquia regis quae compererat reportauit : stupuisse scilicet regem pecuniam quae capta cum ipso erat, quod, tametsi signata disparibus foret uultibus, tamen parem haberet modum ponderis. 10 Cuius aequalitatis contemplatione cum Romanam amicitiam flagrantius concupuisset, Rachia principe legatos ad nos usque misit, a quibus cognita sunt uniuersa.

11 Ergo inde homines corporum magnitudine omnes homines antecedunt ; crines fuco imbuunt, caeruleis oculis ac truci uisu, terrifico sono uocis. 12 Quibus immatura mors est in annos centum aeuum trahunt ; aliis omnibus annosa aetas et paene ultra humanam extenta fragilitatem. Nulli aut ante diem aut per diem somnus. 13 Aedificia modice ab humo eleuata. Annona eodem semper tenore. Vites nesciunt, pomis abundant. 14 Colunt Hercu-

Ils ignorent la vigne, mais abondent en fruits. **14** Ils adorent Hercule. Le roi n'est pas élu par l'aristocratie, mais au suffrage universel. Le peuple élit en effet une personne estimée pour ses mœurs, d'une clémence éprouvée par le temps, même affaiblie par l'âge. **15** Mais ces conditions valent pour une personne sans enfants ; en effet, qui a été père, même si sa vie est digne d'estime, n'est pas admis à régner ; et, s'il se trouve avoir un enfant pendant son règne, il est privé de son pouvoir. On y veille surtout pour éviter une monarchie héréditaire. **16** Et puis, même si le roi montre un parfait esprit de justice, on ne veut pas tout lui permettre : on lui donne donc trente gouverneurs, pour qu'il ne soit pas juge unique dans les affaires capitales ; du reste, même ainsi, si le jugement a déplu, on fait appel au peuple ; on donne alors soixante-dix juges, dont la sentence est obligatoirement acceptée. **17** Le roi est vêtu autrement que tous les autres, d'une robe traînante, comme le vêtement dont nous voyons revêtu Liber Pater. S'il est convaincu, même lui, de quelque action coupable, il est puni de mort ; **18** personne cependant ne porte la main sur lui, mais, à l'unanimité, on lui interdit l'usage de tout ; on refuse même au condamné toute conversation. **19** Tous s'adonnent à l'agriculture. Ils aiment la chasse, et ne poursuivent pas des proies communes, car ils traquent seulement les tigres ou les éléphants. **20** Leurs pêches ne laissent pas en repos les mers, et ils aiment capturer les tortues marines, si grosses que leur carapace tient lieu de maison et reçoit une nombreuse famille, qui n'est pas à l'étroit.

21 La majeure partie de cette île est brûlée par la chaleur et se perd dans de vastes déserts. Le côté de l'île est baigné par une mer de couleur très verte, pleine d'arbrisseaux, si bien que les gouvernails frottent souvent contre les cimes des arbres. Du sommet de leurs montagnes ils voient la côte des Sères. **22** Ils admirent l'or, et, pour embellir les coupes, ils les ornent de toutes sortes de pierres précieuses. Ils découpent un marbre qui a les bigarrures de l'écaille **23** et recueillent beaucoup de très grosses perles.

54, 2-3 : La ville des Indiens la plus proche du fleuve Indus est Caphisa[310], détruite par Cyrus. Sémiramis fonda Arachosie, sur les bords de l'Érymanthus. La forteresse de Cadrusium fut établie auprès du Caucase par Alexandre le Grand, ainsi qu'Alexandrie, qui mesure trente stades. Il y en a encore beaucoup d'autres, mais celles-ci sont des plus importantes. **3** Après les Indiens, les régions montagneuses sont occupées par les Ichtyophages, soumis par Alexandre le Grand qui leur défendit de manger des poissons, qui formaient auparavant leur nourriture.

lem. In regis electione non nobilitas praeualet, sed suffragium uniuersum. Populus enim eligit spectatum moribus et inueterata clementia, etiam annis grauem. **15** Sed hoc in eo quaeritur cui liberi nulli sunt ; nam qui pater fuerit, etiamsi uita spectetur, non admittitur ad regendum, et, si forte, dum regnat, pignus sustulit, exuitur potestate ; idque eo maxime custoditur ne fiat hereditarium regnum. **16** Deinde, etiamsi rex maximam praeferat aequitatem, nolunt ei totum licere : triginta ergo rectores accipit, ne in causis capitum solus iudicet ; quamquam sic quoque si displicuerit iudicatum, ad populum prouocatur atque ita datis iudicibus septuaginta fertur sententia, cui necessario adquiescitur. **17** Cultu rex dissimili a ceteris uestitur syrmate, ut est habitus quo Liberum patrem amiciri uidemus. Quod si etiam ipse in peccato aliquo arguitur, morte multatur, **18** non tamen ut cuiusquam attrectetur manu, sed consensu publico rerum omnium interdicta ei facultate ; etiam conloquii potestas punito denegatur. **19** Culturae student uniuersi. Venatibus indulgent nec plebeias agunt praedas, quippe cum tigrides aut elephanti tantum requirantur. **20** Maria quoque piscationibus inquietant marinasque testudines capere gaudent, quarum tanta est magnitudo ut superficies earum domum faciat et numerosam familiam non arte receptet.

21 Maior pars insulae huius calore ambusta est et in uastas deficit solitudines. Latus eius mare adluit peruiridi colore fruticosum, ita ut iubae arborum plerumque gubernaculis atterantur. Cernunt latus Sericum de montium suorum iugis. **22** Mirantur aurum et ad gratiam poculorum omnium gemmarum adhibent apparatum. Secant marmora testudinea uarietate, margaritas legunt plurimas maximasque.

54, 2-3 : Proximam Indo flumini urbem habuere Caphisam, quam Cyrus diruit. Arachosiam Erymantho amni impositam Samiramis condidit. Cadrusium oppidum ab Alexandro Magno ad Caucasum constitutum est, ibi et Alexandria, quae patet amplitudinis stadia triginta. Multa et alia sunt, sed haec cum eminentissimis. **3** Post Indos montanas regiones Ichthyophagi tenent, quos subactos Alexander Magnus uesci piscibus uetuit ; nam antea sic alebantur.

54, 7-10 : Il faut indiquer ici comment on va d'Alexandrie d'Égypte en Inde[311]. On va par le Nil avec les vents étésiens jusqu'à Coptos, puis, par terre, jusqu'à Hydréum. Ensuite, en quelques étapes, on arrive au port de Bérénicé sur la mer Rouge. **8** De là on touche au port d'Ocelus en Arabie. Le plus proche entrepôt de l'Inde est Zmiris, infesté de pirates. Puis, de port en port, on parvient à Cottonare, où des pirogues amènent le poivre. **9** Les navires partant pour l'Inde lèvent l'ancre à la mi-été, avant le lever du Chien ou immédiatement après ; le retour a lieu en décembre. **10** Le vulturne est le vent favorable pour revenir de l'Inde, mais, après l'arrivée dans la mer Rouge, on avance avec l'africus ou l'auster.

PANÉGYRIQUES

Deuxième panégyrique de Maximien (289 p.C.) : 10, 3 : Car le Grand Alexandre me semble bien humble quand il rend ses états au roi Indien...

Discours d'Eumène (298 p.C.), 12, 2 : [L'avantage essentiel d'une récompense est d'être jugé digne de la recevoir.] Ce ne sont certes pas les commerçants de Syrie, de Délos ou de l'Inde qui aspirent à ces gains glorieux, mais elles sont rares et entre les mains de bien peu d'hommes, les fortunes qui se contentent des mérites que donne la conscience.

ÉDIT DE DIOCLÉTIEN (301 p.C.)

16, 11 : Carapace de tortue indienne[312], une livre : cent deniers.

34, 74 : Indigo, une livre : soixante-quinze deniers.

COMMODIEN (début du IVe s. ?)

Instructions en vers acrostiches, 12, 1-2 :
Vous dites vous-mêmes que Liber Pater naquit deux fois. Né d'abord en Inde de Jupiter et de Proserpine[313], il mourut versant son sang en combattant les Titans...

54, 7-10 : Dicendum hoc locorum quatenus ab Alexandria
Aegypti pergatur in usque Indiam. Nilo uehente Copton usque
etesiis flantibus cursus est, deinde terrestre iter Hydreum tenus.
Post, transactis aliquot mansionibus, Berenicen peruenitur, ubi
Rubri maris portus est. **8** Inde Ocelis Arabiae portus tangitur.
Proximum Indiae emporium excipit Zmirim infame piraticis latronibus. Deinde per diuersos portus Cottonare peruenitur, ad quam
monoxylis lyntribus piper conuehunt. **9** Petentes Indiam ante
exortum Canis aut protinus post exortum nauigia media aestate
soluunt, reuertentes renauigant decembri mense. **10** Secundus ex
India uentus est uulturnus ; at, cum uentum est in Rubrum mare,
aut africus aut auster uehunt.

PANEGYRICI

Panegyricus II Maximiano dictus, 10, 3 : Nam ille quidem
Magnus Alexander iam mihi humilis uidetur Indo regi sua regna
reddendo...

Eumenis oratio, 12, 2 : Neque enim Syrus mercator aut Delia-
cus aut Indicus ad uberrima ista compendia laudis adspirat, sed
rarae atque inter paucissimos opes sunt contentae meritis
conscientiae.

EDICTVM DIOCLETIANI (301 p.C.)

16, 11 : Testudinis Indicae dorsualis libra (una) ✕ centum

34, 74 : Indici p(ondo) (unum) ✕ <septingentis
quinquaginta>

COMMODIANVS (début du 4ᵉ s.?)

Instructiones per litteras versuum primas, 12, 1-4 :
       Liberum patrem certe bis genitum dicitis ipsi.
       In India natus ex Ioue <et> Proserpina primum,
       belligerans contra Titanas profuso cruore
       expirauit...

CORRESPONDANCE ÉCHANGÉE ENTRE ALEXANDRE LE GRAND, ROI DE MACÉDOINE, ET DINDIME, ROI DES BRAHMANES, SUR LA PHILOSOPHIE [314]
(début du IVe s.)

Première réponse de Dindime[315], p. 117, 10 sq. :

Donc le peuple des Brahmanes mène une vie pure et innocente[316]. Les séductions du monde sont sans effet sur lui. Il ne demande rien de plus que n'exige la raison naturelle. Il supporte et endure tout, considérant comme nécessaire ce qu'il sait n'être pas superflu. Notre subsistance est toujours facile, non celle que recherche un luxe délicat parcourant tous les éléments, mais celle que produit une terre que le fer a respectée. Nos tables sont chargées de mets innocents. Aussi ignorons-nous toutes les maladies ainsi que leurs noms et jouissons-nous des joies durables d'une santé sans nuage. Aussi n'usons-nous pas de plantes pour soigner nos corps et ne réclamons-nous pas le secours d'un décret contre les méfaits d'autrui. On ne demande pas de l'aide l'un à l'autre, quand on vit entre égaux. Il n'y a nulle place pour la jalousie, quand aucun n'est supérieur. L'égalité dans la pauvreté fait que tous sont riches. Nous n'avons pas de tribunaux, parce que nous ne faisons rien de répréhensible. Nous n'avons aucune des lois qui, chez vous, provoquent les crimes, car, en interdisant par des sanctions sévères des forfaits inconnus, elles en ont enseigné l'existence. **172** La nation n'a qu'une loi : ne pas aller contre le droit naturel. Nous n'avons de pitié pour personne, ne commettant pas nous-mêmes d'actes dignes de pitié. Nous n'absolvons pas nos fautes en remettant les péchés d'autrui et nous ne rachetons pas un monceau de crimes en répandant nos richesses...

Nous n'accomplissons pas un travail qui nourrit l'avarice, tout en évitant une honteuse oisiveté. Nous ne laissons pas affaiblir notre corps par la sensualité. Nous ne profitons pas de la nuit pour cacher nos turpitudes. Nous ne faisons rien de blâmable. Il est interdit, chez nous, de blesser avec le soc le sommet des montagnes, de rider la beauté des plaines avec la charrue ou d'atteler des taureaux mugissants à des chariots grinçants. Nous ne torturons pas notre ventre avec des mets sanglants. Pour nous nourrir, nous ne fouillons pas avec des filets les secrets des rivages, nous ne surprenons pas les animaux marins en les poursuivant en secret, ni ne violons la liberté des airs en capturant les oiseaux ; nous n'exterminons pas avec des filets les hôtes des forêts et n'emportons pas chez nous les dépouilles des fauves. Nous possédons tout ce que nous ne désirons pas : le désir est en effet le

ALEXANDRI MAGNI, REGIS MACEDONVM, ET DIN-
DIMI, REGIS BRAGMANORVM, DE PHILOSOPHIA
PER LITTERAS FACTA COLLATIO (éd. B. Kübler)

Prima responsio Dindimi, p. 171, 10 sq. :

Gens igitur Bragmanorum pura et simplici uita uiuit. Nullis
rerum capitur illecebris. Nil appetit amplius quam ratio naturae
flagitat. Omnia patitur ac tolerat illud putans necessarium quod
scit non esse superfluum. Facilis nobis semper alimonia, non
quam luxuriae sagacitas per omnia currens elementa perquirit, sed
quam tellus ferro inuiolata producit. Mensam epulis oneramus
innocuis. Hinc est quod nulla genera morborum numeramus et
nomina, sed diuturnis gaudiis salutis intemeratae defruimur. Nullus itaque apud nos sanandis corporibus usus est herbarum nec in
alienas pernicies auxilium petimus constituti. Opem non precatur
alter ab alio, ubi uiuitur inter pares. Locus non praebetur inui-
diae, ubi nullus superior est. Omnes diuites facit paupertatis
aequalitas. Iudicia non habemus, quia corrigenda non facimus.
Leges nullas tenemus quae apud uos crimina proferunt ; nam
dum plerumque seueris sanctionibus (p. 172) incognita prohibent,
facinora docuerunt. Vna genti lex est : contra ius non ire naturae.
Misericordiam nulli tribuimus, quia nec ipsi miseranda committi-
mus. Culpas nostras aliorum remittendo peccata non abluimus
nec sparsis diuitiis scelera congesta redimimus...

Laborem non exercemus, qui nutrit auaritiam, otium turpe
dum uitamus. Libidini membra debilitanda non tradimus. Nocte
non utimur ad tegenda flagitia. Nihil facimus quod castigetur.
Nefas est apud nos iuga montium uulnerare dentibus uel campo-
rum nitorem rugare uomeribus aut gementibus tauris stridentia
plaustra subiungere. Cruentis dapibus uterum non torquemus.
Vescendi causa secreta litorum retibus non rimamur, non aequoreas animantes secreta uenatione decipimus, aut aeris libertatem
captu auium uerberamus ; siluarum incolas non uastamus inda-
gine neque spolia ferina domum conuehimus. Omnia possidemus
quaecumque non cupimus ; est enim ferocissima pestis cupiditas,
quae solet egenos quos capit efficere, dum finem inquirendi non
inuenit, sed eo magis quo fuerit locupletata (p. 173) mendicat in
usum libidinandi. Turrita culmina non leuamus nec auras salubres
arte quadam decoquimus nec gelidos aquarum cursus feruenti sta-
tione concludimus. Cur autem nos lauacra poscamus, quorum
corpus immundis contactibus non sordescit ? Sole calescimus, rore
humectamur, sitim riuo frangimus, torum ministrat humus, som-

pire des fléaux, qui ruine à l'ordinaire ceux dont il s'empare ; son exigence ne trouve pas de fin, mais plus il s'enrichit, plus il aspire à jouir de son caprice. **173** Nous n'élevons pas des édifices hauts comme des tours et ne desséchons pas par quelque procédé l'air salubre ni n'enfermons dans un séjour brûlant la course des eaux fraîches. Mais pourquoi réclamerions-nous des bains, nous dont le corps n'est pas souillé de contacts impurs ? Le soleil nous chauffe, la rosée nous baigne, le ruisseau apaise notre soif, la terre nous donne un lit, le souci n'interrompt pas notre sommeil, la méditation ne fatigue pas notre esprit. Nous n'exerçons pas un insolent pouvoir sur nos semblables, et nous ne faisons subir à personne le moindre esclavage, si ce n'est à notre corps que, seul, nous pensons devoir être le serviteur de l'âme. Il est d'ailleurs cruel de contraindre à l'obéissance ceux qu'une nature commune nous a donnés pour frères et auxquels un dieu unique, notre père, promet l'héritage des biens communs. Pour construire les maisons, nous ne désagrégeons pas les pierres par le feu, ni à l'inverse ne remodelons dans les fours de l'argile pétrie pour en faire des pierres, ni ne durcissons les moellons en ajoutant du sable transporté par mer ; nous ne jetons pas de fondations dans la mer, nous ne réduisons pas par la violence le domaine antique de l'océan pour établir des chambres ensoleillées là où l'on naviguait autrefois dans les tempêtes, en entreprenant en quelque sorte d'élargir la terre trop étroite et de suppléer pour ainsi dire à la défaillance du créateur. Au contraire, nous habitons à l'aise des abris creusés dans le sol ou des grottes des montagnes. Nous n'y craignons ni le mugissement du vent ni les tourbillons de la tempête. La caverne nous défend mieux de la pluie que la tuile **174** ; cette demeure nous sert à deux fins ; pendant la vie, elle sert à vivre, une fois mort, à la sépulture. Nous n'avons pas de vêtements de prix ; on ne tisse aucune étoffe teinte. Nous enveloppons notre corps dans un vêtement de papyrus ou, pour dire plus vrai, de pudeur. Nos femmes ne se parent pas pour plaire, pensant qu'une parure recherchée est un poids plutôt qu'une élégance. Elles ne savent pas désirer se rendre plus belles qu'elles n'étaient à leur naissance. Qui pourrait en effet corriger l'œuvre de la nature ? Si on le fait, c'est en vain, car cela ne tient pas, ou c'est coupable, car c'est de la présomption. On ne cite chez nous ni inceste, ni adultère, ni débauche. Ce n'est pas la sensualité qui nous pousse à l'acte charnel, mais le désir d'avoir des enfants. Nous ne connaissons d'amour que légitime. Nous n'interdisons pas par des pratiques abortives le développement du fœtus et ne provoquons pas à l'intérieur d'un corps vivant la mort d'un autre corps. Dans la création humaine, nous ne privons pas dieu de son

num sollicitudo non rumpit, mentem cogitatio non fatigat. In homines nostri similes superba non agitamus imperia nec quemquam uel minima seruitute exigimus praeter corpus, quod solum animo famulari debere censemus. Alioquin saeuitia est in obsequium cogere, quos nobis fratres eadem natura progenuit et quibus ab uno deo patre communium bonorum spondetur hereditas. In exstruendis domibus igne saxa non soluimus nec limum rursus in lapides subactum fornacibus reformamus nec admixtione uelificati pulueris caementa duriora conficimus ; fundamenta non iacimus in profundo nec ui nostra uetus oceani possessio mutilatur ut ibi cubicula nobis sint aprica, ubi fuerat quondam procellosa nauigatio, dum terrarum dilatare quodammodo molimur angustiora et defectui creatoris uelut quaedam supplementa praebemus. Quin potius in defossis telluris speluncis aut concauis montium latebris capaciter habitamus. Nullos ibi uentorum fremitus, nullius tempestatis turbines formidamus. Tutius nos defendit ab (p. 174) imbre spelunca quam tegula ; cuius geminus nobis usus est mansionis : dum uiuimus, proficit uitae, dum morimur, sepulturae. Nullus apud nos pretiosus amictus est, nulla uestis fucato colore contexitur. Membra papyri tegmine uel, quod est uerius, pudore uelantur. Feminae nostrates non ornantur ut placeant, quae quidem ornamentorum cultum magis oneri deputant quam decori. Etenim nesciunt in augenda pulchritudine plus affectare quam natae sunt. Nam quis potest opus naturae corrigere ? Quod cum factum fuerit, aut infructuosum est, quia uincitur, aut criminosum, quia praesumitur. Nullus apud nos incestus, nullum adulterium, nulla corruptio nominatur. Ad concubitum non admonet nos libido, sed subolis amor. Non nouimus amorem nisi pium. Abortiuis actibus procedere feta nascentia non uetamus nec intra uiuum corpus mortem inuehimus alterius. In hominibus concipiendis sterilitatis obitu minime deum suo iure priuamus nec in rapienda uita superstitum gladiis urgemus morantia fila Parcarum. Arma non sumimus, bella non gerimus. Pacem moribus, non uiribus confirmamus. Sola fortuna est, aduersus quam saepe pugnamus et saepe uincimus, quae temeritatem suam, nos experta, deplorat. De fatis nihil querimur, quia potestatem illis contra nos recte agendo non damus. Mortem non patimur nisi quam aetas affecta portauerit. Nemo denique parens filii comitatur exsequias. Nulla nos exstruimus instar templorum sepulchra (p. 175) defunctis nec in gemmatis urnis funera combusta recondimus, quod non honori potius duxerim, sed poenae. Quid enim miserabilius his ossibus, quae ne genitrix terra complectenda recipiat, concremantur ?

privilège en recourant à la stérilité ni, en ôtant la vie aux vivants, nous ne hâtons par le glaive la lenteur du fil des Parques. Nous ne prenons pas les armes, nous ne faisons pas la guerre. Nous assurons la paix par les bonnes mœurs, non par la force. Seule la fortune, que nous combattons souvent, et souvent avec succès, déplore d'avoir eu la témérité de nous mettre à l'épreuve. Nous ne nous plaignons pas de la destinée, car, en agissant bien, nous ne lui donnons pas prise sur nous. La mort ne nous atteint pas, sinon celle qu'entraîne l'affaiblissement de l'âge. Aucun père enfin ne suit les obsèques d'un fils. Nous n'élevons pas aux défunts des tombeaux comme des temples et nous ne plaçons pas les cendres dans des urnes ornées de pierreries, usage que je considérerais moins comme un honneur que comme une punition. Qu'est-il en effet de plus misérable que ces ossements qu'on brûle pour que notre mère la terre ne les accueille pas dans son sein ?

P. 178, 9-18 [La philosophie des Brâhmanes[317]] : Nous ne fréquentons absolument pas les écoles des philosophes, aux doctrines discordantes, aux définitions instables et incertaines, aux principes toujours infirmés par les suivants, qui placent le bien tantôt dans la vertu, tantôt dans le plaisir, et ne peuvent indiquer l'origine de leurs propres affirmations, tandis qu'ils osent appuyer d'opinions douteuses des jugements mal assurés. Notre philosophie est simple : elle ne sait aider que dans la justice, et ne sait pas nuire, même dans l'injustice, jugeant qu'il ne faut pas faire à autrui ce qui nous afflige quand on nous le fait.

P. 183,5 [Seconde réponse de Dindime] : Nous ne sommes pas, nous, dit Dindime, des habitants de ce monde, mais des étrangers[318] et nous venons sur la terre non pour le plaisir d'y demeurer, mais de passer. Nous nous hâtons en effet vers la demeure de nos ancêtres, sans être alourdis du poids de nos péchés, sans nous arrêter dans les boutiques de séductions ni être redevables aux marchands d'ignominies. En effet nous n'avons à couvrir aucune inconvenance par une punition, aucun larcin provoqué par la cupidité à effacer par des progrès moraux, car nous avançons le front et la conscience purs et parcourons dégagés et sans peine la route fixée. Nous n'affirmons pas être des dieux et nous ne dénigrons pas jalousement, comme tu feins de le croire, l'immensité de l'œuvre céleste, mais nous affirmons ne pas faire mauvais usage de la bonté divine. Nous ne prétendons pas que tout soit permis ou convienne, mais nous demandons que soit généralement admis ce que la volonté revendique d'honorable.

P. 178, l. 9-18 : Philosophorum scholas minime frequentamus, quorum doctrina discordia, nihil stabile certumque definiens, semper sequentibus placita priora rescindentibus, quorum una pars bonum in honestate, alia in uoluptate constituit et quod asserunt, unde ipsi scire potuerunt, demonstrare non possunt, sed audent opinionibus ambiguis non comperta firmare. Nostra philosophia expedita est, quae iuuare non nisi iuste nouit, nocere nec iniuste, nec aliis inferendum censet quod nobis maerorem generat, cum infertur.

Altera responsio Dindimi (p. 183, 5) :
Nos, inquit Dindimus, non sumus incolae huius mundi, sed aduenae, nec ita in orbem terrarum uenimus ut in eo libeat consistere, sed transire. Properamus enim ad Larem patrium nullis delictorum ponderibus degrauati nec in aliquibus illecebrarum tabernaculis commorantes nec flagitiorum cauponibus obligati. Nihil enim indecorum poena contegimus, nulla cupiditatum furta prouectibus occultamus, quippe qui nuda conscientiae fronte progedimur, ut expediti ac faciles spatium propositi decurramus itineris. Deos autem nos esse non dicimus, nec immensitati caelestis operis, ut insimulas, inuidiose detrahimus, sed asserimus bonitate nos dei non male uti. Nec omnia licere seu decere firmamus, sed ea quae uoluntas sibi uindicat honestate plerumque rogamus admittere.

LETTRE D'ALEXANDRE DE MACÉDOINE A SON MAÎTRE ARISTOTE SUR SON VOYAGE ET SUR LA SITUATION DE L'INDE[319] (début du IVe s.)

8-10 : A la fin du mois de juillet nous arrivâmes en Inde, à Fasiacé[320], et là, après avoir vaincu le roi Porus avec une incroyable rapidité, nous nous emparâmes d'immenses richesses, et le trésor royal nous combla.

Mais, pour t'en informer, car cela me semblait digne d'être rapporté — j'ai connu en effet des choses mémorables —, il m'a paru bon de te parler de son armée innombrable, formée, outre les troupes à pied, de seize mille cavaliers, huit cents quadriges, tous armés de faux. Après nous être emparés de quatre cents éléphants portant des tours avec des lanceurs de javelots, **9** nous attaquâmes la capitale et le palais de Porus, où nous n'avons pas dénombré moins de quatre cents colonnes d'or massif d'une grosseur et d'une hauteur considérables avec leurs chapiteaux, et des murs revêtus de lames d'or de l'épaisseur d'un doigt. Voulant les évaluer, je les fis entailler en quelques endroits. J'ai admiré une vigne d'or[321] et d'argent massifs suspendue entre les colonnes, entremêlée de feuilles d'or et de grappes de cristal, variées d'émeraudes. **10** Les chambres et les alcôves étaient ornées de perles grosses et petites et d'escarboucles ; les portes étaient d'un ivoire merveilleux de blancheur, les lambris d'ébène brillaient d'incrustations de cyprès dans une pièce extraordinaire et dans les bains où se faisaient les ablutions. Il y avait encore des statues d'or massif avec des cratères d'or et d'innombrables trésors. Dehors, sur les murs du palais, des oiseaux d'espèces sans nombre et de couleurs diverses erraient au milieu de platanes d'or, les ongles et le bec dorés, avec des anneaux et des colliers, portant petites et grosses perles. Il y avait beaucoup de vases à boire faits de pierres précieuses, de cristal, d'ambre, et nous avons trouvé beaucoup de setiers d'or, et peu d'argent.

15 : Non loin, dans le désert, m'apparut un fleuve aux rives couvertes de roseaux[322] de soixante pieds, plus gros que des troncs de pins et de sapins ; les Indiens employaient ce bois à la construction des édifices.

19 : Suivant la rive du fleuve, nous arrivâmes, vers la huitième heure du jour, à une ville bâtie dans une île au milieu du fleuve avec les roseaux que nous venons de décrire, et nous avons aperçu un petit nombre d'Indiens à demi-nus qui, à notre vue, se cachèrent immédiatement dans leurs maisons.

EPISTVLA ALEXANDRI MACEDONIS AD ARISTOTE-LEM MAGISTRVM SVVM DE ITINERE SVO ET DE SITV INDIAE.

8-10 : Mense Iulio deficiente in Indiam Fasiacen peruenimus, ubi mira celeritate Poro rege deuicto potiti ingentibus diuitiis regia gaza repleti sumus.

Sed ut cognoscas ea, quoniam mihi memoriae digna esse uidebantur — quaedam enim noui quae memorabilia fuerunt —, aequum est uisum mihi scribere de innumerabili exercitu eius, in quo fuere praeter peditum copias sedecim milia equitum, octingentae quadrigae, omnes falcatae ; captisque elephantis quadringentis qui superpositas cum armatis iaculatoribus turres gestauerant, ipsam regiam urbem Pori domumque armis inuasimus 9, in qua columnas aureas solidasque ingenti grossitudine atque altitudine cum suis capitellis admodum quadringentas enumerauimus auratosque parietes laminarum digitalium grossitudine. Quos cum aestimare uellem, aliquibus locis intercidi. Vineam quoque solidam auro argentoque inter columnas pendentem miratus sum, in qua folia aurea racemique crystallini erant interpositi distinguentibus smaragdis. 10 Thalami cubiliaque margaritis, unionibus et carbunculis exornata erant, fores eburneae miri candoris et ebenina lacunaria nitebant testudinibus cypressinis in insigni loco et in balnearibus quibus lauari erant soliti. Aureae quoque solidaeque cum crateribus aureis statuae et innumeri thesauri. Foris in domus parietibus auium innumerabilia genera uariis coloribus oberrabant inter aureas platanos unguibus rostrisque inauratis cum inauribus torquibusque, margaritas et uniones gerentia. Multa gemmea et crystallina electrinaque uasa potaria fuerunt et sextariola multa aurea inuenimus et rara argentea.

15 : Nec longe mihi in desertis locis flumen apparuit, cuius ripas pedum sexagenum arundo uestiebat, pinorum abietumque robora uincens grossitudine ; qua Indi materia ad constituenda aedificia utebantur.

19 : Ripam igitur fluminis sequentes circiter ad horam diei octauam ad oppidum peruenimus quod in medio amne in insula ex his arundinibus quas paulo ante descripsimus erat aedificatum, paucosque Indorum seminudos notauimus homines, qui uisis nobis continuo intra tectorum suorum culmina delituerunt.

21 : Ayant donc fait route de la dixième à la onzième heure, nous vîmes au milieu du fleuve passer des hommes naviguant dans des canots ronds[323] faits de roseaux.

23-30 : Quand la trompette sonna la onzième heure[324], je pris mon repas et le fis prendre aux soldats, faisant allumer non moins de douze mille flambeaux d'or, lorsque, dès le lever de la lune brillante, soudain des scorpions indiens, dressant l'aiguillon de leur queue, quittant leurs pâturages pour leur point d'eau habituel, affluèrent sans nombre dans le camp ; on ignorait s'ils étaient poussés par le bruit que nous faisions ou par la soif, mais ils étaient tout à fait résolus à faire du mal. **24** Ces monstres furent suivis d'une foule immense de cérastes et d'ammodytes de couleurs variées. Certains avaient des écailles rouges, d'autres étaient noirs et blancs, d'autres avaient l'éclat de l'or — toute la région était pleine de sifflements — et ils nous inspiraient une grande peur. Mais nous présentions nos boucliers serrés sur le front du camp et nous avions à la main de longues lances dont les pointes très aiguës transperçaient ces pestes funestes, et nous en tuâmes parfois davantage par le feu. Cette tâche nous tint dans l'inquiétude pendant presque deux heures. Après avoir bu, les petits serpents commencèrent à s'en aller, et les grands regagnèrent leurs cachettes à notre grande joie, **25** lorsque, à la troisième heure de la nuit, quand nous espérions un peu de repos, des serpents indiens crêtés à deux ou trois têtes, gros comme des colonnes, un peu plus allongés, vinrent des grottes voisines des montagnes pour boire, traînant sur le sol leur ventre et leurs écailles et de leur gueule dressée ils sortaient une langue trifide ; le venin brillait dans leurs yeux et leur haleine aussi était empoisonnée. Nous leur livrâmes combat pendant plus d'une heure, perdant trente esclaves et vingt soldats. Je demandais aux Macédoniens de ne pas céder à la mauvaise fortune et de tenir, bien qu'ils eussent eux-mêmes beaucoup à souffrir. Tous s'affairaient à la tâche. **26** Après les serpents se dirigèrent vers le camp en foule considérable des crabes recouverts d'une peau de crocodile. Ces monstres repoussaient le fer par la dureté de leur cuirasse. Beaucoup furent brûlés par le feu, beaucoup se réfugièrent dans le lac.

27 Fatigués par nos veilles, à la cinquième heure de la nuit, nous étions incités au repos par la trompette, quand surgirent des lions blancs d'une taille comparable à celle des taureaux ; dans un immense grondement, secouant leur nuque et dressant leur crinière, ils s'élancent sur nous comme la foudre et se jettent sur les épieux qui les reçoivent. Il se produisit un désordre soudain,

21 : Igitur ab hora diei decima cum ad undecimam horam iter fecissemus, uidimus homines per medium amnem factis ex arundine rotundis praeteruehi nauiculis.

23-30 : Hora deinde undecima testante bucina cibum et ipse cepi et militibus capere imperaui, accensis lampadibus aureis admodum duodecim milibus, cum ad primos lunae radiantis ortus subito erectis caudarum aculeis a pascualibus Indici scorpiones consuetam petentes aquationem ad castra innumeri confluxere, tumultu acciti nostro an siti incertum erat, sed ad nocendum promptissimi erant. **24** Haec prodigia insecuta est immensa uis cerastarum ammodytarumque serpentium uariis distincta coloribus ; nam quaedam rubentibus squamis erant, quaedam nigri et candidi coloris, quaedam auri fulgori similes inspiciebantur — sibilabat tota regio — non paruum nobis inferentes metum. Sed frontem castrorum densabamus clipeis et in manibus longas habebamus hastas, quarum acutissimis spiculis malas pestes configebamus et ignibus plures aliquando necabamus. Quae res nos prope duas horas in eo opere sollicitos tenuit. Potata aqua minores abire coeperunt serpentes, maiores cum ingenti nostro gaudio latebras petierunt, **25** cum ad horam noctis tertiam aliquam nobis sperantibus requiem binorum ternorumque capitum cristati serpentes Indici columnarum grossitudine, aliquantulum proceriores, ad potandum aquam ex uicinis montium speluncis processere pectoribus squamisque suis humum atterentes, quorum ora erecta cum trisulcis linguis fauces exserebant, scintillantibus ueneno oculis, quorum halitus quoque erat pestifer. Cum his hora amplius una debellauimus, triginta seruis et uiginti militibus amissis. Orabam Macedones ne aduersis casibus cederent neue deficerent, quamquam et ipsorum dura esset patientia. Omnes se afficiebant operi. **26** Post serpentes cancri immodicae multitudinis corcodrillorum pellibus contecti ad castra uenerunt. Quae prodigia duritia thoracae ferrum respuebant. Multa ignibus usta, multa se in stagnum receperunt.

27 Iam nos uigiliis inquietos quinta noctis hora bucina admonebat quiescendum. Sed affuere albi leones taurorum comparandi magnitudinibus ; cum ingenti murmure concussis ceruicibus, stantibus alte iubis, in modum fulminum in nos impetum faciunt exceptique uenabulis ruunt. Tantus repentinus oriebatur tumultus cumulante caeca nocte. Nec minus apri ingentis formae saetis

accru par l'obscurité de la nuit. D'énormes sangliers aussi, redoutables par leurs soies hérissées comme un rempart, avec des lynx tachetés, des tigres et d'horribles panthères livraient des combats qui surpassaient tous les fléaux. Mais aussi un grand nombre de chauves-souris grosses comme des pigeons attaquaient nos bouches et nos visages ; elles avaient des dents comme celles des hommes, avec lesquelles elles labouraient les membres des soldats.

28 Arriva en outre une bête d'un nouveau genre plus grosse qu'un éléphant, au front armé de trois cornes, que les Indiens nomment *odontotyrannus*[325], avec une tête noire de cheval. Quand elle vit le camp, sans boire d'eau, elle se jeta soudain sur nous sans être retardée par la chaleur des feux établis. Comme j'avais opposé à son assaut une troupe de Macédoniens, elle en tua vingt-six, en écrasa et estropia cinquante-deux et fut difficilement clouée par les épieux mêmes.

29 Puis, avant le jour, tombèrent du ciel des bêtes funestes tachées de blanc, ayant la forme de grenouilles[326] ; avec elles s'avançaient en direction du camp des rats indiens semblables à des renards ; les quadrupèdes mordus par eux expiraient sur le champ, mais, chez l'homme, la morsure était dangereuse sans être mortelle.

30 A l'approche du jour, vinrent les nocticorax[327], oiseaux semblables aux vautours, mais plus gros, de couleur fauve, avec les pattes et le bec noirs. Ils couvrirent la rive entière du lac sans nous faire de mal, mais ils prenaient avec leurs serres leurs poissons habituels et les mangeaient. Nous n'avions pas osé mettre en fuite et chasser ces oiseaux, mais tous s'éloignèrent de notre vue après avoir séché leurs serres.

40 Puis, à la pointe du jour, partis pour d'autres régions de l'Inde, nous vîmes dans une plaine ouverte des femmes et des hommes velus sur tout le corps comme des bêtes fauves, hauts de neuf pieds. Les Indiens les appellent Ichtyophages[328] ; ils sont plus habitués aux fleuves et aux lacs qu'aux terres et vivent seulement de poisson cru et d'eau. Comme nous voulions les approcher, ils plongèrent dans les tourbillons du fleuve Ébimaris. Nous trouvâmes ensuite des bois pleins d'énormes cynocéphales qui voulurent nous attaquer et s'enfuirent devant les volées de flèches.

47-64 [L'oracle des arbres] : Tandis que l'armée en formation de marche avançait sous ma conduite, deux vieillards vinrent à notre rencontre. Leur ayant demandé s'ils connaissaient dans la région quelque chose à voir, ils me répondirent : « A moins de dix jours de marche, mais d'accès difficile par suite du manque d'eau et de l'importance de mes bagages, si j'y voulais aller avec

ueluti uallo horrentibus metuendi, mixti maculosis lyncibus tigridi-
busque et horribilibus pantheris miscebant proelia nulli iam pesti
comparanda. Sed et uespertilionum uis ingens columbinis corporibus aequales in ora uultusque nostros ferebatur, habentes dentes
in morem hominum, quibus artus militum uiolabant.

28 Vna praeterea noui generis bestia maior elephanto affuit
tribus armata in fronte cornibus, quam Indi appellare odontotyrannum soliti sunt, equo simile caput gerens atri coloris. Nec
potata aqua intuens castra in nos subito impetum dedit, nec
ignium compositis tardatur ardoribus. Ad quam sustinendam cum
opposuissem Macedonum manum, uiginti sex occidit et quinquaginta duos calcatos inutiles fecit uixque ipsis defixa est uenabulis.

29 Ante lucanum deinde tempus caelo pestes uenere candido
respersi colore in modum ranarum, cum quibus mures Indici in
castra pergebant uulpibus similes, quorum morsu uulnerata quadrupedia statim exspirabant, hominibus autem morsus non usque
ad interitum nocebant.

30 Appropinquante luce nocticoraces uenere aues uulturibus
similes, corporum immanitate superabant, colore fuluo, rostro
pedibusque nigris. Totam stagni compleuere ripam non nobis perniciem ferentes, sed solitos pisces cum ungulis detrahebant consu-
mebantque. Quas nos aues neque fugare neque abigere ausi eramus, cunctae uero siccatis unguibus de conspectu nostro abiere.

40 Primo deinde aurorae diluculo in alias Indiae profecti
regiones in campo patenti mulieres uirosque pilosos in modum
ferarum toto corpore uidimus, pedum altos nouem. Hos Indi
Ichthyophagos appellant ; hi magis assueti fluminibus nec non et
stagno quam terris erant, crudo pisce tantummodo et aquarum
haustu uiuentes. Quos cum adire uellemus uicinius, Ebimaridis
fluminis se immersere uerticibus. Cynocephalis ingentibus deinde
plena inuenimus nemora, qui nos adlacessere temptabant et sagittis eiectis fugiebant.

47-64 : Tumque in itinere sumptum agmen sub signis me
ducente, duo senes nobis facti sunt obuiam. Quos cum interroga-
rem numquid nossent in illa regione dignum aliquid ad spectaculum, responderunt mihi esse uiam decem non amplius dierum, per
quam difficilis tamen accessus propter penuriam aquae tantisque
impedimentis, si cum uniuerso pergere uellem exercitu. Ceterum si

toute mon armée. Mais si je disposais du ravitaillement pour quarante mille hommes à cause des pistes étroites et des lieux infestés de bêtes, je pouvais avoir la chance de voir quelque chose d'incroyable. » **48** Alors, satisfait de leur réponse : « Vous, les deux vieillards, dis-je, les flattant avec bienveillance, dites-moi ce que vous me promettez de si célèbre et de si magnifique. » Alors l'un d'eux, réjoui par la douceur de mes paroles : « Tu verras, roi, dit-il, qui que tu sois, les deux arbres du Soleil et de la Lune parlant indien et grec, dont celui du Soleil est mâle, l'autre, celui de la Lune, femelle[329], et tu pourras savoir d'eux ce qui t'attend, en bien ou en mal. » **49** Croyant que ces vieux barbares se moquaient de moi par cette incroyable annonce, j'ordonnai de les punir et de leur faire subir des outrages : « Ma majesté, dis-je, est-elle venue d'Occident jusqu'en Orient pour qu'il paraisse que je puisse être le jouet de barbares vieux et décrépits ? » Ils jurèrent qu'ils ne mêlaient rien de faux à leur récit, que je pourrais tantôt savoir s'ils disaient vrai et qu'il apparaîtrait bientôt que ce n'était pas un mensonge. A la demande de mes amis et de mes compagnons de ne pas nous laisser tromper et de vérifier ce fait d'une telle importance, j'emmenai avec moi quarante mille hommes avec la cavalerie...

51 En approchant de la région visée, nous vîmes des hommes et des femmes couverts de peaux de panthères et de tigres. Comme nous leur demandions qui ils étaient, ils dirent dans leur langue qu'ils étaient Indiens. Il y avait une vaste forêt riche en encens et en baume qui venaient en abondance sur les branches des arbres et que mangeaient les habitants de cette région. **52** Et comme nous entrions dans ce lieu sacré qui nous avait été annoncé et qui est inconnu de beaucoup, apparut le prêtre de l'oracle, d'une taille supérieure à dix pieds, la peau noire, avec des crocs de chien, les oreilles percées d'où pendaient de grosses perles, et vêtu de peaux. Me saluant suivant l'usage et le rite, il me demanda d'abord la raison de ma venue. Je lui dis que je désirais voir les arbres sacrés du Soleil et de la Lune : **53** « Si, dit le barbare, tu n'as pas approché un garçon ni touché une femme, il va de soi que tu entreras dans le bois divin. » A mes amis et mes compagnons présents, au nombre d'environ trois cents, il ordonna de poser leurs anneaux et tous leurs vêtements, ainsi que leurs chaussures. Je lui obéis en tout, pour que nous obéissions aux prescriptions religieuses. **54** Le prêtre attendait le coucher du soleil à la onzième heure du jour : il déclarait en effet que l'arbre du Soleil parlait et donnait ses réponses au lever de l'astre <et à son coucher>. De même l'arbre de la Lune observait les mêmes

commeatus quadraginta milium hominum proponerem propter angustas semitas et bestiosa loca, posse mihi contingere ut aliquod incredibile perspicerem negotium. **48** Tum ego eo responso laetus, « Dicite, mihi, inquam, duo senes », humanitatis lege eos mulcens, « quid sit illud quod mihi tam illustre et tam magnificum pollicemini. » Tum uero exhilaratus blanda mea uoce : « Videbis, rex, inquit, quicumque es, duas Solis et Lunae arbores indice et graece loquentes, quarum lignum uirile est Solis, alterum femineum est Lunae, et ab his quae tibi instant bona aut mala nosse poteris. » **49** Qua re tam incredibili illudi me a barbaris senibus existimans, poena eos impingi et aliqua contumelia iussi notari, ita dicens : « Itane eo maiestas mea peruenit ab occidente usque ad orientem ut a senibus barbaris ac decrepitis illudi posse uidear ? » Quibus iurantibus se nihil falsi commiscere, experiri modo me posse an uera dicerent, appariturum breui id non esse uanum, orantibus amicis comitibusque meis ne tantae rei experimento fraudaremur, quadraginta milia mecum cum equitatu traxi...

51 Cum adpropinquaremus regioni a nobis petitae, uidimus feminas uirosque aliquos pantherarum tigridumque pellibus contectos. A quibus cum quaerimus quinam hominum essent, Indos se sua lingua esse dicebant. Lucus erat largus, ture et opobalsamo abundans, quae plurima ramis eorum innascebantur nemorum et uesci incolae eius regionis consueuerant. **52** Et cum sacrarium nobis praedictum et multis incognitum incessissemus, pedum amplius decem statura altior, nigro corpore, dentibus caninis, antistes oraculi apparuit, perforatis auribus, ex quibus uniones dependebant, et erat pellibus uestitus. Atque cum me more rituque salutaret, interrogare cœpit quid eo uenissem. Dixi me cupientem inspicere sacras arbores Solis et Lunae. **53** Tum barbarus : « Si a coitu puerili, inquit, et femineo contactu uacas, scilicet intrabis diuinum lucum. » Astantibus amicis et commilitonibus meis circiter trecentis ponere anulos uestesque cunctas cum calciamentis imperauit. Parui per omnia homini, ut pareremus religioni. **54** Vndecima diei hora exspectabat sacerdos solis occasum : nam Solis arborem loqui ac responsa dare ad primos iubaris ortus < ... > adfirmabat. Item noctis eadem tempora custodire Lunae enarrabat arborem. Quae res mihi mendacio magis quam ueritati similis uidebatur.

instants de la nuit. Cela me semblait plus proche du mensonge que de la vérité.

55 Je commence donc à parcourir tout le bois entouré d'un mur édifié à peu de frais, et je vois toutes les branches des arbres distiller abondamment de partout un baume d'excellente odeur. Séduit par son odeur, j'arrachai moi-même de petits morceaux d'écorce et mes compagnons en firent autant. Au milieu du bois se dressaient les arbres sacrés au feuillage semblable aux cyprès. Ces arbres, que les Indiens appellent *brebiones,* sont hauts de cent pieds. **56** Comme je les admirais et disais qu'ils devaient une telle croissance à la fréquence des pluies, le prêtre m'affirma qu'il n'avait jamais plu en ce lieu et qu'il n'y venait ni bête sauvage ni oiseau ni serpent ; le territoire avait été anciennement consacré par les ancêtres des Indiens au Soleil et à la Lune, affirmait-il, et, lors d'une éclipse de soleil et de lune, ces arbres versaient d'abondantes larmes, craignant pour l'existence de leurs dieux. Et comme je me mettais en demeure de faire un sacrifice et d'immoler des victimes, le prêtre m'en empêcha, disant qu'il était interdit dans ce sanctuaire de brûler de l'encens ou d'immoler un animal, mais il nous recommanda de nous prosterner, d'embrasser le tronc des arbres et de prier le Soleil et la Lune de me donner des réponses véridiques. **57** Avant de le faire, je pensais toutefois devoir demander au prêtre si les arbres me répondraient en indien ou en grec. « Dans les deux langues, me dit-il alors ; l'arbre du Soleil fait la prédiction < en indien et la finit en grec >, celui de la Lune commence en grec et finit en indien. »

58 Pendant ce temps, nous voyons, au coucher de l'astre, la cime des arbres frappée par les rayons éclatants de Phébus, et le prêtre dit : « Regardez tous en haut, pensez en secret et en silence, sans l'énoncer ouvertement, à la question que chacun veut poser. » Alors mes amis, mes compagnons et moi-même nous regardons plus attentivement, de peur que, dans l'épaisseur des arbres, nous ne soyons dupés par quelque falsification selon une vieille habitude humaine. Puis, comme aucune ruse de ce genre ne se manifestait, nous regardâmes jusqu'aux cimes et aux branches : nous nous tenons tout près et nos oreilles attendent les oracles divins. **59** Je me demandais en effet si, après avoir vaincu l'univers, il me serait donné de revenir triomphant dans ma patrie auprès de ma mère Olympias et de mes sœurs chéries, quand soudain l'arbre répondit en indien d'une voix très faible : « En réponse à ta demande, Alexandre invaincu à la guerre, tu seras le maître unique de l'univers, mais tu ne reviendras plus vivant dans ta patrie, car les destins en ont ainsi décidé de ta personne. »...

55 Igitur perambulare totum nemus incipio, quod intra parietem erat non magno aedificatum opere, uideoque opobalsamum cum optimo odore omnibus undique arborum ramis abundantissime manans. Cuius odore captus et ipse clibulas praeuellebam de corticibus et idem comites mei faciebant. In media autem parte luci sacrae arbores consistebant similes cypressis generibus frondium. Hae pedum altae centum erant arbores, quas brebionas Indi appellant. **56** Eas cum mirarer diceremque frequentibus imbribus in tantum creuisse, sacerdos affirmabat mihi numquam in his locis pluuiam neque feram aut auem aut ullam adire serpentem ; terminos antiquitus ab Indorum maioribus consecratos Soli et Lunae adfirmabat easque in eclipsi solis et lunae uberrimis lacrimis commoueri de numinum suorum statu timentes. Et cum sacrificare instituerem et uictimas immolare, prohibitus sum a sacerdote, qui negabat licere aut tus in eo sacrario igni uri aut animal ullum interfici, sed praecepit uolutos truncis arborum oscula dare orareque Solem et Lunam ut ueridica mihi darent responsa. **57** Quod ego cum facturus essem, interrogandum tamen sacerdotem existimaui indice an graece mihi essent arbores responsurae. Tum ille : « Vtraque lingua, inquit, < indica > Solis arbor pronuntiat futura, < graeca finit >, Lunae graeco sermone incipit, indico finit. »

58 Dum ea geruntur, uidemus ab occidente iubare fulgentibus Phoebi radiis percussa arborum cacumina et sacerdos ait : « Sursum, inquit, omnes intuemini et de quibus quisque rebus consulturus est, occulte cogitet silentio, nemo palam pronuntiet. » Tum ego et amici et commilitones accuratius sumus intuiti, ne inter nemorum densitatem aliqua in morem ueterem hominum nos illuderet falsitas. Mox interueniente nullo tali dolo usque ad cacumina ramosque perspeximus : stantibus nobis comminus diuina aures occupant oracula. **59** Cogitabam enim si deuicto orbe terrarum in patriam triumphans ad Olympiadem matrem sororesque meas carissimas possem reuerti, cum subito indico sermone tenuissimo arbor respondit : « Inuicte bellis Alexander, ut consuluisti, unus eris orbis terrarum dominus, sed uiuus in patriam non reuerteris amplius, quoniam fata ita de tuo capite statuerunt. »...

63 Réveillé le lendemain matin, je tire aussi au petit jour mes amis de leur assoupissement. Mais le prêtre lui-même reposait encore, vêtu de peaux de bête ; devant lui était placée sur une table une énorme motte d'encens, restant du repas de la veille, et un couteau d'ivoire. **64** Ils manquent en effet de cuivre, de fer, de plomb et d'argent, mais regorgent d'or. Ils se nourrissent de baume et d'encens et boivent l'eau pure venant de la montagne voisine ; ils s'étendent et reposent sans oreiller ni couverture, seulement sur des peaux de bêtes, qui leur suffisent pour vêtements ; ils vivent en ce même endroit près de trois cents ans.

69-74 : Nous arrivâmes ensuite à la vallée du Jordanis[330] peuplée de serpents portant au cou des pierres nommées émeraudes ; leurs yeux lancent des lueurs. Ces serpents se repaissent de laser et de poivre blanc et habitent une vallée inaccessible. En effet, au-dessus de cette vallée se dressent des pyramides hautes de trente cinq pieds, édifiées pour cette raison jadis par les Indiens. Mais ces serpents, que nous venons de décrire, se battent entre eux chaque année au début du printemps et beaucoup meurent de morsures. Nous emportâmes de là quelques émeraudes de grande taille. **70** Courant de grands dangers, nous rencontrâmes des bêtes inconnues ainsi faites : une tête de lion, une queue d'environ six pieds à deux griffes qui frappaient les hommes au point de les estropier. Se mêlaient à elles des griffons à bec d'aigle, mais très différents pour le reste du corps. Avec une surprenante rapidité ils nous sautaient au visage et aux yeux et de leur queue longue de deux ou trois pieds ils frappaient très durement nos boucliers. On les tuait à coups de flèches ou de piques. Je perdis dans ce combat deux cent six soldats des morsures de ces deux bêtes sauvages. Nous en tuâmes au moins seize mille. **71** Nous parvînmes ensuite au fleuve Occluadas qui se dirige droit à l'Océan, sans sinuosités, large de plus de vingt stades d'une rive à l'autre ; ses rives étaient couvertes de hauts roseaux dont trente soldats pouvaient difficilement porter l'un, car ils dépassaient la hauteur des plus grands arbres. Dans ces roseaux, nous vîmes un dépôt considérable d'ivoire. Des milliers d'éléphants vivaient en effet en ce lieu, qui, je ne sais pourquoi, n'essayaient pas de nous attaquer, sinon ils nous auraient piétinés très cruellement. Après avoir ramassé beaucoup de défenses et construit des radeaux de roseaux, nous traversâmes le fleuve. **72** Sur l'autre rive habitaient des Indiens vêtus de peaux de bêtes, fort hospitaliers, qui nous firent présent d'éponges blanches et pourpres avec des buccins et une espèce de coquillage d'une contenance de deux ou trois conges, des couvertures et de souples

63 Postero die matutino expergefactus, diluculo amicos etiam semisopore somno excito. Sed adhuc ipse quoque sacerdos uelatus pellibus ferinis quiescebat, positaque ante eum in tabula ingens cliba turis erat, quae illi ex pridiana cena superfuerat, et culter eburneus. **64** Nam aere et ferro et plumbo et argento egent, auro abundant. Opobalsamo et ture uescuntur cadenteque riuo puram ex uicino monte potant aquam homines, accubantes et quiescentes sine ullis ceruicalibus stratisque, tantum pellibus ferarum ; his amictibus contenti uiuunt ibidem annis fere trecentis.

69-74 : Peruenimus deinde in uallem Iordanis, in qua serpentes habitabant habentes in collo lapides qui smaragdi appellantur ; hi lumen in oculis profusum accipiunt. Hi serpentes lasere et albo pascuntur pipere uallemque nulli adeundam incolunt. Nam super hanc uallem sunt piramides institutae pedum tricenum quinum, ab antiquis Indorum ob hanc causam aedificatae. Sed hi serpentes, quos paulo ante descripsimus, inter se quotannis uere primo depugnant multique morsibus depereunt. Inde nos paucos extulimus ingentis formae smaragdos. **70** Per magna pericula incidimus inscitas talis generis bestias habentes capita leonum, caudas unguibus binis [latae] ad mensuram sex pedum, quibus uerberabantur homines ut inutiles fierent. His erant intermixti grifi rostra habentes aquilarum, at alia parte corporis dissimillimi. Qui mira uelocitate in ora oculosque nostros resiliebant et scuta clipeosque nostros caudis pedum binorum ternorumque crudelissime uerberabant. Qui partim sagittis, partim contis militaribus conficiebantur. Perdidi in eo certamine ducentos sex milites bestiarum utriusque generis morsu. Occidimus admodum sedecim milia.

71 Inde ad Occluadas fluuium uenimus, qui sine flexu rectus ad oceanum ferebatur, latior stadiis ad ripam alteram uiginti ; uestiebant eum arundines altae per litora, quarum unam uix triginta milites possent ferre : excedebant enim arborum procerissimarum altitudinem. In his arundinibus stratum potentissimo ebore uidimus. Inhabitabant enim locum eundem milia elephantorum innumera, qui nos nescio quo facto non lacessere temptabant ; alioquin crudelissime percalcati eramus. Multis collectis dentibus ratibus ex arundine factis transnauigauimus amnem. **72** Inhabitabant litus ulterius Indi beluarum ferarum contecti pellibus ; non fuere inhospitales, qui nobis spongias albas purpureasque in manus dedere cum bucinis et genere coclearum capiente[s] binos ternosque congios, et stragulas mollesque tunicas ex uitulorum marinorum pellibus factas, cocleas praeterea sextariales escae

tuniques faites de peaux de veaux marins, et aussi des coquillages d'un setier excellents à manger ; de même des vers pris dans le fleuve même, plus gros qu'une cuisse d'homme, dont le goût nous parut supérieur à toutes les espèces de poissons, **73** et ils nous présentèrent d'énormes champignons d'une taille insurpassable, plus rouges que l'écarlate, et des murènes pesant deux cents livres, affirmant qu'il en était de plus grosses dans l'océan voisin, à vingt trois mille pas ; et aussi des scares de cent cinquante livres pris dans les fonds avec des nasses d'ivoire, de peur qu'ils ne brisent en les mordant les nasses de roseaux, et que les femmes chevelues qui vivent de poisson ne les prennent en plongeant. **74** Celles-ci noyaient dans le fleuve les nageurs ignorants des lieux ; les retenant dans les fonds ou les entraînant dans la roselière, car elles étaient merveilleusement belles, elles les séduisaient et les tuaient, ou bien elles les faisaient mourir dans les plaisirs de l'amour. Nous n'en capturâmes que deux, au corps de neige, semblables à des nymphes, la chevelure éparse dans le dos.

JULES VALÈRE, *Histoire d'Alexandre de Macédoine*[331].

2, 39 : Après avoir pris ces dispositions et avoir mis de l'ordre dans tout l'empire Perse, il conduit son armée contre Porus.

3, 1 : Ayant donc parcouru des régions désertiques de l'Inde absolument privées d'eau et de plus infestées d'essaims de bestioles appelées phalanges, lui-même et son armée étaient épuisés d'une grande fatigue.

3,6 [Stratagème d'Alexandre pour combattre Porus] : < Porus[332] > rassemble donc son armée, un nombre considérable d'éléphants et toutes les autres espèces de fauves qui accompagnent les Indiens à la guerre ; ils avaient pour adversaires une multitude de Macédoniens et de Perses. Mais quand les Macédoniens virent les effectifs de Porus et, avec eux, les fauves susdits, ils commencèrent à se troubler tout à fait et à hésiter vraiment devant l'étrangeté de ce genre de combat qu'il fallait livrer à la fois à des barbares et à toutes sortes de fauves. Leur état d'esprit n'échappa pas à Alexandre, qui était aussi lui-même ébranlé par ces fauves inattendus.

Donc, à la recherche d'une tactique, il imagina avec astuce un moyen d'éviter les assauts des fauves. Il fit donc amener des environs sur le champ de bataille un très grand nombre de statues de bronze. Une fois cela fait, allumant de grands feux par-dessous, il se hâta de les chauffer à blanc ; ces statues étaient placées der-

pulcherrimae, item uermes ex ipso flumine extractos, femore humano grossiores, qui nobis omni generi piscium sapore praeferendi sunt, **73** et fungos immensos magnitudine uincentes, cocco rubriores posuerunt nobis et murenas habentes pondera ducentena, affirmantes esse maiores in uicino ipsis oceano, qui erat ad miliarium tertium et uicesimum, pisces praeterea scaros pondus centenum quinquagenum, qui gurgitibus nassis eburneis capiebantur, ne arundines morsu confringerent, aut capillatae mulieres, quae pisce uiuebant, aquis immersae prehenderent. **74** Quae ignaros regionum homines in flumine natantes aut tenendo in gurgitibus suffocabant aut tractos in arundineto, cum essent specie mirabiles, in affectu suo auide uictos rumpebant aut ueneria exanimabant uoluptate. Quarum nos duas tantummodo cepimus colore niueo, similes nymphis, diffusis per terga capillis.

69. iordanis *codd.* : Diardinis *W. Boer* / / 71. occluadas *H* : ocliuas *LGBM* oclyuas *C.*

IVLIVS VALERIVS, *Res gestae Alexandri Macedonis*

2, 39 : Atque his ita institutis et factis ordinatoque omni regno Persarum in Porum ducit exercitum.

3, 1 : Emensus igitur desertas Indiae regiones aquarumque indigentissimas, bestiolarum quoque examinibus infestas, quas phalangia uocant, multo labore ipse atque exercitus fatigantur.

3, 6 : Cogit ergo exercitum et quam plurimos elephantos ceteraque genera bestiarum quibus Indi commilitant, contraque eos Macedonum et Persarum aderat multitudo. Enimuero cum illos Pori numeros Macedones intuerentur unaque his bestias memoratas, admodum animo turbari coepere, haud dubie cunctabundi ob insolentiam eiusmodi proelii, quod una esset cum hominibus barbaris et omnigenis bestiis agitandum. Id animi corum non clam Alexandrum fuit : nam ipse quoque una cum bestiarum ista nouitate mouebatur.
Quaesita ergo belli ratione, comminiscitur per astutiam quo demum genere auerti posset impetus bestiarum. Igitur statuas aereas quam plurimas aduehi secum quibusque de proximis locis ad locum proelii iubet. Quod ubi factum est, ibidem igne subiecto quam plurimo calefieri eas et igniri festinat ; erantque eae statuae post primos aciei ordines sitae atque ita ante belli tempus hostibus inuisitatae. Enimuero ubi signa bellica crepuere primique concursus partium

rière les premiers rangs de la ligne et ainsi invisibles pour
l'ennemi avant l'heure du combat. Et quand fut donné le signal,
alors qu'on attendait le premier choc des deux partis, les Indiens
barbares lâchent devant eux les fauves dressés à s'élancer sur les
ennemis occupés ainsi à les combattre, si bien que les Indiens sur-
venant pouvaient sans tarder les frapper de leurs javelots et les
massacrer aisément. Quand cela se produisit, les premiers rangs
des Macédoniens, selon la consigne, quittent leur position et recu-
lent un peu, dévoilant aux fauves lancés les statues incandescentes. Trompés par l'aspect et par la blancheur, dans leur ardeur au
combat, ils les étreignent et les mordent ; bientôt, blessés et estropiés, ils tombent aussitôt ou s'enfuient, sans être d'aucun secours,
d'aucun avantage pour leurs maîtres.

3, 10-12 : Ayant soumis les ennemis et emporté leurs dépouilles, il se dirige vers le peuple voisin des Oxydraques[333], non pour
attaquer des ennemis — car ils n'ont aucun goût pour les armes
—, mais parce qu'il était bien connu que vivaient sur leur territoire les Indiens appelés gymnosophistes. Insoucieux de toutes les
richesses et de tout ce qui a du prix, ils s'abritent du soleil dans
des gîtes creusés de leurs mains dans le sol, aux entrées très étroites, mais qui s'élargissent en s'enfonçant, parce que ce genre
d'habitation ne coûte rien et passe pour adoucir l'ardeur du soleil
d'été. Apprenant qu'Alexandre se portait chez eux, ils envoient à
sa rencontre leurs notables, qu'ils évaluent à leur sagesse, avec la
lettre suivante : « Les Brahmanes gymnosophistes à l'être humain
Alexandre : Si tu viens nous combattre, comme c'est ton intention, tu nous apporteras quelque chose, mais tu n'emporteras
rien. Mais si tu viens apprendre ce que nous pouvons t'enseigner,
nous n'en sommes pas jaloux. Nous ne pensons pas en effet que
nos savoirs respectifs soient une cause de discorde, puisque, on le
sait, tu aimes les batailles et nous la philosophie. » Ayant lu cette
lettre, Alexandre décida d'avancer pacifiquement ; il vit des hommes nus, enveloppés d'un simple manteau, habitant les demeures
ou plutôt les terriers dont nous avons parlé. Leurs fils et leurs
femmes étaient chargés de faire paître le bétail.

11 Le Macédonien décida donc de seulement s'entretenir avec
eux[334] et leur demanda d'abord si les gens de ce peuple avaient
quelque part des tombeaux. La réponse fut que leur habitation
leur en tenait lieu et qu'ils s'accoutumaient si bien à ces demeures
qu'y dormant chaque jour, ils cessaient un jour de se réveiller et
qu'ainsi, vivants et morts, ils n'avaient qu'une maison. Il
demanda ensuite à un autre si l'on pensait qu'il y avait plus de
vivants ou de morts. La réponse fut qu'en vérité les morts sem-

sperabantur, Indi barbari feras illas bestias prae se ire dimittunt ita scilicet doctas ut, cum primum in aduersos uolauissent circaque eas proeliaturi hostes occuparentur, nihil Indis superuenientibus morae fieret, quin libera iaculandi hostis trucidandique facultas pateret. Id ubi factum est, praedocti Macedonum ordines primi paululum de loco quo institerant repedantes ignitas statuas incursantibus bestiis produnt. Quas cum falsa facie uelut etiam candenti colore impetu belli complexu et morsibus adfectarent, mox sauciae debilesque aut protinus cadere aut refugere coepere omnino nullum auxilii ullius emolumentum dominis adferentes.

3, 10-12 : Quare domitis hostibus auectaque praeda ad Oxydracontas, quae gens exim colit, iter suum dirigit, non illam quidem gentem ut hosticam incursaturus — neque enim illis studia sunt armorum —, sed quod celebre esset Indos, quos gymnosophistas appellant, hisce in partibus uersari, opum quidem omnium et cuiusque pretii negligentes, solis uero diuersoriis patientissimi, quae humi manu exhauriunt aditibus perangusta, enimuero subter capacius spatiata, quod id genus aedium neque pretii scilicet indigens et ad flagrantiam solis aestiui apricius habebatur. Ii igitur cum comperissent Alexandrum ad sese contendere, primates suos, quos scilicet a sapientiae modo censent, obuiare aduentanti iubent cum litteris huiuscemodi : « Gymnosophistae Bragmanes Alexandro homini dicunt. Si tendis ad nos proeliaturus utique tibi propositum est, quid nobis adferas habes porro, quod auferas, nihil. Sin uero uenis ut discas quae a nobis scilicet sciri queant, nulla est inuidentia. Etenim non arbitramur inter hasce scientias nostras causam discordiae positam, cum tibi amica res proelium, nobis uero philosophia noscatur. » His lectis Alexander pacificum iter agere decreuit, uidetque homines reliqua nudos, sed amictu simplici superiectos diuersantesque his aedibus seu speluncis quarum relatio supra est. Eorum filii coniugesque pascendis pecudibus occupabantur.

11. Ergo instituit Macedo cum hisce hactenus loqui ac primum < quaerit > an uspiam huius gentis hominibus sint sepulchra. Ad haec responsum est idem sibi domicilium esse quod sepulchrum eoque consuefieri his diuersoriis ut, dum quotidie dormiunt, desinant aliquando uigilare exque eo sibi esse unam domum uiuenti pariter et mortuo. Rursus quaerit ex alio utrumne plures uiui an mortui putarentur. Ad id responsum est uideri quidem plurimos mortuos, sed eos numerari non oportere, quoniam iam esse desiis-

blaient les plus nombreux, mais qu'il ne fallait pas les compter, puisqu'ils avaient désormais cessé d'exister : ceux qu'on voyait étaient nécessairement plus nombreux que ceux que ni les yeux ni la pensée ne pouvaient faire apercevoir. Il demanda ensuite à un autre quelle était la plus forte, de la vie ou de la mort. La vie, fut-il répondu, parce que la force du soleil levant montre aussi plus d'ardeur et le soleil couchant plus de langueur, et que la vie est le lever de l'homme, et l'absence de vie, son contraire. Il demanda encore quelle était la plus vaste, de la mer ou de la terre. La terre, répondent-ils, qui renferme la mer en son sein. Il s'enquiert aussi de savoir quel est, de tous les animaux, le plus rusé et le plus roué. Ils déclarent alors en se moquant que c'est l'homme et s'appuient sur son exemple : lui seul a amené tant de milliers d'êtres à peiner par convoitise pour s'approprier le bien d'autrui. Ces réponses faites comme pour l'outrager laissèrent Alexandre indifférent. Il demanda encore ce qu'ils pensaient être le pouvoir. C'est, répondent-ils, la capacité de tromper aidée de circonstances favorables ou, s'il préfère, d'une audace inique. Il demanda encore lequel, à leur avis, avait été créé le premier, du jour ou de la nuit. Sans hésiter, ils donnèrent la priorité à la nuit : tout ce qui était conçu commençait aussi sa vie dans les ténèbres, puis, après la naissance, passait à la lumière.

12 Il demanda ensuite à qui un homme ne devait pas mentir. A Dieu, fut-il répondu, parce qu'il est celui qui voit tout et sait tout. Il demanda encore quel côté du corps humain ils jugeaient le meilleur. Le gauche[335], fut-il répondu, parce que le soleil aussi, qui se lève à gauche, poursuit sa course vers la droite, et aussi parce que la meilleure position pour faire l'amour entre mâles et femelles est plutôt sur le côté gauche, parce qu'une nourrice présente d'abord pour nourrir le sein gauche, parce que, selon les rites, on porte les dieux sur les épaules gauches et que les rois eux-mêmes portent à gauche l'insigne de leur dignité. Comme il promettait ensuite de leur accorder ce qu'ils désiraient recevoir d'un roi, ils réclamèrent d'une même voix l'immortalité. Mais comme le roi déclarait que cela dépassait son pouvoir : « Pourquoi donc, disent-ils, bien que tu sois mortel, es-tu cependant esclave de tant de peines et soumis à de si grandes ambitions dont le profit que tu tires est nul ou bref, car il passera bientôt à d'autres ? »

3, 14 [Lettre d'Alexandre à Aristote] : Il est bon, mon maître, que tu connaisses par cette lettre les plus grandes de toutes nos épreuves et les épreuves les plus inouïes de ceux qui les ont supportées avec moi. Nous entrâmes donc sur le territoire des Indiens

sent, quippe plures pronuntiari oportere eos quos uideas quam
illos scilicet quos neque oculi ulli neque ratio conspicetur. Post
quaerit ex alio utrumne uita fortior an uero sit mors. Vitam esse
responsum est, quod solis quoque feruentior orientis uigor, mar-
centior uero uiseretur occiduus, ortumque hominis esse quo uiuitur, contraque quo frigeat. Et id addit utrum mare spatiosius
anne terra. Terram esse respondent, cuius mare gremio teneretur.
Sciscitatur id quoque, quaenam omnium bestia callidior et astu-
tior. Hic uero cum risu hominem esse pronuntiant adduntque
rationem de exemplo sui, qui solus tot animantium milia inlexisset
ut ad persequenda ea quae aliis essent praedae cupiditate labora-
rent. Non his ut ad contumeliam dictis Alexander mouebatur.
Enimuero addit quid imperium sibi uideretur. At illi fraudis
potentiam esse respondent adiutam temporis blandimento uel, si
ita mauelit, iniusta audacia. Quaerit etiam utrumne dies an uero
nox prius constituta putaretur. Nihilque cunctantes noctem priore
ordine posuere, cum omnia quoque concepta uiuendi auspicium in
tenebris sortiantur, post uero nata in lucis spatia transmigrarent.

12. Pergit denique sciscitari cuinam mentiri hominem non
oporteret. Responsum est deo, quod omnia uidens ille sit atque
omnium sciens. Quaerit etiam quasnam in homine partes honora-
tiores esse existimarent. Laeuas esse responsum est, quod sol
etiam oriens ex laeuo dextrorsum curriculum exsequatur, tunc
quod permixtio maribus ac feminis laeuarum mage partium existi-
metur et lactariam feminam laeui uberis primum alimenta praestare deosque laeuis humeris religione gestari et reges ipsos indicia
dignitatis praeferre laeua. Cumque post haec et quid sibi a rege
uellent largitum iri polliceretur, immortalitatem consoni popos-
cere. Sed id cum rex praeter potestatem suam esse dixisset, « Cur
ergo, aiunt, cum sis mortalis, tot tamen laboribus seruis et tantis
adpetentiis uinceris, quarum tibi fructus aut nullus aut breuis est,
enimuero idem mox ad alios transiturus ? »

10. oxydracontas *Kübler* : osy - *A* osi - *P* / / Brachmanes *Kübler* : trag-
mannes *P* dragmantes *A* / / 12. lactariam *ego* : - tarum *B²* - torum *AB¹*
- turam *Zang*. / / laeua *Müller* : -uas *codd*.

3, 14 : Operae pretium est, mi magister, eorum omnium quae
sint in nostris laboribus maxima eorumque qui mecum una tole-
rauerint *in*opinatissima te participare per litteras. Igitur Indicas
regiones incessimus (nam cetera tibi ad Bragmanas usque praemi-

(je t'avais envoyé tout ce qui précédait jusqu'aux Brahmanes). Y ayant pénétré, nous parvînmes à Prasiaca, cité royale célèbre de l'Inde. Elle est située en un lieu escarpé et s'avance au loin comme un promontoire, dominant la mer à ses pieds. On ne peut savoir si les habitants de ce lieu sont plus extraordinaires ou plus inouïs ; hommes et femmes vivent en commun, mais tous, comparés au physique des femmes de nos pays, sont plus efféminés[336]. Selon une expression ancienne, ce sont en effet « les Sabéens efféminés ». Mais ils ne connaissent presque d'autre nourriture que les poissons, qui sont abondants et d'une pêche facile. J'ai prêté attention à leurs récits et trouvé un interprète grâce auquel j'ai pu m'entretenir avec ces barbares.

3, 16 : Émus par l'horreur du spectacle, nous revenons à Prasiaca, traversant partout des déserts où l'on pouvait voir beaucoup de bêtes sauvages, beaucoup d'espèces aussi cruelles, et également des espèces merveilleuses de serpents. Là aussi, nous vîmes de près des éclipses de soleil et de lune et nous comprîmes les causes du mauvais temps et les différences des saisons.

3, 18 : Nous fîmes route environ douze jours sans nous arrêter et arrivâmes enfin à une ville située dans une île au milieu d'un fleuve ; on vit là un bourg fortifié partout planté de roseaux hauts d'au moins trente coudées et dont la grosseur dépassait celle d'un homme. Il y avait sur le fleuve beaucoup de canots qu'en les regardant plus attentivement nous reconnûmes faits de roseaux fendus. L'eau de ce fleuve est mauvaise à boire pour l'homme, étant très amère et salée. Demandant comme nous le pouvions aux indigènes où trouver l'élément en question, on nous montra de loin un autre bourg, à environ quatre stades de là ; des éclaireurs s'y rendirent hardiment en hâte et virent bien un fleuve baignant le bourg, mais, sortis du fleuve, des hippopotames[337] monstrueux de taille autant que de furie chargèrent nos éclaireurs. Et comme nous explorions encore un autre endroit avec la même curiosité, un troupeau bien plus nombreux de ces mêmes bêtes nous chargea...

3, 19-21 [Campement de nuit au bord d'un lac] : On était déjà presque à la troisième heure de la nuit et la grande clarté de la lune n'avait rien changé à la lumière du jour, quand soudain nous voyons sortir de partout de toute la forêt environnante des bêtes gagnant la rive du lac pour boire[338]. C'était des scorpions longs d'au moins une coudée, des ammodytes blancs ou rouges, et aussi

seram). His denique penetratis Prasiac*ae* superuenimus, quae ciuitas regia quaedam Indiae cluit. Situs uero eius loci arduus et ad
promuntorii faciem longe porrectior, nam et mari imminet subia-
centi. Enimuero quod istum locum colunt hominum nescias inuisi-
tatius an inauditius genus ; hique sunt promisce mares atque aliud
secus, omnes tamen ad nostratia corpora qu*ae* sunt femin*is* mol-
liores. Nam et uetus sermo eos molles Sabaeos appellat. Sed nihil
aliud ferme ad cibum norunt praeter piscium genera, quorum illis
multa et facilis abundantia est. Fuit igitur mihi ad eorum fabulas
diligentia et interpres inuentus est qui nobis daret cum hisce barbaris fabulari.

inopinatissima *Kübler* : opin - *codd.* / / Prasiacae *Mai.* : parsiace *codd.* / /
quae sunt feminis *ego* : quibus sunt feminae *codd.*

3, 16 : Hac igitur spectaculi foeditate moti iter ad Prasiacam
repedamus, per quas ubique uastitates multa ferarum nomina
multasque eiusmodi saeuitudinis facies erat uidere, serpentium
quoque genera permiranda. Illic et solis lunaeque defectus comminus etiam speculati sumus et causam hiemis et temporum diffe-
rentias arbitrati...

3, 18 : Idque iter continuatis diebus ferme duodecim exan-
clauimus atque ita demum ad oppidum aduentamus situm in
insula circumflui fluminis ; ibique uisitur castrum consitum undique arundinibus, quae ad triginta cubitorum spatia supercresce-
rent ; crassitudo uero earum supra eam quanta est hominis crassitudo. Nauigia quoque plurima amni inerant, quae mox curiosius
intuentibus partes quaedam fissarum arundinum noscebantur.
Enim huius fluminis liquor ad potum hominis aduersus amaritudine nimia est cum salsitate. Quaerentibus igitur, qua poteramus,
ex adcolis usum elementi memorati aliud castrum eminus demons-
tratur ab stadiis ferme quattuor indidem situm ; ad quod cum
audacius quidam exploraturi properassent, flumen quidem
adfluum uident, sed emersi indidem hippopotami magnitudine
nescias an saeuitia immaniores nostros qui exploratum abierant
incursauere. Ac rursus ad aliam partem eadem nobis curiositate
rimantibus agmen earundem bestiarum longe numerosius
occursabat.

3, 19-21 : Et iam noctis ferme hora tertia numerabatur inlus-
trisque admodum luna nihil diurni luminis demutarat, cum subito
conspicamur undique ex omni silua quae circumsteterat bestias
quasdam ad ripam stagni potus gratia contendentes. Erant eae
bestiae scorpii quidem non minus proceritudine cubitali, ammody-
tae etiam albi colore uel rufi nec non cerastae coloribus ut supra

des cérastes de diverses couleurs comme les précédents. Aussi, remplis d'une vive inquiétude, voyant déjà périr certains des nôtres, nous attendions la mort en poussant partout des gémissements. Les dites bêtes étaient suivies d'impétueux quadrupèdes venant boire là par habitude et nécessité : c'étaient des lions plus grands que des taureaux, que nous jugeons les plus grands de nos animaux, des rhinocéros aussi, des sangliers, des guépards, des lynx, des tigres et des scorpions, avec des éléphants et des bœufs-béliers, et aussi des tauréléphants accompagnés d'hommes monstrueux à six mains, des himantopodes, des cynoperdices et beaucoup d'espèces extraordinaires aux formes monstrueuses.

20 Nous sommes donc appelés à veiller au danger menaçant et nous prenons au plus vite les armes ; j'ordonne de faire le plus de très grands feux possible et d'incendier les bois eux-mêmes, très facilement inflammables. Cet acte, qui aurait pu aider grandement contre la multitude de ces bêtes les soldats tremblants, incita au contraire celles-ci à s'avancer en très grand nombre à la faveur de la vive clarté, et ce combat pour éviter des dangers d'un nouveau genre dura jusqu'au moment où la disparition de la lune, obscurcissant la terre et répandant les ténèbres, ramena toutes ces bêtes dans leurs repaires habituels des forêts. Pourtant ces animaux furieux sus-dits ne songèrent pas à se retirer avant l'arrivée de celui qui, dit-on, règne sur eux et qu'on appelle odontotyrannus. Cette bête, qui a l'aspect d'un éléphant, mais de bien plus grande taille, est aussi plus furieuse que les hommes les plus furieux. Elle attaqua les nôtres et tua bien vingt-six de ceux qu'elle rencontra, mais, à la fin, les autres l'entourèrent de grands feux et l'abattirent. Quoique blessé, l'odontotyrannus s'enfuit et s'élança dans l'eau, où il périt ; les bras de trois cents hommes suffirent à peine à le tirer hors du fleuve. Là prirent fin pour nous les dangers de cette nuit.

21 Mais bien plus fâcheux — et plus difficile à prévenir — fut ce qu'il advint ensuite. Les ténèbres enveloppaient toutes choses après la disparition de la lune, lorsqu'on put voir sortir de la profondeur des sables des nyctalopices longs d'au moins dix coudées, qui attaquaient les hommes autant qu'ils pouvaient. Puis de ces mêmes sables sortirent aussi des crocodiles, qui attaquaient de tous côtés les chevaux et mulets de l'armée. Des oiseaux, nommés chez nous chauves-souris, mais ici plus gros que des pigeons et dont les dents cruelles ont la force d'une bouche d'homme, commencèrent à voler à l'entour et à trancher les oreilles, le nez ou les doigts de ceux qui ne se méfiaient pas assez. Suivirent des nycticorax, mais ils ne s'attaquaient pas vraiment aux hommes et

diuersis. Quare uehementi sollicitudine incitati conspicantesque iam nostrorum aliquos interemptos fletibus undique consonantibus periculum opperiebamur. Insequebantur enim praedictas bestias etiam quadrupedes beluae uehementes, potus scilicet consuetudine ac necessitate illo uenientes, quae quidem erant leones supra magnitudinem taurorum, quos ex nostratibus maximos ducimus, rhinocerotes etiam uel apri uel pardi, lynces quoque et tigrides scorpiurique una elephantis et bucriis, tunc taurelephantes et cum his homines senis manibus portentuosi, himantopodes etiam et cynoperdices multaque formarum inhumanarum genera inuisitata.

20 Igitur excitabamur ad prouidentiam periculi imminentis, atque ideo arma quidem quam properantissime capimus ; mando uero ignes quam maximos et creberrimos fieri siluisque ipsis conflagrare facillimis immitti incendia. Quae res etsi plurimum quantum contra multitudinem bestiarum opitulari trepidantibus poterat, inuitat tamen nimietate luminis plurimas illo contendere ; idque certamen usque eo nouis uitandis periculis fuit donicum lunae occasu umbrata tellure offusisque tenebris ad consueta siluarum refugia omnes illae bestiae remearunt. Non prius tamen memorata saeuities animantium receptui consulit quam id animal superuenisset quod regnum quidem tenere in hasce bestias dicitur ; nomine autem odontotyrannum uocant. Haec bestia facie elephantus quidem est, sed magnitudinem etiam huius animantis longe praeuectus nec minor etiam saeuitudine hominibus egregie saeuientibus. Quare cum nostros incesseret ac ferme uiginti et sex de occursantibus uiros morti dedisset, tandem tamen reliqua multitudine ignibus circumuallatur et sternitur. Adhuc tamen saucius odontotyrannus cum indidem fugiens aquae fluenta inrupisset ibique exanimauisset, uix trecentorum hominum manus nisu extractus de flumine est. Hactenus igitur noctis illius nobis periculi finis fuit.

21 Longe tamen molestius — quo enim caueri difficilius erat — quod post euenit. Tenebris enim post occasum lunae omnia obumbrantibus nyctalopicas uiseres de arenis profundis emergere non minoris longitudinis cubitis decem ; eaeque, qua poterant, homines inuolant. Tunc ex iisdem arenis corcodrilli etiam existentes passim inuadunt quadrupedia militaria. Ad hoc alites, quibus apud nos uocabulum uespertilio est, sed quae illic super columbarum magnitudinem, dentibus tamen ad humani rictus ualentiam saeuae sunt, circumuolare coepere et quibusque incautioribus aures aut nares aut digitos praesecare. Tunc nycticoraces insecutae, sed eae sane neque ad homines saeuiebant neque ignes temere aduolabant. Tandem igitur restitutus diei intelligens-

ne s'approchaient pas inconsidérément des feux. Le jour enfin
revenu, comprenant les dangers que nous faisaient courir ces
Indiens qui nous avaient promis d'assurer notre route, je les fis,
pour leur fourberie, jeter dans ces mêmes eaux et noyer. Prenant
ensuite un chemin plus direct, nous retrouvâmes enfin la route
qui devait nous conduire en sûreté à Prasiaca.

3, 24-26 : [Les arbres qui parlent] : Alors des gens des villes
voisines affirmèrent une chose qui valait la peine d'être connue et
sue, si du moins on peut trouver étonnant d'entendre des bocages
et des arbustes parler avec une voix humaine[339]. L'ayant d'abord
jugé impossible et tout à fait contraire à la nature, je n'y avais
pas ajouté foi et je refusai. Mais devant leur insistance et leurs
affirmations, j'acceptai enfin de me rendre en ce lieu situé du
côté du soleil levant. Donc, à notre arrivée, je fus conduit dans
un endroit planté de beaux arbres. Ils l'appelaient le Jardin. Il
était enclos non d'un mur, mais d'un grand nombre d'arbres qui
en formaient le tour. Ils disaient ce lieu consacré au Soleil et à la
Lune, et on pouvait voir en effet à l'intérieur des sanctuaires et
des temples de ces dieux, œuvre de la nature, et deux arbres s'élevant presque jusqu'au ciel, semblables au cyprès, et même bien
plus droits, de la famille des arbres qui produisent la noix de
Ben. De ces deux arbres dont nous venons de parler, l'un,
affirme-t-on, est mâle, l'autre femelle. Le Soleil protège l'arbre
mâle, la Lune nourrit l'arbre femelle. On pouvait voir toutes leurs
racines alentour couvertes de dépouilles et de peaux consacrées,
celles d'animaux mâles auprès de l'arbre mâle, celles des femelles
posées en l'honneur de l'arbre femelle. [Les hommes de cette
nation ignoraient absolument l'usage du fer, du cuivre ou de
l'étain, et ne savaient pas façonner l'argile pour la construction
d'un édifice.] Comme je demandais de quels animaux venaient ces
peaux ou ces dépouilles de bêtes, j'appris qu'elles appartenaient à
des lions ou à des léopards et à des bêtes sauvages de ce genre, et
que les indigènes avaient l'habitude d'utiliser ces peaux non seulement pour honorer les dieux, mais aussi pour se couvrir.

25 Ces arbres ont ceci de merveilleux : au lever du soleil, au
milieu de sa course ou du moins à son coucher, le mâle parle et
répond à trois reprises aux questions, et de même l'arbre femelle
aux heures de la nuit et de la lune. Averti par ceux qu'on dit être
les prêtres et les ministres de ce lieu d'avoir à m'approcher pur et

que in quanta discrimina proderemur ab hisce Indis qui se saluta-
res itineri futuros esse nobis polliciti erant, eos ob fraudis meri-
tum eisdem aquis praecipites dari necarique praecepi. Atque exim
usi itinere rectiore tandem restituimur uiae quae nos ad Prasiacam
tuto deduceret.

scorpiurique *Kübler* : correpti utrique *A* corripti utrique *P* / / bucriis *Müller* : buriis *APE* burus *V* / / taurelephantes Müller : tyre elefantes *codd.* / /
himantopodes *Müller* : in antopodes *P* - das *A* / / cynoperdices *Feldbusch* :
cyno (*uel* cino -) pendices *codd.* / / inhumanarum *Kroll.* : humanarum *codd.*
/ / 21. nyctalopicas *Kübler* : nita - *P* ynita - *A* / / nycticoraces *VE* : rinochora-
ches *A* rinocerotes *P* rhinocoraces *Mai, Kübler.*

3, 24-26 : Tum quidam uiri ex oppidis circumsistentibus esse
dignum cognitu et scientia contendebant, si modo mirum homini
uideri posset uirecta noscere et arbusta loquacia ad humanum
modum. Is primum ut impossibile alienissimumque natura arbi-
tratus neque credideram et renuebam. Sed persistentibus adseren-
tibusque, adsensus <sum> tandem itineri eius terrae quam sol
oriens uisitaret. Eo ergo cum uenissemus, ducor in quemdam
locum arboribus consitum uel amoenis. Hunc illi Paradisum uoci-
tauere. Enimuero conseptum uiseres non maceriae circumiectu,
uerum arborum frequentia circumsistentium. Eum locum sacrum
Soli Lunaeque esse dicebant ; nam et aedes templaque opere naturali hisce diis ibidem intrinsecus uiseres, duas uero arbores caelum
ferme proceritate interuectas, simili facie qua cupressus, plerumque etiam directiores, ex ea stirpe quod genus arbores myrobala-
nos habent. Sed ex hisce duabus arboribus de quibus supra locuti
sumus, marem alteram, alteram feminam esse contendunt. Et
maris quidem arboris praesidem Solem, feminae uero Lunam esse
altricem. Harum omnis circa radices conuestitas uiseres tergis ac
pellibus sacris, sed ex his quae ex maribus essent <ad> marem
arborem, quae uero ex pecudibus femineis ad honorem feminae
sitae. [Quamuis hominibus gentis eiusce usus ferri aerisue uel
stanni omnifariam ignoraretur neque esset quicquam quod ad
aedificii usum ex luto fingeres.] Cum igitur illa terga uel spolia
bestiarum ex quis forent animantibus quaererem, comperio leonum esse siue pardorum et huiuscemodi bestiarum et eisque tergis
non ad honorem solum numinum uti consuetos, uerum etiam ad
operimenta abuti homines incolentes.

25 Id tamen esse in hisce arboribus admirabile : namque
oriente sole marem illam arborem itemque cursus sui meditullium
possidente uel certe occiduo loquacem fieri et consultantibus tertio respondere, idem uero nocturnis horis atque lunaribus arborem feminam. Doctus igitur ab his uiris qui antistites loci sacerdo-

exempt de tout contact impie, je m'adjoins comme compagnons de ma visite des amis très chers et très fidèles, Parménion, bien sûr, mais aussi Cratère, Iolaus, Machétès, Thrasyléon, Machaon, ainsi que Théodecte et Diiphile, mais aussi Néoclès. Informé par les prêtres que la religion interdisait d'introduire du fer en ce lieu, je suis leur prescription et j'en avertis < mes compagnons >, en prenant toutefois la prudente précaution de placer avec le plus grand soin quatre-vingts hommes, tous d'une bravoure éprouvée, autour des lieux et du bois où nous entrions : ils devaient aussi surveiller si jamais quelqu'un dans le voisinage prononçait des paroles que nous croirions venir de ces arbres.

26 Ayant donc pris comme interprète un des Indiens qui nous avaient attirés là, je lui fais le serment solennel qu'il n'échappera pas au châtiment suprême si l'on n'entend pas la réponse de l'arbre promise et vantée. Dès le coucher et la disparition du soleil, nos oreilles attentives perçoivent la voix de l'arbre, mais en langue barbare, et personne n'osait nous en donner la traduction. Comme ils s'obstinaient et que je brûlais de connaître le sens des paroles prononcées, je menaçai de mort l'interprète s'il ne me rapportait fidèlement la prédiction ; enfin, épouvanté, il me rapporta que la réponse de l'arbre était celle-ci : une mort rapide et une fin désormais très proche menaçaient ma vie, et cette mort ne serait pas le fait d'étrangers, mais bien de mes concitoyens et de mes proches. Comme ces paroles, ainsi que le veut la nature humaine, piquaient mon esprit, au lever de la lune, je priai l'arbre femelle à son tour de rendre un oracle à ma question, demandant instamment si je saluerais ma mère et mes proches avant de finir mes jours ; l'arbre de la lune, non plus en langue barbare, mais en grec, déclara que le destin avait désigné Babylone comme lieu de ma mort.

3, 47 : Ayant reçu cette lettre < des Amazones >, Alexandre se rendit de là chez les Prasiens[340] ; cette marche fut pour ses soldats très fatigante et pleine de dangers. En effet, alors qu'on était déjà presque au milieu de l'été, tombèrent brusquement des pluies ininterrompues si fortes que non seulement les corps étaient affaiblis et que tout l'équipement militaire pourrissait, mais que même les pieds souffraient beaucoup par suite du manque de chaussures, car on devait avancer nu-pied dans de continuelles souffrances sur des terrains raboteux et humides. Et ils ne souffri-

tesque memorantur uti mundus et ab omni inreligioso contagio
impollutus accederem, comites mihi eius aditionis adscisco amicos
carissimos fidissimosque, Parmeniona scilicet, sed et Craterum,
Iolaum quoque atque Macheten et Thrasyleonta et Machaona una
Theodecto Diiphiloque, sed etiam Neocle. Monentibus igitur
sacerdotibus religione prohiberi ferrum id loci inuehi, ita ut praedictum est facio moneoque, addita tamen cautela eiuscemodi dili-
gentiae, quod octoginta uiros fortitudine pariter exploratissimos
adesse circa ea loca ac nemus quo ingrediebamur quam sollicitis-
sime iubeo, exploraturos etiam ecquis esset qui forte uocem de
proximo   subiectaret   quam   nos   ex   illis   arboribus   ferri
arbitraremur.

26 Adhibito igitur uno ex Indis, qui interpres dictorum ido-
neus foret, cuius inlectu illo ueneramus, iuro quam sancte poe-
nam illum capitis non euasurum, si promissum ex arbore responsum diffamatumque tacuisset. Vnde intentis ad audiendum, mox
<cum> primum solis occasus et abitio fuit, uox auditur ex
arbore, sed lingua barbarica, eiusque interpretamenta haut quisquam nobis edissertare audebat. Id cum obstinatius facerent cupi-
ditateque omni ad significantiam uocis emissae audire properarem
interminatus interpreti necem, nisi sedulo mihi praedicta narras-
set, perterritus tandem eiusmodi esse responsum arboris refert :
quod enim obitu ueloci et occasu iam proximo uitae meae spatia
urguerentur ; eamque mortem non de externis, enimuero de ciuibus et proximis fore. Quae dicta cum ex natura hominis meum
quoque animum attitillarent ac sub ortu lunae rursus ex arbore
femina oraculum mihi sciscitanti reddi deprecarer quaerens et
obsecrans numnam matre et proximis salutatis obitus mei clausu-
lam subiturus sim, non barbara iam, sed graecae linguae signifi-
cantia lunaris arbor elocuta est mortem mihi in Babylonia esse
fatalem.

    24. maceriae : materiae *codd.* / / 25. certe occiduo *Mai* : ceriae occiduae
A, om. P tertio occiduo *Kübler* / / Iolaum *Feldbusch ex* Iollan *Ps. - Callisth.* :
ysillum *A, Kübler.*

3, 47 : His acceptis Alexander iter in Prasiacam inde peruertit,
quae quidem eius militi peregrinatio laboris admodum et plurimi
periculi fuit. Nam aestatis ferme iam medio repentini imbres
fluxere adeo uehementes atque continui uti non solum uis animantium deperiret et quaecumque usui sunt ad militiam putrefie-
rent, uerum ipsis etiam per indigentiam calciamentorum pedum
plurima pernicies inferretur, quippe ubi nudo uestigio per loca
aspera humidaque perpeti labore traherentur. Neque uero id sub
isdem imbribus adeo molestum quam redeuntibus in naturam

rent pas tant de ces pluies que du retour du soleil normal de la saison, quoiqu'ils eussent, lors de ces intempéries, subi fréquemment le tonnerre et la foudre. Ils avaient en effet entendu retentir des voix indistinctes et connu beaucoup de prodiges de ce genre. A l'arrivée chez les Prasiens et après la traversée du fleuve Hypanis, qui forme la fontière, il découvrit l'importance de cette nation et la puissance du roi qui régnait sur elle. Cette région de Prasiaca est située au bord de l'Océan et vit aussi d'autant plus dans l'abondance, eu égard à sa très nombreuse population, qu'elle est plus à l'écart du reste de la foule des hommes. La renommée accordait encore au roi autant de milliers d'éléphants qu'en général elle imagine d'hommes aux autres. Ainsi informé, Alexandre prend donc lentement la route de ce territoire, sans manquer d'en attaquer les villes et de les soumettre à son pouvoir, et il offre des sacrifices aux dieux immortels.

PANÉGYRIQUE DE CONSTANTIN (310 p.C.)

9, 4 : Ainsi Mercure, venu du Nil dont la source est ignorée, ainsi Liber, venu du pays des Indiens, témoins, ou peu s'en faut, du lever du soleil se sont montrés aux peuples comme des dieux favorables.

ARNOBE, *Contre les païens* (entre 304 et 310 p.C.)

2, 12, [Les progrès du christianisme] : On peut énumérer et faire le compte de tout ce qui s'est passé en Inde, chez les Sères[341], les Perses et les Mèdes, en Arabie, en Égypte, en Asie mineure, en Syrie, chez les Galates, les Parthes, les Phrygiens, en Achaïe, en Macédoine, en Épire, dans toutes les îles et toutes les provinces qu'éclaire le soleil à son lever et à son coucher, à Rome enfin, maîtresse du monde, où les hommes, accaparés par les artifices du roi Numa et par d'antiques superstitions, n'ont pas cependant différé d'abandonner leurs traditions et d'adhérer à la vérité chrétienne.

4, 29 [Les dieux païens ne sont que des mortels] : Nous pouvons, dis-je, si vous voulez bien, raconter les exploits de Jupiter, les guerres de Minerve et de Diane la Vierge, les ruses grâce auxquelles Liber s'est emparé du royaume des Indiens...

6, 14 [La nature des statues des dieux païens] : Ces statues[342], qui vous terrifient et que vous adorez prosternés et humbles dans

temporis solibus fuit, quamuis intemperie illa et tonitruum plurimum et iactus fulminum crebros experti essent. Nam et uoces
incertas resonantes audierant et portentuosa plurima eiuscemodi
experti erant. Vbi uero iam ad Prasiacam aduentabant *H*ypanim-
que flumen, quod dispescit huiusmodi conlimitia, transierant,
comperit ibidem super magnitudine eius gentis ac regis potentia
qui Prasiacae potiretur. Quippe ista Prasiaca propter oceanum
sita, quo de reliqua hominum turba semotior, hoc ad multitudinem quoque largius uiuit. Addebat tamen fama tot elephantorum
etiam milia esse regi quot apud alios plerumque super hominibus
mentiatur. His igitur compertis Alexander limitem huiuscemodi
loci sensim legens ciuitates eius inuadere ac dicioni suae uendicare
non negligit et sacrificia diis immortalibus facit.

/ / Hypanimque : yp - *P* tymp - *A* Prýtanin *Ps.* - *Callisth.*

PANEGYRICVS CONSTANTINO DEDITVS :

9, 4 : Sic Mercurius a Nilo cuius fluminis origo nescitur, sic
Liber ab Indis prope consciis solis orientis deos se gentibus ostendere praesentes.

ARNOBIVS, *Aduersus paganos* :

2, 12 : Enumerari enim possunt atque in usum computationis
uenire ea quae in India gesta sunt, apud Seras, Persas et Medos,
in Arabia, Aegypto, in Asia, Syria, apud Galatas, Parthos,
Phrygas, in Achaia, Macedonia, Epiro, in insulis et prouinciis
omnibus quas sol oriens atque occidens lustrat, ipsam denique
apud dominam Romam, in qua cum homines sint Numae regis
artibus atque antiquis superstitionibus occupati, non distulerunt
tamen res patrias linquere et ueritati coalescere Christianae.

4, 29 : Possumus, inquam, si placet, et Iouis res gestas et
Mineruae expromere bella, uirginis et Dianae, quibus dolis Liber
Indorum affectauerit regnum...

6, 14 : Simulacra ista quae uos terrent quaeque templis in
omnibus prostrati atque humiles adoratis ossa, lapides, aera sunt,

tous les temples, ne sont qu'os, pierres, bronze, argent, or, terre cuite, bois pris à un arbre, colle mélangée au plâtre, formées peut-être d'ornements de courtisanes ou de parures féminines, d'os de chameau ou de la défense de l'animal indien, de chaudrons, de marmites...

OPTATIEN PORPHYRE (sous Constantin, 323-337 p.C.)

Carm. 5, 13 : L'Indien[343], l'Arabe et l'opulente Médie forment déjà des vœux.

Carm. 14, 20-22 : Les Indiens et les armées de l'Aurore, que touche de ses flots le Nil fertilisant par ses eaux fécondantes, demanderont en suppliant de justes lois.

Carm. 18, 29 : l'Inde désire avoisiner le Latium du diligent porte-clef[344].

APICIUS, *L'art culinaire*[345] (IVᵉ s.)

1, 16, 2 : nard Indien [dans une sauce].

5, 3, 3 : pois Indiens [titre d'une recette de pois cuits avec l'encre de seiches, c'est-à-dire noirs comme des Indiens].

6, 5, 4 : nard Indien [dans une sauce pour des oiseaux].

9, 8, 2 : nard Indien [dans une sauce pour l'oursin].

DICTYS DE CRÈTE, *Calendrier de la guerre de Troie* (IVᵉ s.)

4, 4 : Le lendemain arriva Memnon, fils de Tithon et de l'Aurore, avec des troupes immenses d'Indiens et d'Éthiopiens[346].

MESURE DES PROVINCES (anonyme du IVᵉ s.)

1. L'Inde ultérieure[347] est bordée au levant par l'océan Oriental, au couchant par le fleuve Indus, au nord par le mont Taurus, au sud par l'océan Sérique. Ses dimensions sont de 330 mille pas en longueur, de 240 mille en largeur. Là se trouve le Gange et une région qui produit du poivre, des éléphants, des dragons, des sphinx et des perroquets.

argentum, aurum, testa, lignum sumptum ex arbore aut commixtum glutinum gypso, ex ornatibus fortasse meretriciis aut ex muliebri mundo, camellinis ex ossibus aut ex Indici animalis dente, ex caccabulis, ollulis...

OPTATIANVS PORFYRIVS

carm. 5, 13 : Indus, Arabs iam uota ferunt et Media diues.

carm. 14, 20-22 :
>   Indus et Aurorae miles, quos flumine Nilus
>   tangit, fecundis uenturus frugifer undis,
>   orantes pia iura petent.

carm. 18, 29 : India clauigeri Latium uult tangere naui.

naui *codd.* : Iani *uett.*

APICIVS, *De re coquinaria*

1, 16, 2 : ispicam Indicam.

5, 3, 3 : Indicum pisum.

6, 5, 4 : spicam Indicam.

9, 8, 2 : spicam Indicam.

DICTYS CRETENSIS, *Ephemeris belli Troiani*

4, 4 : At sequenti die Memnon, Tithoni atque Aurorae filius, ingentibus Indorum atque Aethiopum copiis superuenit...

DIMENSVRATIO PROVINCIARVM

1. India ulterior finitur ab oriente oceano Eoo, ab occidente flumine Indo, a septentrione monte Tauro, a meridie oceano Serico. Cuius spatia patent in longitudine milia passuum XXX et CCC, in latitudine milia passuum XL et CC. Ganges flumen ibi est et regio ubi piper nascitur et elefanti, dracones, sphinges psittaci.

PELAGONIUS, *Art vétérinaire* (IVᵉ s.)

23 : une once de spic Indien [pour le rhumatisme].

327 : 1/12 de denier de spic Indien [pastille pour toutes les maladies].

365 : 5/12 de denier de spic Indien [pour la léthargie].

367 : 1/12 de denier de spic Indien [potion à tous usages].

390 : [quantité non précisée, à volonté] ... de spic Syrien ou Indien..., d'oignon Indien[348] [dans une préparation pour la trachée-artère].

ART VÉTÉRINAIRE DE CHIRON (IVᵉ s.)

800 : du sel gemme Indien[349], ajouter du miel à son suc et oindre [pour guérir l'albugo].

816 : deux scripules de spic Indien [dans une préparation pour les chevaux forcés].

841 : deux livres de cannelle Indienne[350] [pour la toux].

842 : deux livres de spic Indien [pour la toux].

843 : trois livres de safran Indien[351] [pour la toux].

940 : trois livres d'aloès Indien[352] [pour les blessures et les brûlures].

953 : contre la pituite des bœufs : une livre de tamarin[353]

976 : six scripules de spic Indien [préparation « pour l'été »].

PROBUS, *Commentaire de Virgile* (IVᵉ s.)

Géorg. 1, 57 : L'INDE ENVOIE DE L'IVOIRE, mais l'Afrique aussi ; cependant les éléphants Indiens sont plus gros.

Géorg. 1, 139 : Le Gange est un fleuve de l'Inde... Bactres est une ville des Indiens.

Géorg. 3, 27 : On appelle Gangarides les Indiens avoisinant le fleuve indien du Gange. L'Inde est bornée par le Caucase, le fleuve et l'Océan[354].

PELAGONIVS, *Ars ueterinaria*

23 : spicae Indicae unciam

327 : spicae Indicae —

365 : spicae nardi Indicae — V

367 : spicae Indicae — I

390 : spicae Syriacae uel Indicae... cepae Indicae...

MVLOMEDICINA CHIRONIS

800 : salis Indici fossilis, eius suco mel addito, inungito...

816 : spicae Indicae 3 II

841 : cassiae Indicae p. II

842 : spica Indica pondo II

843 : croci Indici p. III

940 : aloen Indicum p. III

953 : bubus pituitam dimittere : tamarindam contusam p. I...

976 : spica Indica 3 VI...

PROBVS, *Commentarius in Vergilium*

Georg. 1, 57 : INDIA MITTIT EBVR, sed et Africa, sed maiores sunt in India elephanti.

Georg. 2, 139 : Ganges fluuius est Indiae... Bactra oppidum Indorum.

Georg. 3, 27 : Gangaridae dicuntur Indi ab Indiae flumine Gange. Cingitur enim Caucaso India et flumine et Oceano.

Géorg. 4, 211 : OU L'HYDASPE MÈDE : fleuve de l'Inde, mais Virgile a dit que l'Hydaspe était un fleuve de Médie. Les Mèdes, sous la conduite d'Alexandre, soumirent Porus, roi des Indiens, et l'Inde elle-même.

HISTOIRE AUGUSTE

LAMPRIDE, *Héliogabale,* 31, 4 : Il faisait brûler des parfums de l'Inde, sans employer de charbon, pour chauffer les chambres.

TREBELLIUS POLLION, *Trente tyrans,* 22, 7-8 [de l'usurpateur Aemilianus, qui régna sur l'Égypte de 259 à 268] : Ses qualités lui valurent avec raison le nom d'Alexandre ou Alexandrin — ce point non plus n'est pas sûr —. **8** Il préparait une expédition contre les Indiens[355], quand Théodote, général envoyé par Gallien, le fit mettre à mort sur l'ordre de celui-ci ; on dit qu'il fut étranglé dans sa prison, comme autrefois les prisonniers.

VOPISCUS, *Aurélien,* 29, 1-3 : Vous vous souvenez qu'il y avait, dans le temple de Jupiter Capitolin Très bon-Très Grand, un manteau court de laine pourpre ; quand les dames et Aurélien lui-même approchaient leurs pourpres, toutes paraissaient décolorées comme la cendre en comparaison de son éclat divin. **2** Le roi des Perses avait, dit-on, fait à Aurélien ce présent pris aux Indiens de l'intérieur, avec ces mots : « Reçois la pourpre telle qu'elle est chez nous. » **3** Dans la suite, Aurélien et Probus, et tout récemment Dioclétien, avaient été très soucieux d'envoyer des agents très diligents à la recherche de cette pourpre, sans qu'ils puissent la trouver. On dit que c'est la sandyx[356] indienne qui donne cette pourpre, si on la traite.

Ibid. 33, 4 [énumération des prisonniers ramenés par Aurélien des campagnes contre Palmyre et figurant au triomphe] : Blemmyes, Exomites, Arabes, Eudaemons, Indiens, Bactriens, Hibères, Saracènes, Perses...

Ibid. 41, 10 : Les Saracènes, les Blemmyes, les Exomites, les Bactriens, les Sères[357], les Hibères, les Albains, les Arméniens et même les peuples de l'Inde vénérèrent <Aurélien> presque comme un dieu sur terre.

VOPISCUS, *Les quatre tyrans,* 3, 3-4 [L'usurpateur égyptien Firmus, mis à mort en 273] : Il envoya souvent des navires de commerce chez les Indiens. **4.** Il avait aussi lui-même, dit-on, deux défenses d'éléphants de dix pieds...

Georg. 4, 211 : AVT MEDVS HYDASPES : flumen Indiae, sed Vergilius Mediae dixit flumen Hydaspen. Hi Medi duce Alexandro Porum, regem Indorum, et ipsam Indiam subegerunt.

SCRIPTORES HISTORIAE AVGVSTAE

AELIVS LAMPRIDIVS, *Antoninus Heliogabalus,* 31, 4 : Odores Indicos sine carbonibus ad uaporandas zetas iubebat incendi.

TREBELLIVS POLLIO, *Tyranni triginta,* 22,7-8 : Alexander denique uel Alexandrinus — nam incertum id quoque habetur — uirtutum merito uocatus est. Et cum contra Indos pararet expeditionem, misso Theodoto duce Gallieno iubente dedit poenas, et quidem strangulatus in carcere captiuorum ueterum more perhibetur.

FLAVIVS VOPISCVS, *Diuus Aurelianus,* 29 : Meministis enim fuisse in templo Iouis Optimi Maximi Capitolini pallium breue purpureum lanestre, ad quod cum matronae atque ipse Aurelianus iungerent purpureas suas, cineris specie decolorari uidebantur ceterae diuini comparatione fulgoris. Hoc munus rex Persarum ab Indis interioribus sumptum Aureliano dedisse perhibetur, scribens : « Sume purpuram, qualis apud nos est. » Nam postea diligentissime et Aurelianus et Probus et proxime Diocletianus missis diligentissimis confectoribus requisiuerunt tale genus purpurae nec tamen inuenire potuerunt. Dicitur enim sandyx Indica talem purpuram facere, si curetur.

Ibid. 33, 4 : Blemmyes, Exomitae, Arabes, Eudaemones, Indi, Bactrani, Hiberi, Saraceni, Persae...

Ibid. 41, 10 : Illum Saraceni, Blemmyes, Exomitae, Bactrani, Seres, Hiberi, Albani, Armenii, populi etiam Indorum ueluti praesentem paene uenerati sunt deum.

FLAVIVS VOPISCVS, *Quadrigae tyrannorum,* 3, 3-4 : Naues quoque ad Indos negotiatorias saepe misit. Ipse quoque dicitur habuisse duos dentes elephanti pedum denum...

ITINÉRAIRE D'ALEXANDRE (entre 346 et 360 p.C.)

110. L'Inde, dans son ensemble, commence au nord, fait le tour du territoire perse et touche à l'Égypte et aux Éthiopies[358]. Elle est protégée de partout au dehors par l'océan, qu'interrompt la mer d'Hippalos, dont le golfe limite la Perse. Ce nom de l'Inde largement répandu regroupe de très nombreux peuples et surtout produit des fauves † .....†, éléphants et serpents d'un jugère : les guépards, les lions ou les tigres sont apprivoisés en comparaison d'eux.

PASSION DE SAINT THOMAS L'APÔTRE[359] (peu après le milieu du IVᵉ s.)

1. Comme l'apôtre Thomas, nommé aussi Didyme, était à Césarée, notre Seigneur Jésus-Christ lui apparut et lui dit : « Le roi des Indiens Gundaforus[360] a envoyé en Syrie son intendant chercher un homme savant en architecture. Viens et je t'enverrai avec lui. — Seigneur, lui dit Thomas, envoie-moi où tu veux, sauf chez les Indiens. — Va, lui dit le Seigneur, car je suis avec toi et ne t'abandonnerai pas et, quand tu m'auras gagné les Indiens, tu viendras à moi avec la couronne du martyre. — Tu es mon seigneur, lui répondit Thomas, et je suis ton esclave : que ta volonté soit faite ! » **2.** Comme il disait ces mots, voici que l'intendant du roi des Indiens, nommé Abbanès, descendant du navire, se promenait sur le marché au bord de la mer. Le Seigneur l'aborda et lui dit : « Que veux-tu acheter, jeune homme ? » Et lui : « Mon seigneur, le roi des Indiens, dit-il, m'a envoyé dans ce pays pour engager des ouvriers de condition libre ou acheter des esclaves connaissant l'architecture et tous les ouvrages de bois ou de pierres, afin de lui construire un palais selon la technique romaine. »...

16. L'apôtre, étant arrivé dans la ville indienne d'Hieroforum[361], Abbanès annonça Thomas au roi Gundaforus. Quand le roi vit Thomas, il lui dit : « Peux-tu me construire un palais ? » Thomas répondit : « Je le peux. »

32. L'apôtre se rendit dans l'Inde supérieure pour la révélation, et des foules accouraient à la nouvelle.

61. Enfin les supplications des Syriens obtinrent de l'empereur romain Alexandre[362] arrivant vainqueur de la guerre de Perse, ayant vaincu le roi Xerxès, qu'il envoyât auprès des princes

ITINERARIVM ALEXANDRI

110 : India omnis orsa a septentrione amplexaque omne quicquid est Persicum, Aegyptum usque Aethiopiasque continuat. Ipsa uero extrinsecus ubique oceano munitur interfluo mari Hippalio, cuius sinus Persas includit. Sed enim nomen hoc Indiae late dispersum multarum admodum gentium est ferax, praecipue beluarum †inter odora gignentium†, qui sunt elephanti draconesque iugerales ; nam pardi leonesue uel tigres iuxtim haec cicures sunt.

PASSIO SANCTI THOMAE APOSTOLI

1. Cum apostolus Thomas, qui et Didymus, esset apud Caesaream, apparuit ei dominus Iesus Christus et ait ad eum : « Rex Indorum Gundaforus misit praepositum suum ad Syriam quaerere hominem arte architectonica eruditum. Veni et mittam te cum eo ». Dicit ei Thomas : « Domine, quouis mitte me praeter ad Indos ». Dicit illi dominus : « Vade quia ego tecum sum et non te deseram, et cum acquisieris mihi Indos cum corona martyrii uenies ad me. » Respondens autem Thomas dixit : « Dominus meus es tu et ego seruus tuus : fiat uoluntas tua. » 2. Haec eo dicente ecce praepositus familiae regis Indorum nomine Abbanes descendens de naui deambulabat iuxta mare in foro rerum uenalium. Dominus autem accessit ad eum et dixit ei : « Quid comparare uis, iuuenis ? » At ille ait : « Dominus meus rex Indorum misit me ad istas partes ut aut conducerem ingenuos artifices aut seruos emerem qui sciant artem architectonicam uel omnia quae ex lignis fiunt aut ex lapidibus, ut Romano opere sibi palatium construat. »

16. Cum autem esset Hieroforum apostolus Indiae ciuitatem ingressus, Abbanes ad Gundaforum regem nuntiauit Thomam. Rex autem ut uidit Thomam dixit ei : « Potes mihi fabricare palatium ? » Respondit Thomas : « Possum ».

32. Profectus est autem apostolus ad Indiam superiorem per reuelationem et ad opinionem eius omnes populi festinabant.

61. Denique supplicantes Syri ab Alexandro imperatore Romano ueniente uictore de Persidis praelio Xerse rege deuicto impetrarunt hoc ut mitteret ad regulos Indorum ut redderent

indiens demander de rendre le défunt à ses compatriotes. Il advint ainsi que le corps fût transporté de l'Inde et déposé dans la ville d'Édesse, dans un cercueil d'argent, pendu à des chaînes d'argent.

LES MIRACLES DU BIENHEUREUX APÔTRE THOMAS[363] (peu après le milieu du IVe s.)

2. Thomas, l'apôtre du Christ, vivait à Jérusalem. Un avertissement divin lui enjoignit d'aller dans l'Inde montrer la lumière de la vérité au peuple plongé dans les ténèbres. Je me souviens en effet d'avoir lu un livre racontant son voyage et les miracles qu'il accomplit en Inde.

3. Donc, comme le Seigneur exhortait souvent le bienheureux Thomas, comme nous l'avons dit, à visiter les régions de l'Inde citérieure et que, fuyant comme Jonas la face du Seigneur, il différait son départ et n'accomplissait pas les ordres divins, le Seigneur lui apparut la nuit en songe : « Ne crains pas, Thomas, dit-il, d'aller en Inde, car j'irai avec toi et ne t'abandonnerai pas... »

5. Le marchand fit ainsi, saisit saint Thomas, l'emmena à son navire et, s'embarquant, ils parvinrent le troisième mois en Inde citérieure. Le marchand étonné se demanda la raison de la rapidité de ce voyage toujours accompli en trois ans et réalisé cette fois en trois mois.

14. Cherchant le bienheureux apôtre, ils ne le trouvèrent pas, car il était déjà parti avec le marchand pour les régions ultérieures de l'Inde... **15.** Mais le roi lui-même, père de la jeune fille, dans son affliction, crut en notre Seigneur Jésus-Christ et, apprenant que le bienheureux apôtre était dans l'Inde ultérieure, partit avec tous les fidèles et le rejoignit...

30. Quand arriva l'apôtre, l'esprit impur lui dit : « Pourquoi nous persécutes-tu, Thomas, apôtre de dieu ? Tu nous as déjà chassés du reste de l'Inde et il n'est pas de lieu où fuir ta face. » Alors l'apôtre comprit que c'était le démon qu'il avait auparavant chassé de la femme de l'Inde seconde... **31.** Et le bienheureux Thomas prêchait par toute l'Inde, annonçant Notre Seigneur Jésus-Christ...

61. Cela détermina le roi de l'Inde Mesdeus[364] à jeter en prison l'apôtre Thomas, ainsi que son propre fils et beaucoup d'autres...

80. Mesdeus lui demanda pourquoi il était venu dans cette

defunctum ciuibus. Sicque factum est ut translatum esset de India corpus apostoli et positum in ciuitate Edissa in locello argenteo quod pendit ex catenis argenteis.

DE MIRACVLIS BEATI THOMAE APOSTOLI

2. Thomas autem apostolus Christi morabatur in Hierusalem. Tunc diuina commonitione iussus est Indiam ingredi ut scilicet populo qui iacebat in tenebris lumen ostenderet ueritatis. Nam legisse me memini quendam libellum in quo iter eius uel miracula quae in India gessit explanabantur.

3. Igitur cum saepe a domino commoneretur, ut diximus, beatus Thomas ut partes citerioris Indiae uisitaret et ille quasi Ionas a facie domini fugiens ire differet nec impleret quae sibi diuinitus praecipiebantur, apparuit ei dominus in uisu noctis dicens : « Ne timeas, Thomas, descendere in Indiam, ego enim uadam tecum et non te derelinquam... »

5. Quod cum negotiator fecisset, adprehensum sanctum Thomam deduxit ad nauem suam et ascendentes mense tertio in Indiam citeriorem euecti sunt. Obstupuitque negotiator causam uelocitatis eo quod iter illud quod semper in trium annorum spatio expediebatur nunc in tribus mensibus est impletum.

14. Et requirentes beatum apostolum non inuenerunt, iam enim cum negotiatore ad ulteriores Indiae partes processerat... 15. Sed et ipse rex qui erat pater puellae compunctus corde credidit in dominum Iesum Christum, et audiens beatum apostolum in ulteriore India commemorari abiit cum omnibus qui crediderant et peruenit ad eum...

30. Cumque uenisset apostolus, dicebat spiritus immundus : « Quid nos persequeris, Thomas apostole dei ? Iam enim de alia India nos eiecisti nec est locus in quo fugiamus a facie tua. » Tunc intellexit apostolus hoc esse daemonium quod eiecerat prius a muliere Indiae secundae... 31. Et praedicabat beatus Thomas per totam Indiam euangelizans dominum Iesum Christum...

61. Quo motus Mesdeus, rex Indiae, apostolum Thomam et filium suum Zuzanen et plures alios trusit in carcerem.

80. Quaesiuit Mesdeus in regionem illam Indiae qua ratione

région de l'Inde et apprit que l'apôtre était venu pour sauver beaucoup d'hommes et qu'il devait quitter ce monde de la main de Mesdeus.

DESCRIPTION DE L'UNIVERS ET DES NATIONS
(version d'un texte grec perdu : 359 p.C.)

15 Vient ensuite le peuple de Diva[365], au gouvernement également aristocratique. Son pays s'étend sur deux cent dix journées de marche.

16 Il y a ensuite l'Inde Majeure[366], d'où proviennent, dit-on, la soie et toutes les choses nécessaires. Ses habitants vivent de la même manière que leurs voisins et vivent bien. Ils habitent un grand et bon pays qui s'étend sur deux cent dix journées de marche.

17 Le pays d'Axoum est limitrophe ; on dit qu'il a des hommes forts et très valeureux à la guerre, et utiles en tout. C'est de là que l'Inde Mineure réclame du secours quand les Perses lui déclarent la guerre. Ils ont de tout en abondance et habitent un pays qui s'étend sur cent cinquante journées de marche.

18 Après eux, on trouve l'Inde Mineure au gouvernement aristocratique ; il y a chez eux une innombrable multitude d'éléphants, et les Perses en importent de chez eux en raison de cette multitude. Ils habitent un pays qui s'étend sur quinze journées de marche.

35 Alexandrie est une très grande ville... En effet, au-delà de la Thébaïde, elle touche au peuple des Indiens et elle exporte partout tout ce qu'elle en reçoit.

HILAIRE DE POITIERS (IVe s. ; mort en 367)

Commentaire sur les Psaumes. Psaume 64, 3 : <David> condamne toutes les espèces de superstitions étrangères à la religion de Dieu. Nombreux sont en effet ceux qui, placés au plus profond du gouffre de l'erreur, recommandent leur fausse doctrine par l'honnêteté d'un vain effort. C'est ainsi que nous voyons des philosophes supporter le froid le corps nu[367], et même les mages s'abstiennent de pratiquer l'amour.

uenisset, sed audiuit quia uenit apostolus ut plures saluaret et hoc ei debitum erat ut per manus Mesdei hunc mundum relinqueret.

EXPOSITIO TOTIVS MVNDI ET GENTIVM

15. Deinde Diua gens eodem modo reguntur a maioribus, habentes terram mansionum ducentarum decem.

16. Deinde est India maior, a qua <sericum> et omnia necessaria exire dicuntur. Similiter proximis uiuentes bene transigunt. Et habitant terram magnam et bonam mansionum ducentarum decem.

17. Deinde adiacet Exomia regio, quae dicitur uiros habere fortes et ualde industrios in bellis et utiles in omnibus. Vnde India minor, cum ei motus fuerit belli a Persis, petit auxilium. Qui in omnibus abundant. Et habitant terram mansionum centum quinquaginta.

18. Post hos India minor, cuius gens regitur a maioribus ; et ad eos elephantorum innumerabilis multitudo, et Persae ab ipsis accipiunt propter multitudinem. Habitant terram mansionum quindecim.

35. Alexandria autem ciuitas est ualde maxima... Supra caput enim habens Thebaidis Indorum genus et accipiens omnia praestat omnibus.

HILARIVS

Tractatus super psalmos : In psalm. 64, 3 : Omnia autem superstitionum genera quae extra religionem Dei sunt condemnat. Plures enim sunt in demersissimo erroris profundo locati, qui doctrinae suae peruersitatem quadam inanis laboris probitate commendent. Cernimus namque nudis philosophos corporibus algere ; ipso etiam coniugiorum usu magi abstinent.

EUTROPE, *Abrégé de l'histoire romaine* (dédié à Valens, empereur de 364 à 378)

7, 5 : Les Scythes et les Indiens, qui ignoraient jusque-là le nom des Romains, envoyèrent < à Auguste > des présents et des ambassadeurs[368].

8, 2 : < Trajan > s'avança jusqu'aux confins de l'Inde et à la mer Rouge ; il réduisit en provinces romaines l'Arménie, l'Assyrie et la Mésopotamie, avec les nations qui touchent à la Madène. Il réduisit ensuite l'Arabie en province et établit sur la mer Rouge une flotte pour ravager grâce à elle les frontières de l'Inde[369].

AMBROISE DE MILAN (mort en 397 p.C.)

Épître 37, 34-35 : Pour le mépris de la mort[370], je ne vais pas chercher les livres des philosophes ou les gymnosophistes de l'Inde dont on loue par-dessus tout la réponse faite par Calanus à Alexandre qui lui demandait de le suivre : « Quelle estime, dit-il, puis-je mériter quand tu me demandes d'aller en Grèce, si je puis être contraint d'agir contre ma volonté ? » Vraiment grande était l'autorité de sa parole, mais plus grande la liberté de son esprit. Il lui écrivit ensuite une lettre :
    « Calanus à Alexandre
    35 Tes amis te conseillent la violence et la contrainte envers les philosophes indiens, sans voir notre œuvre, même en songe. Tu transporteras nos corps d'un lieu à un autre, mais tu ne pourras forcer nos âmes à agir contre leur volonté, pas plus que les pierres et le bois à parler. Un feu intense cause une douleur brûlante à des corps vivants et les détruit : nous, nous sommes sur ce feu et sommes brûlés vivants. Il n'est ni roi ni prince qui nous contraigne à faire ce que nous n'avons pas décidé. Nous ne ressemblons pas aux philosophes de la Grèce qui s'intéressent aux paroles et non aux actes, afin d'étendre leur renommée : nous, nous associons les actes aux paroles et les paroles aux actes ; nos actes sont prompts, nos discours brefs ; pour nous, une liberté heureuse fait partie de la vertu. »

Hexaemeron 3, 9, 40 : Le serpent enlace l'éléphant, dont la chute tue son vainqueur[371]. Aussi le combat est-il acharné de part et d'autre, le premier cherchant à lier une patte sans avoir à souffrir de la chute de l'animal entravé, l'autre pour ne pas être pris par une patte de derrière, s'il vient le dernier, ou s'il se trouve dans un chemin étroit où il ne puisse ni se retourner lui-même et

EUTROPIVS

Breuiarium ab urbe condita, 7, 5 : Scythae et Indi, quibus antea Romanorum nomen incognitum fuerat, munera et legatos ad eum miserunt.

Ibid. 8, 2 : Vsque ad Indiae fines et mare Rubrum accessit, atque prouincias fecit Armeniam, Assyriam, Mesopotamiam cum his gentibus quae Madenam attingunt. Arabiam postea in prouinciae formam redegit ; in mari Rubro classem instituit ut per eam Indiae fines uastaret.

AMBROSIVS

Epist. 37, 34 : Non ego de contemptu mortis libros philosophorum depromo, aut gymnosophistas Indorum, quorum prae ceteris Calani laudatur responsum Alexandro, cum eum iuberet sequi : « Qua me, inquit, laude dignum Graeciam petere poscis, si possum cogi facere quod nolo ? » Et uere plenus auctoritatis sermo, sed magis mens plena libertatis. Denique et epistolam scripsit :

« Calanus Alexandro. »

35 « Amici persuadent tibi manus et necessitatem inferre Indorum philosophis, nec in somnis quidem uidentes nostra opera. Corpora enim transferes de loco ad locum, animas non coges facere quod nolunt, non magis quam saxa et ligna uocem emittere. Maximus ignis uiuentibus corporibus dolorem inurit, et gignit corruptionem : super hunc nos sumus ; uiuentes enim exurimur. Non est rex neque princeps qui extorqueat nobis facere quod non proposuimus. Nec similes sumus Graeciae philosophorum, qui uerba pro rebus meditati sunt ad opinionis celebritatem : nobis res sociae uerbis, et uerba rebus ; res celeres et sermones breues ; in uirtute nobis libertas beata est. »

Hexaemeron libri, 3, 9, 40 : Draco elephantem ligat, cuius ruina mors uictoris est. Et ideo summa ui utrimque certatur ; ille ut pedem alliget, in quo casus uincti sibi nocere non possit, iste ne posteriore extremus pede aut calle capiatur angusto, ubi uel ipse se non queat retorquere et draconem graui proterere uestigio, uel sequentis elephanti auxilium non habere.

écraser le serpent sous sa lourde patte, ni être secouru par l'éléphant qui le suit.

Hexaem. *3, 12, 52* [Évocation des grappes de raisins] : On croirait voir briller les hyacinthes et toutes les autres pierres, étinceler les indiennes, luire la beauté des pierres blanches.

Hexaem. *4, 6, 25* : A son lever, le soleil est identique pour les Indiens et les Bretons. Lorsqu'il s'incline au couchant, il ne paraît pas plus petit aux Orientaux qu'aux Occidentaux, ni, à son lever, les Occidentaux ne le jugent moins grand que les Orientaux.

Hexaem. *5, 23, 77* : Et, puisque nous parlons des oiseaux, nous ne jugeons pas déplacé d'y joindre ce que nous transmettent sur le ver indien l'histoire ou les récits de ceux qui l'ont pu voir[372]. Ce ver cornu, dit-on, prend d'abord l'aspect et la nature du chou, puis se développe et devient chrysalide ; elle ne garde pas cette forme et cet aspect, mais des membranes lâches et plus larges semblent lui donner des ailes. De ces membranes, les Sères détachent ces fils souples que les riches revendiquent pour leur propre usage.

Commentaire sur le Psaume XLV, 21 : S'ouvrirent < aux Apôtres > même des royaumes fermés par les montagnes des barbares, comme l'Inde à Thomas et la Perse à Matthieu.

AVIENUS, *La description du monde*[373] (IVe siècle, avant 387) :

v. 65-67 : Là où le jour naissant se lève rutilant et où une rougeur dorée teint au loin les ondes agitées, se trouve la mer orientale : ce sont dit-on, les flots indiens de la mer.

v. 755-757 [Les fêtes de Bacchus en occident] : C'est autrement que les Thraces au bord du fleuve Absinthos, les Bistoniennes nourricières[374] et les peuples Indiens, là où s'élance le Gange au courant rapide, célèbrent les fêtes de Lyaeus.

770

v. 769-782 : Alors s'élève au-desus des flots bleus l'île appelée d'un nom ancien l'île d'Or[375], parce que le disque doré du soleil y rougeoie davantage. Vois comme la mer se dirige vers l'auster et comme l'océan infléchit ses flots bleus vers le notus ; la haute croupe du rocher de Colias

775

t'apparaîtra bientôt et tu verras les hauteurs d'une vaste contrée. En face, présentant dans les ondes sa masse immense, l'île de Taprobane produit de hideux éléphants ;

Hexaem., 3, 12, 52 : Hyacinthos ceterasque gemmas fulgere existimes, coruscare indicos, albarum emicare gratiam.

Hexaem., 4, 6, 25 : Similis sol et Indis et Britannis eodem momento uidetur, cum oritur. Nec, cum uergit in occasum, minor apparet Orientalibus quam Occidentalibus, nec Occidentalibus, cum oritur, inferior quam Orientalibus aestimatur.

Hexaem., 5, 23, 77 : Et quia de uolatilibus dicimus, non putamus alienum ea complecti quae de uerme Indico tradit historia uel eorum relatio qui uidere potuerunt. Fertur hic corniger uermis conuerti primum in speciem caulis atque in eam mutari naturam ; inde processu quodam fieri bombylius, nec eam formam figuramque custodit, sed laxis et latioribus foliis uidetur pennas assumere. Ex his foliis mollia illa Seres depectunt uellera, quae ad usus sibi proprios diuites uindicarunt.

Enarratio in Psalmum XLV, 21 : Illis (sc. apostolis) quidem etiam interclusa barbaricis montibus regna patuerunt, ut Thomae India, Matthaeo Persia.

AVIENVS, *Descriptio orbis terrae*

v. 65-67 : At qua prima dies rutilo sustollitur ortu
           aureus et tremulas late rubor inficit undas,
           Eoum pelagus : freta dicunt Indica ponti.

v. 755-757 : Non sic Absynthi prope flumina Thraces et almae
            Bistonides ; non, qua celeri ruit agmine Ganges,
            Indorum populi stata curant festa Lyaeo.

v. 769-782 :
           Tum cyaneis erepit ab undis
770   insula, quae prisci signatur nominis usu
       aurea, quod fuluo sol hic magis orbe rubescat.
       Contemplator item, ceu se mare flectat in austrum,
       inque notum Oceanus freta ponti caerula curuet ;
       altaque Coliadis mox hic tibi dorsa patescent
775   rupis, et intenti spectabis caespitis arces.
       Pro quibus ingenti consistens mole per undas

au-dessus d'elle brûle l'astre embrasé du Cancer. Elle s'étend, immense, et déploie partout dans la mer ses vastes rivages. Sans cesse frôlent ses côtes des troupeaux de cétacés, monstres errants de la mer.

v. 892-897 : Voici ce que je dois dire : je n'ai jamais sillonné sur un navire les flots barbares des gouffres redoutables, ni je n'ai erré en tous lieux par le monde. Inspiré par Phébus, je chanterai le vaste fleuve du Gange, les hauteurs
895 du Caucase et les Ariens, habitants des halliers, et, guidé par les Muses, j'exposerai le tout en un poème véridique.

v. 1273-1278 : Le Cyrus traverse les plaines, le Choas-
1275 pès[376] force le passage dans les campagnes, roulant au loin des eaux indiennes, et, dans son onde, l'indigène cherche avec ardeur l'agate blonde. En effet, quand les pluies sont tombées dans la saison d'hiver et que le fleuve gronde, grossi par les averses que répand le ciel, il entraîne au loin les pierreries.

v. 1285-1360 : Au-dessus < des Carmaniens > s'étend la terre de Gédrosie voisine des flots de l'océan et, sur les bords du fleuve Indus, le Scythe proche du tiède auster habite la contrée de l'aurore. On l'appelle du moins le Scythe austral[377], car d'autres souffrent sous les rigueurs du
1290 pôle. L'Indus jaillissant d'une grotte des roches du Caucase dirige au loin ses eaux vers la mer Rouge et ses flots coulent droit en direction du midi. Ce sont ensuite les deux bouches de l'Indus entourant le vaste territoire de l'île de
1295 Pataléné. Ce fleuve sépare de ses flots d'innombrables nations, les Orites, les Arabes et les rapides Arachosiens, et le perfide Sage[378] ou ceux qui, sur une vaste terre inhospitalière, en nations séparées, séparés par des frontières, culti-
1300 vent les champs, unis par le même nom d'Ariens. Ces derniers, bien que parcourant toujours des sables stériles sans récolter les dons de Cérès, ni presser le moût nouveau sous le pressoir, ont imaginé de gagner leur vie grâce au rouge
1305 corail et de chercher les beaux saphirs dans leurs cachettes et les diamants si durs. Chantons, ô Calliope, les peuples et les royaumes de l'Inde. La dernière terre du monde est baignée par les flots de l'océan Indien ; c'est elle que, la première, le soleil chauffe de ses rayons, le soleil, fils

insula Taprobane gignit taetros elephantos,
et super aestiferi torrentur sidera cancri.
Haec immensa patet uastisque extenditur oris
780 undique per pelagus ; latus autem protinus olli
agmina cetosi pecoris, uaga monstra profundi,
adludunt.

    / / 774 coliadis *Cu* : calladis *E* coladis *A* / /

v. 892-897 :
Haec dicenda mihi ; nec diri gurgitis umquam
lustraui pinu freta barbara, nec uagus orbem
undique reptaui. Sic uasti flumina Gangis,
895 Caucaseas arces et dumicolas Arienos
incentore canam Phœbo, Musisque magistnis
omnia ueridico decurrens carmine pandam.

v. 1273-1278 :
Arua secat Cyrus, perrumpit rura Choaspes,
Indica prouoluens procul aequora, cuius ad undam
1275 incola flauentem studio sectatur achaten.
Nam cum brumali ceciderunt sidere nimbi,
imbribus et caelo fusis furit auctior amnis,
hos lapides late flumen trahit.

v. 1285-1360 :
1285 Hos super at tellus tendit Gedrosia glaebam
Oceani uicina fretis, et flumen ad Indum
Auroraeque latus Scytha miti proximus austro
accolit ; australis certe Scytha dicitur iste,
namque alii dura pulsantur desuper arcto.
1290 Indus Caucasiae prorumpens rupis ab antro
aduersum pelago Rubri procul aequoris amnem
porrigit, inque notum recto fluit agmine aquarum.
Ora dehinc Indo duo sunt, mediumque per agrum
insula se uasto fundit tergo Patalene.
1295 Innumeras idem dispescit flumine gentes,
Oritas Arabasque et ueloces Arachotas,
et Sagam infidum, uel qui per inhospita late
discreti populis, discreti finibus agri
arua agitant, uno sed nomine sunt Arieni.
1300 Hi quamquam steriles decurrant semper harenas,
munera nec carpant cerealia, nec noua prelo
musta premant, fuluo tamen inuenere corallo
pandere uiuendi commercia, quaerere pulchrae
sapphiri latebras et praeduros adamantas.
1305 Calliope, Indorum populos et regna canamus.

d'Hypérion, le soleil, bienfait du vaste monde, père des
astres, créateur de la lumière, force de l'éther. Mais les
1310   Indiens ont le teint laid, leurs cheveux sont toujours épars
et imitent la couleur de l'hyacinthe bleuâtre. Les uns
s'enfoncent dans le sol des régions escarpées pour tirer
avec précaution de sa cachette souterraine le minerai d'or ;
d'autres tissent des toiles et confectionnent des vêtements
1315   de lin ; d'autres découpent les défenses indiennes et travaillent l'ivoire ; beaucoup, quand les pluies d'hiver enflent les
fleuves au point que leur lit étend au loin la vaste surface
de ses eaux et que les flots dépassent les rives élevées,
1320   errent à la recherche du béryl ou du diamant que le courant rapide a arrachés aux profondeurs du sol pour les
entraîner au loin ; ils taillent aussi le jaspe vert glauque.
D'autres également, au bord de la mer, extraient les perles
des coquillages courbes ; d'autres, avec un grand soin,
fouillent les veines de pierre vert d'herbe, et cherchent dans
1325   la campagne les améthystes baignées d'une rougeur
exquise. La terre indienne en est toujours riche et le sol est
gonflé de ces pierres ; la contrée fertile est baignée par les
nombreuses rivières qui l'irriguent. Les hautes forêts éten-
1330   dent au loin leurs bras étalés, et la chevelure des bois a
toujours l'éclat du printemps.

Je vais maintenant t'exposer la forme des terres, je vais
maintenant chanter les fleuves, les montagnes dressées,
maintenant je dirai enfin les peuples d'une nation nombreuse. Sache que le territoire de l'Inde présente quatre
1335   côtés et forme autant d'angles sur chacun, fermant les
extrémités d'une terre oblique, comme une sorte de
rhombe. Du côté du zéphyr, l'Indus marque de son cours
la limite de la contrée qu'il sépare et, dans la direction du
notus, s'étend au loin l'onde de la mer Rouge. De même,
le Gange marque à l'orient la frontière[379] de la région, et le
1340   Caucase se dresse sous l'Ourse fille de Lycaon. Là où
l'Indus répand ses flots et roule ses eaux, se trouve le peuple des Dardanides[380], là où le grand Hydaspe absorbe
l'Acésinès descendu du plus haut des sommets rocheux. Un
troisième fleuve, le Cophès, traverse la région proche, et
1345   les Sabes occupent le centre de la contrée ; au voisinage vit
aussi la nation des Scodres[381], et les peuples des Peucaliens,
comme alignés, travaillent avec le soc de longues étendues
de terres ; puis ce sont les Gargarides, peuple soumis à
Bacchus, qui laboure la glèbe et célèbre ses mystères selon
1350   les rites. Là, l'Hypanis et le Cymandre[382] entraînant au loin

Vltima terrarum tellus aspergitur Indi
fluctibus Oceani ; primam coquit hanc radiis sol,
sol Hyperionius, sol magni gratia mundi,
astrorum genitor, lucis sator et uigor aethrae.
1310 Sed genti Indorum taeter color ; efflua semper
his coma, liuentes imitantur crine hyacinthos.
Pars subit abrupti sola caespitis, aurea ut illis
terrarum in latebris excudant caute metalla ;
pars telas statuunt et uestimenta laborant
1315 lintea ; pars Indi procurat segmina dentis
atque ebur inuigilat ; multi, qua flumina nimbis
auget hiems, uastum ut late trahat agmen aquarum
alueus et celsas euincant aequora ripas,
palantes obeunt beryllum, prona fluenta
1320 quem procul internis a finibus aut adamanta
detulerint ; his glauca dehinc tornatur iaspis.
Nec minus et bacas alii prope marmora curuis
excudunt conchis ; pars rursum diuite cura
herbosi lapidis uenas fodit, hique rubore
1325 suffusas blando quaerunt campis amethystos.
Horum diues enim tellus est Indica semper
et tali scrupo caespes tumet ; amnibus autem
fertilis inriguis crebro praelambitur ora ;
extendunt celsi uaga late brachia luci
1330 et uernat nemorum semper coma. Nunc tibi formam
terrarum expediam, nunc carmine flumina fabor,
nuc rigidos montes, nunc multae denique gentis
absoluam populos. Latera agris undique in Indis
quattuor esse tene ; coeant tot et anguli ab omni
1335 parte sibi, obliquae claudentes extima terrae,
ceu species rhombo est. Zephyri de partibus Indus
gurgitis occursu fit caesae terminus orae,
axe noti Rubri late salis obiacet unda.
Flumen item Ganges fit limes caespiti eoo,
1340 atque Lycaonia consurgit Caucasus arcto.
Aequore qua fuso laticem prouoluitur Indus,
Dardanidum gens est, ubi magnus sorbet Hydaspes
delapsum summa saxorum mole Acesinen.
Tertius amnis item secat agri proxima Cophes
1345 in medioque Sabae sunt caespite ; gens quoque Scodri
propter agit, populique dehinc uelut ordine facto
Peucaleum longas exercent uomere terras.
Gargaridae rursum : gens haec obnoxia Baccho
et glaebam sulcant et ritibus orgia ludunt.

ses eaux errantes, tous deux d'un grand débit, roulent dans
leurs flots l'or fauve loin des rochers de l'Hémodus ; ils
arrivent alors dans la plaine Gangétique[383], qui s'étend sous
1355   le souffle du notus, étalant ses champs, située jusqu'aux
hauteurs voisines de la cime de Colis. Colis elle-même se
penche vers les eaux de l'Océan peuplé de cétacés et son
sommet monte si haut dans les airs que sa roche élevée
arrête le vol des oiseaux[384]. Autour, la région du Gange est
1360   consacrée à Lyaeus et telle est, dit-on, l'origine de ce culte
éternel... [suit le récit du triomphe de Bacchus].

AURÉLIUS VICTOR (358-360 p.C.)

Livre des hommes illustres, 79, 5 : Les Indiens, les Scythes, les
Sarmates, les Daces, qu'< Auguste > n'avait pas vaincus, lui
envoyèrent des présents.

Livre des Césars, 1, 7 : < Auguste > fut si favorisé de la fortune (sauf toutefois dans ses enfants et son mariage) que les
Indiens, les Scythes, les Garamantes et les Bactriens lui envoyèrent des ambassadeurs pour demander son alliance.

Livre des Césars, 13, 3 : En même temps, jusqu'au soleil
levant, tous les peuples qui vivent entre les fleuves célèbres de
l'Indus et de l'Euphrate furent écrasés (sc. par Trajan).

Épitomé des Césars, 1, 9 : Les Indiens, les Scythes, les Garamantes, les Éthiopiens envoyèrent < à Auguste > des ambassadeurs avec des cadeaux.

Épitomé des Césars, 15, 4 : Et même, les Indiens, les Bactriens et les Hyrcaniens, informés de la justice d'un si grand
empereur [sc. Antonin le Pieux], lui envoyèrent des ambassadeurs[385].

Épitomé des Césars, 35, 2 : < Aurélien > ne fut pas inférieur
à Alexandre le Grand ou à César dictateur. En trois ans, en effet,
il reprit le monde romain aux usurpateurs, alors qu'Alexandre
parvint en treize ans en Inde par d'immenses victoires et que
Caius César soumit les Gaulois en dix ans...

1350 Hic Hypanis lateque trahens uaga terga Cymander,
     magnus utrimque modi dimittitur, Hemodique
     rupe procul fuluum prouoluunt fluctibus aurum ;
     nec minus hic campos intrant Gangetidis orae,
     quae per flabra noti fuso distenditur agro,
1355 usque in celsa iacens confinia Colidis arcis.
     Colis <at> ipsa dehinc cetosi uergit in aequor
     Oceani, tantoque iugo subit aetheris auras,
     arceat alituum subducta ut rupe uolatum.
     Sed circum Gangis regio est deuota Lyaeo
1360 perpetuique sacri talis narratur origo...

AVRELIVS VICTOR

De uiris illustribus, 79, 5 : Indi, Scythae, Sarmatae, Daci, quos non domuerat, dona miserunt.

Liber de Caesaribus, 1, 7 : Felix adeo (absque liberis tamen simulque coniugio), ut Indi, Scythae, Garamantes ac Bactri legatos mitterent orando foederi.

Liber de Caesaribus, 13, 3 : Simul ad ortum solis cunctae gentes quae inter Indum et Euphratem amnes inclitos sunt contusae.

Epitome de Caesaribus, 1, 9 : Ad hunc Indi, Scythae, Garamantes, Aethiopes legatos cum donis miserunt.

Epitome de Caesaribus, 15, 4 : Quin etiam Indi, Bactri, Hyrcani legatos misere iustitia tanti imperatoris comperta...

Epitome de Caesaribus, 35, 2 : Iste haud dissimilis fuit Magno Alexandro seu Caesari dictatori. Nam Romanum orbem triennio ab inuasoribus receptauit, cum Alexander annis tredecim per uictorias ingentes ad Indiam peruenerit et Gaius Caesar decennio subegerit Gallos.

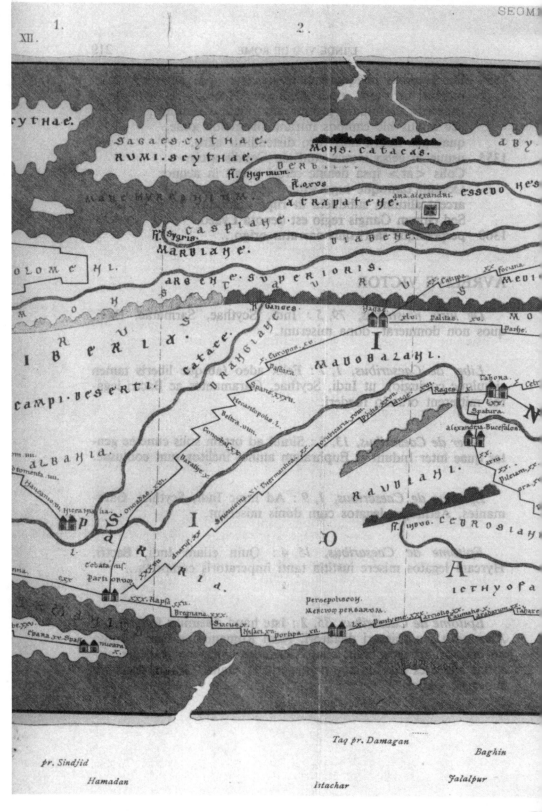

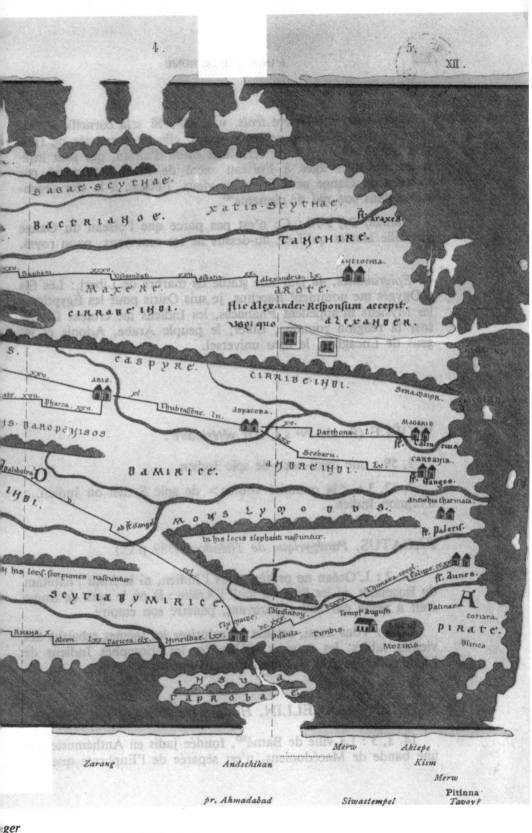

Zarang   Andschikan   Merw   Aktepe   Kism

Merw

pr. Ahmadabad   Siwastempel   Pitinna   Tavov?

...ger
...me de la seconde moitié du 4e siècle

AUSONE (IVᵉ s.)

Griphe sur le nombre trois, v. 13-17 : Si <la corneille> réunit neuf fois la durée de trois siècles, elle est surpassée de trois fois trois Nestors par les cerfs aux pieds d'airain, qui sont inférieurs de trois âges à l'oiseau sacré de Phébus surpassé par l'oiseau du Gange neuf fois plus vieux, l'oiseau à la tête rayonnante dans son nid de cinname[386].

Épitres, 24, 9-10 : Ce n'est pas parce que l'oiseau du Gange vit mille années qu'il est au-dessus de tes cent yeux, paon royal.

Épigrammes, 48 [sur une statue de marbre de Liber] : Les fils d'Ogygès me nomment Bacchus, je suis Osiris pour les Égyptiens, les Mysiens m'appellent Phanacès, les Indiens me croient Dionysos, la religion romaine, Liber, le peuple Arabe, Adonis et les gens de Lucagnac, le dieu universel.

VÉGÈCE (fin du IVᵉ s.), *Art vétérinaire :*

1, 59 : une demi-once de spic Indien.

3, 13, 3 : <la quantité voulue> de spic Syrien ou Indien..., d'oignon Indien...

PACATUS, *Panégyrique de Théodose* (389 p.C.)

12, 2 : L'Océan ne protège plus l'Indien, ni le froid l'habitant du Bosphore, ni les feux du midi l'Arabe : là où le nom de Rome était à peine parvenu auparavant, pénètre son empire.

44, 5 : Vous aussi, artistes..., méprisez les thèmes rebattus des vieilles fables, les travaux d'Hercule, les triomphes Indiens de Liber et les guerres des monstres anguipèdes.

AMMIEN MARCELLIN, *Histoire* (vers 390)

14, 3, 3 : La ville de Batné[387], fondée jadis en Anthémusie par une bande de Macédoniens, n'est séparée de l'Euphrate que par

AVSONIVS

Griphus ternarii numeri, v. 13-17 :
Quam nouies terni glomerantem saecula tractus
uincunt aeripedes ter terno Nestore cerui,
tris quorum aetates superat Phoebeius oscen,
quem nouies senior Gangeticus anteit ales,
ales cinnameo radiatus tempora nido.

Epist. 24, 9-10 :
Nec quia mille annos uiuit Gangeticus ales,
uincit centum oculos, regie pauo, tuos.

Epigr. 48 :
Ogygidae me Bacchum uocant,
Osirin Aegypti putant,
Mysi Phanacen nominant,
Dionyson Indi existimant,
Romana sacra Liberum,
Arabica gens Adoneum,
Lucaniacus Pantheum.

VEGETIVS, *Ars ueterinaria*

1, 59 : spicae Indicae semunc.

3, 13, 3 : spicae Syriacae, spicae Indicae, ...cepae Indicae...

PACATVS, *Panegyricus Theodosio Augusto dictus*

12, 2 : Non Oceano Indus, non frigore Bosforanus, non Arabs medio sole securus est : quo uix peruenerat nomen ante Romanum, accedit imperium.

4, 4, 5 : Vos quoque... artifices, uulgata illa ueterum fabularum argumenta despicite, Herculeos labores et Indicos Liberi triumphos et anguipedum bella monstrorum.

AMMIANVS MARCELLINVS, *Res gestae*

14, 3, 3 : Batne municipium, in Anthemusia conditum Macedonum manu priscorum, ab Euphrate flumine breui spatio dispa-

une courte distance ; elle est pleine de riches marchands quand
une fête annuelle, vers le début de septembre, rassemble pour une
foire une foule de toutes conditions pour acheter les produits
envoyés par les Indiens et les Sères, et beaucoup d'autres transportés d'ordinaire par terre et par mer.

22, 7, 10 [Julien reçoit des ambassades à Constantinople en
362] : La crainte de son arrivée s'étant répandue largement chez
les peuples voisins et lointains, des députations arrivaient de toute
part plus rapidement qu'à l'ordinaire : d'un côté les peuples au-
delà du Tigre demandant la paix et les Arméniens, de l'autre les
nations indiennes depuis les Dives et les Sérendives[388], envoyant à
l'envi leurs notables à l'avance avec des présents.

22, 8, 23 [Description de la Thrace] : Après avoir parcouru les
régions mentionnées, on arrive à la grotte d'Aulion et à la rivière
Callichorus[389], ainsi nommée de ce que Liber, revenu dans cette
contrée après avoir vaincu au bout de trois ans les nations indiennes, renouvela les orgies et les danses sur ses bords verdoyants et
ombreux.

23, 6, 13 [Géographie de la Perse] : Au midi < le pays >
regarde la Mésopotamie[390]. Face au levant, il s'étend jusqu'au
Gange, qui partage le territoire des Indiens et se jette dans la mer
australe.

23, 6, 33 [Sur l'origine de la magie perse] : Pénétrant hardiment dans les régions inconnues de l'Inde Supérieure, il (sc. le
mage bactrien Zoroastre[391]) parvint à un lieu boisé solitaire dont
l'esprit sublime des Brahmanes goûte le silence tranquille ; leur
enseignement l'instruisit — autant qu'il put le comprendre — des
lois réglant les mouvements de l'univers et des astres, et des rites
purs des cérémonies sacrées ; il inculqua à l'intelligence des Mages
certaines des connaissances acquises que ceux-ci transmettent,
avec l'art de prédire l'avenir, de génération en génération aux
âges postérieurs.

23, 6, 72-73 [L'Arachosie] : Après < les Drangiens >, on voit
en face l'Arachosie, tournée vers la droite, face à l'Inde. Un
cours d'eau bien plus petit, issu de l'Indus, le plus grand des fleuves, qui a donné son nom à ces régions, la baigne de ses eaux
abondantes et forme un marais appelé « la source d'Arachos ».
C'est là aussi que, parmi d'autres villes obscures, se trouvent
Alexandrie, Arbaca et Choaspa[392]. **73** Mais c'est dans la partie la
plus reculée de la Perse qu'est la Gédrosie qui touche aux frontières de l'Inde sur sa droite, fécondée surtout par l'Arabius, entre

ratur, refertum mercatoribus opulentis, ubi annua sollemnitate, prope septembris initium mensis, ad nundinas magna promiscuae fortunae conuenit multitudo ad commercanda quae Indi mittunt et Seres aliaque plurima uehi terra marique consueta.

22, 7, 10 : Proinde timore eius aduentus per finitimos longeque distantes latius explicato, legationes undique solito ocius concurrebant : hinc Transtigritanis pacem obsecrantibus et Armeniis, inde nationibus Indicis certatim cum donis optimates mittentibus ante tempus ab usque Diuis et Serendiuis.

22, 8, 23 : Praetercursis partibus memoratis Aulion antron est et fluenta Callichori ex facto cognominati quod superatis post triennium Indicis nationibus ad eos tractus Liber reuersus circa huius ripas uiridis et opacas orgia pristina reparauit et choros.

23, 6, 13 : Mesopotamiam sub axe meridionali despectat. Orienti a fronte contrarius ad Gangen extenditur flumen, quod Indorum intersecans terras in pelagus eiectatur australe.

23, 6, 33 : Qui cum superioris Indiae secreta fidentius penetraret, ad nemorosam quandam uenerat solitudinem, cuius tranquillis silentiis praecelsa Brachmanorum ingenia potiuntur, eorumque monitu rationes mundani motus et siderum purosque sacrorum ritus, quantum colligere potuit, eruditus, ex his quae didicit aliqua sensibus Magorum infudit, quae illi cum disciplinis praesentiendi futura per suam quisque progeniem posteris aetatibus tradunt.

23, 6, 72-73 : Post quos exaduersum Arachosia uisitur, dextrum uergens in latus, Indis obiecta. Quam ab Indo fluuiorum maximo, unde regiones cognominatae sunt, amnis multo minor exoriens aquarum adluit amplitudine efficitque paludem : Arachotos crenen appellant. Hic quoque ciuitates sunt, inter alias uiles, Alexandria et Arbaca et Choaspa. **73** At in penitissima parte Persidos Gedrosia est, dextra terminos contingens Indorum, inter minores alios Arabio uberior flumine, ubi montes deficiunt Arbitani ; quorum ex pedibus imis emergentes alii fluuii Indo miscen-

autres rivières de moindre importance, là où cessent les monts Arbitans ; naissant tout à leur pied, d'autres rivières se mêlent à l'Indus en perdant leur nom au profit du plus important. Il y a là, outre les îles, des villes célèbres, mais Ragirava et « Port aux femmes » sont considérées comme plus belles que les autres.

23, 6, 85 : Chez les Indiens et les Perses, on trouve les perles dans des coquillages marins durs et blancs, conçues grâce à la fécondation par la rosée à une saison déterminée de l'année[393].

28, 1, 13 [Sous Valentinien, 369-372] : La disposition naturelle persistante de Maximin pour nuire fut accrue par l'arrivée d'un collègue de même caractère et par le plaisir du décret lui conférant une haute dignité. Aussi, sautant de joie, tournant les pieds de côté et d'autre, il semblait danser plutôt que marcher, cherchant à imiter les Brahmanes qui, au dire de certains, avancent en planant parmi les autels[394].

31, 2, 16 : Dans une autre partie de la région, près du séjour des Amazones, se trouvent les Alains[395] orientés au levant, divisés en nations populeuses et importantes, tournées vers les contrées d'Asie, et s'étendant, ai-je appris, jusqu'au Gange, fleuve qui traverse les territoires des Indiens et se jette dans la mer australe.

ÉPIGRAMMES DE BOBBIO (fin du IVᵉ s.)

20. Tit. La pierre améthyste
Quelle est cette pierre ? — Une améthyste[396]. — Et celui-ci ? — C'est moi, Iacchus, le buveur. Nous sommes Indiens tous les deux, mais d'effets dissemblables : elle se vante de briser les forces de ma liqueur, et moi d'enivrer de vin pur les buveurs.

SULPICE SÉVÈRE (extrême fin du IVᵉ s.)

Chroniques, 2, 11, 7 [La dispersion des tribus au temps de la captivité de Babylone] : Mais dix tribus emmenées d'abord et dispersées chez les Parthes, les Mèdes, les Indiens et les Éthiopiens ne sont jamais revenues sur le sol de leur patrie et obéissent aujourd'hui à des nations barbares.

Chroniques, 2, 13, 4 [L'édit d'Aman contre les Juifs de Babylone] : On promulgua un édit requérant la mise à mort des Juifs et on envoya incontinent des gens le proclamer dans tout le royaume de l'Inde à l'Éthiopie[397].

tur mittentes nomina magnitudine potioris. Ciuitates autem etiam hic sunt inclutae praeter insulas, sed Ragiraua et Gynaecon limen meliores residuis aestimantur.

Ragiraua *Fontaine ex Ptol.* : ratira *V* ratyra *Gel.* / / gynaecon *Gel. ex Ptol. :* cyne con *V.*

23, 6, 85 : Apud Indos et Persas margaritae reperiuntur in testis marinis robustis et candidis, permixtione roris anni tempore praestituto conceptae.

28, 1, 13 : Auxit obstinatum Maximini ingenium ad laedendum aduentus collegae similis et litterarum cum ampla dignitate dulcedo. Ideoque pedes huc et illuc exsultando contorquens saltare, non incedere uidebatur, dum studebat inter altaria celsius gradientes (ut quidam memorant) imitari Brachmanas.

31, 2, 16 : Parte alia prope Amazonum sedes Halani sunt orienti acclines, diffusi per populosas gentes et amplas, Asiaticos uergentes in tractus, quas dilatari ad usque Gangen accepi, fluuium intersecantem terras Indorum mareque inundantem australe.

EPIGRAMMATA BOBIENSIA

20. Tit. : Amethystus gemma
Quis lapis hic ? — Amethystus — At hic ? — Ego potor Iacchus,
    Ambo Indi, uerum uiribus impariles :
Ille mei laticis iactat se uincere uires,
    ast ego potantes ebrificare mero.

SVLPICIVS SEVERVS

Chronica, 2, 11, 7 : Decem uero (sc. tribus) prius deductae per Parthos, Medos, Indos atque Aethiopas dispersae numquam in solum patrium regressae, hodieque barbararum gentium imperiis continentur.

Chronica, 2, 13, 4 : Edictum emittitur Iudaeos necandos, missique continuo qui per omne regnum ab India usque Aethiopiam promulgarent.

CLAUDIEN (fin du IVᵉ s.)

Panégyrique des consuls Probinus et Olybrius (395 p.C.), v. 80 : [Le char de Rome est accompagné de la Force et de la Peur] soit qu'elle marche contre les Parthes soit que de sa lance elle trouble les eaux de l'Hydaspe[398].

Ibid. v. 160-163 : [La déesse Rome à l'empereur] : Daigne consentir ; ainsi puissions-nous soumettre l'Araxe scythe et les deux rives du Rhin, puissent les Mèdes être soumis et les tours de la ville de Sémiramis trembler devant nos enseignes, et le Gange stupéfait couler à travers des villes romaines.

Ibid. 169-173 : On verra le Nil déborder en plein hiver, les daims errer sur les fleuves, le noir Indus être pris par les glaces et le soleil épouvanté par le festin de Thyeste s'arrêter une nouvelle fois et revenir se réfugier en Orient avant que Probus puisse s'effacer de notre mémoire.

Contre Rufin, 1, 291-293 : Devant ce monstre [399], ce n'était pas seulement un marais, une île qui tremblaient, mais tout le monde soumis aux Latins frémissait d'horreur, des Ibères au Gange.

Ibid. 1, 372-374 : Honorius[400] va venir, promesse d'un âge heureux, aussi courageux que son vaillant père et que son brillant frère ; il domptera les Mèdes et terrassera les Indiens de sa lance.

Ibid. 2, 242-243 [L'armée acclame Stilicon, ministre d'Honorius] Si tu gagnes les mers de l'Inde et les golfes de la mer Rouge, j'irai avec toi boire l'eau de l'Hydaspe qui roule de l'or.

La guerre contre Gildon[401], 454-457 : La loi latine, jadis bornée par Méroé et par la mer Rouge, ne dépasse pas la mer Thyrrhénienne, et l'empire de Rome, dont ni le Nil ni l'Inde ne marquaient le terme, sera-t-il désormais limité à la Trinacrie ?

Contre Eutrope, 1, 225-228 : Que l'Inde t'enrichisse de ses énormes pierreries, les Arabes de leurs parfums, les Sères de leur soie, il n'est personne de si pauvre, de si démuni qui veuille avoir la fortune et le corps d'Eutrope[402].

CLAVDIANVS

Panegyricvs dictvs Probino et Olybrio consvlibvs, 80 :
siue petat Parthos seu cuspide turbet Hydaspen.

Ibid. 160-163 :
　　Adnue : sic nobis Scythicus famuletur Araxes,
　　sic Rhenus per utrumque latus, Medisque subactis
　　nostra Semiramiae timeant insignia turres,
　　sic fluat attonitus Romana per oppida Ganges.

Ibid. 169-173 :
　　Ante dabunt hiemes Nilum, per flumina dammae
　　errabunt glacieque niger damnabitur Indus,
　　ante Thyesteis iterum conterrita mensis
　　intercisa dies refugos uertetur in ortus
　　quam Probus a nostro possit discedere sensu.

In Rufinum, 1, 291-293 :
　　Hoc monstrum non una palus, non una tremebat
　　insula, sed Latia quidquid dicione subactum
　　uiuit et a primis Ganges horrebat Hiberis.

Ibid. 1, 372-374 :
　　Iamque aderit laeto promissus Honorius aeuo
　　nec forti genitore minor nec fratre corusco,
　　qui subiget Medos, qui cuspide proteret Indos.

Ibid. 2, 242-243 :
　　Indorum si stagna petas Rubrique recessus
　　litoris, auriferum ueniam poturus Hydaspen.

De bello Gildonico, 454-457 :
　　Ius Latium, quod tunc Meroë Rubroque solebat
　　Oceano tingi, Tyrrhena clauditur unda,
　　et cui non Nilus, non intulit India metas,
　　Romani iam finis erit Trinacria regni ?

In Eutropium, 1, 225-228 :
　　　　Te grandibus India gemmis,
　　te foliis Arabes ditent, te uellere Seres,
　　nullus inops adeo, nullum sic urget egestas
　　ut uelit Eutropii fortunam et membra pacisci.

Ibid. 1, 356-357 [L'annonce du consulat d'Eutrope] : Autant croire à des hommes enfermés dans des coquilles, à toutes les fariboles que nourrit l'Inde, peintes sur les tissus de Judée.

Ibid. 2, 326-332 : Vinrent de jeunes effrontés et de vieux débauchés qui ont gagné leur gloire à table et leur célébrité en combinant des mets compliqués, qui réveillent leur appétit à prix d'or et offrent à leur palais des nourritures importées d'au-delà de l'empire, les oiseaux constellés de Junon et l'oiseau vert doué de la parole venu de chez les Indiens basanés[403].

Épithalame d'Honorius et de Marie, 214-217 : Que le dais brodé de pierreries repose sur des colonnes peintes comme l'opulente Lydie n'en éleva pas pour Pélops, ni les Bacchantes à Lyaeus avec les dépouilles des Indiens et le pampre ombreux.

Panégyrique sur le troisième consulat d'Honorius, 201-211 : Je vois déjà Babylone conquise, le Parthe contraint à trembler dans une fuite non feinte, Bactres soumis à vos lois et pâlir le Gange aux rives asservies... Rien de ce qu'embrasse le monde n'échappera à vos lois. La mer Rouge vous donnera ses coquillages précieux, l'Inde son ivoire, la Panchaïe ses rameaux à parfum, les Sères leur soie.

Sur le quatrième consulat d'Honorius, 257-260 : Étendrais-tu ta domination sur les Indiens au bout du monde, le Mède, l'Arabe amolli et le Sère t'adoreraient-ils, si tu es mené par la crainte, les mauvais désirs et la colère, tu subiras le joug d'un esclavage.

Ibid. 599-601 : Qui a uni les pierreries à la pourpre ? Qui a mêlé les feux de la mer de Sidon à ceux de la mer Rouge ? Les Phéniciens ont donné leur teinture, les Sères leurs tissus, l'Hydaspe le poids de ses joyaux.

Ibid. 608-610 [Le triomphe de Bacchus] : Les Satyres l'entourent, les Ménades échevelées enchaînent les Indiens de lierre victorieux, le Gange enivré se couvre de sarments ennemis.

Sur le consulat de Manlius, 28-29 : Puis te furent confiées la terre des Macédoniens et les murailles de Pella[404], autrefois enrichie par la conquête de l'Hydaspe.

Ibid. 1, 356-357 :
Iam cochleis homines iunctos et quidquid inane
nutrit Iudaicis quae pingitur India uelis.

Ibid. 2, 326-332 :
Iuuenes uenere proterui
lasciuique senes, quibus est insignis edendi
gloria corruptasque dapes uariasse decorum,
qui uentrem inuitant pretio traduntque palato
sidereas Iunonis aues et si qua loquendi
gnara coloratis uiridis defertur ab Indis,
quaesitos trans regna cibos.

Epithalamium de nuptiis Honorii Augusti, 214-217 :
Stamine gemmato picturatisque columnis
aedificetur apex, qualem non Lydia diues
erexit Pelopi nec quem struxere Lyaeo
Indorum spoliis et opaco palmite Bacchae.

Panegyricus de tertio consulatu Honorii Augusti, 201-211 :
Iam uideo Babylona rapi Parthumque coactum
non ficta trepidare fuga, iam Bactra teneri
legibus et famulis Gangen pallescere ripis
. . . .
Vestri iuris erit quidquid complectitur axis.
Vobis Rubra dabunt pretiosas aequora conchas,
Indus ebur, ramos Panchaia, uellera Seres.

Panegyricus de quarto consulatu Honorii Augusti, 257-260 :
Tu licet extremos late dominere per Indos,
te Medus, te mollis Arabs, te Seres adorent :
si metuis, si praua cupis, si duceris ira,
seruitii patiere iugum.

Ibid., 599-601 :
Quis iunxit lapides ostro ? Quis miscuit ignes
Sidonii Rubrique maris ? Tribuere colorem
Phoenices, Seres subtegmina, pondus Hydaspes.

Ibid., 608-610 :
Satyri circum crinemque solutae
Maenades adstringunt hederis uictricibus Indos,
ebrius hostili uelatur palmite Ganges.

Panegyricus dictus Manlio Theodoro consuli, 28-29 :
Inde tibi Macetum tellus et credita Pellae
moenia, quae famulus quondam ditauit Hydaspes.

Sur le consulat de Stilicon, 1, 157-158 : [Théodose avait entraîné avec lui tout l'Orient] : Là étaient dressées les tentes peintes des Saces, les tentes colorées de Mèdes et celles de l'Indien basané[405], ornées de pierreries.

Ibid. 1, 266-267 : [La terreur ne fut pas plus grande que] celle du Gange, lorsque Porus, monté sur l'énorme animal, s'avançait au milieu des Indiens lançant de loin leurs traits.

Sur le sixième consulat d'Honorius, v. 414-416 [Discours de la déesse Rome] : Le Tigre et l'Euphrate tremblaient-ils moins quand le Mède et l'Indien venaient dans ma citadelle demander mon alliance et souhaiter la paix[406] ?

Ibid. 560-564 : Ces joues brillantes de jeunesse en fleur, ces cheveux ceints du diadème, ces membres que verdit une trabée ornée de pierreries, ces épaules vigoureuses et ce cou comparable à celui de Lyaeus dressé au milieu des émeraudes de la mer Rouge font l'admiration sans borne des dames.

Le vieillard de Vérone, 17-18 : Vérone, toute voisine, lui semble plus lointaine que les noirs Indiens, et le lac Bénacus est pour lui la mer Rouge.

Supplique à Adrien, 19 : Il rendit à Porus, son prisonnier, une Inde agrandie.

Le Phénix, 1-2 : Il est un bois verdoyant au bord le plus reculé de l'Océan, par-delà les Indiens et l'Eurus...

Ibid. 96-100 : [là où le Phénix dépose, en Égypte, les restes paternels] : Les autels exhalent une fumée divine et les parfums de l'Inde, répandus jusqu'aux marais de Péluse, pénètrent les narines, emplissent les hommes d'effluves salutaires, et parfument d'une odeur plus suave que le nectar les sept bouches du sombre Nil.

L'aimant, 13-15 : Mais si tu considères les merveilleuses propriétés de cette pierre sombre, elle surpasse alors les belles parures et tout ce que l'Indien recueille sur les rivages orientaux dans les algues de la mer Rouge.

L'enlèvement de Proserpine, 2, 81-82 [énumération des parfums] Tout ce qu'exhale la Panchaïe aux forêts productrices d'encens, tout ce dont l'Hydaspe parfumé charme au loin l'odorat.

De consulatu Stiliconis, 1, 157-158 :
> Hic picta Saces fucataque Medus,
> hic gemmata niger tentoria fixerat Indus.

Ibid., 1, 266-267 :
> Non Ganges (sc. intremuit), cum tela procul uibranti-
> bus Indis
> inmanis medium uectaret belua Porum.

Panegyricus de sexto consulatu Honorii Augusti, 414-416 :
> Leuiusue timebant
> Tigris et Euphrates, cum foedera Medus et Indus
> hinc peteret pacemque mea speraret ab arce ?

Ibid., 560-564 :
> Conspicuas tum flore genas, diademate crinem
> membraque gemmato trabeae uiridantia cinctu
> et fortes umeros et certatura Lyaeo
> inter Erythraeas surgentia colla smaragdos
> mirari sine fine nurus.

De sene Veronensi, 17-18 :
> Proxima cui nigris Verona remotior Indis
> Benacumque putat litora Rubra lacum.

Deprecatio ad Hadrianum, 19 :
> Tradita captiuo spatiosior India Poro.

Phœnix, 1-2 :
> Oceani summo circumfluus aequore lucus
> trans Indos Eurumque uiret...

Ibid., 96-100 :
> Diuino spirant altaria fumo
> et Pelusiacas productus ad usque paludes
> Indus odor penetrat nares completque salubri
> tempestate uiros et nectare dulcior aura
> ostia nigrantis Nili septena uaporat.

Magnes, v. 13-15 :
> Sed noua si nigri uideas miracula saxi,
> tunc pulchros superat cultus et quidquid Eois
> Indus litoribus Rubra scrutatur in alga.

De raptu Proserpinae, 2, 81-82 :
> quidquid turiferis spirat Panchaia siluis,
> quidquid odoratus longe blanditur Hydaspes...

Ibid. 3, 324-325 [Cérès à la recherche de sa fille] : Je foulerai l'Atlas à la limite de l'Occident et mes torches illumineront l'Hydaspe.

RUFIN D'AQUILÉE (fin du IVe siècle)

Histoire ecclésiastique, 1, 9 : Dans la division du monde opérée par les apôtres par tirage au sort pour prêcher la parole de Dieu, lors de la répartition des provinces, la Parthie échut à Thomas, l'Éthiopie à Matthieu et l'Inde citérieure contiguë à Barthélémy[407]. Au centre, entre celle-ci et la Parthie, mais loin à l'intérieur, se trouve l'Inde ultérieure habitée par des nations et des langues nombreuses et variées ; du fait de son éloignement, elle n'avait pas été marquée par le soc de la prédication apostolique, mais, à l'époque de Constantin, elle reçut les premières semences de la foi pour la raison suivante. Un philosophe du nom de Métrodore, désireux d'explorer la région et de visiter le monde, s'enfonça, dit-on, en Inde ultérieure. Suivant son exemple, et pour la même raison, un philosophe de Tyr, Méropius, voulut se rendre en Inde, emmenant avec lui deux jeunes gens qu'en tant que ses proches il formait aux belles lettres...

SAINT JÉRÔME (écrit entre 380 et 420 p.C.)

Chronique d'Eusèbe, a. Abrahae 686 : Dionysus, nommé aussi Liber Pater, lors de sa guerre contre les Indiens, fonda la ville de Nysa[408] sur les bords du fleuve Indus.

Chron. a. Abr. 1689 : Alexandre prend le rocher d'Aornis et franchit le fleuve Indus.

Chron. a. Abr. 1690 : Guerre d'Alexandre en Inde contre Porus et Taxile.

Chron. a. Abr. 1991 : Les Indiens envoyèrent une ambassade demander l'amitié d'Auguste.

Géographie et toponymie du pays hébreu, p. 117, 1-8 De Lagarde (390 p.C.) : Évila, qui produit l'or le plus pur (en hébreu, *zaab*) et les pierres les plus précieuses, l'escarboucle et l'émeraude. C'est une région tournée vers l'Orient, entourée par le Phison qui sort du Paradis, et que nous appelons d'un autre nom, le Gange[409]. Mais Évila était aussi le nom d'un descendant de Noé qui, d'après Josèphe, posséda avec ses frères le territoire qui va du fleuve Céphen et de l'Inde jusqu'au lieu appelé Hiéria.

Ibid., 3, 324-325 :
Primo calcabitur Atlas
occasu facibusque meis lucebit Hydaspes.

RVFINVS

Historia ecclesiastica, 1, 9 : In ea diuisione orbis terrae, quae ad praedicandum uerbum Dei sorte per apostolos celebrata est, cum aliae aliis prouinciae obuenissent, Thomae Parthia et Matthaeo Aethiopia eique adhaerens citerior India Bartholomaeo dicitur sorte decreta. Inter quam Parthiamque media, sed longo interior tractu, India ulterior iacet, multis uariisque linguis et gentibus habitata, quam uelut longe remotam nullus apostolicae praedictionis uomer impresserat, quae tamen temporibus Constantini tali quadam ex causa semina fidei prima suscepit. Metrodorus quidam philosophus inspiciendorum locorum et orbis perscrutandi gratia ulteriorem dicitur Indiam penetrasse. Cuius exemplo etiam inuitatus Meropius quidam Tyrius philosophus simili ex causa adire Indiam uoluit habens secum duos puerulos, quos liberalibus litteris utpote propinquos instituebat...

HIERONYMVS

Chronicon Eusebii ad annum Abrahae 686 : Dionysus, qui et Liber Pater, aduersus Indos dimicans, Nysam urbem iuxta Indum flumen condidit.

Chron. a. Abrahae 1689 : Alexander Aornim petram capit et Indum amnem transgreditur.

Chron. a. Abrahae 1690 : Bellum Alexandri in India aduersum Porum et Taxilen.

Chron. a. Abrahae 1991 : Indi ab Augusto per legatum amicitiam postularunt.

De situ et nominibus locorum Hebraicorum (p. 117, 1-8 De Lagarde) : Euila, ubi aurum purissimum (quod hebraïce dicitur zaab) et gemmae pretiosissimae, carbunculus smaragdusque nascuntur. Est autem regio ad Orientem uergens, quam circumit de paradiso Phison egrediens, quem nostri mutato nomine Gangen uocant. Sed et unus de minoribus Noe Euila dictus est, quem Iosephus refert cum fratribus suis a flumine Cephene et regione Indiae usque ad eum locum qui appellatur Hieria possedisse.

Ibid., p. 122, 23-27 : Fison, qui signifie « foule » : c'est le fleuve que nous appelons le Gange[410], issu du Paradis et coulant en direction du territoire de l'Inde avant de se jeter dans l'Océan. Selon l'Écriture, il entoure la région entière d'Évila, où se trouve un or de la meilleure qualité, l'escarboucle et le prase.

Ibid., p. 144, 21-25 : Ophir[411], d'où, comme on lit dans les livres des Rois, l'or était apporté à Salomon. Il y eut, d'autre part, un descendant d'Héber du nom d'Ophir, dont les descendants, selon Josèphe, habitaient du fleuve Cophèn à la région de l'Inde appelée Hiéria ; c'est de lui, je pense, que la région tient son nom.

Ibid., p. 149, 1-5 : Sofera[412], montagne orientale de l'Inde, au pied de laquelle habitèrent les fils d'Iectan, fils d'Heber, dont Josèphe rapporte qu'ils vinrent du fleuve Cofèn et des contrées de l'Inde jusqu'à la région appelée Iéria. Mais c'est aussi de là que la flotte de Salomon transportait tous les trois ans diverses marchandises.

Contre Jovinien, 1, 42 (392 p.C.) : Chez les gymnosophistes de l'Inde se transmet comme de la main à la main une opinion qui fait autorité : Budda[413], le fondateur de leur secte, aurait été créé du flanc d'une vierge. Rien d'étonnant chez des barbares, puisque les Grecs si sages ont imaginé aussi que Minerve était sortie de la tête de Jupiter et Liber Pater de sa cuisse.

Ibid., 1, 44 : Les Indiens, comme presque tous les barbares, ont un grand nombre de femmes. C'est la règle chez eux que la femme la plus aimée soit brûlée avec son mari défunt[414]. Elles disputent donc entre elles de l'amour de leur mari, et l'ambition suprême de leur rivalité, qui est aussi une preuve de chasteté, est d'être jugée digne de mourir. Ainsi celle qui l'a emporté s'allonge auprès du cadavre sans changer de costume et de parure, l'étreint, l'embrasse et, dans la gloire de sa chasteté, fait fi des feux allumés au-dessous d'elle. Je pense qu'en mourant ainsi elle refuse de secondes noces.

Ibid., 2, 7 : Les Perses, Les Mèdes, les Indiens et les Éthiopiens, dont les empires sont considérables et égalent l'empire romain[415], épousent leurs mères et leurs grand-mères, leurs filles et leurs petites-filles.

Ibid., 2, 14 : Le Babylonien Bardesanès[416] divise les gymnosophistes, chez les Indiens, en deux sectes : l'une est celle des Brahmanes, l'autre des Samanées ; ils sont si sobres qu'ils vivent des

De situ, p. 122, 23-27 : Fison, quod interpretatur caterua, fluuius quem nostri Gangen uocant, de paradiso exiens et pergens ad Indiae regiones, post quas erumpit in pelagus. Dicit autem Scriptura circumiri ab hoc uniuersam regionem Euila, ubi aurum praecipuum nascitur et carbunculus lapis et prasinus.

De situ, p. 144, 21-25 : Ophir, unde, sicut in Regnorum libris legimus, aurum afferebatur Salomoni. Fuit autem unus de posteris Heber, nomine Ophir, ex cuius stirpe uenientes a fluuio Cophene usque ad regionem Indiae quae uocatur Hieria habitare refert Iosephus, a quo puto et regionem uocabulum consecutam.

De situ, p. 149, 1-5 : Sofera mons orientis in India, iuxta quem habitauerunt filii Iectan filii Heber, quos Iosephus refert a Cofene flumine et Indiae regionibus usque ad id locorum peruenisse, ubi adpellatur regio Ieria. Sed et classis Salomonis per triennium hinc quaedam commercia deportabat.

Aduersus Iouinianum, 1, 42 : Apud gymnosophistas Indiae quasi per manus huius opinionis auctoritas traditur, quod Buddam principem dogmatis eorum a latere suo uirgo generarit. Nec hoc mirum de barbaris, cum Mineruam quoque de capite Iouis et Liberum Patrem de femore eius procreatos doctissima finxerit Graecia.

Aduersus Iouinianum, 1, 44 : Indi, ut omnes paene barbari, uxores plurimas habent. Apud eos lex est ut uxor carissima cum defuncto marito cremetur. Hae igitur contendunt inter se de amore uiri, et ambitio summa certantium est ac testimonium castitatis dignam morte decerni. Ita uictrix in habitu ornatuque pristino iuxta cadauer accubat, amplexans illud et deosculans et suppositos ignes pudicitiae laude contemnens. Puto quae sic moritur secundas nuptias non requirit.

Aduersus Iouinianum, 2, 7 : Persae, Medi, Indi et Aethiopes, regna non modica et Romano regno paria, cum matribus et auiis, cum filiabus et neptibus copulantur.

Aduersus Iouinianum, 2, 14 : Bardesanes, uir Babylonius, in duo dogmata apud Indos gymnosophistas diuidit, quorum alterum appellat Brachmanas, alterum Samanaeos ; qui tantae conti-

fruits des arbres sur les bords du Gange ou d'une nourriture commune de riz ou de farine ; et quand le roi leur rend visite, il a coutume de les vénérer et de croire que la paix de sa province repose sur leurs prières.

Commentaire de l'évangile de Matthieu, 23, 6, p. 168[A] (398 p.C.) ; Les Pharisiens, par une mauvaise interprétation (sc. de *Deut.* 6, 8), écrivaient sur un parchemin le Décalogue de Moïse, c'est-à-dire les dix commandements de la loi, qu'ils pliaient et attachaient sur leur front, en faisant comme une couronne, afin de les avoir toujours devant les yeux[417] ; ainsi font encore aujourd'hui les Indiens, les Perses et les Babyloniens, et celui qui le porte est tenu pour ainsi dire pour consacré chez les Gentils.

Correspondance, 37, 2 (384 p.C.) : Tu voudrais savoir si la pierre tharsis[418] est de la chrysolithe ou de l'hyacinthe, comme le veulent divers traducteurs, à la ressemblance de laquelle est décrit l'aspect de Dieu, pourquoi, dit-on, le phophète Jonas veut aller à Tharsis et pourquoi Salomon et Josaphat, aux livres des Rois, ont possédé des navires qui importaient habituellement de Tharsis des marchandises ou y faisaient commerce. La réponse est facile : il y a un mot homonyme qui désigne une région de l'Inde ainsi que la mer elle-même, parce qu'elle est bleue et que souvent, frappée par les rayons du soleil, elle emprunte la couleur des pierres en question et tient son nom de sa couleur ; cependant Josèphe pense que les Grecs, en substituant la lettre tau, ont dit Tarsus pour Tharsis.

Ibid. 46, 10 (392-393 p.C.) [Les pèlerinages aux lieux saints] : Pourquoi rappeler les Arméniens, les Perses, les peuples de l'Inde et de l'Éthiopie, et l'Égypte elle-même, voisine et fertile en moines, le Pont et la Cappadoce, la Célésyrie, la Mésopotamie et tous les pèlerins de l'Orient ?

Ibid. 53, 1 (394-396 p.C.) : Apollonius[419] — qu'il soit un mage, comme le dit le vulgaire, ou un philosophe, selon la tradition pythagoricienne — entra chez les Perses, traversa le Caucase, le pays des Albains, des Scythes et des Massagètes, pénétra dans les richissimes royaumes de l'Inde et enfin, après avoir franchi le très large fleuve Phison, parvint chez les Brahmanes pour y entendre Hiarcas siégeant sur un trône d'or et buvant à la fontaine de Tantale enseigner à un petit nombre de disciples la nature, les mouvements et la course des astres.

Ibid. 59, 5 (après 393 p.C.) [De l'ubiquité de Dieu le Verbe] : Il se trouvait en tous lieux : avec Thomas dans l'Inde[420], avec

nentiae sint ut uel pomis arborum iuxta Gangen fluuium uel publico orizae uel farinae alantur cibo, et cum rex ad eos uenerit, adorare illos solitus sit pacemque suae prouinciae in illorum precibus arbitrari sitam.

Commentarius in euangelium Matthaei, 23, 6 p. 168[A] : Hoc Pharisaei male interpretantes scribebant in membranulis Decalogum Moyses, id est decem uerba legis, complicantes ea et ligantes in fronte et quasi coronam capitis facientes ut semper ante oculos mouerentur ; quod usque hodie Indi, Persae et Babylonii faciunt, et qui hoc habuerit quasi religiosus in populis iudicatur.

Epistula, 37, 2 : Quaeras si tharsis lapis chrysolithus sit aut hyacinthus, ut diuersi interpretes uolunt, ad cuius similitudinem Dei species describatur, quare Ionas propheta Tharsis ire uelle dicatur, et Salomon et Iosaphat in Regnorum libris naues habuerint quae de Tharsis solitae sint adferre uel exercere commercia. Ad quod facilis responsio est homônymon esse uocabulum, quod et Indiae regio ita appelletur et ipsum mare, quia caeruleum sit et saepe solis radiis repercussum colorem supra dictorum lapidum trahat, a colore nomen acceperit, licet Iosephus tau littera commutata Graecos putet Tarsum appellasse pro Tharsis.

Epist. 46, 10 : Quid referamus Armenios, quid Persas, quid Indiae et Aethiopum populos ipsamque iuxta Aegyptum fertilem monachorum, Pontum et Cappadociam, Syriam Coelen et Mesopotamiam cunctaque orientis examina ?

Epist., 53, 1 : Apollonius — siue ille magus, ut uulgus loquitur, siue philosophus, ut Pythagorici tradunt — intrauit Persas, transiuit Caucasum, Albanos, Scythas, Massagetas, opulentissima Indiae regna penetrauit et ad extremum latissimo Phison amne transmisso peruenit ad Bragmanas, ut Hiarcam in throno sedentem aureo et de Tantali fonte potantem inter paucos discipulos de natura, de motibus ac de siderum cursu audiret docentem.

motibus *Vallarsi, cf. Manilius, 1, 197 :* moribus *codd.*

Epist., 59, 5 : In omnibus locis uersabatur (sc. Deus Sermo) : cum Thoma in India, cum Petro Romae, cum Paulo in Illyrico,

Pierre à Rome, avec Paul en Illyrie, avec Tite en Crète, avec
André en Achaïe, avec chacun des apôtres et des hommes aposto-
liques dans chaque région et dans toutes.

Ibid. 60, 4 (396 p.C.) : L'immortalité de l'âme et sa subsistance après la dissolution du corps[421], qu'a rêvées Pythagore, que
Démocrite n'admit pas, sujet des discussions de Socrate dans sa
prison pour se consoler de sa condamnation, l'Indien, le Perse, le
Goth, l'Égyptien en font leur doctrine.

Ibid. 65, 15 (397 p.C.) : Ophir[422] est une sorte d'or qui doit
son nom à une localité de l'Inde ou à sa couleur ; il existe en
effet sept noms de l'or chez les Hébreux.

Ibid. 70, 4 (397-398 p.C.) : Pantène, philosophe de la secte
stoïcienne[423], à cause du renom de son extraordinaire érudition,
fut envoyé par l'évêque d'Alexandrie Démétrius dans l'Inde pour
y prêcher le Christ chez les Brahmanes et chez les philosophes de
cette nation.

Ibid. 107, 2 (400 p.C.) [Sur l'évangélisation des barbares] : De
l'Inde, de la Perse et de l'Éthiopie nous recevons tous les jours
des foules de moines. l'Arménien a déposé son carquois, les Huns
apprennent le psautier, les glaces de la Scythie brûlent de la chaleur de la foi...

Ibid. 107, 8 (400 p.C.) : D'ailleurs, ce que fait partiellement la
superstition juive en proscrivant certains animaux et certaines
nourritures, la règle qu'observent les Brahmanes de l'Inde et les
gymnosophistes d'Égypte en se nourrissant exclusivement de
bouillie d'orge, de riz et de fruits, pourquoi une vierge du Christ
ne le réaliserait-elle pas entièrement ?

Ibid. 125, 3 : Ceux qui naviguent dans la mer Rouge, où nous
devons souhaiter que le vrai Pharaon soit englouti avec son
armée, parviennent au prix de beaucoup de difficultés et de dangers à la ville d'Axoum[424]... Le voyage est heureux si, au bout de
six mois, ils touchent au port de la ville susdite. C'est là que
commence à s'ouvrir l'Océan, par lequel une année entière suffit
à peine pour atteindre l'Inde et le fleuve du Gange, le Phison de
l'Écriture Sainte, qui entoure tout le pays d'Évilat et charrie,
dit-on, toutes sortes d'aromates issus de la source du Paradis. Là
naissent l'escarboucle, l'émeraude, les perles éclatantes de blancheur, les perles de grosse taille, qui allument la convoitise des
dames de la noblesse ; des montagnes d'or dont des dragons, des
griffons et des monstres énormes interdisent l'accès aux hommes,
pour nour montrer quels sont les gardiens de la cupidité.

cum Tito in Creta, cum Andrea in Achaia, cum singulis apostolis et apostolicis uiris in singulis cunctisque regionibus.

Epist., 60, 4 : Immortalem animam et post dissolutionem corporis subsistentem quod Pythagoras somniauit, Democritus non credidit, in consolationem damnationis suae Socrates disputauit in carcere, Indus, Persa, Gothus, Aegyptius philosophantur.

Epist., 65, 15 : Ophir genus auri est uel a loco Indiae uel a colore nomine indito ; septem quippe apud Hebraeos auri uocabula sunt.

Epist., 70, 4 : Pantaenus, Stoicae sectae philosophus, ob praecipuae eruditionis gloriam a Demetrio, Alexandriae episcopo, missus est in Indiam ut Christum apud Bragmanas et illius gentis philosophos praedicaret.

Epist., 107, 2 : De India, Perside et Aethiopia monachorum cotidie turbas suscipimus. Deposuit faretras Armenius, Huni discunt psalterium, Scythiae frigora feruent calore fidei.

Epist., 107, 8 : Alioquin quod Iudaica superstitio ex parte facit in eiuratione quorumdam animalium atque escarum, quod Indorum Bragmanae et Aegyptiorum gymnosophistae in polentae et orizae et pomorum solo obseruant cibo, cur uirgo Christi non faciat in toto ?

Epist., 125, 3 : Nauigantes Rubrum mare, in quo optandum nobis est ut uerus Pharao cum suo mergatur exercitu, multis difficultatibus ac periculis ad urbem Axumam perueniunt... Felix cursus est, si post sex menses supradictae urbis portum teneant, a quo se incipit aperire Oceanus ; per quem uix anno perpetuo ad Indiam peruenitur et ad Gangem fluuium (quem Phison Sancta Scriptura commemorat), qui circuit omnem terram Euilat et multa genera pigmentorum de paradisi dicitur fonte euehere. Ibi nascitur carbunculus et smaragdus et margarita candentia et uniones, quibus nobilium feminarum ardet ambitio ; montesque aurei, quos adire propter dracones et gryphas et immensorum corporum monstra hominibus impossibile est, ut ostendatur nobis quales custodes habeat auaritia.

Axumam *Desanges* : maximam *codd.* : Auxumam *Vallarsi*

Ibid. 146, 1 : Il ne faut pas croire qu'il existe une église pour la ville de Rome et une autre pour tout l'univers. Les Gaules, les Bretagnes, l'Afrique, la Perse, l'Orient, l'Inde et toutes les nations barbares adorent le même Christ, observent la même règle de vérité.

Ibid. 146, 2 : Tout ce qui est rare est plus recherché. Chez les Indiens, le pouliot a plus de prix que le poivre[425].

Vulgate, Job, 28, 16 : < La Sagesse divine > ne sera pas évaluée avec les étoffes peintes de l'Inde[426] ni avec l'onyx très précieux ni avec le saphir.

Comm. sur Isaïe, 2, 16 : Josèphe pensait que Tharsis était la ville de Tarse[427] en Cilicie ; selon d'autres, c'est une région de l'Inde et c'est aussi le nom d'une pierre faisant partie des douze gemmes, que nous appelons chrysolithe, parce qu'elle ressemble à la couleur de la mer. Mais mieux vaut comprendre Tharsis simplement au sens de mer ou d'océan. Jonas, parti de Joppé ne pouvait en effet naviguer jusqu'en Inde, car on n'y peut parvenir par cette mer.

Comm. sur Isaïe, 13, 12 : Sophir : c'est une région de l'Inde où se trouve le plus bel or.

ANONYME. *Épitomé de l'Histoire d'Alexandre* (IVᵉ-Vᵉ s.)

36-39 : Après une marche de 230 stades tout droit à travers le territoire des Nyséens, < Alexandre > parvint à l'improviste à la ville de Nysa[428]. Quand les habitants s'en aperçurent, il lui envoyèrent une délégation d'anciens pour traiter de la paix ; ceux-ci jugèrent bon de représenter au roi dans leurs prières comment Liber Pater, dans ses pérégrinations, avait fondé la ville de Nysa et la nation des Nyséens, forte de cinquante mille hommes, et lui montrèrent au loin un mont qu'il avait, d'après sa descendance, appelé Méros et dont ils lui signalèrent les beautés. 37 Puis, tous en pleurs, ils se mirent à le supplier de ne pas détruire les souvenirs et les bienfaits de Liber Pater ; Alexandre leur accorda la liberté de leur ville, leur rendit tous leurs biens et donna le pouvoir à Acuphis. Alexandre lui demanda de lui envoyer cent notables choisis. 38 Acuphis répondit qu'aucun peuple ne pouvait subsister si on lui enlevait les cent meilleurs : « Si tu veux notre bien, emmène plutôt les deux cents plus grandes fripouilles. » Alexandre trouva cette réponse amusante et juste. Il monta ensuite au mont Méros. Tout le territoire abondait en eau

Epist., 146, 1 : Nec altera Romanae urbis ecclesia, altera totius orbis aestimanda est. Et Gallia et Brittaniae et Africa et Persis et Oriens et India et omnes barbarae nationes unum Christum adorant, unam obseruant regulam ueritatis.

Epist., 146, 2 : Omne quod rarum est plus adpetitur. Puleium apud Indos pipere pretiosius est.

Vulg., Iob, 28, 16 : Non conferetur (sc. Sapientia) tinctis Indiae coloribus nec lapidi sardonycho pretiosissimo uel sapphiro.

In Isaiam, 2, 16 : Iosephus Tharsis urbem Ciliciae Tarsum arbitrabatur ; alii regionem putant Indiae et hoc nomine etiam de duodecim gemmis lapidem appellari qui apud nos uocatur chrysolithus ob marini coloris similitudinem. Melius autem est Tharsis uel mare uel pelagus absolute accipere. Neque enim Ionas de Ioppe nauigans ad Indiam poterat peruenire, ad quam illo mari non potest nauigari.

In Isaiam, 13, 12 : Sophir : est autem Indiae locus in quo aurum optimum nascitur.

RES GESTAE ALEXANDRI

36-39 : Ex eo protinus progressus CCXXX stadia per agrum Nysaeum peruenit ad oppidum Nysam imprudentibus Nysaeis. Oppidani ubi id senserunt, legatos ad eum maiores natu pacificatum miserunt ; hisque placuit in deprecando regi demonstrare quem ad modum Liber Pater, cum perambulasset, oppidum Nysam et ciuitatem Nysaeorum, hominum L milia, constituisset montemque procul ostenderunt, quem ille ex progenie sua Meron appellasset, quantaque amoenitate esset demonstrauerunt. **37** Deinde simul omnes flentes, ne Liberi Patris monimenta ac beneficia tolleret obsecrare coeperunt, hisque Alexander oppidi libertatem suaque omnia reddidit A*cuphin*que imperio praefecit. Eumque Alexander petit ut uiros bonos centum electos secum mitteret. **38** A*cuphis* respondit nullam ciuitatem stare posse ex qua optimi C abducti essent. « Si nos, inquit, uis saluos, potius improbissimos abduc ducentos ». Id Alexandro ridiculum et uerum uisum est. Deinde et Meron ascendit. Totus ager aqua abundabat et omnium generum arborum feracissimarum ubertate erat repletus. **39...** Deinde ad oppidum Mazaga accessit, in quo regnauit Assa-

et était couvert d'une abondance d'arbres très productifs de toutes les espèces. **39** ... Il parvint ensuite à la ville de Mazaga, où avait régné Assacanus, après la mort duquel sa mère, Cléophis, avait pris le pouvoir avec son petit-fils.

46 : Parti de là, il parvint à la ville de Bagasdara[429], dont Hercule, disait-on, n'avait pu s'emparer. Quand les barbares le virent, ils se réfugièrent sur le mont Aornus, dont le tour était de cent stades et le sommet à une hauteur de 17 stades. Il était tout plein d'oiseaux de toutes sortes, qui imitaient la voix humaine.

66-67 : Il parvint ensuite à la ville où régnait Sophitès. Celui-ci vint au-devant d'Alexandre avec de nombreux présents, parmi lesquels d'énormes chiens très vigoureux[430]. Voulant montrer au roi leur valeur, il fit entrer un lion dans un enclos, puis introduire deux chiens. Tandis qu'ils pressaient le lion après l'avoir cloué au sol, il fit couper la patte de l'un d'eux ; celui-ci ne poussa pas un cri et n'en lâcha pas davantage le lion. Les crocs plantés, il le tint jusqu'à ce qu'il perdît la vie avec son sang par la patte coupée. **67** Comme le roi demandait d'où venaient ces qualités, Sophitès dit qu'il existait en cette région un fauve terrible, le tigre, merveilleusement rapide et vigoureux. Son nom venait de sa rapidité. C'est pourquoi les Perses donnent le nom de « tigres » à leurs flèches et, pour la même raison, de Tigre au plus rapide de tous les fleuves. Il expliqua qu'ils avaient coutume de laisser attachées la nuit dans les bois des chiennes dont le tigre tuait les unes et couvrait les autres, et que cela donnait les chiens les plus hargneux.

71-74 : Cependant les philosophes indiens[431] qui habitaient cette région, se contentant d'un seul manteau double pour tout vêtement, envoyèrent à Alexandre la lettre suivante :

72 « Les philosophes indiens à Alexandre de Macédoine. Nous avons appris que tes amis te poussent à porter la guerre sur notre territoire et à nous faire violence. Ils n'ont jamais connu notre genre de vie, même en songe. Si tu les écoutes, tu pourras seulement déplacer nos corps, mais ni tu n'emmèneras nos esprits ni tu ne les contraindras par la pire des violences à faire quoi que ce soit malgré eux. **73** ... Ce qui nous vient de la divinité sera plus que tout dans la main des dieux. Nous nous efforçons de connaître ce que nous pensons être précieux et utile dans la vie, et nous usons gratuitement de ce que possèdent les autres, eux qui, ne pouvant l'acquérir sans frais, font volontiers notre éloge. **74** Nous ne ressemblons pas aux philosophes grecs, qui ne valent que par leurs discours. Chez nous, les paroles s'accordent aux actes et les

cenus, cuius post mortem mater Cleophis cum eius filio patrium
imperium obtinebat.

37. Acuphinque *Thomas, cf. Plut., Alex. 58* : augypemque *D* / / 38. Acuphis : augypes *D.*

46 : Hinc profectus Bagasdaram oppidum deuenit, quod dice-
batur Hercules expugnare non potuisse. Hunc ubi barbari cons-
pexerunt, in montem Aornum confugerunt, cuius circuitus stadia
C, altitudo XVII erant in summo uertice. Hic erat plenissimus
omnium generum auium quae uoces imitarentur hominum.

66-67 : Ita progressus peruenit ad oppidum in quo Soph*ites*
regnabat. Hic cum multis muneribus obuiam uenit Alexandro ; in
his canes maximos fortissimosque donauit. Horum cum uirtutem
ostendere regi uellet, in clusum quemdam locum intromisit leonem, deinde canes admisit duo. Cum leonem ad terram datum
urguerent, interim uni crus ferro abscidi praecepit, cum ille neque
uocem mitteret neque leonem ideo magis amitteret. Ita dentibus
appressis eo usque tenuit dum anima cum sanguine ipsi crure
secto omnis effluxit. **67** Horum uirtutum causam cum rex quaereret, Soph*ites* tigrim esse quandam bestiam dixit, quae in his locis
formidolosissima mirabili cum uelocitate ac uiribus esset. Ob cele-
ritatem id nomen esse impositum. Ideo Persas sagittas tigres
uocare eademque causa flumen Tigrin appellari, quod is rapidissi-
mus esset omnium fluminum. His canes feminas solere noctu in
siluis alligatas relinqui hasque ab ea bestia partim interfici, partim
iniri et eum fetum canum multo acerrimum esse demonstrauit.

66. Sophites *Thomas* : sophes *D* / / 67. Sophites *Thomas* : sophes *D.*

71-74 : Interim Indorum philosophi, qui in his regionibus
habitabant, qui amiculo duplici contenti reliquo uestitu carebant,
litteras Alexandro hoc exemplo miserunt :

72 « Indorum philosophi Alexandro Macedoni. Auditum est te
ab amicis induci nostris ut regionibus bellum inferas nobisque uti
manus adferas ; quibus nostrae modus uitae ne in somnum quidem uenit umquam. Quibus si oboedieris, corpora modo nostra
loco mouebis, animos quidem neque deduces neque inuitos facere
quicquam coges ui maxima. **73...** Quod uero diuinitus tributum
est, id potissimum in manu deorum erit. Nos, quae cara atque
utilia in uita esse putamus, ea damus operam ut cognoscamus,
hisque gratis abutimur quae ceteri possident ; quae cum nisi
impensa consequi nequiuerint, nos laudant libenter. **74** Neque nos
Graecorum philosophorum, modo qui uerbis ualent, sumus similes. Apud nos digna uerba factis, < facta > similia uerbis exis-
tunt. Itaque maximum pretium accipimus quod ueritatem ac liber-

actes sont calqués sur les paroles. C'est pourquoi notre bien le plus précieux est de posséder depuis très longtemps la vérité et la liberté. Ne t'efforce donc pas de faire violence à des gens à qui tu ne peux rien ôter malgré eux. Si, au contraire, tu le cherches, tu te montreras injuste et ennemi de la vertu que les hommes de bien pratiquent avec ardeur.

78-84 : Alors Alexandre[432] s'adressa en ces termes aux dix philosophes capturés dans la ville (sc. des Oxydraques) : « Puisque, philosophes indiens, vous vous êtes déclarés nos ennemis < ... >, il vaut mieux prêter attention à ce que je vais dire. Chacun de vous devra répondre à mes questions < ... > et tous les autres périr. » **79** Leur chef demanda alors qu'il soit permis à chacun d'eux d'adjoindre une explication à sa réponse. Alexandre l'autorisa...

Question : « Y a-t-il plus de morts ou de vivants ? » L'Indien répondit : « Plus de vivants, car on ne peut dénombrer des gens qui n'existent pas. »

Question : « Y a-t-il plus d'animaux marins ou terrestres ? » Réponse : « Terrestres, car la terre renferme la mer elle-même dans son sein. »

Question : « Quel est l'animal le plus habile ? » Réponse : « Celui qu'aucun homme ne connaît ».

80 Question : « Pourquoi avez-vous donné au roi Sambus le conseil de me faire la guerre ? » Réponse : « Pour qu'il vécût noblement ou mourût noblement. »

Question : « De la nuit ou du jour, quel est le plus ancien ? » Réponse : « La nuit est d'un jour plus ancienne que le jour. »

Puis, comme Alexandre se demandait quelle question poser, l'Indien le remarqua et dit : « A question hésitante, réponse hésitante. »

81 Question : « Que doit faire un homme pour être agréable à tous ? » Réponse : « Quand il sera tout puissant, veiller à ne pas se montrer cruel. »

Question : « Comment peut-on croire qu'un simple homme est un dieu ? » Réponse : « S'il a fait ce que ne peut faire aucun mortel. »

Question : « Qui l'emporte de la mort ou de la vie ? » Réponse : « La vie, parce qu'elle donne l'existence à ceux qui n'étaient pas, tandis que la mort anéantit ceux qui existent. »

82 Question : « Quelle est la durée utile de la vie d'un homme ? » Réponse : « Jusqu'au moment où il comprend que la mort lui est plus utile que la vie. »

Puis Alexandre demanda au dernier quel était, à son avis,

tatem habemus antiquissimam. Noli igitur studere uim adhibere his quibus inuitis adimere nihil potes. Haec si contra tendes, iniustus atque alienus uirtute uidebere quam uiri boni colunt studiose. »

78-84 : Tum philosophos qui in oppido erant deprehensi numero X hosce adortus sic est : « Quandoquidem, Indi philosophi, uos hostes nobis esse declarauistis < ... > melius est enim animaduertere quae dicam. Vnumquemque uestrum quod interrogauero ad id respondeat. < ... > ceteri moriantur ». **79** Deinde princeps eorum petiit ut unicuique eorum < rationem ad > responsum addere liceret ; id Alexander permisit...

Alexander dixit utrum mortuorum an uiuorum numerus esset maior. Indus respondit : « Viuorum. Nam, inquit, illis qui nulli sunt nullus numerus potest esse. »

Alexander dixit marinae an terrenae bestiae plures essent. Indus respondit : « < Terrenae. Nam > in terra, inquit, ipsum mare continetur ».

Alexander dixit : « Quae bestiarum sapientissima est ? » Indus respondit : « Ea, inquit, < quam nemo > hominum quae sit nouit. »

80 Alexander dixit : « Quam ob causam Sambo regi consilium dedistis ut mecum bellum gereret ? » Indus respondit : « Vt, inquit, aut honeste uiueret aut honeste moreretur. »

Alexander dixit : « Vtrum nox an dies prior natus ? » Indus respondit uno die prius noctem quam diem natam.

Deinde cum Alexander dubitaret quid interrogaret, animaduertit Indus et ait : « Dubitationem interrogandi dubitatio solet respondendi sequi. »

81 Alexander dixit : « Quid homo debet facere ut omnibus iocundus sit ? » Indus respondit : « Si, inquit, cum potentissimus erit, dabit operam ne acerbus esse uideatur. »

Alexander dixit quo pacto ipse homo deus posset existimari. Indus respondit : « Si, inquit, quod mortalium facere nemo potest fecerit. »

Alexander dixit utrum plus mors an uita ualeret. Indus respondit : « Vita, inquit, ideo quod uita ex nullis ut sint facit ; mors autem ex his qui sunt ut nulli sint efficit. »

82 Alexander dixit : « Quandiu utile est homini uiuere ? » Indus respondit : « Adeo, inquit, dum ipse intellegit sibi utiliorem mortem esse quam uitam. »

Deinde Alexander reliquus qui erat eum interrogauit quis

celui d'entre eux qui avait fait la plus mauvaise réponse, en lui
interdisant de juger par complaisance. **83** Celui-ci, qui ne voulait
pas que son jugement cause la mort de quelqu'un, répondit qu'ils
avaient répondu plus mal les uns que les autres. « Qu'ils meurent
donc tous, dit Alexandre, et toi aussi, leur chef, qui as si mal
jugé. » Alors le chef des Indiens : « Alexandre, un roi ne doit pas
mentir. Celui de vous, as-tu dit, à qui j'aurai demandé de juger,
je le renverrai s'il a bien jugé. » <...> Eh bien, mon jugement,
loin d'être faux, est exact <...>. Il n'est pas juste que l'un de
nous soit condamné par l'effet de mon jugement <...>. Il ne
convient donc pas qu'un de nous périsse sur ton ordre. <...> ce
n'est en effet pas à nous, mais à toi de faire en sorte que nous ne
mourions injustement. »

84 Après les avoir entendus, Alexandre, appréciant leur
sagesse, les fit vêtir et renvoyer.

VIBIUS SEQUESTER (Lexique des noms géographiques) (IVᵉ-Vᵉ s.)

68 : Le Gange, fleuve d'Orient, très large, bordant l'Inde, sur
lequel, après l'Océan, Alexandre craignit de naviguer, le seul
fleuve coulant en direction de l'Orient[433].

76 : L'Hydaspe, fleuve de l'Inde ou de Médie[434], descend du
Caucase et se jette dans l'Indus.

88 : L'Indus limite l'Inde au couchant et lui donne son nom ;
il reçoit l'Hydaspe qui descend du Caucase.

241 : Le Caucase, montagne de l'Inde touchant à la Parthie et
à l'Hyrcanie.

281 : Nysa, en Inde.

320 : Les Éthiopiens, les Indiens, en Asie.

332 : Les Gangarides, en Inde.

334 : Les Indiens, les Arabes, en Asie.

JULIUS PARIS (IVᵉ-Vᵉ s.)

Abrégé de Valère Maxime, 3, 3, ext. 6 : Il est en Inde,
croit-on, des gens qui passent nus tout le temps de leur vie et
s'exposent aux flammes sans exhaler de plaintes ; on les appelle
gymnosophistes[435].

eorum qui dixerant uideretur deterrime respondisse. Simul inter-
dixit ne quid gratiae causa iudicaret. **83** Et ille, cum nollet suo
iudicio quemquam perire, dixit alium alio deterius respondisse.
Alexander dixit : « Videlicet, inquit, omnes emoriantur et tu princeps, qui tam male iudicasti ». Indorum princeps : « At, inquit,
Alexander, non est regium mentiri. Tu dixisti : « Quem de uobis
iudicare iussero si recte iudicarit, eum missum faciam < ... >.
Non igitur falsum, sed uerum iudicaui. < ... > Non est enim
aequum aliquem nostrum meo iudicio damnari. < ... > Neminem
igitur nostrum ex tuo praescripto perire conuenit. Nam < ... > ne
iniuria interficiamur, non nobis, sed tibi est praeuidendum ».

84 Hos ubi Alexander audiuit, sapientes esse existimans uestimenta dari ac missos fieri iussit.

VIBIVS SEQVESTER

68 : Ganges, in Oriente, Indiam cingens, latissimus, quem
Alexander post Oceanum nauigare timuit, qui solus aduersum
Orientem fluit.

76 : Hydaspes, Indiae uel Mediae, defluit Indo ex Caucaso.

88 : Indus, Indiam definit ab occasu, a quo India dicta ; hic
de Caucaso descendentem Hydaspem recipit.

241 : Caucasus, Indiae, Parthis et Hyrcanis iunctus.

281 : Nysa, Indiae.

320 : Aethiopes, Indi, Asiae.

332 : Gangaridae, Indiae.

334 : Indi, Arabes, Asiae.

IVLIVS PARIS

Epitome Valerii Maximi, 3, 3 ext. 6 : Apud Indos esse credun-
tur qui omne uitae tempus nudi exigant et se flammis sine gemitu
obiciant, qui gymnosophistae uocantur.

THÉODORE PRISCIEN (IVᵉ-Vᵉ s.)

Eupor. 81 ; du lycium indien[436] réduit en poudre... On mêlera du lycium indien.

Log. 73 : du lycium indien.

Log. 102 : du lycium indien.

Log. 110 : 6 drachmes de spic indien.

Gynaecia, 19 : du spic indien.

SERVIUS, *Commentaire de Virgile* (IVᵉ-Vᵉ s.)

Géorg. 1, 57 : L'INDE ENVOIE L'IVOIRE : il y avait aussi des éléphants en Afrique, mais ceux de l'Inde étaient meilleurs[437]. De là ce que dit Térence : « celui qu'il avait mis à la tête des éléphants indiens », c'est-à-dire des plus grands.

Géorg. 2, 116 : L'INDE SEULE PRODUIT DE L'ÉBÈNE NOIRE. Cependant l'ébénier croît aussi en Égypte, mais on doit comprendre par Inde toute l'Éthiopie.

Géorg. 2, 121 : LES SÈRES DÉTACHENT LA FINE TOISON DES FEUILLES[438]. En Éthiopie, chez les Indiens et chez les Sères, il existe sur les arbres des vers appelés bombyx, qui étirent à la façon des araignées des fils très minces, d'où vient la soie ; on ne peut en effet comprendre « de la laine d'arbre », car il s'en produit partout.

Géorg. 2, 122 : L'INDE PLUS PROCHE DE L'OCÉAN PORTE DES FORÊTS. La partie limitrophe de l'océan a en effet de grands arbres[439] ; de là « au fin fond du monde ».

Géorg. 2, 137 : LE GANGE, fleuve de l'Inde, pour désigner la région.

Géorg. 3, 27 : JE REPRÉSENTERAI <LE COMBAT> DES GANGA-RIDES. Les Gangarides[440] sont des peuples entre les Indiens et les Assyriens, habitant les environs du Gange, d'où vient aussi leur nom de Gangarides. Ils furent vaincus par Auguste, d'où : « Tu écartes des hauteurs de Rome l'Indien désarmé ». Il a mis *Gangaridum* pour *Gangaridarum,* parce qu'il dit *hic Gangarida.*

Géorg. 4,211 : L'HYDASPE MÈDE fleuve de Médie[441]... [L'HYDASPE MÈDE, l'état des Mèdes. Autre explication : tout le

THEODORVS PRISCIANVS

Eupor. 81 : lycium indicum tritum, ...lycium indicum admiscendum est.
Log. 73 : lycium indicum
Log. 102 : lycium indicum
Log. 110 : spicae indicae dr̄ VI
Gynaecia, 19 : spicam indicam.

SERVIVS, *In Vergilium commentarius.*

Ad Georg. 1, 57 : INDIA MITTIT EBVR : et in Africa fuerunt elephanti, sed meliores in India. Hinc est quod ait Terentius 'elephantis quem Indicis praefecerat', id est maximis.

Ad Georg. 2, 116 : SOLA INDIA NIGRVM FERT HEBENVM. Atqui et in Aegypto nascitur ; sed Indiam omnem plagam Aethiopiae accipiamus.

Ad Georg. 2, 121 : VELLERAQVE VT FOLIIS DEPECTANT TENVIA SERES. Apud Aethiopiam, Indos et Seras sunt quidam in arboribus uermes et bombyces appellantur, qui in aranearum morem tenuissima fila deducunt, unde est sericum : nam lanam arboream non possumus accipere, quae ubique procreatur.

Ad Georg. 2, 122 : OCEANO PROPIOR GERIT INDIA LVCOS. Haec enim habet arbores magnas, quae est iuxta Oceanum : hinc est 'extremi sinus orbis'.

Ad Georg. 2, 137 : GANGES Indiae fluuius, per quem prouincia significatur.

Ad Georg. 3, 27 : GANGARIDVM FACIAM. Gangaridae populi sunt inter Indos et Assyrios, habitantes circa Gangen fluuium, unde etiam Gangaridae dicti sunt. Hos uicit Augustus, unde est 'inbellem auertis Romanis arcibus Indum'. 'Gangaridum' uero pro 'Gangaridarum' posuit quia 'hic Gangarida' facit.

Ad Georg. 4, 211 : MEDVS HYDASPES fluuius Mediae...
[MEDVS HYDASPES ciuitas Medorum. Et aliter : apud omnes

monde admet que l'Hydaspe est un fleuve de l'Inde, non de la Médie. Mais il est possible que le poète ait dit « l'Hydaspe Mède » conformément au droit de la guerre, parce que les Mèdes, sous la conduite d'Alexandre, ont vaincu le roi des Indiens Porus et l'ont soumis à leur pouvoir. L'Hydaspe sort du Caucase et se mêle à l'Indus.]

Enéide, 6, 805 : DU SOMMET DE NYSA[442] ; il parle d'une montagne de l'Inde. Mais Nysa est aussi une ville, où est vénéré Liber, dit pour cette raison Nyséen.

Enéide, 9, 30 : LE GANGE AUX SILENCIEUSES PROFONDEURS est un fleuve de l'Inde qui, selon Sénèque dans sa Géographie de l'Inde, s'écoule par neuf branches, et selon Méla par sept[443] ; il rappelle cependant lui-même qu'il s'écoule par trois, selon certains. Cependant Virgile, qui le joint au Nil, veut dire qu'il a sept branches. Donat, évitant ces divergences, y voit une longue hyperbate : « comme le Nil ou le Gange sortant par sept branches ».

MACROBE (vers 400)

Saturnales, 7, 1, 18 : Si l'on veut aller au fond de la sagesse cachée d'Homère, ce calmant mêlé au vin par Hélène[444], « le népenthès qui calme la douleur et fait oublier tous les maux » n'était pas une herbe, ni un suc de l'Inde, mais un récit opportun qui faisait oublier à l'hôte son chagrin et l'inclinait à la joie.

Saturnales, 7, 5, 26 [Sur les remèdes composites préparés par les médecins] : Vous mêlez l'euphorbe au suc de pavot, vous tempérez avec du poivre le froid pernicieux de la mandragore et d'autres plantes, mais vous n'omettez même pas des viandes abominables, ajoutant aux potions les testicules des castors et les chairs empoisonnées des vipères, et vous y mêlez tout ce que produit l'Inde[445], toutes les plantes que déverse généreusement chez nous la Crète.

Commentaire du Songe de Scipion, 2, 10, 3 : La gloire d'aucun homme n'a pu se répandre même dans toute cette partie (sc. du monde connu), puisque la renommée de Rome n'a pu franchir le Gange ou traverser le Caucase.

satis constat Hydaspen flumen Indiae esse, non Mediae ; sed potest uideri poeta Hydaspen Medum dixisse iure belli, quod Medi duce Alexandro uicerint Porum Indorum regem, et eum in suam redegerint potestatem. Oritur autem Hydaspes ex Caucaso et miscetur Indo].

Ad Aen. 6, 805 : NYSAE DE VERTICE : mons est Indiae, de quo loquitur. Ceterum est et Nysa ciuitas in qua Liber colitur, unde Nysaeus dictus est.

Ad Aen. 9, 30 : ALTVS PER TACITVM GANGES fluuius Indiae est, qui secundum Senecam in situ Indiae nouem alueis fluit, secundum Me*lam* septem ; qui tamen et ipse commemorat nonnullos dicere quod tribus alueis fluat. Vergilius tamen Nilo eum iungens septem alueos habere significat. Hanc uarietatem Donatus fugiens longum hyperbaton facit, dicens 'ceu surgens septem amnibus Nilus aut Ganges'.

Melam *Masvicius, cf. Mela, 3, 68* : melonem *codd.*

MACROBIVS

Saturnalia, 7, 1, 18 : Nam si Homeri latentem prudentiam scruteris altius, delenimentum illud quod Helena uino miscuit
    népenthés t'ákholón te kakôn epílethon hapántôn
non herba fuit, non ex India sucus, sed narrandi opportunitas quae hospitem maeroris oblitum flexit ad gaudium.

Saturnalia, 7, 5, 26 : Suco papaueris admiscetis euphorbium, mandragoram aliasque herbas conclamati frigoris pipere temperatis, sed nec monstrosis carnibus abstinetis, inserentes poculis testiculos castorum et uenenata corpora uiperarum, quibus admiscetis quicquid nutrit India, quicquid deuehitur herbarum quibus Creta generosa est.

Commentarius in somnium Scipionis, 2, 10, 3 : Nullius uero gloriam uel in illam totam partem potuisse diffundi, si quidem Gangen transnare uel transcendere Caucasum Romani nominis fama non ualuit.

PRUDENCE (entre 400 et 405 p.C.)

Hamartigénie, 401-403 [Quand l'homme oublie Dieu] : Alors l'éloquence aboie comme un chien dans tout le Forum, alors une philosophie sans valeur, portant la massue d'Hercule, fait de bourg en bourg étalage de ses gymnosophistes[446].

Cf. *Schol. cod. Vat. Pal.* 1715 : « gymnosophiste » vient de γυμνός (« nu ») parce que l'amour de la sagesse lui fait mépriser profondément les choses du monde.

Contre Symmaque, 2, 602-605 : Pour mettre un frein à cette rage, Dieu apprit aux nations de toute part à incliner la tête sous les mêmes lois et à tous à devenir Romains[447], ceux que baignent le Rhin et l'Hister, le Tage qui roule de l'or, ceux qu'inonde l'Èbre majestueux, chez qui coule le fleuve cornu des Hespérides, ceux que nourrit le Gange et ceux que baignent les sept bouches du Nil tiède.

Contre Symmaque, 2, 928-929 [Lors d'une famine à Rome] : Le fleuve (sc. le Nil), se dérobant, dédaigne-t-il de baigner nos rives et détourne-t-il sa course vers les Indiens brûlés ?

OROSE, *Histoire contre les Païens* (417-418 p.C.)

1, 2, 13-16 : Au centre de la façade orientale de l'Asie[448], sur l'océan Oriental, se trouvent les bouches du Gange et, à gauche, le cap de Caligardamana, au-dessous duquel est située au sud-est l'île de Taprobane, à partir de laquelle l'océan commence à être appelé Indien ; **14** à droite se trouve le cap Samara du mont Imavus, où se termine le Caucase, au-dessous duquel, au nord, se trouvent les bouches du fleuve Ottorogoras, où commence l'océan nommé Sérique.
15. L'Inde fait partie de ce continent ; elle a, au couchant, le fleuve Indus, que reçoit la mer Rouge, au nord le mont Caucase ; ailleurs, elle est bornée, comme je l'ai dit, par l'océan Oriental et l'océan Indien. **16** Elle contient quarante-quatre nations, sans compter l'île de Taprobane, qui contient dix cités, ni de très nombreuses autres îles habitées.

1, 2, 43-46 ; De la ville de Cathippe au bourg de Safris[449], à travers les Dahes, les Sacarauces et les Parthyens, le mont Oscobarès, où naît le Gange et où pousse le laser ; **44** de la source du

PRVDENTIVS

Hamartigenia, 401-403 :
Inde canina foro latrat facundia toto,
hinc gerit Herculeam uilis sapientia clauam
ostentatque suos uicatim gymnosophistas.

Cf. *Schol. cod. Vat. Pal.* 1715 : a gymnós gymnosophista,
quia penitus ab amore sophiae res seculares spreuit.

Contra Symmachum, 2, 602-605 :
Hanc frenaturus rabiem Deus undique gentes
inclinare caput docuit sub legibus isdem
Romanosque omnes fieri, quos Rhenus et Hister,
quos Tagus aurifluus, quos magnus inundat Hiberus,
corniger Hesperidum quos interlabitur et quos
Ganges alit tepidique lauant septem ostia Nili.

Contra Symmachum, 2, 928-929 :
Num refugus nostras odit praestringere ripas
amnis et exustos cursum deflectit ad Indos ?

OROSE, *Historiae aduersus paganos*

1, 2, 13-15 : Asia ad mediam frontem orientis habet in oceano
Eoo ostia fluminis Gangis, a sinistra promunturium Caligardamana, cui subiacet ad Eurum insula Taprobane, ex qua oceanus
Indicus uocari incipit ; **14** a dextra habet Imaui montis, ubi Caucasus deficit, promunturium Samara, cui ad aquilonem subiacent
ostia fluminis Ottorogorrae, ex quo oceanus Sericus appellatur.

15 In his finibus India est, quae habet ab occidente flumen
Indum, quod Rubro mari accipitur, a septentrione montem Caucasum ; reliqua, ut dixi, Eoo et Indico oceano terminatur. Haec
habet gentes XLIIII, absque insula Taprobane, quae habet decem
ciuitates, et absque reliquis insulis habitabilibus plurimis.

caligardamana *PRD¹* : - gardamina *Bᵗ* - gardānaā *D²* / / 14. samara
P²BD : - rae *R²* - riae *R¹* - re *P¹* / / ottorogorrae *P¹R²* : - gurrae *BᵐD¹* - gorsae
P²R¹ octorogorrae *D²*.

1, 2, 43-46 : Ab oppido Cathippi usque ad uicum Safrim inter
Dahas, Sacaraucas et Parthyenas mons Oscobares, ubi Ganges
fluuius oritur et laser nascitur ; **44** a fonte fluminis Gangis usque

Gange aux sources du fleuve Ottorogoras situées au nord, là où se trouvent les montagnards Paropanisades, le mont Taurus ; **45** des sources de l'Ottorogoras à la cité d'Ottorogoras, à travers les Chunes, les Scythes et les Gandarides, le mont Caucase ; **46** pour finir, à travers les *Eoae* et les Passyadres, le mont Imavus, là où le fleuve Chrysorhoas et le cap Samara aboutissent à l'océan Oriental.

1, 9, 4 : A cette époque, Liber Pater conquit l'Inde et l'inonda de sang, couvrit de massacres et souilla de débauches une nation qui n'avait jamais été soumise à aucun homme, satisfaite d'être en paix chez soi.

3, 19, 1 : < Alexandre > gagna ensuite l'Inde afin d'achever son empire à l'Océan et à l'Extrême-orient ; il se rendit dans la ville de Nysa, s'empara des monts Dédales et des états de la reine Cléophylis[450], qui, s'étant rendue, racheta son royaume en lui accordant ses faveurs.

3, 19, 4-7 : Porus, criblé de blessures, fut fait prisonnier. Pour honorer son courage, Alexandre le rétablit dans ses états et y fonda deux villes, Nicée et Bucéphale, à laquelle il fit donner le nom de son cheval. Les Macédoniens soumirent ensuite les Adrestes, les Catthènes, les Présides et les Gangarides, taillant leurs armées en pièces. **5** Arrivés au Cophès, ils engagèrent la bataille contre deux cent mille cavaliers de l'ennemi, et comme, affaiblis par l'âge, découragés, épuisés, ils avaient remporté une victoire difficile, ils construisirent en mémoire de ce fait un camp plus beau que d'habitude. **6** De là, Alexandre se dirigea vers le fleuve Acésinès et le descendit jusqu'à l'océan ; là il soumit les Gésons et les Sibes, établis par Hercule. Puis il fit voile chez les Adres et les Subagres, peuples qui le reçurent avec quatre-vingt mille fantassins et soixante mille cavaliers. **7** L'engagement donna lieu à un combat longtemps indécis et sanglant qui s'acheva enfin par une amère victoire des Macédoniens.

3, 23, 11 [Après la mort d'Alexandre] : La Bactriane ultérieure et les régions de l'Inde gardèrent leurs anciens gouverneurs du temps d'Alexandre. Taxile eut les Sères établis entre l'Hydaspe et l'Indus. Python[451], fils d'Agénor, fut envoyé dans les colonies fondées chez les Indiens.

5, 4, 16 : < Mithridate > soumit en outre toutes les nations

ad fontes fluminis Ottorogorrae qui sunt a septentrione, ubi sunt montani Paropanisadae, mons Taurus ; **45** a fontibus Ottorogorrae usque ad ciuitatem Ottorogorram inter Chunos, Scythas et Gandaridas mons Caucasus ; **46** ultimus autem inter Eoas et Passyadras mons Imauus, ubi flumen Chrysorhoas et promunturium Samara orientali excipiuntur oceano.

43. cathippi *DA* : cathyppi *B* catippi *PR¹ catipii R²* / / oscobares *RP²* : oscu - *D* osca - *P¹* oscobaris *B* / / 44. ottorogorrae *P²* : - garrae *P¹* octorogorrae *R* attorogorre *D.* / / eoas *RD, Fulgence* : coas *P.*

1, 9, 4 : Ea tempestate subactam Indiam Liber pater sanguine madefecit, caedibus oppleuit, libidinibus polluit, gentem utique nulli umquam hominum obnoxiam, uernacula tantum quiete contentam.

3, 19, 1 : Post haec Indiam petit, ut Oceano ultimoque Oriente finiret imperium ; Nysam urbem adiit ; Daedalos montes regnaque Cleophylis reginae expugnauit ; quae cum se dedidisset, concubitu regnum redemit.

cleophylis *L* : - philis *PR* - filis *D* Cleophidis *Fabr.*

3, 19, 4-6 : Porus multis uulneribus confossus et captus est. Quo ob testimonium uirtutis in regnum restituto duas ibi condidit ciuitates, Niciam et Bucefalen, quam de nomine equi sui ita uocari praecepit. Inde Adrestas, Catthenos, Praesidas et Gangaridas caesis eorum exercitibus Macedones expugnauere. **5** Cum ad Cofides uentum esset, ibi contra CC milia equitum hostium pugnam conseruerunt, et cum iam aetate detriti, animo aegri, uiribus lassi difficile uicissent, castra ob memoriam plus solito magnifica condiderunt. **6** Exim Alexander ad amnem Acesinem pergit ; per hunc in Oceanum deuehitur ; ibi Gesonas Sibosque, quos Hercules condidit, oppressit. Hinc <in> Adros et Subagras nauigat, quae gentes eum armatis LXXX milibus peditum et LX milibus equitum excipiunt. **7** Commisso praelio diu anceps et cruenta pugna tandem tristem paene uictoriam Macedonibus dedit.

catthenos *LRP²* : cathe - *P¹* Cathaeos *Fabr.* / / 5. cofides *LP¹* : cho - *P²R* cofidis *D* / / 6. gesonas *LD* : gesso - *PR* / / in adros *Zangemeister* : madros *LPᵇ* mandros *Pᵃ* ad mandros *D.*

3, 23, 11 : In Bactriana ulteriore et Indiae regionibus praefecti priores, qui sub Alexandro coeperant, permanserunt. Seres inter duos amnes Hydaspen et Indum constitutos Taxiles habuit. In colonias in Indis conditas Python Agenoris filius mittitur.

seres *LPR* : seris *D.*

5, 4, 16 : Omnes praeterea gentes quae inter Hydaspen

entre l'Hydaspe et l'Indus[452]. Il étendit jusqu'à l'Indus son cruel pouvoir.

6, 21, 19-20 : César (Auguste) se trouvait à Tarragone, en Espagne citérieure, quand des ambassadeurs des Indiens et des Scythes l'y trouvèrent enfin après avoir traversé le monde entier ; ils n'auraient pu l'aller chercher plus loin et ils reportèrent sur César la gloire d'Alexandre le Grand : **20** de même qu'une ambassade des Espagnols et des Gaulois rejoignit ce dernier à Babylone au Moyen-Orient pour traiter de la paix, ainsi l'Indien[453] venu de l'Orient et le Scythe venu du Nord implorèrent en suppliant César à l'extrémité de l'Occident avec des présents de leurs nations.

SCHOLIES DE BERNE AUX GÉORGIQUES DE VIRGILE (Vᵉ s.)

Géorg. 2, 116 : L'INDE SEULE : il veut dire toute la contrée de l'Éthiopie.

Géorg. 2, 123 : EXTRÊMES, pour indiquer que l'Inde est au bout du monde.

Géorg. 2, 137 : LE BEAU GANGE, parce qu'il fertilise les terres de l'Inde. Selon d'autres : seul le Gange naît face au soleil levant... LE GANGE est un fleuve de l'Inde ; issu du Caucase, il contourne la plus grande partie de l'Inde et se jette dans l'océan Indien ; sous l'effet des tourmentes de pluie et des souffles du vent, il jonche ses rives de l'or le plus pur et de pierres précieuses[454]. C'est pourquoi nous lisons dans les vers des poètes que ses rives sont « d'or » et Virgile le dit « beau » parmi les fleuves.

Géorg. 2, 172 : L'INDIEN : les Indiens sont à l'orient, nommés du fleuve Indus, mais il entend ici par Indiens les peuples barbares de l'orient. Ce ne sont pas seulement les Indiens, mais les Parthes et les vassaux des Parthes, qui ont senti le poids de l'empire romain.

Géorg. 3, 27 : DES GANGARIDES : je représenterai non la bataille contre les Gangarides[455], mais les ornements des éléphants. En effet les éléphants sont nombreux chez les Gangarides, les plus extrêmes des Indiens... C'est une nation située entre les Indiens et les Assyriens aux environs du Gange, d'où leur nom de Gangarides ; ils furent vaincus par Auguste, par exemple : « tu écartes des hauteurs de Rome l'Indien désarmé ».

fluuium et Indum iacent subegit (sc. Mithridates). Ad Indiam quoque cruentum extendit imperium.

6, 21, 19-20 : Interea Caesarem apud Tarraconem citerioris Hispaniae urbem legati Indorum et Scytharum toto orbe transmisso tandem ibi inuenerunt, ultra quod iam quaerere non possent, refuderuntque in Caesarem Alexandri Magni gloriam : **20** quem sicut Hispanorum Gallorumque legatio in medio Oriente apud Babylonam contemplatione pacis adiit, ita hunc apud Hispaniam in Occidentis ultimo supplex cum gentilicio munere Eous Indus et Scytha Boreus orauit.

SCHOLIA BERNENSIA AD VERGILII GEORGICA

Georg. 2, 116 : SOLA INDIA omnen plagam Aethiopiae dicit.

Georg. 2, 123 : EXTREMI, ut ostendat Indiam extremam partem orbis.

Georg. 2, 137 : PVLCHER GANGES, quia agros fertiles facit Indiae. Vt alii, Ganges solus contra solem nascentem oritur... GANGES, Indiae fluuius est ; oriens a Caucaso circumit maximam partem Indiae et Oceano Indico adsumitur, qui auro purissimo lapidibusque pretiosis nimboso turbine ac uentorum flatibus incitatus sua litora sternit. Vnde in poetarum carminibus eius 'aurea' litora legimus et ideo eum Vergilius 'pulchrum' inter fluuios dicit.

Georg. 2, 172 : INDVM. Indi ad orientem sunt, a flumine Indo dicti, sed nunc per Indos barbaras gentes significat, quae sunt ad orientem. Non enim Indi tantum imperium Romanum, sed Parthi et qui sub Parthis erant sensere.

Georg. 3, 27 : GANGARIDVM non pugnam Gangaridum, sed elefantorum ornamenta faciam. Apud Gangaridas enim, id est Indos ultimos, multi sunt elefanti... Gens inter Indos et Assyrios circa Gangen fluuium, unde Gangarides dicti sunt, et hos uicit Augustus, ut 'inbellem auertis Romanis arcibus Indum'.

Géorg. 4, 211 : L'HYDASPE, fleuve de l'Inde. Orose cependant dit de la Médie[456] : « en son centre, elle a l'Hydaspe et l'Arbès ».

Géorg. 4, 425 : BRÛLANT consumant. LES INDIENS, peuples orientaux.

BRÈVE INTERPRÉTATION DES GÉORGIQUES DE VIRGILE (Vᵉ s.)

Géorg. 2, 116 : SEULE L'INDE PRODUIT L'ÉBÈNE NOIRE.[457] En réalité, elle naît en Égypte, mais par « Inde » nous entendons toute la région de l'Éthiopie.

Géorg. 2, 137 : LE GANGE : fleuve de l'Inde sortant du flanc méridional du Caucase et s'infléchissant en direction de l'orient[458], qui partage l'Inde ; il est donc indiqué parmi les fleuves de l'Inde ; il y naît de l'or et des pierres précieuses.

MARTIANUS CAPELLA, *Les Noces de Philologie et de Mercure* (IVᵉ-Vᵉ s., antérieur à 439 p.C.)

1, 11 : Cependant la Renommée apprend <aux Dieux> que le rocher du Parnasse est heureux de la présence de Phébus. Bien qu'il l'ait, disait-on, quitté plus tard pour une roche secrète de la montagne de l'Inde, qu'obscurcit un perpétuel nuage, ils se rendent pourtant dans sa retraite de Cirrha et dans l'antre doué de parole de la grotte sacrée.

2, 114 : [La Sagesse habille la Philologie] : Aussi lui donne-t-elle un vêtement et un manteau brillant comme le lait, qui semblait même fait de la laine des herbes[459] fécondes dont se vêtent, dit-on, les maîtres de la sagesse indienne et les habitants de cette sombre montagne, et autant que le comporte l'usage de cette contrée, de tissus d'un lin éblouissant de blancheur.

6, 593 : <La Grande Ourse>, qui, dans l'Inde encore, n'est visible, dans le port de Patavita[460], que dans la première partie de la nuit, et où aussi, sur le mont Malée, on ne la voit que quinze jours par an...

6, 612 : Depuis le Gange et son embouchure[461], par où il se jette dans l'océan Oriental, à travers l'Inde et la Parthie jusqu'à la ville syrienne de Myriandre située dans le golfe d'Issus, 1 500 milles... **613** Il y a aussi un autre itinéraire possible par terre et par mer, par le Gange, l'Euphrate, la Cappadoce, la Phrygie...

Georg. 4, 211 : HYDASPES, fluuius Indiae. Orosius tamen dicit de Media : 'in medio sui Hydaspen et Arben habet'.

Georg. 4, 425 : TORRENS, comburens. INDOS, populos subsolanos.

BREVIS EXPOSITIO VERGILII GEORGICORVM

In Verg., G. 2, 116 : SOLA INDIA NIGRVM FERT HEBENVM. Atqui in Aegypto nascitur, sed Indiam omnem plagam Aethiopiae accipimus.

Verg., G. 2, 137 : GANGES. Fluuius Indiae emergens de latere Caucasi ad meridiem et ad orientis frontem inclinatus diuidit Indiam eoque inter flumina significatur Indiae, in quo aurum et gemmae nascuntur.

MARTIANVS CAPELLA, *De nuptiis Philologiae et Mercurii :*

1, 11. Tamen Fama nuntiante cognoscunt quod Phoebeo gaudet Parnasia rupes. Licet inde quoque ad Indici montis secretum obumbratumque scopulum nube perpetua posterius migrasse perhibebant, tamen Cirrhaeos tunc recessus et sacrati specus loquacia antra conueniunt.

2, 114. Itaque uestem peplumque lactis instar fulgidum dedit, quod uel ex illa herbarum felicium lana, qua indusiari perhibent Indicae prudentiae uates accolasque montis umbrati et, quantum usus eius telluris apportat, ex candentis byssi netibus uidebatur.

6, 593. <Helice> quae item in India Patauitano portu prima tantum parte noctis aspicitur, in qua etiam in Maleo monte quindecim tantum diebus annuis uidetur...

6, 612. Nam a Gange fluuio ostioque eius, quo se in Eoum effundit Oceanum, per Indiam Partyenemque ad Myriandrum urbem Syriae in Issico sinu positam quinquagies bis quindecim milia... 613 Potest item aliud terra marique iter duci per Gangen Euphratenque fluuium, Cappadociam, Phrygiam...

6, 621 : Cornélius <Népos> encore, après la capture des Indiens, navigua au long de la Germanie[462].

6 694-699 : Suit l'Inde ; car c'est par erreur qu'on a intercalé les Cicones. L'Inde commence aux montagnes de Médie. S'étendant de la mer Méridionale à la mer Orientale, salubre grâce aux souffles vivifiants du Favonius, elle jouit chaque année d'un second été et fait deux récoltes[463] ; les vents étésiens remplacent l'hiver. Elle avait cinq mille villes et formait, croyait-on, le tiers du monde. Liber, le premier, entra en Inde et en triompha. Les plus grands fleuves en sont l'Indus et le Gange, mais le Gange descend des monts de Scythie. L'Hypanis est aussi un fleuve immense, où se termina la marche d'Alexandre, comme en témoignent les autels établis sur sa rive. La plus grande largeur du Gange est de vingt mille pas, la plus petite de huit mille ; sa profondeur est de cent pieds. Il y a des rois et des nations diverses bien pourvues d'armées et d'éléphants. Au-delà de la ville de Palibothra se trouve le mont Malée, où les ombres tombent au nord en hiver, au midi en été, alternant tous les six mois. En ce lieu, les Ourses ne sont visibles que quinze jours par an. **695** Les hommes ont le teint assez foncé. Des Pygmées habitent les montagnes, et les riverains de l'Océan n'ont pas de rois. La nation des Pandes est gouvernée par des femmes, et sa première reine fut une fille d'Hercule. Dans cette région aussi se trouvent la ville de Nysa, consacrée à Liber Pater, et le mont Mérus, qui l'est à Jupiter, d'où vient la légende qu'il est né de la cuisse de Jupiter. Il y a aussi deux îles[464], dont les noms indiquent qu'elles sont célèbres par leurs mines d'or et d'argent et par leurs produits : l'une s'appelle Chrysée, l'autre Argyrée. **696** Tous les Indiens teignent leur chevelure, les uns en bleu foncé, les autres en jaune safran ; ils se parent de pierres précieuses. Aucune pompe dans les funérailles ; ils pensent que les éléphants sont un excellent moyen de transport.

Mais, dans l'île de Taprobane, les éléphants sont plus grands que ceux de l'Inde, et les perles plus grosses. L'île a sept mille stades de long et cinq mille de large. Elle est divisée par le cours d'un fleuve et s'étend au long de l'Inde ; il faut sept jours pour s'y rendre, comme l'ont montré les navires romains. En cet endroit, la mer est profonde de six pieds, exception faite de chenaux profonds. Les Ourses n'y sont pas visibles, ni jamais les Pléiades ; ils voient la lune au-dessus de la terre seulement de la huitième à la seizième. **697** Là brille d'un vif éclat l'étoile de Canope ; ils voient le soleil levant à leur gauche. En naviguant, ils n'observent aucune étoile, mais suivent le vol des oiseaux

6, 621. Idem Cornelius post captos Indos per Germaniam nauigauit.

6, 694-699. Dehinc India ; nam Ciconas in medio error astruxit. Sed a Medis montibus inchoat India. Nam in Eoum mare a meridiano porrecta, salubris fauonii uegetabilibus flabris, secundo aestate annis singulis uegetatur bisque frugem metit ; pro hieme etesias perfert. Quinque milia habuit oppidorum et mundi pars tertia credebatur. Liber primus ingressus Indiam triumphauit. In ea maximi fluuiorum Indus et Ganges, sed ab Scythicis montibus Ganges uenit. Et *H*ypanis ibi amnis immodicus, qui Alexandri Magni iter inclusit, sicut in eius ripa locatae testantur arae. Latitudo Gangis ubi diffusior uiginti milia passuum, ubi angustus octo milia, profundus pedibus centum. Ibi reges gentiumque diuersitas tam exercitibus centum. Ibi reges gentiumque diuersitas tam exercitibus quam elephantis copiosa. Vltra Palibot*h*ram urbem mons Maleus, in quo hieme in septentriones umbrae, in austros aestate cadunt senis alternatae mensibus. In eo loco per annum quindecim diebus tantum septentriones apparent. **695** Homines fusciores. Nam Pygm*a*ei montibus habitant, et qui confines oceano sine regibus degunt. Pand*a*eam gentem feminae tenent, cui prior regina Herculis filia. In eo tractu etiam Nysam urbem esse Libero patri sacram montemque Merum Ioui, unde fabula est eum Iouis femine procreatum. Ibi etiam insulas duas auri argentique metallis ac fetura praedicandas etiam uocabulis approbatur, nam una C*h*rysea, Argyrea altera nuncupatur. **696** Omnes Indi comarum fuco decorantur, alii caeruleis, alii crocinis fulgoribus tincti ; gemmis comuntur. Funerationes neglegunt elephantisque uehi eximium putant.

Sed in Taprobane insula maiores elephanti quam Indici, ampliores etiam margaritae sunt. Quae patet in longitudine stadiorum septem milia, in latitudine quinque milia. Scinditur fluuio interfluente atque Indiae praetenta est, in quam septem dierum iter, ut Romanis nauibus approbatum. Illic et illud mare absque canalibus profundis senum passuum altitudine deprimitur. Ibi septentriones non apparent, uergiliae numquam, lunam ab octaua in sextam decimam tantum supra terras uident. **697** Ibi sidus clarissimum Canopos ; sol ortiuus in laeua conspicitur. In nauigando nullum sidus obseruant, auium, quas uehunt, uolatus sequuntur ; quaternis per annos mensibus nauigant. Homines ibi corpore grandiores ultra omnium mensuram, rutilis comis, caeruleis oculis, truci oris sono, nullo linguae commercio genti alteri sociantur. Cum negotiatoribus aliis in ripa fluminis merces apponunt ac uix complacitas mutant. Aetas illis ultra humanam fragilitatem pro-

qu'ils emportent ; ils naviguent quatre mois par an. La taille des hommes y est supérieure à celle de tous les autres ; ils ont les cheveux roux, les yeux bleu foncé, un son de voix farouche, et ne parlent pas aux étrangers. Avec les autres marchands, ils posent leurs marchandises sur la rive du fleuve et, dès qu'elles sont agréées, ils en font l'échange. Leur vie dépasse la courte durée de la vie humaine, au point que la mort d'un centenaire est prématurée ; personne ne dort pendant le jour ; le prix des denrées ne varie jamais ; les édifices sont petits et bas ; ils ignorent la vigne et ont des fruits en abondance. **698** Ils vénèrent Hercule. Ils élisent un roi aimable, âgé et sans enfants ; s'il devient père durant son règne, ils le destituent par crainte d'une monarchie héréditaire. Trente autres personnes instruisent les affaires avec lui et, en cas d'appel, on nomme soixante-dix juges. Le roi est vêtu comme Liber Pater et, en cas d'acte coupable, on le met à mort en lui interdisant l'usage de tout et en le privant de tout commerce. Ils aiment l'agriculture et la chasse, mais seulement la chasse au tigre ou à l'éléphant ; ils aiment la pêche, surtout des tortues, couvrant de leur carapace des maisons capables de recevoir une famille. **699** Viennent ensuite les Ichtyophages, à qui Alexandre interdit de se nourrir de poissons. Non loin se trouve l'île du Soleil, dite aussi « la couche des Nymphes », au sol rouge, dont la température excessivement élevée tue tous les êtres vivants.

9, 927 : Il est reconnu que les éléphants Indiens sont charmés et calmés par le son d'un instrument de musique[465].

SAINT AUGUSTIN (début du Vᵉ s. ; entre 413 et 426 pour la Cité de Dieu)

La cité de Dieu, 8, 9 : Donc, tous les philosophes[466], quels qu'ils soient, qui ont admis un dieu suprême et véritable comme l'auteur de la création..., soit qu'on les nomme plus proprement Platoniciens..., soit qu'il n'y ait eu que les hommes les plus remarquables de l'école Ionienne à penser ainsi..., soit encore de l'école Italienne, à cause de Pythagore et des Pythagoriciens..., soit aussi qu'on reconnaisse que ces vérités ont été vues et enseignées par des hommes d'autres nations aussi, tenus pour sages ou philosophes, Libyens atlantiques, Égyptiens, Indiens, Perses, Chaldéens, Scythes, Gaulois, Espagnols, nous les plaçons tous au-dessus des autres et déclarons qu'ils sont plus près de nous.

La cité de Dieu, 10, 32 : Or, quand Porphyre, vers la fin de

lixa, ut mature pereat qui centenarius moritur ; nulli per diem somnus ; annona eodem semper tenore ; aedificia humilia paruaque ; uitem nesciunt ; redundant pomis. **698** Herculem colunt ; regem eum, qui mitior <annisque> grauior ac sine prole fuerit, eligunt et, si in regno prolem susceperit, remouent hereditarium formidantes imperium. Cum quo tamen alii triginta cognoscunt et, si fuerit prouocatum, septuaginta iudices fiunt. Rex Liberi patris cultu componitur et, si peccauerit, interdicto omni usu et colloquio iugulatur. Culturas et uenatus amant, uerum tigridum aut elephantorum ; piscationibus delectantur praesertimque testudinum, quarum superficie domos familiarum capaces operiunt. **699** Dehine habitant Ic*hth*yop*h*agi, quos Alexander uesci piscibus uetuit. Nec longe insula Solis, quae dicitur et Nympharum cubile, rubens, in qua omne animal ui feruoris absumitur.

9, 927 : Elephantos Indicos organica permulsos detineri uoce compertum.

AVGVSTINVS

De ciuitate Dei, 8, 9 : Quicumque igitur philosophi de Deo summo et uero ista senserunt, quod et rerum creatarum sit effector..., siue Platonici accommodatius nuncupentur..., siue tantummodo Ionici generis qui in eis praecipui fuerunt..., siue Italici, propter Pythagoram et Pythagoreos..., siue aliarum quoque gentium qui sapientes uel philosophi habiti sunt, Atlantici Libyes, Aegypti, Indi, Persae, Chaldaei, Scythae, Galli, Hispani, aliqui reperiuntur qui hoc uiderint ac docuerint, eos omnes anteponimus ceteris eosque nobis propinquiores fatemur.

De ciuitate Dei, 10, 32 (p. 445, 7 D.) : Cum autem dicit

son premier livre *Du retour de l'âme,* dit qu'on n'a pas encore
établi un système doctrinal qui constituerait une voie universelle
de la libération de l'âme, en se fondant sur la plus vraie des philosophies ou sur la morale et les principes des Indiens ou sur le
raisonnement des Chaldéens ou sur toute autre voie, enfin que
cette même voie universelle n'a pas encore été portée à la connaissance par l'histoire, il confesse assurément que cette voie existe,
mais n'est pas encore venue à sa connaissance.

La cité de Dieu, 10, 32 : Quand < Porphyre > ajoute : « Ou
d'après la morale et les principes des Indiens ou d'après le raisonnement des Chaldéens ou toute autre voie », il témoigne très
manifestement que ce qu'il avait appris des Indiens ou des Chaldéens ne constituait pas cette voie universelle de la libération de
l'âme.

La cité de Dieu, 14, 17 : [Les hommes, même les barbares,
ont pris conscience de leur nudité après le péché] : Dans les sombres retraites de l'Inde aussi, alors que certains pratiquent tout
nus la philosophie — d'où leur nom de gymnosophistes —, ils
couvrent pourtant leur sexe, mais non les autres parties du corps.

La cité de Dieu, 15, 20 : Les gymnosophistes indiens qui,
dit-on, pratiquent tout nus la philosophie dans les solitudes de
l'Inde, sont citoyens de la cité terrestre et < pourtant > s'abstiennent de procréer.

La cité de Dieu, 16, 8 : D'autres[467], dit-on, n'ont pas de bouche et vivent seulement de l'air inspiré par les narines ; d'autres
sont hauts d'une coudée : les Grecs les appellent Pygmées de leur
nom de la coudée ; ailleurs, les femmes conçoivent à cinq ans et
ne vivent pas au-delà de huit ans. On dit aussi qu'il existe un
peuple qui n'a qu'une jambe pour ses pieds, qui ne fléchit pas le
jarret, et d'une merveilleuse rapidité. On les appelle Sciopodes
parce que, pendant la chaleur, étendus à terre sur le dos, ils se
font de l'ombre avec leur pied. Il existe des hommes privés de
cou, aux yeux dans les épaules, et d'autres espèces d'hommes ou
de semi-hommes représentées sur une mosaïque du boulevard
maritime de Carthage, empruntées aux livres en tant que curiosi-
tés d'histoire naturelle. Que dirais-je des Cynocéphales, que leur
tête de chien et leur aboiement même dénoncent comme des bêtes
plutôt que des hommes.

La cité de Dieu, 16, 17 : Le roi Ninus[468], fils de Bélus, avait
soumis les peuples de l'Asie entière, hormis l'Inde... Mais com-

Porphyrius in primo iuxta finem De regressu animae libro nondum receptum in unam quamdam sectam quod uniuersalem conti-
neat uiam animae liberandae uel a philosophia uerissima aliqua
uel ab Indorum moribus ac disciplina aut inductione Chaldaeorum aut alia qualibet uia nondumque in suam notitiam eandem
uiam historiali cognitione perlatam, procul dubio confitetur esse
aliquam, sed nondum in suam uenisse notitiam.

De ciuitate Dei, 10, 32 (p. 455, 25) ; Cum autem addit
(sc. Porphyrius) et dicit : « Vel ab Indorum moribus ac disciplina
uel ab inductione Chaldaeorum uel alia qualibet uia », manifestis-
sima uoce testatur neque illis quae ab Indis neque illis quae a
Chaldaeis didicerat hanc uniuersalem uiam liberandae animae
contineri.

De ciuitate Dei, 14, 17 : Per opacas quoque Indiae solitudines
cum quidam nudi philosophentur, unde gymnosophistae nominan-
tur, adhibent tamen genitalibus tegmina, quibus per cetera membrorum carent.

De ciuitate Dei, 15, 20 : Et Indorum gymnosophistae, qui nudi
perhibentur philosophari in solitudinibus Indiae, ciues eius
(sc. ciuitatis) sunt et a generando se cohibent.

De ciuitate Dei, 16, 8 : Aliis ora non esse eosque per nares
tantummodo halitu uiuere, alios statura esse cubitales, quos
Pygmaeos a cubito Graeci uocant, alibi quinquennes concipere
feminas et octauum uitae annum non excedere. Item ferunt esse
gentem ubi singula crura in pedibus habent nec poplitem flectunt
et sunt mirabilis celeritatis. Quos Sciopodas uocant, quod per aes-
tum in terra iacentes resupini umbra se pedum protegant ; quosdam sine ceruice oculos habentes in umeris, et cetera hominum
uel quasi hominum genera, quae in maritima platea Carthaginis
musiuo picta sunt, ex libris deprompta uelut curiosioris historiae.
Quid dicam de Cynocephalis, quorum canina capita atque ipse
latratus magis bestias quam homines confitetur ?

De ciuitate Dei, 16, 17 : Nam rex ille Ninus, Beli filius,
excepta India uniuersae Asiae populos subiugauerat... Aegyptio-

ment le royaume d'Égypte pouvait-il n'être pas soumis à ceux qui étaient maîtres de toute l'Asie, à l'exception des seuls Indiens, à ce qu'on dit ?

La cité de Dieu, 18, 1 : Les Indiens étaient le seul peuple des contrées orientales sur lequel <Ninus> ne régnait pas ; mais, après sa mort, son épouse Samiramis leur fit la guerre.

La cité de Dieu, 18, 13 : Alors Liber Pater aussi guerroya en Inde ; il avait dans son armée beaucoup de femmes, appelées Bacchantes, moins célèbres par leur valeur que par leur fureur.

La cité de Dieu, 18, 22 [Depuis le déluge] : Il ne s'était guère écoulé plus de mille ans quand Ninus conquit toute l'Asie, hormis l'Inde.

La cité de Dieu, 21, 4 [L'eau échauffe la chaux, mais non l'huile] : Si nous lisions ou entendions citer ce miracle de quelque pierre indienne sans pouvoir le vérifier, nous croirions assurément à un mensonge ou du moins nous serions grandement émerveillés. Mais ce dont nous avons quotidiennement les preuves sous nos yeux, sans être moins merveilleux, perd de sa valeur par sa permanence même. Ainsi, de l'Inde elle-même, cette région du monde éloignée de nous, nous avons cessé d'admirer certaines choses qui ont pu être proposées à notre admiration.

La cité de Dieu, 21, 4 [De l'aimant et du diamant] : L'Inde nous envoie ces pierres ; mais si, une fois connues, nous cessons désormais de les admirer, combien davantage l'ont fait ceux d'où elles viennent ! S'ils les obtiennent si facilement, ils ne les considèrent peut-être pas plus que nous la chaux.

La cité de Dieu, 21, 5 : On préfère Tylos, une île de l'Inde, à toutes les autres contrées, parce que tous les arbres qui y croissent ne perdent jamais le couvert de leurs feuilles.

MARIUS MERCATOR (1er moitié du Ve s.p.C.)

Notes, 9, 4 : Examinons encore une fois ce qu'après avoir sillonné la mer et parcouru l'Orient, tu en as rapporté de nouveau et d'inouï... Quelque mystère t'échappe-t-il que doivent peut-être nous expliquer les Brahmanes, les Gymnosophistes ou les Hyperboréens ou tout autre peuple plus sage du monde connu ?

rum (sc. regnum) autem quo modo eis non subiacebat a quibus tota Asia tenebatur, solis Indis, ut perhibetur, exceptis ?

De ciuitate Dei, 18, 1 : Solis quippe Indis in partibus Orientis non dominabatur (sc. Ninus), quos tamen eo defuncto Samiramis uxor eius est adgressa bellando.

De ciuitate Dei, 18, 13 : Tunc et Liber Pater bellauit in India, qui multas habuit in exercitu feminas quae Bacchae appellatae sunt, non tam uirtute nobiles quam furore.

De ciuitate Dei, 18, 22 : Anni non multo amplius quam mille transierant quando Ninus Asiam totam excepta India subiugauit.

De ciuitate Dei, 21, 4 : Hoc miraculum si de aliquo Indico lapide legeremus siue audiremus et in nostrum experimentum uenire non posset, profecto aut mendacium putaremus aut certe granditer miraremur. Quarum uero rerum ante nostros oculos cotidiana documenta uersantur, non genere minus mirabili, sed ipsa assiduitate uilescunt, ita ut ex ipsa India, quae remota est pars orbis a nobis, desierimus nonnulla mirari quae ad nos potuerunt miranda perduci.

De ciuitate Dei, 21, 4 : India mittit hos lapides ; sed si eos nos cognitos iam desistimus admirari, quanto magis illi a quibus ueniunt ! Si eos facillimos habent, sic forsitan habent ut nos calcem.

De ciuitate Dei, 21, 5 : Tylon Indiae insulam eo praeferri ceteris terris quod omnis arbor quae in ea gignitur numquam nudatur tegmine foliorum.

MARIVS MERCATOR

Subnotationes, 9, 4 : Quid mari exarato et Oriente lustrato nouum inauditumque inde attuleris, denuo perscrutemur... An est tibi aliquid latens profundum, quod nobis forte a Brachmanis, Gymnosophistis uel Hyperboreis, uel si quae sunt aliae gentes noti orbis sapientiores sit exponendum ?

DIVISION DU MONDE (vers 435 p.C.)

24 : L'Inde ultérieure. Elle est bornée au levant par le fleuve du Gange et par l'océan Sérique, à l'Occident par l'Indus, au Nord par le mont Taurus, au midi par l'océan Indien. Sa longueur est de trois cent trente mille pas, sa largeur de deux cent quarante mille.

EUCHER († vers 450)

Instructions, livre I. Job, 1 : Dans Job[469], comment faut-il expliquer que, dans l'Écriture, Ophir signifie « or » ? — Ophir est une contrée tournée vers l'Inde et, par suite, indique l'or de cette contrée.

Instructions, livre I. Actes des Apôtres, 3 : Quels Apôtres sont allés annoncer la parole de Dieu, et en quelles régions du monde ? — D'après ce qu'en dit l'histoire, Barthélémy se rendit chez les Indiens, Thomas[470] chez les Parthes...

Instructions, livre II (chap. Des cours d'eau et des eaux) : Le Géon est un fleuve d'Éthiopie venant du Paradis, appelé couramment le Nil. Le Phison est un fleuve de l'Inde issu lui aussi du Paradis, que d'autres nomment le Gange[471].

MARCELLUS (Vᵉ s.)

Épître d'Hippocrate à Antiochus, 2 : les feuilles de l'origan Indien[472].

Des médicaments, 8, 1 [pour les collyres] : je n'ai confiance en aucun collyre autant que dans le lycium Indien [473], même pris seul.

Ibid. 8, 2 [pour les collyres] : quatre deniers d'aloès Indien[474].

Ibid. 8, 159 [pour les collyres] : la poudre de nard Indien[475] ou Syrien écrasé dans du vin vieux et séché.

Ibid. 14, 47 [pour la bouche] : 1/2 denier de nard Indien.

Ibid. 22, 11 [remède pour le foie] : six drachmes d'aloès Indien.

Ibid. 22, 13 [même usage] ; une drachme de nard Indien.

DIVISIO ORBIS TERRARVM

24. India ulterior. Finitur ab oriente flumine Gange et Oceano Serico, ab occidente flumine Indo, a septentrione monte Tauro, a meridie oceano Indico, longitudine $\overline{XXX}$ et $\overline{CCC}$, <latitudine> $\overline{XXXX}$ et $\overline{CC}$.

Serico *Riese* : Persico *cod.*

EVCHERIVS

Instructionum lib. I. De Iob, 1 : In Iob qualiter accipiendum est, quod Scriptura commemorat, Aurum Ophir ? — Regio est Ophir in Indiam tendens itaque aurum huius indicat regionis.

Instructionum lib. I. De actibus Apostolorum, 3 : Ad euangelizandum dei uerbum qui apostoli quibus sese orbis partibus intulerunt ? — Quantum narrat historia, Bartholomaeus in Indos, Thomas tetendit in Parthos...

Instructionum lib. II (cap. De fluminibus uel aquis) : Geon fluuius Aethiopiae de paradiso emergens quem Nilum usitato nomine appellant, Phison fluuius Indiae idem quoque a paradiso fluens, hunc alii Gangen uocant.

MARCELLVS

Hippocratis ad Antiochum epist. 2 : origani Indici coma.

De medicamentis, 8, 1 : nulli collyriorum tantum tribuo quantum lycio Indico uel per se.

Ibid. 8, 2 : aloes Indicae ✳ IIII.

Ibid. 8, 159 : nardi Indici uel Syriaci ex uino uetere triti siccatique puluis.

Ibid. 14, 47 : nardi Indici ✳ S.

Ibid. 22, 11 : aloes Indicae draḡ VI.

Ibid. 22, 13 : nardi Indici draḡ I.

Ibid. 22, 20 [remède pour la vessie] : deux deniers de nard Indien.

Ibid. 26, 3 [remède pour les reins] : deux deniers de nard Indien.

Ibid. 28, 3 [vermifuge] : avec du lycium de Patara ou de l'Inde.

Ibid. 29, 5 [contre les coliques] : 1/6 d'once de nard Indien.

Ibid. 29, 37 [maux de ventre] : une once de nard Indien.

Poème des drogues, 61-63 : Tu y trouveras enfin ce qu'à l'orient l'Indien, l'Arabe, le Sère, le Perse et le riche Sabéen récoltent sous le soleil, leur voisin.

PALLADIUS (Vᵉ s.)

Traité d'agriculture, 11, 14, 13 : une demi-once de nard Indien.

CAELIUS AURÉLIANUS (Vᵉ s.)

Maladies chroniques, 2, 165 [contre l'hémorragie] : du lycium Indien.

Maladies des femmes, 2, 1673 [en pessaire] : 4 scripules 1/2 de spic Indien.

CASSIUS FÉLIX (447 p.C.)

Traité de médecine, 28, p. 47, 10 [otite] : un scripule 1/2 de myrrhe, de lycium Indien.

Ibid. 29, p. 53, 4 [collyre] : quatre drachmes de myrrhe et de spic Indien.

Ibid. 29, p. 54,3 [collyre] : une drachme d'aloès et de spic Indien.

Ibid. 42, p. 100, 11 [maux d'estomac] : un scripule 1/2 de safran, de spic Indien.

Ibid. 22, 20 : nardi Indici ✕ II.

Ibid. 26, 3 : nardi Indici ✕ II.

Ibid. 28, 3 : lycio Patarico uel Indico.

Ibid. 29, 5 : spicae nardi Indicae unciae sextantem.

Ibid. 29, 37 : spicae nardi Indici (uncia).

Carm. de speciebus, 61-63 :
Denique repperies istic quod lucis in ortu
Indus, Arabs, Serus, Perses diuesque Sabaeus
uicino sub sole legunt.

PALLADIVS

Opus agriculturae, 11, 14, 13 : spicae Indicae semunciam.

CAELIVS AVRELIANVS

Chronica, 2, 165 : licium Indicum.

Gynaecia, 2, 1673 : spice Indice... 3 IIII et S.

CASSIVS FELIX (447 p.C.), ed. V. Rose, Leipzig, Teubner, 1879

De medicina, 28, p. 47, 10 : murrae, lycii Indici 3 singulas semis.

Ibid. 29, p. 53, 4 : murrae et spicae Indicae dr̄ quaternas.

Ibid. 29, p. 54, 3 : aloes et spicae Indicae dr̄ singulas.

Ibid. 42, p. 100, 11 : croci, spicae Indica... cr̄ singulos semis.

Ibid. 42, p. 103, 1 [estomac] : six drachmes d'écorce dure de macir que produit la terre de l'Inde.

Ibid. 43, p. 110, 12 [pour le foie] : <l'antidote> se compose de deux scripules de spic Indien...

Ibid. 45, p. 113, 13 [maux de reins] : un scripule de spic Indien, de persil...

Ibid. 48, p 126, 20 [dysenterie] : cinq scripules de lycium Indien.

PHYSIQUE DE PLINE (Vᵉ s.)

57, 23 [toux] : autant de spic Indien.

61, 15 [hémoptysie] : quatre scripules de lycium Indien.

EUSTATHE, *Hexaeméron* (milieu du Vᵉ s.)

Hexaem. 3, 6 : [Les eaux s'enfoncent dans la terre et s'y accumulent] : C'est pourquoi, des régions hivernales de l'Orient, vient l'Indus, le plus violent de tous les fleuves, comme l'ont observé les géographes[476].

Hexaem. 6, 9 : Personne ne prétend jamais que le soleil est plus loin ou plus près, et il regarde de toute part ce qui est au-dessous de lui de façon égale ; Indiens et Bretons le voient de la même façon[477]. Ni lorsqu'il s'incline au couchant, les Orientaux ne le voient perdre de sa grosseur, ni, à son lever, il n'apparaît plus petit aux Occidentaux.

Hexaem. 7, 2 [Sur la diversité des espèces animales] : Certains poissons sont connus des pêcheurs de la mer de l'Inde, et d'autres de ceux qui fouillent la mer de l'Égypte.

Hexaem. 8, 8, : Que dites-vous, vous qui n'avez pas foi en l'apôtre Paul à propos de la résurrection, quand vous voyez des animaux des airs changer leur forme propre, comme le ver indien cornu[478], qui se métamorphose d'abord en chenille, puis en chrysalide, et, sans demeurer sous cette forme, devient ailé avec de souples et larges membranes ? Aussi, femmes, quand vous êtes assises à dévider leur ouvrage, c'est-à-dire les fils que les Sères envoient ici pour réaliser des tissus délicats, souvenez-vous de la métamorphose de cet animal pour y voir une preuve évidente de la résurrection.

Ibid. 42, p. 103, 1 : maciros corticis robusti quem profert India terra... dr̄ senas.

Ibid. 43, p. 110, 12 : Recipit (sc. antidotum) spicae Indicae... 3 binas.

Ibid. 45, p. 113, 13 : spicae Indicae, petroselini... 3 singulas.

Ibid. 48, p. 126, 20 : lycii Indici 3 V.

PHYSICA PLINII (5ᵉ s.), éd. Önnerfors, Olms, 1975

57, 23 : spice Indice tantumdem.

61, 15 : liciu Indicu Z IIII.

EVSTATHIVS, *Hexaemeron libri*

Hexaem. 3, 6 : Itaque ab Orientis partibus hibernis progreditur Indus fluuius, omnium uiolentior fluentorum, sicut speculati sunt ii qui situm orbis descripsere.

Hexaem. 6, 9 : Sol autem nulli unquam uel longius asseritur esse uel propius, ita ex omni parte quae subiecta sunt aequa lance respectat ; quem Indi atque Britanni similiter intuentur. Neque enim uergens in occasum habitantibus Orientem de sua quippiam magnitudine sentitur amittere nec in Occidente positis minor apparet exoriens.

Hexaem. 7, 2 : Alios enim pisces nouerunt hi qui in mare piscantur Indicum et alios qui pelagus rimantur Aegyptium.

Hexaem. 8, 8 : Quid dicitis, qui Paulo apostolo de resurrectione non creditis, cum uideatis certa de aereis animantibus figuram propriam commutare, sicut Indicum uermem, qui est corniger, primo in erucae se speciem transformantem, deinde fieri bombulionem, nec tamen in eo schemate persistentem, sed membranis mollioribus ac latioribus aligerum reddi ? Itaque uos, matronae, quando sedetis eorum reuoluentes opera, id est stamina quae Seres huc dirigunt ad confectionem uestium delicatarum, reminiscimini huius animalis refigurationem, ut euidens de resurrectione capiatis exemplum...

JULIUS HONORIUS, Cosmographie (Ve s.)

3 Îles de l'océan Oriental[479] : île d'Hippopodès, île de Ianessus, île Perusta (Brûlée) du Soleil, île de Taprobane, île de Silenfantine...

4 Montagnes de l'océan Oriental : Caucase, Caumestès, Nysa...

5 Provinces de l'océan Oriental : Province de l'Inde...

6 Villes de l'océan Oriental : ... Palibothra, Alexandropolis, Sallenitès, Colicé, Patalé, Patalété, Tarchi, Talloni, Copratès...

7 Le fleuve Oxos[480] vient du mont Caumestès. Il se divise en cinq branches, qui traversent le mont Caucase et sont nommées Saléantes ; elles se réunissent en un grand fleuve nommé le Gange, qui les reçoit et se jette dans l'océan Oriental près de l'île du Soleil appelée Perusta (Brûlée). Son cours est de 727 mille pas.

8 Le fleuve Sygoton[481] naît du mont Caucase ; il se divise en deux bras qui entourent en couronne le mont Caumestès susdit. D'une partie de la montagne d'où naissent, avons nous dit ci-dessus, cinq fleuves nommés Saléantes, un torrent les traverse sans que ni leurs eaux ni la sienne... (lacune). Par la réunion en un seul des deux cours d'eau précédemment au nombre de huit, ils passent à dix et arrivent aux villes de Patalé et de Patalété, et ces dix cours n'en forment qu'un seul. Il se jette ainsi dans l'océan Oriental près de l'île de Silenfantine. Le Gange est donc formé de dix cours d'eau qui, en amont, sont tous appelés Sygoton, parce qu'ils sont issus de la même eau. Son cours est de 10 453 mille pas.

9 Le fleuve Hydaspe de la province de l'Inde naît de trois rivières sur le territoire des Indiens. Il les y rassemble pour n'en former qu'une, parcourant toute la région susdite, et se jette dans l'océan Oriental. Son cours est de 814 mille pas.

Le fleuve Copratès naît dans l'Inde. Parcourant le territoire des Indiens, il se jette dans l'océan Oriental près de l'île de Téron. Son cours est de 612 mille pas...

10 Le fleuve Alibotra naît sur le mont Liseus[482]. Il se jette dans l'océan Oriental. Son cours est de 416 mille pas.

IVLIVS HONORIVS, *Cosmographia*

3. Insulae orientalis Oceani quae sunt : Hippopodes insula, Iannessi insula, Solis Perusta insula, Taprobane insula, Silenfantine insula...

4. Montes Oceani orientalis qui sunt : Caueasus mons, Caumestes mons, Nysa mons...

5. Prouinciae Oceani orientalis quae sunt : India prouincia...

6. Oppida Oceani orientalis quae sunt : ... Palibothra oppidum, Alexandropolis oppidum, Sallenites oppidum, Colice oppidum, Patale oppidum, Patalete oppidum, Tarchi oppidum, Talloni oppidum, Coprates oppidum...

7. Oxos fluuius nascitur de monte Caumestes. In quinque fluminibus brachia facit ; ea transeunt per montem Caucasum et appellantur Saleantes ; fundunt in flumen magnum qui appellatur Ganges. Hic eos suscipiens egeritur in Oceanum orientalem sub insula Solis appellata Perusta. Circuit milia DCCXXVII.

8. Fluuius Sygoton nascitur de monte Caucaso. Ex se duo effecti in coronam occupant montem supra dictum Caumesten. † sane ex una parte eius montis, ex quo, ut supra diximus, quinque flumina procedunt, quae dicta sunt Saleantes, per eos torrens transiens ita ut nec eorum aqua nec eius... *(lacuna ; sequitur uersio B)*. Item se duo iungentes effecti in unum qui fuerant octo, facti decem transeunt ad oppida Patale et Patalete, et hi decem unum efficiunt fluuium. Et sic egeritur in mare oceanum orientalem ad insulam Silenfantinam. Ergo de decem fluminibus adimpletur Ganges fluuius, qui in superioribus partibus omnes Sygoton uocitantur, quoniam de una nympha meant. Currit per milia X̄CCCCLIII.

9. Fluuius Hydaspes Indiae prouinciae nascitur in campis Indorum tribus crinibus. Hic se ex omnibus adunans unus efficitur, inlustrans omnem regionem supra dictam, infundens se in Oceanum orientalem. Qui currit milia DCCCXIIII.

Fluuius Coprates nascitur in campis Indiae. Inlustrans Indos infundit se in Oceanum orientalem sub insula Teron. Currit milia DCXII...

10. Fluuius Alibotra nascitur in monte Liseo. Diffundit in orientalem Oceanum. Currit milia CCCCXVI.

Trois fleuves nommés Ichthyophages, venus du territoire des Indiens, coulent en direction de l'océan, où ils se jettent. Ils parcourent 202 mille pas...

13 Liste des peuples des régions de l'océan Oriental[483] : Scythes anthropophages, Sigotans, Pasices, Scythes Thuni, Derbices, † Parosmes, Anartaces, Chorasmiens, Bactriens, † Traumeda, † Pambothes (Palibothres ?), Arachotes, Oracces, Arabies, Armuzie, Parthes, Hiéromices, Chérusques, Gélons, Massagètes, Paropanisides, Hypergènes, Arachosie, Ariens, Anydres, Sittacène, Ichthyophages...

FULGENCE (2e moitié du Ve siècle)

Mythol. 2, 12 (p. 52, 20) : <Dionysos> soumit les Indiens et fut tenu pour un dieu.

Mythol. 2, 12 (p. 53,9) : On dit que <Dionysos> a vaincu les Indiens parce que ce peuple est très adonné à la boisson[484] pour deux raisons, soit que l'ardeur du soleil les incite à boire, soit qu'ils disposent de vin de Falerne ou de Méroé, vin dont la force est telle qu'un ivrogne en peut à peine boire un setier dans un mois.

De aetatibus mundi, 10 (p. 165, 23) : Ensuite, non content d'avoir encore vaincu le royaume perse... <Alexandre> attaque pourtant le territoire indien, que personne n'avait encore atteint, et pénètre, brûlant d'ardeur, sur des terres ignorées de notre temps. Et d'abord il estropie avec des statues de bronze brûlantes des fauves placés en ligne de bataille, et met en fuite les bêtes furieuses quand elles étreignent ces statues incandescentes[485]. Ensuite, après avoir fait prisonnier le roi Indien Porus, il envahit, le premier, les régions secrètes de Fasiaca. Là, le Macédonien fut dégoûté de l'or, lui que la possession de l'univers ne pouvait rassasier. Puis il envahit comme un furieux les Brahmanes nus, les Eoae brûlés, les Passadres sujets de Phébus, les habitants du Mont Caucase...

De aetatibus mundi, 10 (p. 166, 16) : <Alexandre>, dans une recherche pénible, parvint aussi aux arbres parlants du Soleil et de la Lune qui prédisaient la mort du roi lui-même[486].

Flumina tria Ichthyophagi dicta ex campis Indiae nati ad Oceanum festinantes in eum fluunt. Circueunt milia CCII...

13. Quae gentes sint in prouinciis Oceani orientatis : Scythae Anthropophagi, Sigotani, Pasicae, Scythae Thuni, Derbiccae, † Parosmi, Anartacae, Chorasmii, Bactriani, † Traumeda, † Pambothi, Arachoti, Oraccae, Arabii, Armuzia, Parthi, Hieromices, Cherusci, Geloni, Massagetae, Paropanisidae, Hypergenes, Arachosia, Ariani, Anydros, Sittacene, Ichthyophagi...

3. hippopodes *C* : ippodes *V* ippodesta *P* -testa *S* / / silenfantine : silef - *V* selef - *S* eselef - *P* sileuantine *C* / / 6. tarchi *P* : tharcis *V* tarcis *SC* / / 8. sycaton *uel* siga - *uel* sigota *uel* sygora *codd.* / / 9. coprates *P* : - pratres S — pretes *V* chopres *C*.

FVLGENTIVS

Mythol. 2, 12 (p. 52, 20) : Hic Indiam debellauit et inter deos deputatus est.

Mythol. 2, 12 (p. 53, 9) : Indos uero uicisse, quod haec gens ualde sit uino dedita duobus scilicet modis, siue quod feruor solis eos faciat potatores, siue quod ibi sit Falernum uinum uel Meroitanum, cuius uini tanta uirtus est quo uix quilibet ebriosus sextarium mense toto bibat.

De aetatibus mundi, 10 (p. 165, 23) : Post haec regni etiam Persici uictoria non contentus..., tamen Indicos fines ante cuiquam inaccessos sollicitat et ignotos nostro saeculo fines ardenti cupiditate penetrat. Et primum quidem feras in aciem belli propositas statuarum aere succenso debilitat et ignitis amplexibus rabidas fugat. Post haec Poro Indico rege captiuo Fasiacas primus inuadit latebras. Illic aurum fastidiuit Macedo, qui saturari non potuit toto orbe possesso. Dehinc nudos Bracmanos, exustos Eoas, Foebeos Passadras, Caucasii montis incolas... ut ferus adit...

fasiacas *PT* : fascia - *R* phasia - *S* / / bracmanos *S* : bragmones *PTR*.

De aetatibus mundi, 10 (p. 166, 16) : Solis quoque ac Lunae loquentia nemora regis ipsius interitum praedicantia laboriosus inuestigator accessit.

SIDOINE APOLLINAIRE (Vᵉ s., vers 470)

Poèmes, 2, 52-55 [Éloge de Constantinople] : L'Indien à la chevelure inondée d'amome odorant[487] désarme à ton profit la gueule de ses nourrissons sauvages pour donner en paiement l'ivoire recourbé ; ainsi l'éléphant ramène-t-il chez lui sans gloire une tête mutilée par les tributs dus au Bosphore.

Poèmes, 2, 407-408 [Le séjour de l'Aurore] : Il est un lieu de l'océan, tout proche des lointains Indiens, sous le ciel oriental, vers l'Eurus nabatéen[488].

Poèmes, 2, 440-447 [Visite de Rome à l'Aurore] : Je ne viens pas (cesse de t'émouvoir et ne tremble pas davantage) pour accabler l'Araxe et imposer un pont à son cours, ni pour que, comme jadis, on boive l'eau du Gange indien dans un casque ausonien[489], ou que le consul triomphant saccage Artaxata la Caspienne sur le Niphate peuplé de tigres, au pays des archers. Je ne demande plus le royaume de Porus, ni que par mes bras les coups du bélier fracassent l'Hydaspienne Érythres.

Poèmes, 5, 41-42 [Les provinces apportent leurs présents à la déesse Rome] : Chaque province étale alors ses produits : l'Indien apporte l'ivoire, le Chaldéen l'amome[490]...

Poèmes, 5, 283-286 [Aétius ne fera exécuter Majorien que] si la barque[491] façonnée dans un tronc de la forêt Hercynienne sillonne, au lieu du Rhin, l'Hydaspe Nabatéen, si l'Espagnol boit au Gange et si l'Indien vient de la tiède Érythres faire provision d'eau dans l'Èbre tartessien.

Poèmes, 7, 74-76 [Prosopopée de Rome] : Le Gange des Indiens, le Phase des Colchidiens, l'Araxe d'Arménie, le Ger d'Éthiopie, le Tanaïs des Gètes ont tremblé devant mon Tibre.

Poèmes, 9, 19-21 : Nous ne chanterons pas ici les antipodes et la mer Rouge, ni les Indiens de Memnon[492] brûlés par la torche de l'Aurore, leur concitoyenne.

Poèmes, 9, 326-327 [Évocation des parfums] : le cinname rapporté du bûcher indien où le Phénix[493] retrouve la jeunesse en mourant.

Poèmes, 11, 20-23 [Le temple de Vénus à Corinthe] : L'éclat jaune de la chrysolithe fait briller les montants des portes, dont

SIDONIVS APOLLINARIS

carmen 2, 52-55 :
> Indus odorifero crinem madefactus amomo
> in tua lucra feris exarmat guttur alumnis
> ut pandum dependat ebur ; sic trunca reportat
> Bosphoreis elefas inglorium ora tributis.

carm. 2, 407-408 :
> Est locus Oceani longinquis proximus Indis,
> axe sub Eoo, Nabataeum tensus in Eurum.

carm. 2, 440-447 :
> Venio (desiste moueri
> nec multum trepida), non ut mihi pressus Araxes
> imposito sub ponte fluat nec ut ordine prisco
> Indicus Ausonia potetur casside Ganges
> aut ut tigriferi pharetrata per arua Niphatis
> depopuletur ouans Artaxata Caspia consul.
> Non Pori modo regna precor nec ut hisce lacertis
> frangat Hydaspeas aries impactus Erythras.

carm. 5, 41-42 :
> Tum quaeque suos prouincia fructus
> exposuit : fert Indus ebur, Chaldaeus amomum.

carm. 5, 283-286 :
> Hercynii nemoris si stipite lintris
> texta Nabataeum pro Rheno sulcat Hydaspen,
> si bibit Hispanus Gangen tepidisque ab Erythris
> ad Tartesiacum uenit Indus aquator Hiberum.

carm. 7, 74-76 :
> Indorum Ganges, Colchorum Phasis, Araxes
> Armeniae, Ger Aethiopum Tanaisque Getarum
> Thybrinum tremuere meum.

carm. 9, 19-21 :
> Non hic antipodas salumque Rubrum,
> non hic Memnonios canemus Indos,
> Aurorae face ciuica perustos.

carm. 9, 326-327 :
> Indo cinnamon ex rogo petitum,
> quo Phoenix iuuenescit occidendo.

carm. 11, 20-23 :
> Postes chrysolithi fuluus diffulgurat ardor ;

les battants aux gonds d'argent sont décorés de myrrhin, de sardoine, d'améthyste ibère, de jaspe indien, chalcidique et scythe, de béryl et d'agate.

Poèmes, 11, 105-107 [L'ivoire] : C'est aussi un présent envoyé par l'Indien amolli qui, tout nu, le teint pareil à l'Éthiopien et les cheveux gras d'amome, saccage la tiède Érythres dans ses chasses parfumées.

Poèmes, 11, 119-120 [Le cortège de Vénus] : Une thyade, le flanc orné d'une peau de faon mouchetée fait tournoyer avec son thyrse Échionien les danses orgiaques indiennes de Bromius[494].

Poèmes, 14, 1-5 [Épithalame] : C'est un jour propice au mariage qui brille, jour que la bienveillante Clotho marquera d'une laine couleur de neige, que marqueront la perle blanche du noir Indien, ainsi que l'arbre de la paix et de la jeunesse, l'olivier toujours vert.

Poèmes, 22, *epist.* 2 [Envoi d'un poème] : Tu vas donc trouver ici Dionysus engourdi dans les délices du triomphe indien.

Poèmes, 22, 33-34 [Bacchus et son cortège] : Il y a de la douceur dans ses yeux noyés, mais, s'il lui arrive de les tourner contre l'ennemi, d'un seul regard il paralyse et étourdit les Indiens.

Poèmes, 22, 41-43 [Cortège de Bacchus] : Le Gange cornu est l'ornement de ce triomphe nouveau ; il a pris place, courbant sa tête mal peignée, les joues mouillées, et ses larmes de cristal ont alimenté son cours tari.

Poèmes, 22, 50-64 : [Cortège de Bacchus] : Il y avait aussi le Phénix après la perte du cinname, craignant d'être privé d'une seconde mort. Lui succède une troupe de captifs portant des plateaux chargés de leurs trésors : y figurent l'ivoire, l'ébène, l'or et les perles de neige arrachées à des poitrines basanées... Dernier butin, s'avancent les noirs éléphants, troupeau à la forme difforme. La peau ridée et raidie de leur dos est presque impénétrable au fer. Les traits cruels ne percent pas cette cuirasse naturelle ; tout à tour contracté et tendu, le cuir de ces bêtes craque et, par leur expérience à parer les coups, ils chassent en secouant leurs rides le trait qui les a frappés.

myrrhina, sardonyches, amethystus Hiberus, iaspis
Indus, Chalcidicus, Scythicus, beryllus, achates
attollunt duplices argenti cardine ualuas.

carm. 11, 105-107 :
Misit et hoc munus tepidas qui nudus Erythras,
concolor Aethiopi uel crinem pinguis amomo,
fluxus odoratis uexat uenatibus Indus.

carm. 11, 119-120 :
hic distincta latus maculosa nebride Thyias
Indica Echionio Bromii rotat orgia thyrso.

carm. 14, 1-5 :
Prosper conubio dies coruscat
quem Clotho niueis benigna pensis,
albus quem picei lapillus Indi,
quem pacis simul arbor et iuuentae
aeternumque uirens oliua signet.

carm. 22, *epist.* 2 :
Habes igitur hic Dionysum inter triumphi Indici
oblectamenta marcentem.

carm. 22, 33-34 :
Dulce natant oculi, quos si fors uertat in hostem,
attonitos, solum dum cernit, inebriat Indos.

carm. 22, 41-43 :
Corniger inde noui fit Ganges pompa triumphi ;
cernuus inpexam faciem stetit ore madenti et
arentes uitreis adiuuit fletibus undas.

carm. 22, 50-64 :
Adfuit hic etiam post perdita cinnama Phoenix,
formidans mortem sibi non superesse secundam.
Succedit captiua cohors, quae fercula gazis
fert onerata suis ; ebur hic ebenusque uel aurum
et niueae piceo raptae de pectore bacae
55   gestantur...
Vltima nigrantes incedunt praeda elephanti,
informis cui forma gregi ; riget hispida dorso
60   uix ferrum passura cutis ; quippe improba cratem
natiuam nec tela forant, contracta uicissim
tensaque terga feris crepitant usuque cauendi
pellunt excussis impactum missile rugis.

Poèmes, 23, 53-57 [Éloge de Narbonne] : Tu n'incrustes sur tes murailles ni marbres, ni feuilles de métal, ni verre, ni l'éclat de l'écaille indienne, ni les poutres d'ivoire fournies par les défenses brisées des éléphants de la Marmarique.

Poèmes, 24, 69-74 : Qui pourrait comparer (sc. avec l'Auvergne) les antiques vergers du roi Indien et les vignes d'or aux pampres d'électrum verdoyant[495], lorsque Porus planta une vigne de métal, trésor cliquetant sur un cep doré, avec des grappes flottantes de pierres précieuses.

Épîtres, 8, 3, 4 [Sidoine recommande la lecture de sa traduction d'une Vie d'Apollonios de Tyane] : Tu prendras alors connaissance opportunément et convenablement du récit que tu m'as réclamé, si, entièrement disponible toi aussi pour lire, tu voyages en quelque sorte avec notre citoyen de Tyane[496], tantôt vers le Caucase et l'Indus, tantôt chez les gymnosophistes d'Éthiopie et les Brahmanes de l'Inde.

CLAUDIANUS MAMERTUS († 474 p.C.)

De la nature de l'âme, 2, 8 : Qu'ai-je besoin[497] maintenant d'apporter pour défendre la vérité (sc. l'immortalité de l'âme) les jugements de Zoroastre, des Brahmanes de l'Inde, d'Anacharsis de Scythie, des Catons, de M. Cicéron, de Salluste... ?

Épître 2 : Platon[498] n'est-il pas allé, chercheur infatigable, jusqu'en Égypte, jusque chez les Brahmanes Indiens et jusque chez les héritiers des doctrines pythagoriciennes ?

DRACONTIUS (fin du Vᵉ s.)

Les louanges de Dieu, 1, 176-179 [La création du troisième jour] : La terre, mère unique, ne produit pas une unique beauté, mais autant de parfum se confondent qu'il existe de plantes. Le monde était une Inde en son printemps. Sous le soleil récent et les grappes nouvelles pointent mille couleurs parmi les plantes.

carm. 23, 53-57 :
  Non tu marmora, bratteam uitrumque,
  non testudinis Indicae nitorem,
  non si quas eboris trabes refractis
  rostris Marmarici dedere barri
  figis moenibus...

carm. 24, 69-74 :
  Quis pomaria prisca regis Indi
  hic nunc comparet aureasque uites
  electro uiridante pampinatas,
  cum Porus posuit crepante gaza
  fuluo ex palmite uineam metalli
  gemmarum fluitantibus racemis ?

Epist. 8, 3, 4 : Historiam flagitatam tunc recognosces opportune competenterque, si cum Tyaneo nostro nunc ad Caucasum Indumque, nunc ad Aethiopum gymnosophistas Indorumque Bracmanas totus lectioni uacans et ipse quodammodo peregrinere.

CLAVDIANVS MAMERTVS

De statu animae, 2, 8 : Quid ergo nunc Zoroastri, quid Bragmanum ex India, quid Anacharsis e Scythia, quid uero Catonum, quid M. Ciceronis, quid Crispi... in defensionem ueri sententias afferam ?

Epist. 2 : Platon... non usque ad Aegyptum et ad usque Bragmanos Indorum et ad usque Pythagoricarum doctrinarum per heredes indefessus rerum scrutator accessit ?

DRACONTIVS

De laudibus Dei, 1, 176-179 :
  Vna parens tellus non unum fundit honorem,
  sed quot sunt herbae, tot permiscentur odores.
  India mundus erat gemmans. Pigmenta per herbas
  producunt sub sole nouo rudibusque racemis.

Les louanges de Dieu, 1, 307-309 [La description du monde] :
L'Inde avec ses pierreries vante aussi ses monstres porteurs
d'ivoire (la bête est créée parmi les effluves divins et, prise d'un
désir malfaisant, pille les moissons d'ambroisie).

Les louanges de Dieu, 1, 317-319 : Puis sont créées les richesses des terres : L'Inde, si riche, produit les précieuses pierreries,
et les rivages de la mer Rouge donnent les perles blanches comme
neige.

SAINT AVIT († 518)

Poèmes, 1, 193-214 : Il est, sous le ciel oriental, un lieu du
monde réservé à tes secrets, Nature, où l'aurore naissante frappe
au lever du soleil les Indiens ses voisins. Cette nation[499] est située
sous l'axe brûlant du ciel, brunie par la chaleur ardente venue de
l'éther éclatant de blancheur. Ils jouissent toujours d'une lumière
pure et, sous le ciel proche, leurs corps sombres gardent la teinte
de la nuit originelle. Pourtant, dans leurs corps laids brillent d'un
éclat captif des yeux étincelants et ce regard lumineux accroît et
rend plus évidente l'horreur de leurs visages : leur chevelure raide
et non peignée est nouée sur le haut de la tête et le front nu est
dégarni de cheveux, qui sont rejetés en arrière. Mais toutes les
somptuosités produites à notre usage, la fertilité naturelle de la
terre les a données toutes aux habitants. Tous les parfums et toutes les beautés que nous recevons viennent de là. D'un tronc noir
de poix sort le rameau d'ébène qui a leur couleur ; là, donnant
l'ivoire en cadeau au monde, l'horrible bête fauve abandonne ses
belles défenses. Donc, là où, passés les Indiens, commence
l'entrée du monde, où, dit-on, la terre et le ciel se rejoignent, il
est, sur un mont inaccessible à tous les mortels, un bois sacré qui
demeure éternellement fermé...

Poèmes, 1, 290-298 : Le quatrième fleuve sera le Physon[500],
que l'Inde possède sous le nom de Gange : quand est en crue son
cours venu du mont producteur de parfums, il arrache en passant
les richesses tombées du magnifique bois sacré, ses flots les répan-
dent et son tourbillon les entraîne vers notre lieu d'exil. Large
entre ses deux rives, tout comme nos rivières emportent les lisses
papyrus ou les joncs et les algues légères, ainsi le Gange majes-

De laudibus Dei, 1, 307-309 :
>   India cum gemmis et eburnea monstra minatur
>   (belua diuinos inter generatur odores
>   ambrosiasque rapit male fraglans bestia messes).

De laudibus Dei, 1, 317-319 :
>   Munera praeterea funduntur diuitis agri :
>   Protulit eximias et ditior India gemmas,
>   producunt niueos et litora rubra lapillos.

ALCIMVS AVITVS

Carm. 1, 193-214 :
>   Est locus Eoo mundi seruatus in axe
>   secretis, natura, tuis, ubi solis ab ortu
> 195   uicinos nascens aurora repercutit Indos.
>   Hic gens ardentem caeli subteriacet axem,
>   quam candor feruens albenti ex aethere fuscat.
>   His semper lux pura uenit caeloque propinquo
>   natiuam seruant nigrantia corpora noctem.
> 200   Attamen in taetris splendentia lumina membris
>   captiuo fulgore micant uisuque nitente
>   certior adcrescit conlatis uultibus horror :
>   caesaries incompta riget, quae crine supino
>   stringitur, ut refugo careat frons nuda capillo.
> 205   Sed magnum nostros quidquid perfertur ad usus, his
>   totum natura dedit telluris opimae.
>   Quidquid odoratum pulchrumque adlabitur inde est.
>   Concolor his ebeni piceo de fomite ramus
>   surgit et hic, eboris munus quae porrigit orbi,
> 210   informis pulchros deponit belua dentes.
>   Ergo ubi transmissis mundi caput incipit Indis,
>   quo perhibent terram confinia iungere caelo,
>   lucus inaccessa cunctis mortalibus arce
>   permanet aeterno conclusus limite...

Carm. 1, 290-298 :
>   Quartus Physon erit, quem possidet India Gangen,
>   motus odorifero quotiens qui uertice creuit,
>   deciduas pulchro quas spargunt flumina luco,
>   praelabens furatur opes et gurgite nostrum
>   ducit in exilium. Nam ripa largus utraque,
> 295   amnibus ut nostris enodes ferre papyros

tueux entraîne ses précieuses ordures et donne au monde cela même qu'il rejette de ses entrailles.

ÉPIPHANE DE CONSTANTIA[501]

Des douze pierres précieuses, 10 : La topaze, de couleur rouge, vient après la pierre appelée escarboucle. Elle fut découverte à Topaze[502], ville de l'Inde, au cœur d'une pierre par les tailleurs de pierre du lieu.

Ibid. 15 : Il existe encore d'autres émeraudes, l'une en particulier dans l'Inde, tout à fait semblable à celle de Néron[503], une autre en Éthiopie. On la trouve aussi dans le fleuve Phison ; **16** ce Phison est nommé Indus par les Grecs, Barimanasi par les barbares et les Éviléens, et aussi Gange par les Indiens et les Bugées, et de nombreux auteurs grecs lui donnent ce nom ; il traverse toute la terre d'Évilat ; les Éviléens sont, dit-on, des Indiens de l'intérieur.

Ibid. 17 : Le *bidellium* est un parfum ou un « encens » importé de l'Inde. **18** Il existe, autant qu'on l'a pu découvrir, huit espèces d'émeraudes[504]. Cette pierre est d'un vert sombre, mais celles de l'Éthiopie ou de l'Inde ont la couleur du foie. **19** Il nous reste à dire où est situé ce mont naguère exploré par Néron, comme on l'a dit, ou par Domitien. Il est à l'intérieur dans la mer appelée mer Rouge, à l'entrée même du pays des Indiens. Ceux-ci comprennent un grand nombre de nations distinctes. **20** Ils formaient jadis neuf royaumes séparés, selon la tradition, c'est-à-dire : les Alabastres, les Homérites, les Azomites avec les Adulites, les Bugées, les Taians, les Isabènes, les Libènes, les Dibènes avec les Ichtyophages, et les Sirindibènes avec les Éviléens ; mais ils sont aujourd'hui bien plus nombreux, car, rompant la communauté qui les avait liés jusqu'ici, les Dibènes s'étaient séparés des Ichtyophages, et les Sirindibènes des Éviléens... **21** Le mont dont nous parlons était alors soumis aux Romains. On appelle conformément à sa nature Smaragdinum une petite île située en face de Béroniké, où se trouve un port de l'Inde vers la Thébaïde.

Ibid. 26 : Le saphir... Il existe de nombreuses espèces de cette

aut scirpos algasque leues deducere mos est,
excrementa trahens magnus sic ditia Ganges
hoc etiam donat mundo quod proicit aluo.

EPIPHANIVS CONSTANTIENSIS.

De XII gemmis, 10 : Topazium rubrum est specie post lapidem qui carbunculus nominatur. Inuentus est autem in Topaze ciuitate Indiae in corde lapidis ab his qui ibidem lapides tunc caedebant.

Ibid. 15 : Sunt et alii smaragdi, unus quidem in India nimis Neroniano consimilis, alter uero in Aethiopia. Qui et in Phison flumine reperitur. **16** Hic autem Phison a Graecis quidem Indus fluuius dicitur, a barbaris uero et Euilaeis Barimanasi, ab Indis quoque et Bugaeis Ganges appellatur pluresque Graecorum scriptores Gangem fluuium nomine isto cognominant qui permanat uniuersam terram Euilat ; Euilaeos autem dicunt interiores Indos.

Ibid. 17 : Est autem bidellium quoddam unguentum siue incensum, quod defertur ex India. **18** Sunt autem differentiae smaragdi octo, quantum potuerunt singuli reperiri, naturaque eius cum sit uiridior et austera, tamen hi qui sunt ex Aethiopia uel India hepatis, id est iecoris, similitudinem referunt. **19** Restat itaque iam nobis de monte illo, qui rimabatur aliquando uel a Nerone, sicut sermone uulgatum est, uel a Domitiano, in qua patria est situs exponere. Est enim introrsus in mari Rubro quod sic appellatur, in ipso ingressu regionis Indorum. Quarum gentium differentiae quam plurimae sunt. **20** Olim quippe Indi in nouem regna fuerant disparati, sicut fama celebratum est, id est Alabastrorum, Homeritarum, Azomitorum cum Adulitibus, Bugaeorum, Taianorum, Isabenorum, Libenorum, Dibenorum cum Ichthyophagis et Sirindibenorum cum Euilaeis, sed nunc multo plures sunt, quippe diuisi a societate quam inter se prius habuerant, Dibeni ab Ichthyophagis et Sirindibeni ab Euilaeis... **21** Mons autem, de quo nunc nobis sermo est, tunc Romanis erat subditus. Smaragdinum uero sic uocatur naturaliter insula modica, ex aduerso sita Beronicae, in qua portus est Indiae dirigens ad Thebaidam...

19. rimabatur *ego* : rigabatur *codd.*

Ibid. **26** : Sapphirus lapis... Multa uero genera sunt huius lapi-

pierre[505]. L'une d'elles est le saphir royal, saupoudré d'or ; il n'est pas aussi remarquable que la pierre pure qui renvoie sur tous les objets l'éclat de la pourpre. Il se trouve peut-être, à ce qu'on dit, en Inde et en Éthiopie, à cause du temple de Liber Pater chez les Indiens, qui, si incroyable que cela paraisse, passe pour avoir 365 marches, toutes de saphir.

PRISCIEN, *Périégèse*[506] (vers 500)

v. 592-599 [Après l'arrivée à Thulé] : Mais, dirigeant la course marine du navire des bords de l'Aquilon vers le lieu où le soleil ramène la lumière de l'Orient brûlant, vois l'Île d'Or aux riches terres[507]. Puis, tournant la proue du navire vers le tiède Auster, tu parviendras à la grande Taprobane qui produit des éléphants aux frontières de l'Asie ; elle est sous l'astre du Cancer, et sur ses rivages s'ébattent de très nombreux monstres marins que nourrit l'immense mer Rouge, hauts comme des montagnes...

v. 616-619 [Au sortir de la mer Rouge] : Peu à peu <l'Asie> s'étend vers les contrées orientales, là où l'Océan, dit-on, touche aux statues de Bacchus, sur les derniers territoires des Indiens, où le Gange impétueux irrigue du tourbillon de ses eaux les terres de Nysa[508].

v. 629-633 : Et la haute montagne qui divise l'Asie entière commence au milieu de la région de la Pamphylie et s'étend sur de grandes distances jusque chez les Indiens, tantôt allant obliquement, tantôt courant en ligne droite ; c'est pour son sommet menaçant qu'on la nomme Taurus[509].

v. 827-829 : Tu sais que je t'ai mentionné l'immense chaîne dont les hautes montagnes s'étendent au centre de l'Asie entière et en prolongent le territoire jusque chez les noirs Indiens.

v. 991-1056 : Vois maintenant les autres contrées aux limites de l'Asie[510] : Les Carmanes, vers la mer de Perse, à l'Orient, habitent soit le rivage, soit le début de l'intérieur
995   des terres. Après eux, les Gédrosiens s'étendent vers les feux de l'Orient, en bordure de l'océan ; puis, plus près de ses rayons, se trouve la terre de la Scythie méridionale, auprès de l'Indus impétueux né en face de la mer Rouge ; son flot rapide descend en effet tout droit vers le midi, issu
1000   d'abord des hautes montagnes du Caucase ; son onde se

dis. Est enim in ipsis regalis auri punctis intermicans ; qui non adeo est mirabilis, sicut purus ille lapis qui per omnia purpurae specie renitet. Et hic fortassis esse dicitur in India et in Aethiopia, propter templum Liberi Patris apud Indos, quod habere dicitur, licet incredibile uideatur, CCCLXV gradus, omnes ex lapide sapphiro.

PRISCIEN, *Periegesis :*

v. 592-599 :
At nauem pelago flectenti aquilonis ab oris
ad solem calido referentem lumen ab ortu
aurea spectetur tibi pinguibus insula glebis.
Hinc tepidos proram conuertens nauis ad austros
Taprobanen uenies, generat quae magna elephantes
per fines Asiae ; iacet haec sub sidere cancri,
litoribus cuius saliunt densissima cete,
quae pascit uastum mare Rubrum montibus aequa.

v. 616-619 :
Paulatim trahitur tamen haec orientis ad oras,
Oceanus statuas Bacchi qua tangere fertur
finibus Indorum postremis, gurgite torrens
qua Ganges liquido Nysaeos irrigat agros.

v. 629-633 : Ast Asiam qui mons excelsus diuidit omnem,
incipit a mediis terrae Pamphylidis oris
et longis sese spatiis producit ad Indos,
nunc obliqua means, nunc recto limite currens,
uertice quem toruo perhibent cognomine Taurum.

v. 827-829 : Scis etenim memorasse tibi quod collibus altis
per totam medius mons ingens tenditur actu,
qui fines Asiae nigros producit ad Indos.

v. 991-1056 :
Respice nunc reliquas Asiae sub finibus oras :
Persidis ad pontum Carmani, solis ab ortu,
litora pars habitant, mediae pars limina terrae.
Gedrossi post hos tendunt orientis ad ignes
995   Oceanum iuxta ; radiis propioribus inde
est Scythiae tellus australis flumen ad Indum
qui ponto rabidus Rubro contrarius exit ;
gurgite nam celeri rectus decurrit ad austrum

divise pour entourer Pataléné. Son vaste cours sépare aussi
des nations sans nombre : du côté où se dirigent les rayons
du soleil dévorant, les Orites avec les Aribes, et les Arachosiens vêtus de manteaux de lin, et aussi tous les Satraï-
1005 des au pied des hauts rochers du mont Parpanisus, et sous
un nom général, les Ariens habitants de terres infertiles
hérissées de ronces épineuses. Ils recueillent le corail rouge
sur le rivage et taillent dans les veines des rochers les beaux
1010 saphirs noirs et jaunes, dont le commerce les enrichit. Les
plaines de Téthys bornent ensuite les terres des Indiens que
voit le premier rayon de Titan à son lever ; de là vient le
teint noir des peuples brûlés au lever de l'astre, et leur che-
1015 velure, sur le front, est semblable à l'hyacinthe. Les uns
fouillent le sol et les mines d'or, d'autres tissent de tout
légers vêtements de lin ou recueillent les défenses arrachées
à la gueule des éléphants ; d'autres cherchent, sur les rivages rendus torrentueux par la pluie, les pierres de béryl
1020 glauque et le diamant étincelant ; on y recueille le jaspe à
l'éclat vert brillant, le beau et clair corail et la charmante
topaze ; une nuance pourpre baigne les améthystes. Cette
terre présente ainsi de grandes richesses. Tout entière irri-
1025 guée par des fleuves aux sources intarissables, elle est riche
d'arbres divers et de millet en abondance, et toute fleurie
de précieux roseaux rouges. Certains hommes y sont de si
grande taille qu'ils sautent aussi facilement sur un éléphant
que sur un cheval ; d'autres vivent dans la sagesse, nus, et,
1030 chose étonnante, regardent fixement le soleil ; de leurs yeux
et avec une inspiration divine, ils examinent ses rayons et
saisissent dans le mystère de sa lumière les signes de l'avenir. Là naît le vert perroquet paré d'un collier rouge, imitant les invectives du langage humain.
1035   Je t'enseignerai maintenant les fleuves, les montagnes,
la configuration de la région même, ses nations et ses peuples heureux. L'ensemble de cette contrée est enfermé entre
trois frontières, et un des côtés suit entièrement une ligne
oblique. L'immense Indus borne au couchant la frontière ;
1040 au midi, la mer Rouge la ferme de son abîme ; le Gange
en forme l'Orient, et le Caucase le Nord. De nombreuses
et riches populations l'habitent et la cultivent, que distinguent la diversité de leurs noms et l'ampleur de leur territoire. Les Dardanéens touchent aux rives de l'Indus, là où
1045 du haut des rochers se précipite l'Acésinès, et l'Hydaspe
accessible aux navires entraîne cet affluent. Il s'y joint un
troisième fleuve, le Cophès aux eaux étincelantes ; les Taxi-

Caucaseis oriens primum de montibus altis,
1000   diuidua cuius Patalene cingitur unda.
Separat innumeras et uasto gurgite gentes :
ad partem rapidi quam uergunt lumina solis
Oritas Aribasque simul linique Arachotas
utentes laenis et Satraidas simul omnes
1005   Parpanisi montis sub celsa rupe, Arienos
nomine communi, qui terras ubere nullo
florentes habitant ; squalent nam sentibus aspris ;
curalli lapidem qui rubrum litore carpunt
sapphirique decus nigri flauique coloris
1010   saxorum caedunt uenis, hac merce beati.
Indorum terras hinc Tethyos aequora claudunt
quas primo Titan ascendens lumine cernit,
unde color populis niger est flagrantibus ortu
atque gerunt similes hyacintho fronte capillos.
1015   Effodiunt alii terras aurique metallum ;
ast alii texunt tenuissima tegmina lini
uel dentes stringunt elephantis ab ore reuulsos ;
scrutantur ripis alii torrentibus imbri
berylli gemmas glauci nitidumque adamanta,
1020   atque aura uiridi legitur quae splendet iaspis
curallique decus liquidi gratique topazi ;
purpureoque amethystos inest suffusa colore.
Diuitias magnas sic tellure illa ministrat.
Assiduisque rigant hanc totam fontibus amnes
1025   arboribusque uiget uariis milioque frequenti
et pretio rubrae perfloret harundinis illa.
Hic alii superant procero corpore tantum,
insiliant equitum faciles ut more elephantos ;
ast alii uiuunt sapienti pectore nudi
1030   luminibusque uident rectis, mirabile, solem
et radios oculis et sacra mente retractant
signaque concipiunt arcana luce futuri.
Psittacus hic uiridis, decoratus torque rubenti
nascitur, humanae simulat qui uerbera linguae.
1035   Nunc age te fluuios, montes formamque docebo
ipsius terrae, populos gentesque beatas.
Marginibus ternis tellus haec clauditur omnis,
obliquatque latus per cunctas linea partes.
Hesperios fines inmanis terminat Indus,
1040   at notios pelagus concludit gurgite Rubrum ;
sed Ganges ortus et Caucasus excipit arctum.
Hanc homines habitant multi ditesque colendam,

les et la nation des Sibares occupent le territoire entre ces
fleuves. Ensuite sont les Scodres, les farouches Peucaléens
1050 et les sauvages Gangarides, là où l'Hypanis et le rapide
Magarsus roulent et entraînent beaucoup de bel or. La
terre Gangétique les reçoit descendus du mont Émodus ;
elle s'étend jusqu'aux régions méridionales de Colis et
1055 atteint l'océan au pied de hautes collines. Les oiseaux craignent de les toucher de leur aile rapide ; aussi les Grecs
ont-ils donné à ce lieu le nom d'Aornis.

ENNODIUS († 521)

Dictio, 8 [Les produits de la terre sont le résultat d'un travail
intensif, ainsi l'encens des Sabéens, les roses de Paestum] : Il faut
beaucoup de sueur à l'Inde pour produire l'ébène dont elle se fait
gloire.

Poèmes, 1, 13, 16-17 [Hymne de la Pentecôte] : Un homme
possède les langues des nations : à, lui seul, il est Thrace, Gaulois, Indien.

PSEUDO-CYPRIEN (environs de 500 ; cf. J. H. Waszink, éd. Bonn, p. 33)

Poème de la résurrection des morts, v. 221 [Comparaison avec
le Paradis après la résurrection] : L'Inde n'a pas montré de semblables forêts.

PASSION DE SAINT BARTHÉLÉMY

1. Les historiens affirment qu'il existe trois Indes[510 bis]. La première est voisine de l'Éthiopie, la seconde l'est des Mèdes, la troisième en marque l'extrémité : d'un côté elle touche à la région
des ténèbres, de l'autre à l'océan. C'est donc dans cette Inde que
pénétra l'apôtre Barthélémy.

nominibus uariis discreti et finibus amplis.
Dardanei ripas contingunt fluminis Indi,
1045 hic ubi praecipitem scopuli fundunt Acesinem
huncque capax classis uenientem uoluit Hydaspes.
Tertius hos sequitur splendenti gurgite Cophes,
Taxilus inter quos habitat cum gente Sibarum.
Hinc Scodri post hos sunt Peucaleique feroces
1050 Gangaridaeque truces ; auri qua pondus honestum
deuoluens Hypanisque trahit rapidusque Magarsus,
quos capit Emodo missos Gangetica monte
tellus, porrigitur quae ad terrae Colidis austros,
Oceani tangens pelagus sub collibus altis,
1055 quos uolucres metuunt celeri contingere penna,
unde locis Grai posuerunt nomen Aornis.

1003 horitas aritasque *codd.* / / 1005 parpanisi *Salm.* : parpanii *A* - nei *B*
/ / 1051 magarsus *uel* magireus *codd.*

ENNODIVS

Dictio 8 (p. 447, 18, Hartel) : India multo sudore quo se iactat
hebenum nutrit.

Carm. 1, 13, 16-17 :
Habet homo ora gentium,
Thrax, Gallus, Indus unus est.

PSEVDO-CYPRIANVS

Carmen de resurrectione, v. 221 :
Nulla suos similes porrexit India lucos.

PASSIO SANCTI BARTHOLOMAEI

1. Indiae tres esse ab historiographis adseruntur. Prima est
India quae ad Aethiopiam mittit, secunda quae ad Medos, tertia
quae finem facit : nam ex uno latere tenebrarum regionem gerit,
ex alio latere mare oceanum. In hac ergo India ingressus est Bartholomaeus apostolus.

CASSIODORE (début du VIe siècle)

Fragments de discours, p. 481, 5 [Le trône impérial] : Voici le siège étincelant qu'admirerait l'Inde opulente, que célébrerait la Perse riche en pierreries, qui étonnerait la célèbre Espagne.

Variae, 1, 35, 3 (507/511 p. C.) [Le ravitaillement venu d'outre-mer fait défaut] : Ou bien, d'aventure, malgré la poussée de l'auster et l'aide des rameurs, la morsure du rémora a retenu la marche des navires sur les ondes liquides, ou bien, par le même pouvoir, les coquillages de la mer Indienne ont avec leurs lèvres arrêté les carènes des navires[511].

Variae, 9, 6, 6 (vers 527 p. C.) [Éloge de Baïes] : Que s'incline l'éternel éloge de la mer qui produit le corail, que rende hommage le renom plus grand des perles éclatantes de blancheur de la mer Indienne..., rien ne peut surpasser les rivages de Baïes.

Interprétation du Cantique des Cantiques, 5, v. 14 : L'ivoire est un os de l'éléphant. Cet animal est, dit-on, très chaste et de nature très froide ; aussi le serpent, qui est de nature chaude, l'attaque-t-il avec violence[512].

FLAVIUS JOSÈPHE (traduction faite par des amis de Cassiodore ; début du VIe siècle)

Antiquités judaïques, 1, 1, 3 (38) : Ce jardin (sc. le Paradis) est arrosé par un fleuve qui fait le tour de la terre et se divise en quatre bras. L'un s'appelle Phison, ce qui signifie « multitude » ; se dirigeant vers l'Inde, il se jette dans la mer, et les Grecs l'appelle Géta[513].

Ibid., 1, ,6, 4 (147) : Ceux-ci (sc. les fils d'Heber) habitaient à partir du fleuve Cophinus certaines régions de l'Inde et de la Syrie voisine[514].

BOÈCE (VIe s.)

Herm. sec. 1, 2 (507-509 p.C.) : La douceur et l'amertume, le blanc et le noir et les autres perceptions de nos cinq sens sont les mêmes chez tous. En effet, ce dont la saveur est douce pour les Italiens ne paraît pas amer aux Perses, et ce que nous voyons blanc n'est pas noir chez les Indiens, sinon par une modification due à une altération de la perception.

CASSIODORVS

Orationum reliquiae, p. 481, 5 : En corusca sedes, quam diues India miretur, Persis gemmata concelebret, Hispania nobilis obstupescat.

Variae, 1, 35, 3 : Aut forte incubante austro remigiisque iuuantibus meatus nauium echinais morsus inter undas liquidas alligauit, aut Indici maris conchae simili potentia labiis suis nauium dorsa fixerunt.

Variae, 9, 6, 6 : Cedat corallici pelagi laudata semper opinio, adsurgat Indici maris de albarum candore fama locupletior... Baianis litoribus nil potest esse praestantius.

Expositio in Cantica Canticorum, 5, v. 14 : Ebur autem est os elephantis, quod animal dicunt esse castissimum et naturae frigidissmae ; unde et a dracone, qui calidae naturae est, uehementer appetitur.

IOSEPHVS

Ant. Iud. 1, 1, 3 (38) : Rigatur autem hic hortus ab uno flumine circa omnem terram undique profluente. Hic in quattuor diuiditur partes et Phison quidem nomen est uni, quod inundationem significat ; et ductus in Indiam in pelago late diffunditur ; qui Geta nuncupatur a Graecis.

Ant. Iud. 1, 6, 4 (147) : Isti a flumine Cophino Indiae et positae circa eam Syriae loca quaedam inhabitabant.

BOETHIVS

Herm. sec. 1, 2 (507-509 p.C.) : Dulcedo enim et amaritudo, album et nigrum et quaequae alia sensibus quinque sentimus, eadem apud omnes sunt. Neque enim quod Italis dulce est in sensu, idem Persis uidetur amarum nec quod album apud nos oculis adparet, apud Indos nigrum est, nisi forte aliqua sensus aegritudine permutetur.

Consolation, 3, 5, v. 5-10 (523-524 p.C.) : Celui qui voudra être puissant, qu'il dompte son cœur farouche et ne soumette pas son cou vaincu par le désir à ses rênes honteuses ; car, même si la terre indienne tremblait au loin sous tes lois et si Thulé[515], au bout du monde, t'était soumise, ne pouvoir chasser les noirs soucis et refouler de misérables plaintes, ce n'est pas avoir la puissance.

Consolation, 3, 10, v. 6-11 : Tout ce que donne le Tage dans ses sables dorés ou l'Hermus à la rive rougeoyante ou l'Indus proche de la zone torride, mêlant les pierres vertes aux blanches, ne saurait éclaircir la vue des hommes ; mais ils enferment leurs esprits aveugles dans leurs ténèbres.

Consolation, 4, 3, v. 13-16 : [Les compagnons d'Ulysse changés en animaux par Circé] : L'un, qui vient d'être ajouté aux loups, hurle en voulant pleurer. L'autre, comme un tigre indien[516], erre apprivoisé autour de la demeure.

PALLADIUS, *Aide mémoire*[517] (VIe s.)

1 Ton esprit, désireux d'apprendre et de beaucoup apprendre, brûlant d'un immense amour de la sagesse, nous a demandé de rédiger encore un autre ouvrage, sur les mœurs et la vie des Brahmanes. Quant à moi, je rappelle que ni je ne les ai vus, ni leur patrie. Une longue distance les sépare en effet de l'Inde, mais aussi de la région qu'on appelle Sérique[518]. Ils habitent toutefois sur les bords du fleuve appelé le Gange.

2 Je suis allé, il y a quelques années, jusqu'aux extrémités de l'Inde avec Musée, l'évêque des Adulènes[519] ; là, brûlé par une chaleur intolérable et voyant l'eau puisée aux sources bouillir aussitôt dans les vases mêmes qui l'avaient recueillie, j'ai immédiatement fait demi-tour, car je ne pouvais supporter une telle fournaise. Le fleuve que nous appelons le Gange est le Fison de l'Écriture Sainte, un des quatre fleuves qu'on dit issus du Paradis.

3 Un récit d'Alexandre[520], l'empereur des Macédoniens, expose, dit-on, longuement leur vie et leur doctrine. Il n'avait

Consolatio, 3, 5 :
Qui se uolet esse potentem
animos domet ille feroces
nec uicta libidine colla
foedis submittat habenis.
Etenim licet Indica longe
tellus tua iura tremescat
et seruiat ultima Thule,
tamen atras pellere curas
miserasque fugare querelas
non posse potentia non est.

Consolatio, 3, 10, v. 6-11 :
Non quidquid Tagus aureis harenis
donat aut Hermus rutilante ripa
aut Indus calido propinquus orbi
candidis miscens uirides lapillos
inlustrent aciem magisque caecos
in suas condunt animos tenebras.

Consolatio, 4, 3, v. 13-16 :
Hic lupis nuper additus,
flere dum parat, ululat.
Ille tigris ut Indica
tecta mitis obambulat.

PALLADIVS, *Commonitorium* :

Mens tua, quae et discere et multum discere cupit, immenso sapientiae amore succensa, etiam aliud nobis opus quod efficere deberemus iniunxit, hoc est Bragmanorum consuetudinem uitamque. Ego quidem neque ipsos neque patriam eorum uidisse me memini. Longo enim terrarum spatio non solum ab India, sed etiam ab ea quam Sericam nominant regione seiuncti sunt. Habitant tamen iuxta fluuium quem uocant Gangem.

2. Accessi autem ante aliquot annos usque ad summa Indiae loca cum Musaeo episcopo Adulenorum ; ubi cum intolerabili aestus ardore flagrarem uideremque aquam quae hauriretur ex fontibus mox feruere in ipsis quae eam susceperant uasis, continuo regressus sum, quia incendium tantum tolerare non poteram. Hic autem fluuius qui a nobis dicitur Ganges ille est quem Scripturae Sacrae Fison uocant, unus de quattuor illis qui de Paradiso exire perhibentur.

3. Talis uero fertur Alexandri Macedonum imperatoris historia quocumque modo uitam eorum et instituta referentis. Non tàmen

toutefois pas franchi lui-même le Gange et rapportait ce qu'il avait entendu dire, non ce qu'il avait vu. Il parvint en effet seulement à la région appelée Sérique, où est produite la soie, et s'y fit dresser une colonne de pierre avec cette inscription : « Moi, Alexandre, je suis parvenu jusqu'ici. »

4 J'ai pu cependant obtenir de toute façon certaines informations sur les Brahmanes eux-mêmes d'un Scholastique de Thèbes qui, pour cette raison même, avait voulu de son propre mouvement faire le voyage, mais avait été retenu captif contre son gré. A son dire, donc, étant sans grandes dispositions pour le métier d'avocat, dégoûté d'un art qui ne lui convenait pas, il désira connaître le pays des Indiens et prit la mer en compagnie d'envoyés. Il parvint d'abord chez les Adulènes, puis chez les Axumites, où se trouvait un roitelet indien qui y séjournait depuis un certain temps[521].

5 Après avoir vécu longtemps dans leur société, il voulut encore passer dans l'île appelée Taprobane, où vivent très vieux ceux qu'on appelle les Bienheureux[522] ; ils atteignent en effet l'âge de cent cinquante ans grâce à l'incroyable douceur de l'air et au mystère de la volonté divine. Dans cette île vit aussi le Grand roi des Indiens à qui sont soumis tous les autres roitelets qu'on appelle satrapes, ainsi que nous le rapportait le Scholastique, qui le tenait d'autres personnes, n'ayant pu pénétrer dans l'île en question.

6 On dit, si ce qu'on raconte est vrai, qu'il y a, au voisinage de cette île, mille autres îles de la mer Rouge, nommées Manioles, où se trouve la pierre d'aimant qui, dit-on, attire à elle le fer[523]. Donc, quand un navire y aborde avec des clous de fer, il y est immédiatement retenu et ne peut se dégager, empêché par une sorte de force naturelle de la pierre, comme je viens de le dire. Il existe, dit-on, des navires spéciaux, à chevilles de bois, dont l'assemblage se fait absolument sans fer et qui servent aux transports dans cette grande île. On rapporte qu'il y a cinq très grands fleuves dans l'île.

7 On n'y manque jamais de fruits, assurait-il ; sur le même arbre, en même temps, un rameau fleurit, un autre se nuance des couleurs des fruits mûrissants, on en récolte sur un autre[524]. Ils ont des dattes et de grosses noix indiennes, et aussi de petites noix très parfumées, que nous appelons noisettes. Les habitants de cette région vivent de fruits, de riz et de lait. Ils ignorent l'usage de la laine et du lin, mais se couvrent bien le dos avec seulement des peaux de moutons préparées. Les brebis ont des poils au lieu d'une toison de laine, donnent beaucoup de lait et

Gangem ipse transgressus erat neque uisa, sed audita referebat. Tantummodo enim illam usque regionem quae Serica dicitur fuit, ubi ipsum sericum nascitur et ubi lapideam sibi poni fecit columnam, in qua scripsit hunc titulum : Ego Alexander hucusque ueni.

4. Ego tamen de ipsis Bragmanis potui aliqua utcumque cognoscere a quodam Thebeo Scolastico, qui ob hoc ipsum sponte quidem sua peregrinari uoluit, in captiuitatem tamen inuitus incurrit. Hic ergo ut ipse referebat, cum lentioris esset ingenii in forensis aduocationis officio, incongruae sibi artis tedio fatigatus cognoscere patriam desiderauit Indorum et cum quibusdam senioribus nauigauit. Primumque Adulenorum, postea Axumitarum attigit loca. Esse autem illic ac dudum degere uidebatur regulus quidam paruus Indorum.

5. Inter quos cum consuetudinem magnam per diutinum tempus habuisset, uoluit etiam ad illam insulam quae Taprobane uocatur accedere, in qua illi quibus Beatorum nomen est uiuunt aetate longissima. Nam usque ad centum et quinquaginta annorum perueniunt senectutem, propter incredibilem aurarum temperiem et incomprehensibilem diuini iudicii uoluntatem. In hac ipsa insula rex quoque maximus degit Indorum, cui omnes alii subiacent reguli, quos Satrapas uocant, sicuti Scolasticus nobis ille referebat ; nam ab aliis et ipse cognouerat. Neque enim memoratam insulam fuerat ingressus.

6. Dicunt autem, si tamen uera narrant, huic ipsi insulae mille alias Rubri maris insulas, quas Maniolas nominant, adiacere, in quibus ille quem magnetem uocant nascitur lapis, quem aiunt ad naturam suam ferri trahere naturam. Cum igitur nauis illuc aliqua fuerit adpulsa clauos ferreos habens, mox illic tenetur neque quoquam abire permittitur ui nescio qua naturali, ut supra dixi, lapidis impedita. Esse autem certas specialiter naues locuntur habentes ligneos clauos nulloque penitus ferro ligatas, quae ad illam insulam magnam solent transfretare. Quae tamen insula quinque maximos fluuios habere memoratur.

7. In qua, ut ille referebat, numquam deesse poma perhibentur. Sub uno enim tempore eadem in arbore, dum alter ramus in flore est, alter uenturae maturitatis colore uariatur, alterius uero fructus metuntur. Habent et dactilos et nuces Indicas grandes, habent et minutas odoratissimas nuces, quas corilos nos uocamus. Viuunt autem habitatores ipsius loci pomorum et orizae et lactis cibo. Non lanae usum illic, non lini habent, sed solis pellibus ouium confectis bene terga uelantur. Oues autem ipsae setarum pilis, non lanae uellere uestiuntur, habentes magnam copiam lactis

ont une queue très large. Ils mangent la chair des quadrupèdes, brebis aussi bien que chèvres. Par suite de l'intolérable chaleur, on ne peut trouver de porcs depuis la Thébaïde jusque dans les régions de l'Inde et de l'Éthiopie.

8 Voilà ce que nous a rapporté le Scholastique, et il ajoutait[525] : J'avais trouvé des Indiens venant par mer de la région d'Axoum pour commercer et j'ai essayé aussi de pénétrer avec eux dans l'intérieur ; je suis allé jusqu'au territoire des Bessades, où pousse le poivre et où on le récolte. C'est un peuple de très petite taille et débile, vivant dans les cavernes des rochers, gens instruits et accoutumés par la nature de leur pays à courir par les escarpements abrupts, et qui récoltent le poivre avec ses rameaux. Ces arbres avaient, disait-il, l'aspect de petites souches basses. Les gens étaient de petits nains à grosse tête, aux cheveux plats et coupés court. Le reste des Éthiopiens et des Indiens a les cheveux frisés naturellement.

9 J'ai été appréhendé, disait-il, et retenu en ce lieu par le souverain, qui m'avait accusé d'avoir osé fouler le sol de leur patrie, et ils n'écoutaient pas favorablement mes justifications et ma défense[526]. Ils ne pouvaient en effet comprendre mon langage et j'ignorais la raison de l'accusation portée contre moi, car je ne saisissais pas le sens de leurs paroles. Nous semblions toutefois nous comprendre par nos seuls jeux de physionomie. Je pouvais percevoir à leurs regards menaçants et à leurs grincements de dents la violence contenue dans leurs paroles ; de leur côté, à mon tremblement et à ma pâleur, ils jugeaient mes sentiments plutôt dignes de pitié. Ils me saisirent donc, me retinrent et me firent travailler six ans dans leur moulin. Leur roi dépensait un unique boisseau de blé pour tout le palais, et ils disaient ignorer d'où il le faisait venir.

10 Au bout de six ans, ayant peu à peu appris leur langue et ayant pu connaître beaucoup de choses des nations et des contrées voisines, je pus enfin être délivré de la façon suivante de la captivité en question : une querelle éclata entre ce roi et un autre roi qui voulut l'accuser devant le Grand empereur de l'île de Taprobane d'avoir réduit à la pire captivité et au dernier des esclavages un noble citoyen romain. Celui-ci envoya aussitôt un enquêteur, et la vérité ayant alors éclaté, il ordonna d'écorcher vif sur le champ le coupable avéré de ce crime, pour avoir fait tort à un citoyen romain[527]. Non seulement, dit-on, ils respectent grandement l'empereur des Romains, mais ils le craignent aussi grandement, car ils les supposent capables, s'ils le veulent, grâce à leur

et caudas admodum latas. Ipsorum quadripedum tam ouium quam caprarum carne uescuntur. Sues autem a Thebaide usque ad Indiae Aethiopiaeque regiones propter intolerabiles aestus nequeunt inueniri.

8. Scolasticus ergo nobis illa referebat, hoc dicens : Indos quosdam, inquit, inueneram, qui de Axumitarum locis mercandi gratia nauibus transfretabant, cum quibus ingredi etiam ad interiora tentaui accessique usque ad eorum quos Bessadas nominant fines, apud quos et piper nascitur et colligitur. Ipsa autem admodum parua atque inutilis est gens, quae intra speluncas saxeas uiuit et per praecipitia magna discurrere natura patriae edocta consueuit, piper autem cum ramusculis suis colligit. Ipsas enim arbores quasi quasdam humiles ac paruulas stirpes esse dicebat. Nam et ipsos exiguos esse homunculos quosdam et grandia habere asserit capita cum leuibus ac detonsis capillis. Reliquum uero Aethiopum atque Indorum genus crispatis naturaliter comis horret.

9. In quo ego, inquit, loco ab eo qui illic plurimum poterat correptus ac tentus sum ; qui coeperat mihi, inquit, calumniari eo quod eorum patriam solumque contingere ausus fuissem. Neque illi excusationem ac defensionem meam aequis animis audiebant. Neque enim poterant linguae meae intelligere sermonem neque ego criminis causam quod mihi obiciebatur sciebam, quia illorum uerba non noueram. Ex solis tamen uultibus nostris inuicem nos intelligere uidebamur. Ego quidem ex aspectu luminum toruo et ex stridore dentium saeuos motus poteram nosse uerborum ; illi uero ex tremore meo atque pallore sensus meos misericordia magis dignos suspicabantur. Tunc ergo ad ipsis occupatus et tentus sum ac per sexennium me in pistrino suo opus facere iusserunt. Expensa autem regis ipsorum unius tantum frumenti modii in toto palatio ipsius erat et ipsum illum unde exhibere consueuisset se ignorare dicebant.

10. Post sex autem annos dum paulatim ediscerem eorundem loquelam potuissemque multa et de uicinis nationibus locisque cognoscere, ad postremum hoc modo de captiuitate memorata potui liberari. Rex alter cum supra dicto rege iurgio facto insimulare eum apud maiorem illum imperatorem ipsius uoluit qui in Taprobane insula erat, dicens quod nobilem uirum ciuemque Romanum in deterrimam captiuitatem atque extremum seruitium redegisset. Quique illuc aliquem cognitorem continuo transmisit, ac deinceps rei ueritate perspecta protinus eum qui conuictus in memorato crimine uidebatur exui tota corporis sui pelle praecepit eo quod ciui Romano fecisset iniuriam. Dicuntur autem non solum fortiter honorare Romanorum imperatorem, sed fortiter et

célèbre génie et à leur magnifique courage, de venir ruiner leur pays.

11 Il disait encore que le peuple des Brahmanes ne renonçait pas volontairement aux choses du monde, mais obéissait au jugement de dieu et à la volonté divine. Ils vivent nus selon la nature dans les régions voisines du fleuve même. Ils ne peuvent avoir chez eux ni quadrupèdes, ni cultures, ni se servir de fer, ni posséder un genre d'instrument propre à un travail. L'air y est agréable, excellent et très salubre. Ils adorent sans cesse un dieu dont ils ne peuvent, en vérité, avoir une vraie et entière connaissance et ne savent expliquer sa providence et sa divinité ; ils prient toutefois sans arrêt, mais regardent en priant non l'Orient d'où naît le soleil, mais plutôt le ciel. Ils mangent ce qu'ils ont pu trouver, c'est-à-dire les feuilles des arbres et les légumes sauvages, vivant à la façon du bétail. On trouve chez eux en grande quantité du bois de perséa et d'acanthe[528]. Ils ont aussi des arbres du pays produisant je ne sais quels fruits dont ils font leur nourriture continuelle.

12 Les hommes de cette contrée[529] vivent au-delà de la frontière du Gange, dans les régions de l'océan où se jette ce fleuve. Mais les femmes demeurent en deça du Gange, en bordure de l'Inde, et leurs maris ont l'habitude de traverser pour les rejoindre aux mois de juillet et d'août. Ce sont en effet chez eux les mois les plus frais, parce que le soleil est tourné de notre côté et dresse sa force au-dessus du nord, qu'ils appellent borée. A cette époque, dit-on, le climat est plus tempéré et porte davantage à faire l'amour. Donc, ayant passé quarante jours avec leurs femmes, ils retournent sur leur territoire. Quand la femme de l'un d'eux a accouché d'un ou deux enfants, le mari ne repasse plus et ne couche plus avec son épouse. Quand ils ont eu un fils pour héritier, ils observent la continence pendant tout le reste de leur vie. Mais, s'il arrive qu'un mari ait une femme stérile, il traverse pendant cinq ans et couche avec son épouse ; et si, pendant tout ce temps, elle ne conçoit pas, il s'en sépare définitivement. Ce qui empêche cette race de croître et de former de grands peuples, c'est la difficulté de vivre en ces lieux et leurs usages concernant la natalité. Telles sont la vie et les mœurs des Brahmanes.

13 La présence de l'animal appelé là-bas *odontotyrannus*[530] rend très difficile, dit-on, la traversée du fleuve. C'est un animal de ce fleuve d'une taille telle qu'il est capable, à ce qu'on assure, de dévorer un éléphant tout entier. Au moment où les Brahmanes ont l'habitude de traverser, on ne le voit pas dans le fleuve. Il y a aussi, dit-on, d'immenses serpents longs de soixante-dix coudées.

timere, tamquam qui praeclaro ingenio ac uirtute magnifica possint, si uelint, at regionis ipsorum excidium peruenire.

11. Ipse ergo ille et ista dicebat quod gens Bragmanorum non ex propria uoluntate saecularibus rebus renuntiaret, sed quod id ex iudicio dei ac diuinitatis faceret uoluntate. Naturaliter enim nudi in finitimis fluuii ipsius regionibus uiuunt. Nulli apud eos possunt esse quadrupedes, nullus fructus ex terra, nullus ferri usus, nullum instrumenti genus quo fieri aliquod opus possit. Habent autem illic deliciosas atque optimas auras et saluberrime temperatas. Colunt semper deum, cuius ueram quidem per cuncta notitiam scire non possunt neque discernere ualent prouidentiae eius diuinitatisque rationem. Iugiter tamen orant, orantes uero non ad orientalem partem unde est ortus solis aspiciunt, sed caelum potius intuentur. Edunt autem ea quae potuerint inuenire, hoc est arborum folia et olera siluestria, pecorum more uiuentes. Est etiam apud illos plurimum ligni quod perseinum et acanthinum nominatur. Habent et patrias arbores quasdam nescio quos fructus ferentes, quibus uesci semper solent.

12. Viri eorundem locorum trans fines fluminis Gangis in Oceani partibus degunt, in quem fluuius memoratus ingreditur. Feminae uero citra Gangem iuxta Indiae partes morantur, ad quas earundem mariti Iulio et Augusto mense transfretare consuerunt. Isti enim apud eos menses uidentur frigidiores eo quod ad nos conuertitur sol et supra aquilonem, quem boream uocant, uis solis erigitur. Quo tempore temperati aeres magis et ad concubitum magis apti esse dicuntur. Vbi ergo quadraginta cum feminis suis fecerint dies, mox ad propria reuertuntur. At cum enixa fuerit uxor alicuius edideritque unum et alterum partum, neque transit ulterius ad eam eius maritus nec cum propria concumbit uxore. Singulis enim filiis in locum proprium substitutis per totam de reliquo ab huiusmodi coitu se abstinent uitam. Si autem acciderit ut quidam sterilem sortiatur uxorem, usque ad quinque annos maritus ipsius transit et cum propria uxore concumbit ; et si grauida per tempus illud omne non fuerit, mox ab eadem penitus separatur. Ob quod non in magnos populos hominum eorundem diffunditur genus propter uiuendi in memoratis locis difficultatem consuetudinemque pariendi. Haec ergo uita et conuersatio Bragmanorum.

13. Fluuium autem ipsum cum maxima dicunt difficultate transiri propter eum quem odontotyrannum illic uocant. Animal enim quoddam in supradicto fluuio esse memoratur, quod tantae magnitudinis dicunt ut totum, sicuti asserunt, possit elefantum deuorare. Eo tempore quo Bragmani transire consuerunt, non uidetur in fluuio. Maximi etiam dracones esse septuaginta haben-

Je me rappelle avoir vu la peau de l'un d'eux mesurant deux pieds de large. Il y a, dit-on, des fourmis d'un empan et des scorpions d'une coudée, monstres qui rendent périlleuse la traversée de cette région. Ces animaux ne naissent cependant pas partout, mais seulement dans les lieux inhabitables pour l'homme. Il y a de très nombreux troupeaux d'éléphants.

COMTE MARCELLINUS (entre 534 et 565)

Chronique, p. 83, 448, 1 : La région de l'Inde envoya en présent à l'empereur Théodose un tigre apprivoisé[531].

Chronique, p. 94, 496, 2 : L'Inde envoya en présent à l'empereur Anastase[532] un éléphant, que le poète latin Plaute nomme *luca bos,* et deux girafes.

JORDANÈS (milieu du VIe s.)

Histoire romaine, 268 : Trajan prit et occupa Séleucie, Ctésiphon et Babylone. Il établit aussi une flotte dans la mer Rouge, afin de ravager de là le territoire de l'Inde[533].

Gétiques, 6-7 : Le reste du rivage de cette mer que nous avons dit entourer le monde entier, enfermant ses terres comme une couronne, fut entièrement connu des gens avides de savoir et qui voulaient écrire sur ce sujet ; le tour de la terre est habité, et quelques îles[534] le sont dans cette même mer, ainsi en Orient et dans l'océan Indien, Hyppodès, Iamnesia, l'île Brûlée du Soleil, très longue et très large, mais inhabitée, Taprobane aussi, où (en dehors des bourgs ou des domaines) on cite dix villes très bien fortifiées ; 7 il y a encore une autre très belle île, Silefantina, et aussi Théron, qui, bien qu'aucun auteur n'en ait parlé en détail, ont une très nombreuse population.

Gétiques, 53 : Cette montagne, que nous mentionnons pour la seconde fois, je ne crois pas sans intérêt d'en décrire l'étendue et

tes per longitudinem cubitos in ipsis locis esse dicuntur. Vnde ego unius pellem uidisse me memini duos in latitudinem habentem pedes. Formicas esse illic ad modum palmae hominis, scorpiones uero ad cubiti humani mensuram locuntur, propter quae monstra periculosus ipsorum transitus est locorum. Non tamen ubique animalia ista nascuntur, sed in illis partibus tantum quae inhabitari ab hominibus nequeunt, plurimique illic elefantorum greges esse dicuntur.

2. dulenorum *LM* // 4. adulenorum *L* : ad dul - *R* // 6. maniolas *RM* : mamo- *L* // 8. besadas *L* : bessanos *M* // 9. modii : modius *M*- dio *L*.

MARCELLINVS COMES

Chronicon, p. 83, 448, 1 : Prouincia India Theodosio principi tigrim domitam pro munere misit.

Chronicon, p. 94, 496, 2 : India Anastasio principi elephantum, quem Plautus poeta noster lucabum nomine dicit, duasque camelopardalas pro munere misit.

IORDANES

De summa temporum uel origine actibusque gentis Romanorum, 268 : (Traianus) Seleuciam et Tesifontem Babyloniamque peruasit et tenuit. Nec non et in mari Rubro classem, unde Indiae fines uastaret, instituit.

Getica, 6-7 : Ceterior uero eius pelagi ripa, quam diximus totius mundi circulum, in modum coronae ambiens fines suos, curiosis hominibus et qui de hac re scribere uoluerunt perquaquam innotuit, quia et terrae circulum ab incolis possidetur et nonnullae insulae in eodem mare habitabiles sunt, ut in orientali plaga et Indico Oceano Hyppodem, Iamnesiam, Solis Perustam quamuis inhabitabilem, tamen omnino sui spatio in longo latoque extensam ; Taprobanem quoque, in qua (excepto oppida uel possessiones) decem munitissimas urbes decoramus ; 7. sed et aliam omnino gratissimam Silefantinam, nec non et Theron, licet non ab aliquo scriptore dilucidas, tamen suis possessoribus affatim refertas.

hypppodem *HPV* : hippo - *A* hipo - *L* ypodes *B* hippopodes *Z* hipo - *X* yppo - *V* // silefantinam *HPVL* : - na *A* silephantinam *X* - na *Y*.

Getica, 53 : Cuius montis (sc. Caucasi) quia facta iterum mentio est, non ab re arbitror eius tractum situmque describere,

la situation, puisqu'on sait qu'elle parcourt d'une chaîne continue la plus grande partie du monde. Partant au midi de la mer Indienne, elle brûle, chauffée par le soleil ; au nord, elle est exposée aux vents glacés et aux gelées.

Gétiques, 55 : <Le Caucase> a des noms divers selon les peuples[535]. L'Indien l'appelle Lammus, puis Propanissimus ; le Parthe, Castra, puis Nifatès ; le Syrien et l'Arménien, Taurus ; le Scythe, Cauchasus et Rifée, et pour finir Taurus, et de très nombreuses autres nations ont donné des noms à cette chaîne.

FORTUNAT (VIᵉ s.)

Poèmes, 5, 2, 13 [L'évangélisation] : l'Inde basanée est confiée à l'illustre Barthélémy.

Poèmes, 6, 5, 219-221 : Le Thrace, l'Italien, le Scythe, le Perse, l'Indien, le Gète, le Dace, le Breton prennent espoir à ses discours (sc. d'Hilaire de Poitiers) et s'arment[536].

Poèmes, 8, 1, 15 : Sur le char de son éloquence, il (Hilaire de Poitiers) est parvenu jusque chez les Indiens, et Thylé, au bout du monde, vénère la puissance de son esprit.

Poèmes, 8, 3, 147 : L'Inde emporte Barthélémy triomphant.

Poèmes, 10, 7, 7-8 : <saint Martin>, lui qui, comme un phare élevé, étend sa lumière jusque chez les Indiens, et que vénèrent l'Espagnol, le Maure, le Perse et le Breton.

Vie de saint Martin, 1, 49 : Phare élevé de la Gaule, <saint Martin> étend ses feux jusque chez les Indiens.

Vie de saint Martin, 2, 72-74 : L'univers assemblé de toute part retentit de marques de déférence envers l'Auguste [i. e. l'empereur Maxime] et présente à la fois les richesses et les raffinements des Indiens, des Arabes, des Gètes, des Thraces, des Perses, des Africains et des Ibères...

Vie de saint Martin, 3, 496-497 : Grâce à l'enseignement de si grands personnages, Hébreux, Grecs, Romains et Indiens barbares louent les dons du Christ.

quando maximam partem orbis noscitur circuire iugo continuo. Is namque ab Indico mare surgens, qua meridiem respicit, sole uaporatus ardescit ; qua septentrione patet, rigentibus uentis est obnoxius et pruinis.

Getica, 55 : (Caucasus)... qui pro gentium uarietate diuerso uocabulo nuncupatur. Hunc enim Lammum, mox Propanissimum Indus appellat ; Parthus primum Castram, post Nifatem edicit ; Syrus et Armenius Taurum, Scytha Cauchasum ac Rifeum, iterumque in fine Taurum cognominat aliaeque complurimae gentes huic iugo dedere uocabula.

lammum *HPVXY* : laminum *LO* lamnium *Z* iamnum *A* (= Imaus *Solin*).

VENANTIVS FORTVNATVS

Carm. 5, 2, 13 : Lurida perspicuo datur India Bartholomaeo.

Carm. 6, 5, 219-221 :
Thrax, Italus, Scytha, Persa, Indus, Geta, Daca,
Britannus
huius in eloquio spem bibit, arma capit.

Carm. 8, 1, 15 :
Eloquii currente rota penetrauit ad Indos
ingeniumque potens ultima Thyle colit.

Carm. 8, 3, 147 :
Inde triumphantem fert India Bartholomaeum.

Carm. 10, 7, 7-8 :
Qui uelut alta pharus lumen pertendit ad Indos,
quem Hispanus, Maurus, Persa, Britannus amat.

Vita Martini, 1, 49 :
Gallica celsa pharus fulgorem extendit ad Indos.

Vita Martini, 2, 72-74 :
Augusti obsequiis fremit undique concitus orbis,
diuitias pariter producens deliciasque
quas habet Indus, Arabs, Geta, Thrax, Persa, Afer,
Hiberus.

Vita Martini, 3, 496-497 :
Dogmate tantorum Christi data munera pangit
Hebraeus, Graecus, Romanus, barbarus Indus.

A la louange de la sainte Vierge, 287-289 [L'évangélisation du monde] : Nations, races, peuples, contrées, armées, rois accourent de toute part aux dons nouveaux du Père : Éthiopiens, Thraces, Arabes, Daces, Indiens, Alains, l'Orient et le Couchant, les Perses, les Bretons sont là.

COSMOGRAPHIE ANONYME[537] (attribuée à un Éthicus) (VIe s.)

1, 7-10 : Le fleuve Exos [= Oxus] vient du mont Caumestès. Il se divise en cinq bras qui traversent tous le mont Caucase, en un lieu appelé Séléantès. Ils se réunissent pour former un grand fleuve, appelé le Gange ; celui-ci les reçoit et son cours est de 626 mille pas. Il se jette dans l'océan Oriental près de l'île dite du Soleil.

8 Le fleuve Fygothon vient du mont Caucase, se dédouble en entourant le mont susdit et rencontre le fleuve Nestésanès venu d'une région de cette montagne, et à ces cinq fleuves mentionnés plus haut < s'ajoute > le Séliantès, fleuve torrentueux, qui les traverse sans que ni leurs eaux ni celles de cet affluent semblent se mêler. Et tous ces cours d'eau, suivant leur cours, reviennent former le même cercle à partir duquel ils s'étaient séparés en se dispersant, et se réunissent à nouveau. En aval sort le Gange auquel s'adjoint un autre fleuve avec les cinq sources qu'il avait laissées.

Le fleuve Sigota vient d'une autre région du mont Caucase ; il se concentre et de huit cours n'en forme qu'un. Il a pour affluents le Gange, appelé aussi Padus, ainsi que deux autres rivières anonymes, et, passés à dix, ils arrivent aux villes de Patalaté et Patalité, et les dix cours n'en forment ensuite plus qu'un seul. Il en ressort que le Gange est formé de la réunion de dix rivières ; il est appelé Sigota dans son cours supérieur, car elles coulent de la même eau. Son cours est de 11 fois 453 637 pas ; il se jette dans l'océan Oriental près de l'île de Syléphantine.

9 Le fleuve Hydaspe naît dans l'Inde de trois rivières. Il les réunit toutes pour n'en former qu'une et, irriguant tout le territoire indien, il parcourt 814 mille pas et se jette dans l'océan Oriental.

Le fleuve Chopatrès naît chez les Indiens, traverse la même région sur 612 mille pas et se jette dans l'océan Oriental près de l'île de Théron...

10 ... Le fleuve Alibotra naît sur le mont Liseus ; il parcourt 716 mille pas et se jette dans l'océan Oriental.

Appendix 1, *In laudem Sanctae Mariae,* 287-289 :
    Natio, gens, populus, regiones, agmina, reges
    undique currentes ad noua dona Patris
    Aethiopes, Thraces, Arabes, Daca, Indus, Alanus,
    Aurora et Vesper, Persa, Britannus adest.

COSMOGRAPHIA ANONYMA (éd. Riese, p. 71 sq.)

1, 7-10 : Fluuius Exos nascitur de monte Caumeste. In V alueos diuiditur et transeunt omnes per montem Caucasum, qui locus appellatur Seleantes. Fundunt se in flumen magnum qui appellatur Ganges. Hic eos excipiens currit milia DCXXVI. Mergitur in mare Oceani orientalis sub insula quae appellatur Solis.

8. Fluuius Fygothon nascitur de monte Caucaso et geminatur et facit coronam et occupat montem supra scriptum, et occurrit ei ex una parte eius montis fluuius Nestesanes, et ad illa quinque flumina quae dicta sunt superius fluuius Seliantes per ea torrens transit, ita ut nec illorum aqua nec istius superuenientis misceri uideatur. Et omnes iter suum agentes reuertuntur ad eamdem coronam unde sparsi diuidebantur, et iterum ad unum reuertuntur. Et ante eos exit fluuius Ganges cui adiungitur alius cum capitibus quinque quos reliquerat.
    Fluuius Sigota ex alia parte montis Caucasi nascitur, hic etiam se ad unum iungens, effectus unus de octo. Occurrit ei Ganges qui et Padus dicitur. Itemque duo alii occurrunt anonymi et effecti decem transeunt ad oppida Patalatae et Patalitae, et post omnes decem unum faciunt fluuium. Vnde constat Gangem decem fluminibus adimpleri, qui in superioribus partibus Sigota uocitatur, quoniam de una nympha meant. Currit undecies quadringenta quinquaginta tria milia sexcentos † trieras unum passum ; egeritur in mare Oceani orientalis ad insulam Sylephantinam.
    9. Fluuius Hydaspes nascitur in campis Indorum tribus crinibus. Hic se ex omnibus adunans unus efficitur, et inundans omnem regionem Indorum currit milia DCCCXIIII et immergit se Oceano orientali.
    Fluuius Chopatres nascitur in campis Indiae et discurrens per eandem prouinciam currit milia DCXII et fundit se mari Oceano orientali sub insula Theron...
    10 ...Fluuius Alibotra nascitur ex monte Liseo. Currit milia DCCXVI. Immergitur in orientalem Oceanum.

Les trois fleuves appelés Hictiophages naissent dans l'Inde ; leur cours est de 202 mille pas et ils se jettent rapidement dans l'océan Oriental.

1, 13 : Peuples de l'océan Oriental : ... Indiens, Scythes, Cummes, Sigotans, Deruices, Passites, Parosmes, Anartaces, Gélons, Carasmes, Massagètes, Paroparsisiens, Dacriens, Traumèdes, Spircentes, Vamuotes, Arogotes, Acians, Orocées, Anidroses...

2, 5-6 : L'Asie, au centre de sa façade orientale, présente, sur l'océan Oriental, les bouches du Gange ; à gauche, le cap Caligarda, au pied duquel se trouve au sud-est l'île de Taprobane, à partir d'où l'océan commence à être appelé Indien. A droite, elle présente la chaîne de l'Imavus, où cesse le Caucase, vers le cap Samara, près du nord, vers les bouches du fleuve Octogordès, à partir d'où l'océan est appelé Sérique. 6 La région de l'Inde fait partie de ce continent ; elle a au couchant le fleuve Indus, qui se jette dans la mer Rouge ; au nord, le mont Caucase ; ailleurs, elle est bornée, comme je l'ai dit, par l'océan Oriental et l'océan Indien. Elle a 44 nations, sans compter l'île de Taprobane, qui a <dix cités, ni> les cités des autres îles habitées.

2, 17 : De la place forte de Catippi au bourg de Safris, à travers les Dahes, les Sacauraces et les Parthyens, s'étend le mont Oscovaris, où naît le Gange, qu'on nomme aussi Padus.

DESCRIPTION DE L'UNIVERS[538] (vers 550)

16 Vient ensuite l'Inde Majeure, d'où proviennent, dit-on, la soie et des produits nécessaires de toutes sortes. Les habitants vivent de la même façon que leurs voisins, et vivent bien. Ils habitent une grande et bonne contrée de 210 étapes d'étendue.

17 A la frontière se trouve une région limitrophe dont les hommes, dit-on, sont valeureux, très actifs dans les guerres et utiles en tout. C'est à eux que l'Inde Mineure demande secours quand les Perses l'attaquent ; ils ont tout en abondance et habitent un pays de 150 étapes d'étendue.

18 Vient ensuite l'Inde Mineure, dont le peuple est gouverné

Flumina tria Hictiophagi dicta ex campis Indiae nascuntur. Currunt milia CCII et festinantes recipiuntur ab Oceano orientali.

7. exos : cf. oxos *Honorius* / / 8. fygothon *V* : sigoton L / / nestesanes *V* : - senes *L* / / padus *LV* : Phison *coni. Riese ex Ioseph., ant. 1,1,3* / / 9. chopatres *V* : euphrates *l* / / liseo *V* : *lyseo* L.

13 : Oceanus orientalis habet gentes : ...Indi, Isquietei, Cummi, Sigotani, Deruicae, Passitae, Parosmi, Anartacae, Geloni, Carasmi, Massagetae, Paroparsisiani, Dacriani, Traumedae, Spircentes, Vamuoti, Arogoti, Aciani, Orocei, Anidrosi...

isquietei *V* : his quitei *L* = Scythae / / cummi = Thuni / / dacriani = Bactr-.

2, 5-6 : Asia a media fronte in oriente habet in oceano Eoo ostia fluminis Gangis, a sinistra promuntorium Caligardam, cui subiacet ad eurum insula Taprobane, ex quo oceanus Indicus uocitari incipit. A dextra habet Imaui montis iugum, ubi Caucasus deficit ad promuntorium Samara, quod aquiloni subiacet ad ostia fluminis Octogordis, ex quo oceanus Sericus appellatur. 6. In his finibus prouincia India est, quae habet ab occidente flumen Indum, quod Rubro mari accipitur ; a septentrione montem Caucasum ; reliqua eius, ut dixi, Eoo et Indico oceano terminantur. Haec habet gentes numero XLIIII absque insula Taprobane, quae habet < decem ciuitates, et absque > reliquis ciuitatibus quae in aliis habitabilibus insulis illic sunt.

5. imaui : timani *V* tom - *L* / / samara *V* : - riae *L* / / 6. reliquas - absque *add. ex Oros.*

2, 17 : Ab oppido Catippi usque ad uicum Safrim inter Da*ha*s, Sacauracas et Parthyenas mons Oscouaris, ubi Ganges fluuius oritur, quem et Padum dicunt.

catippi *V :* catipsi *L* / / safrim : safri *VL* / / dahas ; das *VL.*

DESCRIPTIO TOTIVS MVNDI

16. Sequitur India maior, unde sericum et omnia necessaria exire dicuntur. Similiter proximorum more uiuentes bene transigunt. Et habitant terram magnam et bonam mansionum ducentarum decem.

17. Quibus adiacet foris una regio quae dicitur fortes habere uiros et ualde industriosos in bellis et in omnibus utiles ; unde India minor petit auxilium quotiens ei a Persis bellum mouetur ; qui omnibus abundant. Et habitant terram centum L mansionum.

18. Post hos est India minor, cuius gens regitur a maioribus.

par des grands ; on trouve chez eux une innombrable multitude d'éléphants ; c'est d'eux que les Perses les reçoivent. Ils habitent un pays de 15 étapes d'étendue.

35 : <Alexandrie> commerce à juste titre avec les Indiens et les barbares ; elle exporte en toutes régions des aromates et toutes sortes de denrées précieuses.

DAMIGÉRON (VIᵉ s.)

Des pierres, 3 : Le diamant[539] est bien plus dur que le fer ; le meilleur se trouve dans l'Inde, après lui, en Arabie, les autres à Chypre.

DIOSCORIDE LATIN (VIᵉ s.)

1, 6 : Du nard indien...

1, 14 : costus arabique, costus indien.

1, 22 : L'agalacon[540] est un bois de l'Inde ou d'Arabie.

1, 110 : Du lycium... L'indien, qui est le meilleur, a un goût amer. Les branches du lycium indien sont grosses.

PÉLERINAGE AUX LIEUX SAINTS D'ANTONIN DE PLAISANCE (vers 570 p.C.)

40 Du mont Sinaï, en Arabie, à la ville nommée Abila, il y a huit étapes. C'est à Abila qu'arrivent les navires venus de l'Inde avec des aromates de toute sorte[541]...

41 Là se trouve une petite ville nommée Clisma[542], où arrivent aussi les navires venus de l'Inde... Là nous avons reçu des noix vertes pleines, apportées de l'Inde, que l'on croit venir du Paradis. Telle est leur saveur que tous ceux qui en ont goûté sont rassasiés.

Est autem apud eos elephantorum innumerabilis multitudo ; ab his Persae accipiunt elephantos. Et habitant terram quindecim mansionum.

35. Haec (sc. Alexandria) cum Indis et barbaris negotia gerit merito ; aromata et diuersas species pretiosas omnibus regionibus mittit.

DAMIGERON

De lapidibus, 3 : Adamas autem lapis durissimus ferro, et optimus nascitur in India, secundus post hunc in Arabia, ceteri in Cypro.

DIOSCORIDES LATINVS

1, 6 : De nardu indicu...

1, 14 : Costus arabicus, costus indicus.

1, 22 : Agalacon lignu est in India uel Arabiae.

1, 110 : De liciu... gustu amaro sicut est indicu, qui melior est... Liciu indicu uirge sunt grosse.

TRADUCTIONS LATINES DE TRAITÉS DE MÉDECINE GRECS (6ᵉ s.)

Les traductions latines d'Oribase, Soranos, Alexandre de Tralles, etc. présentent de nombreux exemples sans intérêt de *lycium indicum, spica indica, nardus indicus,* etc.

ANTONINI PLACENTINI ITINERARIVM

40. De monte Sina in Arabia in ciuitatem quae uocatur Abila sunt mansiones octo. In Abila autem descendit nauis de India cum diuersis aromatibus.

41. Ibi est et ciuitas modica, quae appellatur Clisma, ubi etiam et de India naues ueniunt... Illic accepimus nuces plenas uirides, quae de India ueniunt, quas de paradiso credunt homines esse. Cuius gratia talis est : quanticumque gustauerint satiantur.

GRÉGOIRE LE GRAND (vers 580-590)

Instructions morales. Job, 46, 16 : <La Sagesse divine> ne sera pas évaluée avec les étoffes peintes de l'Inde — Combien la Sagesse divine l'emporte sur l'éclat du discours d'une fausse philosophie ! Qu'entend-on par l'Inde, d'où vient une population noire, si ce n'est ce monde, où le péché assombrit la vie des hommes ? Les étoffes peintes de l'Inde[543] sont les sages de ce monde qui, bien que souillés par le manque de foi et très souvent par leurs actes, sont, aux yeux des hommes, fardés d'un enduit coloré de vertu. Mais la Sagesse éternelle de Dieu n'est pas évaluée avec les étoffes peintes de l'Inde, parce que qui la comprend réellement reconnaît combien en sont loin les hommes dont le monde a glorifié la sagesse... Dans ses commandements, la Sagesse divine n'est pas évaluée avec les étoffes peintes de l'Inde, parce que, sans les faux ornements de l'éloquence, elle plaît comme une étoffe qui n'a pas subi la teinture.

GRÉGOIRE DE TOURS (538-594)

La gloire des martyrs, 31 : L'apôtre Thomas, selon l'histoire de sa passion, subit le martyre en Inde. Sa sainte dépouille fut transportée longtemps après dans la ville que les Syriens nomment Édesse et y fut ensevelie. Dans le lieu de l'Inde où elle reposa d'abord, se trouve un monastère d'une grandeur merveilleuse, orné et agencé avec soin.

ISIDORE DE SÉVILLE

Etymologies, 5, 39, 5 : Sem, la seconde année après le déluge, engendra Arfaxat, d'où sont issus les Chaldéens. Arfaxat, à l'âge de 135 ans, engendra Sala, d'où sont issus les Samaritains et les Indiens[544].

Etym. 7, 9, 1 : Le Christ les envoya (sc. les Apôtres) répandre la bonne parole à travers le monde entier, et certains pénétrèrent ainsi chez les Perses et les Indiens, enseignant les Gentils et accomplissant au nom du Christ de grands et incroyables miracles...

Etym. 8, 6, 17 : Les Gymnosophistes, dit-on, philosophent tout nus dans les mystérieuses solitudes de l'Inde, vêtus seulement

GREGORIVS MAGNVS

Instructiones morales, Iob. 46, 16 : Non conferetur tinctis Indiae coloribus. — Quantum praestet Dei sapientia fucatae nitore sermonis philosophiae. Quid enim per Indiam quae nigrum populum mittit, nisi hic mundus accipitur, in quo uita hominum per culpam obscura generatur. Tincti autem colores Indiae sunt huius mundi sapientes qui, quamuis per infidelitatem et plerumque per actionem foedi sint, ante humanos tamen oculos superductae honestatis colore fucantur. Sed coeterna Dei sapientia tinctis Indiae coloribus non confertur, quia, quisquis ueraciter hanc intelligit, ab his hominibus quos mundus sapientes coluit quam longe distet agnoscit... In mandatis igitur suis Dei sapientia non confertur tinctis Indiae coloribus, quia, dum fucata eloquentiae ornamenta non habet, quasi uestis sine tinctura placet.

GREGORIVS TVRONENSIS

In gloria martyrum, 31 : Thomas apostolus secundum historiam passionis eius in Indiam passus declaratur. Cuius beatum corpus post multum tempus adsumptum in ciuitatem quam Syri Aedissam uocant translatum est ibique sepultum. Ergo in loco regionis Indiae quo prius quieuit monasterium habetur et templum mirae magnitudinis diligenterque exornatum atque compositum.

ISIDORVS HISPALENSIS

Etymologiae, 5, 39, 5 : Sem ann. II post diluuium genuit Arfaxat, a quo Chaldaei. Arfaxat ann. CXXXV genuit Sala, a quo Samaritae et Indi.

Etym. 7, 9, 1 : Ipsos enim misit Christus euangelizare per uniuersum mundum ita ut quidam Persas Indosque penetrarent docentes gentes et facientes in nomine Christi magna et incredibilia miracula...

Etym. 8, 6, 17 : Gymnosophistae nudi per opacas Indiae solitudines perhibentur philosophari, adhibentes tantum genitalibus

d'un cache-sexe. « Gymnase » vient en effet de ce que les jeunes gens s'exercent nus sur le terrain de jeu et ne cachent que leur sexe. Ils s'abstiennent en outre de procréer.

Etym. 8, 11, 44 : Le nom grec (sc. de Liber) est Dionysos, du mont Nysa, en Inde, où, dit-on, il fut élevé. Mais Nysa est aussi une ville où ce même Liber est adoré, d'où son nom de Nyséen.

Etym. 9, 2, 5 : Descendants d'Arfaxat, fils de Sem : Heber, petit-fils d'Arfaxat, d'où sont issus les Hébreux ; Iectam, fils d'Heber, d'où est issu le peuple des Indiens.

Etym. 9, 2, 39-41 : Les Indiens[545] tiennent leur nom du fleuve Indus, qui les sépare de l'Occident... **41** Les Gangarides sont des peuples situés entre les Assyriens et les Indiens ; ils habitent les environs du Gange, de là leur nom de Gangarides.

Etym. 9, 2, 128 : <Les Éthiopiens>, venus jadis du fleuve Indus, s'établirent près de l'Égypte, entre le Nil et l'océan, au midi, tout proches du soleil ; ils forment trois peuples : les Hespériens, les Garamantes et les Indiens[546]. Les Hespériens sont au couchant, les Garamantes à Tripoli, les Indiens au levant.

Etym. 9, 2, 131 : Les Ichtyophages[547] tiennent leur nom de leur supériorité à la pêche en mer et de leur nourriture exclusive de poissons. Ils occupent les régions montagneuses après les Indiens, et Alexandre le Grand, les ayant soumis, leur interdit de manger des poissons.

Etym. 11, 3, 15-16 : Les Cynocéphales[548] doivent leur nom à leur tête de chien, et leur aboiement même les dénonce comme des bêtes plutôt que comme des hommes. Ils naissent en Inde. **16** L'Inde donne aussi naissance aux Cyclopes ; on les nomme Cyclopes parce qu'ils ont, dit-on, un œil unique au milieu du front.

Etym. 11, 3, 26-27 : Il existe, dit-on, dans l'Inde un peuple appelé les Makróbioi[549], hauts de douze pieds. Il s'y trouve aussi un peuple haut d'une coudée, que les Grecs nomment Pygmées du nom de la coudée et dont nous avons parlé plus haut. Ils habitent les montagnes de l'Inde au voisinage de l'océan. **27** On dit qu'il est encore dans l'Inde une race de femmes qui conçoivent à cinq ans et ne vivent pas au-delà de huit ans.

Etym. 12, 1, 29 : Les taureaux indiens[550] sont de couleur fauve et rapides comme l'oiseau ; ils ont le poil tourné à rebours. Ils tournent leur tête flexible à volonté. Grâce à la dureté de leur cuir, ils repoussent tous les traits, et ils sont férocement sauvages.

tegmina. Gymnasium enim ex eo dictum est quod iuuenes nudi exercerentur in campo, ubi pudenda sola tantum operiunt. Hi et a generando se cohibent.

Etym. 8, 11, 44 : Iste et graece Dionysos a monte Indiae Nysa, ubi dicitur esse nutritus. Ceterum est et Nysa ciuitas, in qua colitur idem Liber, unde Nysaeus dictus est.

Etym. 9, 2, 5 : Posteritas Arfaxat filii Sem ; Heber nepos Arfaxat, a quo Hebraei ; Iectam filius Heber, a quo Indorum orta est gens.

Etym. 9, 2, 39-41 : Namque Indi ab Indo flumine dicti sunt, qui ab occidentali parte eos includit... **41.** Gangaridae populi sunt inter Assyrios Indosque, habitantes circa Gangen fluuium. Vnde etiam Gangaridae nuncupati sunt.

Etym. 9, 2, 128 : Hi (sc. Aethiopes) quondam ab Indo flumine consurgentes iuxta Aegyptum inter Nilum et Oceanum, in meridie sub ipsa solis uicinitate insiderunt, quorum tres sunt populi : Hesperi, Garamantes et Indi. Hesperi sunt occidentis, Garamantes Tripolis, Indi orientis.

Etym. 9, 2, 131 : Ichthyophagi, quod uenando in mari ualeant et piscibus tantum alantur. Hi post Indos montanas regiones tenent, quos subactos Alexander Magnus piscibus uesci prohibuit.

Etym. 11, 3, 15-16 : Cynocephali appellantur eo quod canina capita habeant quosque ipse latratus magis bestias quam homines confitetur. Hi in India nascuntur. **16.** Cyclopes quoque eadem India gignit ; et dictos Cyclopes eo quod unum habere oculum in fronte media perhibentur.

Etym. 11, 3, 26-27 : In India ferunt esse gentem quae Makróbioi nuncupantur, duodecim pedum staturam habentes. Est et gens ibi statura cubitalis, quos Graeci a cubito Pygmaeos uocant, de qua supra diximus. Hi montana Indiae tenent, quibus est uicinus oceanus. **27.** Perhibent in eadem India esse gentem feminarum quae quinquennes concipiunt et octauum uitae annum non excedunt.

Etym. 12, 1, 29 : Indicis tauris color fuluus est, uolucris pernicitas, pilis in contrarium uersis ; caput circumflectunt flexibilitate qua uolunt ; tergi duritia omne telum respuunt, immiti feritate.

Etym. 12, 2, 14-16 : Les Grecs pensent que l'éléphant[551] doit son nom à son corps énorme, parce qu'il présente l'aspect d'une montagne ; montagne se dit en effet *lóphos* en grec. Les Indiens l'appellent *barro* d'après son cri ; de là vient aussi le nom de son cri, *barritus,* et celui de ses défenses, *ebur.* Son museau s'appelle *proboscida,* parce qu'il en use pour approcher la nourriture de sa gueule ; il ressemble à un serpent et est protégé par un rempart d'ivoire. **15** Les anciens Romains les appelaient bœufs lucaniens : bœufs, parce qu'ils ne connaissaient aucun animal de plus grande taille ; lucaniens, parce que c'est en Lucanie que Pyrrhus, le premier, les opposa aux Romains dans un combat. Cette espèce animale est en effet propre à la guerre. Les Perses et les Indiens installent sur leur dos des tours de bois d'où ils combattent au javelot comme du haut d'un rempart. Ils sont intelligents et doués d'une grande mémoire. **16** Ils se déplacent en troupeaux ; ils s'agenouillent par un mouvement dont ils sont capables ; ils fuient les souris ; l'accouplement se fait croupe à croupe. Quand ils mettent bas, ils abandonnent leurs petits dans l'eau ou sur une île à cause de leurs ennemis les serpents qui les tuent en les enveloppant de leurs replis. Ils portent pendant deux ans et ne procréent pas plus d'une fois et pas plus d'un petit. Ils vivent trois cents ans. Les éléphants naissaient autrefois seulement en Afrique et en Inde, aujourd'hui seulement en Inde.

Etym. 12, 2, 28 : Les Indiens ont l'habitude de mener aux tigres des chiennes qu'ils attachent la nuit dans les forêts[552] ; elles sont saillies et il naît de cette portée des chiens si ardents et si vigoureux qu'ils terrassent les lions en s'y agrippant.

Etym. 12, 4, 5 [Du *draco*] : Il ne fait pas de mal par son venin, mais le venin ne lui est pas nécessaire pour donner la mort, parce qu'il tue par son étreinte[553]. Son corps énorme n'en protège même pas l'éléphant : caché au bord des pistes habituellement suivies par les éléphants, il lie leurs pattes dans ses nœuds et les tue en les étouffant. Il naît en Éthiopie et en Inde dans la fournaise d'une chaleur ininterrompue.

Etym. 12, 6, 41 : Dans le fleuve du Gange, en Orient, naissent, dit-on, des anguilles de trente pieds[554].

Etym. 12, 6, 45 : Pline l'Ancien raconte[555] : « La torpille de la mer de l'Inde, même à distance et de loin, même si on la touche avec un bâton ou une baguette, engourdit les bras les plus vigoureux et paralyse les pieds les plus rapides à la course. »

Etym. 12, 7, 2 : Il est en effet impossible de dénombrer les

Etym. 12, 2, 14-16 : Elephantum Graeci a magnitudine corporis uocatum putant, quod formam montis praeferat ; graece enim mons *lóphos* dicitur. Apud Indos autem a uoce barro uocatur, unde et uox eius barritus et dentes ebur. Rostrum autem proboscida dicitur quoniam illo pabulum ori admouet ; et est angui similis, uallo munitus eburno. 15. Hos boues Lucas dictos ab antiquis Romanis : boues, quia nullum animal grandius uidebant ; Lucas, quia in Lucania illos primus Pyrrhus in proelio obiecit Romanis. Nam hoc genus animantis in rebus bellicis aptum est ; in eis enim Persae et Indi ligneis turribus conlocatis tamquam de muro iaculis dimicant. Intellectu autem et memoria multa uigent. **16.** Gregatim incedunt ; motu, quo ualent, salutant ; murem fugiunt ; auersi coeunt ; quando autem parturiunt, in aquis uel insulis dimittunt fetus propter dracones, quia inimici sunt et ab eis implicati necantur. Biennio autem portant fetus nec amplius quam semel gignunt nec plures, sed tantum unum ; uiuunt annos trecentos. Apud solam Africam et Indiam elephanti prius nascebantur, nunc sola eos India gignit.

Etym. 12, 2, 28 : Solent et Indiae feminas canes noctu in siluis alligatas admitti ad tigres bestias a quibus insiliri, et nasci ex eodem fetu canes adeo acerrimos et fortes ut in complexu leones prosternant.

Etym. 12, 4, 5 : Innoxius autem est a uenenis (sc. draco), sed ideo huic ad mortem faciendam uenena non esse necessaria, quia si quem ligarit occidit. A quo nec elephans tutus est sui corporis magnitudine ; nam circa semitas delitiscens per quas elephanti soliti gradiuntur crura eorum nodis inligat ac suffocatos perimit. Gignitur autem in Aethiopia et India in ipso incendio iugis aestus.

Etym. 12, 6, 41 : Ferunt autem Orientis fluuium Gangen anguillas tricenis pedibus gignere.

Etym. 12, 6, 45 : Narrat Plinius Secundus : 'Ex Indico mare torpedo etiam procul et e longinquo, uel si hasta uirgaque adtingatur, quamuis praeualidos lacertos torpescere, quamlibet ad cursum ueloces alligare pedes.'

Etym. 12, 7, 2 : Nam uolucrum quot genera sint inuenire

espèces d'oiseaux[556]. Personne en effet n'a pu pénétrer dans les déserts de l'Inde, de l'Éthiopie ou de la Scythie tout entières et en connaître les espèces et leurs caractéristiques.

Etym. 12, 7, 24 : Le perroquet naît sur les rivages de l'Inde[557] ; il est de couleur verte avec un collier rouge ; il a une grande langue, plus large que celle des autres oiseaux. De là vient qu'il prononce des mots articulés, au point que, si on ne le voyait pas, on croirait entendre parler un homme. Il salue naturellement en disant « Haue » ou « Khaire ». Il apprend tous les autres mots par le dressage.

Etym. 13, 13, 7 : Il existe dans l'Inde un étang appelé Sidé[558], où rien ne surnage et où tout s'enfonce.

Etym. 13, 17, 1 : On appelle golfes (*sinus*) des baies plus importantes de la mer, comme le golfe Ionien dans la Grande mer, et, dans l'océan, les golfes Caspien, Indien, Persique, Arabique, dit aussi mer Rouge et attribué à l'océan.

Etym. 13, 21, 8 : Le fleuve du Gange[559], nommé Phison dans l'Écriture Sainte, sort du Paradis et se dirige vers les régions de l'Inde. On l'appelle Phison, c'est-à-dire « troupe », parce qu'il résulte de sa réunion avec dix grands cours d'eau et n'en forme qu'un. On l'appelle Gange du nom du roi de l'Inde Gangarus. Il a, dit-on, des crues comme le Nil et recouvre les terres orientales.

Etym. 13, 21, 11 : L'Indus est un fleuve d'Orient, qui se jette dans la mer Rouge.

Etym. 14, 3, 5-7 : Le nom de l'Inde vient du fleuve Indus[560] qui la borne à l'Occident. Elle s'étend du côté de la mer méridionale jusqu'au lever du soleil, et au Nord jusqu'au mont Caucase ; elle a un grand nombre de nations et de villes et aussi des îles : Taprobane, riche en pierreries et en éléphants, Chrysa et Argyré, où abondent l'or et l'argent, et Tilé, dont les arbres ne perdent jamais leur feuillage. 6 Elle a aussi les fleuves du Gange, de l'Indus et de l'Hypanis qui rendent célèbres les Indiens. La terre de l'Inde, rendue très salubre par le souffle du Favonius, donne deux récoltes par an ; les vents étésiens y remplacent l'hiver. Elle donne le jour à des hommes au teint bronzé, à d'énormes éléphants, à une bête sauvage, le monocéros, à un oiseau, le perroquet, au bois d'ébène aussi et au cinname, au poivre et au roseau odorant. 7 Elle exporte encore de l'ivoire et aussi des pierres précieuses : béryls, chrysoprases, diamant, escarboucles, lychnites, petites et grosses perles, que brûlent de posséder les dames de la

quemque non posse. Neque enim omnis Indiae et Aethiopiae aut
Scythiae deserta quis penetrare potuit qui earum genus uel diffe-
rentias nosset.

Etym. 12, 7, 24 : Psittacus in Indiae litoribus gignitur, colore
uiridi, torque puniceo, grandi lingua et ceteris auibus latiore.
Vnde et articulata uerba exprimit ita ut, si eam non uideris,
hominem loqui putes. Ex natura autem salutat dicens : 'haue' uel
'khaîre'. Cetera nomina institutione discit.

Etym. 13, 13, 7 : In Indis Siden uocari stagnum in quo nihil
innatat, sed omnia merguntur.

Etym. 13, 17, 1 : Sinus dicuntur maiores recessus maris, ut in
mari Magno Ionius, in Oceano Caspius, Indicus, Persicus, Arabicus, qui et mare Rubrum, qui Oceano adscribitur.

Etym. 13, 21, 8 : Ganges fluuius, quem Phison Sancta Scriptura cognominat, exiens de Paradiso pergit ad Indiae regiones.
Dictus autem Phison, id est caterua, quia decem fluminibus
magnis sibi adiunctis impletur et efficitur unus ; Ganges autem
uocatus a rege Gangaro Indiae. Fertur autem Nili modo exaltari
et super Orientis terras erumpere.

Etym. 13, 21, 11 : Indus fluuius orientis, qui Rubro mari
accipitur.

Etym. 14, 3, 5-7 : India uocata ab Indo flumine, quo ex parte
occidentali clauditur. Haec a meridiano mari porrecta usque ad
ortum solis et a septentrione usque ad montem Caucasum peruenit, habens gentes multas et oppida, insulam quoque Taprobanen
gemmis et elephantis refertam, Chrysam et Argyren auro argentoque fecundas, Tilen quoque arboribus foliam numquam carentem.
6. Habet et fluuios Gangen et Indum et Hypanem inlustrantes
Indos. Terra Indiae Fauonii spiritu saluberrima in anno bis metit
fruges ; uice hiemis etesias patitur. Gignit autem tincti coloris
homines, elephantos ingentes, monoceron bestiam, psittacum
auem, ebenum quoque lignum et cinnamum et piper et calamum
aromaticum. **7.** Mittit et ebur, lapides quoque pretiosos : beryllos,
chrysoprasos et adamantem, carbunculos, lychnites, margaritas et
uniones, quibus nobilium feminarum ardet ambitio. Ibi sunt et
montes aurei, quos adire propter dracones et gryphas et immensorum hominum monstra impossibile est.

noblesse. On y trouve aussi des montagnes d'or, dont l'accès est interdit par des serpents, des griffons et par des géants monstrueux.

Etym. 14, 6, 11-13 : Dans l'océan Indien[561] se trouvent les îles de Chrysé et d'Argyré, si riches en mines que, d'après la plupart, la surface en est d'or et d'argent ; de là leurs noms. 12 L'île de Taprobane est située au-dessous de l'Inde en direction du sud-est, au début de l'océan Indien, longue de huit cent soixante-quinze mille pas, large de six cent vingt-cinq mille stades. Le cours d'un fleuve la partage ; elle est tout entière pleine de perles et de pierreries. Une partie en est remplie de bêtes sauvages et d'éléphants, une autre est habitée par des hommes. Dans cette île, dit-on, il y a deux étés et deux hivers par an, et la terre se couvre deux fois de fleurs. 13 Tilès est une île de l'Inde au feuillage vert en toute saison.

Etym. 14, 8, 2 : Le mont Caucase s'étend de l'Inde au Taurus et porte des noms variés selon les nations et les langues diverses partout où il s'avance. Au point de sa plus haute altitude au levant, il est nommé « Caucase » du fait de la blancheur des neiges[562] ; en effet, dans la langue de l'Orient, « Caucase » signifie « blanc », c'est-à-dire blanchi par des neiges dont l'épaisseur est considérable. De là vient aussi que les Scythes, attenant à cette même montagne, l'ont appelée *Croacasis* : *casis* signifie chez eux « blancheur » ou « neige » 3 La plupart apellent aussi le Taurus Caucase.

Etym. 15, 1, 6, : Dionysus, nommé aussi Liber Pater, traversant l'Inde en vainqueur, fonda la ville de Nysa (lui donnant son propre nom) sur les bords de l'Indus, et la peupla de cinquante mille hommes.

Etym. 15, 1, 38 : Tarse de Cilicie fut construite par Persée, fils de Danaé. L'apôtre Paul en était originaire : « Je suis né, dit-il, à Tarse de Cilicie. » Il y a aussi une localité de l'Inde du nom de Tarse[563].

Etym. 16, 4, 1 : L'aimant (*magnes*) est une pierre indienne nommée de celui qui la découvrit. Elle fut trouvée d'abord dans l'Inde[564], adhérant aux clous des sandales et à la pointe du bâton quand Magnès y faisait paître ses troupeaux. On la trouva ensuite un peu partout...

Etym. 16, 4, 21 : L'obsidienne[565] est une pierre noire, translucide, qui ressemble au verre. On l'emploie dans les miroirs

Etym. 14, 6, 11-13 : Chryse et Argyre insulae in Indico Oceano sitae, adeo fecundae copia metallorum ut plerique eas auream superficiem et argenteam habere prodiderint ; unde et uocabula sortitae sunt. 12. Taprobane insula Indiae subiacens ad Eurum, ex qua Oceanus Indicus incipit, patens in longitudine octingentis septuaginta quinque milibus passuum, in latitudine sescenta uiginti quinque milia stadiorum. Scinditur amne interfluo, tota margaritis repleta et gemmis ; pars eius bestiis et elephantis repleta est, partem uero homines tenent. In hac insula dicunt in uno anno duas esse aestates et duas hiemes et bis floribus uernare locum. 13. Tiles insula Indiae, uirens omni tempore folia.

Etym. 14, 8, 2-3 : Mons Caucasus ab India usque ad Taurum porrectus, pro gentium ac linguarum uarietate quoquouersum uadit, diuersis nominibus nuncupatur. Vbi autem ad orientem in excelsiorem consurgit sublimitatem, pro niuium candore Caucasus nuncupatur. Nam orientali lingua 'caucasum' significat candidum, id est niuibus densissimis candicantem. Vnde et eum Scythae, qui eidem monti iunguntur, Croacasim uocauerunt. 'Casim' enim apud eos candor siue nix dicitur. 3. Mons Taurus a plerisque idem uocatur et Caucasus.

Etym. 15, 1, 6 : Dionysus, qui et Liber pater, cum Indiam uictor perambulasset, Nysam urbem ex suo nomine iuxta Indum fluuium condidit, et quinquaginta milibus hominum adimpleuit.

Etym. 15, 1, 38 : Tarsum Ciliciae Danaes proles Perseus aedificauit. De qua ciuitate fuit Paulus Apostolus : « Natus, inquit, Tarso Ciliciae ». Quidam etiam locus Indiae Tarsus uocatur.

Etym. 16, 4, 1 : Magnes lapis Indicus ab inuentore uocatus. Fuit autem in India primum repertus, clauis crepidarum baculique cuspide haerens, cum armenta idem Magnes pasceret ; postea et passim inuentus.

Etym. 16, 4, 21 : Obsius lapis niger est translucidus et uitri habens similitudinem. Ponitur in speculis parietum propter imagi-

muraux pour rendre les ombres des images. Beaucoup la taillent
en pierre précieuse ; on la trouve dans l'Inde et en Italie, dans le
Samnium.

Etym. 16, 5, 7 : L'alabastrite[566] est une pierre blanche, entremêlée de couleurs variées, dont était fait le vase de ce parfum
dont parle l'Évangile. On la creuse pour en faire des vases à parfums, parce que, dit-on, elle les conserve très bien intacts. On la
trouve aux environs de Thèbes, en Égypte, et de Damas, en Syrie,
où elle surpasse toutes les autres en blancheur, mais celle de
l'Inde est la plus appréciée.

Etym. 16, 7, 5-7 : L'Inde produit le béryl[567] (c'est un mot indigène) d'un vert émeraude, mais pâle. Les Indiens le taillent suivant une forme hexagonale pour en aviver la couleur terne par la
réflexion des angles ; taillé autrement, il n'a pas de brillant. Il y
en a neuf sortes. **6** Le chrysobéryl doit son nom à sa teinte vert
pâle jetant un éclat tirant sur la couleur de l'or. L'Inde en
exporte aussi. **7** La chrysoprase est indienne, de couleur < plus
pâle >, rappelant le suc du poireau, parsemée de gouttes dorées,
d'où son nom. Certains l'ont rangée parmi les espèces de béryls.

Etym. 16, 7, 10 : La callaïque[568] est de couleur verte, mais pâle
et très mate ; le bel or n'a rien de plus agréable, et de là vient
son nom. On la trouve dans l'Inde ou en Germanie dans les
rochers gelés, bombée comme un œil.

Etym. 16, 8, 1 : Autant est précieuse chez nous la perle de
l'Inde, autant l'est le corail[569] chez les Indiens.

Etym. 16, 8, 3-4 : L'onyx[570] doit son nom à ce qu'il est mêlé
de blanc comme l'ongle de l'homme. Les Grecs appellent en effet
l'ongle *ónyx*. L'Inde et l'Arabie en produisent, mais différents :
l'indien a de petits foyers entourés de bandes blanches, l'arabe est
noir avec des bandes blanches. Il en est de cinq sortes. **4** La sardoine est nommée de l'association de deux termes : de la blancheur de l'onyx et de la sarde. Elle comporte trois couleurs : un
fond noir, un centre blanc, un dessus vermillon. C'est la seule
pierre qui n'enlève pas la cire en cachetant. On la trouve chez les
Indiens et les Arabes, mise au jour par les torrents. Il en est de
cinq sortes.

Etym. 16, 9, 1 : Parmi les pierres purpurines, l'améthyste
indienne[571] tient la première place.

Etym. 16, 9, 4 : L'*iacinthizonta*[572] est une pierre indienne rappelant l'hyacinthe.

num umbras reddendas. Gemmas multi ex eo faciunt ; nascitur in India et in Samnio Italiae.

Etym. 16, 5, 7 : Alabastrites lapis candidus, intertinctus uariis coloribus, ex quo Euangelici illius unguenti uasculum fuit. Cauant enim hunc ad uasa unguentaria, quoniam optime seruare incorrupta dicitur. Nascitur circa Thebas Aegyptias et Damascum Syriae, ceteris candidior, probatissimus uero in India.

Etym. 16, 7, 5-7 : Beryllus in India gignitur, gentis suae lingua nomen habens, uiriditate similis smaragdo, sed cum pallore. Politur autem ab Indis in sexangulas formas, ut hebetudo coloris repercussu angulorum excitetur ; aliter politus non habet fulgorem. Genera eius nouem. 6. Chrysoberyllus dictus eo quod pallida eius uiriditas in aureum colorem resplendeat. Et hunc India mittit. 7. Chrysoprasus Indicus est, colore <pallidiore>, porri sucum referens, aureis interuenientibus guttis, unde et nomen accepit. Quem quidam beryllorum generi adiudicauerunt.

Etym. 16, 7, 10 : Callaica colore uiridi, sed pallens et nimis crassa ; nihil iucundius aurum decens, unde et appellata. Nascitur in India uel Germania in rupibus gelidis, oculi modo extuberans.

Etym. 16, 8, 1 : Quantum autem apud nos margaritum Indicum pretiosum est, tantum apud Indos corallium.

Etym. 16, 8, 3-4 : Onyx appellata quod habeat in se permixtum candorem in similitudinem unguis humanae. Graeci enim unguem ónycha dicunt. Hanc India uel Arabia gignit ; distant autem inuicem ; nam Indica igniculos habet albis cingentibus zonis, Arabica autem nigra est cum candidis zonis. Genera eius quinque. 4. Sardonyx ex duorum nominum societate uocata ; est enim ex onychis candore et sardo. Constat autem tribus coloribus : subterius nigro, medio candido, superius mineo. Haec sola in signando nihil cerae auellit. Reperitur autem apud Indos et Arabes detecta torrentibus. Genera eius quinque.

Etym. 16, 9, 1 : Inter purpureas gemmas principatum amethystus Indicus tenet.

Etym. 16, 9, 4 : Iacinthizonta Indicus et iacinthum prope referens.

Etym. 16, 12, 3 : L'opale[573] est un amalgame des couleurs de diverses gemmes : elle a le feu particulièrement subtil de l'escarboucle, l'éclat purpurin de l'améthyste, le vert brillant de l'émeraude, toutes nuances qui brillent également dans leur variété. Elle doit son nom à sa patrie ; l'Inde seule en effet la produit.

Etym. 16, 13, 2 : Le diamant[574] est une petite pierre indienne sans beauté, ayant la couleur du fer et l'éclat du cristal ; on n'en trouve jamais de plus grosse qu'une noisette.

Etym. 16, 13, 7 : L'*astrion*[575], proche du cristal, vient de l'Inde ; en son centre est une étoile qui brille de l'éclat de la pleine lune. Il doit son nom au fait que, placé face aux astres, il en prend l'éclat et le renvoie.

Etym. 16, 14, 3 : Le *sandasirus*[576] vient dans l'Inde, en un lieu du même nom, sa beauté réside dans les gouttes d'or brillant à l'intérieur comme dans un feu translucide.

Etym. 16, 14, 4 : La *lychnis*[577] appartient à la même espèce des pierres couleur de feu et doit son nom à l'éclairage des lampes. Elle se trouve en de nombreux lieux, mais celle de l'Inde est la plus appréciée.

Etym. 16, 15, 7 : La chrysocolle[578] vient dans l'Inde, là où les fourmis déterrent l'or. Elle est semblable à l'or et de la nature de l'aimant, sauf qu'elle passe pour accroître la quantité de l'or, d'où son nom.

Etym. 16, 15, 23 : La *chélonitis*[579] est l'œil de la tortue indienne, bigarré et purpurin. On prétend que les Mages annoncent l'avenir en la plaçant sur leur langue.

Etym. 16, 16, 5 : On range aussi la pierre obsienne[580] dans la catégorie du verre. Elle est parfois verte, parfois noire et translucide, donne une vision plus mate et rend dans les miroirs muraux des ombres en guise d'images ; beaucoup en taillent des pierres précieuses. On trouve cette pierre, dit-on, dans l'Inde, en Italie et en Espagne, au bord de l'océan.

Etym. 16, 22, 3 : L'Inde n'a ni cuivre ni plomb[581] ; elle se contente de les troquer contre des pierres précieuses et des perles.

Etym. 17, 7, 36 : L'ébénier, qui pousse dans l'Inde et en Éthiopie[582], durcit comme la pierre, une fois coupé. Son bois est noir et son écorce lisse, comme celle du laurier. Mais l'ébène indienne est mouchetée de minuscules points blancs et jaunes ; l'ébène éthiopienne, jugée supérieure, n'est jamais tachetée, mais

Etym. 16, 12, 3 : Opalus distinctus diuersarum colore gemmarum. Est enim in eo carbunculi tenuior ignis, amethysti fulgens purpura, smaragdi nitens uiriditas, et cuncta pariter sub quadam uarietate lucentia. Nomen habet ex patria ; sola enim eum parturit India.

Etym. 16, 13, 2 : Adamans Indicus lapis paruus et indecorus, ferrugineum habens colorem et splendorem crystalli, numquam autem ultra magnitudinem nuclei Auellani repertus.

Etym. 16, 13, 7 : Astrion ex India est, crystallo propinqua, in cuius centro stella lucet fulgore lunae plenae. Sumpsit autem nomen quod astris opposita fulgorem rapit ac regerit.

Etym. 16, 14, 3 : Sandasirus nascitur in Indis, loco eiusdem nominis. Species eius quod ueluti in tralucido igne intus fulgent aureae guttae.

Etym. 16, 14, 4 : Lychnis ex eodem genere ardentium est, appellata a lucernarum flagrantia ; gignitur in multis locis, sed probatissima apud Indos.

Etym. 16, 15, 7 : Chrysocolla gignitur in India, ubi formicae eruunt aurum. Est autem auro similis et habet naturam magnetis, nisi quod augere aurum traditur ; unde et nuncupatur.

Etym. 16, 15, 23 : Chelonitis oculus est Indicae testudinis, uarius et purpureus. Hunc Magi impositum linguae futura pronuntiare finguntur.

Etym. 16, 16, 5 : In genere uitri et obsianus lapis adnumeratur. Est autem uirens interdum et niger aliquando et translucidus, crassiore uisu et in speculis parietum pro imagine umbras reddente ; gemmas multi ex eo faciunt. Hunc lapidem et in India et in Italia et ad Oceanum in Hispania nasci tradunt.

Etym. 16, 22, 3 : India neque aes neque plumbum habet ; gemmis tantum et margaritis haec permutat.

Etym. 17, 7, 36 : Ebenus in India et Aethiopia nascitur, qui caesus durescit in lapidem. Cuius lignum nigrum est et cortex leuis, ut lauri ; sed Indicum maculosum est in paruulis distinctionibus albis ac fuluis ; Aethiopicum uero, quod praestantius accipitur, in nullo est maculatum, sed est nigrum, leue et corneum.

est noire, polie et semblable à la corne. Il existe dans l'Inde un marais Maréotique, d'où vient l'ébène. Lucain dit : « l'ébène maréotique ».

Etym. 17, 7, 58 : Dans les eaux stagnantes de l'Inde, dit-on, croissent des roseaux et des calames[583], dont on boit le suc très doux extrait des racines.

Etym. 17, 8, 1 : On appelle aromates tous les produits odorants envoyés par l'Inde ou l'Arabie ou d'autres régions.

Etym. 17, 8, 6 : La *bidella*[584] est un arbre de l'Inde et de l'Arabie ; la larme de l'espèce arabique est meilleure ; elle est claire, blanchâtre, lisse, grasse, également cireuse, et se laisse ramollir facilement ; elle n'est mêlée ni de bois ni de terre ; elle est amère et de bonne odeur. L'espèce indienne est malpropre, noire, en boule assez grosse. On la falsifie en y mêlant de la gomme, qui en diminue l'amertume.

Etym. 17, 8, 8 : Le poivrier[585] croît dans l'Inde, sur le flanc exposé au soleil du mont Caucase ; sa feuille ressemble à celle du genévrier. Les forêts de poivriers sont gardées par des serpents, mais les indigènes les incendient quand le poivre est mûr et le feu met en fuite les serpents ; c'est la flamme qui noircit le poivre. En effet le poivre est naturellement blanc, si son fruit est divers. Le poivre qui n'est pas mûr s'appelle poivre long ; celui qui n'a pas subi l'atteinte du feu, poivre blanc ; celui dont la peau est rugueuse et grillée tire sa couleur et son nom de la chaleur du feu...

Etym. 17, 8, 9 : L'*aloa*[586] croît dans l'Inde et en Arabie ; c'est un arbre d'une odeur très agréable et très puissante. Aussi en fait-on brûler le bois sur les autels (*altaria*) comme parfum, et c'est, croit-on, l'origine de son nom.

Etym. 17, 8,10 : Le cinnamome[587] est ainsi nommé pour son écorce ronde et grêle comme un roseau (*canna*). Il croît dans l'Inde et en Éthiopie ; c'est un arbrisseau bas ne dépassant pas deux coudées, de couleur noirâtre ou cendrée, aux rameaux très minces. On en dédaigne la partie épaissie, mais la partie grêle est excellente. Quand on le casse, il émet un souffle bien visible, comme une vapeur ou une poussière.

Etym. 17, 8, 13 : Le roseau odorant[588] doit son nom à sa ressemblance avec le roseau commun. Il croît dans l'Inde ; il a beaucoup de nœuds, est jaune-roux et exhale une odeur suave. Quand on le casse, il se brise en mille morceaux ; son goût ressemble à celui de la cannelle, avec une âcreté légèrement mordante.

Est autem Mareotica palus in India, unde ebenus uenit. Lucanus 'ebenus Mareotica', inquit.

Etym. 17, 7, 58 : In Indicis stagnis nasci arundines calamique dicuntur ex quorum radicibus expressum suauissimum sucum bibunt...

Etym. 17, 8, 1 : Aromata sunt quaequae fraglantis odoris India uel Arabia mittit siue aliae regiones.

Etym. 17, 8, 6 : Bidella Indiae et Arabiae arbor, cuius lacrima melior Arabica. Est enim lucida, subalbida, leuis, pinguis, aequaliter cerea et quae facile molliatur, neque ligno uel terrae commixta, amara, odoris boni. Nam ex India sordida est et nigra et maiore gleba. Adulteratur autem admixto gummi, qui non ita amarificat gustum.

Etym. 17, 8, 8 : Piperis arbor nascitur in India, in latere montis Caucasi quod soli obuersum est, folia iuniperi similitudine. Cuius siluas serpentes custodiunt, sed incolae regionis illius, cum maturae fuerint, incendunt et serpentes igni fugantur ; et inde ex flamma nigrum piper efficitur. Nam natura piperis alba est, cuius quidem diuersus est fructus. Nam quod immaturum est, piper longum uocatur ; quod incorruptum ab igni, piper album ; quod uero cute rugosa et torrida fuerit, ex calore ignis trahit et colorem et nomen.

Etym. 17, 8, 9 : Aloa in India atque Arabia gignitur, arbor odoris suauissimi ac summi. Denique lignum ipsius uice thimiamatum altaribus adoletur, unde et nomen traxisse creditur.

Etym. 17, 8, 10 : Cinnamomum dictum quod cortex eius in modum cannae sit rotundus et gracilis. Gignitur autem in Indiae et Aethiopiae regionibus, frutice breui duorum tantum cubitorum, colore subnigro uel cinereo, tenuissimarum uirgarum. Nam quod in crassitudinem extenditur despectui est ; quod uero gracilius prouenerit eximium. Quod cum frangitur, uisibile spiramentum emittit ad imaginem nebulae seu pulueris.

Etym. 17, 8, 13 : Calamus aromaticus a similitudine calami usualis uocatus. Gignitur in India multis nodis geniculatus, fuluus, flagrans spiritus suauitate. Qui cum frangitur, in multas fit partes scissilis, simulans gustu cassiam cum leui acrimonia remordenti.

Etym. 17, 9, 2 : *Folium*[589] vient de ce que cette plante, cueillie sur les rivages de l'Inde, flotte sans racine. Les Indiens la percent d'un fil et la font sécher pour la conserver.

Etym. 17, 9, 3 : Le nard[590] est une herbe à épis, d'où son nom grec *nardóstachys* ; une espèce est dite indienne, l'autre syrienne, non qu'elle pousse en Syrie, mais parce que la montagne sur laquelle on la trouve regarde d'un côté l'Inde, de l'autre la Syrie. L'espèce indienne est multiforme, mais la syrienne est meilleur...

Etym. 17, 9, 4 : Le *costum*[591] est la racine d'une plante naissant dans l'Inde, en Arabie et en Syrie ; mais celui d'Arabie est meilleur, car il est blanc, léger, doux et d'odeur agréable. Le *costum* indien est noir et léger comme la férule...

Etym. 17, 9, 8 : Il existe encore, dit-on, une autre espèce de souchet[592] qui pousse dans l'Inde et qu'on appelle *zinziber* dans la langue du pays.

Etym. 17, 9, 27 : L'herbe nommée *laser*[593] pousse sur le mont Oscobagès, où naît aussi le fleuve du Gange.

Etym. 17, 9, 59 : Le pouliot[594] est, chez les Indiens, plus précieux que le poivre.

Etym. 19, 17, 8 : Le nom du *cinnabaris*[595] vient du serpent et du *barrus,* c'est-à-dire l'éléphant. On dit en effet que c'est le sang des serpents quand ils enlacent les éléphants. Les bêtes s'écroulent et écrasent les serpents dont le sang répandu teint le sol, et toute la partie du sol imprégnée forme un colorant. C'est une poudre de couleur rouge.

Etym. 19, 17, 16 : L'*indicum*[596] se trouve sur les roseaux de l'Inde ; c'est une boue adhérant à leur écume ; il est de couleur bleu foncé, donnant un mélange admirable de pourpre et de bleu foncé.

Etym. 19, 17, 18 : Certains aussi brûlent de la lie de vin[597] séchée et affirment que, si c'est une lie de bon vin, ce noir présente l'aspect de l'indien.

Etym. 19, 23, 6 [Des vêtements nationaux] : Les Alamans sont vêtus de saies, les Indiens de lin[598], les Perses de pierreries, les Sères de soie, les Arméniens portent un carquois.

Etym. 20, 2, 36 Le nom du miel est grec[599], puisqu'on sait qu'il vient des abeilles : abeille se dit *mélissa* en grec. Autrefois le miel provenait de la rosée et se trouvait sur les feuilles des roseaux — d'où Virgile :

Etym. 17, 9, 2 : Folium dictum quod sine ulla radice innatans in Indiae litoribus colligatur. Quod lino perforatum siccant Indi atque reponunt.

Etym. 17, 9, 3 : Nardus herba est spicosa, unde et a Graecis nardostachys appellata ; quarum alia Indica, alia Syriaca uocatur, non quod in Syria nascatur, sed quod mons in quo inuenitur alio latere Indiam spectat, alio Syriam. Est autem Indicum multiforme, sed melius Syriacum...

Etym. 17, 9, 4 : Costum radix herbae est nascentis in India, Arabia et Syria, sed melius Arabicum ; est enim album et leue, suaue, iucundi odoris, Indicum colore atro et leue, ut ferula...

Etym. 17, 9, 8 : Traditur etiam alia species quiperi, quae in India nascitur et appellatur lingua eorum zinziber.

Etym. 17, 9, 27 : Laser herba nascitur in monte Oscobagi, ubi et Ganges fluuius oritur.

Etym. 17, 9, 59 : Puleium apud Indos pipere pretiosius est.

Etym. 19, 17, 8 : Cinnabarin a dracone et barro, id est elephanto, cognominatum. Aiunt enim draconum esse sanguinem dum implicant elephantos. Ruunt enim beluae et dracones obruuntur, quorum fusus cruor terram inficit, fitque pigmentum quidquid solo tinxerit. Est autem puluis coloris rubri.

Etym. 19, 17, 16 : Indicum in Indicis inuenitur calamis, spumae adhaerente limo ; est autem coloris cyanei, mixturam purpurae caerulique mirabilem reddens.

Etym. 19, 17, 18 : Sunt et qui uini faecem siccatam excoquant adfirmantque, si ex bono uino faex fuerit, Indici speciem id atramentum praebere.

Etym. 19, 23, 6 : Sagati sunt Alemanni, linteati Indi, gemmati Persae, sericati Seres, pharetrati Armenii.

Etym. 20, 2, 36 : Mel graecae appellationis est quod ab apibus nomen habere probatur ; nam apis graece *mélissa* dicitur. Antea autem mella de rore erant inueniebanturque in arundinum foliis. Vnde et Vergilius :

Voilà le présent céleste du miel aérien,
— car on le trouve jusqu'ici en Inde et en Arabie, compact et
adhérant aux rameaux, ayant l'aspect du sel.

De la naissance et de la mort des Pères, 132 : Thomas[600], sur-
nommé Didyme du Christ, en latin « jumeau » du Christ et semblable au Sauveur, qui n'ajoutait pas foi aux paroles, mais
croyait à ce qu'il voyait. Il prêcha l'Évangile aux Parthes, aux
Mèdes, aux Perses, aux Hircaniens, aux Bactriens et gagna les
régions orientales, pénétrant dans l'intérieur des nations, et pour-
suivit sa prédication jusqu'à sa glorieuse passion ; il mourut en
effet transpercé de coups de lance à Calamina, ville de l'Inde, où
il eut les honneurs de la sépulture.

Ibid. 133 : Barthélémy, chez les Indiens, traduisit l'évangile
selon Matthieu dans leur langue.

Ibid. 141 : Pierre reçut la charge de Rome, André de l'Achaïe,
Jacques de l'Espagne, Jean de l'Asie, Thomas de l'Inde, Matthieu
de la Macédoine.

De la nature, 44, 3 : Les golfes sont des baies particulièrement
importantes, comme les golfes Caspien, Arabique et Indien.

Histoire des Goths. Éloge de l'Espagne, p. 267, 1 : De toutes
les terres de l'Occident jusqu'à l'Inde, Espagne, tu es la plus
belle, mère sainte et toujours heureuse dans tes princes et tes
peuples.

Histoire des Goths, 3 : L'an douze avant notre ère[601], lorsque
Pompée consul et César déclenchèrent la guerre civile pour
s'emparer du pouvoir, les Goths vinrent en Thessalie au secours
de Pompée pour combattre César. Quand Éthiopiens, Indiens,
Perses, Mèdes, Grecs, Scythes et autres peuples orientaux appelés
eurent combattu Jules César, les Goths lui tinrent tête plus brave-
ment que tous les autres ; César, ébranlé par leur nombre et leur
courage, songea, dit-on, à s'enfuir s'il ne terminait pas rapidement le combat.

CORPUS DES GLOSSAIRES LATINS

C.G.L. 3, 385, 58 — 386, 15 :
Réponses des sages[602]. <Alexandre> demanda au premier
quels étaient, à son avis, les plus nombreux, des vivants ou des
morts. Réponse : Les vivants. Nécessairement ceux qui existent
sont plus nombreux que ceux qui n'existent pas.

Hactenus aerii mellis caelestia dona.
Siquidem hucusque in India et Arabia conligatum reperitur ramis inhaerens in similitudinem salis.

De ortu et obitu patrum, 132 : Thomas, Christi didymus nominatus et iuxta latinam linguam Christi geminus, ac similis Saluatori, audiendo incredulus, uidendo fidelis. Hic euangelium praedicauit Parthis, Medis et Persis Hircanisque ac Bactrianis et destinans Orientalem plagam, et interna gentium penetrans et praedicationem suam usque ad titulum suae passionis perducens ; lanceis enim transfixus occubuit in Calamina Indiae ciuitate, ubi et sepultus est in honore.

De ortu et obitu patrum, 133 : Bartholomeus... euangelium iuxta Matheum apud Indos in eorum lingua conuertit.

De ortu et obitu patrum, 141 : Petrus namque Romam accepit, Andreas Achaiam, Iacobus Spaniam, Ioannes Asiam, Thomas Indiam, Mathaeus Macedoniam...

De natura rerum, 44,3 : Sinus maiores recessus maris dicuntur, ut Caspius, Arabicus, Indicus.

Historia Gothorum. De laude Spaniae, p. 267, 1 : Omnium terrarum, quaequae sunt ab occiduo usque ad Indos, pulcherrima es, o sacra semperque felix principum gentiumque mater Spania.

Historia Gothorum, 3 : Anno ante aeram conditam XII dum pro arripiendo rei publicae imperio consul Pompeius et Gaius Caesar arma ciuilia commouissent, Gothi ad praebendum Pompeio auxilium in Thessaliam aduersus Caesarem pugnaturi uenerunt. Vbi dum Aethiopes, Indi, Persi, Medi, Graeci, Scythae ac reliquae Orientis gentes uocatae aduersus Iulium dimicassent, isti prae ceteris ei fortius restiterunt ; quorum Caesar copia et uirtute turbatus fertur fugam meditasse, nisi mox proelio finem dedisset.

CORPVS GLOSSARIORVM LATINORVM

Hermeneumata Stephani (C.G.L. 3, 385, 58 - 386, 15) ; Glossaire latin-grec dont nous ne donnons que le texte latin :
Responsa sapientum. Primum interrogauit utrum ei uideretur plures esse uiuos aut mortuos. Is dixit : uiuos. Necesse enim qui sunt plures esse quam qui non sunt.

Il demanda au second quelle était la plus vaste, de la terre ou de la mer. Réponse : La terre, parce que la mer aussi se trouve sur la terre.

Il demanda au troisième quelle lui semblait être la plus monstrueuse des bêtes sauvages. Réponse : celle qu'on ne connaît pas.

Il demanda au quatrième pourquoi ils conseillaient de combattre. Réponse : Pour bien vivre ou mourir courageusement.

Il demanda au cinquième quel était le plus ancien, du jour ou de la nuit. Réponse : Il y eut une nuit avant le jour.

Il demanda au sixième ce qu'il fallait faire pour devenir d'humeur agréable. Réponse : En faisant ce qu'un autre homme ne peut faire.

Il demanda au septième ce qu'il fallait faire pour devenir un homme de bien. Réponse : Si l'on est puissant, ne se faire craindre de personne.

Il demanda au huitième quelle était la plus forte, de la mort ou de la vie. Réponse : La vie.

Il demanda au neuvième quelle était la durée convenable de la vie. Réponse : Tant qu'on la juge plus utile (sc. que la mort).

C.G.L. 3, 552, 57 : L'agalicon[603] est un bois de l'Inde semblable au genévrier, d'odeur agréable, de goût amer, de couleur variée.

C.G.L. 5, 298, 35 : Gymnosophistes : ceux qui vont nus dans le désert[604].

Secundo interrogauit utrum maior esset terra aut mare. Is dixit : terra. Nam et mare super terram est.

Tertio interrogauit quod monstruosius esse uideretur bestiarum. Is dixit : quod nemo scit.

Quarto interrogauit quare pugnare consiliarentur. Is dixit : ut bene uiuant aut fortiter moriantur.

Quinto interrogauit qui primus natus est, nox aut dies. Is dixit : noctem unam ante diem.

Sexto interrogauit quid aliquis faciendo dulcis fiat. Is dixit : quod non possit alius homo facere.

Septimo interrogauit quid aliquis faciendo bonus fiat. Is dixit : qui, cum potens est, nemini metuendus sit.

Octauo interrogauit utrum esset firmius, mors aut uita. Is dixit : uita.

Nono interrogauit usque quamdiu bona est uita. Is dixit : donec arbitrarentur utilius esse.

C.G.L. 3, 552, 57 : agalicon lignum est in India similis iuniperi odore suaue, gustu amarum, colore uarium.

C.G.L. 5, 298, 35 : Gimnosophistas qui nudi per heremum ambulant.

COMMENTAIRE

1 Passage témoignant de la réputation des éléphants de l'Inde auprès du public d'Italie au moins depuis la fin du IIIe s. a.C.

2 Rodomontades de militaires, mais le public devait juger possible un tel voyage.

3 Le roseau indien est ici la canne à sucre, de consistance très ferme, quoique non ligneuse ; elle atteint la taille d'un petit arbre (3 m en général) ; on en a mesuré cependant atteignant jusqu'à 7 m. Son suc est tiré de la canne elle-même, non des racines. La comparaison qui en est faite avec le miel impose l'identification avec le sucre de cette canne, *Saccharum officinarum* L., mais le « sucre », sous le nom de *sakkharon* apparaît seulement chez Dioscoride et Pline *(saccharon)*. Ce nom était emprunté au prakrit *sakkarā*, pāli *sakkharā* dérivant de skr. *śarkarā* et désignant le produit sous sa forme cristallisée granulée, le sens propre de *śarkarā* étant « gravier », non sous celles de sucre candi, de mélasse etc. On a pensé pour le *saccharum* à la manne de bambou, relativement douce, sans être sucrée. Il ne peut s'agir ici du bambou, et la date de Varron de l'Aude est la plus ancienne qui fasse connaître en Europe le sucre avant son nom. Cf. Pline, 12, 32 ; Isid., *Etym.* 17, 7, 58 ; 20, 2, 36. cf. infra, note 160 sur le tabaschir.

4 L'assertion que Callanus était ignorant est contredite par Cicéron lui-même (*Diu.* 1, 46), qui lui fait citer la légende d'Hercule. L'antiquité avait déjà fourni sur Callanus des opinions fort variées (Strabon, 15, 1, 68), mais c'était un gymnosophiste éminent d'après Onésicrite. Son nom est moyen-indien : *Kallāṇa* < skr. *Kalyāṇa,* terme qui signifie « bonheur » et servait de formule de salut. L'orthographe de Callanus est plus proche avec son double -*l*- de l'original que le *Kalanos* ordinaire des manuscrits grecs ; cf. note 47.

5 C'est un exercice de yoga que de s'exposer nu au gel dans l'Inde du nord et au Tibet.

6 Les femmes qui se brûlent sur le bûcher de leur mari sont dites *satī* « véritables [épouses] ». On a ici sans doute la première attestation en latin de cette coutume réelle (mais nullement générale et non attestée dans la haute antiquité). Le nom indien de la femme se brûlant ainsi n'a été connu en Europe qu'aux temps modernes et confondu souvent avec le nom de la cérémonie. Le fait a été signalé déjà par Aristobule (Strabon, 15, 1, 30 et surtout 62). Cf. Properce, 3, 13, 15-22 ; Valère-Maxime, 2, 6, 4 ; et sans référence précise à l'Inde, comme thème moralisant des écoles de rhétorique, Sénèque le Rhéteur, *Contr.* 2, 2, 1 ; 2, 5, 8 ; 6, 3, 3 ; 10, 3, 2 ; *Suas.* 6, 2, 2. Voir W. Heckel - J. Yardley, *Roman writers and the Indian practice of suttee*, in *Philologus*, 125 (1981), p. 305-311.

7 Le froment, *godhūma*, se cultive en effet dans le Bassin de l'Indus, encore aujourd'hui, mais les fleuves se bornent à fournir l'irrigation. C'est l'orge, *yava*, qui, dans l'antiquité, était dans le nord-ouest de l'Inde la céréale principale avec le riz, *vrīhi*.

8 Bélus pourrait être Bala(rāma), héros à la force (*bala*) prodigieuse, tueur de démons et frère de Kṛṣṇa-Vāsudeva. Tous deux sont représentés (Bala sous sa forme de laboureur porteur d'araire), l'un au droit, l'autre au revers d'une monnaie d'Agathoklès (vers 175 a.C.) trouvée par Paul Bernard à Aï Khanoum (cf. J. Filliozat, *Représentations de Vāsudeva et Saṃkarṣaṇa au IIe siècle avant J-C.*, in *Arts asiatiques*, 26, 1973, p. 113-121, pl.).

9 Un des noms de la trompe de l'éléphant est en sanskrit *nāganāsā* « nez en serpent ».

10 Hérodote avait pourtant mentionné en 3, 97, l'ébène d'Éthiopie ; cf. aussi Pline, 6, 197 et 12, 17. C'est l'ébène noire indiennne qui est la plus importante, fournie par les *Diospyros ebenum* L., *D. ebenaster* Retz, *D. melanoxylon* Roxb. Cf. infra, *Brève interprétation des Géorg.* 2, 116 ; Isid., *Etym.* 17, 6, 36.

11 Sur les arbres géants des forêts indiennes, cf. Pline, 7, 21.

12 Sur les Gangarides, Pline, 6, 65 (cf. éd. Belles Lettres, livre 6, comm., p. 95, n. 9). Naturellement ce peuple n'a jamais eu à combattre les Romains ; — Quirinus est l'empereur Auguste.

13 L'Hydaspe est la Vitastā, indienne, qualifiée de médique en raison de la fréquente confusion de la Médie avec la Perse et de l'occupation par les Perses achéménides de la région jusqu'à l'expédition d'Alexandre. La confusion était d'ailleurs facilitée par le caractère indo-iranien de l'environnement régional. Les satrapies achéménides orientales VIIe et XIVe allaient jusqu'à l'Hypase (Vipāśā), mais là, au Panjāb oriental, le caractère indien des peuples devait être prédominant.

14 Les Indiens du pays duquel descend le Nil sont des Éthiopiens, souvent confondus avec les Indiens ; cf. n. 18.

15 De même, les Indiens assoiffés au lever de la Canicule sont des gens de la Haute Égypte. C'est là que ce lever avait de l'importance, non en Inde, où il tombait pendant la saison des pluies.

16 Les Garamantes de Libye et les Indiens, mentionnés en tant que peuples situés aux deux extrémités de l'empire.

17 Sur les sources et les affluents du Gange (Gaṅgā), cf. Pline, 6, 65 et Arrien, *Ind.* 4, 2 sq.

18 Cette fois, les Indiens colorés peuvent être ceux de l'Inde véritable du nord, où Bacchus est censé avoir introduit la vigne. Strabon distinguait, lui, nettement entre les Indiens du nord ressemblant aux Égyptiens et ceux du sud ressemblant aux « Éthiopiens » et différant d'eux par les traits et les cheveux (15, 1, 13).

19 Les étoffes indiennes de coton sont fort légères.

20 Le nom d'Hydaspe pour un serviteur indien au teint basané n'est pas heureusement choisi, s'il lui a été donné d'après son pays. L'Hydaspe (Vitastā) est la rivière du Kaśmīr, où la population est de teint particulièrement clair.

21 La provenance évidente de l'*indicum* visé par Vitruve en laisse la nature incertaine. Son texte, 7, 9, 6, déclare qu'il a achevé de dire ce qu'il a pu trouver concernant le *minium*, c'est-à-dire le cinabre, qu'il vient en effet de décrire, ainsi que l'extraction du mercure qu'on y trouve déjà en gouttelettes et qu'on en tire par grillage (cf. 7, 8, et Pline, 29, 25 ; 33, 115-116). Les substances qu'il mentionne ensuite ne sont donc pas du cinabre. La première est la *chrysocolla* tirée du voisinage de mines de cuivre. Il s'agit alors d'un silicate de cuivre gris-bleuté qu'on trouve en effet dans de telles mines avec, en plus grandes quantités, la malachite verte et l'azurite bleue, toutes deux carbonates de cuivre. La malachite a été employée dans l'antiquité pour la soudure de l'or, et c'est sans doute elle qui, de l'avis général, est appelée *chrysocolla* par Vitruve. L'*armenium*, que Pline, 35, 47, rapproche de la *chrysocolla* et décrit comme bleu, envoyé par l'Arménie, est donc une azurite (cf. Dioscoride, 5, 90, et R. Halleux, *La métallurgie des métaux non ferreux dans l'Antiquité*, Thèse Liège, 1977, I, p. 96). Quant à l'*indicum*, rangé à côté de ces minéraux tirés de mines de cuivre, il est vraisemblablement l'un d'eux, provenant de mines de cuivre indiennes telles que celles qui fournissaient dès la protohistoire du cuivre à la vallée de l'Indus (Pline, 33, 115 ; 34, 163). On a pensé à l'indigo, sans doute parce que Pline en traite (35, 46) juste avant de parler de l'*armenium*, mais le même Pline emploie aussi le terme d'*indicum* (35, 42) pour un noir, de ceux qui sont de fumée, et pour un *indicum*, noir encore, importé de l'Inde, dont il n'a pas découvert la composition (35, 43) et qu'il ne rapproche pas de l'indigo dont il va parler, toujours sous le même nom d'*indicum*, caractéristique seulement de la provenance. Toutefois (sans tenir compte du fait que les mêmes noms indiens désignent souvent aussi bien le bleu que le noir, ce que les Romains ne pouvaient guère savoir faute d'échanges linguistiques), on peut se demander si l'*indicum* de Vitruve n'est pas réellement l'indigo. En effet, le texte de Pline, 35, 42, qui compare à un *indicum* noir le produit de la combustion de la lie de vin, est inspiré de Vitruve, 7, 10, 4, selon qui cette lie séchée, cuite (*cocta*) dans un fourneau et broyée « permettra d'imiter la couleur non seulement du noir d'encre, mais encore de l'*indicum* » (*non modo atramenti, sed etiam indici colorem dabit imitari*). L'*indicum* de ce passage doit être celui du passage immédiatement précédent (7, 9, 6). La couleur obtenue à partir de la lie de vin devait être assez foncée. L'*indicum* pareillement imité était donc conçu comme foncé, ce qui évoque plutôt l'indigo que l'azurite ; cf. la note suivante.

22 Ce nouveau passage incline à pencher en faveur de l'indigo. Il y est traité d'imitations de couleurs naturelles par des préparations. L'imitation de l'*indicus color*, à défaut d'*indicum*, se fait avec des craies colorées à la guède (*Isatis tinctoria* L.), qui est le pastel, employé naguère en Angleterre à la teinture des costumes de marins. Il s'agit donc d'un bleu qui peut avoir imité le bleu assez pâle de l'azurite ou le bleu très foncé, pouvant tirer sur le noir, de l'indigo ; cf. Pline, 35, 50.

23 Le Caucase étant une dénomination générale, chez nombre d'auteurs anciens, de l'ensemble des chaînes du nord-ouest et du nord de l'Inde, il est exact que le Gange et l'Indus en descendent.

24 Le lac dans lequel, par ciel serein (c'est-à-dire en l'absence de vent et de vagues), sort beaucoup d'huile doit avoir correspondu à une source pétrolifère à l'ouest ou au nord-ouest de l'Inde proprement dite, en région iranienne. L'indication vient de Ctésias, *Inde*, 11, mais Vitruve ne prétend pas comme lui qu'elle puisse servir à tous les usages et qu'elle soit meilleure que les huiles alimentaires ordinaires.

25 La mer Rouge, où les Indiens pêchent les perles, est l'océan Indien, mais des huîtres perlières existent aussi dans notre mer Rouge ; cf. Ovide, *A.A.* 3, 129 ; Pline, 9, 106.

26 Sur les fourmis chercheuses d'or, cf. Hérodote, 3, 102 ; Néarque *ap.* Strabon, 15, 1, 44.

27 Cf. ci-dessus note 6.

28 Les chœurs de Nysa : allusion au cortège de Bacchus vainqueur des Indiens.

29 Tite-Live, pour Alexandre, suit plutôt la légende que l'histoire. Alexandre n'a pas avancé dans l'Inde joyeusement, et n'a pas vaincu sans peine, pour finir par une retraite qui n'a pas été sans combat.

30 Tite-Live est partial à l'égard des Perses, des Indiens et de toute l'Asie : il diminue la gloire d'Alexandre en abaissant les ennemis qu'il a dû affronter.

31 Les éléphants d'Afrique en question n'étaient pas ceux de l'Afrique tropicale, qu'on n'a jamais domestiqués, mais ceux d'une espèce plus petite, aujourd'hui disparue, qu'on chassait alors et capturait en Mauritanie et au-delà des Syrtes ; cf. Pline, 8, 27 et 32 ; Justin, 15, 4, 19 ; Isid., *Etym.* 12, 2, 14-16.

31 bis L'Indos (Gérénis-Tschaï), fleuve de Carie se jetant dans la mer en face de Rhodes. *Indus* est ici la reprise du gr. *Indos*, nom de métier (cf. fr. les *Suisses*) désignant un cornac quelle que soit son origine ; cf. Polybe, 1, 40, 15 ; 3, 46, 7 et 11, pour des cornacs d'éléphants africains dans les guerres entre Carthage et Rome.

32 Confusion des Indiens et des Éthiopiens. Andromède était la fille du roi d'Éthiopie.

33 Les Indiens de la côte de la Pêcherie sont fortement basanés, mais le qualificatif s'attache usuellement au nom d'Indien sans qu'il résulte d'une information originale particulière.

34 Phaéton, en conduisant le char de son père, le Soleil, met le feu à l'univers et assèche les fleuves ; id. pour le texte suivant.

35 Persée délivrant Andromède en Éthiopie ; confusion avec l'Inde comme dans *A.A.* 1, 53.

36 Limnée, nymphe des étangs (cf. gr. *limnē* « étang »). Mythe de Persée et Andromède. Athis n'évoque pas de nom indien, mais le Gange, ou plutôt la Gaṅgā, féminine en Inde (Mère Gaṅgā), qui n'a pas de fille, a deux fils : le dieu Kumāraskanda et le héros Bhīṣma. De multiples noms sont donnés à Skanda (J. Filliozat, *Un texte tamoul de religion Kaumāra, le Tirumurukārṟuppaṭai*, Pondichéry, 1973, p. X sqq.), aucun n'approche d'« Athis ». De même, Bhīṣma ne reçoit aucun qualificatif correspondant. Le Gange introduit par Ovide dans son affabulation doit provenir de ses confusions entre l'Inde et l'Éthiopie.

37 L'animal indien à défenses est l'éléphant.

38 Le *costus* indien, skr. *kuṣṭha*, est *Saussurea lappa* Clarke à racine odorante. L'encens de l'Euphrate doit provenir de *Boswellia Carteri* Birdwood ou d'une espèce voisine.

39 Allusion aux victoires de Bacchus, dont Liber est le nom latin, sur les Indiens.

40 En survolant le monde, à la recherche de sa fille enlevée par Pluton.

41 Le monstre indien domestiqué avec le temps est l'éléphant.

42 Cf. note 39.

43 Deux ambassades indiennes auprès d'Auguste sont attestées, l'une en 25 a.C. à Tarragone (Orose, 6, 21, 19), l'autre à Samos en 20 (Dion Cassius, 54, 9). Strabon n'en signale qu'une (15, 1, 4), celle du Pāṇḍya (*Pandiōn*), mais il donne plus loin (15, 1, 73) sur elle des détails tirés de Nicolas de Damas, qui racontait l'avoir rencontrée à Antioche Epidaphné (en Syrie, sur l'Oronte). C'est probablement celle qui atteignit Auguste à Samos ; cf. Florus, 2, 34, 62 ; Suétone, *Aug.* 21, 6.

44 Les indigènes de l'Inde sont moins brûlés que ceux d'Éthiopie, mais c'est selon les régions.

45 Castor et Pollux, sous le nom des *Aśvin* ou des *Nāsatya*, sont en effet des dieux en Inde depuis l'époque védique. Ils sont même nommés sous un nom équivalent à celui de Nāsatya avec deux autres divinités védiques, Indra et Varuṇa, dans le traité du roi des Hittites Suppililiuma avec le roi de Mitanni, en Anatolie, au xivᵉ siècle a.C. Mais leur mythologie dépasse de beaucoup leur rôle astronomique.

46 Cf. note 66.

47 L'orthographe *Callanus* (cf. Cic., *Tusc.* 2, 52 ; *Diu*, 1, 46) est la meilleure en latin, le terme original servant de nom étant *kallānam* en prakrit, qui signifie « bonheur ». Exclamation de salut comme « bonjour » (cf. Sylvain Lévi. *L'Inde civilisatrice*, Paris, 1938, p. 45). L'hypothèse de G. Dumézil (*Alexandre et les sages de l'Inde*, in *Scritti in onore di Giuliano Bonfante*, 1976, II, p. 559) d'après laquelle le mot indien de « salut », tel qu'il est indiqué par Plutarque sous la forme *kalé*, serait le locatif sanskrit *kāle* « en temps (opportun) », est inutile et aussi impossible, car *kāle* s'emploie souvent pour dire « dans le temps (normal) », qui est celui de la mort naturelle, et, de toute façon, ne peut servir de terme de salut.

48 Cf. Cicéron, *Tusc.* 5, 78 et supra, note 6.

49 Cf. Cicéron, *Tusc.* 5, 77, et supra, note 5.

50 Ce roi est Arganthonios de Gadès, mort à 130 ans. La longévité des Indiens est célèbre aussi d'après Ctésias *ap.* Photius, *Bibl.* 47a, et Onésicrite *ap.* Strabon, 15, 1, 34. Pour les Éthiopiens, cf. Hérodote, 3, 23 et 144.

51 La reproduction des éléphants domestiques a été chez les modernes souvent considérée comme n'ayant jamais lieu, mais elle est fréquente, sauf entrave par les conditions de la captivité, cf. G. H. Evans, *Traité sur les éléphants*, traduit de l'anglais par Jules Claine, Paris, 1904, p. 19 et pl.VI. Elle pouvait donc très bien s'être produite chez les Romains.

52 Évoquant les oiseaux exotiques que se procurent les riches Romains pour leurs orgies, Columelle, après avoir cité les faisans venus du Phase de Colchide, fait allusion au paon venu de l'Inde (cf. aussi Claudien, *Contre Eutrope*, 2, 330), ainsi qu'à l'autruche et à la pintade venues d'Égypte. Sur la consommation de ces oiseaux, cf. J. André, *L'alimentation et la cuisine à Rome*, Paris, 1981, p. 130-132.

53 Cf. Pline, 2, 170. Q. Caecilius Metellus Celer, consul en 60, mort en 59, était gouverneur de Cisalpine en 62. H. Plischke, *Verschlagungen von Bewohnern Amerikas nach Europa im Altertum und Mittelalter*, in *Petermanns Mitteilungen*, 62 (1916), p. 93-95, et à sa suite R. Hennig, *Terrae incognitae*², Leyde, Brill, 1944, I, p. 236-237, ont signalé les nombreux cas d'esquimaux du Canada ou du Groenland échoués morts ou vifs sur les côtes de la Manche et de la mer du Nord, de Rouen à Lübeck, mentionnés par les contemporains du XIIᵉ au XVIIIᵉ siècle. Ces prétendus Indiens furent acheminés de la Frise à la Cisalpine de peuple à peuple (Boiens et Suèves en particulier) ; cf. Jacques André, *Des Indiens en Germanie ?* in *Journal des Savants*, janv.-mars (1983), p. 45-55.

54 L'exposé des limites de l'Inde est obscur. La mer orientale est le Golfe du Bengale ou, plus probablement, l'océan circulaire supposé. Les chaînes du « Taurus » auraient dû être désignées comme placées au Nord, et l'Indus n'est pas la limite occidentale de l'Inde, qui est son propre bassin, et comprend, par extension de son nom, tous les territoires jusqu'au Golfe du Bengale. Cependant l'indication de Mela pourrait avoir une signification ethno-linguistique à son époque. Dès le IIᵉ siècle avant J-C., des peuples de parlers iraniens, Saka et Pahlava, ont renforcé la présence iranienne dans les régions de l'Indus et surtout dans la partie occidentale de son bassin. Des Saka ont même franchi l'Indus et occupé le Mālava occidental loin à l'Est, mais, selon la tradition indienne, ont été repoussés par le roi indien Vikramāditya, et l'ère *vikramādityasaṃvat* aurait été fondée en 58 avant J-C. en commémoration de cette victoire. C'est près de cent ans plus tard qu'écrivait Mela, mais de toute façon la présence iranienne a persisté dans ces régions et principalement à l'ouest de l'Indus. La partie tropicale du territoire indien a effectivement un régime des ombres méridiennes étonnant pour les Européens. Mais ce n'est pas dans une partie du territoire indien que les Ourses cessent d'êtres visibles ; c'est seulement à des latitudes australes très élevées ; cf. Pline, livre 6, *L'Inde*, p. 146, et ci-dessous, note 113.

55 Fourmis chercheuses d'or, cf. Properce, 3, 13, 5 ; Pline, 11, 111 et n. 145. La monstruosité des serpents est exagérée, cf. Pline, 8, 36. La laine des forêts est le coton du *Gossypium arboreum* L. Pour les roseaux, cf. Pline, 16, 161 ; et infra, note 173.

56 Les peaux d'oiseaux ne paraissent pas connues comme vêtements. Il n'y a pas d'Indiens assez grands pour enfourcher des éléphants comme des chevaux. On monte l'éléphant en s'appuyant sur une de ses jambes antérieures pliée, quand il est accroupi, ou qu'il plie lui-même, quand il est debout, pour en faire un marchepied, élevé d'ailleurs, à son cornac.

57 L'idéal en question est celui de l'*ahiṃsā* « non-violence », interdisant, en stricte observance brahmanique, même la consommation du poisson et des œufs (la nourriture animale permise est alors celle, largement utilisée, du laitage). En observance stricte chez les Jaina, une des sortes possibles de gymnosophistes, l'interdiction de tuer vise tous les êtres vivants, y compris les insectes. Le bouddhisme autorise la consommation même de la viande, à condition que l'animal n'ait pas été tué à l'intention de celui qui la reçoit. Les Indiens qui ne se nourrissent que de poisson sont les pêcheurs, qui, bien entendu, mangent aussi des produits végétaux. Nombre d'Indiens, en tout temps, n'ont pas accepté la loi de l'*ahiṃsā*. Certains la traitent avec humour, disant que les poissons ne rompent pas le régime végétarien, car ils sont les « fleurs de la mer » (en tamoul *kaṭarpū*).

58 L'immolation et la manducation des parents sont attribuées par Hérodote à des *Kalatiai* (3, 38) et à des *Padaoi* (3, 99) et aussi rapportées par Strabon, 15, 1, 56.

59 Allusion à l'histoire de Callanus ; cf. Cicéron, *Tusc.* 2, 52, et supra, note 4.

60 Allusion à la tradition du Dionysos indien. Nysa n'est pas identifiée et le mont Meros non plus (cf. Pline, 6, 79, note 1, p. 107). L'indication donnée par Mela que le mont Meros est la montagne la plus célèbre et la plus grande évoque le mont Meru, l'axe polaire de la cosmographie légendaire indienne. C'est à son sommet que siègent les dieux védiques Trayastṛmśat, les « Trente-trois », avec leur chef Indra. D'après le canon bouddhique pāli, sous le nom équivalent de Tāvatiṃsa, ces dieux tiennent, lors de l'entrée de la saison des pluies, avec leur chef Sakka (skr. Śakra, autre nom d'Indra) une assemblée du Bon Ordre, *sudhammā sabhā*. Ce Bon Ordre est celui du cosmos comme de la Loi bouddhique. A l'assemblée descend se surimposer, divinité transcendante au cosmos, Sanaṃkumāra Brahman, « Brahman toujours jeune » (*Janavasabhasutta*, 18ᵉ sutta du *Dīghanikāya*). Chacune des traditions ultérieurement attestées fait siéger sur le mont Meru Indra et les Trente-trois, mais place par-dessus ce groupe son Être suprême, Viṣṇu et plus souvent encore Śiva (cf. J. Filliozat, *Le symbolisme du monument du Phnoṃ Băkhén*, in *BEFEO*, 44, 2, 1954, p. 527-554, et *Laghuprabandhāḥ*, Leiden, 1974, p. 425-452). Mont consacré à Jupiter à la suite d'un jeu de mots avec le gr. μῆϱος « cuisse », Zeus ayant cousu dans sa cuisse Dionysos enfant pour le soustraire à la jalousie d'Héra. Sur ce mont, cf. Q. Curce, 8, 10, 11-13.

61 Les Palibotres sont les peuples dont la capitale était Palibothra (Pāṭaliputra, cf. Pline, 6, 63, n. 7, p. 92). Le *Colis* de Mela est le Kōṭi(kkarai) ou Kaḷḷimēṭu, la Pointe Callimère de nos cartes modernes et le *promunturium Coliacum* de Pline (6, 86, et note 3, p. 116). La côte du Tamus au Gange suppose Tamus à l'est des bouches du Gange et à placer en péninsule indochinoise aux bouches des rivières birmanes. Du Gange à la Pointe Callimère, la côte orientale de la péninsule est très approximativement rectiligne et atteint rapidement en descendant vers le sud les régions aux populations les plus mélanodermes de l'Inde, mais qui n'ont jamais relevé politiquement de Pāṭaliputra. Ces populations ont été des plus prospères et riches de la mer par les perles (mais au sud de Colis, à la côte Pāṇḍya dite « de la Pêcherie ») et par le commerce de Ceylan et de l'Asie du Sud-Est. Ils ne sont nullement craintifs et ont envahi Ceylan à plusieurs reprises avant notre ère et fait autour de 1023 une grande expédition militaire au Bengale sous Rājendra Cola et, sous le fils de celui-ci, une autre au Sud-Est asiatique déjà fréquenté par leurs bateaux depuis au plus tard les débuts de notre ère. Il est exact que la côte qui faisait face à l'Est, au Nord de la Pointe Callimère, s'infléchit ensuite vers le Sud pour faire face au Sud-Est. Mais la côte n'est nullement rectiligne jusqu'à l'Indus. Cette erreur a pu en partie inspirer ou confirmer malencontreusement Ptolémée qui devait, au IIᵉ siècle, faire courir abusivement la côte de l'Est à l'Ouest dans la partie sud de l'Inde, malgré un assez bon nombre d'évaluations exactes de latitudes et à la faveur d'erreurs considérables de longitudes.

62 Sur ces fleuves et sur le Paropanisus, cf. Pline, 6, 60, n. 3 et 5, p. 86 ; 6, 62, n. 2, p. 90 ; 6, 65, n. 1, p. 94 ; 6, 71, n. 1, p. 101, et autres références, Index, s. v. Les bouches du Gange sont en réalité multiples, mais l'indication qu'il y en a deux peut provenir originellement d'une information juste concernant l'apport des deux fleuves, Gange et Brahmaputr, au même delta.

63 Le Tamos, promontoire devant se trouver à l'Est des bouches du Gange, est alors en territoire des bouches de l'Irawadi (skr. Irāvatī, nom de rivière du Panjāb, Hydraotès des Anciens, repris en Asie du Sud-Est), où s'avance le Cap Negrais. Le Taurus d'où elle descend avec les autres rivières de Birmanie est la région montagneuse prolongeant à l'Est et au Sud-Est la grande chaîne himâlayenne. L'île de Chrysé en face représente l'ensemble de la péninsule malaise et des îles indonésiennes Suvarṇabhūmi et Suvarnadvīpa, « Terre » et « île (ou continent) de l'or » de la géographie indienne. *Dvīpa* signifie « île », mais aussi « continent » ou « vaste péninsule ». Pour l'« île d'argent », on ne voit pas comment la localiser à hauteur du Gange, car il ne s'en trouve pas de proche au Sud des bouches du Gange. On peut penser à des informations mal comprises sur le Śvetadvīpa, « île blanche », qui peut aussi signifier d'« argent », *śveta* ayant les deux sens de « blanc » et d'« argent ». Mais c'est une contrée mythique et réputée à l'Ouest de l'Inde. — Sur Taprobane, cf. Pline, 6, 81-91 et notes, p. 110-120.

64 La contrée du soleil aux bouches de l'Indus doit correspondre aux régions très chaudes et arides du Sindh et aux régions voisines, voire, du côté de l'Ouest, à la Gédrosie. Sur les cours d'eau de la région, cf. Pline, 6, 97, et notes, p. 127-130.

65 Le lycium indien n'est pas identifiable avec complète certitude parce que les caractères qu'en donnent les divers ouvrages qui le mentionnent appartiennent à bien des plantes différentes (amertume, utilisation en collyre, etc.) employées dans des cas variés, et qu'il a été l'objet de falsifications et de remplacements par des succédanés. Les végétaux l'ayant fourni le plus communément paraissent être des *Berberis*. Comme médicament pour les yeux, un extrait d'écorce de *Berberis aristata* DC, appelé *rasavatī* en sanskrit, est populairement réputé en hindi sous le nom de *rasvat* ou *rasot* ou *rasaut* (Dechambre, *Dict.*, s.u. Lycion ; Nadkarni, *Indian Materia Medica*, 3e éd., Bombay, 1976, I, p. 188). Les dictionnaires hindi-anglais élémentaires qui mentionnent ce collyre appellent, eux, la plante *Amomum xanthophyllum*. Mais l'*Āyurbbedīya Drabya-guṇābhidhāna*, en bengali, de Binod Lāl Sen et Āśutoṣ Sen, Kalikātā, 4e éd., 1903, p. 325, traduit *rasāñjana* par : *dāruharidrār kvāth* « décoction de Berberis aristata » et ajoute : *him [di] rasot*. C'est donc à un extrait de cette plante épineuse que correspond le mieux le lycium indien de Pline (12, 30-31 et 24, 125, où il est employé en collyre). L'identification, jadis proposée par Garcia da Orta et longtemps acceptée, avec le cachou, qui est un masticatoire, convient moins bien. Cf. note 183 sur Pline, 24, 125 ci-dessous.

66 Nard, *Nardostachys jatamansi* DC. — *spica* n'a pas le sens de « gousse, sachet », mais bien d'« épi » : *spica nardi* est la traduction du gr. *nardu stakhys*, proprement « épi de nard », par comparaison du paquet de fibres, vestige des feuilles, qui embrassent le collet de la racine ; Dioscoride, 1, 7, dit bien que ces « épis » sortent de la racine.

67 Les Indiens étaient les plus orientaux des peuples alors soumis à l'empire Perse (331 a.C.).

68 Les dromadaires pouvaient à Babylone venir d'Égypte ou du Sindh et du Nord-Ouest de l'Inde. Les chameaux d'Asie centrale sont à deux bosses.

69 A la fin de 330 a.C. Les Paropamisades (cf. *Paropanisus*, Pline, 6, 60, note 5, p. 86) représentent l'Hindūkuś. La description des habitants se rapporte à ceux qui vivent en altitude.

70 Alexandre quitta Bactres au printemps de 327, et la campagne contre Porus au-delà de l'Indus commença à la fin du printemps de 326. Les régions qui reçoivent l'auster, celles qui regardent le midi et se relèvent en pente forte correspondent à la chaîne himâlayenne appelée ici Caucase.

71 L'indication de l'inflexion du cours du Gange vers l'est est vague, mais correcte. C'est à partir de Ptolémée qu'en Europe, avant des relevés précis, on a tracé le cours du Gange comme nord-sud jusqu'à l'océan et conçu la notion d'une Inde en deçà du Gange et d'une Inde au-delà du Gange.

72 La mer Rouge est ici bien évidemment l'océan Indien. L'Indus pouvait à l'état de torrent charrier des arbres et de la terre, surtout dans sa haute vallée de montagne boisée. Mais il était ensuite navigable et les arbres paraissent dans sa basse vallée avoir été en une certaine abondance malgré l'aridité actuelle et déjà attestée au moins pour les régions environnant ses bouches par Mela, 3, 71 et cf. Pline, 6, 96, n. 3, p. 127.

73 C'est l'Indus qui a pour affluent l'Acésinès (Asiknī, Pline, 6, 71, n. 5, p. 102). Le Gange ne se heurte ni à l'Indus ni à l'Acésinès. C'est à son confluent à Prayāga (Allahabād) avec la Yamunā que les eaux des deux se côtoient avec leurs couleurs différentes avant de se mêler. L'assertion de Quinte-Curce peut reposer sur une confusion entre des informations sur les deux bassins distincts de l'Indus et du Gange.

74 Le Diardinès, non identifié, ne peut appartenir à la même région que l'Ethymantus du § 10, le Hilmand (ou Helmand ; cf. Pline, 6, 92, n. 3 et 4, p. 120) de l'actuel Afghanistan, puisqu'il est un habitat de crocodiles, qui sont des animaux des régions tropicales ou voisines de celles-ci.

75 Le littoral est au sud du bassin de l'Indus. Venant du nord, l'aquilon y est un vent de terre. Il souffle particulièrement en janvier-février (voir carte *L'Inde au temps de Pline*, dans Pline, livre VI). Il est desséchant, mais la saison est fraîche. La prétendue inversion des saisons (§ 13) ne peut être qu'une interprétation d'informations provenant de régions différant par l'altitude. Il y a en effet simultanément dans l'Inde neiges éternelles de l'Himālaya et saison chaude aux basses altitudes et basses latitudes. Il est par contre exact que les vallées abritées sont, dans les montagnes, de climat moins rude et cultivées. C'est particulièrement le cas du Kaśmīr.

76 L'écorce qui reçoit l'écriture est celle du bouleau, abondant au Kaśmīr. Elle se nomme *bhūrjapattra*. Elle se découpe en feuilles ou en longues bandes qui peuvent être conservées en rouleaux. Elle est très lisse et plus fine que le papyrus et reçoit l'encre sans boire. Elle a formé d'innombrables manuscrits. Un des plus anciens est le manuscrit Dutreuil de Rhins, trouvé en Asie centrale, à Khotan (Bibl. nat. fonds pāli n° 715. Ed. E. Senart, *J.A.* sept.-oct. 1898). L'indication de Quinte-Curce atteste l'usage de tels manuscrits plus anciennement encore. Le lin est de culture ancienne en Inde (en skr. *atasī*) ; cf. Martianus Capella, 2, 114.

77 Les oiseaux parleurs sont des perroquets, mais surtout des mainates (hindī *mainā*), *Graculus religiosa*. Le rhinocéros vit dans les régions tropicales humides. Il est représenté sur les sceaux anciens de Harappa et Mohan-jo Daro dans la vallée de l'Indus. Il a disparu de ces régions. L'assertion de Quinte-Curce paraîtrait indiquer que déjà, à l'époque à laquelle il se rapporte, il ne s'y trouvait plus que réintroduit d'autres régions. Il est pratiquement éteint dans toute l'Inde aujourd'hui.

78 Les immondices que le flux de la mer rejette et qui sont vendues comme précieuses consistent surtout dans l'ambre gris provenant du cachalot. L'idée que c'est là, avec les pierres précieuses et les perles, la raison de la richesse des Indiens résulte d'un aveuglement qui a été fréquent chez les commerçants étrangers même dans les temps modernes. Spéculant sur ces richesses, ils ne voient que leur propre commerce dans l'économie du pays où ils viennent les acquérir, ignorant l'économie intérieure de ce pays, la condition des pêcheurs de perles et des ouvriers des mines et ne regardant ordinairement avec envie que celle des marchands et des courtiers avec lesquels ils trafiquent. Certains se flattent que leur commerce est nécessaire à la vie du pays. Par exemple, un voyageur français fameux, Sonnerat, n'a pas craint de prédire la misère à la Chine méridionale si ce commerce cessait (*Voyage aux Indes orientales et à la Chine fait par ordre de Louis XVI depuis 1774 jusqu'en 1781*, Nouvelle éd., Paris, 1806, t. II, p. 279 et 291).

79 Le luxe de la noblesse et de la fortune ainsi que la pompe royale choquent Quinte-Curce, comme Pline sensiblement à la même époque. Il n'y voit que corruption et dépravation. Mais Quinte-Curce note aussi (§§ 20 et 21) l'influence du milieu local sur le naturel des hommes et qu'ils se couvrent le corps de *carbasum*. Ce mot désigne d'ordinaire le *karpasos*, gaze fine d'Espagne faite de lin, mais en Inde il s'agit du coton, appelé justement *Kārpāsa*. Le *karpasos* de lin doit être une imitation européenne de la cotonnade indienne, conservant son nom original, gardé aussi dans la Bible, *karpas* (Esther, I, 6). Cf. Paul Pelliot, *Notes sur Marco Polo*, Paris, 1959, vol. I, p. 433. *Karpāsa* est le cotonnier, *Gossypium arboreum* L., et *kārpāsa* le coton. On pense généralement que l'usage du linge de corps n'a été introduit dans l'Empire romain que par les Barbares du Nord, mais il apparaît ici que l'emploi d'étoffes fines sur le corps était connu bien avant les invasions.

80 L'attribution d'un grand usage du vin aux Indiens est excessive. Elle paraît due en partie à la légende de Dionysos indien qui aurait introduit la vigne en Inde. En fait, la vigne prospère dans les régions concernées du Nord-Ouest, tout comme en Iran et parfois dans d'autres régions de l'Inde comme le Dekkan (Hyderabad aujourd'hui), mais le vin n'a jamais pu être une boisson courante dans le pays. D'autre part, il y avait en Inde du Sud une demande de vins grecs, précisément à l'époque de Quinte-Curce. L'importation de ces vins est attestée par la littérature tamoule (P. Meile, *Les Yavanas dans l'Inde tamoule*, in *J.A.*, 1940, p. 85-123) et par les trouvailles dans les fouilles de Virampatnam plus connues sous le nom de fouilles d'Arikamedu, nom qui n'existe que par une méprise récente. Voir Fr. Faucheux, *Une vieille cité indienne près de Pondichéry, Virapatnam*, Pondichéry, 1945 ; P. Z. Pattabiramin, *Les fouilles d'Arikamedou* (Podouké), Pondichéry-Paris, 1946 ; R. E. Mortimer Wheeler, *Arikamedu, an Indo-Roman trading station on the East coast of India*, Ancient India, n° 2, July 1946. Dans ce dernier article, Wheeler a identifié des amphores en poterie arrétine d'entre 20 et 50 de notre ère (sur le nom tout moderne d'Arikamedu, cf. Faucheux, *op. cit.*, et J. Filliozat, *Les relations extérieures de l'Inde*, Publ. Institut français d'indologie, Pondichéry, 1956, p. 17-18).

81 Le genre d'hommes que les Indiens disent sages et que Quinte-Curce juge grossiers et sauvages, comme avait fait Cicéron, sont les Gymnosophistes des autres sources classiques européennes. Seuls les Jaina *digambara* « vêtus des espaces », c'est-à-dire totalement nus, correspondent strictement à l'appellation grecque de « sages nus », mais la légèreté des vêtements et le torse nu ont certainement suffi à y joindre les divers genres de samanes (pkr. *samaṇa*, skr. *śramaṇa*) ordinairement nommés dans les textes indiens avec les brâhmanes. La différence entre ces deux classes est que les brâhmanes le sont par la naissance et le restent par l'éducation et l'observance des règles, tandis que les samanes acquièrent leur condition par « effort », c'est-à-dire par conduite volontaire (cf. Apulée, *Flor.* 15, 11-13). Les samanes peuvent être moines bouddhistes ou jain, ou brâhmaniques ayant renoncé à l'engagement dans la famille et la société. Ils sont alors *saṃnyāsin*. L'abandon délibéré de son corps par le sage, distinct du suicide par pulsion violente, avait lieu par cessation de se nourrir. C'est la *sallehaṇā* des Jain (skr. *saṃlekhanā*). L'abandon peut avoir lieu par le feu et, pour les auteurs grecs et latins, l'exemple est celui de Kallāna. Dans la tradition indienne, ce sont les bouddhistes qui le pratiquent parfois (comme l'ont renouvelé de nos jours, mais pour d'autres motifs, des moines bouddhistes du Vietnam et quelques émules de par le monde) ; cf. J. Filliozat, *La mort volontaire par le feu et la tradition bouddhique indienne*, in *J.A.*, 1963, et *L'abandon de la vie par le sage et les suicides du criminel et du héros dans la tradition indienne*, in *Arts asiatiques*, t. XV, 1967.

82 Il y a des divinités (*devatā*) des jardins, des bois, des confluents, etc. (par ex. *Divyāvadāna*, I, p. 1), et très souvent mentionnées comme *devatā* ou *yakkhinī* des arbres, mais l'arbre est leur habitat, non la divinité elle-même. La coupe des arbres opérée indûment était passible d'amende, non de la peine de mort (cf. P.V. Kane, *History of Dharmaśāstra*, Poona, 1941, vol. II, part II, p. 895). Mais, d'après la doctrine de la rétribution des actes dans des réincarnations ultérieures, celui qui met le feu à une forêt est atteint dans une existence subséquente d'érisypèle serpigineux, celui qui coupe beaucoup d'arbres de beaucoup d'ulcères (*Hārītasaṃhitā* II, 1, 20-21, *J.A.* juil.-sept. 1934, p. 133-134).

83 La durée des mois lunaires est de 30 divisions ou *tithi*, en deux quinzaines (*pakṣa*) allant de la Nouvelle Lune à la Pleine Lune et de cette Pleine Lune à la Nouvelle suivante. Au nord de l'Inde, le mois change à la Pleine Lune (*pūrṇimānta*), au sud à la Nouvelle Lune (*amānta*).

84 Cf. Pomponius Mela, 3, 66, et supra, note 60.

85 Assacanus correspond aux Assakenoi, nom moy. ind. correspondant lui-même à skr. *aśakāyana* (cf. Arrien, *An.* 4, 23, 1, etc. ; *Ind.* 1, 1 *Assakēnoi,* ; Pline, 6, 79, note 2, p. 108). Les rois sont souvent désignés en Inde par le nom de leurs peuples. Ici le peuple est celui des Mazaga, qui n'a pas de forme originale connue, -z- n'existant pas en indo-aryen. Dans la transcription grecque d'un mot indo-aryen, il représente une occlusive palatale sonore ou la sifflante palatale. Si donc l'original de Mazaga était indo-aryen, il a pu être **majaga* ou **maśaga*. En m.i. l'orthographe du premier serait *majjhaga* (skr. *madhyaga*) « se trouvant au centre », dénomination possible en géographie indienne, où on a par ailleurs pour la région centrale du bassin du Gange Madhyadeśa « région centrale ». *Maśaga* peut correspondre en prâkrit du Nord-Ouest à skr. *maśaka* qui s'applique à un peuple du Śākadvīpa (*Mahābhārata*, 6, *Bhīṣmap.*, 12, 33 et 34). Ces **Maśaka* sont caractérisés comme ayant parmi eux des « princes » (*rājanya*, c'est-à-dire de la classe des *kṣatriya*) « voués au Bon Ordre » et « comblant tous les vœux » *(dhārmikāḥ sarvakā-madāḥ)*. Le *Śakadvīpa* est, dans le *Mahābhārata* même qui les décrit ainsi, une contrée de la géographie fabuleuse. Il ne s'ensuit nullement que ces peuples n'ont jamais existé, mais seulement qu'il est impossible de les localiser avec précision dans la géographie réelle, et c'est Quinte-Curce qui nous permet de les placer au Svat sur l'itinéraire d'Alexandre. Ils sont cités parmi les peuples juste après les Maga (*ibid.*) qui, eux, sont des brâhmanes, mais qu'on a l'habitude de rapprocher des « Mages » iraniens, ce qui s'accorderait avec la présence iranienne dans les régions envahies par Alexandre et avec une assimilation approximative du Śākadvīpa au Sakasthāna, actuellement le Sīstan (Pline, 6, 50, note 4, p. 67-69).

Une objection est possible. La leçon *Maga* dans le texte cité n'est pas sans variantes : on a aussi *maṃga, maka, maṃka, mada* et *suga*, et même *mṛga* dans l'édition princeps de Calcutta (leçon omise dans l'apparat de l'édition critique de Poona). Or, *mṛga*, qui désigne en sanskrit les animaux sauvages et, parmi eux, très ordinairement les antilopes, et qui a pour équivalent normal en moyen-indien *miga* ou *miya*, est également représenté parfois en pāli sous la forme *maga*. Si donc *Maga*, nom du peuple, représentait en sanskrit *mṛga*, il ne s'agirait plus de « Mages » et ceci serait alors, en accord apparent avec l'assertion qu'ils « ont de nombreux brâhmanes attachés à leurs propres rites » *(Brā-hmaṇabhūyiṣṭhāḥ svakarmaniratāḥ)*. Seulement on peut aussi penser qu'on a pu donner en sanskrit à de véritables mages iraniens et de rite iranien le nom de *brāhmaṇa*, par analogie avec les véritables *brāhmaṇa* indiens, garants de la connaissance des rites, en entendant que les rites auxquels ils sont attachés et qui leur sont particuliers sont distincts de ceux des brâhmanes proprement indiens. Or, c'est cette interprétation qui est confirmée par un texte relativement tardif, mais conservateur de traditions, le *Bhaviṣyapurāṇa* qui, utilisant dans la légende qu'il conte des termes techniques avestiques, met hors de doute l'identification des Maga avec les mages iraniens et permet d'éliminer les leçons autres que *Maga* dans le *Mahābhārata*.

Bien que les Maga ne figurent pas dans le texte de Quinte-Curce commenté ici, il faut considérer le fait qu'ils sont, dans le *Mahābhārata*, associés au nom des Maśaka comme étant du Śākadvīpa et que les Masaga qui leur correspondent chez Quinte-Curce sont précisément des peuples de la région de contacts irano-indiens parcourue par Alexandre. Ce fait nous oblige à évoquer ces contacts qui situent culturellement ces peuples les uns par rapport aux autres. Le texte de Quinte-Curce nous apporte à cet égard des recoupements et des précisions utiles.

Nous avons déjà fait allusion aux données du *Bhaviṣyapurāṇa* qui ne nous donne pas de date et n'est pas ancien. Une autre donnée importante à l'égard de ces contacts nous en atteste la connaissance étendue jusqu'au Cambodge. Là, cette connaissance est datée par six inscriptions sanskrites ou khmères du Xᵉ au XIIᵉ siècle (Références à l'Index des noms propres : Çakavrāhmaṇa et Sakavrāhmaṇa, dans G. Cœdès, *Inscriptions du Cambodge*, vol. VIII, Paris, 1966). Dans ces inscriptions, il est question de Sūrya, le Soleil en tant que forme divine, d'ailleurs figuré dans l'iconographie. Il y est désigné selon deux orthographes qui se ramènent à *Śakabrāhmaṇa* (cf. K. Bhattacharya, *Les religions brah-*

maniques dans l'ancien Cambodge, Paris, 1961, p. 130 et 166). Ce nom signifierait à première vue « Brâhmane śaka, « c'est-à-dire scythe », mais Sūrya est une forme de l'essence ignée de l'Univers, Rudra-Śiva, ou de Viṣṇu. L'un et l'autre représentent l'Être suprême transcendant et, même dans un aspect purement solaire, on ne pouvait donc entendre que ce dieu était lui-même un « brâhmane ». Le terme doit donc être pris comme un composé *bahuvrīhi* signifiant « Qui a des śaka pour brâhmanes », et on voit que ces derniers sont ceux que le *Mahābhārata* jugeait nombreux chez les Maga du Śakadvīpa. Par ailleurs, la présence côte à côte, dans les régions indiennes des guerres d'Alexandre, d'Indiens, d'Iraniens et même de Grecs ayant leurs religions propres nous a été attestée aussi par les inscriptions de la vieille Qandahar en grec et araméen (D. Schlumberger, L. Robert, A. Dupont-Sommer, E. Benveniste, *Une bilingue gréco-araméenne d'Asoka*, in *J.A.*, 1958, p. 1-48), ou traduisant en grec des édits d'Asoka (E. Benveniste, *Edits d'Asoka en traduction grecque*, in *J.A.* 1964, p. 137-157). On savait d'ailleurs depuis longtemps que, dans la satrapie indienne de l'Empire Perse, cet empire, comme dans tous les pays où il étendait sa domination, employait l'araméen comme langue d'administration et de relations générales. En Inde du Nord-Ouest et dans les pays voisins jusqu'en Asie centrale, une transcription araméenne de l'écriture phonétique indienne, la *kharoṣṭhī*, avait même été élaborée et a été employée dans les inscriptions d'Asoka de cette région. Ces inscriptions, prâkrites, araméennes ou grecques, datent du milieu du IIIᵉ siècle avant J-C., mais elles supposent que la présence indienne largement établie dans ces régions également très iraniennes remontait au moins à la domination des Perses achéménides. Alexandre avait mis fin à cette domination sans pouvoir y substituer la sienne, après quoi le pays était passé dans le domaine de Candragupta Maurya (également en 313-312 avant J-C.).

Grâce à Quinte-Curce décrivant, avant le passage cité ici, la ville des Masaga, nous savons que le Svastès (Svat), affluent de la rivière Kubhā (rivière de Kābul), en baignait la citadelle, qu'a prise Alexandre. Elle se trouvait donc à l'est de l'actuelle Kābul. Nous pouvons alors présumer que les Maga, associés aux Maśaka d'après le *Mahābhārata*, étaient localisés dans cette région au moins dès le IVᵉ siècle avant J-C., et sans doute déjà en rapports sociaux assez harmonieux avec la classe brâhmanique indienne pour que le souvenir et l'effet aient pu s'en perpétuer et se propager en Inde et même jusqu'au Cambodge du XIIᵉ siècle.

86 Les tambours ont été en effet d'usage ordinaire dans les armées indiennes.

87 Les taureaux offerts avec beaucoup de bétail par Omphis (Ambhi ?) à Alexandre devaient être destinés au train des équipages plutôt qu'au ravitaillement et devaient être en réalité des bœufs ou des buffles.

La livraison à Alexandre de cinquante-six éléphants nous éclaire sur la « droiture » du Barbare et la « loyauté » du conquérant. Ces vertus sont les seules raisons d'être attribuées par Quinte-Curce à ce qui ne pouvait être qu'une alliance militaire d'opportunité pour les deux parties. Les Macédoniens ne pouvaient utiliser eux-mêmes cinquante-six éléphants, qui ne sont pas des instruments inertes employables par quiconque. C'est donc un corps d'armée spécialisé qui leur était adjoint et non simplement livré. Il avait donc fallu laisser au roi local, doutant de son côté de pouvoir arrêter Alexandre, son autorité sur son royaume et son éléphanterie. C'est la politique du ralliement au vainqueur qui jouait et, si le ralliement n'était pas sûr, du moins laissait-il le passage à Alexandre alors écarté du gros de son armée.

Les trente autres éléphants amenés un peu plus tard (cf. § 5) sont confiés à Taxile (roi désigné par le nom de sa ville, Takṣaśilā, cf. Pline, 6, 62, note 4, p. 90). Au total, d'après Quinte-Curce, Alexandre aurait disposé de quatre-vint-dix éléphants à opposer aux quatre-vingt-cinq de Porus (Pūru).

88 Nous n'avons pas d'images des arcs et des flèches de cette époque. Les flèches longues et lourdes, obligeant à appuyer une pointe de l'arc sur le sol, évoquent les récits légendaires où des arcs de concours sont si grands et si difficiles à bander que seuls des héros pouvaient les manier. Des arcs réels ont pu être lourds et exiger l'appui pour le tir en position défensive. Que les soldats indiens n'aient pas pu s'en servir pour cette raison paraît excessif. Les récits du parti qui l'a emporté dans une bataille reconnaissent souvent le courage des vaincus, mais surtout, s'agissant de « Barbares », aiment à proclamer de prétendues déficiences techniques chez ceux-ci pour rehausser en tout domaine leur propre valeur.

89 Les forêts des montagnes des régions concernées sont toujours importantes. Elles ont servi au temps d'Alexandre à construire la flotille de la retraite sur l'Indus, mais non la construction des bateaux de mer de Néarque sur le Bas Indus (Pline, 6, 96, note 3, p. 127). — Sur le rhinocéros (que les indigènes nomment dans leur langue, faute de savoir le grec !), cf. Pline, 8, 76, et infra note 130.

90 Le nom de Sophitès, interprété comme représentant Saubhūta, correspond bien plutôt à une forme m.-i. *sobhita* (usuel *sobhiya/sohia*, skr. *śobhita* « splendide »). Ce nom du roi répond bien à l'idéal de beauté qui serait celui de son peuple. Il est certain qu'il existe dans l'Inde, mais à l'heure actuelle dans de tout autres régions, des peuples chez qui les enfants sont élevés en commun en dehors des parents (Verrier Elwin, *Maisons des jeunes chez les Muria*, trad. fr. par Dr A. Bigot, Paris, 1959), mais l'infanticide y est abhorré. Il est possible qu'aient existé dans le Nord-Ouest de l'Inde des peuples aujourd'hui disparus ou ayant changé de mode de vie, comme ceux qui du temps d'Hérodote mangeaient leurs parents morts. L'apparition de monstruosités à la naissance peut aussi avoir déterminé à faire disparaître des nouveau-nés, considérés alors comme des démons et non des enfants humains. Mais un cas venu à notre connaissance il y a quelques décennies était isolé (il ne s'agissait d'ailleurs pas d'une monstruosité, mais de ce qu'une grand'mère a cru telle : l'enfant était né avec une dent, elle l'a pris pour un *rākṣasa*). La civilisation brâhmanique n'admet pas l'infanticide (P. V. Kane, *History of Dharmaśāstra*, Poona, 1941, vol. II, Part. I, p. 509-511).

91 *Phegea*, m.i., et skr. *Bhaga* « Bonheur ». Sur les Gangaridae et les Prasii, peuples du Bassin du Gange et « Orientaux », Prācya, Pline, 6, 66, n. 1, p. 95, et 6, 68, n. 1, p. 98. — Agrammès est ailleurs mieux nommé Xandramès. Ce doit être une appellation du dernier roi des Prācya, Nanda ou Dhanananda, qui devait être détrôné plus tard, après le départ d'Alexandre, par Candragupta (cf. Pline, 6, 66, note 1, p. 95, et J. Filliozat, *La date de l'avènement de Candragupta roi de Magadha (313 avant J.C.)*, in *Journal des Savants*, juillet-sept. 1978.

92 Sibi, skr. Śibi, Bimala Churn Law, *Tribes in Ancient India*, Poona, 1943, p. 82-85.

93 Les Mallii et les Oxydracae sont peut-être les Mālava et sûrement les Kṣudraka ; cf. B. C. Law, *Tribes...*, p. 60 sqq. — Le « fer blanc » désigne probablement le fer très pur, que les Indiens savaient produire. Le pilier de fer fameux de Delhi (Kutub Minar), qui porte une inscription du IVᵉ siècle de notre ère est un fer quasiment pur, sans rouille. Il est noir en surface, mais les endroits frottés actuellement par les touristes nombreux sont blanc d'argent. Cf. P. Ray (éd.), *History of Chemistry in Ancient and Mediaeval India*, incorporating *History of Hindu Chemistry* by Acharya Prafulla Chandra Ray, Calcutta, 1956, p. 99 sq. ; P. Neogi, *Iron in Ancient India*, Calcutta, 1914. Le fer indien, au temps du *Périple de la mer Erythrée*, était avec l'acier en tête des produits importés de l'Ariakè (*Pér.* 6, éd. H. Frisk, Göteborg, 1927, p. 3, l. 1).

94 Les Indiens maritimes sont les *Ichthyophagoi* de Strabon et d'Arrien. Les grosses bêtes rejetées par les flots sont de grands cétacés, notamment des cachalots, dont provient l'ambre gris.

95 Il est étrange qu'on ait pu importer de l'Inde de la semence de bolet, alors que les bolets poussent spontanément en Europe. Il devait s'agir d'une espèce de champignon aux propriétés particulières. Plusieurs espèces font partie de la matière médicale indienne, notamment *Boletus crocatus* Batsch, aussi appelé *Agaricus ostreatus* Jacq., et d'autres agarics, comme *A. albus*, *A. campestris* L. et *A. igniarius* (Nadkarni, *Indian Materia medica*, Bombay, 1976, t. I, s.u.). Mais elles sont de peu d'importance en médecine. Certains penseront à un champignon hallucinogène, d'autant plus qu'une théorie a été émise en 1968, d'après laquelle le *soma* de l'Inde brahmanique aurait précisément été le breuvage hallucinogène qu'on peut tirer d'*Amanita muscaria* et dont nous savons, depuis le XVIIᵉ siècle, qu'en tiraient des peuples de Sibérie (R. Gordon Wasson, *Soma, Divine mushroom of Immortality*, New York, 1968). Une vaste polémique s'est développée à propos de cette théorie, sans tenir compte ni des textes qui font de la plante une plante céleste que divers succédanés remplaçaient symboliquement, ni de la description qui en est donnée dans la médecine indienne âyurvédique. Dans cette médecine, Suśruta (*Cikitsā-*, XXIX, 5-8) mentionne 24 espèces du *soma*. Il donne pour caractéristique du type principal qu'il lui pousse chaque mois quinze feuilles, une par jour, qui tombent successivement pendant la quinzaine suivante (*ibid.* 20-22). Ceci indique qu'il s'agit d'une symbolisation végétale de la Lune, dont le mois est divisé en trente jours lunaires ou *tithi*, répartis en deux quinzaines, l'une où la Lune croît chaque jour jusqu'à la Pleine Lune et l'autre où elle décroît jusqu'à la Nouvelle. Ces indications ont été sommairement écartées par Wasson (p. 99) comme provenant d'un texte « which reduces to its ultimate absurdity the passion of symmetry and classification that permeates these writings ». En réalité, la médecine âyurvédique confirme le caractère mythique du *soma*, encore qu'elle prescrive l'utilisation de certains de ses succédanés terrestres, qui n'apparaissent nullement comme des champignons.

De toute façon, nous ne pouvons savoir ce que les commerçants intéressés ont pu réellement vanter à Trimalcion et lui faire commander, d'autant plus que la semence des champignons, c'est-à-dire leurs spores, n'a été découverte qu'à une forte loupe par Micheli de Florence (*Nova plantarum genera*, 1729). La « semence » de bolet ne peut être qu'une fantaisie : « E'chiaro che qui si tratta di una vanteria » (G. Maggiulli, *Nomenclatura micologica latina*, 1977, p. 58-59) ; on croyait à cette époque que les champignons naissaient de la pourriture de la terre et n'étaient ni semés ni cultivés. D'ailleurs, pour exagérer le merveilleux, Pétrone choisit comme lieu d'expédition la région la plus lointaine du monde connu. Autre fantaisie du même passage : Trimalcion n'a de mules que celles qui sont nées d'un onagre.

96 La connaissance de villes grecques et de l'emploi de la langue grecque dans des régions indiennes et iraniennes correspond non seulement aux mentions de fondations de villes en ces pays par Alexandre, mais encore à l'existence des royaumes indo-grecs du Nord-Ouest de l'Inde ainsi que des « Parthes philhellènes ». Pour nous, la connaissance des royaumes indo-grecs, qui jadis reposait à peu près entièrement sur la numismatique, a été renouvelée par la découverte d'inscriptions grecques ou bilingues en Afghanistan, ainsi que par celle de la profonde implantation grecque, également en Afghanistan, à Aï Khanoum ; voir en dernier lieu *Bull. Ecole fr. d'Extr. Orient*, vol. LXVIII, 1980, p. 1-103, Paul Bernard et collaborateurs, Campagne de fouilles, 1978, à Aï Khanoum.

97 Les roseaux en question sont la canne à sucre.

97 bis Le texte de Sénèque est une citation de Virgile, *Géorgiques*, 1, 53 sq.

98 L'époque des grandes pluies dans la plus grande partie de l'Inde est celle de la mousson du Sud-Ouest, qui souffle de juin à septembre. Celle-ci n'est pas due aux vents étésiens, qui, en Méditerranée, soufflent du Nord après la Canicule.

99 *magnum mare* : l'océan au-delà de l'Inde.

100 Entendre que, depuis le navire Argo, qui le premier parcourut les mers, celles-ci sont accessibles à tous.

101 Allusion aux relations commerciales entre la Scythie et l'Inde d'une part, la Scythie et l'Europe de l'autre.

102 Les Arabes sont depuis le témoignage d'Hérodote les commerçants du cinnamome, c'est-à-dire de la cannelle. Arrien dit aussi que c'est du cap arabe que les Assyriens l'importaient (*Ind.* 32, 7). Cependant la cannelle est essentiellement un produit des régions équatoriales et tropicales et les Arabes ont été les transitaires, non les producteurs, dans le commerce de la cannelle qui ne pousse pas chez eux, et ils n'ont guère de forêts. C'est apparemment par une confusion entre transitaires et producteurs, faite à l'exemple d'Hérodote, qu'Onésicrite (dans Strabon, 15, 1, 22) indiquait que l'Inde du Sud produisait le cinnamome, le nard, etc., comme l'Arabie et l'Éthiopie, tout en soulignant que la quantité d'eau reçue par l'Inde était beaucoup plus considérable (ce qui est vrai surtout par rapport à l'Arabie). Sénèque rassemble ici des lieux communs de la tradition européenne sur Bacchus, les Arabes, les Parthes et l'Inde.

103 « plus voisins de Phébus », i.e. à l'extrémité du monde oriental, où naît le soleil. Le nom des Dahae, peuple scythe (Pline, 6, 50) évoque ceux des Dāsa et Dasyu védiques, et aussi *dahyu* du vieux-perse qui signifie « province », mais, mieux encore, les Dāha avestiques (Yašt 13, 144, cf. J. Darmesteter, *Le Zend-Avesta*, Paris, Musée Guimet, 1892-1893, rééd. 1960, t. II, p. 554, n. 314 ; H. S. Nyberg, *Die Religionen des alten Iran*, Leipzig, 1938, p. 249). Les Dāsa et Dasyu védiques sont des démons à trois têtes, cependant les mentions avestiques, grecques et latines leur donnent une réalité humaine que l'Inde, dont d'ailleurs ils ne faisaient nullement partie, ne semble pas avoir retenue. Elle les a rejetés parmi les monstres. Sur eux, voir en dernier lieu les travaux de K. F. Smirnov cités par Th(érèse) David, *A propos de l'article de K. F. Smirnov*, in *Dialogues d'histoire ancienne*, 6 (1980), Besançon, p. 162.

104 Pella, en Macédoine, capitale d'Alexandre. — Usage de lieux communs sur la puissance du Gange et de l'Indus, sur le suc de la canne, l'habillement de *carbasa* et le sacrifice de la vie sur le bûcher. L'indication de l'usage d'une teinture safranée pour les cheveux ne peut se rapporter au safran lui-même, *Crocus sativus* L. Il s'agit apparemment d'une teinture de couleur analogue à celle des étamines de safran, celle qui a été effectivement employée très largement jusqu'à nos jours et qui est le henné, *Lawsonia spinosa* L. Le henné masque les cheveux et les poils blancs en les rendant roux. Contre la canitie, l'indigo est aussi prescrit, mais le henné, adopté finalement par les Musulmans, même sans cheveux blancs, a été populaire de tout temps. — L'auteur des *Adnotationes super Lucanum*, 3, 237, est mieux renseigné et plus précis sur ce « roseau » : *Indiae alterius populi, qui cannarum uiridium caudicibus tunsis siue tritis dicuntur exprimere sucos ;* mais ces scolies sont tardives et figurent dans des manuscrits des IXᵉ et Xᵉ siècles.

105 Les Nabathéens étaient un peuple de l'Arabie Pétrée, au sud de la Palestine. L'idée d'une poussée vers les Arabes et l'Europe de nébulosités exhalées par la terre du Gange est restée courante en Europe médiévale. La Faculté de médecine de Paris, au XIVᵉ siècle, s'en est servie pour expliquer la naissance et la propagation de l'épidémie qui sévit alors en France, en l'attribuant aux vapeurs et nuages de l'Inde ; cf. E. Littré, *Médecine et médecins*, Paris, 1872, p. 35-36.

106 Le Gange mentionné ici doit l'être par confusion avec l'Indus, qui seul est en rapport avec l'Hydaspe (Vitastā), son affluent ; cf. notes 109 et 110 ; Stace, *Thébaïde*, 12, 786-788.

107 Les rois captifs de Pompée et qui étaient du rivage de l'Inde ne peuvent, s'ils ont une réalité, qu'avoir été des chefs de troupes dites « indiennes » en un sens large, employées à l'ouest de leur pays.

108 On peut dire que les Éthiopiens (Égyptiens, Hammon étant égyptien), Arabes et Indiens ont un même dieu, mais on ne voit pas de raison de lui attribuer la pauvreté, si ce n'est la sécheresse plus ou moins grande de son pays. Du reste, ce texte est en désaccord avec Quinte-Curce, 4, 7, 23, qui représente Hammon comme un dieu paré de pierreries.

109 Alexandre n'a jamais versé le sang des Indiens dans le Gange, qu'il n'a jamais atteint. Il y a là une nouvelle confusion avec l'Indus ; cf. n. 106.

110 Dans cette hypothèse fantastique, il semble que le Gange soit pour Lucain le fleuve par excellence de l'Orient, comme le Pô l'est de l'Occident. Thèse conforme à la croyance à l'existence de vastes réservoirs souterrains alimentant une circulation souterraine des eaux ; cf. Sénèque, *N.Q.* 3, 15-16 et 4a, 2, 26-27 (suivant Œnopidès de Chios).

111 Les Suèves étaient en Souabe, leur chef a été le célèbre Arioviste qui envahit la Gaule. On croit généralement que les « Indiens » en question étaient des peuples du grand Nord et Pomponius Mela, 3, 45 (cf. note 53) mentionne les terres gelées. On a parfois supposé que des Indiens auraient pu faire le périple de l'Afrique, comme l'avaient fait les Phéniciens (Hérodote, 4, 42 ; mais les incrédules sont nombreux, cf. St. Gsell, *Hérodote*, 1915, p. 230, n. 3 ; J. Desanges, *Recherches sur l'activité des méditerranéens aux confins de l'Afrique*, Paris, 1978, p. 7-76), et remonter vers l'Europe par l'Atlantique. C'est aux latitudes de l'Europe que la navigation pouvait présenter pour eux de grandes difficultés. Auparavant ils pouvaient d'étape en étape embarquer des noix de cocos pour les traversées, comme ils faisaient habituellement dans les mers du Sud. Les cocos se conservent et contiennent à la fois eau, sucre et huile ; cf. Pomponius Mela, 3, 45 ; Florus, 2, 34, 62, et *Journal des Savants*, 1981, 2, p. 102 ; et pour une explication, supra, note 53.

112 Le phénomène a lieu en effet dans tous les lieux du Tropique du Cancer au solstice d'été. Au-delà du fleuve Hypasis veut dire au Sud par rapport à celui-ci, qui est très au Nord du Tropique (au-dessus de 30°).

113 Le mont Maleus, d'après l'indication de gnomonique de Pline, ne peut se trouver que sur l'Équateur ou à son proche voisinage ; cf. Pline, 6, 69, p. 99 et 146-148.

La Grande Ourse est visible à l'Équateur et au Sud de l'Équateur, mais n'est plus dans le cercle de perpétuelle apparition comme elle l'est aux latitudes boréales élevées. Pour qu'elle ne soit visible que quinze jours par an, il faut être à une latitude australe élevée.

A Patala, comme partout, le Soleil se lève à droite pour quiconque regarde le Nord. Patala, quoique proche du Tropique, est à une latitude supérieure, et il est impossible que les ombres soient dirigées vers le Sud à aucun moment de l'année. Mais, dans ce port, une information aussi étonnante pour les Grecs ou les Romains devait être courante, due aux navigateurs qui y relâchaient après avoir croisé au Sud du Tropique du Cancer, voire dans l'hémisphère austral.

Les lieux de l'Inde où il n'y a pas d'ombre sont ceux du Tropique du Cancer et ceux situés au Sud de ce Tropique. L'ombre de midi est supprimée chez eux seulement les jours et au moment où le soleil se trouve au zénith sur leur latitude. Cela arrive une fois l'an au Tropique du Cancer, le jour du solstice d'été, deux fois au Sud de ce Tropique : le jour où la course apparente du Soleil le fait passer à midi à la verticale du lieu avant le solstice et le jour où il y passe à midi après le solstice. Il n'y a pas de lieux où l'ombre n'existe pas et partout le temps se divise en « heures ». L'affirmation contraire paraît logiquement déduite de la croyance erronée en l'absence totale d'ombre : sans ombre, il ne peut y avoir de cadrans solaire. — *ascia* : du gr. *áskios* « sans ombre ».

114 Autre exemple de déduction logique à partir d'une information erronée.

115 L'embouchure du Gange n'est pas un estuaire, mais un delta immense confondu avec celui du Brahmaputr.

116 Il est exact que la chaîne allant de l'Est à l'Ouest s'appelle Himālaya ou Himavant, Haimavata (Emodus) à l'Est, Paropanisus (Pline, 6, 60, note 5, p. 86-88) plus à l'Ouest, finalement Taurus, et qu'elle s'infléchit vers le Nord dès sa région himâlayenne. Les mers qui l'auraient détournée sont très loin d'elle, excepté la mer d'Aral et la Caspienne auxquelles le texte se réfère probablement. Les monts Ripées étaient, à l'époque de Pline, une chaîne de montagnes au nord de la Sarmatie d'Europe. Mis en rapport avec les Hyperboréens, ils ont souvent été localisés ailleurs. Une tentative forcée récente les a dits mentionnés dans le Veda et les a rapprochés du Meru indien et de l'Hara bərəzaiti avestique (ce qui les porterait au Pôle nord : G.M. Bongard-Levin et E.A. Grantovskij, *De la Scythie et de l'Inde*, trad. Philippe Gignoux, Paris, 1981, p. 63-67.

117 Mer Rouge = océan Indien habituellement, cf. Martial, 7, 30, 4 ; 10, 17, 5.

118 Les Arabes préparent du vin avec des dattes, mais les Indiens généralement avec le suc du spadice d'un palmier *(Borassus)* ou du cocotier, ou encore d'un autre palmier *(Caryota)*. Aelius Gallus, préfet d'Égypte en 26-24 a-C., avait entrepris, sur l'ordre d'Auguste, une expédition en Arabie heureuse (Yémen).

119 Ce cap des Indiens, dit aussi *Drepanum* « la Serpette » et *Lepte Acra* « le Cap étroit » serait le cap de Ras-el-Kimsche, en Égypte, à l'entrée du golfe de Suez. *Exusta insula* « l'île brûlée » correspond à *katakekaumenē nēsos* du *Péripl. mar. Erythr.* 20, et de Ptolémée 6, 7, 44 (le nom faisant allusion à la nature volcanique) ; c'est comme *Malichu*, une île de la mer Rouge.

120 Les trois zones correspondent à la péninsule indienne au Sud, à la base de cette péninsule, là où passe le Tropique, et à la zone himâlayenne du Nord (*Imavas* ; cf. livre 6, 60, note 5, p. 86). — Ici, la mer Rouge est la partie occidentale de l'océan Indien et peut aussi inclure notre actuelle mer Rouge.

121 Le contenu de ce passage provient de Ctésias et de la littérature grecque afférente à Alexandre et aux récits de Mégasthène. Les êtres monstrueux, notamment décrits par Ctésias ou d'après lui, ne sont pas purement inventés par les auteurs grecs. Des légendes indiennes en évoquent du même genre parmi les démons, par exemple le *Harivaṃśa* (Vulgate 9553) en donne toute une liste incluant ceux qui n'ont qu'un pied *(ekapāda)* et un palmier pour jambe *(tālajaṅgha)*. Si une tradition indienne en est parvenue à Ctésias, c'est probablement ceux-là dont on a pu faire les Sciapodes, l'ombre de leur pied étant la touffe du palmier. Le *Harivaṃśa* est bien moins ancien que Ctésias, mais ses traditions, elles, sont anciennes. Bien d'autres textes décrivent de tels monstres aux têtes multiples ou sans têtes ou à têtes d'animaux. Le *Lalitavistara* bouddhique met en scène une armée attaquant le Buddha ; on y retrouve les mêmes et ceux qui n'ont qu'un pied *(ekapādaka)* ou mille pieds ou pas de pieds du tout ou encore le pied en forme de coupe *(karoṭapāda)*, et ceux-là aussi peuvent avoir inspiré la figure du skiapode (*Lal. vist.* chap. XXI, éd. Lefmann, p. 305, l. 22). Dès l'époque védique, d'ailleurs, des monstres mi-humains, mi-animaux sont évoqués par le *R̥gveda* (tel *Aja ekapād*, le bouc à un seul pied). En même temps on en trouve représentés sur les sceaux de la civilisation de l'Indus. Les indications fantastiques de Ctésias n'ont pas été imaginées sans un fondement légendaire indien : Le *Mahābhārata* mentionne un peuple dont le nom *karṇaprāvaraṇa* signifie littéralement « ceux qui ont pour couverture leurs oreilles » (II. 28. 44 ; VI. 47. 13, éd. Poona, B.O.R.I.).
Certains des êtres étranges (Satyres, Choromandes) de notre texte latin sont apparemment des singes réels, probablement des *laṃgūr*, grands singes noirs assez répandus dans

le Nord de l'Inde (cf. I. Puskás — Z. Kádár, *Satyrs* in India, in *Acta classica Univ. Debreceniensis*, 16, 1980, p. 9-17). Les Astomes (les « Sans bouche »), cités aussi par Strabon, 2, 1, 9, et Plutarque, *De facie lunae*, 938 C, peuvent nous faire penser aux *preta*, les « trépassés », damnés des textes bouddhiques, mais aussi aux génies célestes Gandharva. Mais, si le nom de ces derniers, de formation incertaine, paraît fait sur *gandha* « odeur », leur alimentation n'est pas précisée dans les nombreux textes qui les concernent.

122 Nous ne connaissons pas de labour avec des éléphants qui seraient dits « bâtards ». Les labours avaient et ont lieu avec des bœufs ou des buffles et sont possibles avec des chameaux. Il y a mention en tamoul de labour fait avec des ânes, mais par un roi qui fait ainsi labourer la ville rasée de son ennemi vaincu. Les éléphants dits « bâtards » en grec correspondent peut-être à ceux dits *saṃkīrṇa* « de caste mêlée » par rapport à d'autres de plus noble origine (*Mātaṅgalīlā*, I, 30 ; Edgerton, p. 11 sqq.).

123 Triomphe célébré en 79 a.C. par Pompée pour sa victoire sur le roi numide Hiarbas.

124 L'Antiquité européenne connaissait donc moins l'ivoire des grands éléphants d'Afrique que celui, si souvent mentionné, de ceux de l'Inde.

125 Résume Strabon, 15, 1, 42, mais omet à tort de dire que l'éléphant sauvage n'est isolé que pour avoir été attiré et enfermé dans un parc. On n'abordait pas l'éléphant solitaire dans la forêt. On pouvait le faire tomber dans une fosse, ce qui est considéré comme une mauvaise méthode dans le *Gajaśāstra* de Tanjore mentionné ci-dessous. Sur la capture et la domestication de l'éléphant, voir aussi Elien, *N.A.* 10, 10. Du côté indien, pour la capture : *Mātaṅgalīlā*, chap. X, *Gajaśāstra*, *Gajagrahaṇaprakāra* (*Gaja śāstram of Pālakāpya muni* ed. with transl. in Tamil by K.S. Subrahmanya Śāstri, and a summary in English by S. Gopalan, Tanjore, 1958, p. 59-61, pl. couleur illustrant une bonne et une mauvaise méthode). Pour la domestication et les soins. surtout *Hastyāyurveda*, Poona, 1894. Moderne : G.H. Evans, *Elephants and their diseases*, Rangoon, 1910, trad. H. Chaine, Paris, 1904. Cf. J. Filliozat, *Les Gajaśātra et les auteurs grecs*, in *Journal Asiatique*, 1933, I, p. 163-175 et *Laghuprabandhāḥ*, Leiden, 1974, p. 476-488.

126 Sur le rut de l'éléphant, cf. Aristote, *H.A.* 571,32 sqq.

127 La taille des éléphants indiens leur donnait la supériorité dans les combats sur ceux d'Afrique, cf. Tite-Live, 37, 39, 13, et Polybe, 5, 84, 6, etc. D'après A. Dihle, *Die fruchtbare Osten*, in *Rhein. Mus.*, 105 (1962), p. 110, cette supériorité de taille des éléphants de l'Inde sur ceux d'Afrique signalée par les anciens proviendrait d'une croyance erronée que tous les êtres animés des régions tropicales étaient censés plus grands et plus gros. Mais les éléphants d'Afrique engagés dans les combats ne sont pas ceux de l'Afrique orientale et méridionale actuelle ; ce sont ceux de race plus petite que ceux de l'Inde et domesticables (à la différence des autres éléphants d'Afrique). Ce sont ceux qu'on pouvait trouver d'après Pline en Maurétanie et au-delà des déserts des Syrtes (5, 18 ; 5, 26 ; 8, 32), mais dont Isidore de Séville, *Etym.* 12, 2, 16, constatait au début du VIIᵉ siècle la disparition, ce que répétait Vincent de Beauvais (cf. P. Armandi, *Histoire militaire des éléphants*, Paris, 1843, p. 13 sqq., où sont passés en revue les multiples témoignages antiques sur ces éléphants).

128 La grandeur des serpents de l'Inde est fort exagérée. Les pythons les plus grands dépassent rarement 6 m. L'estimation rapportée par Strabon, 15, 1, 45 : 16 coudées (7 m 10) est plus juste. Les serpents sont aussi incapables d'étouffer les éléphants que d'avaler des taureaux. Cf. Pline, 8, 32-34.

129 C'est la tigresse qui est prompte à défendre sa portée, souvent contre le tigre qui veut la dévorer.

130 Il n'y a pas de bœufs indiens à une ou trois cornes. Pour la confusion de noms, on peut noter que, d'après Timothée de Gaza, *De animal.* 45 (fin du Vᵉ siècle), les Indiens nommaient « bœuf » le rhinocéros, que Pausanias, 5, 12, 1 et 9, 21, 2, l'appelle « taureau éthiopique » et que, d'après Festus, 332, 29, il était pour certains un bœuf égyptien (*bos Aegyptius*).

131 L'axis est *Cervus axis* L., commun en Inde, en hindi *cītal*. — Il n'y a pas de singes vraiment blancs en Inde, mais le singe légendaire Hanumant du *Rāmāyana* est souvent représenté comme blanc. En Indonésie, il est toujours blanc. Des singes blancs ont été signalés par Mégasthène *ap.* Strabon, 15, 1, 37 : « des cercopithèques plus gros que les plus gros chiens et tout blancs, sauf la face, qui est noire », et par Elien, *N.A.* 16, 10.

132 Le *tarandus* est le renne. Le *lycaon* (qui ne change pas de couleur comme un caméléon, mais a des robes variées) a été identifié avec l'hyène tachetée (?). Il l'a été aussi par Cuvier avec le guépard (*cītā* en hindi, *Cynailurus jubatus*) très employé à l'époque mongole pour la chasse, mais qui n'a pas de crinière sur le cou ; l'espèce a disparu de l'Inde, où elle n'a plus été retrouvée depuis 1948, selon J. Dorst-P. Dandelot, *Les grands mammifères d'Afrique*, p. 146-147.

133 Il n'y a pas de lézards de 24 pieds (7 m 10). Les grands crocodiles ne vivent pas sur les montagnes et ne sont jamais écarlates.

134 Il n'y a pas de croisements possibles entre félidés et canidés. On peut avoir des tigrons (tigre et lionne).

135 Il y a dans l'Inde du Nord-Ouest (et représentés sur les sceaux de l'Indus) de très grands bœufs à grandes cornes écartées (notamment race de Hissar), mais pas aussi hauts que les chameaux (qui, en Inde, sont à une bosse).

136 La description des quatre dents évoque à la fois le phacochère et le babiroussa, mais le premier est africain et le second indonésien et du Pacifique. L'Inde à laquelle il est fait allusion doit être confondue avec l'Éthiopie, où existe en effet une des deux espèces de phacochères, cf. Elien, *N.A.* 5, 27 : « Agatharcide rapporte qu'en Éthiopie les porcs ont des cornes. » Quant aux « cornes de veau », elles n'existent nulle part.

137 Au solstice d'été, il y a la mousson du Sud-Ouest dans la plus grande partie de l'Inde, non des cyclones. Ceux-ci ne sont pas non plus liés au solstice d'hiver. Les dimensions des animaux marins sont exagérées. Des os de baleines, des baleines agonisantes ou des cachalots sont assez souvent rejetés sur les plages indiennes. L'exagération de leurs dimensions est la même dans les légendes indiennes, par exemple dans l'*avadāna* de Dharmaruci (*Divyāvadāna* n° XVIII). Cf. Alfred Foucher, *Les vies antérieures du Buddha*, Paris, 1955, p. 50 sqq. Le monstre marin s'appelle ici *timingala*.

138 Dimensions exagérées aussi pour les carapaces de tortues, de même que chez Pline, 6, 91, et surtout Elien, *N.A.* 16, 14 : « Les tortues de rivière indiennes ont une carapace aussi grande qu'une barque de bonne taille. »

139 Parmi les monstres évoqués doivent se trouver en réalité les grands crocodiles (*grāha*). Une légende célèbre en sanskrit fait état de la saisie par l'un d'eux d'un chef d'éléphants (*gajendra*) par une patte. Le texte qui conte comment l'éléphant a été libéré par Viṣṇu est le *Gajendramokṣana*. Les platanistes sont les dauphins de 2 m 50, *Platanistus gangeticus*, et non de 16 coudées (plus de 7 m) ; cf. E. de Saint-Denis, *Le vocabulaire des animaux marins en latin classique*, Paris, 1947, p. 88 ; J. Cotte, *Poissons et animaux aquatiques au temps de Pline*, Gap, 1944, p. 26-27.

140 Il existe en effet en Inde des poissons qui peuvent vivre et agir un certain temps sur terre. Le poisson marin *Anabas scandens*, en tamoul *ceṇṇal*, pouvu, dans des réserves pharyngiennes, d'eau qui humecte ses branchies et pourvu aussi de piquants, grimpe à l'aide de ceux-ci aux cocotiers du rivage. Il est mentionné au IXᵉ siècle dans la *Relation de la Chine et de l'Inde* (*'Aẖbār aṣ-ṣīn wa l-Hind*) rédigée en 861 (éd. Jean Sauvaget, Paris, Belles Lettres, 1948, § 19, p. 10 ; la note afférente, p. 47, donne une identification avec le crabe des cocotiers, qui serait possible, mais qui oblige à prendre *samak* « poisson » dans le sens d'animal marin, ce qui est inutile, puisqu'il s'agit en réalité sûrement d'un poisson). L'identification correcte, avec représentation du *cennal* sous le nom de « sennal du Malabar » a été publiée dans E. Charton, *Voyageurs anciens et modernes*, Paris, 1854, II, p. 106-107. — Le *mus marinus* « rat marin » est encore signalé (sans mention de l'Inde) par Pline, 9, 166 (repris d'Aristote, *H.A.* 558a 8) : « Le rat marin pond ses œufs dans un trou creusé à terre ; le trentième jour, il les découvre et emmène à l'eau ses petits. » Comme on le voit par le texte d'Aristote, qui est consacré à la tortue d'eau douce et suivi d'une notice sur la ponte de la tortue de mer, Pline (ou le texte qu'il consultait) a compris *mỹs* « rat » pour *emýs* « tortue d'eau douce ». — Les poulpes et les murènes ne sortent pas à terre, mais certains poissons d'eau douce ont aussi la faculté de sortir de l'eau et de se déplacer à terre sur une courte distance, en sautant sur leur queue. Certains de ces poissons sont connus de Théophraste, *frg.* 171 W : « En Inde, les poissons sortent des fleuves à terre et retournent à l'eau en bondissant comme des grenouilles. »

141 Indications correctes sur les pêcheries de perles. Sur Perimula, cf. Pline, 6, 72 et note 5, p. 103. Sur les gîtes des perles d'après les Indiens, cf. L. Finot, *Les lapidaires indiens,* p. XXXII. Sur les perles de Taprobane, Pline, 6, 81.

142 Cf. Athénée, 93b. La pierre spéculaire est le mica.

143 Être marin mal identifié ; Élien, *N.A.* 2, 45 et 16, 19 (cf. aussi Pline, 32, 8), le décrit non comme un poisson, mais comme une grosse limace marine ; Cuvier y a reconnu l'aplysie. Mais celui de l'Inde, selon ce même Cuvier, serait un tétrodon « à mâchoires fendues comme le lièvre, à la peau hérissée de courtes et fines épines » et dont certaines espèces sont toxiques (cf. J. Cotte, *Poissons...*, p. 193-194 ; d'Arcy Wentworth Thompson, *A Glossary of Greek Fishes*, p. 142 sqq.), mais d'autres identifications ont aussi été proposées.

144 Perroquet vert. Les perroquets s'aident de leur bec comme de leurs pattes pour saisir par exemple des branches, mais ne s'abattent pas sur leur bec. Ils ne suivent pas la conversation, mais les légendes indiennes leur attribuent (ainsi qu'à d'autres oiseaux) ce pouvoir. Par exemple, la *Śukasaptati* « Les soixante-dix [contes] du perroquet » est un recueil célèbre de contes en sanskrit.

145 Pour les « fourmis » chercheuses d'or, cf. Hérodote, 3, 102 ; Strabon, 15, 1, 35 et 44, d'après Mégasthène. Erythrée est sans doute ici la ville de ce nom sur la côte occidentale de l'Asie mineure, en face de l'île de Chio. Objet votif indéterminé, écho vraisemblablement de la campagne légendaire d'Hercule en Inde, dont il est question dans Pline, 4, 39, et Justin, 12, 9, 2.

146 « L'âne indien » unicorne n'existe pas, malgré Hérodote, 4, 92 ; Ctésias, 48b, 19 — 49a 8 ; Aristote, *P.A.* 663a 24 ; *H.A.* 499b 18 — 21 : « Un petit nombre d'animaux ont une seule corne et sont solipèdes, par exemple, l'âne de l'Inde. » L'oryx, *Hippotragus*, est bicorne.

147 Cf. Virgile, *G.* 2, 116, supra.

148 L'ébène est produite par plusieurs sortes de plaqueminiers, les deux plus importants étant *Diospyros melanoxylon* Roxb. et *D. sylvatica* Roxb. En Europe, un *Cytisus laburnum* L. est appelé « faux ébénier », mais ne paraît pas utilisé ni même connu en Inde. L'épineux auquel il est fait allusion n'est pas identifiable. Si toutefois il est mentionné à côté de l'ébène pour la dureté de son bois, il peut s'agir d'*Acacia catechu* Willd., skr. *khadira*, très réputé pour faire des poteaux solides, ou encore d'*Acacia arabica* Willd. Mais certains *Diospyros* ont des épines aux branches les plus anciennes. Texte correspondant dans Dioscoride, 1, 98 : « Il existe encore une espèce indienne (sc. d'ébénier) ayant des épines blanches et jaunes et des taches uniformément serrées. » Mais la propriété de s'enflammer appartiendrait à la seule ébène d'Éthiopie qui est noire, *ibid.* : « Quand on l'approche du feu à l'état frais, elle s'enflamme du fait de sa graisse. » — Le triomphe de Pompée sur Mithridate fut célébré en 61 a.C.

149 Le figuier en question est *Ficus indica* L., le banian.

150 Il s'agit du jaquier, *Artocarpus integrifolia*, connu partout en Inde, nommé en tamoul *palā*, qui paraît à première vue l'original de *pala* du texte latin. Mais, le tamoul n'étant pas en usage dans le pays des Sydraques (Kṣudraka, 6, 92, n. 2), il faut plutôt songer à un des noms sanskrits du même jaquier, *phalavṛkṣaka* (*Rājanighaṇṭu*, XI, 32), le nom ordinaire étant *panasa* ou *paṇasa* ou *panaśa*, aussi *phalasa*, °*śa*. La forme *ariera* comme nom du fruit reste énigmatique.

151 L'arbre au fruit plus doux, mais mauvais pour l'intestin est le manguier. La mangue est un des meilleurs fruits de l'Inde et des plus abondants. Les soldats d'Alexandre ont dû en manger à l'excès ; en ce cas, la mangue est fortement laxative.

152 Les amandiers et les pistachiers sont communs en Afghanistan et en Inde du Nord-Ouest. Le lin, largement cultivé en Inde ancienne, n'est pas un arbre. Le texte est adapté, sinon traduit, de Théophraste, *H.P.* 4, 4, 8, et il s'agit, selon toute vraisemblance, du cotonnier (*Gossypium arboreum* L.).

153 Pline, avec la confusion ancienne qui a fait donner à nos grains sphériques usuels (*Piper nigrum* L.) le nom indien, *pippali*, du fruit oblong du *Piper longum* L., décrit la maturation des grains ronds. Le transfert de dénomination est donc antérieur à lui et peut d'ailleurs remonter aux premiers lecteurs de la *Collection hippocratique*, où la confusion n'est pas encore établie, mais d'avance favorisée par le contexte. En effet, dans des formules de pessaire, des broyures de *peperi*, médicament indien (ou, selon une variante, « médique »), sont placées, dans l'énumération des composants, entre un nombre de grains (de Cnide) et (des broyures) de « rond ». Le *peperi* et le « rond » correspondent, le premier à la *pippalī*, *Piper longum* L, le second au *Piper nigrum* L., notre « poivre » à grains ronds (en skr. *marica*). Les textes sont : *De la nature de la femme*, 32 (Littré, t. VII, p. 364) ; *Des maladies des femmes* I, 81 (Littré, t. VIII, p. 202) ; II, 158 (*ibid.*, p. 336) et II, 205 (*ibid.*, p. 394). Les « grains » sont les baies de *Daphne gnidium* L. (*kókkos*, lat. *coccum Cnidium*, et formes voisines, utilisées décortiquées (l'écorce de l'arbuste et des baies est vésicante, employée couramment en médecine hippocratique et ancienne en général, fr. *garou*. S'y ajoutent, dans la première formule, les « broyures du médicament médique (indien) des yeux, qu'on appelle *peperi* et de celui qu'on appelle rond » *(strongylos)*. Les autres formules prescrivent dans la même forme les mêmes ingrédients (avec variations de nombre pour le grain de Cnide et en omettant le « rond » dans le troisième). Elles qualifient toutes le *peperi* indien, la dernière ajoutant que ce sont les Perses qui le nomment *peperi* et qu'il y a dedans du rond qu'on appelle *myrtidanon*.

Il est clair que ces textes associent sans les confondre les deux *Piper*. Ils ne sont pas directement responsables du transfert au *Piper nigrum* du nom de *peperi*, qui ne pouvait qualifier originellement que le *longum*. Mais le *P. longum* ayant cessé de bonne heure d'être employé en Occident, l'usage du nom remarquable de ce *P. longum* a passé aisément au produit qui demeurait. Littré lui-même, dans ses traductions, a utilisé « poivre » indistinctement (il a même, dans le premier cas, fait une confusion du grain de Cnide avec le « poivre »).

Mais ces indications hippocratiques sont décisives. Il est sûrement exact que la forme *peperi* est perse, mais empruntée à sk. *pippalī* avec changement iranien de *l* en *r* (déjà reconnu par Ch. Lassen en 1847 ; cf. J. Filliozat, *La doctrine classique de la médecine indienne*, Paris, 1949, p. 212, 2ᵉ éd. 1975, trad. ang. Delhi, 1964, p. 254). Exact aussi que les baies rondes du *Piper nigrum* ressemblent à celles du myrte. Exact enfin et surtout que le *Piper longum* est largement prescrit en ophtalmologie indienne (cf. J. Filliozat, *Doctrine classique...*, p. 212, n. 1, et y ajouter *Car. Cik.* XXVI, 258 et 261), mais que le *Piper nigrum* rond lui est associé, dans les « trois épices », *trikaṭu* (qui comprennent en outre le gingembre), en ophtalmologie aussi (*Yogaśataka*, 50, éd. J. Filliozat, Pondichéry, 1979) ou bien l'y remplace (*Yog.ś.* 51, 52). Le *piper* connu de Pline et usuel chez nous était donc déjà notre *Piper nigrum* avec à l'origine le nom du *Piper longum*. Il s'appelle en sanskrit *marica*, en tamoul *milaku* (le *longum* est en tamoul *tippili*), mais il porte aussi d'autres dénominations en sanskrit. L'une d'elles marque le souvenir du marché qu'il trouvait jadis chez les Grecs, car le *marica* est *yavaneṣṭa* « estimé des Grecs » (*Rājanighaṇṭu*, VI, 30). Le *Piper longum*, plus piquant que le rond et de saveur différente, peut être employé dans l'Inde en cuisine, mais y est surtout un médicament. Seul le rond pouvait devenir d'usage universel comme condiment. Cf. Isidore de Séville, *Etym.* 17, 8, 8.

154 *Bregma* est aussi dans Dioscocride, dans un seul manuscrit (2, 159, 2), avec pour variante *brasma*, qui évoque en sanskrit *bhraṃśa* « chute, perte » et qui pourrait convenir ici, mais la différence phonétique reste bien grande. On a proposé *vṛkṇá*, mais c'est un mot védique, inusité en classique et qui signifie « coupé », non « mort ».

155 Le gingembre est en skr. *śṛṅgavera* « racine à cornes », en tamoul *vērkkompu* « à cornes aux racines » (ou *iñci*, désignant la plante verte, fraîche). Le nom de *śṛṅgavera* est un composé hybride. *Śṛṅga* « corne » est skr. (emprunté en tamoul sous la forme *ciruṅkam*), tandis que *vēr* « racine » est tamoul (emprunté dans le skr. *-vera* de ce composé). La transcription grecque *zingiberis*, passée en latin, a été gardée par les botanistes : *Zingiber officinale* Roscoe.

156 *Caryophyllon* : le giroflier, *Caryophyllus aromaticus* L.

157 *Lycion* : *Berberis lycium* Roxb., sorte d'épine-vinette identifiée par Royle (1834, Linnaean Society, London). Les *Berberis aristata* DC et *asiatica* Roxb., *kālīyaka* et *dāruharidrā* sont plus usités en médecine indienne, cf. Pline, 24, 125 et Scr. Largus, 19 et note 65 ci-dessus.

158 La peau du rhinocéros est impropre à faire des outres, mais peut-être protégeait-on des épines du berberis les parois extérieures des outres par des plaques de peau de rhinocéros.

159 Le *macir* n'est pas l'écorce d'une racine, c'est un réseau charnu entourant la noix muscade, *Myristica aromatica* Lam. Il est aromatique, rougeâtre quand il est frais, jaunissant en séchant. Dioscoride (1, 82), le dit jaunâtre. Pline a donc recueilli une information sur l'état frais, et Dioscoride une autre sur l'état sec. Le nom usuel en Europe est *macis* depuis le Moyen Âge (*Coll. Salernitana*, II, 121 ; 232 ; 405, etc.). Plaute, *Pseud.* 832, donne une forme *maccis* (var. *maecis*), mais le mot figure dans une liste de condiments dont les noms sont considérés comme de pure fantaisie.

160 Le *saccaron* (gr. *sakkaron* ; cf. commentaire sur Varron de l'Aude, *supra*, note 3) est apparemment *sakkarā* ou *sakhharā* en moyen-indien (skr. *śarkarā*), tamoul *cakkarai*, qui veulent dire « gravier » et désignent le sucre de canne « en gravier », cristallisé. Avant raffinage, il est brun. Sous forme de sucre candi, il s'appelle en Inde *khaṇḍa* ; il est blanc (ou jaunâtre, *cummium modo*), mais il peut être bien plus gros qu'une noisette. Surtout il n'est nullement friable sous la dent. En gravier ou en candi, il aurait pu, en Europe, être employé seulement comme médicament, en raison de la faible quantité probable des importations. Mais, en fait, les caractères précis indiqués conviennent à la manne de bambou bien mieux qu'au « sucre » dont le nom de *saccaron* semble ici avoir été attribué à cette substance qui se présente en concrétions. Cette manne s'appelle en réalité *vaṃśarocanā, tvakkṣīra, tavakṣīra* (d'où arabe *tabāśīr*, puis, en Europe, *tabashir, tabaxir*) ; cf. sur le vrai sucre de canne (nom nommé) comparable au miel, Varron de l'Aude, frg. 20, et Isidore, *Etym*, 17, 8, 13.

161 Arianè, contrée à l'ouest de l'Indus, cf. Pline, 6, 93, n. 1, p. 122, désertique ou semi-désertique, à épineux variés. Le suc d'*Euphorbia antiquorum* L. est très irritant. Cette plante survit dans les endroits secs, mais non désertiques. — Les fourrés de *Pandanus odoratissimus* Roxb. sont réputés dans l'Inde, et à juste titre, comme repaires de cobras, mais, s'il s'agissait de cette plante, elle n'aurait appartenu qu'aux régions les moins sèches de l'Arianè. — La notice des §§ 33 et 34 est un résumé de Théophraste, *H.P.* 4, 4, 12-13. D'après Hort, dans son édition de Théophraste, *ad loc.*, l'épine aux larmes de myrrhe serait *Balsamodendrum mukul* (mais c'est le *bdellium* du § 35) ; l'arbrisseau toxique à feuille de laurier serait *Scorodosma foetidum*, et l'arbre de Gédrosie (cité aussi par Strabon, 15, 2, 7) serait *Nerium odorum*. L'épine au suc aveuglant est mentionnée aussi par Arrien, *Anab.* 6, 22, 7 ; l'herbe d'odeur exquise est également indéterminée (les éditeurs antérieurs à Hort ou renonçaient ou différaient totalement).

162 Le *bdellium*, gomme résine (skr. *guggulu*) de *Balsamodendron mukul* Hook, est le plus ancien produit de ce genre employé dans l'Inde (*Atharvaveda*, XIX, 38), indigène dans le Sindh ou importé par mer d'Afrique orientale ou, indirectement, d'Arianè. Cf. Alix Raison, *Le bdellium dans la matière médicale âyurvédique*, dans *Sternbach Felicitation volume*, Part I, Lucknow, 1979, p. 41-50. Pline nous apprend qu'il s'en produisait aussi en Bactriane. — *peraticum* : gr. *peratikon* « qui vient d'au-delà ».

163 *Costus*, du skr. *kuṣṭha* (*Saussurea lappa* Clarke). — nard : *Nardostachys jatamansi* DC, skr. *māṃsī, jaṭāmāṃsī*, mais aussi *nalada*, forme plus ancienne (*Pāṇini, gaṇapāṭha,* IV, 4, 53). Le nard est mentionné deux fois dans le *Cantique des Cantiques* (1, 12 et 4, 14), la seconde fois avec d'autres productions indiennes, safran, cannelle. La forme *nalada* pourrait, par l'intermédiaire de l'iranien, avoir changé en Asie occidentale son *l* en *r*, mais il est aussi possible que l'Inde ait emprunté après coup à l'Ouest la forme *narada* dont elle présente aussi des exemples chez elle et, en ce cas, fait passer *r* à *l* ; cf. Pline, 16, 135 ; Isidore, *Etym.* 17, 8, 6.

164 L'*ozaenitis* est une espèce végétale non identifiée, dont le nom est en rapport avec la puanteur de l'ozène (cf. Pline, 12, 42, *uirus redolens*).

165 Il y a plusieurs sortes d'amome en Inde, notamment *Amomum aromaticum* Roxb. et *A. cardamomum* L., ce dernier originaire d'Indonésie et importé en Inde. Les cardamomes ordinaires de l'Inde et qui en sont originaires sont produits par *Elettaria cardamomum* Maton, skr. *elā*.

166 Les gommes falsifiant la myrrhe ne paraissent pas identifiables. De même, Pline, 12, 71, et Dioscoride, 1, 64, 2, citent sa falsification avec de la gomme, sans précision d'espèce.

167 Le roseau odorant ou acore ou jonc odorant (*Acorus calamus* L.), à racine très odorante ; cf. Isidore, *Etym.* 17, 8, 13.

168 Le nom original est *tamālapattra*, tam. *tamālappattiram* (prononcé -*battram*) signifiant « feuille de tamāla ». Dans les dictionnaires skr., *tamāla* est traduit de préférence par *Garcinia morella* Desr. qui donne la gomme-gutte ou *G. pictoria* Roxb., mais la feuille de ces plantes n'est pas odorante ; or, skr. *tamāla* désigne aussi, et spécialement dans *tamālapattra* (Rājanigh. VI, 176-178), *Cinnamomum iners* Reinv., c'est-à-dire un cannelier et, au moins à titre de succédanés, les feuilles d'autres canneliers. D'autre part, en tamoul, *tamālam* désigne bien une *Garcinia*, mais est aussi un équivalent d'*ilai* qui est « feuille » au sens général et s'emploie aussi, comme *pattra* en skr., pour désigner la feuille par excellence (en skr. *tamālapattra* (*Rājanigh*. VI, 176) ou *tejapattra* celle des canneliers (*Tivākaranikaṇṭu*, *Cūṭāmaṇinikaṇṭu*. IV, 46, 1, 3 : *ilai tamālam*). De plus, *tamālam* désigne *Garcinia* en tant qu'il est équivalent à *paccilaimaram* ou *pacumpiṭi*, désigné lui-même comme l'arbre aux feuilles vertes ou aux bouquets verts (*Cūṭāmaṇinikaṇṭu* IV, 31, 1, 2, *paccilaimaran tamālam pacumpiṭi* ; *Vaittiyamulikaiyakarāti*, s.v. *tamālam* : *paccilaimaram*). Or, il existe une autre plante *paccilai*, « aux feuilles vertes », qui est le « patchouli » (prononciation de la variante *pacculi* ou *paccuḷi*), un *ceṭi*, c'est-à-dire un « buisson » par opposition à *maram* « arbre ». C'est cette plante, *Pogostemon patchouli* Pell., dont les feuilles, surtout une fois desséchées, sont les plus odorantes de l'Inde et sont célèbres dans la parfumerie. Donc cette plante peut aussi correspondre au *malabathrum* (gr. *malabathron*). Le mot *ilai* peut se rapporter à des feuilles particulièrement renommées autres que celles des canneliers et même, *ilai paccilai* et *paccilaikkoṭi* « liane à feuilles vertes » peuvent désigner la feuille de bétel (*verrilai*), mais celle-ci est sapide, non odorante. L'identification avec le patchouli a été proposée par B. Laufer, *Malobathron*, in *Journal Asiatique*, 11 (1918), p. 1-49, et admise récemment par R. König et G. Winkler, dans le commentaire du passage, dans leur édition du livre 12 de Pline, Munich, 1977, p. 240-241. En définitive, le *malabathrum* peut avoir consisté tantôt en feuilles de cannelier, tantôt en celles du patchouli. — L'espèce indienne de Pline est le *folium* d'Isidore, *Etym*. 17, 8, 13 ; v. le commentaire *ad loc*.

169 Cf. Pline, 6, 161.

170 L'huile en Inde est par excellence l'huile de sésame, *tila*, dont provient le nom même de l'huile en général : *taila*, comme en latin le nom de l'« huile » dérive de celui de l'olivier. On n'en tire ni des châtaignes ni du riz. Cf. Pline, 18, 96.

171 Cf. notes 163 et 164.

172 Le lierre existe au Kaśmīr et au Panjāb, en particulier la variété à fruits jaunes (*Hedera chrysocarpa* Walsh) de l'Himâlaya et du Népal (Bretzl, *Botanische Forschungen des Alexanderzuges*, 1903, p. 243-244) ; d'après Clitarque, frg 17 J, le nom de cette variété de lierre de Nysa était *skindapsos*. La source est Théophraste, *H.P*. 4, 4, 1. L'intérêt qu'ont porté les Grecs à cette plante dans l'Inde est en rapport avec la légende de Dionysos « indien » ; cf. Théophr., *l.c.* : « Dans les Indes, on voit le lierre sur le mont Méros, pays d'origine de Dionysos suivant la légende ; c'est pourquoi Alexandre revenant de l'Inde était couronné de lierre ainsi que son armée. »

173 Les roseaux de l'Inde à nœuds et entre-nœuds pouvant atteindre une grosseur d'arbre et dont les tiges fines peuvent faire des hampes de flèches sont des bambous, mais leur dimension n'atteint jamais celle qui permettrait de faire une barque dans un entre-nœud, en dépit d'Hérodote, 3, 98 disant que les Indiens du bas Indus : « Ils pêchent à bord d'embarcations faites d'une espèce de roseau ; chaque embarcation est formée d'un seul entre-nœud du roseau. » On peut, bien entendu, en assembler de grosses tiges pour faire des radeaux.

174 L'Italie connaissait depuis longtemps le panic ou millet à grappes (*Setaria italica* P.B.), en latin *panicum*, ainsi que le millet (*Panicum miliaceum* L.), en latin *milium*. S'agissant d'une plante introduite de l'Inde en Italie vers 50-60 p.C., ce ne peut être que le sorgho (*Sorghum vulgare* Pers.), aujourd'hui reconnu comme originaire d'Afrique tropicale (on l'a trouvé à l'état sauvage en Nubie et Abyssinie, cf. A. L. Guyot, *Origine des plantes cultivées*, p. 88, et autres spécialistes , A. Chevalier, Vavilov, etc.) et non d'Asie. Il reste une difficulté : le sorgho, n'ayant pas de nom anciennement connu en Inde, n'y était probablement pas encore introduit au Ier siècle de notre ère. L'Inde évoquée serait alors l'Éthiopie souvent confondue avec l'Inde elle-même. — *phobae* : transcription du pl. de gr. *phobé* « boucle de cheveux, crinière », mais aussi « panicule florale » (du roseau dans Théophraste, *H.P.* 8, 3, 4).

175 Les deux céréales indiennes sont depuis l'époque védique l'orge (skr. *yava*) et le riz (skr. *vrīhi*). La description du riz donnée par Pline par erreur est celle d'une orchidée, sans doute l'orchis bouffon (*Orchis morio* L.), qu'il reprendra en 26, 95 (cf. aussi Diosc. 3, 127) sous les noms d'*orchis herba* et de *serapias* ; cf. H. Stadler, *Die Beschreibung des Reises in der Naturgeschichte des Plinius*, in *Mitteilungen zur Geschichte der Medizin und der Naturwissenschaften*, 12, Heft 52 (1913), p. 277-278.

176 Cf. Pline, 15, 28, et note 170.

177 La comparaison avec la pomme a fait penser longtemps au cotonnier, dont il est question dans Théophraste, *H.P.* 4, 7, 7 : « La 'laine' est enclose dans un récipient gros comme une pomme. » Mais il ne peut s'agir que du kapokier (peut-être *Bombax pentendrum* L.), cité par Pline, 12, 39, sous le nom de *cynas*, et dont le fruit est assez grand pour être comparé à une pomme, bien qu'il soit fusiforme.

178 D'après la couleur rousse (*rufus*) indiquée par Pline, ce lin incombustible ne peut être l'amiante, qui est blanc ou bleuâtre, mais seulement une autre variété d'asbeste.

179 L'usage des teintures pour les étoffes est une des spécialités majeures de l'Inde depuis l'Antiquité ; cf. Index s.v. teintures.

180 Les couronnes et surtout les guirlandes en pétales de roses et en feuilles ou fleurs odorantes sont toujours en usage dans l'Inde.

181 Conte ; comme il n'y a pas de clair de lune d'une durée de 30 jours, il faut quatre mois pour totaliser 30 jours de clair de lune par temps serein. Une si longue dessication ne serait pas favorable à la plante. Les noms grecs *nyctēgreton* « veilleur de nuit », *nyctalōps* « qui voit la nuit » évoquent une « belle de nuit » épanouie sous la lune, mais non identifiable sans nom original. Le lotus bleu, *Nymphaea stellata* Willd. porte parmi ses noms ceux de *nisāphulla*, *rātripuspa*, *nisāpuspa*, qui signifient tous trois « fleur de nuit » (*Rājanigh.* X, 197). Le nom grec *chēnamuchē* « égratigneuse d'oie » ne paraît pas avoir d'équivalent indien (plante épineuse ?).

182 On rapprochera Dioscoride, 1, 5 : « Il existe en Inde une autre espèce de souchet (*kyperos*) semblable au gingembre, qui, mâchée, prend la couleur du safran... » La mention de l'effet du safran, l'analogie signalée avec le gingembre, et surtout le fait que, dans les phrases précédentes, Pline, comme Dioscoride, décrit le *Cyperus longus* L. (souchet à rhizome noir, odorant comme le nard), ont fait penser depuis longtemps que la *cypira* était le *Curcuma longa* L., appelé souvent de nos jours « safran des Indes ». Mais l'identification présente des incertitudes. Tout d'abord, la similitude avec le gingembre ne doit pas concerner l'aspect de la plante ; il est très différent, en dehors du fait qu'elles ont l'une et l'autre un rhizome. Il peut y avoir analogie du goût du gingembre avec celui d'un autre curcuma , *C. amada* Roxb., en anglais « mango ginger » (Nadkarni, *Indian materia medica*, 3e éd., Bombay, 1976, p. 412), qui peut remplacer le gingembre dans les sauces, mais sert aussi à composer un parfum de mangue. La couleur, non le goût, du safran (*Crocus sativus* L.) est effectivement comparée à celle de *Curcuma longa*, mais ce n'est pas quand il est mâché qu'elle apparaît, elle préexiste dans le rhizome même. La saveur un peu piquante du rhizome de *C. amada* (skr. *karpūraharidrā* « curcuma camphré ») peut rappeler à la mastication celle du gingembre. L'information de Dioscoride et de Pline peut avoir confondu *C. amada* mâché avec *C. longa* à couleur de safran. La couleur de safran est d'ailleurs apparemment responsable du nom même de « curcuma », emprunté à l'arabe *kurkum* dérivant lui-même du skr. *kuṅkuma* (dans les écritures du sanskrit, les deux orthographes sont sujettes à confusion) qui désigne exclusivement le safran vrai, *Crocus sativus* L. et ses étamines, qui constituent le produit médicinal et culinaire, jamais les divers curcumas. Ceux-ci en Inde sont multiples. En dehors de *C. amada* et *C. longa*, on utilise *C. angustifolia* Roxb., qui produit une sorte d'arrowroot, *C. aromatica* Salisb., qui est jaune comme *C. longa*, mais plus fortement odorant, *C. caesia* Roxb. et *C. zedoaria* Rosc. Ces deux derniers donnent dans la pharmacopée arabo-persane les deux racines qu'on appelle en français de zédoaire (*jadvār*), l'une longue, l'autre ronde nommée en persan *zarambād* (vulgo *zerumbet*). A cause de l'indication de la couleur du *crocus* pour la *cypira*, celle-ci doit être *C. longa* L. ou *aromatica*, mais confondue avec *C. amada*. Sur les curcumas indiens, cf. Garcia da Orta, éd. Ficalho, index du texte et des notes.

183 Cf. Pline, 12, 30, et note 157. Description de la plante dans Dioscoride, 1, 100, 4. Garcia da Orta (1563) a identifié le *lycium* avec le *cate*, un des ingrédients principaux de la « chique de bétel » (*betre e areca et cate, Coloquios...* 31). Le terme transcrit *cate* en portugais est *kath* (ou *katthā*) du hindi, qui est le cachou noir (anglais *catechew*, *catechu*). Le mot *kath* est considéré comme dérivé de KVATH « bouillir, réduire par décoction », car c'est par cette action qu'on extrait le produit du bois de *khadira, Acacia catechu* Willd. ou *A. suma* Buch. Ham., ou *A. sundra* Roxb., les deux derniers étant des variétés du premier. Mais le nom de *cachou*, qui apparaît en langue européenne pour la première fois sous la forme *cachô* chez Duarte Barbosa (1516, Hobson-Jobson, p. 173), vient des langues dravidiennes : malayalam *kāccu*, tamoul *kācu*, kannaḍa *kācu*, tulu *kāci/kācu* désignant le même cachou d'acacia, mais aussi la décoction réduite et séchée des graines du palmier *Areca catechu* L. Selon le *Tamil Lexicon*, le nom de *kācu* peut dériver de *kāyccu* « faire réduire par ébullition ». Les deux produits sont donc similaires par la préparation et le sont par l'usage en masticatoire, mais non par la composition (celui du palmier ne contient pas de catéchine). Ils peuvent, en médecine indienne, être employés en potions ou topiques, mais ne le sont pas en collyre et le sont rarement autrement qu'en masticatoire. Les indications de Dioscoride et de Pline (avec la description très précise de Dioscoride, 1, 100, 4) doivent donc correspondre à l'extrait des *Berberis*. Cf. Scribonius Largus, 19, note 65.

184 Racine hallucinogène (ou réputée telle et crue telle par les criminels) non identifiée. Les Taradastili sont inconnus. Pline, 26, 18, cite l'*achaemenis* parmi les impostures de la magie : « L'*achaemenis*, jetée dans une armée en bataille, mettrait le désordre chez l'ennemi et lui ferait tourner le dos. » — *hippophobas* « la terreur des chevaux ».

185 *arianis* : plante non identifiée, nommée sans doute d'après son lieu d'origine, l'Ariane.

186 Plantes non identifiées, dont les noms ont une signification voisine : gr. *thalassaiglē* « lumière de la mer » et *potamaugis* « lumière du fleuve ». On a en sanskrit un *samudraphala* « fruit de la mer », qui est *Argyreia speciosa* Sweet., psychotrope, mais nullement hallucinogène.

187 *Aloe indica* Royle. L'*anthericum* (gr. *antherikos*) est la hampe fleurie de l'asphodèle.

188 Cf. Dioscoride, 2, 66 : « Le scinque (*skinkos*). Il en existe un égyptien et un autre indien, de la mer Érythrée, et un autre encore en Gétulie de Maurétanie. C'est un crocodile terrestre d'une espèce particulière... » ; Pline, 8, 91. On a pensé, au moins pour l'espèce africaine, au varan (*Varanus niloticus*), mais aussi au scinque (*Scincus officinalis*) considéré par la pharmacopée ancienne comme aphrodisiaque.

189 Cf. Pline, 8, 176 et note 135.

190 Le cinabre et le minium sont également des poisons. Les médecins n'étaient pas seuls dans la confusion. Pline y est tombé aussi. Sur cette confusion assez commune dans l'Antiquité, cf. Dioscoride, 5, 94 : « Certains se trompent en croyant que le cinabre est la même substance que le *minion.* » Faute d'analyse chimique, les Anciens devaient se fier aux seules apparences extérieures pour distinguer les minéraux ; les similitudes de couleur les trompaient facilement. Mais des indications supplémentaires qu'ils donnent nous permettent parfois de distinguer ce qu'ils ont confondu. C'est le cas de celles qui concernent les mines où on trouve les minéraux, ou les résultats des traitements par la chaleur qu'on leur fait subir. Le *minium* de Vitruve, 7, 8 et 9 est nécessairement le cinabre, sulfure rouge de mercure, puisqu'il décrit à partir de lui l'extraction du mercure par grillage à l'étouffée, qui produit la sublimation du mercure déjà à l'état de vif-argent ou le grillage du cinabre à l'air qui décompose le cinabre en anhydride sulfureux et mercure. Il en est de même du « *minium* de seconde qualité » (*secundarium*, 33, 128) de Pline, qui décrit la même extraction, mais qui vient de définir ce « minium » comme autre que celui d'Espagne et comme rencontré dans les mines d'argent et de plomb. Or, dans de pareilles mines, c'est l'oxyde rouge de plomb, celui auquel nous donnons aujourd'hui exclusivement le nom de minium, qu'on peut trouver. Pline se trompait en le prenant pour celui qui peut donner du mercure, mais non en pensant qu'il était autre que celui d'Espagne, lequel était réellement le cinabre. Il ne se trompe pas non plus en ajoutant que c'est un poison et que, surtout, il ne doit pas toucher les viscères ou les plaies (33, 118). Mais il se trompe encore en disant (33, 116 ; cf. note 198) que les Grecs appellent « cinabre indien » la sanie du serpent qui, ayant étouffé l'éléphant, meurt sous le poids de celui-ci. De pareils serpents n'ont jamais existé (cf. Pline, 8, 34 et infra, notes 128 et 198).

191 Il s'agit de pétrole. Sur les eaux « grasses » par suite de la présence d'hydrocarbures, cf. Vitruve, 8, 3, 8, signalant un lac indien qui « par beau temps rejette une grande quantité d'huile ».

192 Le passage de Ctésias invoqué par Pline ne se retrouve pas dans les fragments aujourd'hui conservés de son ouvrage, où est donnée une assertion contraire, celle d'une eau où rien ne s'enfonce (*ap.* Photius, 49b 5). Mais l'assertion de Pline relative à l'étang où tout coule à pic et qui s'appelle *Sila* (*siden* manuscr. corrigé d'après Diodore) figure déjà, d'après Mégasthène, chez Diodore de Sicile, 2, 37, 7, et chez Strabon, 15, 1, 38. Elle se retrouve dans Arrien, *Ind.* 6, 2-3, avec le nom de *Silas*. Nous en traiterons sous Isidore de Séville, *Etym.* 13, 13, 7.

193 Le sel gemme, très utilisé en Inde depuis l'antiquité (*saindhavalavaṇa* « sel du Sindhu »). Strabon en signale, 15, 1, 130, dans le royaume de Sophitès (Sobhita, cf. Quinte-Curce, 9, 1, 24).

194 Cf. Pline, 9, 155, et supra, note 143.

195 Il n'y a pas de corail rouge en Inde. Il est importé de la Méditerranée ou de la mer Rouge (au sens actuel du nom) depuis l'Antiquité. On l'appelle en Inde *vidruma* et *pravāla* et les lapidaires indiens savaient qu'il venait de Rāmaka (= Romaka), c'est-à-dire l'empire romain ou, plus généralement, de chez les Mleccha, les « Barbares » (cf. Finot, *Lapidaires indiens*, p. XLVIII). Bien que le corail soit méditerranéen, Pline était mal renseigné sur lui. Il ne s'agit pas de baies blanches devenant dures et rouges hors de l'eau. Les polypes blancs se rétractent à l'air et la branche de corail rouge apparaît alors. Les « baies » en faveur chez les Indiens sont les grains taillés et tournés. Le nom de *lace*, qui n'est pas indien pour le corail, est la leçon la plus ancienne (var. *iace*). Il a été rapproché de skr. *lākṣa*, ce qui impliquerait une confusion avec la laque (*lakṣā*, moy. ind. *lakkhā̆*) ou avec gr. *lakkhā*, l'orcanette, *Alkanna tinctoria* Taush, ou *Arnebia tinctoria* d'Égypte (cf. Em. Perrot, *Matières premières usuelles du règne végétal*, Paris, 1943-1944, p. 1859), plante d'où on tire une teinture rouge, mais qui n'a rien de commun avec le corail, ni même avec l'Inde.

196 *Meleagrina margaritifera* Lam. ou *Pinctada margaritifera* L., l'huître perlière, qui peut atteindre 25 cm de diamètre, un peu moins d'un pied (29 cm 16), mais mesure ordinairement 15 cm.

197 Cf. Properce, 3, 13, 5 et supra, note 26 pour les références, sur les fourmis chercheuses d'or.

198 Cf. Pline, 8, 34 et 29, 25. Pline évoque ici un « cinabre indien » qui est un produit animal de légende, et de légende non retrouvée jusqu'ici en Inde, mais qui paraît expliquer (Littré, *Dictionnaire*, s.v.) le nom imputé en Europe, *sang-de-dragon* ou *sang-dragon* , à des résines rouges de diverses plantes, principalement du palmier *Calamus draco* Willd. et de *Dracaena cinnabari* Balf., une liliacée. Ce dernier, dans la droguerie européenne des temps modernes, s'est appelé « sang-dragon de Socotora », quoique venant de Bombay ou de Zanzibar (Em. Perrot, *Mat. prem.*, p. 365). Depuis l'antiquité, l'île de Socotora a été un relais important du transit commercial, notamment arabe, déjà responsable de légendes merveilleuses permettant d'augmenter le prix des produits (Pline, 12, 85 ; cf. éd. du livre 6, p. 155). Le *Périple* (éd. H. Frisk, 30, p. 10, 1. 17-18) désigne comme venant dans l'île de Dioscoride (Socotora) un « cinabre qu'on appelle *indikon* », qui se recueille quand il coule des arbres. Le « cinabre indien » de Pline était donc certainement le sang-dragon. Il n'a pas la toxicité du cinabre, mais il a peu d'intérêt thérapeutique. Les Grecs ont bien connu le vrai cinabre, sulfure rouge de mercure, mais ce sont les Latins qui l'on appelé *minium* en empruntant sans doute le mot à l'ibère. Quant à *miltos*, il a bien servi aux Grecs à désigner l'ocre rouge (*rubrica* de Pline), qui est l'oxyde rouge de fer (sesquioxyde) ou une argile ferrugineuse. Cependant les modernes ont parfois traduit par « vermillon » (Hérodote, 4, 191, trad. Chaussard, 1803, et Ph. Legrand, 1945), ce qui est erroné ou au moins ambigu. En effet *vermillon*, comme *écarlate*, ne sont pas des termes anciens, mais ont désigné à l'origine le rouge éclatant dû au kermès du chêne, et vermillon désigne aujourd'hui le cinabre en poudre rouge, c'est-à-dire le sulfure de mercure. Comme ce sulfure est très toxique et absorbable par la peau, il est invraisemblable que ce soit de ce minéral que les Libyens dont parle Hérodote aient eu l'usage d'enduire leur corps. Il faut simplement admettre qu'ils employaient une argile ferrugineuse rouge ou l'ocre rouge même. De même, il faut rejeter la traduction par « vermillon » donnée parfois pour *miltos* chez Hippocrate. Le mot apparaît dans deux recettes (*Des plaies*, 22 et *Des fistules*, 9, 4). Littré, d'après Dierbach (Littré, *Oeuvres complètes d'Hippocrate*, t. 6, p. 427, n. 16) l'a rendu avec la plus grande vraisemblance par « argile ocreuse » (mais le récent éditeur du *Des plaies*, Paris, Belles Lettres (1978), R. Joly, sans doute embarrassé, a traduit par « du miltos »). En Inde, l'hématite, ocre rouge, appelée *gairika*, est employée comme chez Hippocrate pour les brûlures et plaies ; elle est réputée « cicatrisant de plaies », *vraṇaropaṇa* (*Rājanigh.* XIII, 61). Ce texte est tardif, mais le *gairika* est fréquemment prescrit depuis l'Antiquité (Caraka, Suśruta). Pline a raison, en 33, 124, de dire que son « minium de seconde qualité » ne doit pas toucher les plaies (cf. supra, note 190), mais c'est parce qu'en réalité il s'agissait de cinabre et non d'ocre rouge, de mercure et non de fer.

Chez Aristote aussi, *miltos* doit se traduire par « ocre rouge ». Dans un passage des *Météorologiques* (378a 22-26), deux fois reproduit par R. Halleux (*Le problème des métaux dans la science antique*, Paris, 1974, p. 37-38 et 99), il énumère les minéraux non fusibles dont il attribue la formation à l'exhalaison sèche de la terre. Ce sont : *sandarakē*, la sandaraque ou réalgar, sulfure d'arsenic rouge, *ōchra*, l'ocre jaune, *miltos*, l'ocre rouge, l'un et l'autre argiles ferrugineuses (le rouge coloré par l'hématite), *theion*, le soufre, des minéraux analogues non nommés, et finalement *kinnabari*, le cinabre, sulfure de mercure. Le soufre est fusible à partir de 113°, liquide à 120°, mais les procédés d'extraction de l'époque n'ont apparemment pas permis à Aristote de le savoir. Les procédés les plus simples sont de faire brûler une partie du minerai qui fond le reste ou de le distiller. Le cinabre lui-même se volatilise à la chaleur, donnant de l'anhydride sulfureux qui se dégage et du mercure liquide. Il apparaît donc comme non fusible (R. Halleux, p. 21, n. 20, a traduit *miltos* par « vermillon », malencontreusement, puisqu'il s'agit d'une forme de cinabre, mais en ayant toutefois choisi de dénommer ainsi non pas le cinabre, mais bien l'ocre rouge).

Le cinabre vrai ne figure pas dans la littérature la plus ancienne en Inde, ni chez les médecins de l'antiquité, soit qu'il ait été encore inconnu, soit qu'il n'ait pas été utilisé en raison de sa toxicité ou pour un autre motif. De toute façon, il apparaît dans la littérature médicale comme un produit étranger. Son nom principal est *hingula* ou *ingula*, mais il s'appelle aussi *darada* et *mleccha*. Le dernier terme désigne les barbares en général, mais *darada* est le nom d'un pays et de ses habitants au nord-ouest de l'Inde (*Dardae* de Pline, 6, 67 et 11, 111). Le *Rasaratnasamuccaya* 1, 89, le tire formellement de ce pays (éd. Ānandāśrama S.S. 19, Poona, 1890, p. 7 ; cf. P. Ray, *History of Chemistry in Ancient and Mediaval India*, Calcutta, 1956, pl. 166 et 372). Cependant le *hingula* (*hingulaka* ou *hinguluka*) est mentionné dans l'*Arthaśāstra* 2, 12, 2, et sous la forme *jātihinguluka* (ou *-laka*) 2, 13, 19, qui signifie « hingula natif ». L'extraction du mercure par grillage de cette matière est apparemment mentionnée sous le nom de *rasapāka* « cuisson du mercure », opération que doit connaître le « contrôleur des mines », *ākarādhyaksa*. En effet, celui-ci est dit : « connaisseur des traités du cuivre et des métaux » (*śulbadhātuśāstra*), de la « cuisson du mercure » (*rasapāka*) et de la « coloration des pierreries » (*manirāga*), *Arthaśāstra*, 2, 12, 1 [autre interprétation dans R.P. Kangle, *The Kautilīya Arthaśāstra*, Part II, Bombay, 1963, p. 121 et n. 1, d'après laquelle *śulba*, voulant dire plus ordinairement « cordeau » que « cuivre », devrait s'entendre de « métal (*dhātu*) en filons (*śulba*) », tandis que *rasapāka* signifierait « alchemy and smelting », mais, si *rasa* veut dire « alchemy », il faut bien qu'il s'agisse de mercure]. D'ailleurs l'*Arthaśāstra* connaît une utilisation du cinabre pour reconnaître « l'or qui devient blanc touché par le doigt préalablement enduit de cinabre natif (*jātihinguluka*) ou de sulfate de fer (*puspakāsīsa*) macéré dans de l'urine de vache » (2, 13, 19). C'est sans doute du mercure libre qui tachait l'or, mais provenait du cinabre véritable.

Du cinabre a été trouvé dans les fouilles de la civilisation de l'Indus (Mohan-jo-Daro), probablement employé pour usages médicaux (P. Rāy, *History...*, p. 29), moins vraisemblablement, malgré l'opinion de P. Rāy, comme fard, puisqu'il est toxique. Toutefois, en très petite quantité, sa toxicité pouvait passer inaperçue. En tout cas, l'usage du cinabre est ainsi attesté dans la vallée de l'Indus avant le milieu du 2e millénaire a.C., même si la date de l'*Arthaśāstra*, premier document écrit sur le cinabre dans l'Inde, n'est pas celle que lui attribue la tradition en en faisant l'œuvre de Kautilya, ministre de Candragupta, autour de 300 a.C., il ne peut s'agir que d'un texte ancien. La concordance générale de sa métallurgie avec celle de Vitruve et de Pline empêche de le supposer plus récent, comme on l'a fait parfois dans l'ignorance des connaissances et des techniques antérieures à notre ère et voisines de son début.

199 Les mines de cuivre et de plomb sont nombreuses dans l'Inde, mais non partout. Il se peut donc que les régions qui en étaient dépouvrées aient obtenu ces métaux par échange de pierreries et de perles, mais la plupart n'en avaient pas. En tout cas les fouilles archéologiques de la vallée de l'Indus (Mohan-jo-Daro, Harappa, etc.) et celles du Gujrat (Lothal) ont mis au jour beaucoup de cuivre, que les analyses chimiques de ses impuretés ont pu faire reconnaître comme provenant de mines d'Afghanistan, Balucistan et Rājasthān (P. Rāy, *History...*, p. 26 sqq. ; S. R. Rao, *Lothal and the Indus civilization*, Bombay, 1973, p. 55-57 ; 80-87, où sont envisagés les échanges avec les Sumériens, Bahrein, etc. ; 183-187).

200 Ici Pline distingue le minium et le cinabre, rouge vif tous deux. Il les sépare par l'*armenium* (l'azurite) qu'il fait bleu en 35, 47. Sa distinction entre le minium et le cinabre ne répond pas à notre nomenclature moderne (où le minium est l'oxyde de plomb, et le cinabre, comme dans l'Antiquité grecque, le sulfure de mercure). Son *minium* doit être celui qu'il appelle *secundarium* et qui, d'après le mercure qu'il en tire, est évidemment aussi du cinabre (cf. supra, Pline, 29, 25) en réalité. La chrysocolle est la malachite, verte, l'*indicum* soit un minéral voisin d'elle tiré aussi de mines de cuivre, soit plus probablement l'indigo ; le *purpurissum* est la pourpre ; cf. Vitruve, 7, 9, 6 et 7, 14, 2 ; Pline, 29, 25 ; 33, 115-116.

201 Cf. note 21.

202 Le noir indien dont Pline n'a pas découvert la composition, mais qui est importé de l'Inde et qu'il ne songe pas à rapprocher de l'indigo du paragraphe suivant 89, doit être la stibine, sulfure d'antimoine (skr. *añjana, rasāñjana*), très employée en Inde comme collyre et fard pour les yeux et certainement matière d'exportation. Cf. note 21.

203 L'*indicum* est ici l'indigo véritable, *Indigofera tinctoria* L. (skr. *nīlā* ou *nīlī*, qui veut dire « bleu noir »). L'indication de Pline qu'il est une boue adhérant à l'écume des roseaux est simplement une mauvaise interprétation des phénomènes qui ont lieu lors de la préparation du produit. En effet, la plante n'offre pas de coloration bleue à l'état naturel. On fait macérer dans l'eau les plantes coupées pendant douze à quinze heures, on les sort ensuite à l'air, on les remue et l'indigo exsude accompagné d'une matière brune, « brun d'indigo » et d'une rouge dite « rouge d'indigo » qui déjà ont teinté l'eau bleuissante à la fin de la macération (L. Hahn-H. Baillon, dans Dechambre-Lareboullet, *Dict. encycl. des sc. médicales*, IVᵉ série, t. xv, Paris, 1889, p. 606-608). Cependant Dioscoride distinguait deux sortes d'indigo, 5, 92 : « L'un est naturel, comme une écume des roseaux indiens. L'autre, qui est l'indigo des teinturiers, est une efflorescence de la pourpre surnageant dans les chaudrons... »
En médecine indienne, (âyurvédique), l'indigo est employé contre la toux, le phlegme, l'absence de digestion, les vents (troubles neurologiques), les intoxications, les maladies avec ascite (à cause de son action antiphlegmatique), les gonflements abdominaux, les parasites et les fièvres (*Rājanigh.* IV, 83), mais ordinairement en composition avec d'autres ingrédients.

204 La boue des fleuves de l'Inde doit être l'indigo, d'après 35, 46 (cf. *limus* dans les deux cas). Pline, comme à l'ordinaire, réprouve les importations. Pour la sanie des serpents, cf. 33, 116.

205 La pierre qui, dans l'Inde, en dehors du diamant, sert à couper ou polir les autres est le *kuruvinda* qui a donné son nom au corindon, minéral le plus dur après le diamant (cf. Pline, note 222). Les lapidaires indiens le rattachent à juste titre à la catégorie des rubis. Le sable indien doit être du corindon en poudre, c'est-à-dire l'émeri, mais du sable siliceux vulgaire a été aussi employé pour polir des pierres semi-précieuses, cf. S.R. Rao, *Lothal and the Indus civilization*, p. 103.

206 Sur l'*alabastrites,* voir infra sous Isidore de Séville, *Etym.* 16, 5, 7, note 566.

207 L'industrie du verre ne paraît pas avoir été importante dans l'Inde ancienne pour les usages courants où la poterie et le métal fournissaient la vaisselle. Mais la fabrication du verre était requise pour la joaillerie et l'imitation des pierres précieuses. Elle paraît avoir commencé après la période de la civilisation de l'Indus. En tout cas, le reliquaire bouddhique de Piprahwa (près de la frontière du Népâl), trouvé à la fin du siècle dernier, porteur d'une inscription en *kharoṣṭhī* non datée, mais en caractères semblables à ceux des inscriptions du nord-ouest d'Asoka (milieu du IIIᵉ siècle a.C.) contenait avec les reliques de petites perles de verre. Ce verre correspond à celui d'une fabrique de verre ancienne, dont le site a été mis au jour à Kopia dans le même district (cf. P. Rāy, *History...*, p. 73-74). P. Rāy souligne que Suśruta distinguait le verre, *kāca,* du cristal de roche, *sphaṭika.* En effet, tous deux sont mentionnés ensemble deux fois : 1° *Sūtrasthāna,* 8, 15-16, où, parmi les substituts du couteau, s'il faut faire une incision ou une sacrification, on cite le cristal, le verre et le corindon (*sphaṭikakācakuruvinda*) « pour les enfants qui ont peur du couteau et faute de couteau ». — 2° *Sūtrasthāna*, 46, 453, où il est traité des récipients dans lesquels on doit servir les mets et les boissons. Les préparations délicates, dite *rāgasāḍava* et *saṭṭaka* (sur lesquelles : Om Prakash, *Food and drinks in Ancient India*, Delhi, 1961, p. 140, 147, 291) doivent être données « dans des bols frais et beaux de verre et de cristal de roche et rehaussés de béryl » (ou œil-de-chat, cf. infra, Pline, 27, 76-79 ; Isidore de Séville, *Etym*. 16, 7, 5-7), ou, d'après une variante ancienne, « de diamant et de béryl » (*kācasphaṭikapātreṣu sītaleṣu śubheṣu ca dadyād vaiḍūrya-* (var. *vajravaiḍūrya*) *citreṣu rāgasāḍavasaṭṭakān*). Par ailleurs l'*Arthaśāstra*, dans le chapitre qui traite des pierres du trésor royal, place le cristal de roche pur (*śuddhasphaṭika*, 2, 14, 32) parmi les pierres précieuses (*maṇi*), énumère leurs qualités et défauts (33-34), puis donne une liste d'autres espèces (*antarajāti*, 35) et ajoute : « les restantes sont des pierres de verre » (2, 11, 36, *śeṣāḥ kācamaṇayaḥ*). Ceci confirme Pline, 37, 79, quant à l'imitation des pierres précieuses par les Indiens, mais non directement son idée qu'ils avaient trouvé le moyen de colorer le cristal. C'est le verre qu'ils coloraient, mais ils devaient fabriquer ce verre avec du quartz hyalin ou cristal de roche broyé et mêlé de colorants. C'est à partir du quartz hyalin qu'on prépare le strass. — D'après le tarif des amendes infligées aux voleurs selon l'Arthaśāstra, le montant de l'amende est le même pour les articles de cuivre, de bronze au plomb (*vṛttakaṃsa*), verre et ivoire (3, 17, 8). [Le *vṛttakaṃsa*, traduit sans raison apparente par « steel » dans R.P. Kangle, *The Kauṭilīya Arthaśāstra*, Part II (trad.), Bombay, 1963, p. 285 pour 3, 17, 8, et p. 297 pour 4, 1, 35, est identifié, sous le nom de *varttaloha* avec le *bidrī* dans l'édition du *Rājanighaṇṭu* (13, 35-36) de Ashu Bodha et Nityabodha Bhattacharjya, Calcutta, 1899. L'alliage appelé *bidrī* du nom de la ville de Bidar est entré en grande faveur au Dekkan, au XVIIᵉ siècle probablement, grâce à des incrustations d'argent qui caractérisent les objets exécutés en cette matière. Il est noir, formé de cuivre, plomb et étain dans les proportions de 8, 2 et 1, cf. P. Rāy, *History...*, p. 217, R. Garbe, *Die indischen Mineralien*, Leipzig, 1882, p. 40, n. 1, a déjà reconnu l'identification du *varttaloha* avec l'alliage *bidrī*.]

208 L'obsidienne, vitreuse, à cassure conchoïdale, se trouve en toutes régions à roches volcaniques. Cf. Isidore, *Etym*. 16, 16, 5.

209 Le cristal indien est signalé par Strabon, 15, 1, 67, comme abondant parmi les pierres précieuses. Il est exact qu'il est réputé sous le nom sanskrit de *sphaṭ ika*, cristal de roche ou quartz, *phaḍiga*, *phaḍia*, *phaḷika* en prâkrit, *phalika* en pāli.

210 4 setiers = 2 l 16.

211 L'ambre qui serait une excrétion des rayons du soleil est l'ambre jaune (*electrum*, succin, résine fossile), odorant quand il est frotté ou fondu. Il n'a rien de commun avec le parfum estimé provenant du cachalot, l'ambre gris, parfois rejeté sur les rivages de l'Égypte (cf. A. Lucas - J. R. Harris, *Ancient Egyptian materials and industries*, Londres, 1962, p. 388) ou de l'Inde et que les Indiens utiliseraient à la place de l'encens. L'Inde connaît et distingue radicalement les deux. L'ambre jaune, résine fossile s'électrisant au frottement et contenant souvent des fragments végétaux et des insectes, s'appelle en sanskrit *tṛṇakuñcaka* « attracteur d'herbes » ou *tṛṇagrāhin* « qui contient des herbes », et de même, en tibétain, *sbur-len* « qui prend des insectes » ou *sbur loṅ* « Prends les insectes » (*loṅ* impératif de *len* « prendre »). Ces noms se sont rencontrés jusqu'ici seulement dans les littératures sanskrite et tibétaine bouddhique (*Mahāvyutpatti*). Le Prof. P.V. Sharma a introduit dans la littérature sanskrite actuelle de matière médicale le terme similaire de *tṛṇakāntamaṇi*, litt. « pierre aimée des herbes » (*Dravyaguṇavijñān*, III, 2ᵈ ed., Varanasi, 1980, p. 118, en hindi avec nomenclature sanskrite). Ces diverses expressions répondent aussi bien à la présence d'herbes, etc., dans l'ambre qu'à sa propriété d'attraction quand il est électrisé par frottement, l'une expliquant apparemment l'autre. Cf. Pline, 37, 46.

L'ambre gris en Inde s'appelle *agnijāra (Dhanvantarinighaṇṭu, 6, 21-22, Rājanighaṇṭu, 6, 77-79)* « digéré par le feu ». Mais il porte en même temps d'autres noms significatifs donnés par le *Rājanighaṇṭu* : *agniniryāsa* « excrétion du feu », *agnigarbha* « embryon du feu », et surtout *baḍavāgnimala* « excrément du feu de la jument », qui éclaire toute la conception dont il est l'objet. En effet, le « feu de la jument » représente, dans une interprétation mythologique (*Harivaṃśa*, vulgate adh. 46), les volcans sous-marins d'Indonésie. C'est donc à leur feu qu'est attribuée la production de l'ambre gris qu'on trouve flottant sur l'océan ou porté au rivage par les vagues. Il est soit l'embryon produit par le feu, soit le résidu d'une digestion, toujours considérée en Inde comme produite par le feu intérieur. Cette opinion a pu d'ailleurs être fortifiée par la trouvaille de l'ambre gris dans le tube digestif de cachalots échoués par les plages. En tout cas, elle se trouve rejoindre, à propos de l'ambre gris, l'idée de Nicias qui fait de l'ambre jaune et de l'ambre gris confondus une exsudation des rayons du soleil. Cf. aussi P. V. Sharma, *Dravyaguna...*, p. 54-55 ; P. K. Gode, *History of Ambergris in India*, in *Studies in Indian Cultural History*, vol. I, p. 9-18 ; *Nadkarni's Indian Materia medica*, Revised ed., Bombay, 1976, t. II, p. 138-139.

212 Cf. Ctésias, 19 *ap.* Photius, *Bibl.* 47b : « Il est aussi un fleuve qui traverse l'Inde ; il n'est pas très long, mais a environ deux stades de large. Le nom du fleuve est en indien Hyparkhos et en grec « porteur de tous les biens ». Ce fleuve, trente jours par an, charrie de l'ambre ; les Indiens disent en effet que, dans les montagnes, il y a des arbres qui surplombent ses eaux (car elles ruissellent des montagnes), et il vient un moment où les arbres laissent tomber des larmes comme l'amandier ou le pin ou un autre arbre, et cela se produit surtout trente jours l'an. Ces larmes tombent dans le fleuve et s'y durcissent. Cet arbre s'appelle en indien *siptachora*, ce qui signifie en grec « doux, agréable ». C'est ainsi que les Indiens recueillent l'ambre. On dit que ces arbres portent un fruit en grappes comme la vigne ; ses baies ont la grosseur des noisettes » (trad. R. Henry). Ce fleuve serait le Gange selon Kiessling, *R.E.*, IX, col. 399 sqq., s.u. *Hypobarus*. Cette dernière supposition est insoutenable. Elle repose seulement sur une propension de certains auteurs, antiques ou modernes, à ne voir l'Inde qu'arrosée par le Gange. Moins simpliste, Sylvain Lévi a observé que le sens imputé en grec au nom de la rivière (son nom prétendument indien ne se retrouve pas) s'accordait assez avec le sens du nom de la Suvāstu védique et avec celui que lui donne de son côté le pèlerin chinois Hiuan-tsang au VIIe siècle : Subhavastu (*Notes chinoises sur l'Inde*, I, *BEFEO*, 1902, p. 250). Il s'agit de la rivière Svāt en Afghanistan. Nous pouvons ajouter que la Suvāstu du Ṛgveda (VIII, 19, 37) est mentionnée là comme bénéfique et en rapport avec l'abondance des troupeaux. Son nom veut dire « au bon site » (G. Tucci : « having good dwelling », p. 39 de son article *On Swāt. The Dards and connected Problems*, in *East and West*, 27, n° 1-2, March-June 1977). Le poète de l'hymne qui mentionne la Suvāstu (gr. *Soastos*, Arrien, *Ind.* 4, 11), et lui est apparemment dévot, s'appelle Sobhari, ce qui peut signifier « Possédant ce qui porte le bien » (*saubharin*, en forme sanskrite classique). Bien entendu, les arbres des rives de la Suvāstu ne pleurent pas des larmes de résine dans son cours, pas plus que dans celui d'aucune autre rivière. Mais tous les peuples qui ont vu des herbes et des insectes dans le succin l'ont reconnu pareil aux résines fraîches qui en incluent aussi et ils l'ont supposé solidifié. Ctésias donne l'orthographe correcte du mot déformé en *psitthacoras* et dit plus loin (22) que le fruit de cet arbre à résine est doux et se conserve séché. Il décrit aussi (en 21), et correctement, la cochenille qui produit la laque, en disant qu'elle s'attache aux arbres à *electron*, mais en affirmant à tort qu'elle s'attaque à leur fruit et fait périr ces arbres. E. H. Johnston, *Journal of the Royal Asiatic Soc.*, 1942, 3-4, p. 249-250, a repoussé à juste titre une hypothèse de Warmington qui voyait là de l'ambre birman, a essayé quelques étymologies iraniennes et s'est arrêté à un *cīṭabhara* (qu'on ne retrouve malheureusement pas) pour expliquer *siptachora*.

213 Les oiseaux méléagrides sont les pintades à barbillon bleu, dont le nom est rattaché à la légende de Méléagre, héros étolien dont les sœurs furent métamorphosées en cet oiseau (cf. J. André, *Les noms d'oiseaux en latin*, Paris, 1967, p. 99 ; F. Capponi, *Ornithologia latina*, Gênes, 1979, p. 322). Pline écarte l'interprétation mythologique et donnera dans le passage suivant un témoignage d'Archélaüs en faveur de la théorie de la résine solidifiée.

214 Ce témoignage est clair, mais ses précisions sont en faveur d'une résine de production récente et non d'une fossile, qui ne pouvait d'ailleurs être distinguée comme telle par les Anciens. Aussi a-t-il été supposé qu'il s'agissait de gomme laque produite par la cochenille, ce qui paraît confirmé par un texte d'Élien, *N.A.* 4, 46, sur la production de cet *ēlektron* (D. E. Eichholz, *Pliny, Natural History*, t. X, p. 198). Le texte de Ctésias que nous venons d'évoquer (note 212) fait d'autant mieux penser à la laque qu'il décrit bien l'insecte ou plutôt la larve avec ses longues pattes (d'autant plus remarquables qu'elles tombent une fois l'insecte fixé). Surtout la laque se présente dans le commerce souvent sous forme de bâtons contenant la tige que l'insecte a piquée et qui est revêtue de l'exsudation qu'il a provoquée. Mais cette laque ne ressemble en rien à l'ambre, elle est rouge, opaque et d'odeur peu agréable. Elle ne peut servir que comme colorant ou à des usages médicaux peu importants, non comme objet d'ornement ou de joaillerie. D'autre part, l'insecte (*Coccus lacca* Westwood, alias *Taccardia lacca* Kerr, etc.) se fixe sur *Ficus indica* Roxb., *Ficus religiosa* L., *Butea frondosa* Roxb., *Ziziphus jujuba* Mill. et Lam., une variété de croton, etc., non sur les pins. Or, il existe en abondance parmi les arbres principaux des forêts subhimâlayennes le *devadāru*, « arbre des dieux », *Pinus deodora* Roxb. (ou *Cedrus deodora*) qui fournit une oléo-résine de valeur.

215 L'*Arthaśāstra* distingue à double titre six sortes de diamants, selon six gîtes différents dans l'ensemble de l'Inde et selon six couleurs qui se rapportent à celles des autres pierres (2, 11, 37-39). Ses caractères sont d'être « dur, lourd, résistant aux coups, à pointes égales, écrivant sur la vaisselle et, en tournant comme un fuseau, jetant des feux » (*sthūlaṃ guru prahārasahaṃ samakoṭikaṃ bhājanalekhi tarkubhrāmi bhrajiṣṇu ca*, 40). Quand ses angles sont abîmés, il n'est pas estimé (41). — Dans la *Bṛhatsaṃhitā* (début du VIᵉ siècle A.D.), d'autres classifications sont données, mais le diamant blanc est qualifié de *ṣaḍaśri* (80, 8) « hexagonal ». Dans *Ratnaparīkṣā*, il est dit que : « les pointes, facettes et arêtes sont six, huit et même douze, les sommets sont hauts, égaux, aigus » (80, 31), l'hexagonal pur est spécialement estimé (8, 32). Le diamant cristallise dans le système cubique et l'hexagonal de Pline comme des Indiens est précisément le cube, l'hexaèdre régulier. Le diamant aux pointes opposées de Pline correspond évidemment aux cubes pyramidés en lesquels se présentent aussi les diamants. Les diamants de l'Antiquité étaient ceux de l'Inde.

216 Le nom des béryls dérive de prâkrit *verulia* (pāli *veḷuriya*, skr. *vaiḍūrya* ; *b* et *v* sont échangés couramment en Inde). — Ainsi que Pline, les minéralogistes désignent comme béryls des pierres de nature analogue à l'émeraude, mais non vertes comme elle. Cependant le premier dictionnaire sanskrit-anglais (H. H. Wilson, 1819) a rendu *vaiḍūrya* par lapis-lazuli. Cette traduction s'est conservée dans les dictionnaires du pāli, mais a été remplacée par celle d'œil-de-chat dès la fin du XIXᵉ siècle dans les dictionnaires sanskrits. Cette interprétation a été soutenue par S. M. Tagore, *Maṇimālā*, Calcutta, 1879-1881 et par R. Garbe, *Indische Mineralien*, Leipzig, 1882, suivis par L. Finot, p. XLVI. Elle ne s'impose pas invinciblement, car, si le *vaiḍūrya* est bien comparé à la teinte fauve de l'œil-du-chat (*mārjarekṣaṇachavi*), il l'est en même temps à la gorge du paon (*Rājanigh.* XIII, 192), ce qui établit la variété de ses teintes et non la ressemblance exclusive avec l'œil-du-chat. Par ailleurs, les Tibétains ont adopté le sanskrit *baidūrya* et ont donné à deux de leurs textes les noms de *Baidūrya dkar-po* et *B. sṅon-po*. On peut traduire « béryl blanc » et « béryl bleu », non « œil-de-chat blanc » et « œil-de-chat bleu ». Le dictionnaire tibétain de Sarat Chandra Das ne craint cependant pas de rendre *baḍūrya* par

« malachite or chrysolite » et à parler de lapis-lazuli jaune et de lapis-lazuli blanc. — Quoi qu'il en soit, *béryl* a pour origine *berulia* et la traduction de *vaiḍūrya* par « béryl », pierre de couleurs variées apparentée à l'émeraude, convient généralement et, en tout cas, convenait chez les informateurs de Pline. Voir G.R. Cardona, *I nomi del berillo*, in *Incontri linguistici, Univ. di Trièste*, 6 (1980-1981), p. 63-96. Cf. Isidore, *Etym.* 16, 7, 5-7.

217 L'opale, silice comme le quartz, mais hydratée, non cristallisée et non transparente, souvent associée à la calcédoine dans la nature, n'est pierre précieuse que dans les échantillons aux belles couleurs. Ces couleurs sont variées et, en l'absence d'analyse chimique et de caractères physiques très précis, elle n'a pas été différenciée en Inde des nombreuses pierres semi-précieuses. L'étymologie souvent admise pour gr. *opallios* (Orph., *Lith.* 282) et *opalus* à partir de skr. *upala* (K. Lokotsch, *Etym. Wörterbuch der europäischen Wörter orientalischen Ursprung*, Heidelberg, 1927, n° 2135 ; Walde-Hofmann, *L.E.W.* II, 211) est illusoire. En effet, *upala* est un terme générique pour « pierre », précieuse ou non, et jamais spécifique. La pierre de touche peut bien être éventuellement faite d'opale de qualité inférieure comme d'autres roches siliceuses. Elle s'appelle en skr. et en pāli *nikaṣopala* (en skr. aussi *nikaṣopala*), mais tout aussi bien *nikaṣāśman* en skr., *aśman* et *upala* étant interchangeables dans le composé. Les livres de lois mentionnent les pierres parmi les marchandises que doivent s'abstenir de vendre les brâhmanes qui se trouvent obligés par la misère de faire du commerce : Manu, 10, 86, emploie *aśman* que son commentateur le plus classique, Kulluka, remplace par *pāṣāna*, autre terme générique, Yājñavalkya, 3, 36, emploie *upala* dans *phalopala* « fruits et pierres ». Cette fois, le commentaire classique, la *Mitākṣarā*, restreint le sens d'*upala* à : « rien que les pierres en tête desquelles est le rubis » *(upalaṃ māṇikyādyaśmamātram)*, mais, même si l'opale précieuse pouvait se trouver parmi de telles pierres, il est clair qu'elle n'a jamais été en vue sous le nom d'*upala* en Inde, où elle n'était pas reconnue individuellement parmi les pierres laiteuses de belle couleur ou de bel éclat. Une énumération de matières d'ornement dans le *Gautamadharmaśāstra*, I, 30, distingue les pierres qui ont de l'éclat *(taijasavadupala)*, les gemmes *(maṇi)*, les conques *(śaṅkha)* et les perles *(śukti)*. Par ailleurs, on doit peut-être reconnaître l'opale dans la désignation du *somālaka* comme « pierre blanche tirant sur le bleu, bien grasse (ou lisse) » *(Ratnaparīkṣā 219, ānīlaśuklaḥ susnigdho maṇiḥ)*. On ne peut dans des textes de ce genre trouver l'étymologie d'« opale ». Cf. Isidore, *Etym.* 16, 12, 3.

218 On ne rencontre pas en langues indiennes de nom paraissant correspondre à *sangenon* (cf. infra, Pline, 37, 130, note 231). Un certain nombre de noms attribués à l'Inde dans les passages de Pline qui suivent ne s'y retrouvent pas. Il doit s'agir de termes employés par les intermédiaires qui fournissaient les pierres de l'Inde ; cf. Pline, 37, 122.

219 Gr. *sardonyx*, de *sardion* « pierre de Sardes » et *onyx* « ongle ». La chair qui se place sur l'ongle humain est la couche cornée de l'extrémité du tégument qui vient couvrir une partie de la lunule de l'ongle. La sardoine blanche est une calcédoine, silice microcristalline, dont les agates, onys, jaspes, cornalines et chrysoprases sont des variétés. Celles qui sont ici décrites comme blanches avec cercle brillant sur fond noir peuvent être les agates œillées. La prétention d'avoir persuadé les Indiens d'aimer leurs sardoines, si elle est valable, ne porte que sur des cas particuliers, car la fabrication de perles en ces matières, et particulièrement en cornaline, est attestée dès la protohistoire par les fouilles de l'Indus et de Lothal. Ptolémée (7, 1, 20 et 65) place à un mont Sardonyx un gîte de la pierre du même nom et un mont lui-même entre les Vindhya et les Bettigo (de *bĕṭṭa*, pl. *bĕṭṭagaḷ* kannaḍa « montagne ») au Karnāṭaka, sur lesquels v. *J. des S.*, 1981, 2, p. 127. A Lothal ont été découvertes une factorerie de ces perles de pierre et les fours dans lesquels les minéraux bruts étaient chauffés avant la taille et le polissage (S. R. Rao, *Lothal..., Bead factory*, p. 68 sq.). Cf. Pline, 37, 105.

220 Sur les onyx et minéraux similaires, cf. Isidore de Séville, *Etym.* 16, 8, 3-4.

221 Les escarboucles de l'Inde, ou grenats, sont connues d'Athénée, 539d, et surtout de Strabon, 15, 1, 69, qui mentionne parmi les richesses présentées dans les défilés des pompes indiennes : « une suite interminable de chefs-d'œuvre d'orfèvrerie (urnes gigantesques, cratères mesurant jusqu'à une orgye de circonférence, tables, trônes, vases à boire et bassins à laver), le tout en cuivre du pays incrusté d'émeraudes, de béryls et d'escarboucles de l'Inde » (trad. Tardieu). La description vient sans doute de Mégasthène, peut-être aussi de Clitarque, que Strabon mentionne en outre au sujet des mêmes défilés. En tout cas, l'usage d'incruster des pierres précieuses dans des vases à boire, attesté par Suśruta (cf. notes 207 et 222), était connu des Grecs pour l'époque de Candragupta (autour de 300 a.C.). Le grenat proprement dit n'est pas clairement identifié dans la nomenclature des lapidaires indiens. Il paraît confondu avec des variétés inférieures de rubis. Finot a pensé le reconnaître dans le *pulaka* (*Ratnaparīkṣā*, 241-242), et le nom s'applique au *kaṅkuṣṭha* qui est aussi *viraṅga* « mal coloré » et *raṅgadāyaka* « colorant », le nom de *pulaka* s'appliquant aussi à des défauts des pierres (Finot, *op.cit.*, p. XVI, n. 2).

222. Les pierres en question, sur les noms desquelles Pline se plaignait déjà de la confusion, qu'elles viennent des Indiens ou des Garamantes, qu'elles soient dites mâles ou femelles, ne sont pas identifiables avec une probabilité suffisante. L'avis d'Eichholz, *Pliny*, t. X, p. 244, qu'il pourrait s'agir d'aventurine, quartz à points scintillants, se heurte au rapprochement avec les escarboucles et au fait que les points scintillants de l'aventurine sont bien incapables d'émousser la vue. On pourrait aussi penser au lapis-lazuli que peut suggérer l'exposé d'Isidore (infra, *Etym.* 16, 14, 3) correspondant à celui de Pline, le lapis-lazuli étant caractérisé par des inclusions de pyrite en paillettes dorées dans sa masse. Mais l'identification se heurterait aux mêmes difficultés. D'autre part, il n'y a pas de noms de pays connus en Inde qui répondent aux noms de *sandastros, sandaresos,* etc. On peut seulement remarquer que les pierres en question sont dites, au moins pour les « mâles », colorer les objets placés auprès. Cette propriété est attribuée à des rubis (confondus peut-être avec des « escarboucles » que nous appelons « grenats ») par la *Ratnaparīkṣā*, 114-117, et qui sont désignés comme les *padmarāga* « à couleur de lotus rouge », les uns *kuruvindaja* « nés du corindon » et d'autres *sphaṭikaprasūta* « fils du cristal de roche » (114). Après énumération de couleurs rouges auxquelles la leur est comparable, il est dit des *sphaṭikaprasūta* : « ... même quand leur rougeur est massive *(sāndra)*, c'est par leur éclat propre qu'ils sont caractérisés comme de rougeur centrale claire (116), car, après avoir atteint l'union transperçante des éclats du soleil, les fils du cristal de roche doués de qualité rougissent, par leur masse de rayons, tous les alentours au loin » (117, éd. Finot, trad. plus littérale). Les « nés du corindon » sont différenciés probablement par leur dureté, qui est un critère majeur pour les lapidaires indiens (*Ratnaparīkṣā* 137 : « excepté le diamant (*vajra*) ou le corindon (*kuruvinda*), rien d'autre n'est capable de rayer le rubis (*padmarāga*) et le saphir (*nīla*) »).

223 *lychnis* (de gr. *lykhnos* « lumière »). D'après Isidore, *Etym.* 16, 14, 4, qui correspond à notre passage de Pline, mais ajoute que la pierre couleur de feu doit son nom à la lumière des lampes, on pourrait encore penser au rubis, comme il vient d'être dit dans le commentaire du passage précédent. Eichholz, Pliny, *History...* X, p. 247, a aussi proposé le rubis. Mais toutes les pierres précieuses reflètent la lumière des lampes. Il y a bien dans la littérature lapidaire indienne un rubis « qui a l'éclat de la flamme d'une lampe » (*dīpaśikhāsaprabha*), mais c'est la gemme qu'on trouve dans la tête des serpents (*Bṛhatsaṃhitā*, 82 5). Une autre gemme, resplendissante de lumière (*dīptibhāsura*), est de couleur bleue, c'est celle qui est dans la tête des grenouilles et qu'on appelle *maṇḍūkamaṇi* « gemme de grenouille » (*Agastimata*, App. 64, éd. Finot, p. 139). De pareilles gemmes sont fabuleuses, mais leur réputation a été conservée, sans doute par les marchands, jusqu'en notre Moyen-Age (cf., par exemple, Ch. V. Langlois, *La connais-*

sance de la nature et du monde au Moyen-Age, Paris, 1911, p. 85). Le commerce de l'Antiquité a pu d'autant mieux vanter les merveilles des gemmes lumineuses de l'Inde que l'Inde elle-même les exaltait non seulement dans ses lapidaires, mais encore dans la littérature classique. Kālidāsa, dans le *Ŗusaṃhāra*, I, 19 (ou 20, selon les éditions) qualifie le serpent comme « ayant l'éclat de la gemme de sa tête pénétré de l'éclat du soleil » (*raviprabhodbhinnaśiromaṇiprabho...*). Cf. Isidore de Séville, *Etym.* 16, 14, 4.

224 *pionia* « graisseuse », du grec *piōn* « gras ». Le mot répond aux termes *snigdha*, *susnigdha* « gras, onctueux, lisse » ou « bien gras, etc. ». Il s'applique à la stéatite, « pierre de lard » (talc massif, agréablement veiné et coloré), très utilisée en Inde. Il s'applique aussi aux pierres semi-précieuses translucides, mais non transparentes, calcédoine, cornaline, jaspe, etc. Cf. Pline, 37, 80 ; 86 ; 115 ; Isidore, *Etym.* 16, 5, 7 ; 16, 7, 5 ; 16, 8, 3.

225 *callaina* (gr. *kallaïnos* « bleu-vert »), de *kalaïs* « turquoise ». Cf. Isidore, *Etym.* 16, 7, 10.

226 *nilios*, ainsi nommé d'après Juba comme venant du Nil, déclare Pline dans la suite du passage. Il a cependant été proposé de rapporter ce nom au skr. *nīla*. Mais Pline compare cette pierre à la topaze brûlée et à la topaze ordinaire couleur de miel. Il est impossible que, pour désigner de pareilles pierres, on ait emprunté en grec et en latin le nom indien du saphir.

227 Gr. *iaspis*, remontant à akkadien *jašpu*, hébreu *jašpē*, cf. E. Masson, *Recherches sur les plus anciens emprunts sémitiques en grec*, Paris, 1967, p. 65-66. Le jaspe indien « semblable à l'émeraude » évoque la calcédoine verte ou chrysoprase, translucide sous faible épaisseur, en laquelle sont taillées quelques statues ou objets de culte indiens donnés comme étant d'émeraude (*marakata*). C'est le cas d'un volumineux *liṅga*, non translucide, étant un cylindre de quelque quinze centimètres de diamètre et d'une trentaine de hauteur du temple de Tirunallar, près de Karikal. L'examen de cet objet sacré n'est cependant pas possible pour une certitude d'identification.

228 Les pierres purpurines doivent comprendre non seulement l'améthyste, mais encore diverses variétés de hyacinthes ou zircons et de grenats. Les noms des nuances indiqués comme indiens ne se retrouvent pas en Inde ; cf. notes 218 et 231 ; Isidore, *Etym.* 16, 9, 1.

229 Les hyacinthes et chrysolithes « pierres dorées », étant signalées comme transparentes, font partie des pierres nobles tirant les premières sur le rouge, les autres sur le jaune, sans qu'on puisse leur donner des identifications minéralogiques précises.

230 *leucochrysus*, gr. *leukokhrysos*, de *leukos* « blanc » + *khrysos*, « or » ; *melichrysus*, gr. *melikhrysos* de *meli* « miel » et *khrysos* « or ». L'or étant opaque, l'image du miel transparaissant à travers lui doit être prise au figuré. Il s'agit en tout cas de pierres blanc-jaunâtre. Parmi elles, est estimée une hyacinthe ou zircon jaune appelée *gomeda*, litt. « graisse de vache » (*Rājanigh*. 13, 187). *Xuthos*, en tant que « pierre du peuple » n'évoque pas d'origine indienne. D'après Pline, 37, 169, les Grecs donnent ce nom (*ksouthos* « blond ») à des pierres dont la couleur tire sur le blanc, donc plutôt pâles.

231 La plus estimée des pierres blanches appelée *sangenon* porte un nom qui ne se retrouve pas en Inde ; cf. Pline, 37, 84.

232 *asteria*, de gr. *astēr* « étoile », l'*asterites* d'Isidore, *Etym.* 16, 10, 3 ; simplement désignée comme une pierre blanche se prêtant mal à la gravure, elle est difficilement identifiable ; ce serait une espèce pâle de saphir étoilé d'après Eichholz, *Pliny, History*, X, p. 271.

233 L'*astrion* a été supposé être la pierre-de-lune (albite) par Eichholz (p. 273). Dioscoride, 4, 142, classe parmi les jaspes « une espèce à rayures blanchâtres et brillantes s'appelant *astrios* ». Les deux identifications sont incompatibles. L'*astrion* de Pline pourrait être la pierre-de-lune, *candrakānti* et dénominations analogues, surtout *candraśilā*, des Indiens (cf. Isidore, *Etym.* 16, 13, 7 et 16, 14, 3, et commentaire). Mais c'est la perle de haute qualité qui est le plus ordinairement louée dans la tradition indienne pour refléter la lune et les étoiles : « (la perle) qui a un aspect d'éclat d'étoile est appelée *sutāra* (« à bonne étoile ») », *Navaratnaparīkṣā* 85 (*tārakādyutisaṃkāśam sutāraṃ tan nigadyate*). L'étoile s'appelant *tārā* ou *tārakā* au féminin, la perle reçoit parfois le même nom, mais surtout celui de *tara* au neutre. Exemples : *tāraṃ* pour « perle » fabriquée « pareille à du verre blanc » (*sitakācasamaṃ tāram, Ratnaparīkṣā* 106) par des artisans habiles des pays des Siṃhala (107), c'est-à-dire de Ceylan, *Ratnasaṃgraha* 7.

234 Il s'agit d'agates ou de stéatites, souvent confondues dans leurs apparences extérieures, mais différenciables dans tous les cas par le manque de dureté de la stéatite dans laquelle on taille facilement les objets. Agates et stéatites sont abondantes au Gujrat. Les mines de Rajpipla ont fourni une matière de qualité aux joailliers de Chânhu-Daru (S. R. Rao, *Lothal*, p. 115). Cf. Isidore, *Etym.* 16, 5, 7.

235 *atizoe* (*antizōē*, dans Théodore Méliténiotès, poète byzantin du XIIIᵉ-XIVᵉ siècle, v. 1133). J. Bidez, *Mélanges Navarre*, 1935, p. 38, a proposé d'y reconnaître un dérivé d'un pehlevi *atas* « feu », mais rien n'évoque dans la description, d'ailleurs fantastique, de cette *atizoe* l'idée de feu.

236 L'*amphidanès* porte un nom de forme grecque probable, quoique non attesté. Elle est identifiée, s'il s'agit de chrysocolle, comme le dit Pline. La chrysocolle (cf. Vitruve, 7, 9, 6), malachite se trouvant souvent dans les mines de cuivre, et l'or étant parfois inclus dans de la pyrite, sulfure de fer, facilement confondue avec la chalcopyrite, sulfure double de fer et de cuivre, toutes deux jaune brillant par place, l'association supposée de la chrysocolle avec l'or et avec le pays où les fourmis déterrent l'or est plausible. Elle l'est d'autant plus que la cristallisation de la pyrite comme de l'or se fait dans le système cubique auquel Pline fait précisément allusion. La malachite est en masses amorphes, mais la chrysocolle des minéralogistes, qui en est proche, cristallise parfois, la cuprite, associée aussi à ces minéraux du cuivre, plus souvent. Quant à la magnétite évoquée par Pline, elle paraît l'être surtout par sa réputation d'attraction et par quelque confusion supplémentaire (car elle est noire et ne ressemble pas aux autres, tout en cristallisant cependant elle aussi dans le système cubique). Cf. Isidore, *Etym.* 16, 15, 7.

237 *Corallis*, donnée comme ressemblant au « minium », c'est-à-dire au cinabre, cf. Pline, 29, 25 ; 33, 115 ; 35, 50. Le nom rappelle gr. *korallion* « corail », qui, pour les Grecs, est bien rouge comme le cinabre. Il peut donc s'agir de n'importe quelle pierre rouge vif. Eichholz, p. 289, a proposé le jaspe rouge, mais celui-ci est rouge sombre, et ne ressemble donc pas au cinabre, qui est clair.

238 La *chelonia* (de gr. *khelōnē* « tortue ») peut être une agate œillée, mais elle apparaît surtout comme fabuleuse ; cf. Isidore, *Etym.* 16, 15, 23.

239 La « sueur pourpre » qui sort des « indiennes » quand on les frotte suppose qu'il s'agit d'un minéral rouge violacé friable et d'aspect gras. Les stéatites violettes dont la couleur est peu vive peuvent correspondre à ces indications ; — *ion* « violette » : la blanche, d'aspect pulvérulent, pourrait encore être une stéatite, mais alors de très mauvaise qualité, non digne d'être exportée vers l'Europe. On doit plutôt penser à des masses concrétionnées de calcédoine.

240 La « lesbienne », non identifiable avec aussi peu de description, est un minéral également en masses concrétionnées.

241 Pierres indéterminées : du gr. *mormorion*, non attesté, (cf. *mormoros* « peur », *mormoryzō* « effrayer », peut-être à cause de la couleur noire ?). *Promnion* n'est ni attesté ni identifiable, de même les autres.

242 Même ignorance au sujet de la pierre des mages qui se trouverait dans l'Indus.

243 Il est exact qu'à l'époque ancienne c'était l'Inde, eu égard à son étendue et à ses richesses minières, qui produisait le plus de pierres précieuses et semi-précieuses. Mais l'Acesinus (sic) ou Asiknī et le Gange n'avaient pas le privilège d'en charrier.

244 Au-delà du Gange et des Indiens, c'est-à-dire à l'extrémité du monde, où doit porter la parole de Cicéron.

245 Ce passage est un de ceux qui attestent l'existence de prothèses dentaires en os ou en ivoire à Rome. Les dents sculptées en ces matières étaient attachées aux voisines par des rubans d'or ; cf. Michel Dechaume et Pierre Huard, *Histoire illustrée de l'Art dentaire, Stomatologie et odontologie*, Paris, 1977, p. 17-19 et pl. 4, C. Les Romains désignaient assez généralement la défense de l'éléphant par *dens* et *cornu*, et Varron professe que c'est une corne et non une dent : *L.L.* 7, 39, *nam quos dentes* (sc. *elephantorum*) *multi dicunt, sunt cornua* ; cf. aussi Pline, 8, 7 ; Martial, *Spect.* 19, 3. A première vue, la confusion de l'éléphant de guerre avec un bœuf cornu gigantesque a fait donner aux éléphants de Pyrrhus le nom de *boues Lucae* « bœufs de Lucanie » en 280 a.C. par les Romains (Pline, 8, 18). Cette assimilation aux bovidés dans les contrées qui ne connaissaient pas l'animal s'est produite non seulement chez les Romains, mais aussi chez les Tibétains, qui appellent l'éléphant *glaṅ-po čhe, glaṅ čhen* « grand bœuf », *glaṅ-po* étant le bœuf commun.

246 L'empereur Domitien reçut en 83 p.C. le titre de Germanicus. Le dieu victorieux est Bacchus. Le ravisseur du Gange, c'est-à-dire un chasseur indien, peut très bien s'enfuir sur un cheval hyrcanien, car l'Hyrcanie a été un des pays iraniens d'où des chevaux et des races de chevaux ont été importés en Inde, peu favorable par son climat à l'élève des chevaux.

247 Geste des spectateurs dans l'arène pour demander qu'on épargne le gladiateur. Ici, symboliquement les éléphants. Erythréen = indien.

248 On pense généralement que le *gramen indum* est une valérianée, le nard, *Nardostachys jatamansi* DC (cf. Pline, 12, 42) ; on peut aussi penser au *costus* (*ibid.*), dont la racine, comme celle du nard, est odorante et a été matière d'exportation de l'Inde vers l'Europe jusqu'aux temps modernes. La plante (une composée) est représentée sous le nom d'*Aplotaxis lappa* D.^ne (c'est le *kuṣṭha*, d'où *costus/costum*, *Saussurea lappa* Clarke) dans Victor Jacquemont, *Voyage dans l'Inde*, Atlas, t. II, Paris, 1844, pl. botanique 104. A ne pas confondre avec *Costus speciosus* Sm., dont l'habitat est le même, dont la racine est peu odorante, mais dont certains des noms indiens coïncident avec ceux de *Saussurea*, d'où confusions signalées par Garcia da Orta, *Coloquios dos simples e Drogas da India*, éd. de Ficalho, Lisbonne, 1891, I, p. 267 (note par Ficalho) et par W. Dymock, C. J. H. Warden and D. Hooper, *Pharmacographia indica*, II, Londres, 1891 (rééd. Delhi, 1976), p. 296-303). Mais le terme de *gramen* conduit plutôt à chercher l'identification dans une plante odorante aussi par sa tige et ses feuilles. Or, la plus importante des plantes de ce genre en Inde est le vétiver (*Andropogon muricatus* Retz, *usīra*), une graminée au parfum célèbre (vétiver est le nom tamoul *veṭṭivēr*). C'est encore la racine de cette plante qui fournit le meilleur parfum, mais elle est aussi remplacée par une autre graminée, *Andropogon nardus* L., dont on utilise la partie herbacée. Fumée en cigarette avec du benjoin, l'herbe *A. muricatus* combat les céphalées (Nadkarni, *Mat. med.* I, p. 110). La citronelle en Inde est *Andropogon citratus* Dec. On notera qu'avec le nard, par macération dans l'huile, on préparait un parfum (*nardinum*), qui était répandu sur les bûchers funèbres.

249 Le perroquet vert le plus commun et le plus brillant de l'Inde est une grande perruche à longue queue et à bec rouge, volant en très grand nombre d'un vol très rapide, principalement en Inde du Nord. Elle n'apprend pas à parler, mais il existe aussi en Inde des perroquets verts parleurs ; cf. Apulée, *Flor.* 12, 1-4.

250 Le Galèse est un fleuve côtier de la région de Tarente, ville fondée par les Lacédémoniens. — Massylie = Numidie. Le bois de Massylie est le thuya (*Callitris quadrivalvis* Vent.), dont on faisait des plateaux de tables ; cf. *Silu.* 4, 2, 38-40.

251 Les pieds indiens sont des pieds d'ivoire ; cf. Martial, 2, 43, 9.

252 Euan = Bacchus.

253 Les Sabéens du Sud de l'Arabie, comme tous les commerçants maritimes de la péninsule, transitaires pour la cannelle.

254 Les *Seres* aux immenses richesses peuvent ici désigner aussi bien les *Seres* continentaux que les *Serae*, Cērar du Kerala, que Pline avait confondus par similitude de noms (Pline, 6, 88, n. 2, p. 117) et qui l'ont été souvent à sa suite. Cf. Florus, 2, 34, 62.

255 L'*arsura seges* des Indiens désigne sûrement des aromates, de multiples sortes, autres que les encens mentionnés ensuite, et qui sont brûlés en baguettes à combustion lente, ou, particulièrement quand il s'agit de camphre, enflammés. Le camphre, à l'époque ancienne, était acheté par les Indiens à Sumatra (Pline, 6, App., p. 147).

256 Euhius = Bacchus.

257 Sur l'herbe indienne, cf. note 248.

258 Les mystères thébains sont ceux de Bacchus, fils de la Thébaine Sémélé.

259 Comme chez Lucain, 8, 227 et 10, 33, le Gange est le fleuve indien par excellence et symbolise tout le subcontinent appelé Inde par extension du nom du Bassin de l'Indus, seule région fréquentée par les Grecs. — Ogygiennes, i.e. Thébaines, de Thèbes en Béotie, ville fondée par Ogygès. Le thyrse est l'insigne de Bacchus.

260 Allusion au tribun Clodius qui, en 62 a.C., s'introduisit, déguisé en musicienne, dans la fête de la *Bona Dea* interdite aux mâles. Même les rats mâles doivent fuir de ce lieu.

261 Syène : Assouan, place militaire et commerciale de la Haute-Égypte (Thébaïde).

262 Juvénal pense que, contrairement aux hommes, les animaux d'une même espèce ne se battent pas entre eux. Il est faux que le tigre vive dans une paix éternelle avec le tigre. La tigresse doit souvent défendre avec fureur ses petits contre leur père qui veut les manger.

263 Florus fait allusion aux ambassades indiennes auprès d'Auguste (cf. Index, s.u. ambassades). Les *Seres*, habitant sous le soleil et venant avec perles et éléphants, ne peuvent être que les Cērar de la côte du Kerala, qui sont de teint très foncé, tandis que les *Seres* continentaux n'ont ni perles ni éléphants et ne sont pas de teint foncé. La durée du voyage, quatre ans, si elle n'était pas exagérée, s'expliquerait par des nécessités de transbordement par les voies ordinaires, qui sont en partie maritimes et en partie continentales, mais ne nécessitaient nullement un temps aussi long. Les voies ordinaires du commerce de l'Inde en Europe sont en majeure partie indiquées par Strabon, 2, 5, 12 ; 16, 4, 24 et 18, 1, 45. Cf. J. Filliozat, *Relations extérieures de l'Inde*, I, Pondichéry, 1956, p. 5 sqq.

264 L'ambassade indienne auprès d'Auguste est attestée par ailleurs, notamment *Res gestae*, 31, 1, et Strabon, 15, 1, 4, et 15, 1, 73. Elle est celle d'un roi Pandiōn, c'est-à-dire Pāṇḍa (ram. *Pāṇṭiyaṇ*, cf. Pline, 6, App., p. 158). Cf. Florus, 2, 34, 62.

265 Le Corus ou Argestès est le vent du nord-ouest. Les dénominations d'Orient et d'Inde sont trop vagues pour qu'on puisse déterminer, dans la variété des climats régionaux (sinon des microclimats), ceux dont proviennent les informations de Suétone. Dans la rose des vents indienne, la région du nord-ouest est *vāyava* ou *vāyavya* « celle de Vāyu », c'est-à-dire du Vent en tant que divinité.

266 Allusion à l'armée du dieu Liber traversant le désert de Libye avant de se rendre en Inde, et qui serait morte de soif si un bélier n'avait conduit les soldats vers un point d'eau ; cf. ci-dessous Hygin, *Fab.* 131, 1. Le bélier est le dieu cornu Hammon.

267 Sur l'expédition indienne de Sémiramis, contestée par Arrien, *Ind.* 5, 7, cf. Justin, 1, 2, 9.

268 Ptolémée Sôter (377-283), ancien général d'Alexandre ; sur l'épisode, cf. Quinte-Curce, 9, 5, 1-21.

269 Ptolémée Physcon « le Ventru » (143-80), roi d'Égypte. Cyprius « le Chypriote », son fils Ptolémée, devenu roi de Chypre en 80. — Indiens = Éthiopiens.

270 Ici, océan Indien et mer Rouge, ordinairement confondus, sont bien distingués.

271 L'orgueil romain manifesté ici suppose non seulement une exaltation du sentiment national, mais encore une méconnaissance certaine de l'étendue et de l'importance des nations non « pacifiées » de l'orbis romain, qui formaient en réalité la majorité du monde eurasiatique, même sans compter les Sères mentionnés en 6, 3. La tradition grecque depuis Hérodote et celle qui dérive de l'expédition interrompue d'Alexandre paraissent supposer une bien meilleure prise de conscience de l'extension du monde asiatique. Cf. Apulée, *Flor.* 6, 1-11.

272 Cf. note 266.

273 L'idée que les Indiens ont été faits noirs parce que leur sang a été rendu noir par la chaleur du feu du soleil (cf. ci-dessus, Sénèque, *Oed.* 122-123) dérive évidemment de la constatation banale du bronzage solaire. Elle constitue une hypothèse étiologique gratuite, mais non isolée, le sperme de certains Indiens et des Éthiopiens ayant été, comme ici le sang, réputé noir lui-même (Hérodote, 3, 101).

274 Apulée est bien informé sur les traditions anciennes relatives à l'étendue et à l'importance de l'Inde. Il évoque à juste titre les cargaisons de cannelle, le travail du fer (cf. ci-dessus, Quinte-Curce, 9, 8, 1), à tort la légende des serpents qui étouffent les éléphants (cf. Pline, 8, 32-34), à juste titre à nouveau la classe des bouviers, qui passe généralement inaperçue dans nos textes anciens, mais représente en fait un ensemble de classes fonctionnelles spécialisées, qui sont essentielles dans la société indienne en raison du rôle majeur du laitage dans l'alimentation et de la traction animale dans le labourage et les communications, tout cela nécessitait le respect de la vache. De plus, une des incarnations les plus populaires de la Divinité suprême est celle de Viṣṇu-Kṛṣṇa, ou Vāsudeva, dont l'enfance humaine se déroule parmi les pasteurs (*gopa, gopāla*), son frère étant alors Saṃkarṣaṇa, le « Laboureur », représenté porteur d'un araire. Tous deux figurent sur une monnaie indo-grecque d'Agathoklès (J. Filliozat, *Représentations de Vāsudeva et Saṃkarṣaṇa au IIᵉ siècle avant J-C.*, in *Arts asiatiques*, XXVI, 1973, p. 113-123, pl.). — Les gymnosophistes et leur sagesse avaient frappé les Grecs et le rôle historique de cette classe est considérable, mais l'usage de ne donner à manger au disciple que s'il a pu faire une bonne action depuis le matin (§§ 9-11) ne représente aucune règle ordinaire en Inde. Il a pu appartenir à une certaine école et avoir été incidemment rapporté.

275 Buffon, utilisant ce passage d'Apulée et d'autres notations de Pline, Solin, etc., a identifié cet oiseau comme la grande perruche à collier d'un rouge vif (*Oeuvres complètes de Buffon... augmentées de la classification de G. Cuvier*, VIII, Paris, 1835, p. 359). La plus commune en Inde est celle à bec rouge, sans collier rouge, qui ne parle pas. Celle à laquelle pensait Buffon ne parle pas non plus. Il doit s'agir d'une autre espèce de perroquet ou d'une attribution erronée de la parole à une des grandes perruches. Tous les perroquets se servent aussi bien de leur bec que de leurs pattes pour saisir les branches.

Le caractère de leur langue est d'être charnue et souple. Il est exact qu'on n'apprend pas à parler à un perroquet âgé, mais il n'y en a pas dont les pattes comptent cinq doigts. Ils en ont quatre, deux avant, deux arrière. Les mainates, *Graecula religiosa*, qui sont de la famille des étourneaux, et non des perroquets, parlent très bien, mais n'ont aussi que quatre doigts, trois en avant, un en arrière. Apulée, après Pline, 10, 118, fait des confusions et nomme *psittacus* d'autres oiseaux. Le « perroquet » à cinq doigts qui se nourrit de glands est le geai ; le « perroquet » à langue large est la pie. Cf. F. Capponi, *Ornithologia latina*, p. 458-461, s.u. *siptace*.

276 Quelle qu'ait pu être la validité historique des influences alléguées ici et ailleurs des Égyptiens, Chaldéens et Indiens sur Pythagore, il est certain que les peuples en question ont possédé réellement des connaissances et conçu des idées qui se présentent dans ce que nous savons de Pythagore. Ce sont les sources indiennes qui sont les plus amples et les mieux conservées dans une littérature considérable. Les traits relevés ici par Apulée sont généralement corrects.

Le voyage d'Égypte en Chaldée et de là chez les Brâhmanes, réel ou non, est à rebours celui de la route des épices par les pays arabes et chaldéens du golfe Persique. Il est naturel qu'on ait attribué aux Chaldéens de Basse Mésopotamie à la fois l'instruction sur les astres et sur les médicaments. La science astrologique babylonienne était de longue date très développée et les ports du golfe Persique étaient ports de transit pour les drogues de l'Inde, ou tirées, à travers les mers et régions indiennes, du Sud-Est asiatique.

La science astrologique sur la géniture des hommes pouvait vraisemblablement, au VIᵉ siècle avant J-C., être acquise en Chaldée, non en Inde. L'astronomie védique est de position et de calendrier, utilisant une division du ciel parcouru par les planètes en vingt-sept ou vingt-huit secteurs ou *naksatra*, nommés d'après leurs étoiles déterminatrices. Celles-ci étaient choisies comme étant, dans l'ensemble du ciel apparent, celles qui se trouvaient deux à deux en opposition diamétrale, au moins approximative. Ceci permettait d'estimer la position du Soleil invisible, mais en opposition soit à la Pleine Lune, soit à l'étoile passant au méridien à minuit. Mais l'idée de l'influence des astres sur la destinée humaine n'est pas attestée de bonne heure en Inde. C'est seulement à partir du IVᵉ siècle a.C. qu'on y rencontre couramment des noms comme Candragupta « Protégé de la Lune », ou Bahasatimita, qu'on peut traduire : « Ayant [la planète] Jupiter pour ami ». Mais d'autres noms sont formés de même avec des noms divins qui ne correspondent pas à des astres : Kumāragupta « Ayant [le dieu] Kumāra pour ami », Agnimitra « Ayant le Feu pour ami », Brahma-, Visnumitra « Ayant pour ami Brahman, Visnu », etc. Même Bahasati (skr. Brhaspati) n'est pas nécessairement la planète Jupiter , il est originellement le « Maître du Verbe » devenu le prêtre des dieux. L'astrologie a emprunté plus tard, avec le zodiaque aux douze signes et les thèmes généthliaques, aux Babyloniens et surtout aux Grecs, dont nombre de termes techniques ont été empruntés en sanskrit. Il est donc correct que soit attribué aux Chaldéens, non aux Indiens, l'enseignement à Pythagore des influences astrales sur la géniture des hommes.

Ce qui est attribué à l'enseignement indien, c'est ce qui avait surtout frappé les Grecs et qu'Apulée a bien résumé. Les disciplines de l'esprit et les exercices du corps correspondent au *yoga*, qui vise précisément les maîtrises simultanées du corps et de l'esprit. Le nombre des parties de l'âme répond aux conceptions psychologiques indiennes dues aux médecins et aux yogin. Les parties de l'âme sont la structure de l'individualité psychique qui comprend les facultés sensorielles (*indriya*) et l'esprit centralisateur (*manas* ou *citta*) formant ensemble l'être psychique (*sattva*), dominé par le « soi-même » (*ātman*) consubstantiel à l'Existence universelle (*paramātman* ou *brahman*). A cela s'ajoutent le fonds inconscient formé des imprégnations (*vāsanā*) et constructions psychiques (*saṃskāra*) et les phénomènes de la conscience (*buddhi*) et de la connaissance (*jñāna*, *vijñāna*) : présence à l'esprit (*smṛti*) des cognitions nouvelles (*anubhava*) ou rappelées au souvenir (*smaraṇa*), idéation (*cetanā*), intelligence (*medhā*, *prajñā*, le moi (*ahaṃkāra*), etc.

Cette analyse indienne du fonctionnement de l'esprit est commune aux textes de médecine (A. Rosu, *Les conceptions psychologiques dans les textes médicaux indiens*, Paris, 1978) et aux textes bouddhiques anciens (J. Filliozat, *Les philosophies de l'Inde*, Paris, 1970, p. 37 ; 81).

Les phases successives de la vie sont étudiées classiquement dans les textes médicaux sanskrits (Suśruta, *Sūtrasthāna*, XXXV, notamment), en fonction des conditions physiques et tempéraments ainsi que des saisons, de l'hygiène et des régimes.

Les tourments ou les récompenses réservés aux dieux mânes suivant les mérites de chacun se rapportent à la doctrine de l'acte (*karman*), lequel, par les imprégnations et constructions psychiques qu'il a laissées dans l'inconscient après avoir été vécu consciemment, oriente la renaissance de l'individualité psychique après la mort dans une condition adéquate à l'état ainsi acquis. Cette condition nouvelle peut être humaine, divine, démoniaque, etc. Les « dieux mânes » répondent ici aux individualités psychiques responsables de leurs actes après la mort du corps dans lequel elles les ont accompli.

La *gens* des *Bracmani* est la classe sociale supérieure, détentrice du savoir religieux et profane et qui est aussi une « race » parce qu'on n'y entre que par la naissance. Le terme de « caste », qu'on utilise le plus habituellement, a été popularisé par les Portugais et signifie précisément « race » (un animal de *bôa casta* est de « bonne race », et, pour les hommes, *saïr a casta* est « tenir de ses parents »). L'orthographe *bracmani* pour *brāhmaṇa* rend ici la prononciation du *h* sanskrit.

Quant aux gymnosophistes, les sages nus, il est faux qu'ils soient toujours parmi les brâhmanes, comme l'a cru Apulée. Leur statut de renoncement au monde et donc aux hiérarchies sociales les place précisément en dehors des classes sociales. Beaucoup sont brâhmanes de naissance, mais non nécessairement. Il suffit qu'ils appartiennent à la culture brâhmanique par le pays, les mœurs et les connaissances communes. Les grandes communautés monastiques des Jaina et des Bouddhistes à partir du VIᵉ siècle avant J-C. admettaient des fidèles et des moines de toute classe ou caste et n'étaient pas les seules à le faire.

On admet souvent que les gymnosophistes correspondent particulièrement aux Jaina dits *digambara* « ayant l'espace pour vêtement » et étant effectivement complètement nus. Il est évident que ceux-là étaient les plus typiques des gymnosophistes, mais probablement pas les seuls. Les religieux mendiants çivaïtes et autres, connus sous le nom de *sādhu* pouvaient aussi vivre nus ou peu vêtus et, pour les Grecs, les brâhmanes philosophant torse nu devaient faire eux aussi partie des gymnosophistes.

La distinction indienne de l'époque ancienne est en pāli celle des *samaṇa* (skr. *śramaṇa*) et *brāhmaṇa*, qui sont, dans la société instruite, religieuse et respectée, les premiers par détermination volontaire, les seconds par la naissance. Cf. Quinte-Curce, 8, 9, 31.

La validité du résumé d'Apulée suppose que lui était parvenue une connaissance générale de la culture indienne exacte dans ses grandes lignes et moins confuse que les données de ceux des textes grecs antérieurs qui nous sont parvenus. Son bref exposé fait déjà pressentir l'exactitude de la description grecque de la doctrine des brâhmanes de l'*Elenchos*, attribué à saint Hippolyte ou à un de ses contemporains (1ᵉʳ tiers du IIIᵉ siècle), dont il a été aisé de retrouver dans les textes sanskrits des *Upaniṣad* la plupart des traits essentiels et des mieux choisis, bien que nous ne connaissions pas les sources intermédiaires dont l'auteur a pu se servir (J. Filliozat, *La doctrine des brâhmanes d'après saint Hippolyte*, in *Rev. Hist. des Rel.*, Juillet-déc. 1945, p. 59-91. Réédition remaniée : *La doctrine brahmanique à Rome au* IIIᵉ *siècle*, in J. Filliozat, *Relations extérieures de l'Inde*, I, Pondichéry, 1956, p. 31-60).

277 Platon a pu effectivement s'intéresser aux Indiens, même si les guerres l'ont empêché de communiquer directement avec eux (signalant ses voyages, ni Diogène Laërte, 3, 7, ni Olympiodore, *Vit. Plat.* 5, ne les mentionnent). Non seulement le chapitre médical de son *Timée* concorde mieux avec la doctrine médicale indienne qu'avec celles des écoles grecques connues, mais surtout, selon Aristoxène de Tarente, un philosophe indien s'était mis à fréquenter Socrate à Athènes. Les idées qui sont rapportées de ce philosophe concordent bien avec celles des *Upaniṣad*, quoique l'exposé en soit très sommaire. Platon a dû en avoir connaissance (A. J. Festugière, *Grecs et Sages orientaux*, in *Rev. Hist. des Rel.*, CXXX, juillet-déc. 1945, p. 34 sqq. ; J. Filliozat, *La doctrine classique de la médecine indienne*, p. 208 sqq.).

278 Erreur d'Apulée traduisant le *Peri kosmou*, 393b 14, du Pseudo-Aristote : « Taprobane, en face de l'Inde, <île> située obliquement (*loxē*) par rapport au continent ». Certains manuscrits du texte grec ont en effet *Probanē* au lieu de *Taprobanē*. En réalité, c'est la côte indienne qui est oblique par rapport à Taprobane, dont l'axe et la côte ouest suivent la direction des méridiens.

279 Les hommes monstrueux en question sont ceux de Ctésias et des auteurs qui l'ont reproduit. Il apparaît que ces hommes représentent en fait des démons de la tradition sanskrite. Tout ce texte dérive de Pline, 7, 23-26. Les cynocéphales mentionnés ici en tête ont été, au Moyen Âge français considérés comme le type de ces hommes monstrueux, mais hommes cependant, auxquels s'adressait la mission des Apôtres. Ils figurent au tympan de Vézelay parmi les peuples qui environnent le Christ. Le Sciapode figure isolément à l'entrée de la cathédrale de Sens, à côté d'animaux merveilleux : chameau et éléphant (ce dernier en aspect rappelant ses représentations chinoises). Cf. Tertullien, *nat.* 1, 8, 1.

280 Cf. Cicéron, *nat. deor.* 2, 130.

281 Les brâhmanes et gymnosophistes ne sont pas nécessairement silvicoles, mais « silvicole » doit représenter la notion de *vānaprastha*, de même signification en sanskrit et qui s'applique au troisième état de la vie idéale du brâhmane qui doit, ou devrait être successivement *brahmacārin*, étudiant chaste, *gṛhastha*, maître de maison, et *vānaprastha*, retiré dans la forêt ou djangle. Le quatrième état possible est d'être *saṃnyāsin*, renonçant à la vie sociale vulgaire, ce qui est le cas des gymnosophistes et moines.

282 Sur les Sciapodes, cf. ci-dessus, notes 121 et 279.

283 Ce coquillage de l'Inde est l'huître perlière. Sur les perles de Grande-Bretagne, cf. Suétone, *Caes.* 47 ; Solin, 53, 28 ; Amm. Marc. 6, 88, etc. : les *perles d'Ecosse* sont produites par une moule.

284 Les gymnosophistes indiens n'adorent pas les substances du monde physique. Ils en reconnaissent cinq dans leur cosmologie : terre, eau, feu, vent et espace (vide). Mégasthène l'avait noté (Strabon, 15, 1, 59), mais en croyant que la cinquième substance était celle du ciel et des astres. Les Européens modernes, même nombre d'indianistes, voient la notion d'éther dans celle de la cinquième substance des Indiens, mais ses caractères ne correspondent pas à l'éther (qui n'est pas évoqué clairement par Mégasthène) et sont ceux du vide, contenant de tout. La Terre et surtout le Feu et le Vent sont aussi des divinités dans l'Inde et le Feu est vénéré particulièrement en Iran.

Quant à l'idée que les naturalistes ont craint de donner au monde un commencement et une fin de peur que les substances en soient moins des dieux, elle est sans fondement. La cosmologie indienne enseigne à la fois qu'il y a émission ou émanation (*sṛṣṭi*) et dissolution (*pralaya*) du monde et retour cyclique éternel de cette alternance de commencement et de fin. Les dieux mêmes de la nature disparaissent et réapparaissent, seul est éternel et infini l'Être unique et transcendant, Dieu. Le retour cyclique est conçu comme manifesté en ce monde par les révolutions cycliques des planètes, du Soleil et de la Lune. La naissance et la mort sont le modèle de l'évolution du monde phénoménal. D'après le passage de Strabon cité plus haut, Mégasthène jugeait que les Indiens avaient, comme les Grecs, la notion d'un commencement et d'une fin du monde. Il ne faisait pas allusion à la théorie cyclique du temps et à la Grande Année qui est aussi à la fois indienne et grecque.

285 Il s'agit de l'historien Diodore de Sicile (Iᵉʳ siècle p.C.) ; — ailleurs = à Alexandrie d'Égypte.

286 Ni Sémiramis ni Alexandre n'ont marqué dans la tradition indienne. Si l'expédition de Sémiramis est douteuse (cf. note 267), celle d'Alexandre ne l'est pas, mais ne pouvait guère être retenue dans les littératures indiennes que nous possédons. Les textes védiques qui font allusion à des guerres sont bien antérieurs à l'époque des Achéménides et à plus forte raison d'Alexandre, qui s'est établi pour un temps très court dans le Bassin de l'Indus, après avoir vaincu les Achéménides qui l'avaient conquis. D'autre part, la tradition indienne relative aux dynasties anciennes est surtout celle du Magadha, c'est-à-dire du pays des *Prasii*, que l'armée d'Alexandre a refusé d'aborder.

Cette tradition consistant en listes dynastiques était déjà longue au Magadha où Mégasthène, après la mort d'Alexandre, a séjourné comme envoyé de Séleucos auprès de Candragupta à Pāṭaliputra. En effet, Mégasthène a donné le nombre de rois recensés par les Indiens avec la durée totale de leurs règnes, depuis les origines jusqu'à Alexandre ou à Candragupta (Pline, 6, 59 et n. 5, p. 85 ; Arrien, *Ind.* 9, 9). Les listes dynastiques avec durées des règnes sont communes dans la littérature sanskrite des *Purāṇa*, « Antiquités », et se rapportent particulièrement au Magadha. De même, les chroniques bouddhistes pāli de Ceylan donnent des listes dynastiques analogues et justement pour l'Inde de l'Est (*Dīpavaṃsa* III et V, *Mahāvaṃsa* II et V). Une conquête éphémère des marches de l'Ouest n'avait pas à être enregistrée dans la tradition sanskrite de l'Est.

Un écho de l'existence d'Alexandre est cependant présent dans la littérature sanskrite. Il provient non de souvenirs de l'expédition réelle, mais du roman du Pseudo-Callisthène (Sylvain Lévi, *Alexandre et Alexandrie dans les documents indiens*, in *Mélanges Maspéro*, II, 1934, p. 155-164 et 389-390, dans *Mémoires de l'Institut fr. du Caire*, LXVII, et *Mémorial Sylvain Lévi*, Paris, 1937, p. 413-423).

287 Sur la reine Cléophis, qui ne paraît pas avoir laissé de réputation ni même de trace de son existence dans la tradition indienne, cf. Quinte-Curce, 9, 10, 22 ; sur les monts Dédales, cf. Quinte-Curce, 8, 10, 19 ; Orose, 3, 19, 1.

288 Le nom de Porus (*Pôros*) correspond le plus probablement à la désignation sanskrite de Pūru, du nom de son peuple, les Pūru, un des cinq anciens peuples védiques (Pañcajana, Macdonell-Keith, *Vedic Index*, vol. I, p. 467 ; II, p. 11). Autrement, on devrait rapprocher le nom de *puruṣa* « homme par excellence », qui n'expliquerait pas la longueur de l'omega grec, ou de *pūruṣa*, qui pourrait la justifier, mais signifie « serviteur ».

289 Liste de peuples installés entre l'Hydaspe et l'Acésinès dans leur cours supérieur : *Adraistai* (Arrien) ou *Adrēstai* (Diod. Sic.) ; *Kathaioi* (Strabon). Les *Praesides* sont les *Prasii* de Quinte-Curce, 9, 2, 3, voisins des Gangarides. La mention des Gangarides, peuple du Gange, peut être une confusion. Mais on peut se demander si la leçon originale n'aurait pas été *Gandaridae*, qui correspondrait au Gandhāra, un des territoires les plus importants de l'Inde du Nord-Ouest qui avait été une satrapie des Achéménides, dont précisément Alexandre avait pris possession. Ailleurs, la confusion inverse s'est faite. Porus, d'après Diodore, aurait confirmé à Alexandre la puissance des *Gangaridai* comme des *Prasioi*, mais, à ce moment, Alexandre occupait lui-même le Gandhāra. Il faut donc que Porus ait, en réalité, parlé des *Gangaridai*, peuples du Gange qu'Alexandre ne connaissait pas (J. Filliozat, *La date de l'avènement de Candragupta, roi de Magadha*, in *Journal des Savants*, juillet-sept. 1978, p. 179, n.). Cependant, chez Justin, si les *Praesidae* mentionnés sont les mêmes que les *Prasioi* , c'est bien des *Gangaridae* qu'il aurait parlé par confusion. Les *Adrestae* et les *Catheani* ne nous renseignent pas par leurs noms, mais, de toute manière, au point où Justin en est de son récit de l'expédition d'Alexandre, il ne peut être question que de peuples de l'Inde du Nord-Ouest, de la vallée de l'Indus et de la région du Gandhāra.

290 Ici la tradition manuscrite est incohérente et, de plus, entachée de corrections d'éditeurs et d'historiens. Gutschmidt a substitué de sa propre autorité *Agensonas* à *accensonas, acensonas* et *agesinas* ; *Andros* à *mandros* et *inambros*; *Sudracas* à *sugambros*. P. H. L. Eggermont, relevant d'autres variantes encore (*Alexander's campaigns...*, 1975, p. 142) remarque à juste titre que les variantes diverses de *Accensonas* évoquent le pays de l'Acesinès (Asiknī) qui vient précisément d'être mentionné par Justin. Mais les restitutions de Gutschmidt sont injustifiées et ne seraient utilisables que par de nouvelles conjectures. Elles sont donc à éliminer. Pour proposer une nouvelle conjecture, on ne peut partir que des données directes des manuscrits, d'une part, et de rapprochements avec des connaissances acquises, d'autre part, sur le sujet dont traitent ces manuscrits.

Dans le cas présent, la leçon des manuscrits unanimes, *sugambros,* paraît utilisable. Nous savons qu'un nom de Śiva est Sugandhāra (*Mahābhārata, Anuś*, XVII, 129), que Nīlakaṇṭha a glosé : *śobhano gandhāradeśodbhavaḥ*, « le Beau né au pays de Gandhāra ». Comme l'a montré par ailleurs Alfred Foucher, sans faire état de ce passage du *Mahābhārata*, le culte de Śiva-Maheśvara a été populaire au Gandhāra, où c'est à Śiva que le gandhārien Pāṇini rapportait l'inspiration de sa grammaire. Le Dionysos indien paraît même être une hellénisation légendaire de ce Śiva (*La vieille route de l'Inde de Bactres à Taxila*, Paris, 1947, p. 258-262). Or, il semble possible que, dans la tradition manuscrite de Justin, où *mandros* alterne avec *inambros*, un *sugandros* original ait pu devenir *sugambros* et avoir représenté le réel Sugandhāra. La perte de l'*ā* long serait peu vraisemblable à l'intérieur de l'aire indienne d'usage du nom. Elle est admissible dans son passage à l'étranger. Admissible aussi l'attribution d'un nom divin à un homme, mais non à un peuple. Toutefois la signification stricte de *sugandhāra* peut avoir été appliquée à un peuple dans le sens de « Bon gandhārien », plutôt qu'en référence au dieu. De toute façon, le texte de Justin nous apprendrait ce que nous savons déjà.

291 On a cru reconnaître depuis longtemps que le nom du roi Ambus devait être lu Sambus. Ce nom représente un sanskrit Śambhu « le Pacifique », qui est un nom de Śiva et aussi d'autres dieux, mais il est également attesté comme nom d'hommes et d'êtres mythiques. Cependant la variante Ambiregus a parfois été préférée à côté d'Ambigerus, Ambira, noms qu'Eggermont a voulu rapprocher d'Abortae, Aboritae et même Ramba et Rambira avec une hardiesse déconcertante (p. 134). Quant à Barce, Eggermont en fait Barbaricum et suppose un emprunt à un roman inconnu d'Alexandre (p. 135). Les variantes de ce genre et les corrections et spéculations proposées interdisent toute identification réelle des noms présentés ainsi.

292 Les *Serae* entre l'Hydaspe et l'Indus ne peuvent être ni les *Seres* d'au-delà de l'Himālaya, ni les *Serae*, Cērar, du Kerala (Pline, 6, 54 et 88, n. 2, p. 117). Pithon était un des préfets d'Alexandre, cf. Orose, 3, 23, 11.

293 Le synchronisme ici fourni par Justin, d'après Trogue-Pompée, entre l'avènement de Sandracottus (Candragupta) et le temps où Séleucus jetait les fondements de sa grandeur future est celui qui a permis à Joseph de Guignes, en 1777, de publier le premier élément de rattachement de l'histoire de l'Inde à la chronologie générale. Le temps où Séleucus jetait les fondements de sa grandeur est celui de l'établissement de l'ère séleucide en 313-312 a.C. Or, c'est précisément à cette date même qu'une tradition chronologique jain place l'avènement de Candragupta, et cette tradition a été particulièrement attachée à ce roi que la communauté jain se faisait gloire d'avoir compté à la fin de sa vie parmi ses fidèles. L'accord entre l'assertion de l'auteur gaulois romanisé, Trogue-Pompée, avec la tradition indienne du milieu même auquel avait appartenu Candragupta ne s'explique que par l'exactitude d'une information que ceux qui l'ont donnée n'ont pu emprunter l'un à l'autre. W. W. Tarn, qui a eu le mérite de reconnaître cet accord (*The Greeks in Bactria and India*, 1er éd., Cambridge, 1938), a supposé, il est vrai, que Trogue-Pompée avait eu connaissance de la tradition jaina. Il ne s'est pas demandé comment, mais, consultant simplement l'*Oxford History of India*, y trouvant une date d'avènement qu'il a crue la vraie et qui était différente de celle des Jain, il a jugé cette dernière fausse, d'où la conclusion que Trogue-Pompée avait suivi l'« erreur » des Jain (sur ces questions, Mario Bussagli, *Search for a lost source : Indian events in Trogus Pompeius*, in *East and West*, III, n° 3, oct. 1956, p. 229-242). Tarn n'avait pas pris garde au fait que les supputations de Vincent Smith dans l'*Oxford History* avaient été conçues en méconnaissance du synchronisme attesté. Il reste évident que l'accord de Trogue-Pompée et des Jain prime les spéculations qui l'ont ignoré ; cf. J. Filliozat, *La date de l'avènement de Candragupta, roi de Magadha (313 avant J-C.)* in *Journal des Savants*, juill.-sept. 1978. Candragupta, aidé de partisans ou de mercenaires, a chassé les gouverneurs qu'Alexandre en retraite avait cru pouvoir laisser dans le pays conquis après la chute du dernier des Achéménides. Vainqueur à l'ouest, Candragupta s'est alors retourné à l'est contre Nandrus (Nanda, Dhanananda), roi du Magadha devant la colère duquel il avait dû s'enfuir dans sa jeunesse, ainsi que l'indique Justin. Sans doute, alors réfugié dans les territoires de l'ouest non soumis au Magadha, il y aurait rencontré Alexandre et manifesté son mépris au roi du Magadha (Plutarque, *Alexandre*, 62). L'histoire indienne n'a pas retenu le passage d'Alexandre dans les satrapies de l'Indus et attribue le succès de Candragupta, renversant les Nanda, aux intrigues de Cāṇakya, l'homme d'état le plus célèbre de la tradition et qu'on a appelé le « Machiavel de l'Inde », d'après la teneur du traité politique, l'*Arthaśāstra*, dont il aurait été l'auteur sous le nom de Kauṭilya. Trogue-Pompée, cité par Justin, apporte un complément essentiel à l'histoire indienne en nous donnant le moyen de comprendre que Candragupta, présent au Gandhāra ou au Sindh au temps où s'y trouvait Alexandre, ait ensuite fomenté là une révolte contre les occupants grecs qu'il avait laissés lors de sa retraite et que, dès lors, fort de sa victoire, il ait pu renverser, avec l'aide majeure d'une opposition intérieure, le roi qui avait ordonné sa mort, et qu'enfin, c'est en 313 a.C., au moment où Séleucus s'enorgueillissait lui-même de ses succès, qu'il était maître à la fois des territoires un temps occupés par Alexandre et du royaume de Magadha, avec l'armée de ce royaume devant la force de laquelle celle d'Alexandre avait exigé la retraite. Nous comprenons aussi pourquoi, loin de pouvoir reprendre les satrapies perdues, Séleucus a traité d'abord avec Candragupta pour aller faire face à Antigone.

L'hypothèse a bien été faite que, dans le texte de Justin, l'Inde que possédait Sandracottus se restreignait au Bassin de l'Indus, à l'Inde du Nord-Ouest (Kailash Chandra Ojha, *The History of Foreign Rule in Ancient India*, Allahabad, 1968, p. 51). Mais cette restriction n'est pas vraisemblable, car, dès l'époque d'Alexandre, les Grecs incluaient Palibothra et les bouches du Gange dans l'« Inde » (Strabon, 15, 1, 11). Mais, par le même Strabon (15, 2, 9), nous savons que Candragupta n'avait pas d'emblée établi sa domination sur la totalité des satrapies occupées par les Grecs. Strabon nous dit en effet que Séleucus a cédé une partie de ces territoires à Candragupta en garantie d'une convention matrimoniale et en échange de 500 éléphants. Strabon (15, 1, 10) a encore indirectement confirmé ce passage de l'autorité grecque à l'indienne en disant qu'à cause des Macédoniens l'Inde s'était accrue d'une grande partie de l'Ariane séparée de l'Inde par l'Indus (cf. Pline, 6, 93).

La tyrannie imputée à Candragupta sur le peuple après l'avoir libéré de la domination perse et grecque n'est pas solidement attestée, ni dans les sources indiennes ni dans les sources grecques. Il était certainement le prince qui possédait à son époque le plus grand empire existant au monde, de l'Hindukuš au golfe du Bengale. Il a pu mener des guerres de conquête comme Alexandre, mais il n'a pas encouru dans les traditions indiennes la réputation d'avoir manqué à la « Norme », au *dharma*, lequel comporte la prospérité générale sous l'autorité du roi. C'est la tradition jain qui le décrit le mieux et lui fait abandonner la royauté pour finir en sage jaina à Śravana Belgola au Karnāṭaka. Du côté grec, on a sur lui les assertions de Mégasthène envoyé en ambassade par Séleucus et rapportées surtout par Strabon (15, 1, 35 sqq.) et Arrien (*Ind.* 9 sqq.). Il décrit les occupations des peuples et les fonctions du roi comme bien réglées (ce qui est conforme au *dharma*) et ne fait pas état d'oppression. Il dit seulement (Arrien, *Ind.* 9, 9) que, de Dionysos à Sandracottos, les Indiens ont compté 153 rois et n'ont été libres que trois fois. C'est donc qu'il considérait que la liberté n'était réelle que dans l'absence de monarchie, ce n'est pas une indication d'oppression de Sandracottos.

Le corps de 500 éléphants obtenu par Séleucus valait les provinces qu'il n'aurait pu tenir, car une pareille troupe, même si le nombre a été exagéré, était un corps d'armée considérable en hommes accoutumés aux éléphants et en matériel de guerre et de transport, de transport surtout que suppose leur ravitaillement. Finalement ils ont contribué à la victoire sur Antigone.

294 Justin fournit ici un autre synchronisme, mais très approximatif cette fois, celui de Mithridate, roi des Parthes, et d'Eucratide. La fondation de l'ère parthe (248-247 a.C.) par Arsakès avait sanctionné l'action entreprise par lui depuis quelques années contre les Séleucides. Diodote, en Bactriane, c'est-à-dire entre l'Hindukuš au Sud et l'Oxus (Vakṣu) au Nord, en avait profité pour se rendre indépendant ou quasi-tel. Son fils Diodote II prit le titre royal et fut, peu après 228 ou 227, tué et remplacé par Euthydème. Antiochus III ne put réduire ce dernier, le reconnut comme roi, traita avec lui et, en 206, avec le roi des Indiens, Sophagasénè (Subhagasena), qui occupait les territoires au sud de l'Indukuš cédés par Séleucus à Candragupta. C'est plus tard qu'Eucratide est devenu roi de Bactriane. Il a été supposé (A. K. Narain, *The Indo-Greeks*, Oxford, 1957, p. 53 ; K. C. Ojha, *The History of foreign Rule in Ancient India*, Allahabad, 1968, p. 77) que le texte de Justin signifiait qu'Eucratide et Mithridate I avaient commencé leurs règnes simultanément autour de 171 a.C. Mais le texte implique seulement qu'ils étaient des souverains contemporains.

C'est sans doute vers 168 qu'Eucratide repoussa Démétrius et poussa assez loin en territoire indien. Démétrius de son côté, ainsi que Ménandre, ont, au rapport d'Apollodore d'Artémita, conquis en Inde plus de territoires que les Macédoniens. Strabon, qui cite Apollodore à ce sujet (11, 9, 1 et 15, 1, 3), le conteste, mais le fait est confirmé de source indienne, le *Yugapurāṇa*, faisant parvenir les Yavana (Grecs) jusqu'à Kusumapura, autre nom de Pāṭaliputra. Le laconisme des attestations grecques et latines et les données numismatiques abondantes, mais non décisives ont donné lieu sur le détail des événements à plus de conjectures que de certitudes (A. K. Narain, *op. cit.*, p. 28-45 ; 67 sqq.).

295 Marcien, qui écrivit après 217 p.C. donne ici une liste de produits orientaux dont l'importation était soumise à un droit de douane, originaires d'Arabie, de Parthie et surtout de l'Inde, en particulier des esclaves (eunuques) et des cheveux pour les perruques et les cordes utilisées pour les ballistes et autres instruments. — le *folium barbaricum* est le *malobathrum*, cf. Cass. Felix, 45, p. 223, *folii barbarici i.e. malabathri*, et ci-dessus, note 168. Pour les autres produits, cf. l'Index s.v. Sur le commerce avec l'Inde, v. L. Casson, *Rome's Trade with the East. The Sea Voyage to Africa and India*, in *TA Ph A*, 110 (1980), p. 21-36.

296 Le texte de Solin est fait surtout d'emprunts à Pline, dont nous donnerons les références.

297 Cf. Pline, 8, 148 et note 134. Il n'y a pas d'hybrides possibles de chiennes et de tigres.

298 Cf. Pline, 8, 27, et supra, note 127. Les éléphants de l'Inde peuvent atteindre une taille plus grande que beaucoup de ceux d'Afrique et sont, de toute façon, plus faciles à domestiquer et à utiliser pour la guerre et le travail. De plus, l'espèce communément chassée à partir du littoral méditerranéen dans l'Antiquité paraît avoir été plus petite que celle que nous connaissons aujourd'hui en Afrique beaucoup plus au Sud. En effet les références anciennes nombreuses à des expéditions courtes de chasses aux éléphants établissent que les éléphants vivaient dans l'Antiquité aux confins de l'Afrique du Nord (P. Armandi, *Histoire militaire des éléphants*, Paris, 1843, p. 13-20).

299 Contes fabuleux ; cf. Pline, 8, 32-34, et supra, note 128. Pour la liste, cf. Index s.v. éléphants.

300 Cf. Pline, 5, 98 et supra, note 116.

301 §§ 1-3 = Pline, 6, 56-58 ; §§ 4-5 = Pline, 6, 59 ; § 7 = Pl. 6, 62 et 65 ; §§ 8-10 = Pl. 6, 66 ; §§ 11-14 = Pl. 6, 67-70 ; § 15 = Pl. 6, 74 et 76 ; §§ 16-17 = Pl. 6, 79-80 ; § 24 = Pl. 6, 79 ; §§ 25-29 = Pl. 7, 22-23 ; § 30 = Pl. 7, 25 ; § 31 = Pl. 7, 30 ; §§ 32-33 = Pl. 7, 23-24 ; §§ 34-40 = Pl. 8, 73-76 ; § 41 = Pl. 9,4 et 46 ; § 42 = Pl. 9, 4 et 8 ; §§ 43-45 = Pl. 10, 117-119 ; § 46 = Pl. 7, 21 ; § 47 = Pl. 12, 23 ; § 48 = Pl. 16, 162 ; 12, 32 ; § 49 = Pl. 12, 40 ; §§ 50-51 = Pl. 12, 26 ; § 52 = Pl. 12, 20 et 104 ; §§ 53-54 = Pl. 37, 56 et 61. Les informations dont Solin est satisfait sont simplement celles qui se répètent le plus couramment dans ses sources, dont la principale est Pline, et qui concordent parce qu'elles se recopient, non parce qu'elles sont toutes vraies.

Le favonius, vent d'ouest, représente sans doute ici le vent du sud-ouest, celui de la mousson dont dépend la fertilité de l'Inde, non la salubrité. Les vents étésiens sont ceux de la canicule, laquelle est sans importance dans l'Inde. Il y a bien, dans certaines régions, deux récoltes par an, quelquefois trois, mais un seul été, du solstice d'été à l'équinoxe d'automne, du point de vue cosmographique, et pratiquement une seule saison très chaude, de mars à juillet. Le calendrier classique des saisons indiennes en compte six, de deux mois chacune. De l'équinoxe de printemps à mai, on a la saison de printemps, *vasanta*, déjà progressivement chaude, puis de mai à juillet la saison chaude par excellence, *grîṣma*, suivie par les pluies, *varṣā*.

Le chiffre de 5 000 villes dans l'Inde est celui auquel se tiennent Strabon (15, 1, 3) et Pline (6, 59), d'où Solin tire aussi les chiffres concernant les rois et les temps. La plupart de ses autres informations viennent aussi de Pline, notamment celles qui concernent le mont Maleus au-delà de Palibothra, où les ombres alternent vers le Nord ou le Sud de six mois en six mois (6, 89). De même celles qui concernent les Ourses (*Ibid.*), la *Pandea gens* et la fille d'Hercule (6, 76).

302. Au § 18. Au sujet des cheveux des Indiens, la mention de leur longueur habituelle et celle des colorants employés pour les teindre sont correctes, indiquées ailleurs, mais ici réunies. Les teintures sont l'indigo (cf. Pline, 35, 46) et le henné (cf. Lucain, 3, 238 ; Mart. Cap. 6, 694). Dans la liste des vêtements utilisés par les Indiens (§ 20) il manque le coton (souvent confondu avec le lin) et la soie. Les couvertures de laine sont usitées partout, même dans les régions du sud où, à l'automne et en hiver, elles sont utiles au petit matin. Elles y ont même été fabriquées dès l'Antiquité par les pasteurs Kurumpar du pays tamoul ou Kuruba du Karnataka, sous le nom de *kambala*. L'usage d'étoffes d'écorce ou de fibres est attesté aussi dans l'Antiquité. Les porteurs de ces étoffes sont dits *vakkali* en pāli (skr. *valkalin*, de *valkala* « écorce »). On appelle encore ces étoffes en pāli *vākacīra*, *potthika* et *potthi* (*Sīhalavatthuppakaraṇa*, éd. Jacqueline Ver Eecke, récit XLIII, passim), en prâkrit *pottī*, *pottiā*, tamoul *pŏtti*. Ceux qui les portent sont en prâkrit des *pottia*. L'usage en a appartenu surtout aux *vānaprastha* « retirés dans la djangle ». A l'époque moderne, il paraît en pays tamoul se limiter à l'emploi d'un *pŏttittōvatti*, qui est une ceinture d'écorce ou fibres végétales portée (facultativement) quand on présente, torse nu, des offrandes aux divinités.

303 Les données fantastiques sur les monstres humains ou animaux sont généralement tirées de Ctésias, d'ailleurs cité par Solin lui-même. Certaines notations, sans être originales, se trouvent mieux groupées que dans les autres documents : § 34, *leucrocota* : vraisemblablement l'hyène brune ; d'après Pline, 8, 72, qui le décrit de la même façon, cet animal vit en Éthiopie ; cf. H. Leitner, *Zoologische Terminologie beim älteren Plinius*, Hildesheim, 1972, p. 154. — § 35 : l'*eale* est un animal fabuleux, que seules ses cornes ont fait parfois identifier au rhinocéros noir (*Rhinoceros bicornis*) ; cf. Leitner, p. 114 ; Pline le situe en Éthiopie, 8, 73. — § 36 : ces taureaux sauvages sont éthiopiens selon Pline, 8, 74 ; on a pensé à une espèce de bœuf, peut-être le *bos primigenius* aujourd'hui disparu ; cf. Leitner, p. 230, avec la bibliographie. — § 37 : la *mantichora* (*martikhoras*, Ctésias) vit en Éthiopie selon Pline, 8, 75 ; fauve de l'Inde mangeur d'hommes d'après Ctésias cité par Aristote, *H.A.* 501a 26 (cf. Élien, *N.A.* 4, 21), qu'on a pensé être le tigre ; cf. Leitner, p. 162.

304 *Physeter*, proprement « le souffleur ». Solin est en désaccord avec Pline, 9, 8, selon qui cet animal vit dans l'océan Atlantique (*in Gallico oceano*), mais la description est la même ; c'est le cachalot (cf. E. de Saint-Denis, *Le vocabulaire des animaux marins en latin classique*, Paris, 1947, p. 87 ; Leitner, p. 200).

305 Solin a introduit ici (mélange de fiches ?) et attribué au perroquet ce que dit Pline, 10, 119, du geai (*pica*) quant au nombre de doigts aux pattes et à la langue ; cf. E. Capponi, *Ornithologia latina*, p. 415-417, et ci-dessus, n. 275.

306 Les figuiers dont les troncs (*codices*) ont soixante pas de tour et dont l'ombre couvre deux stades ne peuvent être que les banians (*Ficus indica* L.) avec leurs racines aériennes descendues des branches et formant en terre souches de nouveaux troncs groupés autour du premier. Ils ne produisent pas de fruits comestibles. Ceux qui ont des feuilles comme des boucliers et des fruits d'une douceur exquise ne sont pas des figuiers, mais des bananiers, *Musa sapientium*, par assimilation des bananes, inconnues en Europe, avec des figues. Les Portugais ont appelé *figos* les bananes (Garcia da Orta, *Coloquios dos Simples e Drogas da India*, 1563, coloquio 22, éd. Ficalho, Lisbonne, 1891, t. I, p. 329 sqq.). Encore au XVIIIᵉ siècle, les écrits de missionnaires et de voyageurs français appellent « figues » les bananes. Cette confusion a disparu au XIXᵉ siècle, mais a été remplacée par une autre, qui persiste souvent de nos jours. Le nom de *platano* appliqué en espagnol, notamment aux Philippines, au bananier est passé en Inde, en anglo-indien, sous la forme *plantain*, qui est en réalité le nom du *Plantago* L. De la sorte, il arrive que les traducteurs français de romans ou de textes anglais sur l'Inde fassent les Indiens se nourrir de « plantains » ou manger sur des « feuilles de plantain » !

Il ne peut pousser de poivrier sur le « Caucase ». Il croît dans les montagnes du sud, au Kerala. Le *Piper longum* est une espèce différente du *Piper nigrum*, blanc avant dessication, noir une fois desséché au soleil (cf. une note 153).

Les roseaux odorants de l'Inde exportés vers l'Europe doivent être *Acorus calamus* L., qui pousse aujourd'hui aussi en Europe, mais dont la souche particulièrement parfumée est très réputée en Inde ; cf. J. I. Miller, *The Spice Trade of the Roman Empire*, p. 92-94.

307 Cf. Pline, 37, 103 ; et ci-dessus, note 223.

308 Cf. Pline, 37, 76 et 78 ; et ci-dessus, note 216.

309 Sur Taprobane, Solin reproduit Pline, à quelques variantes près ; cf. Pline, 6, 81-91, Appendix, p. 150 sqq.

310 Cf. Pline, 6, 92-95. Caphisa proche de l'Indus est Kapiśā, dont les commentateurs de Pāṇini (IV, 2, 99), connaissent la vigne (*kāpiṣāyanīdrākṣā*), et qui est considérée comme l'Alexandrie du Caucase. La confirmation de la croissance ancienne de la vigne en cette région est en accord avec la légende grecque de l'introduction de cette vigne en cette même région par Dionysos. Mais Paul Bernard (*Un problème de toponymie antique dans l'Asie centrale. Les noms anciens de Qandahar*, in *Studia Iranica*, 3, 1974, fasc. 2, p. 171-185), étudiant le passage de Pline (6, 92-93) dont Solin donne ici le résumé, émet l'hypothèse que Pline, qui aussitôt après mentionne l'Arachosie et son oppidum, Cufis ou Cutis, a peut-être confondu Kāpiśī, Alexandrie du Caucase et l'Alexandrie d'Arachosie, qui serait Kapiśakaniś de l'inscription de Darius à Bisutun. La transcription grecque *kapisa* de Kapiśakaniś aurait pu devenir *cutis* chez Pline. On objectera que, pour la première Kāpiśī, une transcription fidèle avait pu parvenir à Pline, que *Cutis* était pour lui plutôt de nature à lui éviter toute confusion. D'autre part, il énumère et caractérise quatre satrapies et distingue tout à fait Capisa et l'Indus de l'Arachosie où il place Cutis/Cufis. Mais il est vrai qu'il est tombé dans la confusion, car, après avoir parlé de l'Arachosie, il remonte au Caucase. Le résumé de Solin y remonte aussi, sans parler de Cutis/Cufis. Ce sont les inscriptions grecques trouvées à Qandahar qui, bien mieux que Pline et Solin, confirment l'existence d'une Alexandropolis évoquée par Isidore de Charax et permettent de l'identifier avec le site de cette Qandahar. Sur la légende de Sémiramis, cf. P. Bernard, *op. cit.*, p. 176.

311 Solin résume ici Pline, 6, 101-106. Zmiris représente Muziris de Pline (forme originale tamoule Muciri), port de la côte sud-ouest de l'Inde, auj. Kodungalūr ; cf. Pline, 6, 104, note 7, p. 137.

312 Carapace de tortue indienne. Il s'agit plus probablement de carapaces de tortues de l'océan Indien, telles qu'on les trouve aux rivages des Maldives, des Seychelles et des îles australes quand elles y viennent pondre. Mais elles se trouvent aussi en Péninsule malaise. Ces carapaces fournissent l'écaille.

313 Sur la légende de la double naissance de Dionysos, cf. Hygin, *Fab.* 155, 1 et 167, 1.

314 La pagination est celle de l'édition Kübler, Leipzig, Teubner, 1888. Texte du début du IVᵉ siècle. Cet échange de lettres s'insère dans une tradition gréco-latine de correspondances apocryphes, dont fait partie, par exemple l'échange de lettres entre Sénèque et saint Paul. Le caractère factice du présent texte est marqué par le vocabulaire poétique et les emprunts, par exemple, à la p. 172 : *stridentia plaustra* (Virgile, *G.* 3, 536) ; *rimanur* (*ibid.*, v. 534) ; *dens* « soc » (Virgile, Ovide, Lucain, etc.) ; *gementibus tauris* (cf. Ovide, *Met.* 1, 124) ; *cruentis dapibus* (Virgile, *Aen.* 3, 618) ; *aequoreas* (poétique) ; *siluarum incola* (Sénèque, *Phaed.* 922), etc. On y retrouve les traits d'un exercice d'école. Sur la langue, cf. l'étude très insuffisante, faite en vue de la datation, de H. Becker, *Die Brahmanen in der Alexandersage*, Progr. Königsberg, 1889, p. 26-27, dont la conclusion manque de précision : époque chrétienne tardive. Une autre version, plus ramassée, moins littéraire, datant du Xᵉ siècle, a été éditée par F. Pfister dans ses *Kleine Texte zum Alexanderroman*, Heidelberg, Winter, 1910, p. 10-20. Cf. Jacques André, *Echos poétiques d'un brahmane*, in *R.E.L.*, 60 (1983), p. 43-49.

315 Il s'agit du personnage connu sous les noms de Dandamis, Mandanis, etc., dans les documents du temps d'Alexandre, où il n'est pas un roi, mais un sage brâhmane. L'évocation qui lui est ici attribuée d'une vie innocente selon la nature, sans souillure et sans péché, s'abstenant de tout ce que font ordinairement les hommes, ne correspond pas aux propos qui lui sont prêtés par les sources les plus anciennes. Cette évocation peut avoir emprunté quelques traits aux allusions indiennes à la vie des peuples nordiques de l'Uttarakuru correspondant en partie aux Hyperboréens et mythiques comme eux. Mais elle consiste surtout en l'antithèse de la vie sociale romaine païenne.

316 On peut noter seulement comme traits de ce tableau qui se retrouvent en Inde réelle l'abstention de tuer (*ahiṃsā*), la tempérance et l'idéal de se conformer à l'ordre de la nature. La crémation est de règle, mais pour jeter les cendres dans un fleuve allant à la mer, non pour les placer dans des urnes cinéraires. De telles urnes (ou jarres) ne sont pas inconnues dans l'archéologie indienne, notamment dans le sud de la péninsule. Des peuples du Nord ont pu en utiliser, mais il est peu probable que la rédaction de cette correspondance supposée se soit inspirée de *realia*.

317 Toutes les philosophies de l'Inde sont en discussion chez les brâhmanes et les non-brâhmanes.

318 L'assertion de Dindime que ceux au nom de qui il parle ne sont pas des habitants de ce monde ni n'affirment être des dieux pourrait corroborer l'idée qu'ils représentent des gens de l'Uttarakuru, désignés par Mégasthène comme Hyperboréens (Strabon, 15, 1, 57 ; cf. *Journal des Savants*, 1981, 2, p. 123 sq.). Mais, comme l'auteur est certainement chrétien, on peut songer aussi à la formule hébraïque reprise par les chrétiens ; cf. Tertullien, *De corona*, 13, 4 : *peregrinus mundi huius*.

319 Texte du début du IVe siècle. Éd. Michael Feldbusch, *Der Brief Alexanders an Aristoteles über die Wunder Indiens*. Synoptische Edition, Meisenheim am Glan, Verlag A. Hain (*Beiträge zur kl. Philologie*, Heft 78), 1976.

320 Cette épître supposée transforme en vantardises fantastiques les données des textes anciens sur l'expédition d'Alexandre. Il est très probablement entré en Inde fin juillet, mais il est faux qu'il ait vaincu Porus avec une merveilleuse rapidité et dans sa ville, et que Porus ait eu l'armée et le palais qui lui sont attribués. Il y a bien, dans des livres bouddhiques que le rédacteur de la lettre n'a pas pu connaître, de pareils palais, mais ils ne sont pas de ce monde. — *Fasiace* pourrait représenter **Bhāsyakā* « Offerte à la vue », mais nous ne connaissons pas de localité de ce nom. En réalité *Fasiace* représente *Prasiace*, cf. Fulgence, *aet.* 10, *Fasiacae* (cf. la faute *farsi* pour *Prasi* dans les manuscrits de Pline, 6, 68 ; *pharrasios* pour *Prasios* dans ceux de Quinte-Curce, 9, 2, 3). L'équivalence est admise par L. Renou, éd. de Ptolémée, livre 7, index, p. 86.

321 Athénée, 539d a évoqué les platanes d'or et les vignes d'or aux grappes d'émeraudes et d'escarboucles dans les palais des rois de Perse.

322 Les roseaux gigantesques le long du fleuve pourraient être de grands bambous, mais Alexandre n'aurait pu les trouver qu'aux latitudes tropicales.

323 L'existence de canots ronds est possible. Ce sont aujourd'hui des calottes sphériques, dont l'armature est en bois recouvert de peaux du côté de l'eau (en tamoul : *parical*). Mais le caractère tardif de la lettre et son manque de rapport avec les sources grecques d'époque rend suspect son témoignage. Sur les barques indiennes supposées faites de roseaux, cf. Pline, 16, 162 et supra, note 173.

324 Tout est fantastique comme précédemment. Les *cérastes* et *hammodytes* sont les noms de reptiles connus des Grecs et des Romains appliqués à des espèces indéterminées de l'Inde : les premiers sont des vipères à cornes fréquentes dans le Sahara ; les seconds sont identifiés comme une sorte de petits serpents à une seule corne de Libye (Hérodote, 4, 102) ou comme la vipère ammodyte, parente de la vipère péliade (cf. St. Gsell, *Histoire de l'Afrique du Nord*, I, p. 132 ; J. Aumont, *Bull. Ass. G. Budé*, 1968, 1, p. 114, n. 12-13). Les serpents polycéphales du § 25 existent, mais seulement dans l'iconographie et, pour nous, dans une iconographie postérieure à l'époque d'Alexandre.

325 Le nom d'*odontotyrannus* emprunté évidemment à une source grecque (Ps.-Callisthène, 3, 10) pourrait représenter *dantura* « aux dents proéminentes », ce qui peut qualifier un éléphant à défenses, appelé plutôt *dantāvala* ou *dantin* « dentu ». Si le fait a été réel, l'animal terrible qui a chargé les Macédoniens peut avoir été un grand éléphant, de ceux très ombrageux qui vivent séparés de leur harde. En ce cas, il n'avait pas le front orné de trois cornes, mais l'éléphant qui charge fait front avec sa trompe roulée entre ses deux défenses. Sa tête est noire, sinon de cheval (cf. Jules Valère, 3, 20 ; Palladius, 13). Les Grecs ont indifféremment appelé cornes ou dents les défenses de l'éléphant (Philostrate, *Apollonios*, 2, 12 ; cf. supra, note 245). R. Goossens, *L'odontotyrannos animal de l'Inde*, in *Byzantion*, 4 (1927-1928), p. 29-52, propose sans raison majeure de l'identifier avec certains gros serpents aquatiques très redoutés des pêcheurs, qui remontent souvent les fleuves de l'Inde ; cf. aussi, Id., *Notes indo-grecques* in *Muséon*, 1946, p. 621 sq.

326 Le texte grec du Ps.-Callisthène, dans recension *β*, p. 127, 13, Bergson, dit : « comme les grenouilles de chez nous. ».

327 Le *nycticorax*, latinisé en *nocticorax*, litt. « corbeau de nuit », est connu comme un rapace nocturne méditerranéen, sans doute un hibou (cf. J. André, *Les noms d'oiseaux en latin*, p. 110-111 ; F. Capponi, *Ornithologia latina*, p. 353-354). Mais la description est insuffisante pour identifier l'oiseau de l'Inde (cf. Capponi, p. 355). Venant pêcher avant le jour, ce pourrait être des cormorans (plus petits que les vautours). Le nom indien qui paraît équivalent est *niśākara*, qui signifie « qui fait la nuit » et surtout désigne la Lune, peut aussi désigner le coq, tandis que *divākara* « qui fait le jour » est le Soleil, mais aussi la corneille. On entendait donc parfois, en Inde même et contrairement à l'usage, -*kara* comme pouvant signifier « qui agit » au lieu de « qui fait ou produit ». Le chant du coq se remarque surtout la nuit et les corneilles et corbeaux commencent à croasser au jour. De toute façon, le *niśākara* et le *divākara* sont tous deux des descendants de Garuḍa, le roi mythique des oiseaux (*Mahābh.*, *Udyogaparvan*, 99, 14), et n'importe quel oiseau pêchant de grand matin a pu recevoir le même nom que le coq. Dans la forme grecque, *nykti-* est la traduction du sanskrit *niśā* « nuit ».

328 Les Ichtyophages qui vivaient au bord du fleuve, plutôt que, selon les sources ordinaires, sur la côte, ne pouvaient être aussi velus qu'il est dit. L'indication est sans doute un écho d'allusions au port de fourrures. Fleuves, peuples, singes et usages sont mêlés au gré des souvenirs de lecture du rédacteur. — Le nom du fleuve Ebimaris doit dériver d'une même source que celui d'Erymandus de Pline, 6, 92, qui désigne l'Hilmand ou Hēlmand. La forme la plus proche de l'original est avestique *Haētumant* (la forme sanskrite serait *Setumant*, cf. A. Foucher, *Vieille route...*, Index).

329 Les arbres prophétiques du Soleil et de la Lune, qui pleurent aux éclipses et parlent grec et indien, paraissent inconnus de la tradition indienne des merveilles. La Lune étant du masculin en sanskrit, son arbre n'aurait pas été jugé femelle par des Indiens authentiques (cf. ci-dessous Jules Valère, 3, 24). Le nom de *brebiones* (§ 55) ne suscite pas de rapprochements avec des noms indiens.

330 Iordanis est sans doute le Diardines (var. Diardenes, Dyar-) de Quinte-Curce, 8, 9, 9. L'Occluadas (§ 71) est inconnu ; il n'a pas de nom dans la version du Xᵉ s. donnée par R.Pfister, *Kleine Texte zum Alexanderroman*, Heidelberg, Winter, 1910, p. 36, l. 9. Néarque *ap.* Strabon, 15, 1, 67, pour montrer l'habileté technique des Indiens, dit qu'ayant vu les éponges naturelles des Macédoniens, ils en fabriquèrent d'artificielles. — En dehors des monstres animaux ou végétaux évoqués, quelques produits réels de la nature sont mentionnés, mais avec des grandeurs démesurées. Ainsi les mollusques des mers tropicales, même les pulmonés terrestres (achatines, bulimes faisant partie des hélicidés, mais dépassant 15 cm) atteignent des tailles bien supérieures à ceux de la région méditerranéenne, mais ne peuvent contenir deux ou trois conges (environ 6 à 9 litres). Certains détails proviennent apparemment d'une amplification de données ou de croyances méditerranéennes. Par exemple, ce qui est dit des scares, bien connus et consommés en Méditerranée orientale (*Scarus cretensis*), est exact quant à la puissance de leur morsure. Ils sont caractérisés par la suture de leurs dents soudées en deux lames coupantes et par des dents pharyngiennes broyeuses. La croyance aux sirènes est populaire en Méditerranée depuis Homère. L'auteur de la lettre aurait donc pu faire son récit fictif sans avoir sur l'océan Indien des informations originales. Cependant des scares existent également dans l'océan Indien et, en outre, les littératures indiennes connaissent aussi les femmes marines qui séduisent les hommes et les attirent sous les eaux.

L'analogie de ces femmes avec les Sirènes, les Néréides et les Ondines a été relevée depuis longtemps, posant des problèmes de coïncidence, d'origine mythologique commune ou d'emprunts, ou encore d'un complexe de communauté originelle de tradition, de convergences fortuites et d'emprunts réciproques au long des temps. Les données indiennes rapprochées des européennes permettent d'avancer certaines probabilités d'après des faits clairs.

Tout d'abord, les textes indiens relatifs aux divinités et démones des eaux du ciel, de la terre et des abîmes de la mer surabondent et les relations de ces êtres avec les hommes y apparaissent très diverses. Celles des *apsaras* célestes avec les humains sont déjà attestées dans la littérature védique et ont des antécédents indo-européens. Mais les récits indiens sur les femmes de la mer et des îles de la mer et sur leur danger pour les navigateurs ne paraissent que dans des textes plus récents : contes bouddhiques (*jātaka* et *avadāna* des siècles entourant notre ère) et contes de la littérature sanskrite classique générale souvent de rédaction médiévale (cas du *Kathāsaritsāgara* de Somadeva, XIᵉ siècle). Dans les textes anciens et les traditions subséquentes, les amours des *apsaras* et des humains sont dramatiques, mais ardentes et sincères. Dans les contes de la mer, celles des héros avec des princesses appartenant au monde des Vidyādhara, « porteurs de science magique », sont en général inquiètes au début, mais finalement heureuses dans des palais merveilleux sous les eaux (exemple : *Kathās.*, chap. LXXXI, N. M. Penzer, *The Ocean of Story*, dern. éd. 1968, Delhi-Varanasi-Patna, vol. VI, p. 209-220, et appendice comparatif par Penzer, p. 278-285). Au contraire, les navigateurs qui échouent dans des îles des mers du Sud sont aussitôt joyeusement accueillis par les habitantes, qui sont des ogresses, ou *rākṣasī*, mais ils sont par la suite dévorés par elles (ex. : histoire de Maitrakanyaka, *Divyāvadāna* XXXVIII, *Avadānaśataka* 36). En règle générale, personne n'est noyé, mais personne ne revient à la société humaine sauf, parmi les époux d'*apsaras* ou de princesses magiques, ceux que leur curiosité leur fait enfreindre un interdit, ou, parmi les captifs des ogresses, les bouddhistes animés de foi qui, eux, sont sauvés. Les ogresses, elles ne sont pas uniquement mythiques ; elles ont existé jusqu'aux temps modernes dans certaines îles du Pacifique.

Les légendes méditerranéennes des sirènes et celles des femmes de la mer dans le monde indien paraissent donc indépendantes, en dépit de traits communs de lointain héritage ou de rencontre. Cependant une influence méditerranéenne sur certaines légendes indiennes est sûre à partir surtout de la fondation de l'empire romain, où les relations commerciales avec l'Inde se sont largement développées.

En effet, bien des histoires indiennes font état de chars aériens et de palais volants qui transportent dans le ciel, ou de la terre au ciel, des élus, mais, à partir des premiers siècles et jusqu'aux temps modernes au Sud-Est asiatique, apparaissent dans les littératures sanskrite, tamoule, pāli et khmère des oiseaux mécaniques, des machines volantes et aussi des robots. Or, à plusieurs reprises, le pays de Roma ou Rōm est évoqué à propos de leur construction. Romaka est le nom de la ville où passe, dans la littérature astronomique sanskrite, le méridien de référence important du côté de l'Ouest. On a pensé souvent qu'il s'agissait d'Alexandrie plutôt que de Rome, mais le méridien en question est donné comme passant à 44° Ouest d'Ujjayinī, ce qui le place dans la partie occidentale de la

Mésopotamie (vers Edesse, cf. Roger Billard, *L'Astronomie indienne*, Paris, 1971, p. 3). En tout cas, il s'agit de l'empire romain. La popularité des machines y est attestée par Vitruve (livre 10), mais il s'agit de machines hydrauliques ou de guerre, non d'automates. Ceux-ci ont été l'objet d'un ouvrage, *Automatopoetica* d'Héron d'Alexandrie au IIe siècle p.C., auquel a déjà pensé Penzer à propos des automates du *Kathāsaritsāgara* (vol. III, p. 56-59, et vol. IX, p. 149). En pāli, on trouve les « robots » de Romavisaya, « le domaine de Rome », dans la *Lokapaññatti* (Eugène Denis, Paris, 1977, texte p. 157-161 et 175-177 ; trad. p. 141-144 et 153-154, intr. p. XLVI-XLVIII). Dans ce texte, le roi de Roma veut garder le secret des fabrications d'automates et en envoie un pour tuer à la cour d'Asoka un expert qui avait porté ses talents à Pāṭaliputra. En khmer, on a pareillement des machines de Röm volantes et coupeuses de têtes dans les mêmes conditions (cf. Jean Ellul, *Le mythe de Gaṇeśa*, dans *Seksa khmer*, n° 1-2, Paris, 1980, p. 92 sqq.).

L'influence d'une tradition technologique originale de l'empire romain est donc évidente dans certaines parties de la tradition légendaire de toute l'Asie du Sud. Elle est transportée inconsciemment en Chine et au Japon par la traduction de légendes bouddhiques où il est question d'automates (cf. E. Chavannes, *Cinq cents contes... du Tripiṭaka chinois*, Paris, 1910-1911, t. II, p. 12 sqq. ; t. III, p. 167 sqq.). Elle ne doit donc pas être oubliée malgré la vigueur du courant de sens inverse qui a porté les contes indiens en Europe (cf. Jules Valère).

331 Jules Valère, consul en 338 p.C., a rédigé vers 310-330 (vers 300 d'après Feldbusch) une traduction-adaptation du Pseudo-Callisthène grec (IIIe siècle p.C.) parvenu incomplet. Il en existe une version arménienne datant du Ve siècle, plus complète, retraduite en grec par Rasbe, Leipzig, 1896. Cf. M. Feldbusch, *Der Brief Alexanders an Aristoteles über die Wunder Indiens*, éd. synoptique, *Beiträge zur klass. Philol.* 78 (1976). L'exposé de Jules Valère, de la même époque que la lettre supposée d'Alexandre, concorde avec la teneur de celle-ci, mais contient d'autres détails non moins fantastiques en général.

332 Cf. Ps.-Callisthène, 2, 22, 17 ; 3, 1, 1-2 ; 3, 3, 1-4. — La facilité de la victoire sur Porus n'est pas aussi grande que dans la *Lettre*, et la bataille eut lieu en rase campagne. L'attaque par des animaux autres que des éléphants est en désaccord avec les récits anciens et avec la tradition guerrière indienne. Dans le *Rāmāyaṇa*, les animaux combattent pour Rāma, mais n'interviennent pas dans les batailles des hommes. Quant aux statues de bronze nombreuses chauffées à blanc, sur lesquelles se jettent les fauves, elle supposeraient, à l'époque d'Alexandre, un développement technique que l'archéologie n'a pas confirmé pour l'époque ancienne. De toute façon, le récit est absurde, et les fauves auraient senti la chaleur avant de se brûler.

333 Cf. Ps.-Callisthène, 3, 5, 1 sq. Les Oxydraques, c'est-à-dire les Kṣudraka, sont dits ici n'avoir aucun goût pour les arbres, mais Diodore de Sicile (17, 98), comme les commentateurs de Pāṇini (5, 3, 114) ont attesté le contraire. Cf. Pline, 6, 92, note 9, p. 121-122.

334 Sur l'entretien d'Alexandre avec les Gymnosophistes, cf. Plut., *Alex.* 64 ; Ps.-Callisthène, 3, 6, 1 ; v. A.-J. Festugière, *Trois rencontres entre l'Inde et la Grèce*, in *Rev. Hist. des Rel.*, (1942-1943), 125, p. 32-57.

335 Le soleil se lève à gauche pour qui fait face au Sud, mais les Indiens s'orientent vers l'est. Alors il poursuit sa course toujours vers la droite, c'est-à-dire le sud, pour ceux qui l'observent d'une latitude nord supérieure à celle du Tropique. Au-dessous du tropique, il passe au nord à midi pendant tout le temps où il se trouve à une latitude supérieure à celle du lieu d'observation. La position indiquée dans le coït est celle des mâles ; cf. la version arménienne du Ps.-Callisthène (p. 105, 9, apparat de l'éd. W. Kroll) :

« Nous faisons l'amour avec les femmes sur le côté gauche. » D'après la même version, l'insigne de la royauté est le sceptre.

336 Ps.-Callisthène, 3, 17, 2-3. « Nous y trouvâmes des indigènes aux allures féminines mangeurs de poisson. » Les Sabéens efféminés sont une réminiscence de Virgile, *G.* 1, 57, *India mittit ebur, molles sua tura Sabaei,* montrant que la traduction latine est arrangée et non littérale ; d'ailleurs, les Sabéens, qui habitent la côte sud-ouest de l'Arabie heureuse (le Yémen) n'ont rien à faire ici.

337 Ps.-Callisthène, 3, 17, 13 sq. Les hippopotames vivent en Afrique, non en Inde. Onésicrite, dont l'opinion est mentionnée aussi par Arrien, *Ind.* 6, 8, croyait à la présence de l'animal en Inde, mais non Aristobule (Strabon, 15, 1, 13 et 45). Cette erreur semble indiquer que déjà avait cours la confusion entre l'Inde et l'Afrique chez les Grecs du IVe siècle.

338 Ps.-Callisthène, 3, 17, 18 sq. Les bêtes, les scorpions et l'*odontotyrannos* sont à peu près les mêmes que dans la *Lettre* ; cf. aussi infra, Palladius. Quelques noms étranges y sont ajoutés au § 19, estropiés par la transmission du texte latin, et corrigés par les éditeurs d'après le Ps.-Callisthène : *taurelephantes* et *kynoperdikes*, proprement « tauréléphants » et « perdrix-chiens ». — § 20 : noter qu'au § 19 il s'agissait non d'un fleuve, mais d'un lac. — § 21 : le Ps.-Callisthène, 3, 17, 22 a *nyktalōpes* « qui voit la nuit », qui n'est guère satisfaisant : les animaux qui passent pour bien voir la nuit ne sont pas rares (cf. D. Gourevitch, *Le dossier philologique du nyctalope*, in *Hippocratica*, CNRS, 1980, p. 173 sq.). La leçon de Kübler *nyctalopices*, conforme à la tradition manuscrite, transcrit un **nyktalōpēx* « renard nocturne ».

339 Ps.-Callisthène, 3, 17, 27 sq. L'épisode des arbres prophétiques ne diffère pas de celui de la *Lettre*. Le passage placé entre crochets, qui interrompt le développement et dont la structure syntaxique ne s'intègre pas au texte, paraît être ou déplacé ou interpolé.

340 Cf. Ps.-Callisthène, 3, 26, 7. Jules Valère évite de parler de la retraite d'Alexandre devant la puissance des Prasiens et laisserait croire qu'il a pénétré dans leur territoire, quoiqu'avec précaution, mais toujours en conquérant. La remarque d'après laquelle la Prasiaca est restée à l'écart de la foule des hommes est inadéquate. Il s'agissait de l'empire du Magadha, le plus vaste du monde à l'époque d'Alexandre et voisin de l'Extrême-Orient, qu'ignoraient les Romains, même au temps de Jules Valère. Celui-ci note cependant, à juste titre, après les historiens anciens d'Alexandre, l'importance démographique et la puissance militaire de cet état. — Hypanis est mis pour Hypasis, dont le nom réel était Vipāśā.

341 Les *Serae* mentionnés par Arnobe (acc. *Seras*) sont les Cērar du Kerala, que Pline, 6, 88, nomme de même, tout en les confondant avec ceux d'Asie centrale, qu'il a appelés *Seres* en 6, 54.

342 Le reproche fait aux « idolâtres » d'adorer comme dieux des statues de matière inerte était déjà traditionnel et l'est longtemps resté (cf. en particulier Tertullien, *Apologétique*, 12, 1-2). Il ne tient pas pour les religions indiennes qui utilisent l'image matérielle comme objet de fixation psychologique sur l'être figuré et non sur la matière même de la figuration.

343 Optatien suppose gratuitement dans ces trois poèmes que les peuples de l'Orient, dont les Indiens, attendent lois ou bienfaits de Constantin et des Romains. La disposition écrite qu'il a faite de ses pièces de vers de manière à former des images, assez fréquente dans la littérature gréco-romaine (Théocrite, Ps.-Théocrite, Anthologie grecque et latine), se rencontre aussi, apparemment de façon tout à fait indépendante, en Inde, en poésie sanskrite et tamoule (*citrakavi*, cf. Pierre-Sylvain Filliozat, *Le Pratāparudrīya*, Pondichéry, 1963, p. 206 sq.).

344 Le porte-clef est le dieu Janus.

345 Pour les noms des épices, cf. Index. — Si Apicius a bien vécu entre 25 a.C. et 30-35 p.C., nous ne possédons de son traité *L'Art culinaire* (*De re coquinaria*) qu'un recueil composite, remaniement opéré vers 400 p.C. dans la langue de l'époque ; cf. J. André, éd. d'Apicius, Paris, Belles Lettres 1974, p. 12-14.

346 Indiens et Éthiopiens sont couramment associés voire confondus dans les textes grecs et latins de l'Antiquité, surtout aux époques où les relations commerciales étaient importantes avec les deux rives de la partie occidentale de l'océan Indien.

347 L'Inde désignée ici comme « ultérieure » l'est par rapport à l'Inde étymologiquement dite par son appartenance au bassin du Sindhu ou Indus et faisant partie aujourd'hui de l'Afghanistan, du Pakistan et du Panjāb. Il était traditionnel, depuis Ératosthène en tous cas (Strabon, 15, 1, 11), de faire de l'Indus la limite occidentale de l'« Inde » (cf. aussi Pline, 6, 56 ; Arrien, *Ind.* 2, 1), et c'est cette Inde délimitée par Ératosthène qui est appelée ici « ultérieure ». La limite septentrionale est, pour tous les auteurs, la chaîne de montagnes diversement nommée. L'orientale est océanique et correspond au Golfe du Bengale. Quant à la méridionale, elle est mieux définie ici que chez les auteurs précédents, en la désignant comme sérique. En effet il s'agit de l'océan Indien qui est celui des Cērar du Kerala, les *Serae* de Pline, 6, 88, avec lesquels le commerce de l'Empire Romain a été actif (dans Pline, 6, éd. p. 179, lire sous Cērar : Serae au lieu de Seres). Il se peut cependant que sérique soit employé ici dans un sens vague d'océan touchant à l'extrémité du monde oriental. Cf. Orose, 1, 2, 4 ; *Cosmographie*, 2, 6 ; v. infra, n. 366 et 407.

348 La *spica indica* ou la *spica nardi indica* est le *Nardostachys jatamansi* DC, plante très utilisée en thérapeutique indienne, par son rhizome odorant. — L'« oignon indien », *Allium cepa* L., est très usité en Inde, comme l'ail, *Allium sativum* L., mais ils étaient communs aussi en Europe ancienne, et l'identification est donc incertaine, car à quoi bon faire venir de l'Inde un végétal facile à trouver sur place ?

349 Le sel gemme indien s'appelle *saindhava* « du Sindhu », d'où « indien ».

350 Le terme de *cassia* (*casia*) peut désigner *Cassia fistula* L. des botanistes, une légumineuse qui est un purgatif (la casse équivalente au séné) ou des variétés grossières de cannelle (lauracées), en droguerie ancienne *Cassia lignea*, mais qui ont un parfum et des propriétés analogues à ceux de la cannelle de qualité (*Cinnamomum zeylanicum* Breyer). Ici, s'agissant d'une médication pour la toux, la casse purgative est exclue. Il faut entendre cannelle ou *cassia lignea*. Cette dernière est le plus souvent *Cinnamomum iners* Reinv. (cf. J. Filliozat, *J. des S.*, 1981, 2, p. 101).

351 Le terme de *crocus* désigne le vrai safran (*Crocus sativus* L.) ; cependant, ce crocus poussant en Grèce, comme en Inde, on peut se demander pourquoi il devait être spécialement indien. D'autre part, le vrai safran était parfois falsifié, étant donné son prix (cf. Pline, 21, 32 ; Dioscoride, 1, 26, 2). On appelle aujourd'hui le curcuma (*Curcuma longa* L.) « safran des Indes » ; il n'est pas prouvé que cette interprétation pouvait être valable au 4ᵉ siècle, mais les anciens avaient noté qu'il avait la couleur du safran (cf. Pline, 21, 117 et note 182 ci-dessus ; Dioscoride, 1, 5).

352 L'aloès médicinal le plus réputé est *Aloe socotrina* L., de l'île de Socotora au large de l'Arabie du Sud. L'*Aloe indica* Royle est aussi d'usage médicinal.

353 Le tamarin (*Tamarindus indicus* L.) est employé constamment en Inde comme substance acide tant en cuisine qu'en thérapeutique. *Tamarinda*, de l'arabe *tamarhendi* « datte indienne » dénonce l'Arabie comme intermédiaire entre l'Inde et le monde méditerranéen.

354 Le fleuve qu'est le Gange ne peut être une limite du pays. Il y a confusion avec l'Indus, limite occidentale selon Ératosthène ; cf. Dictys de Crète, 4, 4, supra.

355 Les *Indi* contre lesquels l'usurpateur maître de l'Égypte préparait une expédition sont sans doute les Blemmyes, peuple nomade et pillard d'Éthiopie, aux confins de l'Égypte.

356 *sandix* : la nature de cette « pourpre indienne » est indiquée clairement par un texte d'Élien, *H.A.* 4, 46, selon qui les rois de Perse portaient des vêtements teints avec une laque indienne produite par une cochenille (*Tachardia lacca*) donnant une matière colorante rouge sombre ; cf. P. Flobert, *La signification de sandyx*, in *Rev. Phil.* 38 (1964), p. 239.

357 Les *Seres* placés à côté des Bactriens peuvent être ceux d'Asie centrale, mais toute l'énumération est en désordre.

358 Ce texte ne considère que les mers qui vont de l'Inde de la région du delta de l'Indus jusqu'au golfe Persique et au-delà jusqu'à la côte orientale d'Afrique ; *iugerum* comme mesure de longueur = le plèthre grec, soit 29 m 6.

359 Le texte de la *Passio Thomae* et des *Miracula* est conforme à celui de l'édition de Klaus Zelzer, *Die lateinischen Thomasakten*, Berlin, Akademie-Verlag, 1977. Aucun des deux textes latins des Actes de Thomas, datant tous deux de peu après la moitié du ıvᵉ siècle (*ibid.*, p. XXV), n'est une traduction de la rédaction grecque, comme l'établit le tableau synoptique des p. XIII-XXII (texte grec dans M. Bonnet, *Acta apostolorum apocrypha*, II, 2, Leipzig, 1903, p. 99 sq.). Sur la légende de saint Thomas en Inde, v. Introduction, p. 15 et note 19.

360 Gundaforus, Gondapharès, iran. Vindapharna, m.i. Guduhvara, est connu de l'épigraphie et de la numismatique. Prince considéré comme d'origine parthe, ayant formé, au début du ıᵉʳ siècle de notre ère, un empire allant du Séistan jusqu'au-delà de l'Indus (cf. R. Ghirshman, *L'Iran des origines à l'Islam*, Paris, Albin Michel, 1976, p. 241), il exerçait sa domination sur le Nord-Ouest de l'Inde et il peut être appelé « roi des Indiens ». Les dates de son règne ne sont pas établies avec certitude, mais il a pu être contemporain de saint Thomas. Voir L. de La Vallée-Poussin, *L'Inde au temps des Maurya et des barbares, Grecs, Scythes, Parthes et Yue-tchi*, Paris, 1930, p. 278-280. D'autre part, la tradition des Chrétiens du Sud de l'Inde, qui s'appellent eux-mêmes « Chrétiens de saint Thomas », parle d'un roi du Sud, Kandappa ou Kandapar, qui est un nom propre tamoul (cf. P. Podipara, *The Indian Apostolate of St-Thomas*, in *The Saint-Thomas Christian Encyclopaedia of India*, vol. II, Trichur, 1973). Mais on ne connaît aucune attestation historique d'un roi de ce nom ; de plus, la tradition relative à ce roi est très tardive (xvıᵉ siècle). Il est possible que ce soit une fiction à partir du nom latin. L'identification avec Vindapharna est donc beaucoup plus vraisemblable.

361 Hieroforum, capitale de Gundaforus, reste non identifié.

362 L'allusion à un Alexandre, empereur romain vainqueur des Perses, ne peut concerner qu'Alexandre Sévère (222-238 p.C.), dont les parents étaient syriens. Il passait pour avoir été favorable aux chrétiens au point de placer le portrait du Christ dans son laraire (Lampride, *Alex. Sev.* 29). La campagne de Perse menée de 231 à 235 contre le roi Artaxerxès (le Xerxès de la *Passio*) se termina non par une brillante histoire, comme le prétend l'*Histoire Auguste* (*ibid.* 55), mais par une retraite. Le transfert du corps de Thomas de l'Inde à Édesse aurait donc eu lieu entre 235 et 238 p.C.

363 Cf. note 359 ci-dessus.

364 Mesdeus a été interprété par Sylvain Lévi comme représentant Vāsudeva, nom d'un roi Kuṣāṇa successeur de Kaniṣka, dont les monnaies ont en grec la forme *Bazodeo* (cf. *Saint-Thomas, Gondophares et Mazdeo*, in *Journal Asiatique*, I, 1897, p. 27-42). Mais la date attribuée par S. Lévi à ce roi Vāsudeva n'est plus acceptée ; il est maintenant situé au milieu du IIᵉ siècle. Quant à la tradition des Chrétiens de saint Thomas, elle place le royaume de Mazdeo dans le sud de l'Inde et le martyre de Thomas en un lieu précis appelé Chinnamalai à côté de Mayilāppūr (Mylapore, de nos jours quartier sud de Madras). Un interprète a même supposé un roi Pāṇḍya Matsyadeva « Roi au poisson », le poisson étant l'emblème de la dynastie Pāṇḍya, comme l'original du nom Mazdeo (K. S. Iyengar, cité par P. Podipara). Mais aucun roi de ce nom n'est connu dans l'histoire. La même tradition tient une tombe ancienne, dans la cathédrale moderne de San Thomé à Madras, comme étant celle de saint Thomas ; cf. Georg Schurhammer, *The Tomb of Mailapur* et E. R. Hambye, *Excavations at San Tome-Mylapore, February-April 1970*, in *The Saint-Thomas Christian Encyclopaedia of India*, t. II.

Calamina n'a pas été identifié avec certitude. Les chrétiens du Sud de l'Inde le situent à Mayilāppūr. Plusieurs noms ont été proposés comme originaux de Calamina : le nom tamoul *Chinnamalai* qui signifie « Petite Colline » par opposition à une plus grande colline dans la banlieue Sud de Madras et qui est aussi consacrée à la mémoire de saint Thomas ; ou l'expression tamoule *kallin mēlē* qui signifie « sur un rocher », saint Thomas ayant été martyrisé sur un rocher selon une légende locale ; ou bien encore le syriaque *Galmona* qui signifie « colline rocheuse », etc. ; cf. Rév. H. Hosten, *Antiquities from San Thome and Mylapore*, Calcutta, 1936, p. 305-314.

365 Le peuple de Diva paraît à rapprocher des Dives et Sérendives d'Ammien Marcellin, 22, 7, 10, qui représentent déjà les îles que les Arabes ont appelées *dīvā* et *sarandīb* (cf. Jean Sauvaget, *Relation de la Chine et de l'Inde*, Paris, 1949, p. 3-4 et notes p. 35-36). Il s'agit des archipels des Laquedives et Maldives et de Ceylan (*Sīhaladīpa*). Toutefois J. Desanges, *Annales d'Éthiopie*, 7 (1967), p. 146-148, propose assez arbitrairement de séparer les *Serendiui* des *Diui* qui, eux, n'auraient rien à voir avec Ceylan.

366 Les appellations d'Inde Majeure et Inde Mineure ont été diversement expliquées. L'Inde Majeure pourrait être la grande Péninsule Indienne et la Mineure le Bassin de l'Indus en contact et parfois en guerre avec les Iraniens. Quant au pays d'Axoum en Éthiopie, il n'est évidemment limitrophe d'aucune de ces deux Indes. L'erreur peut dépendre ici de la confusion courante des Indiens mélanodermes et des Africains, du moins de ceux du pays qui a conservé le nom d'Éthiopie et qui ont, comme les Indiens, des traits analogues à ceux des Européens. Elle doit dépendre aussi de confusions sur les pays qui commerçaient entre eux et dont surtout les produits arrivaient ensemble chez les marchands d'Alexandrie et de la Méditerranée orientale, comme le confirme le § 35.

Jean Rougé, dans son édition de l'*Expositio*, Paris, Sources Chrétiennes, 1966, p. 229-231, identifie l'*India maior* avec l'Inde, l'*India minor* avec la Nubie, conformément à la conception d'une Inde africaine dont l'Antiquité offre de nombreux témoignages ; v. notes 347 et 407.

Sericum est une correction du *triticum* de l'apographe faite d'après le texte de la *Descriptio* (cf. ci-dessous). Cependant J. Desanges, *Recherches sur l'activité des méditerranéens aux confins de l'Afrique*, Paris, 1978, p. 237, n. 219, maintient *triticum* et, du fait que l'*India maior* touche au pays d'Axoum, en conclut que l'*India maior* est africaine et que l'*India minor* en guerre avec les Perses représenterait l'Arabie du Sud, contre toute vraisemblance et malgré l'« innombrable multitude d'éléphants » signalée au § 18.

367 Ces philosophes ne sont pas localisés, mais leur endurance au froid permet d'y reconnaître des Indiens, les gymnosophistes d'Éthiopie n'ayant à craindre que la canicule. Ces ascètes qui supportent le froid le corps nu sont des montagnes du nord de l'Inde. Leur effort n'est pas toujours vain ni fait en vue de recommander leur doctrine, comme l'a cru Hilaire. Il ne s'apparente pas non plus aux macérations que se sont infligées beaucoup d'ascètes chrétiens. Il est le résultat d'un entraînement psychosomatique de maîtrise simultanée du corps et de l'esprit.

368 L'ambassade indienne à Auguste a été mentionnée par Auguste lui-même, par Strabon, 15, 1, 4, et 73, et par divers historiens latins. Cf. Index, s.v. Ambassades indiennes.

369 C'est Dion Cassius, *Hist. Rom.* 68, 29, qui nous montre Trajan arrivé à Charax, au voisinage du Golfe Persique, en 116 p.c., songeant à suivre l'exemple d'Alexandre et à pousser jusqu'en Inde. Il est douteux que cet esprit positif se soit arrêté à de telles chimères ; v. Jordanès, *Hist. Rom.* 268.

370 La fermeté des philosophes indiens et de la lettre supposée de Calanus pouvait à l'époque piquer d'émulation les chrétiens d'Italie.

371 Les précisions données sur le combat de l'éléphant et du serpent amplifient les allusions anciennes à cet événement fabuleux ; cf. les références à l'Index, s.v. éléphant.

372 Le ver à soie dit ici « indien » peut l'être effectivement, l'élève de ce ver se faisant en Inde et pas seulement en Chine. Le cocon, *kośa*, est déjà mentionné par Pāṇini, IV, 3, 42, à propos de la formation du mot *kauśeya* « soie, vêtement de soie ». Mais ici il vient des *Seres* fameux du nord, non des *Serae* du Kerala, qui ne font d'ailleurs pas l'élève du ver à soie. — Ce chou *(caulis)* dont le ver à soie prend l'aspect est issu d'un contresens de traduction. Le texte de Basile, *Hexam.* 79 A, porte *kampē* « chenille », qui a été lu et compris comme *krambē* « chou » ; cf. Eustathe, *Hexam.* 8, 8, correctement traduit par *eruca*.

373 La *Descriptio orbis terrae* d'Aviénus est la traduction du *Tour du monde (Periēgēsis)* de Denys le Périégète (IIᵉ-IIIᵉ siècle p.C. ?).

374 v. 756 : les Bistoniennes sont les Bacchantes, du nom du peuple thrace des *Bistones*.

375 v. 770 : L'île d'or *(aurea insula)* doit traduire littéralement *Suvarṇadvīpa* du sanskrit ou *Suvaṇṇadīpa* ou *dīva* du moyen-indien, désignant l'Asie du Sud-Est, la *Chrysé*. *Colias* (v. 774) correspond au *Coliacum* de Pline, 6, 86, et au *Kōry* de Ptolémée, 7, 1, 11 (cf. Pline, 6, comm., p. 116 ; 161-162). La constellation du Cancer, *Puṣya* en sanskrit, ne brûle pas spécialement au-dessus de Taprobane (Ceylan) ; la déclinaison de sa déterminatrice, δ, est proche de 20°. L'étoile culmine donc au zénith d'une latitude que n'atteint pas le nord de Ceylan (moins de 10°), mais cette étoile est célèbre dans toute la tradition indienne et singalaise. — De grands cétacés échouaient souvent sur les côtes de Ceylan, d'après Quinte-Curce, 9, 10, 10 ; 10, 1, 10-15 et Pline, 9, 4-5 ; 9, 8.

376 Le Cyrus est une rivière de la Perse passant à Persépolis. Il y a deux Choaspès, celui de Susiane (Hérodote, 1, 188), dont Cyrus buvait exclusivement l'eau, qu'il faisait transporter dans tous ses déplacements, et celui dont Strabon, 15, 1, 26, fait un affluent du Kophès qui est la rivière du Kābul, la Kubhā.

377 Le Scythe austral (par rapport aux nordiques de Haute Asie) doit représenter les Saka du Sākasthāna (Sīstan), dans le bassin de l'Hilmand (Erymandus ; cf. supra *Lettre d'Alexandre*, 40 et note 328) ou même faire partie de ceux qui, associés aux Pahlava dans le *Mahābhārata* et les textes des environs de notre ère, sont présentés comme étant intervenus jusqu'à l'est de l'Indus dès le IIᵉ siècle a.C. — La mer Rouge est ici l'océan Indien. Les informations qui suivent dérivent des textes anciens sur l'expédition d'Alexandre et aussi de renseignements de marchands sur la recherche de l'or et des pierres précieuses et sur l'artisanat de luxe, travail de l'ivoire et du jaspe (sur le jaspe, cf. Pline, 35, 115).

378 *Arabasque* correspond à *Aribas* de Denys, 1096, les *Arbii* de Pline, 6, 97, les *Arabeis* d'Arrien, *Ind.* 21, 8, à l'ouest de l'Indus. *Sagam* correspond à *Satraïdas* de Denys, 1097. Les *Sagae* (Sakae) sont une peuplade scythe de Bactriane et Sogdiane. L'association des *Arabes* (confondus avec les Arabes, comme semble l'indiquer l'épithète *molles* ?) et des *Sagae* est traditionnelle, cf. Catulle, 11, 5-6, *Arabasque molles/seu Sagas* ; Claudien, *Stil.* 1, 156-157.

379 Les limites de l'Inde sont à l'ouest l'Indus et à l'est le Gange. Le Caucase sous l'Ourse est l'ensemble des chaînes de Hindukuš et de l'Himâlaya.

380 Les *Dardanides* sont les Dardes (*Dardae*, Pline, 6, 67), qu'Avienus localise au confluent de la Vitastā et de l'Asiknī.

381 v. 1345, *Scodri* : correction de Cuspinianus d'après Denys, 1142, *Skodroi* ; — v. 1347, *Peucaleum populi*, correction de Cuspinianus d'après Denys, 1143, *Peukelēōn* ; les manuscrits ont la leçon *Hylleum*, qui, selon P. van de Woestijne (*Ant. Class.* 24 (1955), p. 130, et éd. d'Avienus, Bruges, 1961), rendrait une faute *Hyllēōn* de son modèle défectueux. Ce sont les *Peucolitae* de Pline, 6, 78, habitants de Peucolatis ou Peucolis (Pline, 6, 62 ; 94), la métropole ancienne du Gandhāra, c'est-à-dire Puṣkalāvatī. — Sur les *Gargaridae*, mis pour *Gandaridae* ou *Gandari*, habitants du Gandhāra, cf. Pline, 6, 48, note 1, p. 62.

382 L'Hypanis aurait dû être écrit Hypasis, car il est la Vipāśā, mais la confusion est fréquente et Strabon, 15, 1, 5, a déjà la forme Hypanis. Le Cymander pourrait représenter l'Erymandus, mais c'est l'Hilmand d'Arachosie plus à l'Ouest.

383 *Gangetidis* est une correction de Cuspinianus (*drancitis, -cidis* codd.) d'après Denys, 1147, *epi Gangētida khōrēn*.

384 *arceat alituum... uolatum* : explication du nom du rocher Aornis par une étymologie populaire, du gr. *a* privatif + *ornis* « oiseau » ; cf. Denys, 1150-1151 : « très haut, inaccessible aux oiseaux rapides ; aussi l'a-t-on nommé Aornis ».

385 Cette ambassade a dû se placer entre 148 et 155 p.C., période où Antonin le Pieux rétablit la paix générale en Orient.

386 L'oiseau de Phébus est la corneille. L'oiseau merveilleux du Gange est ici le Phénix, appelé « oiseau indien » dans Lucien, *Nav.* 44, et Philostr., *Vita Apol.* 3, 49, etc. Ausone donne le même calcul de l'âge du Phénix dans le *De aetatibus animantium Hesiodion*, *Egl.* 5, v. 1-6, mais sans faire mention du Gange. — Les nids de cinname, c'est-à-dire de cannelle, sont ceux qui sont mentionnés par Hérodote, 3, 111, comme appendus à des parois inaccessibles, mais qu'on fait tomber en livrant aux oiseaux des quartiers de viande pesants, qu'ils emportent dans ces nids faits ou garnis de bâtons de cannelle, bâtons qu'on ramasse ensuite au sol. Pline, 12, 85, a bien vu qu'il s'agissait d'un conte de marchands fait pour augmenter le prix de la marchandise. Sur les nids de cinname dans le mythe du Phénix, cf. J. Hubaux - M. Leroy, *Le Mythe du Phénix*, Liège, 1939, p. 70-79.

387 Batné, ville de la province de l'Osroène, sur l'emplacement de l'actuelle Suruç, près des rives de l'Euphrate, en Turquie, cf. R. Ghirshman, *Les Chionites Hephtalites*, Le Caire, 1948, p. 81. Il s'y tenait une foire internationale annuelle.

388 Sur les Dives et les Sérendives, cf. supra, *Expositio*, 15, et note 365.

389 Aulion, grotte de Paphlagonie. Callichorus (gr. *Kallikhoros* « aux belles danses ») fleuve de la même région.

390 La Mésopotamie est à l'ouest de la Perse, non au midi, et la Perse est bien loin de s'étendre jusqu'au Gange. Dans ce texte, une seule assertion, celle du partage du territoire des Indiens par le Gange, est explicable, quoique fausse, car déjà avancée par Ptolémée, comme l'a observé Jacques Fontaine dans son édition d'Ammien Marcellin, *Histoire*, Paris, 1977, t. IV, p. 66). Celle de l'extension de la Perse jusqu'au Gange, comme il l'a supposé, s'explique par une confusion entre Indus et Gange, l'Inde, du moins celle du bassin de l'Indus, ayant été occupée par les Perses durant deux siècles avant l'expédition d'Alexandre. Il est exclu, et pas seulement moins probable, que la confusion ait pu être due à une déduction d'Ammien Marcellin à partir d'une idée de l'extension des royaumes grecs de l'Inde en direction du Gange supérieur, où la tradition grecque aurait localisé la capitale Palibothra. Les Indo-Grecs n'ont pas pu être confondus par Ammien avec les Perses d'avant Alexandre (la limite de l'expédition d'Alexandre à la rive droite de l'Indus est un lapsus pour Hyphase dans le texte de J. Fontaine).

391 Sur Zoroastre et l'Inde, cf. J. Bidez — F. Cumont, *Les Mages hellénisés*, Paris, 1938, t. I, p. 27 ; II, p. 33 ; 96, n. 2 ; 156, n. 3.

392 Sur Alexandrie d'Arachosie, située près de l'actuelle Kandahar, cf. A. Foucher, *La vieille route de l'Inde...*, p. 200-202, et Paul Bernard, *Un problème de toponymie antique dans l'Asie centrale : les noms anciens de Kandahar*, in *Studia Iranica*, 3 (1974), fasc. 2, p. 171-185, où, p. 182, le démarcage de Ptolémée par Ammien est mis en évidence. Cf. aussi J. Fontaine, éd., t. IV, comm., p. 120-121, où, n. 256, est relevée l'existence actuelle d'un toponyme *Chusp* en Carmanie. On peut aussi penser à une confusion avec Choaspès pour expliquer Choaspa. Sur Ragirava mystérieuse et « Port aux femmes », cf. J. fontaine, n. 258.

393 Les huîtres perlières célèbres vivaient en effet dans le golfe Persique et dans les eaux indiennes. Elles tiennent naturellement une grande place dans les lapidaires anciens. Ammien fait partiellement, mais correctement, écho à leur légende de la formation des perles d'huîtres (car il en existe de sept autres provenances, d'ailleurs fabuleuses). Le corps du puissant *asura* (ou Titan) Bala, offert par les dieux en sacrifice cosmique (*makha*), se résout en pierreries en tombant du ciel : « La rangée de ses dents, épandue dans le ciel comme la guirlande des constellations,... tomba dans les eaux du maître des eaux (l'Océan). Dans tout lieu de l'Océan, lequel, de par la splendeur des faisceaux de rayons de la Pleine Lune, excelle en pierreries, est de grande qualité (dans tout lieu) de l'Océan où tomba ce beau germe de joyau qu'est la pierre de perle, là, l'eau épandue par les nuages, une fois qu'elle se trouve dans les coquilles, dès qu'elle a atteint la semence fixée dans les coquilles, gagne la nature de la perle. » Les constellations en question ont pour roi la Lune, l'Océan resplendit comme une masse de pierreries sous la Pleine Lune, les splendeurs du ciel qu'il reçoit donc avec l'eau du ciel viennent incessamment se mêler aux germes antiques que sont les dents de la victime primordiale (nakṣatramāleva dive vakīrṇā dantāvalī tasya mahāsurasya... payaḥsu patyuḥ payasāṃ papāta, sampūrṇacandrāṃśukakāpakānter maṇipravarasya mahāguṇasya yasmin pradeśe mbunidheḥ papāta tac cāru muktāmaniratnabījam, tasmin payas toyadharāvakīrṇam śuktisthitam mauktikatām prayāti tac chuktikāsu sthitim āpa bījam... *Ratnaparīkṣā* par Buddhabhaṭṭa 72-74, éd. L. Finot, *Les lapidaires indiens*, p. 18, traduction différente). Le lapidaire où se trouve cette légende n'est pas daté, mais il est connu de Varāhamihira (VIᵉ siècle). La mention par Ammien à la fin du IVᵉ siècle des gouttes tombées du ciel se mêlant à la substance des huîtres pour former les perles atteste l'existence et la propagation de cette légende à son époque. Cette même légende est reprise presque dans les mêmes termes dans le *Garuḍapurāṇa*, chap. 69. Elle se retrouve dans un autre lapidaire, l'*Agastimata*, 108, où la conjonction qui produit la perle est celle de Svāti et Parjanya. Parjanya est le dieu de la saison des pluies, qui commence aux environs du solstice d'été, ou un peu plus tard. Svātī est l'étoile Arcturus. Un autre lapidaire encore, la *Navaratnaparīkṣā* 69 (Finot, p. 153), indique qu'il s'agit du temps où le Soleil est en Svāti (svātyāṃ sthite *ravau*). Dans le système zodiacal d'origine grecque, ceci voudrait dire que le soleil en ce temps était dans la Balance (qui englobe Svāti), mais reporterait à quelque 13 000 ans dans le passé, si le soleil devait être au même moment au solstice d'été. C'est sans doute ainsi que l'auteur de la *Navaratnaparīkṣā* comprenait sans se soucier de chronologie, mais l'union de Svāti et Parjanya doit s'entendre dans l'ancien système des repères luni-solaires, les *nakṣatra*. Svāti (Arcturus) est l'un d'eux et elle apparaît au méridien après le coucher du soleil aux basses latitudes indiennes et aux temps historiques, quand le soleil est dans le Cancer vers le solstice et l'ouverture de la saison des pluies. Chez Ammien, nous avons aussi l'écho d'une information de bonne source indienne sans son allusion à une saison déterminée de l'année.

Mais l'allusion à une saison déterminée, mais non précisée, se trouve déjà bien anté-rieurement à Ammien : sur la « conception » des perles fécondées par la rosée, cf. Pline, 9, 107 : « lorsque la saison de la fécondation les a stimulées », et auparavant dans Isidore de Charax, géographe de l'époque d'Auguste *ap.* Athénée, 93 e-f (en cas de ton-nerre et de pluie) ; cf. aussi Solin, 53, 24 et Isidore de Séville, *Etym.* 16, 10, 1.

394 Les brâhmanes ne planent pas parmi les autels. Tout au plus avaient une marche solennelle assez raide ceux qui utilisaient les sandales de bois qui ne tiennent pas au pied et doivent être poussées en avant par un simple piton de bois planté entre le gros orteil et son voisin. Cependant Philostrate, *Vie d'Apollonios*, 3, 15, fait état de cas de lévitation des brâhmanes à deux coudées (0 m 888) du sol. Ceci se rapporte à la tradition indienne relative aux *siddha,* les « Parfaits », possesseurs de *siddhi* ou pouvoirs merveilleux.

395 Le peuple iranien des Alains, sorti du Turkestan au Iᵉʳ siècle de notre ère, se tourna d'abord au sud contre le faible empire parthe ; mais, quand celui-ci fut remplacé en 226 par les Sassanides, il orienta sa poussée vers l'ouest et suivit à la fin du IVᵉ siècle les Goths à travers l'Europe.

396 Iacchus est un nom mystique de Bacchus. — L'améthyste, mal distinguée dans les lapidaires indiens des autres variétés de quartz, n'est pas réputée, comme elle l'a été chez les Grecs. Elle semble mentionnée ici par simple association d'idées avec le Bacchus « indien ». Le mot *amethystos*, de gr. *a* privatif + *methy* « vin », a le sens de « remède contre l'ivresse » ; voir les explications de Pline, 37, 121 et Isidore, *Etym.* 16, 9, 1. Selon A. Clausing, *Der Amethyst*, in *Glotta*, 20 (1932), p. 292, la pierre tirerait son nom de sa couleur, qui est celle du vin rouge mêlé d'eau, « au point de ne pouvoir enivrer ».

397 « De l'Inde à l'Éthiopie » paraît signifier simplement « au deux bouts du monde ». Le royaume de Babylone, au temps d'Assuérus et d'Aman, ni en aucun autre, n'a compris ni l'Inde ni l'Éthiopie. Seul l'empire achéménide, qui a succédé à Babylone, a empiété sur ces régions.

398 Hydaspe est employé par métonymie pour désigner l'Inde dans *Paneg. Prob.* 80 ; *Cons. Manl.* 29 ; *Rapt. Pros.* 2, 82 et 3, 325. Elle est désignée par le Gange dans le texte suivant, v. 163, et dans *In Ruf.* 1, 293 ; *Panég. III. cons. Honor.* 203 ; *Cons. Mil.* 1, 266, très mal à propos, en évoquant Porus sur son éléphant.

399 Rufin, ministre des empereurs Théodose et Arcadius, célèbre par sa cupidité et ses cruautés, assassiné en 395. Allusion au marais et à l'hydre de Lerne.

400 Honorius, fils de Théodose, auquel il succéda en Occident, et frère d'Arcadius, empereur d'Orient.

401 Gildon, fils d'un roi maure, chargé d'un grand commandement en Afrique, révolté contre Honorius. La Trinacrie est la Sicile.

402 Eutrope, ministre d'Arcadius, était eunuque.

403 Les oiseaux constellés de Junon sont les paons, les oiseaux verts sont les perroquets.

404 Pella était la capitale de la Macédoine.

405 Dans l'armée de Théodose auraient figuré des contingents orientaux d'après Claudien, et on sait par Zosime (4, 30 ; 33 ; 39) qu'il enrôla des Barbares en grand nombre ; on connaît des Huns, des Arméniens, mais des Indiens ?

406 Allusion aux ambassades auprès d'Auguste et d'autres empereurs ; cf. Index, s.v. Ambassades.

407 Le nom d'*India* a été dans la latinité tardive donné à diverses régions avec de nombreuses confusions ; cf. notes 347 et 366. Ici *India citerior* est l'Arabie, *India ulterior* l'Inde. Le texte continue par le récit de la captivité des deux jeunes gens, Édesios et Frumence, qui entreprirent vers le milieu du IVᵉ s. la conversion des Indiens. A leur retour, Frumence, l'« apôtre de l'Abyssinie », fut consacré évêque d'Axoum par Athanase.

408 La guerre contre Porus ayant eu lieu en 326, la fondation de Nysa se daterait donc de 1330 a.C. Les quatre textes de la *Chronique* sont des références traditionnelles à l'expédition d'Alexandre et à l'ambassade reçue par Auguste.

409 Il est exact que la tradition légendaire indienne fait descendre du ciel la Gaṅgā, c'est-à-dire le Gange, *Rāmāyaṇa*, I, 43 ; *Mahābhārata*, III, 107, 108, etc. La Gaṅgā est priée de descendre sur la terre pour purifier de ses ondes soixante mille princes morts dans un gouffre, et qui, sans cela, ne peuvent accéder au ciel. Elle descend, pour amortir la chute, sur la tête de Śiva et vient finalement remplir le gouffre qui est aujourd'hui le Golfe du Bengale. Une autre légende la fait sortir du pied de Viṣṇu au-delà du cosmos et tomber sur le mont Meru, axe du cosmos (*Siddhāntaśiromaṇi*, 3, 37). — Le Gange traverse les régions sans entourer aucun pays. Le fleuve Cephen est une variante de *Kōphēn* d'Arrien, *Ind.* 1, 1, donné sous la forme *Cophen* par Jérôme (*ibid.*, p. 144) d'après Flavius Josèphe. Tout le texte dérive manifestement de la Bible et de Flavius Josèphe. Cf. *Genèse*, 2, 10-12 : « Un fleuve sortait d'Eden pour arroser le jardin et de là se divisait pour former quatre têtes : Pishon. C'est lui qui contourne tout le pays de Hawilah où se trouve l'or, et l'or de ce pays est bon » (trad. E. Dhorme, Pléiade, I, 7). Le pays de Hawilah (Evila) serait à chercher en Arabie. Hawilah (Evila) est aussi le nom d'un arrière-petit-fils de Noé (*Genèse*, 10, 7). Le fleuve Pishon (*Phison, Fison*) n'est pas identifié. Pour *Hieria*, cf. Flavius Josèphe, *Ant.* 1, 6, 4, et note 514.

410 Cf. note 409, et Isidore, *Etym.* 13,21,8 ; Flavius Josèphe, *Ant.* 1, 1, 3 et note 514.

411 Ophir, Sofera et Sophir ont donné lieu à maintes propositions variées d'identification en Inde et aussi en Afrique. On a pensé au peuple des Ābhīra, sur lesquels v. B. C. Law, *Tribes in Ancient India*, Poona, 1943, p. 79-81. Sophera et Sophir font songer à Sobhari ou Sobharī, chantre des dieux Aśvin, auteur d'une série d'hymnes, *Ṛgveda*, VIII, 19 à 20, et chef d'un groupe humain. Mais ce groupe n'est pas lui-même localisé et il n'en est plus question après le *Ṛgveda*. Mais, pour les auteurs chrétiens qui, comme Jérôme, suivent l'*Écriture*, Ophir, le pays de l'or, est à situer, selon toute vraisemblance, sur la côte sud-ouest de l'Arabie. Cf. 1 *Reg.* 9, 28 : « Ils arrivèrent à Ophir, d'où ils se procurèrent de l'or, quatre cent vingt talents, qu'ils rapportèrent au roi Salomon » (trad. E. Dhorme, Pléiade, I, 1073).

412 Sofera = Ophir, cf. n. 411.

413 La mention du Buddha comme fondateur de la secte des Gymnosophistes, né du flanc d'une vierge, est une des rares allusions au bouddhisme dans la littérature gréco-latine. Elle atteste surtout l'indigence des notions reçues en Europe à cet égard. La confusion des bouddhistes avec les gymnosophistes, philosophes nus, est grossière et se trouve plaisante : la règle canonique impose aux moines bouddhistes trois robes (*ticivāra*). La légende bouddhique fait bien naître le Buddha par le flanc de sa mère, mais celle-ci n'est pas une vierge, elle est l'épouse du roi père du Buddha. Le nom du Buddha avait déjà été mentionné en grec par Clément d'Alexandrie (150-217 p.C. ; *Stromates*, 1, 305), mais simplement comme adoré en raison de sa sainteté.

414 Les femmes qui montent vivantes sur le bûcher de crémation de leurs maris, les *satī*, les « vraies » ou « bonnes » (épouses), étaient célèbres depuis longtemps chez les Romains, cf. note 6, et Index, s.v. bûcher. L'assertion de Jérôme qu'en mourant ainsi la veuve refuse de secondes noces est conforme à la doctrine de tous les Pères de l'Église demandant aux veuves de ne pas se remarier et de garder la chasteté ; cf. dès le milieu du IIe siècle, Tertullien, *Ad uxorem*, 1, 1, et surtout Jérôme lui-même, dans toutes ses œuvres et surtout dans sa correspondance avec les saintes femmes, cf. *Epist.* 54, *Ad Furiam de uiduitate seruanda*, etc. La chasteté de l'Indienne préférant mourir plutôt que de contracter un nouveau mariage lui paraissait une confirmation de son enseignement.

415 Contrairement à beaucoup d'autres auteurs qui ne considèrent que l'empire romain, Jérôme était assez informé pour savoir et reconnaître qu'il y avait d'autres empires de même importance à son époque.

416 Bardesané (Bar Daisan), d'Édesse en Mésopotamie occidentale, mort en 222, hérésiarque rangé parmi les gnostiques valentiniens, mais également érudit (cf. Hier., *uir. ill.* 33). Sur le personnage, cf. J. Filliozat, *Journal des Savants*, 1981, 2, p. 132. Il distinguait, selon les sources du temps d'Alexandre, brâhmanes et samanes et rappelait les clichés habituels sur eux. Les brâhmanes ne sont pas une classe de gymnosophistes, bien qu'ils puissent devenir gymnosophistes et aussi samanes par vocation. Il est exact que tous ont été généralement vénérés des rois, heureux de consulter les brâhmanes et d'avoir la présence d'ascètes dans leurs royaumes. Le Gange signifie ici l'Inde tout entière.

417 Saint Jérôme semble avoir étendu à tout l'Orient la pratique des phylactères portés au front en particulier par les Juifs pendant la prière, cf. Hier., *In Matth.* 4, 23, 5, etc.

418 Cf. *Jonas*, 1, 3 : « Jonas se leva pour fuir à Tarsis, loin de la face de Iahvé et il descendit à Jaffa, où il trouva un navire partant pour Tarsis. Il paya sa place et descendit à l'intérieur pour partir avec eux à Tarsis, loin de la face de Dieu » (trad. E. Dhorme, Pléiade, II, 766). On admet généralement qu'il s'agit de la colonie phénicienne de Tartessos en Espagne. Cependant J. Arce, *Tharsis-India-Aethiopia : a proposito de Hieron., Ep.* 37, in *Rivista di Studi fenici*, 5 (1977), p. 127-130, note que saint Jérôme, en aucun cas, ne nomme Tharsis comme le nom d'une contrée d'Occident et qu'on peut hésiter entre l'Inde et l'Éthiopie. Du côté indien, aucun nom de ce genre n'apparaît. Cf. W. Tyloch, *Le problème de Taršīš à la lumière de la philologie et de l'exégèse*, in *Actes du 2e Congrès Intern. d'étude des cultures de la Méditerranée occidentale*, t. II, p. 46-51, Alger, 1978 — Sur l'or de Tharsis, confusion de saint Jérôme, cf. I *Rois*, 22, 49 : « Josaphat (roi de Juda) avait fait faire des vaisseaux de Tarsis pour aller à Ophir chercher de l'or » (Pléiade, I, 1134) ; pour Salomon, cf. note 411 ci-dessus. — L'identification de Tharsis avec Tarse de Cilicie repose sur la substitution du *tau* grec au *teth* de l'hébreu.

419 Souvenirs de la Vie romancée d'Apollonios de Tyane (Ier siècle p.C.) écrite par Philostrate au début du IIIe siècle. Le voyage eut lieu en 19 p.C.

420 Cf. *Passio sancti Thomae apostoli*, et n. 362.

421 La doctrine indienne de la transmigration est celle de l'individualité psychique formée des enregistrements inconscients des expériences psychologiques traversées, individualité dynamique qui ne se dissout pas après la mort du corps et qui, grâce à son dynamisme, tend à reprendre un nouveau corps pour y réaliser les pulsions de ce dynamisme. Elle est, selon les écoles, considérée comme seule réalité immatérielle dans l'individu vivant ou comme fondée sur une personne ou âme unitaire.

422 Sur Ophir, cf. note 411.

423 Le célèbre catéchète alexandrin Pantène de Sicile, stoïcien converti, missionnaire dans l'Inde vers 190 p.C., d'après Eusèbe, *Hist. eccl.* 5, 10 ; cf. A. Mingana, *The early Spread of Christianity in India*, in *Bull. of the John Rylands Library*, 10 (1926), p. 443.

424 *Cf. Expositio totius mundi*, 17. — *uniones* « oignons », désigne aussi des perles de grosse taille, cf. Pline, 9, 112. Pour la correction *Axumam*, cf. J. Desanges, *Mélanges Senghor*, 1977, p. 117-120. Il est surprenant que saint Jérôme fasse état d'un an pour le trajet, quand les auteurs anciens, à commencer par Strabon et Pline, en attestaient plutôt la facilité. Le délai d'un an indiqué doit résulter d'une confusion de l'aller avec l'aller et retour. En effet la régularité relative des moussons dans l'océan Indien permet souvent la traversée de l'océan Indien aller et retour dans la même année (cf. Pline, 6, 106). On peut rapprocher quant à la durée du voyage le texte d'un Itinéraire grec découlant d'une source antérieure au IVe siècle (*Itinéraire du Paradis d'Eden au pays des Romains*, éd. J. Rougé, à la suite de l'édition de l'*Expositio*, p. 346-355 ; pour la date, *ibid.*, p. 62), dont nous donnons la traduction : « De l'Inde à Axoum on navigue sept mois. Il y a des Chrétiens et des Grecs. D'Axoum on navigue par la mer Erythrée et on arrive dans la petite Inde en cinq mois. Il y a des Chrétiens et des Grecs. »

425 Expression proverbiale, cf. Isidore, *Etym.* 17, 9, 59.

426 La réputation des étoffes peintes de l'Inde était donc établie déjà pour saint Jérôme, qui en fait état en traduisant *Job* ; mais, dans la version rabbinique, c'est l'or d'Ophir, et non les étoffes peintes de l'Inde, qui paraît en *Job*, 28, 16. Cf. saint Jérôme, *De situ*, p. 144 et 149 ; Eucher, *Instr. 1, Job 1* ; Grégoire le Grand, *Instr. Job*, 46.

427 Cf. ci-dessus, note 418.

428 Évocation de lieux communs de l'ancienne littérature sur Alexandre.

429 Bagasdara, ville inconnue de l'Inde, qui correspond à Ora du récit de Quinte-Curce, 8, 11, 1. — *Mons Aornus* (var. *Aornis*) : dans Priscien, *Périeg.* 1055-1056, le nom est expliqué au contraire comme « sans oiseaux », cf. note 510. — 17 stades = 3 km 020. Les oiseaux imitant la voix humaine peuvent être des perroquets, mais surtout des mainates.

430 Sophites, Sobhita, cf. note 90. Sur les chiens de chasse féroces, cf. Quinte-Curce, 9, 1, 31-34. Sur le croisement (impossible) des chiennes et des tigres, cf. Pline, 8, 148 ; Solin, 15, 11.

431 Ce texte admet que les gymnosophistes n'étaient pas complètement nus, surtout dans la région visitée par Alexandre. La lettre supposée des philosophes indiens à Alexandre et l'échange ultérieur de questions et réponses répondent à un genre littéraire qui a eu son pendant en Inde dans le *Milindapañha*, discussion du roi indo-grec Ménandre et du Bouddhiste Nāgasena. Ici, il s'agit de sages brahmaniques, non de bouddhistes, ceux-ci étant inconnus d'Alexandre et de ses compagnons, parce que non encore installés ou non encore importants dans la région de l'ouest (cf. J. Filliozat, *J. des Sav.*, 1980, 2, p. 106). Une lettre semblable est donnée aussi par Philon, *Q. omn. prob. lib.* § 16, et Ambroise, *Epist.* 37, 34-35 ci-dessus. Le texte du § 73 est trop lacunaire pour pouvoir être restitué, sinon arbitrairement.

432 Voir un questionnaire analogue dans Plutarque, *Alex.* 64, et ci-dessous *C.G.L.* 3, 385, 58 sq.

433 Notion correcte sur la direction générale du cours du Gange vers l'est, alors que Ptolémée, généralement suivi, le faisait couler du nord au sud en lui faisant limiter l'Inde à l'est (7, 1, 1).

434 Assimilation de l'Inde à la Médie datant de l'époque de la domination achéménide. Le *piperi*, à cette époque, est appelé dans la *Collection hippocratique* tantôt médique, tantôt indien (J. Filliozat, *La doctrine classique de la médecine indienne*[2], Paris, 1975, p. 212) ; sur indien/mède, cf. Servius et Scolies de Berne, *ad Virg., G.* 4, 211.

435 Allusion à l'ancienne notion de gymnosophistes ; cf. Index, s.v.

436 Le lycium indien est *Berberis lycium* Roxb., cf. notes 65 et 157.

437 Il est exact que les éléphants de l'Inde atteignent une plus grande taille que ceux d'Afrique, mais ce sont aussi ceux qu'on peut domestiquer ; cf. Térence, *Eun.* 410-413, et Index, s.v. éléphant.

438 Servius ne connaissait pas le cocon du ver à soie, d'où son hypothèse de vers tissant une toile. La « laine d'arbre » est le nom généralement donné au coton des Sères (*Gossypium arboreum* L.), mais celle « qui vient partout » représente sans doute les usnées, lichens suspendus aux branches, particulièrement des conifères, employés, semble-t-il, parfois comme textile d'après Pline, 5, 14.

439 Les plus grandes forêts sont dans les régions montagneuses, non au bord de la mer.

440 Les Gangarides à l'est des gens de l'Indus sont bien loin eux-mêmes à l'est de l'Indus, et Auguste n'a jamais pu songer à les vaincre. S'ils sont confondus avec les Gandarides, les gens du Gandhāra, c'est Alexandre et non Auguste qui les a combattus. La confusion d'Assyrie avec Syrie a dû jouer ici, certains ont cru que la Syrie était voisine de l'Inde ; cf. Flavius Josèphe, *Ant. Jud.* 1, 6, 4 ; Isidore, *Etym.* 9, 2, 41.

441 Le texte placé entre crochets est donné seulement par le Servius de Daniel. L'« Hydaspe mède » peut s'expliquer par l'assimilation Inde/Médie (cf. Vibius Sequester, 76) de l'époque achéménide, non par l'hypothèse de Servius imaginant les Mèdes conduits par Alexandre contre Porus.

442 Le « sommet de Nysa » était l'Aornos (Aornis) ou le Meros de la légende d'Alexandre ; cf. Index, ss.vv.

443 Le décompte des Bouches du Gange est vain, car elles se confondent avec celles du Brahmaputr. De toute façon, ce décompte n'était pas à la portée des Européens ; cf. Mela, 3, 68.

444 Homère, *Odyssée*, 4, 221. Le népenthès (*nēpenthes* « qui chasse les chagrins ») est une drogue de composition inconnue dont use Hélène pour égayer un banquet ; cf. Théophraste, *H.P.* 9, 15, 1.

445 Ce que produit l'Inde comme médicaments connus des Grecs et Romains a été mentionné en partie maintes fois en plus du poivre, qui chauffe la bouche et est de ce fait considéré comme antidote du froid. Ils ont été systématiquement répertoriés par Dioscoride dans sa matière médicale (éd. Wellmann, Berlin, 3 vol., 1914 ; réédition 1958).

446 Ce sont là, comme l'a reconnu R. Goossens, *Vilis sapientia*, in *Latomus* 6 (1947), p. 197-205, des philosophes cyniques comparés par leur costume aux gymnosophistes indiens ; la massue d'Hercule (*claua Herculis*) est la matraque sur laquelle ils s'appuyaient (August., *Ciu.* 14, 20). Ils se distinguaient des Stoïciens en ce qu'ils ne portaient pas la *tunica*, mais le *pallium* ; et c'est pourquoi Juvénal les traite de *nudi* (Juv. 14, 309 ; cf. 13. 122). La « nudité » des gymnosophistes est due moins à leur mépris des choses du monde qu'à l'étonnement des Grecs d'Alexandre de voir des philosophes en vêtements légers. Churchill qualifiait Gandhi de « fakir tout nu ».

447 Dès le ivᵉ siècle, avec saint Ambroise (*In Psalm*. 45, 21, 4), Pères de l'Église et écrivains chrétiens émettaient l'idée que la grandeur de l'Empire Romain avait été voulue par la Providence pour favoriser une prédication rapide du Christianisme ; cf. P. Courcelle, *Histoire littéraire des grandes invasions germaniques[3]*, Paris, 1964, p. 24 et 256. Mais l'idée de la grandeur de l'Empire romain était exagérée par l'ignorance où l'on était en Occident de celle des Empires asiatiques.

448 Le cap au sud-est duquel se trouve Taprobane est le cap Comorin. Son nom original tamoul est Kumari (*Kaniyakumari*, skr. *kanyākumārī*), mais auquel on ne peut ramener Caligardama ou ses variantes. L. Renou, dans son Index de Ptolémée, livre 7, renvoie à Karikardama de 7, 1, 80, ville non identifiée qui serait proche des bouches du Gange, mais la latitude indiquée par Ptolémée (20° 15') est trop basse pour que cette ville en soit proche. En tout cas, le cap en question et Taprobane sont à gauche des bouches du Gange. Il faut donc chercher à l'est le cap Samara, qui se trouve à droite et au sud de l'extrémité du « Caucase », c'est-à-dire des chaînes himâlayennes. Il s'agit donc de la pointe de la Birmanie avec le cap Negrais à l'extrémité sud de la chaîne montagneuse d'Arakan (appelée ici Taurus) et avec le delta de l'Irrawaddy, ici fleuve Ottorogoras (ou -gurra). Ce dernier nom est celui des légendaires Uttarakuru (Pline, 6, 55, note 6, p. 78-79), peuple du nord. Nombre de noms indiens ont été transportés en Asie du sud-est, commençant à la Birmanie, où se retrouve le nom de l'Irrawaddy (l'Irâvatī indienne, l'Hydraotes des Grecs). Les fleuves coulant du nord au sud sont facilement considérés comme venant du pays des Uttarakuru. De même, R. Dion a placé les Hyperboréens dans un prolongement septentrional de la vallée du Rhône en invoquant la froideur du mistral qui en aurait donné l'idée (*Aspects politiques de la géographie antique*, Paris, 1977, p. 260 sqq.), mais déjà Apollonios de Rhodes les plaçait près des sources de l'Éridan et du Rhône (cf. E. Delage, *La géographie dans les Argonautiques d'Apollonios de Rhodes*, Paris, 1930, p. 197-198). L'océan Oriental et l'océan Indien paraissent se confondre chez Orose et s'étendre de Taprobane aux bouches de l'Irrawaddy, où commence l'océan Sérique. A partir de là, on entre en effet, sinon dans la mer de Chine, du moins dans les eaux de l'Indochine.

449 Cathippi, Safris ne sont pas identifiés. Les Dahae sont ceux de Pline, 6, 50 ; les Sacaraucae, apparemment des Scythes, les Sakarauloi de Strabon, 11, 8, 2, Sarauacae de Trogue Pompée, *Prolog.* 41 et 42, et Sakaurakes de Lucien, *Macr.* 15. Les Parthyenae sont les Parthes (cf. R. Ghirshman, *Bégram*, Le Caire, 1946, p. 110 sqq.) — Le Gange naît dans les montagnes du Garhwal des glaciers de Kedarnâth et Badrinâth, lieux de pélerinages. Selon la tradition indienne, il naîtrait plus au nord du lac Mānsarovar à l'est du mont Kailāsa, siège de Śiva (cf. infra), lac qui alimente en réalité le Sydrus de Pline, 6, 63 (Śutudrī védique, Śatadru classique et Sutlej ou Satlej des cartes européennes), affluent de l'Indus. L'origine du nom d'*Oscobares* n'apparaît pas ; la forme est *Oscobages* dans Isidore, *Etym.* 17, 9, 27. — Le *laser* (*Ferula asafoetida* L. ; cf. J. André, *L'alimentation et la cuisine à Rome*, Paris, 1981, p. 206) pousse effectivement dans les régions du nord-ouest de l'Inde, Kaśmīr et Panjâb et en Afghanistan comme en Perse. Il est employé comme condiment et comme substance médicinale. — L'extension des grandes chaînes de montagnes depuis la source du Gange jusqu'à celle de l'Ottorogoras correspond assez bien à la réalité géographique, en dépit du nom de Taurus qui leur est appliqué. Les peuples voisins de cette chaîne, Chuni, Scythae et Gandaridae doivent être respectivement des Chionites ou Huns, (sur lequels R. Ghirshman, *Les Chionites-Hephtalites*, Le Caire, 1948), des Saka et des habitants du Gandhāra. Finalement, entre ces populations et les *Passyadrae* est l'Imaus (Himavant, Pline, 6, 60, comm., p. 86, n. 5), ce qui correspond bien à la situation de l'Himālaya (Himavant). — La leçon *Eoae* est garantie par Fulgence, *Aet.* 10 (cf. infra). Peuple inconnu, duquel L. Renou, *Ptolémée*, livre 7, index, rapproche les Aioi de Ptol. 7, 1, 9 et 7, 1, 87. Les *Passyadrae* (*Passadrae* dans Fulgence, *Aet.* 10), d'après leur situation dans Chrysé, correspondent aux *Passadai* de Ptolémée, 7, 2, 15, à ne pas confondre avec les *Passalae* de Pline, 6, 67, et les *Pazalai* d'Arrien, *Ind.* 4, 5, qui sont les Pañcāla de la région située entre le Gange et la Yamunā (Pline, 6, 67, comm. p. 97, note 3). Le fleuve Chrysorhoas débouche, selon Ptolémée, 7, 2, 5, qui l'appelle *Khrysoanas*, dans la Chrysè à la latitude de 1° nord. Il serait alors une rivière de Sumatra se jetant en face de l'île de Nias, mais il n'y a là qu'un cap de peu d'importance, le cap Tabujung, qui ne saurait représenter le cap Samara séparant l'océan Indien du Sérique. Ptolémée ne connaît ni le fleuve Ottorogoras ni le cap Samara. Orose mentionne ce dernier avec l'Ottorogoras et de nouveau avec le Chrysorhoas, en sorte qu'on peut se demander s'il ne s'agit pas du même fleuve sous deux noms différents empruntés à Ptolémée et à une autre source, sans égard chez Orose aux latitudes. — Sur le Caucase dans Orose, cf. Y. Janvier, *La géographie d'Orose*, Paris, Les Belles Lettres, 1982, p. 84 sq.

450 Cléophyllis est la Cléophis de Quinte-Curce, 8, 10, 22.

451 Rappel de légendes et de prétentions classiques au sujet des exploits de Liber-Bacchus, puis d'Alexandre. Il est faux que les gouverneurs nommés par Alexandre aient pu se maintenir dans le pays après sa mort. Python (Peithon), général macédonien laissé comme « préfet » par Alexandre, fut chassé par Candragupta. — Les Sères établis entre l'Hydaspe et l'Indus ne sont évidemment pas des Chinois, mais des habitants du Turkestan occidental, de Bactriane et de l'Inde du Nord appartenant à la famille des Saces ; cf. D. Liebermann, *Who were Pliny's blue eyed Chinese ?* in *Class. Phil.* 52 (1957), p. 174-179, et notre édition de Pline, livre 6 (2e partie), p. 117 (§ 88, n. 2).

452 Mithridate Ier, fondateur de l'empire parthe, roi de 171 à 138 a.C., avait conquis la Mésopotamie, la Médie, la Perse et la Susiane.

453 Sur ces ambassades occidentales à Babylone auprès d'Alexandre, cf. Justin, 12, 13, 1.

454 L'or et les pierreries du Gange sont fabuleuses ; Cf. *Breuis expositio*, *ad G.* 2, 137.

455 Les Gangarides sont les peuples de la vallée Gangétique, spécialement du Bas-Gange, et sont bien loin des Assyriens et d'avoir pu être vaincus par Auguste.

456 Médie/Inde ; cf. supra Vibius Sequester, 76 et Servius, *ad G.* 4, 211.

457 L'ébène noire pousse aussi en Égypte et en Éthiopie (Hérodote, 3, 97) ; toutefois c'est de l'Inde qu'elle provenait en majeure partie ; cf. Virgile, *G.* 2, 116.

458 La direction du Gange est indiquée correctement vers l'est, mais en maintenant l'idée qu'il partage l'Inde. Sur l'or et les pierreries, cf. Scolies de Berne, *ad G.* 2, 137.

459 La laine des herbes est le coton du *Gossypium herbaceum* L. Les tissus de lin (lin annuel, *Linum usitatissimum* L., qui a remplacé le lin vivace, *L. angustifolium* L., et qui est d'origine asiatique, cf. E. Schieman, *Die Entstehung der Kulturpflanzen*, Berlin, 1932, p. 214 sqq. ; A.-L. Guyot, *Origine des plantes cultivées*, Paris, 1949, p. 112) étaient aussi en usage dans l'Inde, où la culture du lin (*atasī, kṣumā*) est ancienne (époque des rituels classiques, antérieure à notre ère) pour la fibre comme pour la graine et la fleur en médecine. Les tissus de lin sont appelés en sanskrit *kṣauma* et surtout *dukūla, kṣauma* pouvant aussi désigner la toile à sac faite de fibres de la crotalaire en jonc ou chanvre de Bombay (*Crotalaria juncea* L.).

460 L'information sur la visibilité de la Grande Ourse dérive de Pline, 2, 184-185 et 6, 69 (cf. ci-dessus, note 113) et Solin, 52, 13, aussi bien pour la seule première partie de la nuit que pour la durée de quinze nuits. La comparaison avec Pline, 2, 185, montre que *Patauitanus portus* équivaut à *Patalis, celeberrimus portus* de ce dernier. C'est donc *Patalae*, port d'une région qui est l'ensemble du delta de l'Indus. Pour l'explication de l'observation de la Lune dans la seule première partie de la nuit, cf. J. Beaujeu, éd. de Pline, livre 2, Paris, Belles Lettres, 1950, commentaire, p. 238 (5°).

461 Cf. Pline, 2, 243.

462 Cf. supra Pline, 2, 170 et J. Filliozat, *J. des Sav.*, 1981, 2, p. 102. — Martianus Capella a mal compris le texte de Pline, 2, 170 : Cornélius Népos est l'historien qui rapporte ce fait, et à *abrepti* « déportés », (sc. par les tempêtes) a été substitué *capti* « faits prisonniers » ; v. supra, n. 53.

463 Ce n'est pas un second été qui permet à l'Inde de faire deux récoltes, mais la durée de végétation du riz de certaines espèces et son mode de culture. Une espèce mûrit en « soixante nuits », celle des *ṣaṣṭika* (Pāṇini, v, 1, 90, *ṣaṣṭikāḥ ṣaṣṭirātreṇa pacyante*).

464 Sur les îles ou prétendues îles Chrysè et Argyrè, cf. Pline, 6, 80, p. 109, note 2. Les autres assertions sont aussi tirées de Pline, 6, 81-91, cf. notes p. 110 ; 162 ; 164.

465 Cf. le chapitre d'Élien, *H.A.* 12, 44, consacré aux effets de la musique sur les éléphants, tout spécialement charmés par les sons du *skindapsos*, instrument à quatre cordes.

466 Les Indiens sont mentionnés dans une liste de tous les peuples dont les sages reconnaissent un Dieu créateur. Cette mention n'indique chez l'auteur aucune connaissance particulière des doctrines indiennes. Les autres textes d'Augustin, quoique relativement nombreux, ne témoignent que des lieux communs anciens sur les gymnosophistes (*Ciu.* 14, 17 ; 15, 20), les monstres (*Ciu.* 16, 8), l'indépendance des Indiens du temps de Ninus (*Ciu.* 16, 17 ; 18, 1 ; 18, 22), la guerre portée chez eux par Sémiramis (*Ciu.* 18, 1) et Liber (*Ciu.* 18, 13), les merveilles des pierreries indiennes qu'on cesse d'admirer quand leur connaissance devient banale (*Ciu.* 21, 4) et les arbres qui ne perdent pas leurs feuilles (*Ciu.* 21, 5). Cette dernière indication a manifestement sa source dans Pline, 12, 40, ou dans Solin, 52, 49, qui disent précisément cela à propos de l'île de Tylos (Bahrein). L'indication occasionnelle de Pline et de Solin est d'ailleurs abusivement utilisée par saint Augustin pour dire que cette île était préférée à toutes les autres contrées à cause de la persistance des feuilles de ses arbres comme si elle avait été seule en ce cas. A Hippone aussi, les palmiers devaient garder leurs feuilles en toutes saisons. Il reste surprenant que l'information sur l'Inde au ve siècle continue à reposer sur une littérature ancienne surtout latine, malgré le développement des relations avec l'Inde, les implantations chrétienne et juive dans l'Inde et la valeur des enseignements sur les doctrines des brâhmanes parvenus à Rome au début du IIIe siècle et présentés là en grec dans le milieu de saint Hippolyte.

467 Sur les Pygmées de l'Inde, cf. Pline, 6,70, p. 101, n. 2 ; 7, 26-27 ; Isidore, *Etym.* 11, 3, 7 et 26. — Ce sont les femmes des Calinges, d'après Pline, 7, 30, qui conçoivent à cinq ans et meurent avant la huitième année ; sur les Calinges, cf. Pline, 6, 64 ; — Sur les Monocoles unijambistes et les Sciapodes, cf. Pline, 6, 23 ; — Sur les hommes sans cou, Pline, 7, 23 ; — Les cynocéphales ne sont pas pour Pline, 7, 32, des hommes, mais des animaux ; Isidore les présente tantôt comme des hommes monstrueux (*Etym.* 11, 3, 15), tantôt comme une espèce de singes (*Etym.* 12, 2, 32).

468 Ninus, roi légendaire d'Assyrie, époux de Sémiramis. Cette indication vient très probablement, à travers Trogue-Pompée, de l'*Histoire de Perse* de Ctésias, dont les six premiers livres étaient consacrés à l'histoire de l'Assyrie.

469 Cf. supra, saint Jérôme, *De situ*, p. 144 et 149. Cf. *Job*, 22, 24-25 : « Alors tu estimeras l'or comme poussière et comme caillou des torrents l'Ophir ».

470 Thomas s'est rendu non seulement chez les Scytho-Parthes, mais encore en Inde du Sud, et aurait été martyrisé en pays tamoul. Cf. ci-dessus *Passio sancti Thomae apostoli*.

471 Cf. saint Jérôme, *De situ*, p. 117 et 122.

472 Deux sortes d'origan sont usitées en Inde : *Origanum majorana* L., la marjolaine sauvage, *maruva* en sanskrit, et l'origan ordinaire, *Origanum vulgare* L., dit *mṛduma-ruva, mṛdu* voulant dire « doux ».

473 Lycium, *Berberis lycium* Roxb., *aristata* DC, *asiatica* Roxb., sanskrit *dā-ruharidra, darvī*.

474 Aloès indien : *Aloe indica* Royle, skr. *ghṛtakumārī*.

475 Nard : *Nardostachys jatamansi* DC., sanskrit *narada, nalada*.

476 Les crues des fleuves ayant leur source dans les grandes chaînes du nord de l'Inde viennent en réalité de la fonte des neiges et de la saison des pluies.

477 Indiens et Bretons représentent les deux extrémités du monde connu de l'antiquité européenne, extrémités éclairées tous les jours par le même soleil moyennant un décalage de quelques heures.

478 Le ver indien cornu est ici le ver à soie ; cf. Ambroise, *Hexam.* 5, 23, 77, et note 372.

479 D'une façon générale, pour les noms cités par Honorius, cf. Index. — Les *Hippopodes* « aux pieds de chevaux » habitent, selon Pline , 4, 95, une île de l'océan septentrional, sur les côtes de la Scythie. Cette île est nommée *Hippodes* dans Jordanès, *Get.* 6. — Alexandropolis, étant donnée comme une ville côtière, peut être Alexandrie des Orites, fondée à l'embouchure du Pourali (cf. Pline, 6, 97 ; Diodore, 17, 104, 8).

480 Géographie fantastique : l'Oxus (sanskrit Vakṣu) ou Amou Daria, venant du Pamir, coule vers l'ouest et non vers le Gange. Cf. *Cosmographie* , 1, 7.

481 Peut-être *Zygōtos*, de *zygoō* « attacher », i.e. « réunir », allusion possible à la réunion en un cours unique (*Fygothon* dans *Cosmographie*, 1, 8) ; — *Silenfantine* (cf. *Cosmographie*, 1, 8 ; Jordanes, *Get.* 7) serait Taprobane/Ceylan d'après L. Renou, éd. de Ptolémée, livre 7 (index) = *Salikē* de 7, 4, 1.

482 Alibothra rappelle le nom de ville Palibothra, comme Liseus rappelle Nysaeus, qualifiant le mont Méros, voisin de Nysa, mais sans aucune certitude.

483 Liste de peuples qui se retrouvent plus ou moins dans *Cosmographie*, 1, 13.

484 Cette consommation du vin chez les Indiens (déjà dans Quinte-Curce, 8, 9, 30 ; cf. supra, note 80) leur a sans doute été attribuée ici dans le contexte de la légende de Dionysos, dieu de la vigne et conquérant de l'Inde. La confusion de *Meroe*, région du Soudan égyptien, et de *Mareotis*, lac du delta du Nil, dans une région aux vignobles célèbres, est déjà dans Lucain, 10, 163, *indomitum Meroe cogens spumare Falernum*, que citera Fulgence dans la suite du texte.

485 L'épisode des bêtes fauves et des statues incandescentes est un résumé de Jules Valère, 3, 6 (cf. note 332) ; on notera des rapprochements de vocabulaire (*ignitas*, *debiles*). La deuxième partie du texte est parallèle à Orose, 1, 2, 46. Sur *Fasiaca = Prasiaca*, cf. *Epist. Alex.* 8, et note 320. Sur les *Eoae*, Orose, 1, 2, 46, et note 449. — *exustos* « brûlés » et *Phoebeos* « du Soleil », i.e. « près du soleil », font allusion au teint de ces populations extrême-orientales. Les *Passadrae* sont les *Passyadrae* d'Orose.

486 Cf. Jules Valère, 3, 24-26 pour le récit complet.

487 L'amome en question peut être *Amomum aromaticum* Roxb., mais les Indiens ne paraissent pas l'avoir utilisé pour parfumer leurs cheveux. En tout cas, l'usage de l'amome comme parfum de la chevelure était connu des Romains, cf. Ovide, *Her.* 20, 106 ; Sénèque, *Thyest.* 948 ; Stace, *Silu.* 1, 2, 111 ; 3, 4, 82, etc.

488 Les Nabatéens étaient un peuple de l'Arabie Pétrée, l'Eurus un vent du sud-est. Approximations géographiques.

489 Ausonien = Romain. Le Niphate est une montagne d'Arménie. Erythrae est une ville inconnue. *Hydaspeus* est employé par métonymie pour Indien, comme souvent *Hydaspes* pour *India* ; cf. Index, s.v. Hydaspe.

490 L'amome provenait en effet non seulement de l'Inde, mais aussi de Médie, d'Arménie et du Pont, cf. Pline, 12, 49 ; Dioscoride, 1, 15.

491 Nabatéen = oriental, par rapport à Rome, cf. note 488. La forêt Hercynienne est en Europe centrale. Tartessos, ville d'Espagne, vers l'embouchure du Guadalquivir, représente l'Espagne en général. Pour Erythrae, cf. note 489.

492 Memnon, fils de l'Aurore, roi des Éthiopiens.

493 Le cinnamome, *Cinnamomum tamala* Nees, *C. iners* Blume. Le Phénix vit en Inde ou en Éthiopie, selon les auteurs, et meurt en Égypte ; cf. J. Hubaux - M. Leroy, *Le mythe du Phénix*, p. 29 sqq. ; 96 sq. ; Sidoine, *Carm.* 22, 50-64. Le bûcher n'est indien que par les parfums répandus, que Claudien (*Phoenix*, 98), désigne par *Indus odor*.

494 Bromius = Bacchus.

495 Sur les vignes d'or et les grappes d'émeraudes et d'escarboucles dans les palais des rois de Perse, cf. Athénée, 539d ; Quinte-Curce, 8, 9, 26 ; *Epist. Alex.* 9.

496 Sur Apollonios de Tyane, cf. saint Jérôme, *Epist.* 53, 1 et note 419.

497 Évocation du type banal de philosophes de tous les pays et de tous les temps. Ce texte a été judicieusement rapproché de saint Augustin (*Ciu. dei*, 10, 32, = Porphyre, *De regressu animae*, frg. 12) par F. Bömer, *Der lateinische Neuplatonismus und Neupythagoreismus und Claudianus Mamertus in Sprache und Philosophie*, Leipzig, 1936, p. 85. — Crispus = Salluste, cf. *Catil.* 1, 2.

498 Platon a reçu la visite d'un philosophe indien, au dire d'Aristoxène de Tarente, mais, s'il a bien séjourné en Égypte, où il s'intéressa en particulier à la science astronomique, il n'a jamais visité les brâhmanes en Inde (J. Filliozat, *J. des Sav.*, 1981, 2, p. 99).

499 Lieux communs, mais deux indications valables au moins séparément, quoiqu'ici associées. Les *sādhu*, religieux mendiants, ramassent généralement les cheveux (non naturellement raides) en chignon (*jaṭā*) sur le haut de la tête, les brâhmanes se rasent souvent les cheveux au-dessus du front. Le bois sacré inaccessible aux mortels est bien entendu mythique, mais n'est pas traditionnellement connu.

500 Le Phison est dans la littérature chrétienne un fleuve sortant du Paradis, et le lieu d'exil est la terre. Le « mont des parfums » existe dans la géographie mythique himâlayenne et s'appelle *Gandhamadana* ; la notion en était donc parvenue à saint Avit qui, par ailleurs, répète des idées répandues sur le rejet des pierreries par le fleuve ; cf. Scolies de Berne, *ad G.* 2, 137.

501 Epiphane, évêque de Constantia (Salamine) en Chypre, mort en 403, est l'auteur d'un traité allégorique *De gemmis*, sur les douze pierres précieuses du pectoral du grand prêtre, conservé seulement (et incomplètement) en latin et en géorgien. La traduction latine est du Vᵉ-VIᵉ siècle (C.S.E.L. 35, 2, *Epist.* 244, 10 sqq.).

502 Il s'agit d'une île et non d'une ville, cf. Pline, 6, 169, dans sa liste des îles de la mer Rouge : *Topazos, quae gemmae nomen dedit* ; 37, 108. Dans Diodore de Sic. 3, 39, 4-5, et Strabon, 16, 4, 6, l'île s'appelle *Ophiōdēs* « l'île aux serpents ». C'est l'île de Saint-Jean, sur la côte égyptienne de la mer Rouge, au sud-est du cap Ras-Benas. Ici encore, confusion de l'Inde et de l'Éthiopie. En Inde, la topaze est *puṣparāga* ou *puṣyarāga*.

503 Sur l'émeraude de Néron, dans laquelle il regardait les combats de gladiateurs, cf. Pline, 37, 64.

504 *Bidellium,* forme tardive de *bdellium* (voir Pline, 12, 35). — Il existait douze espèces d'émeraudes, d'après Pline, 37, 65, toutes vertes. Aucune émeraude ne pourrait donc avoir la couleur du foie. On pourrait penser à une confusion avec l'*hepatitis* « pierre de foie » de Pline, 37, 186, qui est une variété d'hématite. Mais il faut entendre sans doute « de la bile du foie », ce qui peut être exact. De plus, les lapidaires indiens donnent pour origine à l'émeraude (*marakata*) la bile du démon Bala sacrifié par les dieux, captée d'abord par le roi des serpents, abandonnée par lui se voyant attaqué par l'oiseau Garuḍa et prise par cet oiseau qui la rejette à son tour (*Ratnaparīkṣā*, 146-153). Plus simplement, cette bile échappe au roi des serpents apeuré (*Agastimata*, 283-286). La montagne où se situe cette mine d'émeraudes est le Djebel Zabarah au bord de la mer Rouge (cf. L. Finot, *Lapidaires indiens*, p. XLIV), allusion aux reconnaissances envoyées par Néron dans le Haut-Nil et à l'occupation romaine de la région, abandonnée plus tard (*tunc Romanis erat subditus*). Il s'agit d'une région de commerce avec l'Inde, ce qu'Épiphane exprime en en faisant l'entrée du pays des Indiens. Mais les peuples mentionnés sont Éthiopiens (Azomites, Adulites), nubiens (Alabastres, Bugées), riverains africains de la mer Rouge (Ichtyophages), arabes (Eviléens), yéménites (Homérites), et aucun n'est indien. Quant à l'île appelée *Smaragdinum*, si elle est vraiment située en face de Béréniké, aujourd'hui Bender el Kebir, sur la côte égyptienne de la mer Rouge, où étaient débarqués les produits importés de l'Inde acheminés de là par caravanes d'abord vers la Haute Égypte (la Thébaïde), ce ne peut être que celle où l'on trouvait aussi des topazes, cf. ci-dessus § 10 et note 502 ; Strabon, 16, 4, 6.

505 Les lapidaires indiens font venir les saphirs surtout de Ceylan. Ils ne décrivent pas de saphir royal, mais certains saphirs de grande valeur qui donnent des reflets d'arc-en-ciel (*Ratnaparīkṣā*, 195) et aussi d'autres à reflets cuivrés. Mais le saphir dit royal saupoudré d'or (cf. Théophr., *lap.* 23) est un lapis-lazuli selon R. Halleux, *Lapis-lazuli, azurite ou pâte de verre ?* in *Studi Micenei ed Egeo-Anatolici*, 9 (1969), p. 59.

506 La *Périégèse* de Priscien, écrite vers 500 p.C., est la traduction de la *Périēgēsis* (Tour du monde) de Denys, poète de l'époque d'Adrien (qui régna de 117 à 138 p.C.), dit Denys le Périégète, dont nous donnons les références.

507 = Denys, 585 sq. L'île d'Or est la Chrysè de Pline, 6, 80 et Solin, 52, 17. L'assertion que Taprobane/Ceylan est sous l'astre du Cancer correspond au fait qu'elle est dans la zone tropicale nord et aussi que la constellation du Cancer (Puṣya) passe au méridien approximativement à son zénith. Les déclinaisons de α et β Cancer correspondent aux latitudes de l'île.

508 Priscien, à la suite de Denys, n'a pas de notions sur l'Extrême-Orient, y localise les Indiens les plus lointains, y place des statues de Bacchus et fait couler le Gange au lieu de l'Indus à Nysa. Les statues de Bacchus sont les autels censés dressés par le dieu sur les bords du Syr Daria ; cf. Denys, 623, *stēlai... Dionysou* ; Avienus, 824, *Bacchi columnae* ; Pline, 6, 49, *arae*.

509 = Denys, 638-643 : « On l'appelle Tauros parce qu'elle s'avance avec l'aspect d'un taureau et une tête pointue. »

510 = Denys, 1080-1150. Ici les réminiscences de lecture sont moins confuses. L'Indus est nommé à sa place et décrit comme coulant du nord au sud, mais naît « en face de la mer Rouge » (océan Indien) dans laquelle en réalité il se jette. Le mont Parpanisus est le Paropanisus de Pline, 6, 48. Les noms de lieux et de peuples des anciens écrits sur l'Inde et l'Asie sont repris au hasard. La réputation de l'or et des pierreries est toujours grande. — v. 1014, la chevelure semblable à l'hyacinthe ; cf. Avienus, 1311. *Hyakinthinos* est une épithète homérique des cheveux (*Od.* 6, 231 ; 23, 158), qui est comprise comme « aux reflets d'hyacinthe » (?) ou « bouclés comme l'hyacinthe » (en ce dernier sens, R. Bénaky, *Des termes qui désignent le violet dans l'antiquité*, in *R.E.G.* 1915, p. 37). — v. 1026, *rubrae harundinis* « le roseau rouge » est une traduction d'*Erythraïou kalamou* « le roseau de la mer Erythrée » (i.e. de l'océan Indien), par confusion d'*Erythraïos* et d'*erythros* « rouge » ; — v. 1027-1028 : cf. Solin, 52, 20 ; — v. 1048, *Taxilus* : sur les Taxiles, habitants de Taxilla, au nord-ouest de l'Inde, entre l'Indus et le Jhelam, cf. Pline, 6, 62, et p. 90, n. 4 ; 6, 78 ; — *Scodri = Skodroi*, Denys, 1142 ; — *Peucalei = Peukaleis*, Denys, 1143 ; — v. 1056, *Aornis*, compris comme « sans oiseaux », cf. Index, et ci-dessus, n. 384.

510 bis Texte du VIe siècle, selon M. Bonnet (éd. de 1898), peut-être antérieur ; — *tenebrarum regio*, l'enfer dans la terminologie chrétienne, représente ici les régions montagneuses du nord de l'Inde, i.e. l'Himalaya. Sur les trois Indes de l'époque chrétienne, cf. supra, n. 347, 358 et 366.

511 Dans les mers indiennes, comme dans les autres, des mollusques s'attachent aux coques des vieux bateaux et en ralentissent légèrement le glissement dans les eaux. Cassiodore, en bon méditerranéen, doit penser aux porcelaines, dont le pouvoir fabuleux est signalé par une anecdote de Pline, 9, 80. L'exagération est ici associée à celle, classique, de l'arrêt des navires par le rémora (*echinaïs*), cf. Ovide, *Hal.* 99 ; Pline, 9, 79, etc.

512 La légende du serpent attaquant l'éléphant est ramenée à l'opposition chaud/froid, naturelle, mais spécifique surtout en médecine grecque où les deux principes antagonistes font pendant au sec et à l'humide et forment, pour certains auteurs, la base de la médecine. Hippocrate, *De l'ancienne médecine*, 13, mentionne et critique ces auteurs qui ont pourtant largement marqué la médecine européenne de l'antiquité et du Moyen Âge (cf. A. J. Festugière, *Hippocrate. L'ancienne médecine*, Paris, 1948, p. 10). La chasteté des éléphants (qui serait un symptôme de leur froideur) est sans doute conçue d'après l'idée qu'ils s'accouplaient en secret, cf. Pline, 8, 13 ; Elien, *H.A.* 817.

513 Le sens d'*inundatio* « foule, multitude, masse », fréquent dans le textes chrétiens (cf. *Isaïe*, 60, 6, *inundatio camelorum*), pour expliquer Phison est garanti par *plēthys* du texte grec ; saint Jérôme, *De situ*, p. 122, traduit par *caterua*, de même sens. — *Geta* : le texte grec donne la forme correcte : « Il est appelé Gange (*Gangēs*) par les Grecs. »

514 Les fils d'Héber, personnage fictif de la généalogie, sont les Hébreux. Le texte grec est mal établi et varie avec les éditions (dépourvues d'apparat) : *Arias*, éd. Dindorf et Helm, *Sērias*, éd. Niese, mal rendu ici par *Syrias* ; c'est la *Hieria* de Jérôme, *De situ*, p. 117 et 144. Sans doute le pays des Sères (ou des Cérar ?).

515 Les Indiens ne sont mentionnés que comme le peuple de l'extrémité orientale du monde connu, tandis que Thulé et l'Espagne le sont comme l'autre bout du monde.

516 Par « tigre » il faut sans doute entendre le guépard. Le tigre indien peut être apprivoisé dans son jeune âge, mais non gardé dans la maison à l'âge adulte.

517 Le texte, qui a figuré longtemps dans l'œuvre de saint Ambroise (cf. Migne, *P.L.* 17) sous le titre de *De moribus Brachmanorum*, n'est, comme l'a établi Dom Wilmart (*Les textes latins de la lettre de Palladius sur les mœurs des Brahmanes*, in *Revue Bénédictine*, 1933, p. 29-42) qu'une « recension ingénieuse peut-être, et de lecture agréable, mais qui se classe, en fin de compte, parmi les supercheries ou fictions littéraires..., recension arbitraire, probablement composée par un humaniste » (Wilmart, p. 33 et 41). En revanche, ce texte signalé comme inédit par Dom Wilmart, mais édité antérieurement par G. Bernhardy, in *Analecta in Geographos Graecorum minores* (Progr. Halle, 1850, p. 43-47), et que nous avons revu sur les manuscrits *Vat. lat. 282* (*V*) et *Monspess. Fac. med. 31* (*M*), est l'authentique version ancienne du *Sur les peuples de l'Inde et sur les Brâhmanes* du moine Palladius, rédigé au Ve siècle. M. Pierre Langlois a bien voulu se charger des recherches concernant le *Commonitorium* (texte et auteur). C'est lui qui a redécouvert l'édition de G. Bernhardy ignorée de Dom Wilmart, ce dont nous ne saurions trop le remercier.

La réalité du voyage du scholasticus est acceptée par plusieurs auteurs. J. Duncan M. Derret (*The Theban scholasticus and Malabar in c. 355-360*, in *Journal of the American Oriental Society*, 82, 1, jan.-march 1962, p. 21-31) a jugé que le séjour du scholasticus s'était écoulé au Kerala/Malabar, puisqu'il désignait le pays comme celui du poivre. Günther Christian Hansen (*Alexander und die Brahmanen*, in *Klio*, 43-45, 1965, p. 351-380 ; cf. p. 378 sq.) l'a suivi. Jehan Desanges (*D'Axoum à l'Assam, aux portes de la Chine : Le voyage du « scholasticus de Thèbes » (entre 360 et 500 après J.-C.)*, in *Historia*, 18, 1969, p. 627-639) place le voyage plus tard et le séjour en Assam au lieu du Malabar. En fait, les assertions de Palladius ou du scholasticus sont si contraires aux réalités connues et généralement si conformes aux lieux communs de textes grecs antérieurs qu'on doit douter de la réalité du voyage et constater l'inanité des informations qu'il est censé avoir procurées sur les brâhmanes.

518 Les brâhmanes éloignés de l'« Inde » et de la Sérique et vivant sur le Gange ne sont pas les brâhmanes des récits sur l'expédition d'Alexandre, qui les avait trouvés en Inde même.

519 L'« Inde » aux extrémités de laquelle Palladius serait allé avec l'évêque des Adulènes (cf. n. 521) pourrait donc être un autre pays que l'Inde véritable. La *Description de l'Univers et des nations* (*Expositio*), 35, supra, dit qu'Alexandrie, au-delà de la Thébaïde, touche au peuple des Indiens. On peut donc aussi bien supposer cette « Inde » sur la côte d'Afrique orientale que dans la péninsule de l'Inde vraie. En Inde vraie du nord (non du sud), la température peut atteindre 50° à l'ombre en mai-juin, comme aussi à la corne d'Afrique ou en Arabie. Le Gange est le Fison selon la tradition judéo-chrétienne, cf. saint Jérôme, *De situ*, p. 117 et 122.

520 La notion d'après laquelle Alexandre n'aurait pas atteint l'Inde, mais seulement la Sérique où est produite la soie est en contradiction avec toute la littérature ancienne sur Alexandre et relève de la conception aberrante de l'Inde chez Palladius. La mention de la colonne inscrite marquant le point extrême où Alexandre était parvenu semble faire écho à la mention des autels et colonnes gigantesques (50 coudées = 22 m d'après Diodore, 17, 95, 1) qu'Alexandre aurait laissés sur les bords de l'Hypasis en mémorial avant de faire retraite ; cf. Quinte-Curce, 9, 3, 19 ; Pline, 6, 62 ; Plut., *Alex*. 62, 4.

521 Le scholasticus de Thèbes, avocat sans causes voulant voir du pays, aurait gagné par mer (du port de Béréniké ?) le pays des Adulènes (Adulis dans le sud de la mer Rouge), puis Axum en Éthiopie. Le « roitelet indien » qui séjournait là aurait, selon Duncan Derret (p. 6), été un représentant d'exportateurs indiens. G. C. Hansen, *Alexander und die Brahmanen*, in *Klio*, 43-45 (1965), p. 377-378, pense que Derret entendait par là une sorte de consul, mais que peut-être il s'agissait du souverain d'Axum dont la portée du pouvoir n'était pas encore très étendue. Desanges (p. 631, n. 34) accuse Derret de curieux contresens, en voyant dans le roitelet un consul général des Indiens de l'Inde et il renforce l'idée de Hansen en affirmant qu'il ne pouvait s'agir que du roi d'Axum. En fait, Derret n'avait pas formulé ce qui lui est reproché et il n'y aurait rien de surprenant à ce qu'un véritable indien, comme l'ont été plus tard les « merchant-princes », ait séjourné dans le pays d'Afrique où aboutissaient depuis la plus haute antiquité les produits de sa propre patrie (bdellium, cinnamome, nard, etc.). Cette interprétation est, en tout cas, plus prudente que celle qui, faisant du *basiliskos mikros* le souverain d'Axum lui-même, devrait imputer au royaume une diminution historique de puissance, sur la simple foi du propos (corrigé par interprétation) d'un scholasticus de date incertaine (entre 360 et 500 p.C.).

522 Après un long temps passé chez les Axumites et près du « roitelet indien », le scholasticus veut voir Taprobane. Il ne peut y pénétrer, mais a appris qu'il y a là des « Bienheureux », vivant cent cinquante ans grâce au climat, et aussi le grand roi de l'Inde auquel sont soumis tous les « satrapes » (mais ces *Beati*, les « Bienheureux » sont une mauvaise traduction de *Makrobioi* du texte grec correspondant, compris comme *Makarioi*). Il est bien vrai que le climat de Ceylan est agréable, mais la longévité merveilleuse des peuples lointains est un cliché gréco-latin depuis Hérodote (3, 17 ; voir la note afférente de Ph.-E. Legrand, éd. Paris, Belles Lettres). Pour Taprobane, elle est attestée par Artémidore, d'après Pline, 7, 30, comme y étant la plus longue, mais Pline lui-même 6, 91, la limite à cent ans. Onésicrite n'attribue que cent trente ans à certains des Musicaniens, *ap.* Strabon, 15, 1, 34 (Mauṣikāra de *Mahābhāṣya*, IV, 1, 4). Derret (p. 29) et Hansen (p. 378) tiennent la mention du Grand Roi pour une information de valeur historique. Derret en fait un empereur pāṇdya, les Pāṇḍya de Madurai et d'autres tamouls ayant souvent envahi Ceylan et s'y étant implantés. Mais il ne s'explique pas sur les satrapes qui auraient été soumis à ce prince. Or, le titre iranien sanskritisé de *kṣatrapa* ou *mahākṣatrapa* s'est appliqué à des princes du nord-ouest et de l'ouest qui ont pu au moins initialement relever de l'empire *kuṣāna* et de rois tels que Kaniṣka siégeant en Asie centrale iranienne et non à Ceylan. Desanges (p. 639) tient aussi pour historique l'existence du seigneur suprême, tout en refusant qu'il ait pu régner à Ceylan, et propose de l'identifier à Samudragupta (335-375), qualifiant celui-ci de suzerain de l'Assam comme des Singalais et renvoyant à Renou-Filliozat, *Inde classique*, I, p. 250, où, si l'Assam est bien mentionné en tête des pays frontières tributaires, il est spécifié que les Singalais sont seulement de ceux qui ont des relations diplomatiques avec le royaume gupta. Desanges, nous allons le voir, fait séjourner le scholasticus en Assam et non au Malabar/Kerala, mais laisse l'empereur sur le continent.

523 Palladius, prudent ici, dit que, « si ce qu'on raconte est vrai », il y a au voisinage de Taprobane les îles Manioles, où la pierre d'aimant attire le fer et retient les bateaux par leurs clous. Le propos ne résulte pas d'une constatation de voyageur, mais de la lecture de Ptolémée, 7, 2, 31, qui traite des *Maniolai* et y place cette légende : « On rapporte encore qu'il existe dix autres îles contiguës, nommées *Maniolai*, où, dit-on, les navires munis de clous de fer sont retenus, peut-être parce que les îles produisent de la pierre d'Héraklès ; aussi y construit-on les navires avec des chevilles ; elles sont habitées par des anthropophages appelés *Maniolai* » (trad. L. Renou).

Seulement Ptolémée ne place pas ces îles au voisinage de Taprobane. Il les situe par 142° de longitude et 2° de latitude sud. Les longitudes de Ptolémée sont souvent fausses, reposant sur des évaluations de marins faites à l'estime. Elles donnent cependant une idée des positions relatives des régions auxquelles elles sont attribuées. Ici la longitude des Maniolai les place loin à l'est de Taprobane qui serait de 126° en face du cap Kôru (Pointe Callimère, Pline, livre 6, éd., p. 162). Elle les place en outre à l'ouest de Java dont la pointe occidentale serait à 167° et l'orientale à 169°. Les latitudes correspondantes sont assez correctes pour Java (8° 30' et 8° 10' sud). D'autre part. les Maniolai se trouveraient à l'ouest du cap Meleoukolon situé à 163° et à sa latitude, qui est de 2°. Elles seraient donc parmi les îles qui s'alignent en face de la côte ouest de Sumatra, où sont le mont Maleus de Pline et le Meleoukolon, et où les vents de janvier-février portaient directement les Tamouls et les Singalais venant chercher le camphre (Pline, livre 6, éd., p. 146). Ces îles équatoriales sont très arrosées et possèdent (comme aussi Taprobane tropicale) d'importants cours d'eau. La confusion de Sumatra et de Taprobane ainsi que des îles situées à l'ouest de l'une et l'autre n'est pas seulement une erreur de l'Antiquité, mais a persisté jusqu'au XVIᵉ siècle au moins, notamment chez Camões (cf. Coude de Ficalho, édition de Garcia da Orta, *Coloquios dos Simples e Drogas da India* (1563), Lisbonne, 1891, t. I, p. 8 et 17 sq.). — On a souvent proposé pour les *Maniolai* les îles Nicobar, mais en ne tenant pas compte de la latitude sud indiquée par Ptolémée, alors que seules ses latitudes sont généralement valables.

524 Toutes ces îles du sud ont des fruits toute l'année : des bananes, des noix de coco, mais non des dattes, faute de dattiers productifs. Les bananes, inconnues en Occident, ont pu être confondues avec des dattes. En tout cas, elles ont été appelées « figues » en français jusqu'au XVIIIᵉ siècle inclus chez certains auteurs (Tessier de Quéralay, *Religion des Malabars*, éd. E. Jacquet dans Géringer et Chabrelie, *L'Inde française*, Paris, 1827-1835, Appendix, passim. Sur cet ouvrage, cf. Gita Dharampal, *La religion des Malabars*, Immensee, 1982). Les petites noix très parfumées pourraient être les noix d'arec, mais sont plutôt les noix muscades, seules réellement très parfumées. La nourriture des habitants, faite de fruits, riz et lait, est bien celle des végétariens indiens, mais non des Indonésiens, chez qui le lait des animaux n'est pas consommé. L'usage du lait, essentiel en Inde, n'existe ni en Indochine, ni en Indonésie, ni en Chine, ni au Japon, malgré l'influence des religions et de la culture de l'Inde dans ces pays. Mais, dans un écrit occidental tel que celui de Palladius, l'usage du lait est mentionné comme allant de soi et dans l'ignorance de la réalité locale, ni non plus des contradictions, puisque l'auteur, revenant sur l'alimentation, dit que les chairs des brebis et chèvres sont mangées. Les habitants des régions évoquées ne peuvent s'être vêtus de peaux de mouton, ni même de laine, à cause de la chaleur, mais pouvaient connaître la laine : dans les montagnes de leur pays seulement, on peut user de couvertures de laine. Cependant Quinte-Curce, 9, 10, 10, revêtait de peaux des Indiens maritimes et le scholasticus a pu s'en inspirer, s'il connaissait l'œuvre. Les brebis qui ont des poils au lieu de laine sont des chèvres, mais du Kaśmïr, non de Taprobane ou des parages de Sumatra. Les brebis à queue large sont iraniennes (moutons à grosse queue). Les porcs, domestiques ou non, abondent sous les Tropiques, et à l'Équateur, où la chaleur n'est pas habituellement intolérable.

525 Les renseignements donnés par le Scholastique sont donc essentiellement d'origine livresque occidentale. Ils mêlent des traits qui se rapportent à des régions bien éloignées les unes des autres et qui ne peuvent être appliqués tous à la fois à la même île de Taprobane ou d'Indonésie (où il n'a d'ailleurs pas pu aller). Il aurait atteint le pays du poivre et y aurait été retenu prisonnier dix ans. La mention du poivre a fait penser qu'il s'agissait du Malabar/Kerala. Mais J. Desanges a fait valoir que ce pays était dit celui des Bisades (*Bisades, Bithsadōn, Bēdsadōn*, etc., Desanges, p. 627, n. 6). Il a rapproché ceux-ci des *Bēsadai* de Ptolémée, 7, 2, 15 (voir variantes dans L. Renou, *La géographie de Ptolémée*, Paris, 1925, p. 52, qui a adopté *Saēsadas ;* cf. Desanges, p. 633, n. 46). C'est bien des mêmes qu'il s'agit ou, du moins, le scholasticus a fidèlement continué à lire Ptolémée, car celui-ci leur donne déjà un des traits que leur attribue le scholasticus, à savoir d'être débiles (*inutilis* « inapte, impropre » rend *adranestaton* « faible, débile » de l'original grec). Mais l'accord avec Ptolémée n'est pas complet. Ptolémée dit qu'ils sont velus, à visage large et à peau blanche. Le scholasticus leur veut une grosse tête et les cheveux plats. Les deux descriptions sommaires peuvent en partie convenir à des Indochinois ou des Indonésiens, et la notation d'après laquelle Éthiopiens et Indiens ont les cheveux frisés correspond en gros au fait que les Éthiopiens ont en effet de tels cheveux, tandis que les Indiens les ont ondulés. Cependant les Indochinois et Indonésiens ne sont pas particulièrement chétifs. En tout cas, ils ne récoltent pas le poivre avec ses rameaux sur des escarpements abrupts, et il n'est pas sûr qu'ils en aient cultivé dans l'Antiquité. Le poivre ne vient pas sur des arbres à l'aspect de petites souches. C'est un arbuste grimpant, que le scholastique ne paraît pas avoir vu.

Ptolémée localise les Bessades entre les monts Imaos et Bēpúron. Ce dernier serait une chaîne comprise entre les 148° et 154° de longitude et les 34° et 26° de latitude nord (7, 2, 8), donc orientée du nord-ouest au sud-est. Il en proviendrait deux fleuves se jetant dans le Gange (7, 2, 9). Il faut penser ici que le Gange doit être confondu avec le Brahmaputr. A s'en tenir aux autres données, il s'agirait de peuples du Tibet oriental, de Birmanie ou, plus au sud, de l'Assam, comme il a été proposé et comme il est admis par J. Desanges. Il est possible et même très probable que les peuples de cette région aient eu des relations avec les « Chinois » de *Thinai*. Mais il ne faut pas pousser trop loin les hypothèses superposées. Le *Périple de la mer Erythrée*, 65, fait venir à la foire du pays de *Thinos* des *Sēsatai* à la face large, dont C. Müller a corrigé le nom en *Bēsatai*, arbitrairement, puisque le manuscrit est unique et qu'il n'y a donc pas de variante, mais avec vraisemblance toutefois, car, selon le *Périple*, les *Sēsatai* laissent après la foire des nattes sur lesquelles ils avaient exposé leurs produits, et les gens de Thina viennent en tirer du malabathron. Or, Ptolémée, 7, 2, 16, juste après avoir parlé des Bēsadai, mentionne un pays où se trouve le plus beau malabathron. Mais Ptolémée place Thinai bien loin vers le sud-est (180° — 3° nord ; cf. 7, 3, 6) par rapport aux Bēsatai. Desanges rappelle que W. Tomaschek les a placés encore plus loin à l'est, dans les montagnes du nord-est de l'Inde, et que S. Liebermann les a faits mongoloïdes d'Assam et leur a attribué le commerce muet fameux. Tomaschek leur avait même trouvé un nom sanskrit, *vaišada*, qui les désignait comme « abrutis » ou « drogués » (Desanges, p. 635). Fort heureusement pour leur mémoire, ce nom n'existe pas, mais *višada* veut dire « blanc pur », ce qui s'accorderait avec l'indication de Ptolémée qu'ils auraient eu la peau blanche (Tomaschek a dû confondre avec *višāda*, qui veut dire proprement « dépression, désespoir »). Le commerce muet, sur lequel P. Pelliot, *Notes on Marco Polo*, Paris, 1953, p. 622-624, n'est caractéristique d'aucun peuple en particulier. Il a lieu chaque fois que le vendeur et l'acheteur n'ont pas de langue commune.

526 Capturé et mis à un travail forcé de boulangerie, le scholasticus aurait du pays des Bessades appris beaucoup sur les contrées voisines. En ce cas, il l'aurait gardé secret, car il ne révèle rien qui ne soit déjà dans les livres grecs antérieurs ou qui ne soit faux. En ce qui concerne son travail de prisonnier et le miracle de l'unique boisseau de blé qui nourrit tout le palais pendant un an, il faut observer qu'il n'y a pas de blé et qu'on ne panifie pas le riz dans les pays où il prétend avoir séjourné.

527 Le supplice de l'écorchement que le Grand roi aurait, par peur des Romains, infligé à un petit roi pour avoir outragé un citoyen romain (de Thèbes), est un supplice connu en Iran (Mani l'aurait subi), non en Inde.

528 Sur les mœurs des Brâhmanes, cf. la note suivante. — *perseinum lignum* (gr. *to perseïnon*), le *persea arbor* de Pline, 13, 63, *persea* (Théophraste, *H.P.* 3, 3, 5, qui le dit commun en Thébaïde, 4, 2, 8), *persaia* (Dioscoride, 1, 129), est une espèce du genre mimusope (*Mimusops*, esp. *M. elengi* de l'Inde, *M. palu* de Ceylan). — L'*acanthinum* (gr. *akantha*) représente des Mimosées du genre *Acacia*, en particulier *A. arabica* L.

529 L'idée que les brâhmanes vivaient exclusivement au bord du Gange est en désaccord non seulement avec la réalité, mais encore avec la connaissance qu'avaient d'eux les Grecs du temps d'Alexandre. Leur manière de vivre de cueillette, nus et dénués de tout instrument de travail rappelle les lieux communs sur les gymnosophistes et ne correspond nullement à la condition réelle des brâhmanes. La répartition des hommes d'un côté du Gange et des femmes de l'autre n'est nullement attestée en réalité. Elle paraît être un écho du texte de l'*Elenchos* attribué à saint Hippolyte sur la doctrine des brâhmanes (1, 24, 4), où il est question de ceux qui traversent du pays au-delà de la Tagabena (Tuṅgavenā) et sont appelés brâhmanes comme ceux de la rive où est la communauté, tandis qu'il y a aussi dans la région des femmes grâce auxquelles les habitants sont engendrés et engendrent (J. Filliozat, *Les relations extérieures de l'Inde*, p. 43).

Derret, qui localisait la détention du scholasticus au Kerala, pays du poivre, a rapproché les mesures de limitation des naissances évoquées par le texte de celles qu'ont prises effectivement certains brâhmanes du Kerala (p. 29, *nambudiri* des temps historiques, ce qui ferait remonter au IVe siècle, s'il s'agissait des mêmes brâhmanes, ce qui n'est pas le cas). Il a fait valoir accessoirement que les mois les plus frais au Kerala ne sont pas juillet et août, bien au contraire. Mais ce n'est pas là la seule incompatibilité du texte avec toute réalité. Il ne suffit pas de constater, comme nous l'avons fait, que la localisation de la détention prétendue du scholasticus est en accord avec des données de Ptolémée se rapportant non au Kerala, mais au nord-ouest de l'Indochine. Il faut observer aussi que l'explication de la fraîcheur de juillet-août est qu'alors la force du soleil est au nord, ce qui implique que la région considérée est au sud et même au sud de l'Équateur. Ces mois sont relativement frais, en effet, dans la partie sud de Sumatra, dans les îles voisines et à Java. Mais pareille localisation est incompatible avec celle des bouches du Gange formellement évoquées, et incompatible aussi avec le Kerala. Enfin les hommes qui passeraient le Gange pour aller en juillet-août féconder les femmes de l'autre bord seraient des gens de la Chrysè, là où des brâhmanes ont séjourné et même fait souche dès les débuts de notre ère, grâce à des femmes du pays. Ils ont même pu créer avec ces femmes des familles de caste brahmanique, en vertu d'un principe noté par Manu (IX, 32-34 ; X, 69-72), d'après lequel l'espèce (ou « caste », *jāti*) dépend de la semence qui vient du père et non du terrain que représente la mère. Mais, chez les brâhmanes du Gange, selon le scholasticus, ce serait inversement des hommes de la Chrysè qui viendraient féconder des *brâhmaṇī*. On aurait une union *pratiloma* absolument réprouvée. Même si on admet qu'il s'agissait d'époux régulièrement de caste brahmanique, séparés temporairement seulement par mesure de modération de la natalité, le rapprochement avec la pratique du Kerala tomberait, puisque le scholasticus ne serait pas allé au Kerala. Mieux vaut penser à des souvenirs des maris des Amazones et de l'*Elenchos* sur les brâhmanes.

530 Les monstres évoqués sont connus évidemment par la lecture de Ctésias ou d'autres récits merveilleux, non par l'observation personnelle. L'odontotyrannus du Gange diffère de la bête à trois cornes attaquant en pleine campagne le camp d'Alexandre. Nous avons proposé de voir dans cette bête (note 325) un éléphant chargeant et de comprendre son nom comme une interprétation grecque de *dantura* « aux dents (défenses) saillantes », où *tura* aurait évoqué τύϱαννος, tandis que *dan(ta)* était naturellement senti comme synonyme de gr. *odous* (*odonto-*). R. Goossens (*Byzantion*, 4, 1927-1928, p. 29 sq.), a supposé qu'*odontotyrannus* rendait un *dvijarāja* sanskrit où *rāja* « roi » aurait été traduit par τύϱαννος, tandis que *dvija* « deux fois né » désignerait aussi bien les dents (qui naissent à deux reprises), les animaux issus d'un œuf, et aussi les brâhmanes. Mais, dans le cas où le nom s'applique à un monstre aquatique, il pourrait simplement représenter une qualification de *dantarāja* « roi quant aux dents », ce qui convient au crocodile.

Derret a supposé nombre d'interpolations dans le texte de Palladius, mais, si on les retire des propos attribués au scholasticus, il n'y reste pratiquement rien. En définitive, il faut reconnaître que, de toute façon, les informations présentées ici sur les brâhmanes, qu'elles soient du scholasticus ou de ses informateurs ou de Palladius, ne proviennent pas d'un voyage réel. Elles sont une compilation très pauvre de notions éparses et mélangées, en recul flagrant sur celles de l'antiquité, et sont censées recueillies dans un voyage dont les précisions géographiques sont simplement celles de la Géographie de Ptolémée et ne cadrent avec aucune réalité cohérente. On ne peut que regretter, pour la connaissance des brâhmanes, que Palladius et son scholasticus n'aient pas plutôt lu la Géographie de Strabon.

531 Chronique de l'année 448. Les relations commerciales avec l'Orient avaient gardé à cette époque une certaine importance, et on a découvert à Ceylan de nombreuses monnaies de Théodose (cf. R. E. M. Wheeler, *Roman Contacts with India, Pakistan and Afghanistan*, in *Aspects of Archeology in Britain and beyond*, Londres, 1951, p. 361 et 374). Sur les tigres apprivoisés, cf. note 516 supra.

532 Chronique de l'année 496, sous Anastase Ier, empereur d'Orient de 491 à 518. L'Inde étant dépourvue de girafes, il doit s'agir de l'Éthiopie. Sur *Luca bos* de Plaute, *Casin.* 846, cf. Pline, 8, 16, et Isidore, *Etym.* 12, 2, 15-16 pour l'explication.

533 Sur les projets attribués à Trajan après sa conquête de la Mésopotamie jusqu'à la côte du Golfe Persique, cf. Eutrope, 8, 2, et note 369.

534 Même énumération d'îles, aux variantes près, que dans Julius Honorius, 3. Voir aussi infra, *Cosmographie anonyme*, 1, 8.

535 Cf. une énumération très voisine des noms du « Caucase » dans Solin, 32, 12.

536 Dans tous ces textes de Fortunat, exaltation de saints comme écoutés d'un bout du monde à l'autre. De la même façon, les auteurs païens exaltaient auparavant la puissance ou le prestige des empereurs romains.

537 Compilation de noms géographiques anciennement connus et ici très souvent altérés. Les sources et cours des fleuves mentionnés sont généralement l'objet d'indications erronées reproduites au hasard d'autres textes également mal informés. Les erreurs topographiques énormes contrastent avec l'apparence de précision des distances chiffrées à un pas près. Voir l'Index pour les références aux noms voisins donnés par les sources antérieures. Pour 1, 7, 10, cf. Julius Honorius 3-10 ; pour 1, 13, *id.* 13.

538 Texte parallèle à celui de l'*Expositio totius mundi* (cf. supra), du milieu du IVe siècle et emprunté à la même source. Sur les rapports de l'*Expositio* et de la *Descriptio*, cf. J. Rougé, *Expositio totius mundi et gentium*, Paris, Sources Chrétiennes, 1966, p. 110-127.

539 Sur le diamant indien, v. références à l'Index, et note 215.

540 L'*agalocon* est produit par *Excoecaria agallocha* L. ou *Aquilaria agallocha* Roxb., skr. *agaru, aguru*, arbre de l'Inde et de l'Asie du Sud-Est, c'est-à-dire de l'Asie des moussons, non de l'Arabie. Le produit, en sanskrit *agaru, aguru*, est une tumeur très odorante qui affecte parfois l'intérieur du tronc de l'arbre. Le suc de l'arbre est un latex corrosif. C'est l'*agaru, agalochon*, en français *agalloche*, qui a été longtemps objet de commerce. Cf. J. Filliozat, *L'agalloche et les manuscrits sur bois dans l'Inde et les pays de civilisation indienne*, in *Journal Asiatique*, 1958, p. 85-93, pl.

541 Témoignage d'un commerce actif entre l'Inde et l'Égypte dans la seconde moitié du VIe siècle. Abila est Eilath, port à la pointe extrême nord du golfe oriental de la mer Rouge (golfe d'Aqaba), d'où partaient jadis les vaisseaux de Salomon pour Ophir.

542 Clisma (Clysma), ville et port au fond du golfe occidental de la mer Rouge (golfe de Suez). Les *nuces* sont les noix de coco (skr. *narikela*, tam. *těṇkāy*), fruits du cocotier (*Cocos nucifera* L., skr. *tṛnarāja* « roi des herbes », tam. *těṇṇamaram*). L'épithète de « vertes » et celle de « pleines » pour désigner les noix de coco apportées indiquent toutes deux qu'il s'agissait de noix fraîches non décortiquées, comme le sont celles qu'on envoie aujourd'hui sur nos marchés.

543 Dans le texte hébreu comme dans celui de la Septante, *Job*, 28, 16, entrent comme éléments d'évaluation de la sagesse les métaux précieux et les pierreries, mais non les étoffes peintes de l'Inde. Cf. saint Jérôme, note 426.

544 Pour la généalogie, cf. *Gen.* 11, 10 sq. — Sala = Shélakh de *Gen.* 10, 24 et 11, 12.

545 Cf. Servius, *ad G.* 3, 27 ; Flavius Josèphe, 1, 6, 4.

546 Autre explication de l'origine des Indiens comme issus des Éthiopiens avec les peuples du couchant (*Hesperii*), et ceux d'Afrique du Nord.

547 Les Ichtyophages de la côte du Golfe Persique vivant sur un littoral désolé, que les rapports sur la retraite d'Alexandre par la Gédrosie ont bien fait connaître, tiraient naturellement de la mer plus de nourriture que de leurs rivages (Arrien, *Anab.* 6, 7 ; *Indica*, 26 sqq.). La prétendue interdiction d'Alexandre à tous les Ichtyophages de manger des poissons est dans Pline, 6, 95. P. H. L. Eggermont, *Alexander's campaigns in Sind and Baluchistan*, Louvain, 1965, p. 65, a relevé que l'interdiction a été formulée en réalité par Asoka dans son inscription gréco-araméenne d'Afghanistan (*Journal Asiatique*, 1958, p. 3 et 22). Pline aurait eu connaissance de cet ordre d'Asoka, mais l'aurait attribué à Alexandre. Contre cette hypothèse, on doit observer que Pline aurait exagéré en appliquant l'interdiction à tous les Ichtyophages et en la faisant absolue. En effet le texte grec d'Asoka ne fait que rappeler que le roi, c'est-à-dire Asoka lui-même, a cessé de faire tuer des êtres vivants, et que les chasseurs et pêcheurs s'en abstiennent. Cela est en rapport avec l'édit Roc I, mais n'implique nullement une interdiction générale qu'Asoka n'a jamais donnée et n'aurait d'ailleurs jamais pu imposer ; le bouddhisme auquel il s'était rallié autorisait le régime carné même aux moines, à condition que l'animal ou le poisson n'ait pas été tué spécialement à leur intention. D'ailleurs, tandis que l'édit grec a été rendu dix ans écoulés après le sacre, vingt-six ans après ce même sacre (Pilier, 5), il donne une liste des animaux qu'il est interdit de tuer et précise les jours saints, assez peu nombreux, où on ne doit pas tuer le poisson ni même le vendre, ce qui laisse la liberté de tuer le reste du temps.

548 Les Cynocéphales (cf. Pline, 8, 216, mais en Éthiopie seulement), dont la description remonte à Ctésias (20-23) ont été admis dans l'espèce humaine au moyen âge français, car ils sont représentés au tympan de Vézelay parmi les destinataires de la mission des Apôtres. Sur les données indiennes les concernant, cf. Sylvain Lévi, *Notes chinoises sur l'Inde*, I, *Bull. Ec. fr. d'Extrême-Orient*, II, p. 250 sq. — Les Cyclopes de l'Inde sont peut-être les Arimaspes (de Scythie) qui n'avaient qu'un œil, cf. Hérodote, 3, 116 ; Pline, 7, 10.

549 Cf. Pline, 7, 28, sur les *Macrobioi* ; 7, 26-27, sur les Pygmées ; 7, 30, sur la brièveté de la vie des femmes. Les *Makrobioi* sont les Indiens auxquels on a attribué cent trente à cent cinquante ans de vie (cf. note 522 sur Palladius). Leur taille et celle des Pygmées sont antithétiques et imaginaires. Mais la notion existe en Inde d'êtres éminents de la taille d'un palme. C'est le cas légendaire du sage Agastya qui vivait, avec cette taille, en yogin dans la montagne de l'extrême sud appelé Potiyamalai en tamoul. Mais il n'est pas probable qu'Isidore, pas plus que Pline, ait eu connaissance de cette légende.

550 Cf. Pline, 8, 72 et 74 ; Solin, 52, 36. Les taureaux indiens de couleur fauve, agiles et de cuir épais, peuvent être les gaurs (*Bos gaurus*) ou les zébus (*Bos indicus*) représentés sur les sceaux de Harappa et Mohan jo Daro (bassin de l'Indus). Mais ceux qui sont férocement sauvages sont les buffles sauvages. Le gaur n'est pas naturellement agressif (cf. G. P. Sanderson, *Thirteen years among the wild beasts of India*, 5e éd., Londres, 1893, p. 246).

551 L'étymologie d'*elephas* par le grec *lóphos* « colline » est évidemment fausse ; c'est un mot d'emprunt dont on cherche l'origine en Afrique ou en Asie mineure (comme intermédiaire), sans rapprochements décisifs, cf. Frisk, *G.E.W.* I, 493 ; *D.E.L.G.* 338. Les Indiens ont présenté des étymologies du même genre pour les divers noms sanskrits de l'éléphant (*Mātaṅgalīlā*, I, 31-34), mais ne l'appellent pas *barro* d'après son cri. En sanskrit, le barrit de l'éléphant est *garja*, mot qui rend aussi le roulement du tonnerre. Le rapprochement de *barro* avec *ebur* est illusoire : *barro* a été comparé à pehlvi *banbarbita* « éléphant » ou à sanskrit *bárhati* « barrir » (*L.E.W.* I, 97) ; *ebur* « ivoire » a rappelé égyptien *ābu*, copte ϵβου, cf. *D.E.L.L.* 190 ; *L.E.W.* I, 389 ; — *proboscida*, en revanche, est correctement rapproché de gr. *boscō* « nourrir ». — *bos luca* : même explication dans Pline, 8, 16 ; sur les éléphants porteurs de tours, Pline, 11, 4. La légende indienne veut que les éléphants, à l'origine, aient été pourvus d'ailes et été des êtres célestes. Huit d'entre eux seraient les gardiens des points cardinaux et intercardinaux. Les autres auraient, par leur masse, causé des dégâts sur la terre en y venant jouer. Ayant cassé et fait tomber une branche d'arbre sur l'ermitage d'un ascète, Dīrghatapas « A la longue ascèse », ils auraient été maudits par lui, d'où la perte de leurs ailes, et réduits à servir de montures aux hommes (*Hastyāyurveda*, I, 1, 83-91 ; *Mātaṅgalīlā*, I, 11-12 ; *Gajaśāstra*, III, 7-10 et 30-34). Un édit de Caracalla promulgué en 216 en Maurétanie Tingitane, qu'on a cru désigner les éléphants comme « animaux célestes » (*caelestium... animalium* ; cf. J. Guey, *Les animaux célestes du nouvel édit de Caracalla*, in *C.R.A.I.*, 1948, p. 128-130) pourrait présenter un écho de la légende indienne. Mais il a été reconnu depuis qu'il s'agissait non d'éléphants, mais de lions (cf. R. Thouvenot, *Les lions de Caracalla*, in *Rev. Et. Anc.*, 52, 1950, p. 278-287). Sur l'accouplement des éléphants, cf. Aristote, *H.A.* 540 a 20 sq., et Pline, 10, 173 ; sur leur peur des souris, Pline, 8, 29 ; sur leur longévité, Pline, 8, 28 (deux cents et quelquefois trois cents ans). L'idée que les éléphants ne naissent plus qu'en Inde est sans doute en rapport avec la disparition des éléphants du nord de l'Afrique. Isidore et sa source (ou ses sources) ignorent visiblement que les troupeaux d'éléphants restaient nombreux en Afrique au sud du Tropique.

552 Sur le croisement fabuleux des tigres et des chiennes, cf. Pline, 8, 148.

553 Sur le serpent, aussi fabuleux, qui étouffe les éléphants, cf. Pline, 8, 32 sq., et ci-dessus, note 128.

554 De même sont fabuleuses les anguilles de trente pieds (8 m 90), cf. Pline, 9, 4.

555 Cf. Pline, 32, 7. Mais le texte de l'*Histoire naturelle* ne fait pas mention de l'océan Indien : « Et puis, sans même cet exemple [celui de la porcelaine, coquillage qui arrêterait les navires], celui de la torpille, *autre bête de la mer*, ne suffirait-il pas ? Même à distance et de loin, même si..., etc. » ; *ex eodem mari* de Pline « venant aussi de la mer », mal compris, avait été corrigé en *ex Indico mari*.

556 Emprunt à Pline, 32, 143.

557 Cf. Pline, 10, 117.

558 L'étang où tout coule à fond rappelle la fontaine d'Éthiopie d'Hérodote, 3, 23, et de Mela, 3, 9. Elle a la propriété inverse de la fontaine indienne de Ctésias, 30, où rien ne peut s'enfoncer sauf les métaux et qui, elle, est connue de la tradition indienne du

Karaṇḍavyūha sanskrit (E. Burnouf, *Introduction à l'histoire du bouddhisme indien*, Paris, 1844, p. 225) ainsi que de la *Jātakaṭṭhakathā* en pāli (J. Minayeff, *Grammaire palie*, trad. franç., Paris, 1874, p. VIII-IX). Dans *Jātaka*, VI, 100-101, on retrouve le nom même de la pièce d'eau évoquée ici, Sidé, sous le nom de la rivière Sīdā. Le texte pāli place cette rivière dans le nord et la fait couler entre des montagnes d'or, et c'est son *aṭṭhakathā*, ou commentaire afférent, qui indique que tout y coule à pic, même une plume de paon, tant l'eau en est subtile. Le présent texte latin dit aussi que tout s'y enfonce et ne fait que reproduire Pline, 31, 21 (cf. note 192), qui attribue l'information nommément à Ctésias. Or, Ctésias distingue les corps organiques qui ne peuvent s'enfoncer et les métaux qui coulent. Apparemment Pline, ici suivi, a mal reproduit Ctésias. Il reste que le phénomène qu'il a évoqué concorde avec la donnée du *Jātaka* et que la Sīdā, d'après le *Jātaka*, se place dans le nord montagneux, non dans l'Inde propre. Le phénomène ne peut avoir lieu dans l'eau et suppose un liquide de plus faible densité. On peut l'imaginer dans une région pétrolifère, où un bassin d'hydrocarbure ferait couler des choses légères, aussi bien que les métaux. Il peut aussi être légendaire et exprimer simplement avec exagération la légèreté de l'eau claire de la rivière contrastant en montagne avec les eaux de la plaine souvent chargées de limon et de lentilles d'eau. Sur cet étang célèbre dans l'Antiquité, cf. Antigonos de Caryste, 146 (vᵉ siècle a.C.) ; Diod. Sic. 2, 37, 7 ; Arrien, *Ind.* 6, 2-3 ; Strabon, 15, 1, 38.

559 Cf. supra saint Jérôme, *De situ*, p. 122. Le roi Gangarus doit tirer son existence et son nom de celui des Gangarides de Pline (6, 65 et comm. p. 95, n. 9).

560 Cf. Solin, 52, 1 sqq. Il est exact que le nom de l'Inde vient du fleuve Indus (Sindhu) par l'intermédiaire de la forme perse (J. Filliozat, *J. des Sav.*, 1981, p. 104). La limitation de l'Inde vers l'ouest par l'Indus est fréquente, quoiqu'inadéquate (cf. Mela, 3, 61 ; Pline, 6, 56, etc., ci-dessus, n. 54). L'extension de l'Inde de la mer méridionale jusqu'au lever du soleil implique qu'elle est baignée au sud par cette mer, mais qu'elle va à l'est jusqu'à une région indéterminée. C'est la limite nord par la chaîne himâlayenne appelée Caucase qui est la mieux connue. Les indications données sur Taprobane, etc., et sur les productions du pays résument la plupart du temps celles de Pline. Concernant les productions, elles sont correctes. Seule est fantastique la notion de montagnes d'or gardées par des monstres. Hypanis est pour Hypasis plus correct (il s'agit de la Vipāśā, Pline, 6, comm. p. 62, n. 6, et p. 71, n. 6).

561 Emprunté à Solin, 52, 17 ; pour Taprobane, 53, 2 ; pour Tiles (Tylos), 52, 49. La reprise des noms de Chrysè et Argyrè ainsi que de Taprobane est occasion de nouvelles indications fabuleuses. Il n'y a évidemment pas à Taprobane deux étés et deux hivers, mais la notion de deux récoltes de riz a pu donner lieu à pareille idée. Il y a des fleurs toute l'année et les arbres de tous les Tropiques (ainsi que les conifères du monde entier, le mélèze excepté) restent verts en toute saison. Tiles (= Tylos) n'est pas une île jouissant d'un avantage particulier ; cf. Solin, 52, 49.

562 Le sens attribué au nom du Caucase est correct, sinon pour lui, du moins pour l'Himâlaya ainsi désigné. *Hima* « neige » + *alaya* « séjour » signifie réellement « séjour des neiges ». *Croacasis* est le nom donné par les Scythes à l'Himâlaya, cf. Pline, 6, 50, *Caucasum montem Croucasim, hoc est niue candidum* ; Solin, 49, 6. Isidore est seul à donner un mot scythe *casim* « blancheur » ou « neige ».

563 Citation des Actes des Apôtres, 22, 3. L'autre *Tarsus*, attribué faussement à l'Inde est le *Tharsis* de l'Ancien Testament ; Cf. Jérôme, *Epist.* 37, 2, n. 418.

564 Les noms de l'aimant en sanskrit, *lohacumbaka* « qui baise le fer », *ayaskānta* « amoureux du fer », etc., n'ont rien de commun avec la légende d'un pâtre Magnès, son inventeur. D'après Nicandre de Colophon, *frg.* 101 cité par Pline, 36, 127, il l'aurait découvert sur le mont Ida de Troade. Confusion de *Ida* et *India* ?

565 Cf. Pline, 36, 196 et 37, 177, et ci-dessous, *Etym.* 16, 16, 5.

566 Isidore mêle ici deux notices de Pline concernant deux pierres différentes, l'*alabastritis*, qui est un onyx marbré, qu'on trouvait à Alabastrum en Égypte et à Damas en Syrie (Pline, 37, 143, *candore interstincto uariis coloribus*) et l'*alabastrites*, un albâtre, qui est un marbre (carbonate de chaux) et qu'on trouvait aux environs de Thèbes en Égypte et de Damas en Syrie, surpassant tous les autres en blancheur, mais dont le plus apprécié provenait de Carmanie et de l'Inde (Pline, 36, 60-61). Cette confusion vient de la communauté de noms *alabastrites* (*-tis*). C'est dans ce dernier qu'étaient taillés les vases à parfum dits *alabastra* (cf. Pline, 36, 60). L'allusion à l'Évangile, *Marc.* 14, 3, concerne le vase contenant un parfum de nard répandu sur la tête du Christ.

Il peut s'agir de l'albâtre gypseux, sulfate de calcium cristallin, le plus blanc, mais très fragile, employé cependant pour faire des vases, statuettes et autres objets. Ce peut être aussi l'albâtre calcaire, carbonate de chaux concrétionné, blanc jaunâtre souvent veiné. Les deux sont usités en Inde, où on peut confondre vulgairement dans le commerce la stéatite avec l'albâtre calcaire. La stéatite convient excellemment, elle aussi, à la fabrication de vases, boîtes et objets. Mais elle est minéralogiquement différente, étant un silicate naturel hydraté de magnésie, une variété de talc. Lorsqu'on désire une grande variété de veines et de couleurs, c'est la stéatite qu'on emploie de préférence. Pour le blancheur, c'est l'albâtre gypseux qui l'emporte. L'albâtre calcaire est intermédiaire entre le gypseux et les variétés les plus claires et les moins veinées de stéatite. Tous trois permettent de fabriquer pour les vases et boîtes de même substance des bouchons et couvercles très exactement ajustés et conviennent pour conserver des parfums. L'albâtre gypseux parfaitement blanc pur a été largement employé, en Inde de l'ouest surtout, pour sculpter des statues, notamment de Jina. Ces pierres sont confondues sous l'appellation générique de *prastara*, qui désigne toute chose étendue par couches ou à couches mêlées, ce qui convient aux agates rubanées et aux onyx à couches parallèles plus ou moins rectilignes ; sur les onyx, cf. Pline, 37, 90-91 ; Isidore, *Etym.* 16, 8, 3-4.

567 *Beryllus*, emprunt au gr. *bērylos*, de m.i. *berulia*, *verulia* < sanskr. *baiḍūrya* ou *vaiḍūrya* ; cf. Pline, 37, 76-79. Le béryl, variété d'émeraude (silicate double d'alumine et de glucine) a lui-même une variété chatoyante, d'où confusion avec l'œil-de-chat, variété de quartz hyalin à fibres d'amiante soyeuses produisant l'effet chatoyant. Cependant la pierre dite *śeṣa* « résidu », qu'on a traduit par « onyx » (cf. note 570) et qui est décrite dans *Ratnaparīkṣā*, 175-178 (Finot, p. 38), à la suite de l'émeraude, doit plutôt être le béryl des minéralogistes modernes, tandis que le *berulia* indien et le béryl de la littérature européenne seraient plus généralement l'œil-de-chat, cf. *Etym.* 16, 8, 3. Le chrysobéryl est en skr. *karketana*, m.i. *kakkarra* (Finot, *Lapidaires indiens*, III, p. 49-51 ; 60 ; 137). Isidore a bien conscience que le nom de béryl est indien. Chrysobéryl est gréco-indien. Les chrysobéryls qui, pour les lapidaires, sont des cymophanes, aluminates de glucinium (ou beryllium), sont considérés, dans le lapidaire indien de Buddhabhaṭṭa, la *Ratnaparīkṣā* 221-230, comme des ongles du démon Bala sacrifié au ciel, jetés chez les Javana, c'est-à-dire les Grecs (ou les Arabes, en tout cas des occidentaux) et c'est de ceux-ci qu'il proviendrait (221). Cette origine supposée évoque l'idée de l'onyx des Grecs. Les Indiens, en tout cas, n'auraient pas exporté, mais importé le minéral en question. Ces renseignements ne sont pas nécessairement contradictoires. Ils peuvent dépendre des régions variées de l'Inde où les textes ont été rédigés et où les productions et les courants commerciaux étaient différents. Les identifications des substances d'après leurs noms peuvent aussi varier. Caraka, auteur des débuts de notre ère, plus ancien que les lapidaires classiques, mentionne le *karketana* parmi les pierres qui écartent les poisons (*Cik.* XXIII, 252), mais son principal commentateur, le bengali Cakradatta (XIe siècle) identifie ce *karketana* avec le rubis, *padmarāga*. Là non plus, il n'y a pas de contradiction véritable. Le *karketana* de Buddhabhaṭṭa qui détruit le poison (230) étant décrit comme couleur de sang, d'or ou de miel (221), et le texte de Caraka ne mentionnant pas dans sa liste le rubis par un de ses noms usuels, le commentateur l'y a sans doute rétabli sous le nom de *karketana*, en tant que variété rouge de ce minéral.

La chrysoprase, variété d'agate pour les minéralogistes, ne paraît pas individualisée dans la tradition indienne, non plus que les agates proprement dites. Elles sont apparemment confondues avec des béryls, comme l'indique, selon certains, Isidore, ou parmi les *prastara* (cf. Pline, 37, 76-79).

568 Cf. Pline, 37, 110, sous le nom de *callaïna* (*callaïca*, Solin, 20, 14). La callaïque, couleur de mer et mate, a chance d'être une turquoise qu'on appelle en sanskrit *haritā-śman* « pierre verdâtre ». Les indications données sur ces pierres par Pline, relatives à la perte de leur couleur, à leur éventuel attachement ensemble et à leur gîte chez les Sacae et les Dahae, peuvent corroborer cette identification. Les turquoises qui se recueillent dans la nature sous un aspect analogue à des gouttes de suie ou à des coulures de bougie, qui seraient bleues-vertes et qui peuvent ressembler, comme le veut notre texte à des rondeurs d'œil fermé abondent au Kaśmīr et dans les régions iraniennes bien indiquées par Pline, comme celles des Sacae et des Dahae. Elles ont d'ailleurs, en sanskrit tardif et moderne, un nom, *pīroja* ou *peroja*, qui est la transcription de leur nom persan *fīrūjah*. La turquoise, ainsi connue en Inde comme étrangère, n'est pas décrite par les plus anciens lapidaires indiens. — *Germania*, faute pour *Carmania*, se trouve aussi dans certains manuscrits de Pline, 37, 110, et dans Solin, 20, 14.

569 Emprunt à Pline, 32, 21-23.

570 L'onyx, qui tire son nom grec d'une analogie avec l'ongle, a été identifié sous le nom sanskrit de *śeṣa* « résidu » (Finot, *Lapidaires indiens*, p. XVI et 38). A tort sans doute, car il s'agit plutôt de béryl ou de chrysobéryl, réputé venir des ongles du démon sacrifié au ciel et dont les éléments organiques forment sur la terre les minéraux précieux et semi-précieux (cf. supra, n. 567). Ce *śeṣa*, « reste » ou « résidu », est tel par rapport aux émeraudes d'un même gisement. Sa définition fait immédiatement suite dans la *Ratnaparīkṣā* à l'étude de l'émeraude et est formulée comme suit : « [Les pierres], faibles en couleur par rapport à celle-ci (l'émeraude), qui sont produites dans un gisement d'émeraude et sont appelées les résidus, sont issues de la bile et du phlegme [du démon]. » (*Ratnap.* 175). C'est aux béryls plutôt qu'à l'onyx que convient cette définition, l'onyx, variété d'agate, étant un quartz amorphe n'ayant pas comme les béryls de lien avec les gisements d'émeraude.

Le nom de *śeṣa* a été supposé (cf. Finot, *op. cit.*, XVII) dériver du nom de l'onyx en arabe : *ǧiza*, mais le nom de *śeṣa* est justifié pour le béryl vrai par la nature de son gisement, ce qui écarte cette étymologie hasardeuse en même temps que l'identification avec l'onyx.

La sardoine est, comme l'onyx, une variété d'agate, pami les multiples *prastara*.

571 L'améthyste ne paraît pas spécialement décrite en Inde ancienne. Elle devait être rangée parmi des variétés de quartz, *sphaṭika* en sanskrit. Cf. Pline, 37, 121-122.

572 Même observation pour l'*(h)iacinthizonta* que pour l'améthyste indienne ; cf. Pline, 37, 122, *Alterum earum genus descendit ad hyacinthos.*

573 Il est faux que, comme l'avançait déjà Pline, 37, 80, l'opale ne provienne que de l'Inde. L'indication qu'elle doit son nom à cette patrie supposée veut dire qu'on croyait que son nom était indien. D'où l'étymologie admise depuis le siècle dernier à partir de skr. *upala*, mais qui est infondée (cf. supra, n. 217).

574 Brève notice qui réunit confusément les descriptions de diverses espèces indiennes et non indiennes de diamants et de quartz de Pline, 37, 55-58. Dans l'Antiquité européenne, l'Inde était le pays d'où venaient alors les diamants. Isidore ne les a pas appréciés et les déclare petits, tout en signalant, à la suite de Pline, qu'on n'en trouve pas de plus gros qu'une noisette. Il n'était donc pas expert en la matière. Le diamant, skr. *vajra*, porte le même nom que la foudre, en raison de son éclat. Ses gisements sont en Inde au centre (Madhyapradesh, District de Panna) et au sud (Andhra et Karnàṭaka). La collecte réelle des diamants d'Andhra apportés par des crues de rivières est évoquée par Marco Polo (chap. CLXXVI) à propos du royaume de Mutifili (Telingana entre Godāvarī et Kṛṣṇā). Marco Polo conte aussi une légende analogue à celle d'Hérodote pour la cannelle, et des voyageurs arabes précisément pour les diamants (cf. Pline, livre 6, p. 155). Les diamants (comme la cannelle) sont dans des profondeurs inaccessibles. Des quartiers de viande y sont jetés, les diamants se fichent dans la viande que les aigles enlèvent et que les hommes ravissent aux aigles (Marco Polo, *Livre des merveilles*, trad. L. Hambis, Paris, 1955, chap. CLXXVI, p. 262-263 ; 2ᵉ éd., Paris, 1976, p. 211-212).

575 Cf. Pline, 37, 132, et note 233. L'éclat des pierres est souvent comparé en Inde à celui des astres, soleil, lune ou étoiles. Du cristal de roche, *sphaṭika*, il est distingué des variétés jetant leurs feux à la clarté du soleil *sūryakanti* et à celle de la lune, *candrakānti* (*Navaratnaparīkṣā*, 154-156 ; Finot, *op. cit.*, p. 167). Le *Rājanighanṭu* (XIII, 205) définit le *sūryakānta* comme étant « de l'espèce du feu émis au contact des rayons du soleil » (*sūryāṃśusparśaniṣṭhyūtajātya*), et le *candrakānta* (XIII, 211) comme étant « pierre de l'espèce due à l'association aux rayons de la lune » (*candrāṃsusaṅgāj jātyaṃ ratnam*).

576 Cf. Pline, 37, 100 et 102, avec mélange de notices ; cf. supra, note 222. *Sandasirus* pourrait à la rigueur correspondre à la pierre *candrakānti* ou *candrakānta*, appelée aussi *candraśilā*, litt. « pierre-de-lune ». La forme moyen-indienne serait **camdasilā*. Mais l'éclat a fait penser à l'aventurine dans le passage correspondant de Pline. Ici l'indication des gouttes d'or à l'intérieur évoque le lapis-lazuli dont c'est la caractéristique de présenter des paillettes dorées de pyrite dans sa masse. Les noms indiens du lapis-lazuli ne correspondent toutefois nullement à celui de *sandasirus*.

577 Cf. Pline, 37, 103 et supra, note 223. Pline explique que l'éclairage des lampes fait particulièrement valoir la *lychnis* (*tum praecipuae gratiae*).

578 La chrysocolle accompagnant l'or déterré par les fourmis et étant de la nature de l'aimant résulte apparemment de confusions diverses réunies. La chrysocolle, employée dans l'antiquité pour souder l'or, d'où son nom grec, est un silicate de cuivre hydraté qui se rencontre avec nombre d'autres minéraux du cuivre, tels que malachite et azurite (carbonate de cuivre), chalcopyrite (sulfure de fer et cuivre), etc., dans les mines de cuivre, et non pas d'or. Son usage dans la soudure de l'or l'a fait à tort associer à l'or et à la légende antique des fourmis fouisseuses. La propriété de s'aimanter quand elle est chauffée appartient à la tourmaline, non à la chrysocolle. D'autres minerais sont magnétiques, comme la magnétite. L'idée de soudure associée à celle de la chrysocolle a dû faciliter sa confusion avec des pierres d'aimant. La chrysocolle ne se rencontre pas seulement dans les mines indiennes de cuivre, mais dans celles du monde entier, et l'Antiquité européenne la tirait de ses propres mines, dont les plus importantes étaient celles d'Espagne. Cf. Pline, 37, 147.

579 Cf. Pline, 37, 155, *chelonia*.

580 Cf. Isid., *Etym.* 16, 4, 21 ; cf note 565.

581 Erreur empruntée à Pline, 34, 163 ; cf. note 199.

582 Cf. Virgile, *G.* 2, 116, et note 10 ; Pline, 12, 17-21, et note 148. Les mouchetures signalées dans l'ébène indienne par Isidore sont possibles, mais nullement caractéristiques. Les manuscrits de Lucain, 10, 117, donnent bien, sauf un, la leçon *mareotica* (du lac Maréotis dans le delta du Nil), mais on doit comprendre *meroitica*, de *Meroe*, région située entre la 6ᵉ et la 5ᵉ cataracte, entre le Nil et son affluent l'Astaboras ; dans les deux cas, il ne s'agit pas de l'Inde.

583 Le suc très doux des roseaux et calames supposés à tort croissant dans les eaux stagnantes est le jus de canne à sucre ; cf. Varron de l'Aude, frg. 70 ; Sénèque, *Epist.* 84, 2 ; Lucain, 3, 237 ; Pline, 12, 32.

584 *Bidella*, forme tardive de *bdellium*, sur lequel, cf. Pline, 12, 35 et note 162.

585 Le poivre rond dont il s'agit ici pousse surtout dans les montagnes du Kerala (Malabar, côte occidentale du sud de la péninsule), non dans le « Caucase ». Il y a de nombreux serpents dans la région, mais on n'incendie pas les plantations pour les chasser, et la noirceur du *Piper nigrum* L., notre poivre, ne vient pas de cet incendie supposé. Ce poivre est rond et, selon l'état de sa maturité, vert, rouge, blanc quand il est débarrassé de sa cuticule, et finalement noir. Sa feuille est lancéolée et ne ressemble nullement à celle du genévrier, qui est aciculée. Il y a confusion avec la rondeur des deux fruits. Le poivre long est une espèce différente. Cf. supra Pline, 12, 26, et notes 153-154.

586 L'*aloa* est le bois dit « d'aloès » par confusion phonique, ou « bois d'aigle », en réalité l'agalloche (*Aquilaria agallocha* Roxb.), *agaru* en sanskrit, évoqué par Pline, 12, 98, sous le nom de *tarum*. L'étymologie par *altar* « autel » est naturellement fausse. La forme de la Septante est *alōth*, hébreu *ahaloth*. Sur l'agalloche, cf. J. Filliozat, *Journal Asiatique*, 1958, p. 85-93, pl.

587 Emprunt à Solin, 30, 30. Sur le cinnamomum en Arabie et Éthiopie, cf. Pline, 12, 85-92. Assez bonne description des bâtons de cannelle.

588 Le *calamus aromaticus*, ou plus usuellement *calamus odoratus* (Scrib. Larg. 269 ; Pline, 12, 104, et supra, note 167 ; cf. la notice de Dioscoride, 1, 18) est le roseau odorant ou acore ou calame aromatique (*Acorus calamus* L.). Les Anciens n'en connaissaient que la partie importée, le rhizome traçant, long de plus d'un mètre, présentant des épaississements qui sont les cicatrices des pousses, et d'odeur suave, de saveur amère et âcre. La plante n'a été introduite en Europe que tardivement, au XVᵉ-XVIᵉ siècle (cf. *Botanische Zeitung*, déc. 1908).

589 Le *folium* en question correspond au *malobathrum indicum* de Pline, 12, 129, (cf. note 168) et de Dioscoride, 1, 12, qui le décrit comme Isidore : « C'est une plante des eaux stagnantes de l'Inde, ayant une feuille flottante comme la lentille d'eau et sans racine ; après la cueillette, on la perce immédiatement d'un fil, on la fait sécher et on la conserve. » Plante non identifiée.

590 Sur le nard (*spica* signifie ici « touffe »), cf. Scribonius Larg. 120 ; Pline, 12, 42, et note 164.

591 Le *costum* ou *costus* est le *kuṣṭha* sanskrit, *Saussurea lappa* Clarke ; cf. Pline, 12, 41 et note 163 ; v. Index.

592 La notice sur le *quiperus* (lat. classique *cyperus*), le souchet, reprend à peu près celle de Pline, 21, 117 et du Dioscoride grec (1, 5) et latin (1, 4). La plante a été identifiée ci-dessus avec le *Curcuma amada*, cf. note 182. La source d'Isidore n'est toutefois ni Pline ni Dioscoride, cf. Isidore, *Etymologiae*, XVII, éd. J. André, Paris, 1981, p. 163, notes 400-402.

593 Emprunt à Orose, 1, 2, 43. Le *laser* poussant dans une montagne Oscobagès où naît le Gange est bien un produit indien. Les traditions indiennes tantôt font naître la Gaṅgā du lac Mānasa, tantôt la font tomber du ciel sur la tête de Śiva siégeant lui-même sur le mont Kailāsa. En tout cas, le lac Mānasa et le Kailāsa sont situés dans la même région himâlayenne, le Kailāsa, à moins de 100 km à vol d'oiseau à l'ouest du lac, et le Gange naît réellement dans la région du sud du Kailāsa ; cf. O. H. K. Spate, *India and Pakistan. A General and Regional Geography*, Londres, 1954, p. 394, fig. 68. Pour plus

de détails : Elisée Reclus, *Nouvelle Géographie universelle*, VIII, Paris, 1883, p. 159 sq.
Cf. Orose, 1, 2, 43. Le nom de la montagne Oscobagès fait difficulté. Le mot sanskrit
qui s'en rapprocherait le plus serait *akṣabhāga*, mais qui désigne un degré de latitude.
Comme Ptolémée indique les sources, confluents, etc., des fleuves (du Gange en particulier, 7, 1, 29) par des listes de latitudes, on pourrait penser que, dans une source sanskrite
de pareilles listes, un mot se référant à la latitude de la montagne aurait pu être pris pour
le nom de la montagne elle-même. Mais nous ne connaissons pas de listes de ce genre.
Par ailleurs, le Kailāsa est éventuellement désigné comme Aṣṭāpada (équivalent d'un nom
attesté parallèlement *Aṣṭapāda* sans lui être appliqué directement), mais, si la forme
gréco-latine pouvait représenter correctement les voyelles de ce nom, on ne saurait rendre
compte des changements de *ṭ* en *c* et de *d* en *g* (pour *p/b*, il y aurait seulement sonorisa-
tion intervocalique, phénomène banal). Chez Orose, 1, 2, 43, et *Cosmogr.* 2, 17, le nom
de la montagne est Oscobarès/Oscouaris, qui n'est pas plus clair.

C'est seulement dans Isidore que *laser* désigne la plante elle-même et non le produit.
C'est, depuis Celse, le suc d'une férule indéterminée de Cyrénaïque pour laquelle on a
proposé *Ferula tingitana* L. (cf. A. C. Andrews, *The silphium of the Ancients*, in *Isis*,
33, 1941, p. 232-236). La plante disparut (cf. Pline, 19, 39) et fut remplacée par le suc de
la racine d'une férule orientale de Perse et du Béloutchistan (*Ferula asa foetida* L.), qui
est aussi vraisemblablement le laser indien, *hiṅgu* en sanskrit, très usité comme médicament et en cuisine, bien que la saveur n'en soit pas universellement appréciée ; cf.
J. André, éd. d'Isidore, *Etym.*, l. 17, p. 174, note 431.

594 Expression proverbiale, cf. saint Jérôme, *Epist.* 146, 2. Le pouliot et les diverses
sortes de menthes ne sont pas indiens, n'ont pas de nom en langues anciennes et ont
emprunté ceux de l'arabe, du persan ou de l'anglais. Plusieurs menthes poussent
aujourd'hui dans les vallées himâlyennes, au Kaśmīr, ou sont cultivées en diverses
régions. Il n'est pas surprenant que les Indiens les aient prisées comme rareté plus que
leur poivre banal.

595 Sur les combats des serpents avec les éléphants, cf. entre autres, Pline, 8, 32-34 et
note 127. Sur la *cinnabaris*, Pline, 33, 115-116 et note 198. L'étymologie isidorienne fan-
taisiste s'explique par [e]*chinna* (pour *echidna*, cf. *Thes. L. L.* V, 2, fasc. 1, 44, 1, 50 et
61) « vipère » + *barrus* « éléphant ».

596 Cf. Pline, 35, 46.

597 Cf. Vitruve, 7, 10 ; Pline, 35, 42 et note 21.

598 Les Indiens pouvaient être vêtus de lin ou de soie, mais l'étoffe nationale était le
coton, souvent mal distingué du lin par les Anciens.

599 Le miel céleste est mythique, mais la notion peut en être d'origine très ancienne.
Le *madhu* védique « miel », mais aussi équivalent de gr. *methy*, comme lui, une fois fer-
menté, liqueur enivrante et, comme lui encore, de nom remontant à l'indo-européen, est
localisé au-dessus de l'univers matériel, dans le « pas » transcendant de Viṣṇu (*RV*,
I, 154, 5-6). Le miel, d'autre part, ne se trouve évidemment pas sur des feuilles de
roseaux ni n'adhère sous l'aspect de sel à des rameaux. Il y a confusion avec des exsuda-
tions de plantes et aussi des roseaux, des bambous et de la canne à sucre ; cf. Varron de
l'Aude, frg. 70 ; Pline, 12, 32 ; Isid., *Etym.* 17, 7,58, etc. — Citation de Virgile, *Georgi-*
ques, 4, 1, avec la variante *hactenus* pour *protinus*. L'opinion selon laquelle le miel serait
la rosée céleste déposée sur les plantes et recueillie par les abeilles était couramment
répandue, cf. Aristote, *H.A.* 553b 29, et Pline, 11, 30, etc. La fin du passage est très obscure et la source exacte en est inconnue. Peut-être Isidore a-t-il mal lu ou disposait-il d'un
texte fautif (en effet *conligatum* paraît correspondre à *collectum* « recueilli » de
Pline, 12, 32), mais il est également possible que sa source ait mal rendu l'« espèce de
miel solide (*pepēgos*) » de Dioscoride, 2, 82, 5, en comprenant « fixé, assemblé ».

600 Sur Thomas apôtre, cf. ci-dessus *Passio Sancti Thomae apostoli.*

601 Histoire embellie et racontée à sa façon. La date de douze ans (XII) est une erreur d'Isidore lui-même ou, comme il est plus vraisemblable, de copiste : La bataille de Pharsale eut lieu en 48 a.C. Pompée fit bien appel à des contingents non romains, Grecs, Thraces, Galates, Cappadociens, etc., mais non pas à des peuples à l'est de l'Asie mineure.

602 Ce texte inspiré de l'Epitomé anonyme de l'histoire d'Alexandre (cf. supra) figure dans un glossaire latin-grec. Il présente une omission : la question n° 6 de l'Epitomé est suivie immédiatement de la réponse à la question n° 7.

603 *Agalicon lignum* est l'*agallochon* « bois d'aigle », faussement appelé « bois d'aloès » ; cf. Isidore, *Etym.* 17, 8, 9, et supra, note 586.

604 Les Gymnosophistes vont nus, mais non particulièrement dans le désert ; ils subsistent par la charité de leurs fidèles.

LISTE DES AUTEURS

INDEX NOMINVM ET RERVM

Cet index comprend à la fois les textes édités dans le présent volume et le texte de Pline l'Ancien, *Histoire Naturelle*, livre 6, §§ 46-106, édité par les mêmes auteurs dans la collection des Universités de France, Paris, Les Belles Lettres, 1980.

Les auteurs sont rangés par ordre chronologique.

12, 10, 5 ; — a donné leur nom à l'Inde et aux Indiens : *Schol. Bern., G.* 2, 172 ; Isid., *Etym.* 9, 2, 39 ; 14, 3, 5 ; — lieu d'origine des Éthiopiens : Isid., *Etym.* 9, 2, 128 ; — populations colorées : Pline, 6, 70 ; Solin, 52, 14 ; — produit du nard : Pline, 12, 42 ; — du « lin » : Pline, 19, 22 ; — des plantes diverses : Pline, 24, 164 ; — charrie des pierres précieuses : Pline, 37, 185 ; Boèce, *Cons.* 3, 10.

Iomanes, affluent du Gange : Pline, 6, 63 ; 69 ; 73 .

ion, pierre précieuse : Pline, 37, 170.

Iordanis, rivière : *Epist. Alex.* 69.

Isabeni, peuple donné comme indien : Epiph. Const. 20.

Isari, peuple indien : Pline, 6, 64.

Isogonus, auteur : Pline, 7, 27.

Ismenias, auteur : Pline, 37, 86.

Israélites : déportés chez les Indiens, Sulp. Sev., *Chron.* 2, 11, 7 ; 2, 13, 4.

ivoire ; v. éléphant : Catulle, 64, 47-49 ; Virgile, *G.* 1, 56 ; *Aen.* 12, 67 ; Horace, *Od.* 1, 31, 6 ; Ovide, *Rem.* 10 ; Q. Curce, 8, 5, 4 ; Pétrone, 135, 8 ; Sénèque, *Epist.* 87, 20 ; Martial, 10, 98, 6 ; 13, 100, 1-2 ; Stace, *Silu.* 3, 3, 95 ; Apulée, *Flor.* 6, 2 ; Marcien, *Dig.* ; *Epist. Alex.* 10 ; 63 ; 71 ; Arnobe, 6, 14 ; Avienus, 1315 ; Claudien, *Paneg. III cons. Honor.* 211 ; Servius, *Ad G.* 1, 57 ; Sid. Apol., *Carm.* 2, 53 ; 5, 42 ; 22, 54 ; 23, 55 ; Avitus, 1, 203 ; Cassiodore, *Expos.* 5, 14 ; Isid., *Etym.* 12, 2, 14 ; 14, 3, 7 ; — fausses dents : Martial, 1, 72, 3 ; — pieds de table : Mart. 2, 43, 9 ; Stace, *Silu.* 4, 2, 38 ; Juvénal, 11, 120 ; — couteaux : *Epist. Alex.* 64.

Izi, peuple indien : Pline, 6, 64.

jaspe : Pline, 37, 115 ; Avienus, 1321 ; Sid. Apol., *carm.* 11, 21 ; Priscien, 1019.

jonc : Avitus, 1, 296.

Juba, roi de Maurétanie (25 a.C. — 23 p.C.), historien et géographe : Pline, 6, 96 ; Solin, 52, 18.

Julien, empereur : reçoit une ambassade indienne, Amm. Marc. 22, 7, 10.

Jupiter : Mela, 3, 66 ; Lucain, 9, 517.

lace, nom d'une espèce de corail : Pline, 32, 21.

laina, aromate : Pline, 12, 72.

laine (vêtements de) : Solin, 52, 20.

laine des arbres : Mela, 3, 62-63 ; Pline, 12, 17.

Lamnus, non indien du Caucase : Jordanes, *Get.* 55.

langouste : Pline, 9, 4.

laser : Orose, 1, 2, 43 ; Isid., *Etym.* 17, 9, 27.

laurier (forêts de) : Q. Curce, 8, 10, 14 ; Pline, 6, 79 ; Solin, 52, 24.

léopard ; v. guépard : Jul. Val. 3, 19 ; 3, 24.

Lepte Acra, cap du golfe arabique : Pline, 6, 175.

lesbia, pierre précieuse, Pline, 37, 171.

leucocrota, animal : Solin, 52, 34.

lévitation (des Brahmanes) : Amm. Marc. 28, 1, 13.

lézards géants : Q. Curce, 9, 8, 2 ; Pline, 8, 141.

Libeni, peuple donné comme indien : Epiph. Const. 20.

Liber, Liber Pater ; v. Bacchus : son expédition indienne et son triomphe : Ovide, *Fast.* 3, 465 ; *Pont.* 1, 5, 79 ; Mela, 3, 66 ; Q. Curce, 8, 10, 11 ; Sénèque, *Phaed.* 753 ; Pline, 4, 39 ; 6, 49 ; 6, 59 ; 6, 79 ; 6, 90 ; 8, 4 ; 8, 76 ; Stace, *Theb.* 8, 237 ; Ampelius, 2, 1 ; Hygin, 131, 1 ; 133 ; 191, 3 ;

sangenon : nom indien d'une variété d'opale, Pline, 37, 84 ; d'une pierre blanche, Pline, 37, 130.
sanglier : Pline, 8, 212 ; *Epist. Alex.* 27 ; Jul. Val. 3, 19.
sapenos, variété d'améthyste : Pline, 37, 102.
saphir : Avienus, 1304 ; Jérôme, *Vulg. Iob*, 28, 6 ; Epiph. Const. 3 ; Priscien, 1009.
Sarabastrae, peuple indien : Pline, 6, 75.
sardes, pierres précieuses : Pline, 37, 105.
sardoines, pierres précieuses : Pline, 37, 86-89 ; Martial, 4, 28, 4 ; Marcien, *Dig.*; Isid., *Etym.* 16, 8, 4.
Sasuri, peuple indien : Pline, 6, 67.
Satraidae, peuple indien : Priscien, 1004.
Satyri, peuple indien : Pline, 7, 24.
Satyrus, auteur d'un lapidaire : Pline, 37, 91 ; 37, 94.
sauterelles : Pline, 7, 29 ; 11, 103.
Sciapodes, peuple indien : Pline, 7, 23 ; Tertullien, *Nat.* 1, 8, 1 ; Augustin., *Ciu.* 16, 8 *(Scio-)*.
scie (poisson) : Pline, 9, 8.
scinque (animal) : Pline, 28, 119.
Sciratae, peuple indien : Pline, 7, 25.
Scodri, peuple indien : Avienus, 1345 ; Priscien, 1049.
scorpions : *Epist. Alex.* 23 ; Jul. Val. 3, 19 ; Palladius, 13.
sel natif : Pline, 31, 77 ; Chiron, 800.
Seleantes, lieu du Caucase ; v. Saleantes : *Cosmogr.* 1, 7.
Seliantes, fleuve : *Cosmogr.* 1, 8.
Seleucus I Nicator : Justin, 15, 4, 10-21.
Serae, peuple indien : Pline, 6, 88.
Serendiuae, peuple indien ; v. Sirendibeni : Amm. Marc. 22, 7, 10.
Seres : Pline, 12, 17 ; Stace, *Silu.* 5, 1, 61 ; Florus, 2, 34, 62 ; Ampelius, 6, 3 ; Arnobe, 2, 12 *(Serae)* ; Hist. Aug., *Aurel.* 33, 4 ; Amm. Marc. 14, 3, 3 ; Claudien, *In Eutr.* 1, 226 ; *Paneg. Hon.* 258 ; 601 ; Servius, *Ad G.* 2, 121 ; Orose, 3, 23, 11 ; Marcellus, *Carm. de spec.* 62 *(Serus)* ; Eustathe, 8, 8 ; Isid., *Etym.* 19, 23, 6.
Serica regio : Palladius, 1 ; 3.
serpents ; v. ammodyte, céraste : Mela, 3, 62 ; Q. Curce, 9, 1, 4 ; Pline, 8, 36 ; 19, 19 ; Solin, 52, 33 ; *Epist. Alex.* 24-25 ; 69 ; Jul. Val. 3, 16 ; *Mensura prou.* 1 ; *Itin. Alex.* 110 ; Palladius, 13 ; Isid., *Etym.* 12, 4, 5 ; 14, 3, 17 (voir s.v. éléphants, pour leurs combats avec les serpents).
sésame : huile, Pline, 15, 18 ; 18, 96 ; cf. 6, 161.
Setae, peuple indien : Pline, 6, 67.
Sibi, Sibae, peuple indien : Q. Curce, 9, 4, 1-3 ; Justin, 12, 9, 2 ; Orose, 3, 19, 6 ; Prisc. 1048 *(Sibae)*.
Side, étang de l'Inde ; v. Sila : Isid., *Etym.* 13, 13, 7.
Sigota, Sygota, fleuve ; cf. Sygoton, Fygothon ? : *Cosmogr.* 1, 8.
Sila, étang de l'Inde ; v. Side : Pline, 31, 21.
Silae, peuple indien : Pline, 6, 77.
Silenfantine, île ; cf. Sylephantina : Jul. Honorius, 3 ; 8.
Sindus ; v. Indus : Pline, 6, 71.
Singae, peuple indien : Pline, 6, 74.
singes : Pline, 8, 76.
siptace, nom indien du perroquet : Pline, 10, 117.
Sirènes : Pline, 10, 136.
Sirindibeni, peuple donné comme indien ; v. Serendiuae : Epiph. Const. 3.

Smaragdinum, île de la mer Rouge : Epiph. Const. 3.
socondion, variété d'améthyste : Pline, 37, 102.
socos, variété d'améthyste : Pline, 37, 102.
Sofera, montagne ; v. Ophir : Jérôme, *De situ*, p. 149.
soie : Pline, 21, 11 ; Marcien, *Dig.* ; *Expositio*, 16 ; Claudien, *III cons. Honor.*
    211 ; Servius, *Ad G.* 2, 121 ; Palladius, 3 ; *Descriptio*, 16 ; Isid., *Etym.*
    19, 23, 6.
Solis insula : 1. île de la côte des Ichthyophages, proche de l'Indus, Mela,
    3, 71 ; Pline, 6, 97 ; Mart. Cap. 6, 699 ; — 2. île située entre la côte de
    l'Inde et Ceylan, Pline, 6, 86 ; *Cosmogr.* 1, 7.
Sondrae, peuple indien : Pline, 6, 78.
Sonus, affluent du Gange : Pline, 6, 65.
Sophites, prince indien : Q. Curce, 9, 1, 24 ; 9, 1, 31 ; *Epit. hist. Alex.* 66-67.
Sophocle, auteur tragique : Pline, 37, 40-41.
sorgho : Pline, 18, 55.
Sorofages, peuple indien : Pline, 6, 77.
Sosaeadae, peuple indien : Pline, 6, 78.
Sotacus, auteur d'un lapidaire (IIIᵉ s. a.C.) : Pline, 37, 86.
sphinx (singe ?) : *Mensura prou.* 1.
spic indien ; v. nard : Apicius, 1, 16, 2 ; 6, 5, 4 ; 9, 8, 2 ; Pelagonius, 23 ;
    327 ; 365 ; 367 ; 390 ; Chiron, 816 ; 842 ; Végèce, *Mul.* 1, 59 ; 3, 13, 3 ;
    Th.Priscien, *log.* 110 ; *Gyn.* 19 ; Palladius, *Agr.* 11, 14, 13 ; Marcellus,
    29, 5 ; 29, 37 ; Cael. Aurel., *Gyn.* 2, 1673 ; Cassius Felix, 29 ; 42 ; 43 ;
    45 ; *Physica Plinii*, 57, 23.
Statius Sebosus, géographe (Iᵉʳ s. a.C.) : Pline, 9, 46 ; Solin, 52, 41.
Stoidis, île : Pline, 9, 106.
Struthopodes, peuple indien : Pline, 7, 24.
Suarattaratae, peuple indien : Pline, 6, 75.
Suari, peuple indien : Pline, 6, 69.
Subagrae, peuple indien : Orose, 3, 19, 6.
Sueui, peuple germain, capture des Indiens : Pline, 2, 170.
Sugambri, peuple indien : Justin, 12, 9, 3.
suicide par le feu ; cf. bûcher, veuves : Cicéron, *Tusc.* 2, 52 ; 5, 77 ; *Diu.*
    1, 46 ; Properce, 3, 13, 15-22 ; Val. Max. 1, 8, ext. 10 ; Mela, 3, 65 ;
    Q. Curce, 8, 9, 32 ; Pline, 6, 66 ; Lucain, 3, 240 ; Ambroise, *Epist.*
    37, 35.
Surae, peuple indien : Pline, 6, 73.
Sydraci, peuple indien ; v. Oxydracae : Pline, 6, 92 ; 12, 24.
Sydrus, rivière de l'Inde : Pline, 6, 63.
Sygoton, fleuve ; v. Fygothon : Jul. Honorius, 1, 8.
Sylephantina, île ; v. Silenfantine : *Cosmogr.* 1, 8 ; Jordanes, *Get.* 7 *(Silefan-).*

Taiani, peuple donné comme indien : Epiph. Const. 3.
Talloni, ville : Jul. Honorius, 6.
tamarin : Chiron, 953.
Tamus, promontoire de l'Inde : Mela, 3, 67 ; 3, 68 : 3, 70.
tambours (militaires) : Q. Curce, 8, 11, 20 ; 8, 14, 10.
Taprobane (Ceylan) : Ampelius, 6, 12 ; Orose, 1, 2, 13 ; Jul. Honorius, 3 ; Jor-
    danes, *Get.* 6 ; *Cosmogr.* 2, 5 ; 2, 6 ; — géographie ; Mela, 3, 70 ; Pline,
    6, 81-82 ; Solin, 53, 2 ; 53, 7 ; 53, 21-22 ; Avienus, 775-782 ; Mart. Cap.
    6, 696 ; Priscien, 594-599 ; Isid., *Etym.* 14, 6, 12 ; — considérée comme le
    bout du monde, Ovide, *Pont.* 1, 5, 80 ; — navigation : Pline, 6, 81-82 ;
    Solin, 53, 4-7 ; Mart. Cap. 6, 696-697 ; — mœurs, Pline, 6, 89 ; Solin,

53, 11-12 ; Mart. Cap. 6, 697 ; — longévité, Pline, 6, 91 ; 7, 30 ; Solin, 53, 12 : Palladius, 5 ; — gouvernement, Pline, 6, 89-91 ; Solin, 53, 14-18 ; Mart. Cap. 6, 698 ; Palladius, 5 ; — ambassade à Rome, Pline, 6, 85 ; — agriculture, chasse et pêche : Pline, 6, 91 ; Solin, 53, 19 ; Mart. Cap. 6, 698 ; — éléphants, Pline, 6, 81 ; Solin, 53, 3 ; Avienus, 776 ; Mart. Cap. 6, 696 ; Priscien, 596 ; Isid., *Etym.* 14, 3, 5 ; 14, 6, 12 ; — or, Pline, 6, 81 ; Solin, 53, 22 ; — perles, Pline, 6, 81 ; 6, 89 ; 7, 30 ; Solin, 53, 3 ; 53, 23 ; Isid., *Etym.* 14, 6, 12 ; — pierres précieuses, Pline, 6, 89 ; Solin, 53, 3 ; 53, 22 ; Isid., *Etym.* 14, 3, 5 ; 14, 6, 12 ; v. Probane.

Taradastili, peuple indien : Pline, 24, 161.

Tarchi, ville : Jul. Honorius, 6.

Tarsus, ville de Cilicie ; v. Tharsis : Jérôme, *Epist.* 37, 2 ; *Comm. Is.* 2, 16 ; Isid., *Etym.* 15, 1, 38.

taurelephas, animal fabuleux : Jul. Val. 3, 19.

taureaux : Q. Curce, 8, 12, 11 ; Sénèque, *Thyest.* 705 ; Solin, 52, 36 ; Isid., *Etym.* 12, 1, 29.

Tauron, historien grec : Pline, 7, 24.

Taurus, montagne (Caucase, Himalaya) : Mela, 3, 68 ; *Mensura prou.* 1 ; Orose, 1, 2, 44 ; *Diuisio orbis*, 24 ; Priscien, 633.

Taxilae, Taxili, peuple indien : Pline, 6, 78 ; Priscien, 1048.

Taxilla, ville de l'Inde : Pline, 6, 62 ; 6, 78.

Taxilus, prince indien : Q. Curce, 8, 13, 5 ; Justin, 13, 4, 20 ; Jérôme, *Chron.* 1690 ; Orose, 3, 23, 11.

teintures, étoffes peintes : Pline, 19, 22 ; Jérôme, *Vulg. Iob.* 28, 16 ; Greg. le Gr., *Instr. mor., Iob*, 46, 16.

térébinthe : Pline, 12, 25.

Tetrogonis, ville inconnue de l'Inde ; v. Cartana : Pline, 6, 92.

thalassaegle, plante : Pline, 24, 164.

Thalutae, peuple indien : Pline, 6, 67.

Tharsis, région attribuée à l'Inde ; v. Tarsus : Jérôme, *Epist.* 37, 2 ; *In Is.* 2, 16 ; Isid., *Etym.* 15, 1, 38.

tharsis, pierre précieuse : Jérôme, *Epist.* 37, 2 ; *In Is.* 2, 16.

Théodose, empereur : Marcellinus, *Chron.*, p. 83, 448, 1.

Theron, Teron, île : Jul. Honorius, 9 ; Jordanes, *Get.* 7 *(Ther-)* ; *Cosmogr.* 1, 9.

Thomas (saint) : évangélise les Indiens, Ambroise, *Comm. Ps. XLV*, 21 ; Jérôme, *Epist.* 59, 5 ; Isid., *De ortu*, 141 ; — les Parthes, Eucher., *Instr. I, De act. Apost.* 3 ; Rufin, *Hist. eccl.* 1,9 ; — les Parthes, les Mèdes et les Indiens, *Passio Thomae*, 1 ; 16 ; 32 ; 61 ; *Mirac. Thomae*, 2 ; 3 ; 5 ; 14 ; 30 ; 61 ; 80 ; Isid., *De ortu*, 132.

Thorax, ville de l'Inde : Pline, 6, 75.

tigre : Ovide, *Met.* 6, 636 ; Q. Curce, 9, 8, 1 ; Sénèque, *Med.* 862 ; *Phaed.* 344 ; 753 ; *Oed.* 457 ; *Thyest.* 705 ; Pline, 6, 73 ; 8, 66 ; 8, 148 ; Martial, 8, 26, 1 ; Juvénal, 15, 163 ; Solin, 15, 11 ; *Epist. Alex.* 27 ; Jul. Val. 3, 19 ; *Itin. Alex.* 110 ; *Epit. hist. Alex.* 67 ; Boèce, *Cons.* 4, 3, v. 15 ; Isid., *Etym.* 12, 2, 28 ; — chasse au tigre, Solin, 53, 19 ; Mart. Cap. 6, 698 ; — en cadeau à l'empereur Domitien, Marcellinus, *Chron.*, p. 83, 448, 1.

Tile, Tiles, île ; v. Tylos : Isid., *Etym.* 14, 3, 5 ; 14, 6, 13.

Tonberon, fleuve de l'Ariane ; v. Tubero : Pline, 6, 93 ; 6, 97.

topaze : Pline, 37, 110 ; 37, 114 ; Epiph. Const. 1 ; Priscien, 1021.

Topaze, ville : Epiph. Const. 1.

torpille : Isid., *Etym.* 12, 6, 45.

INDEX DES NOMS ORIGINAUX

évoqués dans les textes ou cités dans le commentaire :.
Langues mentionnées : akkadien, arabe (ar.), avestique (av.), bengali, hébreu, hindī, iranien (iran.), kannaḍa, khmer, malayalam, moyen-indien (m.-i.), pāli, pehlevi, persan (pers.), prakr̄it (pkr.), portugais (port.), sanskrit (skr.), syriaque, tamoul (tam.), tibétain (tib.), tulu, védique (véd.), vieux perse (vx-p.).
(Le chiffre est celui de la note du commentaire.)

TABLE DES MATIÈRES

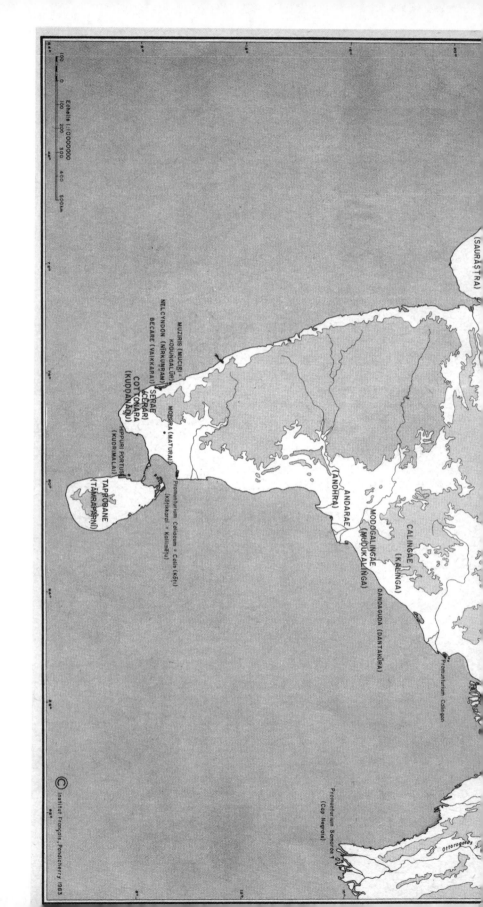

Echelle 1:10000000

100 0 100 200 300 400 500km

© Institut Français, Pondichéry 1983

(SAURĀṢTRA)

MUZIRIS (MUCIRI) =
KODUNGALLŪR
NELCYNDON (NIRKUNRAM)
BECARE (VAIKKARAI)
SERAE
ACERARI
COTTONARA
(KUDDANADU)
HIPPURI PORTUS
(KUDRIMALAI)
TAPROBANE
(TĀMRAPARNI)

MODRA (MATURAI)

Promunturium Colideum = Colis (KOLI)
Kolinkorai = Kolimalai

ANDARAE
(ANDHRA)

MODOGALINGAE
(MŌDUKALIṄGA)

CALINGAE
(KALINGA)

DANDAGUDA (DANTAKŪRA)

Promunturium Calingon

Promunturium Samaroe ?
(Cap Negrais)

Ottorogoras

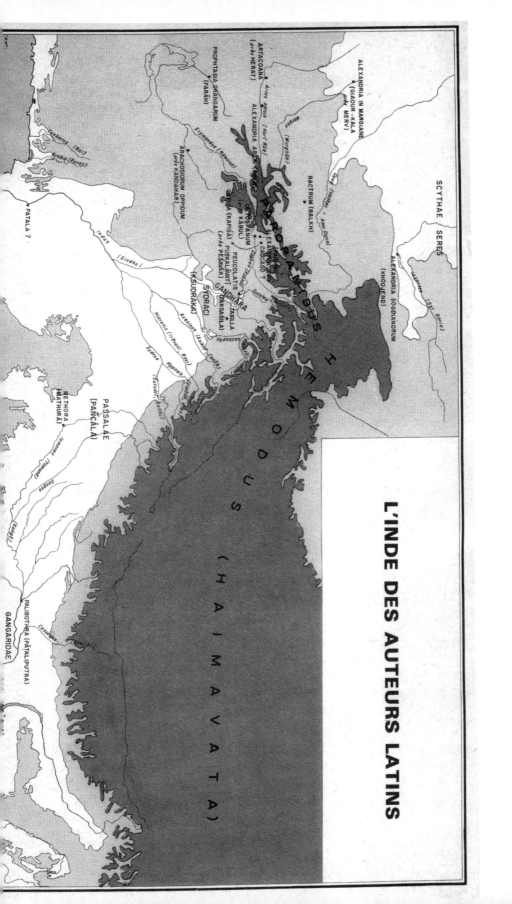

L'INDE DES AUTEURS LATINS

Ce volume,
le cinquante-deuxième
de la série latine
de la collection
« Études Anciennes »
publié
aux Éditions Les Belles Lettres,
a été achevé d'imprimer
en mai 2010
par Présence Graphique
2, rue de la Pinsonnière
37260 Monts - France

N° d'éditeur : 7052
N° d'imprimeur : 061035617
Dépôt légal : juin 2010